합해가며, 그 신학적 메시지의 진수를 깨닫도록 안내한다. 이처럼 치밀한 주해의 과정을 통해 저자는 "진주와도 같은 룻기"의 살아 있는 메시지를 독자들에게 생동감 넘치게 전달해준다."

양용의 교수(에스라성경신학대학원 신약학)

"설교의 홍수 시대, 청중들은 목이 말라 아우성이다. 그 까닭은 무엇일까? 말씀의 농도에 문제가 생겼기 때문이다. 충실한 주해를 거친 말씀을 전하려는 노력의 부족이 중요한 원인 중 하나라면, 이 책을 읽어야 할 이유가 분명해진다. 짧은 룻기서를 이렇게 방대한 분량으로 심혈을 기울여 내놓은 저자의 말씀 사랑과 그 집념이 놀랍다. 이 책이 한국교회의 강단의 수준을 올려놓는 데 일조를 하리라 확신하며 기꺼이 추천하고자 한다."

이규현 목사(수영로교회)

"다른 본문으로 말씀을 전해도 늘 같은 소리로 들리는 설교가 있고, 같은 본문으로 말씀을 전해도 처음 듣는 것처럼 들리는 설교가 있다. 성경과 하나님이 남는 설교가 있고, 설교자와 예화만 남는 설교가 있다. 무엇이 그 차이를 만들어내는가? 깊은 주해와 깊은 사색이다. 본문에 매인 설교, 본문이 이끄는 설교, 본문이 말하게 하는 설교가 절실한 때다. 설교자가 먼저 본문 앞에서 전전긍긍할 때, 회중은 말씀 앞에서 쩔쩔맬 것이다. 본서는 신실한 주해자만이 진실한 설교자가 될 수 있다고 오금이 저리도록 도전하는 책이면서, 동시에 셰르파처럼 그 길을 친절하게 보여주는 격려의 책이다. 본문과 씨름하는 오늘의 나는 20년 전 이 책의 씨앗이 된 강의와의 만남에서 시작되었다. 너무 오래 걸렸다. 하지만 더는 늦어서는 안 되는 때에 책으로 나왔다."

박대영 목사(『묵상과 설교』 편집장, 광주소명교회)

룻기, 어떻게 설교할 것인가

: 본문주해에서 설교까지

룻기, 어떻게 설교할 것인가
: 본문주해에서 설교까지

ⓒ 생명의말씀사 2018

2018년 3월 5일 1판 1쇄 발행
2023년 2월 17일   4쇄 발행

펴낸이 | 김창영
펴낸곳 | 생명의말씀사

등록 | 1962. 1. 10. No.300-1962-1
주소 | 서울시 종로구 경희궁1길 6(03176)
전화 | 02)738-6555(본사)·02)3159-7979(영업)
팩스 | 02)739-3824(본사)·080-022-8585(영업)

지은이 | 김지찬

기획편집 | 구자섭, 이은정
디자인 | 조현진, 윤보람
인쇄 | 영진문원
제본 | 보경문화사

ISBN 978-89-04-03164-1 (03230)

저작권자의 허락없이 이 책의 일부 또는 전체를
무단 복제, 전재, 발췌하면 저작권법에 의해 처벌을 받습니다.

룻기, 어떻게 설교할 것인가

: 본문주해에서 설교까지

김지찬 지음

생명의말씀사

서문

필자는 하나님의 은혜와 사랑에 힘입어 총신대와 신대원에서 신학을 공부하고 난 후에 30세의 나이에 미국과 유럽에서 유학할 기회를 얻게 되었다. 미국 미시간주 그랜드 래피즈(Grand Rapids)에 있는 칼빈 신학교(Calvin Theological Seminary)에서 등록금을 면제해 주고 장학금 5천 불을 주겠다고 해서 1987년부터 2년간 꿈 같은 유학생활을 시작하여 신학 석사학위를 마치게 되었다. 그러나 마음 저편에는 개혁주의 신학의 본고장인 네덜란드에서 마지막 학위 과정을 하고 싶은 생각이 늘 있었다. 그런데 놀랍게도 네덜란드의 캄펜에 있는 네덜란드 개혁교회 신학대학(Theologische Universteit van de Gereformeerde Kerken in de Nederland)에서 네덜란드 정부가 주는 AIW(연구조교) 장학금을 받으면서 1989년부터 3년 반 동안 박사 과정을 마치게 되었다.

그리고 1993년에 귀국하자마자 바로 모교인 총신대학교 신학대학원에서 구약을 가르치기 시작하였다. 그러던 중 얼마 안 되어 한 교회에서 성경 강해를 해달라는 요청을 받고 무엇을 할까 고민하다, 구약에서 가장 짧은 내러티브 본문인 룻기를 택하게 되었다. 그런데 4장밖에 안 되는데다 간략하고 평이해 보이는 룻기가 예상과는 정반대로 심오한 신학적 깊이가 있는 내러티브임을 처음 느끼면서 룻기의 매력에 깊이 빠지게 되었다. 화란의 한 학자가 왜 룻기를 사사기와 사무엘서라는 "딱딱한 조개 껍질 속에 들어 있는 진주"라고 했는지 그 이유를 알 수 있었다.

그 후에도 한국 YWCA에서 발간하는 잡지에 여러 번 룻기 강해를 기고하였을 뿐 아니라, 여러 교회에서 집중 강의로 룻기를 여러 번 가르친 적이 있었는데 그때마다 교우들은 룻기가 이렇게 재미있는 책인 줄 몰랐다는 이야기를 자주 들려주었다.

그러던 중 평신도들을 위한 룻기 강의만 할 것이 아니라 목회자들을 대상으로 하는 글을 쓰기로 하였다. 따라서 1996년 6월에서 1997년 4월까지 모두 11차례에 걸쳐 "주해에서 설교까지 : 룻기를 중심으로"라는 글을 "그 말씀"에 기고하게 되면서 룻기가 필자에겐 운명 같은 책이 되었다. 필자가 제목을 굳이 "주해에서 설교까지 : 룻기를 중심으로"라고 한 것은 오늘날 한국 교회 강단의 가장 큰 약점은 건전한 주해의 결핍이라는 판단 때문이었다.

주해와 설교를 연결시킬 목적으로 1년간 연재하는 글을 쓰면서 굳이 룻기를 택한 것은, 룻기가 필자와 교회 현장의 교우들을 연결시켜 준 중요한 고리가 되었을 뿐 아니라, 룻기는 4장밖에 안 되는 짧은 내러티브이기에 전체를 분석할 수 있는 좋은 책이기 때문이었다.

이렇게 해서 1년간 기고를 마치자 "그 말씀" 측에서 그동안의 글을 묶어 책으로 내자고 곧바로 제안하였으나, 필자는 "아직 신학적 사색이 충분치 못하고 성찰의 깊이가 모자라다"는 이유로 그 제안을 받아들이지 않았다. 어찌 보면 연재한 글들을 모아 바로 책을 냈어도 그리 큰 문제는 없었을 것인데, 지금 생각해 보면 아쉬움이 있다. 왜냐하면 신학적 사색과 성찰의 깊이를 조금 더한다는 것이 20년의 세월을 잡아먹을 줄은 미처 몰랐기 때문이다.

그 후 1999년에 총신대 목회대학원 43회 겨울 학기에 현장 목회자들을 대상으로 2일간 룻기를 집중으로 강의하는 동시에, 총신 신대원에서 "주해에서 설교까지 : 룻기를 중심으로"라는 선택 강좌를 개설하였다. 그런데 많은 목회자들과 신학생들이 관심을 갖고 강의를 들은 후에, 성경을 주해하는 것이 무엇이며, 성경을 어떻게 해석해야 하는지 조금은 이해하게 되었다는 반응을 많이 보여주었다.

이렇게 필자가 룻기 본문을 상세히 분석하여 주해에서 설교까지의 과정을 목회자와 신학생들에게 보여주려 한 것은 한국 목회자들의 설교에 건전한 주해의 기초가 다소 부족함을 느꼈기 때문이다. 물론 이것은 단지 한국 교회의 현상만은 아닌 것 같다. 미국의 고든 콘웰 신학교 교수인 고든 피(Gordon D. Fee)와 더글러스 스튜어트(Douglas Stuart)는 "대학과 신학교 강단에서 수년간 경험한 바에 의하면 많은 사람들이 본문을 잘 읽는 단순한 일도 잘 하지 못하고 있다는 것이 사실이다"라고 실토한 적이 있었다는 이야기를 필자가 어디선가 들은 적이 있다.

일부 한국 목회자나 설교자들도 비슷하다. 귀국한 후에 예배를 드릴 때 설교자들이 설교 본문으로 택한 성경을 세밀하고 주의 깊게 해석하지 않고 설교 문안을 작성하는 듯한 인상을 종종 받을 때가 있었다. 아마도 설교할 성경 본문을 몇 번 독서

하며 관찰을 하고, 지금까지 가지고 있던 기존 이해나 몇 차례의 독서 후에 느끼는 통찰을 중심으로 본문의 의미를 결정하고는, 얼마 동안의 묵상을 거친 다음에 설교를 작성하는 것이 아닌가라는 느낌을 여러 번 받았다. 물론 필요하다면 주석서도 보고 남의 설교집도 보는 것 같지만 본문을 자기 주도적으로 상세히 주해한 결과로 보여지지는 않았다. 엄밀하게 말하자면 "책임 있는 주해에 근거한 설교", 다시 말해 "본문에 매인 설교"는 아니라는 느낌을 자주 받았다.

이런 상황은 "그 말씀"에 룻기를 연재하던 때로부터 18년이 지난 지금도 크게 달라지지 않았다. 물론 최근에 성경 원어와 주해를 강조하는 젊은 성경신학 전문가들이 대거 신학교들의 교수로 들어오면서 주해를 강조하고 있는 것이 사실이다. 그러나 교회 현장은 크게 달라지지 않았다.

그러나 무조건 현장 목회자들과 설교자들을 탓할 수는 없다. 바쁜 목회 가운데 많은 양의 설교들을 해내려면 절대적으로 시간이 부족한데다가 설교자들을 돕는 주석들과 연구서들이 한국에는 너무나 부족하다는 사실을 필자도 절감하고 있기 때문이다. 이런 상황에서 완벽하지 않더라도 그동안의 학계의 연구 결과와 신학적 사색을 근거로 룻기를 상세하게 주해하는 법을 보여주는 책을 18년 만에 출판하기로 결정하게 되었다.

필자는 본서를 집필하는 원칙을 아래와 같이 정하였다.

(1) 성경 본문은 한글개역개정으로 소개한다. 따라서 독자들이 읽을 때에 그동안 익숙한 한글성경을 기초로 하였다.
(2) 그러나 실제 본문을 주석할 때에는 원문을 제대로 드러내기 위해 직역을 할 때도 많았다. 그리고 가능한 한 히브리어 원문을 많이 소개하려고 하였다. 물론 모두 음역을 괄호 안에 넣어 히브리어를 모르는 분도 읽기에 어려움이 없도록 하였다.
(3) 성경 본문을 설교하는 것은 크게 주해, 설교 작성, 설교 전달의 세 단계가 있다. 주해에서 설교 작성 직전까지의 과정을 보여주려는 것이 본서의 목적이다. 주해와 설교 작성은 별개의 문제이다. 주해에서 설교에 이르는 전 과정을 보여주는 것은 필자의 능력 밖의 일이다. 단지 주해의 과정을 가능한 한 많이 넣어 신학생들이나 목회자가 설교를 위한 주해를 어떻게 해야 하는지를 보이는 것이 목표라 할 수 있다.

학문을 한다는 것은 외로운 작업이다. 성경 본문을 읽고 분석하고, 학자들의 연구들을 찾아보고, 교회에 기여하는 방향으로 본문을 해석하고, 신학적 메시지를 이끌어내는 일은 오랜 인내와 자기와의 싸움이 필요한 과업이다. 이런 과정에서 늘 옆에 있으며 도와주는 아내와 가족들에게 고마운 마음뿐이다. 룻기를 주해하면서 보아스를 본받자고 글에는 써놓았지만, 실제로 보아스 같은 인물이 못될 뿐 아니라 아직도 아내에게 상처를 주는 못난 남편이라는 느낌을 지울 수 없다. 그러나 보아스와 룻이 결혼하여 오벳을 낳고, 이 오벳이 텅 빈 여인 나오미의 기업 무를 자가 되었던 것처럼, 딸 예지와 사위 범준, 그리고 두 아들 진솔이와 진우가 앞으로 기업 무를 자의 역할을 해줄 것이라고 생각하면 작은 위로가 된다.

또한 지난 3년간 수영로 교회의 협동 목사로 섬길 수 있는 기회를 주신 이규현 목사님께 감사를 드린다. 종종 수영로 교회를 갈 때마다 뜨겁게 기도하는 교우들을 만나고 열정적으로 목회하는 이규현 목사님과 교제할 수 있었던 것이 룻기 집필을 하는 동안 필자에게 큰 힘이 되었다.

마지막으로 본서를 출판하도록 허락해 주신 생명의 말씀사에 감사드린다. 본서가 설교자들과 신학생들과 관심 있는 교우들에게 성경 말씀이 왜 꿀송이보다 달콤하며 위로가 되는지를 보여주는 작은 길잡이가 되었으면 하는 것이 필자의 바람이다. 생명의 주이신 하나님께 모든 영광을 돌리면서…

2017년 12월 22일
구주 강림을 기뻐하며 성탄 절기에
용인 서재에서

목차

서문 • 04

1부
룻기, 왜 설교해야 하는가

Chapter 1 왜 하필 룻기인가? • 21

    1. 장엄한 여호와의 구속사 가운데 빛나는 진주 • 22
    2. 한 알의 모래 속에서 세계를 본다 • 25
    3. 설교자들은 시인이 되어야 한다 • 27
    4. 룻기의 탁월한 문예성 • 29

Chapter 2 왜 하필 "주해"인가? • 33

    1. 주해가 부족한 설교들 • 34
    2. "주해"란 무엇인가? • 35
    3. 그동안의 정통 개신교의 성경 주해 방법론 • 36

Chapter 3 문법적-문예적-역사적-정경적-신학적 방법 • 39

    1. 단락 구분과 본문 비평, 그리고 사역(私譯) • 40
    2. 문법적 방법(grammatical method) • 42
    3. 문예적 방법(literary method) • 45
    4. 역사적 방법(historical method) • 47
    5. 정경적 방법(canonical method) • 48
    6. 신학적 방법(theological method) • 49

Chapter 4 적용, 신학적 사색, 그리고 성령의 조명 • 53

    1. 적용의 중요성 • 54
    2. 이해는 언제나 적용을 포함한다 • 55
    3. 묵상에 대한 오해 • 56
    4. 외적 말씀에 대한 신학적 사색 • 57
    5. 적용하는 법을 배워야 한다 • 58
    6. 성령님께 의존해야 한다 • 60
    7. 설교 작성과 설교 전달 • 61

2부
룻기, 어떻게 설교할 것인가

Chapter 5 서막 : 텅 빈 나오미와 양식 주시는 여호와 **룻 1:1-6** • 67

  1. 서론적 이야기 • 68
  2. 사사들이 치리하던 때에 • 77
  3. 주제 암시 • 81
  4. 등장 인물 소개 • 93
  5. 남편의 죽음 • 97
  6. 결혼과 죽음 • 104
  7. 양식을 주시는 하나님 : 돌아오는 나오미 • 112
  8. 신학적 메시지 • 115

Chapter 6 제1막 : 모압에서 돌아오는 나오미 **룻 1:7-22** • 129

  1막 1장   누가 여호와께 돌아온 여인인가?(룻 1:7-14) • 130
  1. 서론적 이야기 • 130
  2. 룻기 내 플롯상의 위치 • 139
  3. 유다 땅으로의 귀환 길 시작 • 141
  4. 나오미의 첫 번째 권면 • 145
  5. 며느리들의 첫 번째 반응 • 153
  6. 나오미의 두 번째 권면 • 155
  7. 며느리들의 반응 • 167
  8. 신학적 메시지 • 174
  9. 부록 : 왜 단수 동사를 지속적으로 쓸까? • 182

1막 2장　죽음에 이르는 충성(룻 1:15-19상반절) · 186
1. 서론적 이야기 · 186
2. 나오미의 세 번째 권면 · 193
3. 룻의 고백 · 195
4. 나오미의 단념과 베들레헴 도착 · 205
5. 룻의 맹세와 고백의 성격 · 208
6. 신학적 메시지 · 214

1막 3장　애가를 부르며 돌아오는 나오미(룻 1:19하반절-22) · 220
1. 서론적 이야기 · 220
2. 베들레헴 여인들의 반응 · 224
3. 나오미의 애가 · 230
4. 내레이터 : 절망은 없다! · 245
5. 신학적 메시지 · 248

Chapter 7　제2막 : 보아스의 밭에서 이삭을 줍는 룻 룻 2:1-23 · 259

2막 1장　우연도 하나님의 장중에(룻 2:1-7) · 260
1. 서론적 이야기 · 260
2. 보아스의 등장 · 265
3. 나오미에게 요구한 룻의 요청 · 271
4. 룻의 성격 묘사 · 273
5. 나오미의 허락 · 278
6. 우연한 발길을 움직이는 분은 누구인가? · 281
7. 보아스의 질문 : "이는 누구의 소녀냐" · 288
8. 사환의 대답 속의 룻 · 292
9. 신학적 메시지 · 302
10. 부록 : 친척(מוֹדַע ; 모다)의 의미 · 311

2막 2장　여호와의 날개 아래에(룻 2:8-16) • 314
1. 서론적 이야기 • 314
2. 보아스와 룻의 대화의 구조 • 318
3. 보아스의 첫 번째 말 • 320
4. 룻의 첫 번째 반응 : 나는 이방 여인이거늘 • 328
5. 보아스의 두 번째 말 • 334
6. 룻의 두 번째 반응 • 344
7. 보아스의 세 번째 말 • 347
8. 신학적 메시지 • 353

2막 3장　죽음을 넘어서는 여호와의 인애(룻 2:17-23) • 364
1. 서론적 이야기 • 364
2. 전체 구조 • 367
3. 나오미에게 행한 룻의 보고 • 370
4. 죽음을 넘어서는 하나님의 인애 • 374
5. 나오미의 찬양 • 379
6. 보아스와 나오미의 충고 • 389
7. 시어머니와 함께 한 룻 • 394
8. 신학적 메시지 • 398

Chapter 8　제3막 : 보아스의 타작마당에 눕는 룻　룻 3:1-18 • 413

3막 1장　어두운 밤길 지나 타작마당으로(룻 3:1-5) • 414
1. 서론적 이야기 • 414
2. 구조적 데이터 • 419
3. 룻의 안식과 복을 구하는 나오미 • 421
4. 오늘이 바로 보리 타작하는 밤 • 430
5. 발치를 드러내라 • 442
6. 나오미의 계획은 무엇인가? • 449

   7. 룻의 순종 • 453
   8. 신학적 메시지 • 455
   9. 부록 : 맛소라 주 • 461

3막 2장　나는 룻, 당신의 시녀입니다(룻 3:6-9) • 464
   1. 서론적 이야기 • 464
   2. 룻의 실행 • 466
   3. 보아스의 질문 : "너는 누구냐" • 475
   4. 룻의 대답 : "나는 룻, 당신의 시녀입니다" • 484
   5. 신학적 메시지 • 491
   6. 부록 : 날개인가, 날개들인가? • 499

3막 3장　너는 현숙한 여자라(룻 3:10-13) • 502
   1. 서론적 이야기 • 502
   2. 보아스의 말의 구조 • 505
   3. 룻을 칭찬하는 보아스 • 507
   4. 위로하며 약속하는 보아스 • 512
   5. 유력한(현숙한) 여인이란? • 518
   6. 참으로 나는 기업 무를 자라 • 523
   7. 신학적 메시지 • 539
   8. 부록 : 해석의 난제 • 544

3막 4장　빈 손으로 가지 말라(룻 3:14-18) • 550
   1. 서론적 이야기 • 550
   2. 새벽에 일어난 룻 • 552
   3. 보아스의 상징적 행동 • 554
   4. 빈 손으로 네 시어머니에게 가지 말라 • 557
   5. 나오미의 확신 • 567
   6. 신학적 메시지 • 573
   7. 부록 : 본문 비평 • 578

Chapter 9 제4막 : 모압 여인 룻을 사는 보아스 룻 4:1-12 • 581

4막 1장 신을 벗고 아무개로 전락한 남자(룻 4:1-8) • 582
  1. 서론적 이야기 • 582
  2. "아무개여"로 전락한 남자 • 585
  3. 장로들의 역할 • 595
  4. 땅을 팔려는 나오미 • 600
  5. 기업 무를 기회 • 612
  6. 죽은 자의 아내 룻을 사라! • 622
  7. 기업 무를 자의 변심 • 631
  8. 신발을 벗는 기업 무를 자 • 634
  9. 신학적 메시지 • 641

4막 2장 모압 여인 룻을 사는 보아스의 인애(룻 4:9-12) • 646
  1. 서론적 이야기 • 646
  2. 보아스의 선언 • 652
  3. 백성과 장로들의 축복 • 663
  4. 신학적 메시지 • 676

Chapter 10 대단원 : 아들을 주시는 여호와와 채워진 나오미 룻 4:13-22 • 683

    1. 서론적 이야기 • 684
    2. 생명을 주시는 여호와 • 689
    3. 여호와를 찬양하는 베들레헴 여인들 • 695
    4. 아기의 양육자가 된 나오미 • 705
    5. 나오미에게 아들이 태어났다 • 713
    6. 다윗에 이르는 족보 • 719
    7. 신학적 메시지 • 729

나가는 글

    1. "계시 의존 신앙(사색)"의 중요성 • 738
    2. "문자적 의미"의 중요성 • 739
    3. 정통 개신교의 주해 방법론 • 741
    4. 문법적-문예적 해석의 중요성 • 743
    5. 역사적 해석의 중요성 • 745
    6. 정경적-신학적 해석의 중요성 • 746
    7. 설교 작성과 설교 전달 • 747
    8. 성령님의 도우심을 간구해야 • 749

1부

룻기, 왜 설교해야 하는가

Chapter 1

왜 하필
룻기인가?

1. 장엄한 여호와의 구속사 가운데 빛나는 진주

　필자가 미국과 네덜란드에서 유학을 마치고 돌아와 "성경 학도"(biblical student)로서 히브리 원문으로 성경을 강해하면서 처음으로 룻기를 손에 잡았을 때만 해도 룻기에서 풍성한 신학적 메시지가 나올 것이라고는 크게 기대하지 않은 것이 사실이다. 룻기는 불과 85절밖에 안 되는 짧은 분량인데다가, 그동안 교회에서 설교를 들으면서 생긴 선입견 때문에 룻의 시어머니에 대한 "효"를 강조하고 모압 여인 룻의 개종을 다룬 스토리로 여겼기 때문이었다.

　그렇다면 왜 굳이 룻기를 교우들을 대상으로 하는 성경 강해의 첫 본문으로 택했을까? 이는 분량이 4장밖에 되지 않아 주석적으로나 신학적으로 다루기 쉬울 뿐 아니라 교인들 역시 부담스러워하지 않을 것 같아서였다.

　그런데 룻기를 히브리어 원문으로 주해하고 이전 학자들의 주석들과 전문적인 논문들을 살펴보며 신학적 사색을 한 후에, 직접 교우들과 신학생들과 목회자들에게 강의하고 대화하며 피드백(feedback)을 접하게 되면서, 룻기가 담고 있는 신학적 깊이와 목회적 적용의 풍요함을 느끼게 되었다. 사실 처음에 룻기를 주해할 때에는 룻기가 신학적 중량감과 주석적 풍요와 목회적 함축의 풍성함이 이 정도 될지는 상상조차 하지 못했다.

물론 필자가 마지막 학위를 했던 네덜란드의 한 목사가 룻기를 가리켜 "사사기와 사무엘상하라는 딱딱한 조개 껍질 속에 들어 있는 진주"라고 말한[1] 사실을 귀국할 때부터 익히 읽어서 알고 있었다. 그렇지만 속으로는 룻기에 대한 그저 "수사학적인 칭찬"으로만 생각했다.

그러나 룻기를 상세하게 주해하고 강의하고 설교하면서 단순히 시어머니에 대한 며느리의 "효"나 모압 여인 룻의 "개종"을 다룬 짧은 동화 같은 이야기가 아니라, 룻기야말로 인간을 구원하시는 하나님의 구속사의 중심 드라마임을 깊이 깨닫게 되었다.

"기업 무를 자"(친족 구속자)라는 용어와 "기업 무름"(구속)이라는 신학적 개념을 연구하면서 책 전체의 분량과 비교해볼 때 "구속하다"란 동사인 "가알"(גָּאַל)의 어근들의 빈도수가 가장 많은 책이 룻기라는 사실을 접하던 순간, 필자의 무지가 얼마나 큰지 깊이 통감하게 되었다.

성경에서 가장 중요한 주제가 "구속"이라는 점은 이견의 여지가 없다. 그런데 구약에서 "구속하다"는 의미의 동사로 사용된 가장 주요한 두 개의 동사인 "가알"(גָּאַל)과 "파다"(פָּדָה) 중에서 "가알"(גָּאַל)의 출현 빈도수가 책 전체의 분량을 놓고 비교해볼 때 가장 높은 책이 바로 룻기이다.

"구속하다"는 동사 "가알"(גָּאַל)과 여기서 파생된 분사형 명사인 "고엘"(גֹּאֵל ; 기업 무를 자)을 포함해서 이 동사의 어근이 얼마나 많이 출현하는지를 바이블웍스(BibleWorks)라는 프로그램으로 탐색해 보면 이를 잘 알 수 있다. 이 동사의 어근에서 나온 용어들은 구약에서 총 116회 사용되었는데, 룻기에서만 무려 22회나 사용되었음을 확인할 수 있었다.

룻기에서는 명사 "고엘"(גֹּאֵל ; 기업 무를 자)이 10번(2:20, 3:9, 12[2x], 4:1, 3, 4, 6, 8, 10), 동사 "가알"(גָּאַל)이 11번(3:13[4x], 4:4[5x], 4:6[2x]), "무를 권리"란 의미의 "게울라"(גְּאֻלָּה)가 2번 사용되고 있다(4:6, 7). 전체가 85절밖에 안 되는 책의 분량을 염두에 둘 때, 같은 단어군인 "가알"과 "고엘"(גֹּאֵל ; 기업 무를 자), "게울라"(גְּאֻלָּה)가 구약성경

---

[1] H. Abma, *Ruth*, Verklaring van een Bijbelgedeelte, (Kok), 1 : "Als een parel van Hebreeuwsevertelkunst glanst de feestrol Ruth tussen de twee hard schalen Richteren en Samuël."

에서 가장 많이 쓰인 책이라는 사실에 놀라지 않을 수 없었다. 이런 통계 수치만 보더라도 룻기가 구속사에서 얼마나 중요한 책인지를 단번에 알 수 있었다.

그뿐만이 아니다. "영원히 여호와의 총회에 들어오지 못한다"(신 23:3)는 선언을 들었던 민족인 모압 여인 룻이 "그(여호와)의 날개 아래에 보호를 받으러"(룻 2:12) 베들레헴으로 들어오면서 기업 무를 자인 보아스의 인애로 인해 이스라엘 여인이 되는 모습은 감동적이지 않을 수 없었다.

여호와께서는 여호와의 총회에 영원히 들어오지 못한다고 한 모압인이라도 자신의 날개 아래에 보호받으러 온 자들은 내치지 않으신다는 사실을 알게 된 순간, 복음의 핵심이 무엇인지 다시금 깨닫게 되었다.

모압 족속이 누구인가? 롯의 큰 딸이 소돔과 고모라 멸망 때 도피를 거부하다가 심판받은 남편이 죽고 홀몸이 되자, 아버지에게 술을 먹이고 동침하여 나은(창 19:31-33) 모압의 후손이 아닌가? 그런데 모압 여인 룻이 추수를 마치고 술에 취해 타작마당 곡식더미 끝에 누운 보아스의 발치를 들고 누웠다. 옛날의 음울한 일들이 다시 일어나는 것은 아닌가 하는 의구심이 드는 순간에 보아스는 한밤중에 찾아온 여인을 욕망의 대상으로 다루지 않았다.

룻기는 죄로 말미암아 태어난 모압 족속 같은 인간들을 하나님이 어떻게 구원하시길 원하는지를 분명하게 드러낸다. 술에 취한 아버지를 속여 동침하여 자녀를 낳은 모압 여인을 구원하는 방법은 아무리 술에 취했어도 율법의 요구대로 산 보아스를 통해 가능함을 우리에게 보여준다.

정말 보아스는 "밤의 사람"이 아니라 "낮의 사람"이었다. 보아스는 낮에 성문에서 장로들과 백성들을 증인으로 세우고 기업 무를 자 1번 순위자를 불러 율법대로 의롭게 일을 처리하였다. 자신의 기업에 손해가 있을까 하여 죽은 자의 아내 모압 여인 룻을 사기를 꺼려했던 기업 무를 자와는 달리, 보아스는 죽은 자의 아내 모압 여인 룻을 사서 죽은 형제 말론의 기업을 그의 이름으로 이어가도록 만들겠다고 선언하였다.

이에 감격한 베들레헴 장로들과 백성들은 "네 집에 들어가는 여인으로 이스라엘의 집을 세운 라헬과 레아 두 사람과 같게 하시고 네가 에브랏에서 유력하고 베들레헴에서 유명하게 하시기를 원하며 여호와께서 이 젊은 여자로 말미암아 네게 상속자를 주사 네 집이 다말이 유다에게 낳아준 베레스의 집과 같게 하시기를 원하노라"(룻 4:11-12)고 축복했다. 그런데 놀랍게도 이들의 축복대로 여호와께서 모압 여인 룻을 통해 이스라엘의 최대 선물인 다윗 왕이 태어나도록 하셨다.

처음에는 그저 남편과 두 아들을 여읜 가련한 여인 나오미와 충성스런 며느리 룻의 이야기를 담은 듯한 열 몇 개의 에피소드 안에, 족장 시대를 거쳐 사사 시대를 너머 사무엘과 다윗 시대의 풍요함으로 이어지는 하나님의 위대한 구속사의 신비한 청사진이 들어 있을 줄은 상상조차 하지 못했다.

룻기는 보아스와 같이 자신의 기업에 손해가 있을 것이 분명함에도 죽은 자의 아내를 사서 죽은 형제의 이름이 그의 형제 중과 백성들 사이에서 끊어지지 않게 하는 자들을 통해, 하나님이 텅 빈 나오미와 같은 인간을 구원해 가시는 모습을 명쾌하게 드러내 보여준다. 그렇다면 룻기의 스토리는 인간을 구원하시는 하나님의 구속 사역의 진수가 무엇인지를 보여주는 장엄한 구속사 속에 빛나는 진주가 아닌가!

2. 한 알의 모래 속에서 세계를 본다

이렇게 필자는 룻기의 에피소드 하나하나를 강해해 가는 가운데 "한 알의 모래 속에서 세계를 본다"는 윌리엄 블레이크(William Blake; 1757-1827)의 시구가 묘사하려는 진실이 무엇인지를 깨닫게 되었다. 윌리엄 블레이크는 간결한 표현으로 오히려 인생의 문제를 깊이 파고 든 시인으로 영국 낭만주의의 선구자인데, 성경의 중요한 에피소드들에 관한 삽화를 그리는 등 화가로서도 천재성을 보인 인물이다. 위에 언급한 윌리엄 블레이크의 시구는 전체 132행에 달하는 "순수를 꿈꾸며"(Auguries of Innocence)란 긴 시의 시작 부분이다.

한 알의 모래 속에서 세계를 보고(To see World in a grain of send)
한 송이 들꽃 속에서 천국을 보려면(And Heaven in a wild flower),
손바닥 안에 무한을 거머쥐고(Hold Infinity in a palm of your hand)

순간 속에서 영원을 붙잡으라(And Eternity in an hour).[2]

우리가 다 알다시피 바닷가의 수많은 모래는 그 모양이나 생김새가 같거나 거의 비슷하기에 그 안에 특별한 무엇이 들어 있으리라고는 보통 생각하지 못한다. 그런데 그 한 알의 모래 안에 세계(World)가 들어 있을 것이라니 일반인은 도저히 상상을 할 수 없을 것이다. 그러나 윌리엄 블레이크는 똑같이 보이는 수많은 모래알 하나하나에 놀랍게도 세계가 들어가 있음을 본 것이다.

그런데 아니나 다를까 놀랍게도 성경 본문들 역시 어떤 때는 다 비슷해 보이지만 그 하나하나 안에 놀라운 구속사의 세계가 들어 있다. 룻기는 불과 4장, 85절밖에 안 되는 작은 책이지만, 그 안에 들어 있는 평범해 보이는 에피소드들은 실제로는 그 하나하나가 인간을 구원하는 깊은 진리를 담고 있는 구속사의 결정적 순간들을 보여주고 있었다. 윌리엄 블레이크가 왜 작은 모래알 속에서 세계를 본다고 노래하였는지 룻기를 통해 깨닫게 되었다.

윌리엄 블레이크의 "한 알의 모래 속에서 세계를 보는" 비전은 필자에게 룻기 사랑을 더욱더 강하게 만들어 주었다. 경제적 풍요와 사회적 지위를 추구하며 달려가는 현대 설교자들이나 성도들이 만일 룻이 보아스의 밭에서 주운 보리 이삭 하나 속에서 천국을 들여다볼 수 있다면 그들의 삶이 얼마나 풍요로워질까!

하늘 소망을 가지고 영원을 사모한다는 교우들이 하나님께 예배드리는 한 시간조차도 지루해하며 집중하지 못하는 현실에서, 한밤중에 타작마당으로 내려가 보아스의 곁에 눕는 룻의 결단의 한순간이야말로, 유한한 시간 속에서 무한한 영원을 붙잡아야 하는 하나님의 백성의 소명임을 깨닫는다면 얼마나 행복할까!

소소한 일상사를 다루는 것처럼 보이는 룻기 안의 작은 손바닥 같은 에피소드 하나하나가 역사 안에 과격하게 침투하시는 하나님의 무한한 구속사의 결정적 계기임을 볼 줄 아는 시각이 있다면, 성경말씀을 선포하는 설교 시간이 하나님 나라를 경험하는 격한 감동의 시간이 되지 않을까!

---

2 어디 서양 시인뿐인가? 신라 시대의 의상(義相) 대사의 법성게(法性偈; 법의 성품을 노래함)란 시를 보면 "일미중함시방(一微中含十方) 일념즉시무량겁(一念卽時無量劫)", 즉 "티끌 하나가 온 우주를 머금었고, 찰라의 한 생각이 끝도 없는 영겁이어라"라고 되어 있으니 동서양의 진리는 일반은총의 수준에서는 결국 하나로 모이는 것 같기도 하다.

이것이 룻기를 주해하는 과정을 상세하게 보여주기 위해 필자가 이 책을 쓰게 된 결정적인 이유이다.

3. 설교자들은 시인이 되어야 한다

이렇게 "한 알의 모래 속에서 세상을 본다"는 비전으로 문예적 상상력을 발휘하여 룻기 본문을 상세히 읽어내기보다는, 효 윤리나 종교적 개종 같은 추상적 개념으로 본문을 읽다보면 룻기는 곡진한 삶의 이야기로 다가오지 않고, 도덕 교훈으로 다가올 수밖에 없다.

그러다 보니 특히 젊은 여성 교우들은 룻기를 별로 좋아하지 않는 경향이 있다. 매년 5월 가정의 달이 되면 목사님들이 룻을 예로 들며 효도해야 한다고 하기에 룻은 소위 "엄친 며느리" 같아서 부담스러운 존재가 된 지 오래되었기 때문이다. 도덕 교훈에 나오는 주인공을 과연 누가 진심으로 사랑할 수 있을까? 그래서 룻기를 좋아한다는 교우들을 만나는 것은 쉽지 않았다.

그런데 설교자들과 교우들과는 달리 이미 시인들은 룻기를 도덕 교훈이 아니라 상상력을 자극하는 드라마틱한 삶의 이야기로 읽었다. 시인들은 모압 여인인 룻이 외국 사람 말론과 결혼한 용기, 남편과 사별한 후에 시어머니를 좇아 유다 땅으로 이민을 떠나는 모험, 그리고 이방 땅 추수 밭에서 이삭을 주우며 하루하루 생계를 유지하는 여인의 모습, 죽은 남편의 친족과 결혼해 시어머니에게 기업 무를 자를 안겨주기 위해 타작마당에 내려가 술 먹고 누운 남자의 발치에 눕는 이야기는 어떻게 보아도 독자들의 상상력을 자극하기에 모자람이 없다고 본 것이다. 굳이 룻처럼 민족적으로 이방 나그네 삶을 경험해 보지 못했다 하더라도 사회적으로나 경제적으로 변두리로 밀려나는 경험을 해본 사람들은 룻에게서 친밀감과 동질감을 느끼게 된다.

아니나 다를까 산업화를 경험한 영국의 낭만주의 시인인 존 키츠(John Keats)는 룻에게서 당시 영국인들의 자화상을 보았다. 키츠가 "나이팅게일에 부치는 노래"(Ode to a Nightingale)라는 유명한 시에서 고향에 대한 향수를 노래할 때, 룻을 슬픈 여인으로 언급하는 것은 이런 이유에서이다.

너는 죽게 태어나지는 않았다, 불멸의 새여!
어떤 굶주린 새도 너를 짓밟지는 못하리라.
덧없이 흘러가는 이 밤에 내가 듣는 이 목소리는
그 옛날 황제와 어릿광대가 함께 들었던 소리이리라.
아마도 룻이 향수에 눈물지으며
이방 땅 밀밭 사이에 서 있을 때 그녀의 슬픈 가슴 속으로
흘러들어갔던 그 노래이리라.
또한 잊혀진 동화의 나라에서
위험한 바다의 물거품을 향해 열려있는
마술의 창문을 자주 마력으로 사로잡은 그런 노래이리라.

신경원은 영국의 낭만주의 시인들이 왜 룻을 좋아했는지를 이렇게 밝힌다.

기근으로 엘리멜렉이 아내 나오미와 두 아들을 데리고 이스라엘을 떠나 모압으로 이주, 정착하는 내용은 인클로저(enclosure)와 산업화로 경작할 땅을 잃고 이주할 수밖에 없었던 18, 19세기 영국 농민들의 삶과 유사했기 때문에 이들의 이민사는 영국 낭만주의 시인들에게 특별한 관심사일 수밖에 없었다.[3]

우선 낭만주의 시인들은 룻의 모습에서 산업화로 주변으로 밀려난 자신들의 모습을 보았기 때문이라는 것이다. 신경원의 말을 계속 들어보자.

성경의 루스가 보아즈와의 결혼을 통해 다윗과 예수로 이어지는 가부장 혈통을 잇는 "용기"(vehicle) 역할로 자신의 존재감을 드러낸다면, 급속한 산업화로 노동력이 개인의 존재가치에 대한 평가기준이 되어버린 시대에 살았던 워즈워스와 키츠의 루스는 … 자

---

[3] 신경원, 「워즈워스와 키츠의 루스 : 성경의 루스 번역과 재구성」, 비교문학 제52집 (2010. 10), 333.

연에 밀접한 삶을 산 목가적인 이미지의 여성과 산업사회에서 힘겨운 삶을 사는 타자 이방인으로서의 극단적인 양면성을 다 보인다. … 이방인 루스는 시인들의 존재론적 고립감을 드러내 주는 동일화 대상이기도 했기 때문에 두 시인 모두 힘든 노동을 하는 루스, 특히 그녀의 이방인으로서의 고독에 동감하고 그녀를 고독과 슬픔의 존재로 변형한다.[4]

필자는 여기서 질문을 던지지 않을 수 없다. 시인들은 룻의 모습에서 자신의 자화상을 보며 룻과 함께 눈물지을 줄 아는데, 왜 설교자들은 주로 도덕 교훈이나 신학적 메시지만 찾아내는 것일까?

그 이유는 설교자가 한 알의 모래 속에서 세계를 보는 비전 없이, 그저 도덕적 교훈이나 설교 자료를 찾으려는 마음으로 룻기를 읽기 때문이다. 그러나 이렇게 읽어서는 룻기의 비밀을 이해할 수 없다. 룻기는 도덕적 교훈을 주려고 쓴 역사 보고서가 아니기 때문이다.

룻기는 상상력을 자극하는 드라마틱한 삶의 이야기를 가지고 인간 역사 안에 침투해 들어오는 하나님의 나라를 보여주기 위해 함축된 언어와 고도의 수사학적 전략과 인간의 오감을 통해서만 이해할 수 있는 비유와 이미지로 가득 찬 계시의 말씀이다. 따라서 설교자는 먼저 시인이 되어야 한다. 룻기는 사사기와 사무엘서 사이에 끼어있는 진주로서, 한 알의 모래 속에서 세상을 보는 비전으로 들여다보는 시인의 눈이 있어야 비로소 룻기가 선포하는 구속사를 이해할 수 있고 하나님 나라를 볼 수 있는 것이다.

4. 룻기의 탁월한 문예성

앞으로 독자들이 필자의 책을 읽는 가운데 느끼게 되겠지만 룻기는 이렇게 시인의 눈이 있어야 그 진수를 알 수 있는 탁월한 문예 작품이다. 독자들 가운데에는 성

---

[4] 신경원, 『워즈워스와 키츠의 루스 : 성경의 루스 번역과 재구성』, 335, 336.

경의 문예성(文藝性)이 계시성(啓示性)과 무슨 상관이 있느냐고 반문할 분도 있을지 모른다. 그러나 인간의 삶을 향한 하나님의 계시는 문예성을 띨 수밖에 없다. 왜냐하면 하나님은 무에서 전혀 새로운 것을 만들어내시는 창조주이시자, 이를 아름답고 감동적으로 표현하시는 예술가이자 시인이시기 때문이다.

세상에 존재하는 모든 피조물들을 보라! 그저 무에서 유로 만들어진 창조물일 뿐 아니라 그 색깔이나 생김새가 아름답고 감동적이다. 하나님이 만드신 창조물들은 상상조차 할 수 없을 만큼 다양할 뿐 아니라, 하나하나마다 모두 독창적이며 창의적이고 아름답기 그지없다. 종류의 다양성뿐 아니라 그 생김새 하나하나가 예술적이며 감동적이다. 하나님이 손으로 지으신 것만 그럴까? 하나님의 입에서 나오는 말씀도 마찬가지가 아닐까?

인간이 쓴 글들도 감동적인 것은 가슴에서 나오지만, 진정으로 감동적인 글은 가슴에서 나와 머리로 쓴 것이다. 가슴 깊은 곳에서 울려나오는 것을 그대로 토해내면 감정의 토로밖에 되지 않는다. 진정 감동적인 글은 가슴을 울리는 내용을 예술적인 기술로 표현한 글이다.

인간이 쓴 글이 이렇다면 하나님이 주신 계시의 말씀은 더 말해서 무엇하랴! 하나님께서 우리에게 주시는 계시의 말씀은 단순히 정보 전달을 위해 명제로 주어진 도덕 교과서가 아니다. 우리의 존재와 인격 전체를 압도하면서 상상의 신경계를 자극하고 오감을 진동시키는 감동과 환희로 다가오시는 시인이자 예술가의 말씀이시다.

따라서 하나님의 계시인 룻기 역시 그런 점에서 "예술 중의 예술"이다. 따라서 필자는 룻기를 설교하는 자는 먼저 시인이 되어야 한다고 생각한다. 이렇게 시인이 될 때 왜 룻기를 히브리 내러티브의 진주라고 하는지 점차 깨닫게 될 것이다.

Chapter 2

왜 하필
"주해"인가?

1. 주해가 부족한 설교들

필자가 룻기에 관한 글을 쓰면서 굳이 룻기를 어떻게 "주해할" 것인지에 대해 쓰려고 한 데에는 이유가 있었다. 앞의 "서문"에서 밝혔듯이 필자가 1993년에 귀국한 후에 예배를 드릴 때 종종 설교자들이 성경 본문을 세밀하게 주해하지 않고 설교를 작성한 듯한 인상을 받을 때가 종종 있었다. 그런데 이런 상황은 거의 25년이 지난 지금도 크게 달라지지 않았다는 것이 필자의 판단이다.

그렇다면 이런 일이 지속되고 있는 이유는 무엇일까? 그 책임은 단지 목회자에게만 있는 것이 아니다. 주해를 왜 해야 하는지, 어떻게 해야 하는지를 보여주지 못한 필자 같은 성경학자들에게 더 큰 책임이 있음을 자각하게 되었다.

이에 "책임 있는 주해를 하고 난 후에 설교를 작성하는" 설교자들이 많아진다면 한국 교회의 회복과 부흥이 일어날 것이라고 필자는 확신하게 되었다. 이런 점에서 룻기를 중심으로 "주해에서 설교까지"의 과정을 차근차근 밟아보면 설교자들이 성경적 설교를 하는 일에 도움이 될 것이라고 생각한다.

따라서 룻기의 신학적 메시지가 무엇인지, 그리고 오늘 우리의 삶과 연결되는 적용점이 무엇인지를 완성품으로 보여주는 것보다는, 성경을 어떻게 주해하는 게 좋은지 주해 과정을 상세히 보여주는 것이 더 시급하다고 느끼게 되었다. 다시 말해 고기를 잡아 주는 것보다는 "고기 잡는 법"을 보여주는 것이 더 중요하다고 생각하기 때문이다.

2. "주해"란 무엇인가?

우리가 룻기를 "주해"하려면 "주해"가 무엇인지 알아야 한다. "주해"(註解)란 영어로 "엑시제시스"(exegesis)인데, 헬라어로 보면 "엑세게시스"(εξηγησις)라고 할 수 있다. 그런데 신약 성경에는 "엑세게시스"란 명사는 등장하지 않는다. 칠십인경 바티칸 사본의 사사기 7:15에 한번 나타난다. 신약 성경에서는 "엑세게오마이"(εξηγεομαι)란 용어를 사용하는데, "이끌어내다, 인도해내다"란 의미이다(눅 24:35; 요 1:18; 행 10:8; 15:12, 14, 21:19).

따라서 학자들은 "엑시제시스"를 헬라어 "엑스헤게이스타이"(exhegeisthai)에서 나온 것으로 설명한다. "엑스"(ex)는 "…으로부터"(out of)의 의미이며 "헤게이스타이"(hegeisthai)는 "인도하다, 가이드하다"(lead, guide)의 의미이다. 결국 헬라어 "엑스헤게이스타이"는 "어디로부터 나오다"이다. 그렇다면 주해란 원 저자가 최초의 수신자에게 전하려고 한 본문의 의미를 안으로부터 밖으로(ex) "이끌어내는" 것이다.

그렇다면 어떻게 본문의 의미를 이끌어낼 수 있을까? 한 학자는 "주해"란 "어떤 것의 본질을 알기 위해 그것들을 여러 부분들로 분해함으로써 전체적인 이해를 도출하는 것을 의미한다"고 정의한다.[1] 룻기 주해란 룻기 본문의 본질을 알기 위해 룻기 본문을 구성하고 있는 여러 부분들을 분해하여 해석함으로써 전체적 이해를 본문으로부터 도출해 내는 것이라고 할 수 있다. 룻기 기자가 본문 가운데 깔아놓은 언어적-문예적 단서들을 역사적 배경을 염두에 두고 분석함으로 저자의 의도를 안으로부터 밖으로 이끌어내는 것이 주해라고 정의할 수 있다.

---

[1] 캘빈 밀러, 『설교 : 내러티브 강해의 기술』, 박현신 역 (베다니 출판사, 2009), 64.

3. 그동안의 정통 개신교의 성경 주해 방법론

그렇다면 지금까지의 성경 주해 방법은 어떠했는가? 지금부터 50년 전까지만 하더라도 정통 개신교의 성경 주해 방법론은 2,000년의 교회 해석사를 통해 그 적법성이 인정된 "문법적-역사적-신학적" 해석법(grammatical-historical-theological method)이었다.

그런데 계몽주의의 영향으로 이런 전통적인 성경 해석 방법은 1750년부터 생겨난 강력한 역사 비평주의의 강력한 도전을 받게 되었다.[2] 지난 250년 동안의 역사 비평주의 학자들은 소위 "문서 비평", "양식 비평", "전승 비평", "편집 비평", "정경 비평", "수사 비평"이라는 역사 비평주의 방법론(historical critical method)을 동원하여 성경의 역사성과 신뢰성에 문제를 제기하였다. 따라서 개혁주의와 복음주의 주석학자들은 역사 비평주의 방법론이 제기한 문제들을 다루지 않을 수 없었다.

결국 비록 시간이 걸리기는 했지만 정통 개신교 성경학자들은 역사 비평주의 방법론의 도전을 받아들여 성경의 성격에 더 맞는 성경 해석법을 발전시키기에 이르렀다. 그동안의 문법적 해석법(grammatical method)은 주로 "문장 아래 단위"의 해석에만 집중하는 단점이 있어서, "문장 이상의 큰 단락"을 이해하는 데는 어려움이 있었다. 게다가 주로 문법적인 부분만 다루다 보니 문법을 넘어서는 의미 창출 메카니즘(meaning-creating mechanism)을 이해하는 데 부족함이 있었다. 예를 들어, 룻기 같이 장르가 내러티브(narrative)인 경우 그동안 문법적 해석은 등장 인물 묘사나 플롯을 이해하는 도구를 제공하지 못하였다.

우리가 다 알다시피 구약과 신약의 40%는 내러티브로 이루어져 있다. 구약에서는 오경과 역사서가 대부분 내러티브로 되어 있는데, 내러티브를 주해할 때 등장 인물을 어떻게 묘사하고 있으며, 사건 전개가 어떤 구성적 전략에 의해 짜여져 있는지를 분석하지 않으면 성경 본문의 의미를 놓치기 쉽다. 따라서 성경 본문의 최하위 기저를 구성하는 "언어적 층"(linguistic stratum)을 넘어서는 "문예적 층"(literary stratum)에 대한 분석이 필요함을 절실하게 느끼게 되었다. 따라서 최근의 개혁주의

---

2 보통 장 아스트뤼(Jean Astruc)가 모세 오경에 관한 글을 발표한 1753년부터 현대에 이르는 시기를 역사 비평주의 시대라 일컫는다.

와 복음주의 성경학자들은 "문예적 방법"(literary method)을 그동안의 "문법적 해석법"(grammatical method)을 보완하는 일환으로 수용하자는 데 의견의 일치를 보이고 있다.

한편 그동안의 성경 해석은 설교 본문으로 택한 성경 본문이 구약과 신약이라는 정경 전체의 문맥(canonical context)에서 어떤 의미를 가지느냐에 대해서는 거의 관심을 두지 않았다. 그러나 설교자가 하나님의 말씀을 제대로 전하기 위해서는 하나님의 계시를 담고 있는 성경 전체의 문맥 아래에서 부분 성경을 해석해야 한다. 또한 정경 전체의 순서도 매우 중요한 신학적 의미를 가지고 있음을 직시하게 되었다. 물론 그동안의 전통적인 성경 해석 방법론이 정경적 의미를 무시한 것은 아니었다. 단지 정경적 해석법을 정교하게 발전시키지 못한 것이었다. 이에 최근의 개혁주의 주석학자들은 정경의 순서와 정경 전체 안에서 설교 본문의 의미가 무엇인지를 찾아내는 정경적 해석법(canonical method)을 발전시키고 있다.

결국 지난 50여 년 동안 정통 개신교(개혁주의와 복음주의) 성경 해석자들이 역사 비평적 방법론의 도전을 받고 이에 응전하면서 발전시킨 주해 방법은 소위 "문예적"(literary) 해석법과 "정경적"(canonical) 해석법이라고 할 수 있다.[3] 이 두 방법은 이전의 문법적-역사적-신학적 주해 방법을 대체하는 게 아니라 보완하는 해석법이라고 할 수 있다.

따라서 이 둘을 첨가하게 되면 현재 정통 개신교의 주석 방법은 "문법적-문예적-역사적-정경적-신학적 방법"(grammatical-literary-historical-canonical-theological method)이라고 말할 수 있다. 이런 성경 주해 방법론을 신학생들과 목회자들에게 쉽게 설명해 놓은 책으로는 더글러스 스튜어트(Douglas Stuart)의 『구약 주석 방법론』(The Old Testament Exegesis)을 들 수 있다.[4]

---

[3] 역사 비평적 해석을 거부하고 성경을 하나님의 영감받은 계시와 통일성있는 정경으로 받아들이면서도 어떻게 교회를 위한 학문으로서의 성경 해석이 가능한지를 심오한 신학적 통찰과 정교한 논리로 제시하고 있는 독일 복음주의 계열의 해석학 책으로는 게르하르트 마이어, 『성경 해석학』(송다니엘-장해경 역, 도서출판 영음사, 2014)을 참조하라. 한편 1960년대 이후의 성경 해석학의 발전을 반영하고 있는 영미 복음주의 계열의 해석학적 교과서로는 윌리엄 클라인(외), 『성경 해석학 총론』(류호영 역, 생명의 말씀사, 1993)을 보라.

[4] 더글러스 스튜어트(Douglas Stuart), 『구약 주석 방법론』(박문재 역, 크리스챤 다이제스트, 2004).

Chapter 3

문법적–문예적–역사적–정경적–신학적 방법

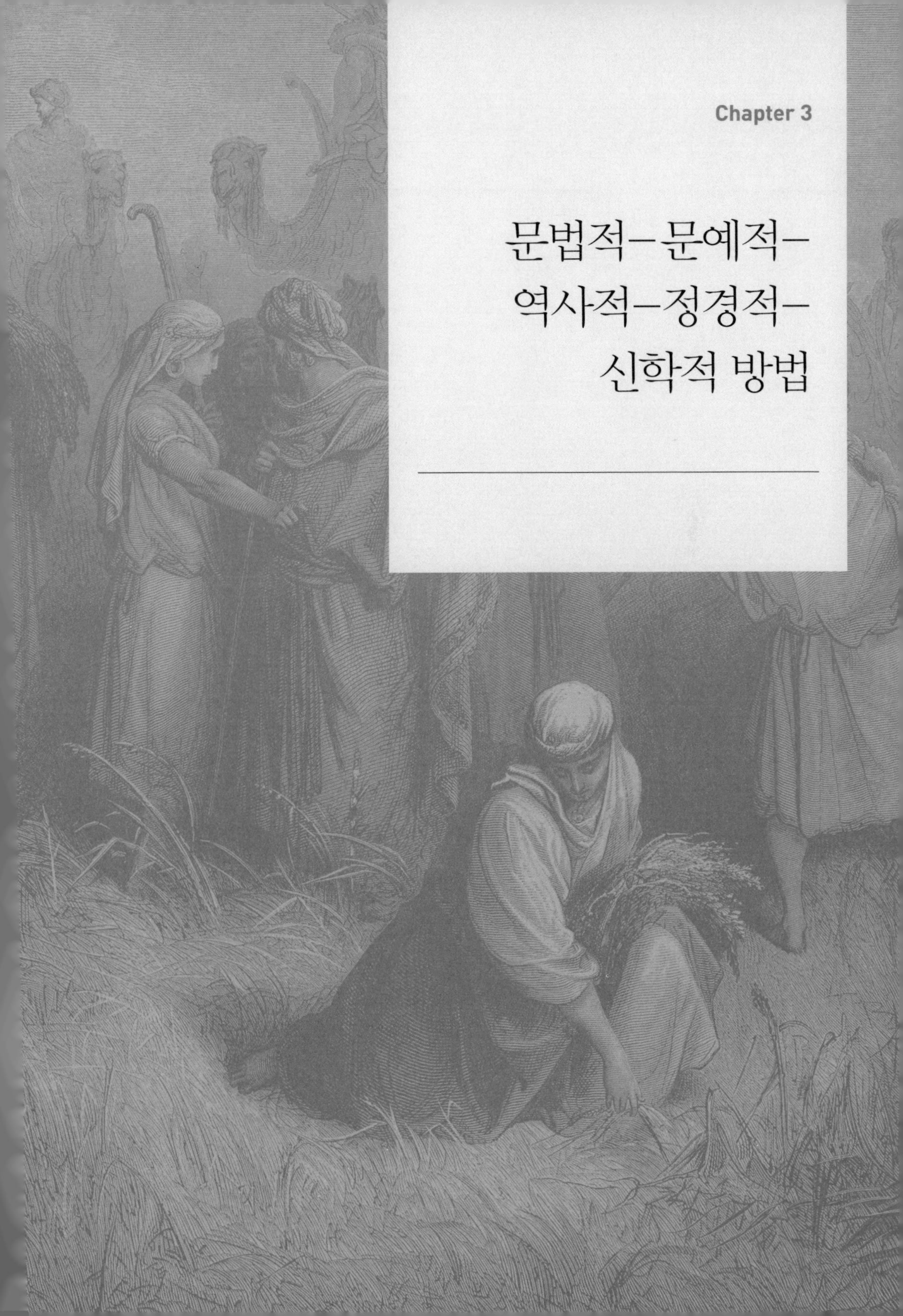

1. 단락 구분과 본문 비평, 그리고 사역(私譯)

그렇다면 간략하게 나마 "문법적–문예적–역사적–정경적–신학적 방법"이 무엇인지 살펴보도록 하자.[1]

우선 성경 본문을 주해하려면 먼저 주해할 성경 본문의 경계를 설정해야 한다. 본문의 경계 설정(delimitation)이 잘못되면 성경 기자의 의도와는 다른 메시지가 나올 수도 있기 때문이다. 왜냐하면 단락 구분은 단락의 의미를 결정하는 요소 중 하나이기 때문이다.

단락 구분이 얼마나 중요한지 영미권 신학교에서 자주 쓰는 예는 "GODISNOWHERE"이다. 이 영어글자 모음을 어떻게 끊어서 읽느냐에 따라 의미가 정반대로 달라진다. "God is nowhere"로 끊어서 읽으면 "하나님은 어디에도 계시지 않는다"는 의미이지만, "God is now here"로 끊어서 읽으면 "하나님은 지금 여기에 계신다"는 의미이다. 이 예는 극단적인 경우에 해당되지만, 단락 구분이 본문의 의미를 결정하는 중요한 요인 중 하나라는 사실은 잘 보여준다.

---

[1] 성경을 주해하는 데 필요한 지식과 참고자료들을 어디서 얻을 수 있는지를 보여주는 서지학적 책으로는 데이비드 R. 바우어, 『성경 연구를 위한 손 안의 서재』(황의무–왕희광 역, 새물결플러스, 2014)를 보라.

성경 기자는 아무런 생각 없이 이런 저런 스토리를 늘어놓는 이야기꾼이 아니라 정교한 구성적 전략을 가지고 본문을 기록한 창의적 저자이다. 성경 기자는 본문 안에 구성적 전략에 따라 시작과 끝을 알려주는 언어적, 문법적, 구조적, 주제적 단서들을 깔아 놓았다.[2] 따라서 설교자는 이런 단서들을 찾아내어 설교할 단락을 결정해야 한다.

그 다음에는 단락을 구분한 성경 본문을 놓고 현재 우리가 가지고 있는 사본학적 증거들을 기준으로 하나님께서 원래 영감하신 히브리어 원문을 재구성해야 한다. 즉 히브리 맛소라 본문(Massoretic Text : 앞으로 MT라는 약자로 표시할 것임)을 놓고 헬라어 칠십인경, 시리아 페쉬타역, 탈굼역, 쿰란 사본, 라틴어 역본들의 이독(異讀; variant)들과 비교하면서 본문 비평(textual criticism)을 해야 한다.

그러나 본문 비평을 직접 하는 것은 신학생이나 목회자들의 경우는 쉽지 않다. 따라서 필자는 독자들에게 직접 본문 비평을 하라고 주문하는 것이 아니다. 원문에 대한 다양한 이독들이 있을 때에는 주석들을 통해 학자들의 논의 과정을 최소한 이해하고 원문을 어떻게 재구성해야 하는지에 대한 이해를 가지고 주해에 들어가야 함을 주문하고 있는 것이다.

이렇게 원문이 확정되면 주석이나 사전의 도움을 받으며 가능한 사적인 번역(private translation)을 하는 것이 좋다. 왜냐하면 모든 현대어 번역들은 전문가들에 의해서 이루어진 것이 사실이지만 설교자가 스스로 번역을 하는 것이 더 좋을 수 있기 때문이다.[3] 그리고 이렇게 사역(私譯)을 하는 과정에서 본문과 친숙해질 수 있다.

---

2 스튜어트, 『구약 주석 방법론』, 26-27 : "당신이 선택한 단락은 확실하게 식별 가능한 처음과 끝(recognizable beginning and end)을 지니고 있는가? 그 단락은 … 통일적이고 의미 있는 내용을 지니고 있는가?"
3 더글러스 스튜어트(Douglas Stuart)는 모든 현대어 번역본들과 고대 번역본들은 안전 위주의 보수적 경향에서 번역을 했기에 사역(私譯)하는 것이 좋다면서 다음과 같이 그 근거를 제시하고 있다. "모든 현대어 번역문들(그리고 마찬가지로 모든 고대의 번역문들)은 정해진 시간에 쫓기며 작업을 한 위원들 또는 성경 전체를 원문으로 그렇게 잘 알 수 없기 때문에 모든 대목에서 흠없는 번역들을 만들어낼 수 없었던 개인들에 의해서 이루어져 왔다. 게다가 오늘날의 성경 출판 사업에서는 번역문이 '다르면 다를수록' 그 성경 번역본이 팔리지 않을 위험성은 훨씬 더 커지게 된다. 따라서 현대어 번역본들은 다행히도 통상적으로는 관용적인 어법을 사용하는 최신 표현으로 개정되긴 하지만, 번역자들, 위원회들, 출판사들 등등에게는 번역문들을 의미에 있어서 보수적으로 유지하라는 압력이 존재하게 된다. 마지막으로 대부분의 사람들은 인쇄된 번역문들이 위태로운 것을 참아내지 못한다. 번역상의 많은 문제들은 모호성의 문제들이다. 원문을 여러 가지로 해석할 수 있는 여지가 존재한다. 그러나 지면의 한계상 번역자들은 매번 원문을 진정으로 새로운 방식으로 번역하고 싶어도 적절한 설명을 제시할 수 없다. 따라서 그들은 거의 언제나 신중한 입장을 취하게 된다. 그 결과 모든 현대의 번역자들은 아무리 좋은 의도를 지니고 있다고 할지라도 지나치게 '안전하고' 전통을 고수하는 경향을 보여준다. 번역 위원회의 작업에 있어서도 고독한 천재는 통상적으로 신중한 다수에 의해서 가리어지고 밀려나

2. 문법적 방법(grammatical method)

이렇게 단락 구분과 원문 확정과 번역이 결정되고 나면, 우선 해석자는 성경 본문의 가장 기초적인 언어층(linguistic stratum)을 형성하는 언어적 형식에 관심을 기울여야 한다. 다시 말해 성경 본문의 문법적-사전적 데이터를 관찰-분석하는 일을 해야 한다는 말이다. 왜냐하면 종교개혁자들이 주장하였듯이 설교자가 선포해야 하는 본문의 유일한 적법한 의미(only legitimate meaning)는, 중세의 해석자들이 너무 성급하게 추구한 본문의 2차적 의미인 "알레고리컬"(풍유적) 의미나 "도덕적" 의미나 "천상적" 의미가 아니라,[4] 본문의 1차적인 의미, 즉 문법적-사전적 의미이기 때문이다. 성경 해석자는 본문의 이런 문법적-사전적 의미를 찾아야 한다. 이것이 소위 "문법적 해석"(grammatical method)이다.

우선 해석자는 성경 본문을 주해할 때 가장 먼저 문법적 데이터를 분석해야 한다.[5] 왜냐하면 문법적으로 가능하지 않은 해석은 설교자가 결코 해서는 안 되기 때문이다. 성경 기자의 의도는 본문의 문법적 의미 안에만 놓여 있기 때문이다. 문법적으로는 결코 A라고 해석할 수 없는데, 성경 저자가 A라고 말하고 있다고 해석해서는 안 된다.

만다. 그러므로 매우 자주 당신은 실제로 다른 사람들이 했던 것보다 더 나은 번역문을 산출해낼 수 있다. 왜냐하면 당신은 성경 번역을 맡은 개인들이나 위원회들이 한정된 시간으로 인해서 깊이 고찰하지 못했던 것에 비해서 당신이 선택한 본문을 훨씬 더 많은 시간을 들여서 주석할 수 있기 때문이다."(『구약 주석 방법론』, 85-86.)

[4] 중세에는 성경이 문자적 의미, 도덕적 의미, 풍유적 의미, 천상적 의미를 가지고 있다고 믿었다. 문제는 대부분의 경우 한 본문의 네 가지 의미가 어떤 내적 일관성을 가지지 못한 데 있었다. 중세의 4중 의미의 고전적 표현이라고 알려진 카시안(Cassian)의 예를 들어 보자 : 예루살렘은 역사적 의미에 의하면 유대인의 도시이며, 도덕적 의미로는 인간의 영혼이며, 풍유적 의미로는 그리스도의 교회요, 천상적 의미로는 하늘 도성을 가리킨다는 것이다. 예루살렘이란 단어가 나올 때마다 본문의 문맥과는 상관없이 네 가지 의미로 해석할 수 있다고 본 것이다. 물론 중세의 모든 해석자들이 이런 4중 의미를 아무렇게나 자의적으로 이끌어낸 것은 아니었다. 더욱이 할 일 없는 학자들의 공상에서 나온 것도 아니었다. 성경을 교회의 책으로, 실천적인 책으로 이해하려는 고민 가운데서 나온 것이었다. 당시의 해석학적 도구를 가지고는, 문자적 의미로는 도저히 적용하기 어려운 케케묵은 과거의 족장들의 이야기, 율법의 상세한 규칙들을 당대의 현실에 적용하려다 보니 이런 방법을 택할 수밖에 없었던 것이다. 그러나 중세 후반기로 들어서면서 4중(四重) 의미 가운데 문자적 의미는 점차 약화되었으며 가톨릭의 교리를 입증하기 위해서 4중 의미를 지나치게 남용함으로써 성경의 의미가 곡해되었다. 성경 본문이 원래 성경 기자나 독자들에게 어떤 의미가 있었는지를 밝히는 데 관심이 없었다. 성경은 그저 가톨릭 교회의 전통과 교리를 수호하기 위한 수단으로 사용되었으며, 이를 쉽게 도와준 수단이 4중 의미의 이론이었다.

[5] 히브리어의 문법적 문제와 관련해서는 주옹-무라오까, 『성서 히브리어 문법』(김정우 역, 기혼, 2012)을 참조하라. 이 문법책의 성경 인덱스를 보면 설교 본문으로 잡은 성경 본문과 연관된 히브리어 문법적 문제는 무엇인지 알 수 있다.

따라서 히브리 문법을 달리 적용하면 다른 해석이 가능한지 살펴보아야 한다. 혹시 문법적으로 애매하여 다양한 해석이 가능한 부분은 없는지도 알아보아야 한다. 그뿐 아니라 문법적으로 강조되어 있는 부분은 무엇인지 살펴야 한다. 왜냐하면 성경 기자의 강조는 본문 안의 문법적 구조를 통해서 드러나게 되어 있기 때문이다. 성경 기자가 강조하지 않은 것을 설교자가 자신의 주관적 기준을 가지고 본문의 강조점이 이것이라고 주장해서는 안 된다.

예를 들어, 히브리어 문장은 동사, 주어, 목적어 순으로 되어 있는 것이 보통이다. 그런데 목적어가 동사 앞에 나오면 이는 강조 문장이다. 문법적으로 볼 때 이런 강조가 없는데 설교자가 목적어를 강조하며 해석해서는 안 된다. 문법적으로 목적어가 앞에 나와 강조되어 있을 때 비로소 설교자는 이 목적어를 강조할 수 있는 것이다. 이렇게 본문이 해석자를 압도할 때에 비로소 청중은 설교자가 제시하는 본문의 의미에 설득을 당하는 것이다.[6]

이렇게 문법적 문제를 살핀 다음에는 분명치 못한 단어나 중요한 핵심 단어의 사전적 의미가 무엇인지를 살펴야 한다.[7] 심지어는 목회자들도 성경을 해석할 때 사전적 의미를 파악하지 못해 낭패를 보는 경우가 종종 있다고 들었다. 예를 들어, 한글개역성경으로 시편 23:5에 보면 "주께서 내 원수의 목전에서 내게 상을 베푸시고 기름으로 내 머리에 바르셨으니 내 잔이 넘치나이다"라고 되어 있는데, 상을 베푼다[8]고 했을 때 "상"이 무엇인지를 히브리어의 사전적 의미를 살펴보지 않은 어떤 설교자가 있었다고 한다. 한글로 그냥 "상"이라고 되어 있으니까 칭찬할 때 주는 상장(賞狀) 같은 "상"(賞)이라고 생각하고 설교했었는데 나중에 그게 아니라는 사실을 알고 창피한 적이 있었다는 이야기를 들은 적이 있다.

---

6 다니엘 도리아니(Daniel M. Doriani), 『적용 : 성경과 삶의 통합을 말하다』(성서유니온선교회, 2009), 23 : "해석자는 자신의 해석 기술에 의지하여 본문의 의미를 발견한다. 하지만 본문은 해석자에게 권위를 행사할 때만 효과를 발휘할 수 있다."

7 현존하는 단권 최고의 히브리어 사전은 빌헬름 게제니우스의 『게제니우스 히브리어 아람어 사전』(이정의 역, 생명의 말씀사, 2007)이라고 할 수 있다. 게제니우스는 현대 히브리어 사전학의 아버지인데 1810년 독일어로 "게제니우스" 사전을 출판하였다. 1842년 게제니우스가 죽은 후에도 무려 17판을 거치면서 개정되었는데 한글 번역판은 이 17판을 번역한 것이다. 흔히 영미권에서 많이 쓰이고 한국에서도 잘 알려진 단권 BDB 사전은 게제니우스 사전의 영어 번역본을 세 명의 학자인 브라운-드라이버-브릭스(Brown-Driver-Briggs)가 편집한 것이다.

8 한글개역개정은 "내게 상을 차려주시고"라고 해서 오해의 소지를 없앴다.

그러나 여기서 "상"은 밥상이나 평상 등을 가리키는 상(床)이다. 이것은 히브리어 원문을 살피면 금방 해결될 수 있다. 여기서 "상"이라고 번역된 히브리어는 "술한" (שֻׁלְחָן)으로 테이블이나 바닥에 까는 매트를 가리킨다. "주께서 내 원수의 목전에서 내게 상을 베푸시고"란 말은 여호와께서 원수들이 보는 앞에서 식탁이나 잔칫상을 베풀어주신다는 뜻이다. 이렇게 한글로 분명해 보이는 단어도 원어의 사전적 의미를 찾으면 예상과는 다른 뜻의 단어일 수도 있다.

이게 사실이라면 분명치 않은 단어의 경우는 더 말해 무엇하랴! 따라서 가능한 한 히브리어 원문의 단어들은 사전(lexicon)[9]이나 성구 사전(concordance)을 동원하여 그것들의 사전적 의미를 반드시 밝혀야 한다.

그 다음에 핵심 단어나 표현이 나오면 성구 사전이나 신학 사전(theological dictionary)을 동원해 찾아보면서 더 집중적으로 연구해야 한다.[10] 이 과정에서 혹시 있을지도 모르는 의미론적 특징(동음 이의어, 유사발음 단어 반복, 직유, 환유, 제유, 은유, 이미지, 상징, 어원론적 특이성 등)을 찾아야 한다.

예를 들어, 본문에 이미지가 나오면 이미지를 집중 연구해야 한다. 왜냐하면 이미지를 잘 이해하면 탁월한 적용을 할 수 있기 때문이다.[11] 설교에서의 "적용"에 관해 연구를 많이 한 다니엘 도리아니(Daniel M. Doriani)의 이야기를 들어보자.

> 이미지는 추상적인 것들을 구체화함으로써 마음을 사로잡는다. … 나는 젊은 여자에 대한 솔로몬의 비유적 표현을 근거로 십대에게 성적 순결에 대해 설교하는 것을 들은 적이 있다. "그가 성벽이라면 우리는 은 망대를 그 위에 세울 것이요 그가 문이라면 우리는 백향목 판자로 두르리라"(아 8:9). "문이 되지 말고 벽이 되라―그리고 절대 회전문이 되지 말라!"고 강사는 반복해서 말했다. 어느 누구도 그의 요점을 놓치지 않았다. 성경

---

9 보통 사전이라고 하면 영어로 dictionary(딕셔너리)라고 하지만, 관습상 헬라어나 히브리어 같은 고전어의 경우에는 lexicon(렉시콘)이라고 부른다.
10 "신학 사전"이란 히브리나 헬라어 단어들의 용례를 살펴서 단지 사전적 의미를 넘어서서 신학적 의미를 밝히려고 한 사전이다. 이런 사전으로는 R. L. Harris (eds.), *Theological Wordbook of the Old Testament*, Vol. 1-2 (Moody Press, 1980)가 있다.
11 성경의 이미지에 대한 좋은 사전으로는 렐란드 라이켄(외), 『성경 이미지 사전』(노진준 (외) 역, CLC, 2001)을 참조하라.

의 비유적 표현은 "적용의 미학"이라 할 만한 것을 만들어낸다.[12]

이렇게 사전적 의미를 살피는 것은 기본 중에 기본이며, 종종 설교를 작성하는 데 있어서 중요한 "사고의 종자"(씨앗)가 될 수도 있다.

3. 문예적 방법(literary method)

그런데 그동안의 문법적 해석은 주로 문장 아래 단위의 해석에만 집중하는 단점이 있어서, 문장 이상의 상위 단락을 이해하는 데는 어려움이 있었다. 문장이 모이면 장면(scene)이 되고, 장면이 모이면 에피소드(episode)가 되고, 에피소드가 모이면 스토리(story)가 된다. 그런데 문법적 해석은 문장 수준의 분석만 가능하기에 문장을 넘어서는 상위 단락인 장면이나 에피소드나 스토리를 설명하는 해석적 도구를 제공하지 못했다.

게다가 문법적 해석은 주로 문법적인 부분만 다루다 보니 문법을 넘어서는 장르의 의미 창출 메커니즘을 이해하는 데 부족함이 있었다. 예를 들어, 장르가 내러티브인 경우에는, 단순히 단어와 구와 절과 문장의 의미의 합산만으로는 찾아낼 수 없는 내러티브만의 독특한 의미 생성 메커니즘이 있다. "내러티브"란 "플롯, 등장인물, 어조, 분위기란 네 개의 요소로 이루어진 담화"로서, 각 요소들이 의미를 창출해내고 있는 장르의 글이다.[13] 그동안 전통적인 문법적 해석은 등장 인물 묘사나 플롯을 이해하는 도구를 제공하지 못하였다.

예를 들어, 룻기의 한 본문을 설교 본문으로 택했다면, 그 본문이 룻기 전체의 플롯에서 어떤 자리를 차지하고 있는지를 찾아보아야 한다. 그 본문에 등장하는 등장인물의 말이나 행동이 전체 스토리의 흐름에 어떤 기여를 하고 있는지, 그 책 전체

---

12 도리아니, 『적용』, 125-126.
13 웨슬리 코트(Wesley Kort)는 내러티브를 "플롯, 등장 인물, 어조, 분위기"로 이루어진 담화로 정의한다. 더 상세한 것은 Wesley Kort, *Story, Text, and Scripture : Literary Interests in Biblical Narrative* (The Pennsylvania State Univ. Press, 1988), 14-17를 참조하라.

의 주제 표출에 어떤 도움을 주는지를 분석해야 한다. 그리고 내레이터는 등장 인물의 성격을 어떻게 묘사하고 있으며, 그 묘사가 본문의 신학적 메시지를 어떻게 창출해내는지를 분석해야 한다.

따라서 성경 본문의 최하위 기저를 구성하는 문법적 층을 넘어서는 문예적 층(literary stratum)에 대한 분석이 필요함을 절실하게 느끼게 되었다. 따라서 최근의 개혁주의와 복음주의의 성경학자들은 "문예적" 방법(literary method)[14]을 그동안의 "문법적 해석법"의 일환으로 보충하자는 데 의견의 일치를 보이고 있다.

문예적 방법은 특별히 성경 본문의 구조적 데이터를 분석하는 데 주안점을 둔다. 왜냐하면 본문의 의미란 단순히 단어와 구와 문장의 의미를 합쳐 놓은 것이 아니기 때문이다. 본문 전체의 의미란 부분 의미의 단순한 합이 아니기 때문이다. 전체란 부분의 합보다 큰 것이다. 본문의 진정한 의미란 전체와 부분, 부분과 부분과의 관계를 알 때에만 비로소 알려지기 때문이다. 다시 말해 단어와 구와 문장을 넘어서는 상위 단위 안에서의 관계를 이해할 때에 비로소 전체 의미가 무엇인지 알 수 있다. 그런데 전체와 부분, 부분과 부분과의 관계가 바로 구조이다. 따라서 구조를 모르면 의미를 곡해할 여지가 있다.

그러면 어떻게 구조를 분석하는가? 해석자들은 될 수 있으면 먼저 큰 구조 단위부터 확정한 다음, 서서히 작은 구조 단위로 이동하면서 구조를 확정할 필요가 있다. 본문에서 문단으로, 문장으로, 절로, 구로, 단어로, 마침내는 소리의 단위까지 내려가면 된다. 이때에 본문에 나타나는 작은 패턴에도 주의해야 한다. 동일 혹은 유사 모음의 반복, 같은 어근의 반복, 동일 단어의 반복 등에 주의해야 한다. 특정한 범위 안에서 주제는 어떻게 발전되고 있는지, 핵심 단어는 어떤 식으로 반복되는지, 병행구는 없는지, 교차 대조법(chiasm)이나 인클루지오(inclusio; 같거나 유사한 단어가 한 본문 단위의 앞과 뒤에 나와 전체를 감싸는 기법) 같은 기법이 사용되고 있는지를 주목할 필요가 있다. 이렇게 구조를 분석하는 것 역시 "문예적" 해석 안에 들어 있다.

---

14 내러티브를 어떻게 강해할 것인지에 대한 좋은 책으로는 캘빈 밀러, 『설교 : 내러티브 강해의 기술』 (박현신 역, 베다니 출판사, 2009)을 보라.

4. 역사적 방법(historical method)

한편 성경의 대부분의 계시는 역사적인 배경 지식이 없으면 이해하기 어렵다. 성경의 계시는 단 한 번도 구체적인 역사적 상황을 떠나서 주어진 적이 없기 때문이다. 물론 성경의 어떤 부분은 다른 부분보다 덜 역사적일 수 있다. 예를 들어, 시편 23편 같은 시나 잠언의 경구들은 어느 누구에게나 보편적인 의미로 다가올 수 있기에 덜 역사적이라고 할 수도 있다. 그러나 성경의 대부분의 계시는, 특별히 역사적 사건을 묘사하고 있는 오경이나 역사서, 또한 그리고 특정한 역사적 시간 가운데 전달된 하나님의 말씀을 담고 있는 선지서는 역사적 배경을 모르면 전혀 이해할 수 없다.

특히 룻기 같은 성경은 역사 속에 나타난 하나님의 구속 사역을 증거하는 계시이기에 해석할 때에 반드시 역사적 배경에 대한 고려가 있어야 한다. 더글러스 스튜어트가 지적했듯이 "해석학의 기본적인 원칙은 한 본문은 그것이 과거에 결코 의미할 수 없었던 것을 현재적으로 의미할 수 없다는 것이다."[15] 이것이 역사적 해석법이다.

본문의 역사적 데이터를 분석하는 단계에서는 역사적, 사회적, 지리적 배경을 연구하는 것이 좋다. 본문의 사건이 일어난 전후에는 어떤 역사적 상황이 있었는가? 어떤 상황에서 본문이 기록되었으며 본문을 잘 설명해주는 고고학적 자료는 있는가? 이런 질문을 던져야 한다.[16] 본문의 사회적 배경도 살펴볼 필요가 있다. 사회적 상황이란 본문과 연관된 사회적 제도나 문화나 풍습이 무엇인가를 묻는 것이다. 성경 해석자들이 흔히 말하는 본문의 "삶의 정황"(Sitz im Leben)은 설교자들이 흔히 생각하는 심리적이고 실존적 상황이 아니라, 바로 이런 사회적 상황을 의미한다.[17]

문화적 상황을 이해하는 것이 때로 메시지 창출에 얼마나 결정적인지는 아래 설교의 예를 보면 금방 알 수 있다.

---

15 스튜어트, 『구약 주석 방법론』, 90.
16 이를 위해서는 존 월트 (외), 『IVP 성경 배경 주석』(IVP, 2010)이 좋은 참고가 될 것이다.
17 성경의 문화적 배경을 위해서는 가스펠서브, 『성경문화배경 사전』(생명의말씀사, 2017)을 참조하라.

우리에게 떡(bread)은 그 종류가 50-60가지이며 보통은 비닐 봉지에 싸여 팔리며 동네 수퍼에서 구할 수 있는 것이다. 그러나 1세기 유대인들에게 떡은 주식 두 가지 중에 하나였다. 따라서 떡이 없으면 죽을 수밖에 없었다. 게다가 1세기의 유대인들은 … 음식의 모든 것이 다른 무엇인가가 죽음으로써 공급된다는 것을 알았다. 고기는 죽은 짐승에게서 나오고, 빵은 죽은 밀에서 나온다는 사실을 말이다. … 이런 사실을 알면 갑자기 주님의 말씀이 새로운 의미로 다가온다. "나는 하늘에서 내려온 살아 있는 떡이니 사람이 이 떡을 먹으면 영생하리라 내가 줄 떡은 곧 세상의 생명을 위한 내 살이니라"(요 6:51) 하시면서 자신은 바로 다른 사람들이 살도록 하기 위해 자신의 생명을 주시는 분이라고 말씀하신다. 예수의 죽음이 없이는 누구도 살 수 없다. 예수님은 모든 영적인 생명의 주식이시며, 예수님의 죽음으로만이 생명을 얻을 수 있다.[18]

떡이라는 보편적 개념조차도 때론 문화적 배경을 이해하면 본문이 새롭게 다가온다. 죽은 짐승과 죽은 밀에서 고기와 떡이 나온다는 사실을 깨닫는 순간, 주님이 주시는 떡은 세상의 생명을 위한 주님의 살이라는 촌철살인의 진리로 다가온다.

또한 주해자는 본문에 언급된 지리적 배경과 상황을 분석할 필요가 있다. 지리에 대한 이해가 있어야 계시가 역사의 시공간 안에서 일어난 구체적인 역사적 사건에 근거한 것임을 알 수 있기 때문이다.[19] 이렇게 역사적-문화적-지리적 배경을 살피는 것이 역사적 해석법이다.

5. 정경적 방법(canonical method)

문법적-문예적-역사적 방법론을 동원하여 주해를 하게 되면, 이제 성경 본문 자체로부터 주해를 위한 핵심적인 요소들은 대부분 발견할 수 있다. 그렇다면 그 다음 단계는 본문의 메시지가 구약과 신약이라는 전체 정경의 문맥 안에서 어떤 의미

---

[18] D. A. Carson, *The Gagging of God* (Zondervan, 1996), 121.
[19] 좋은 성경 지도로는 Yohanan Aharoni (eds.), *The Macmillan Bible Atlas*, 3rd ed. (Macmillan Pub. Co., 1993)가 있는데, 한글로는 「아가페 성서 지도」라는 책으로 출판되었다.

를 드러내는지 살펴보는 것이다. 왜냐하면 성경은 다양한 많은 인간 저자들에 의해 기록된 글들이지만, 궁극적으로는 유일하신 신적 저자인 하나님의 글로 해석되어야 하기 때문이다. 다시 말해 하나님께서는 룻기 한 권만을 주신 것이 아니라 창세기부터 말라기까지의 구약과 마태복음부터 요한계시록까지의 신약을 정경으로 주셨다. 만일 룻기가 전체 정경의 일부로 하나님에 의해 주어진 글이라면, 해석자는 룻기를 룻기 자체만으로 해석해서는 안 된다. 왜냐하면 부분 성경은 전체 성경의 빛하에서 해석되어야 하기 때문이다. 전체를 알려면 부분을 알아야 하지만, 반대로 부분을 알려면 전체를 알아야 하는 것이다.

결국 부분 성경인 룻기를 해석할 때에는 항상 정경 전체의 빛하에서 해석하려고 해야 한다. 정경 전체의 맥락 안에서 현재 룻기 본문의 기능과 의미는 무엇인지를 항상 물어야 한다. 룻기 안에 언급된 제도와 풍습과 신학적 개념이 다른 정경에서는 어떻게 나타나는지 질문하며 해석해야 한다. 이렇게 정경 전체의 빛하에서 룻기의 의미를 찾는 것이 바로 정경적 방법(canonical method)이다.

6. 신학적 방법(theological method)

우선 "신학적 방법"이라는 개념은 그 의미 자체가 너무나 포괄적이어서 이해하기가 쉽지 않다. 우선 "신학적 주해 방법"이란 "하나님을 아는 것을 목적으로 성경을 주해하는 것"이란 광의의 의미로도 사용될 수 있다. 그러나 성경을 해석할 때에는 이런 광의의 신학적 방법은 너무 일반적이어서 방법론으로 쓰기가 어렵다. 주해의 태도나 마음가짐을 이야기하는 것이기 때문이다.

그렇다면 신학적 방법은 협의의 의미로 사용해야 한다. 협의의 의미로 신학적 방법을 사용하기 위해서 우리는 먼저 역사를 통한 하나님의 계시는 부분적이고(partial) 상황적(occasional)이라는 점을 염두에 두어야 한다. 다시 말해 특정한 성경책 안의 성경 본문 하나는 특정한 역사의 시공간 안에서 생성된 것이기에 상황적(occasional)이며, 하나님에 관해 일부분만(partial) 보여줄 수밖에 없다. 따라서 이런 부분적이고 상황적인 계시일 수밖에 없는 부분 성경은 전체 성경의 통일된 의미 체계 안에서 해석되어야 한다.

이렇게 본다면 신학적 방법이란 "성경의 전체 의미"(total meaning of the Bible)를 염두에 두고 본문을 해석하는 것을 의미한다. 특히 교회에서는 2000년 동안 성경의 전체 의미를 조직화한 신학적 체계를 발전시켜왔다. 교회는 "신론, 인간론, 천사론, 죄론, 구원론, 교회론, 종말론"의 영역으로 나누어 성경의 가르침을 신학적으로 체계화하였다. 최근에는 성경신학에서도 구약이나 신약의 신학적 체계를 조직화하여 제시함으로써 설교자들이 성경 본문을 신학적으로 해석하는 일에 도움을 준다.[20] 어찌되었든 해석자는 부분 성경을 해석할 때에는 교회가 그동안 성령의 조명으로 조직화시킨 신학의 체계를 염두에 두면서 성경을 해석해야 한다.

---

20 브루스 월트키, 『구약신학』, 김귀탁 역 (부흥과 개혁사, 2012).

Chapter 4

적용, 신학적 사색, 그리고 성령의 조명

1. 적용의 중요성

이렇게 문법적–문예적–역사적–정경적–신학적 주해의 단계들을 거쳐 수집한 데이터와 주석 결과들을 가지고 이제 주해자들은 성경 말씀을 삶에 어떻게 적용해야 할지를 고민해야 한다. 왜냐하면 설교란 하나님의 말씀을 교회와 교인들의 삶에 적용하는 것이기 때문이다. 만일 설교자가 성경 말씀을 삶에 적용하지 않는다면 그의 설교는 윤리 강연이나 도덕적 담론에 불과한 것이다.

원래 성경은 "한 본문이 기록된 때와 그 이후의 모든 하나님의 백성에게 이미 적용된 말씀"이기 때문이다. 따라서 성경 본문을 주해한 후에는 이 본문이 원래 하나님의 백성의 삶의 어떤 영역에, 그리고 누구를 대상으로 적용된 말씀이었는지를 살피고, 그리고 나서 오늘 우리의 삶의 어떤 영역에 그리고 누구를 대상으로 어떤 적용점이 있는지를 반드시 드러내야 한다.

2. 이해는 언제나 적용을 포함한다

다니엘 도리아니는 "현대 청중에게 맞는 적용을 하려면 저자가 원래 청중에게 의도했던 적용이 무엇인지 알아야 할 것이다"라고 잘 지적하고 있다.[1] 도리아니는 한스 게오르그 가다머(Hans-Georg Gadamer)의 "이해는 언제나 적용을 포함한다"는 말에 근거하여[2] 만일 설교자가 어떤 성경 본문을 적용할 수 없다면 그는 본문을 제대로 이해하지 못한 것이라고 볼 수 있다고 주장한다.[3]

> 지루한 강연자와 영광스러운 설교자와의 차이는 모두 적용을 어떻게 하느냐에 달려 있다. 이 책에서 우리는 설교의 요소 가운데 특별히 적용에 관해서 많은 부분을 할애할 것이다. 적용은 청중과 하나님의 진리가 만나게 해주는 교차로와 같다. … 효과적인 설교자가 전하는 가장 흥미진진한 진리도 적용이 없이는 진부한 메시지로 다가올 수 있으며, 영적인 필요가 있는 청중들의 영혼을 채워주지 못할 수도 있다.[4]

필자는 신학교에서 강의하던 초반 10년은 성경은 이미 적용된 진리이기 때문에 성경 본문을 잘 설명하면 그 자체가 이미 적용이 되기 때문에 굳이 적용할 필요가 없다는 쪽으로 경도되어 있었다. 그러나 청년 집회나 주일 예배에서 설교를 직접 할 수 있는 기회가 많아지면서 생각이 바뀌었다. 해석자가 성경 본문을 가장 오랫동안 분석하고 해석하였기에 어떻게 적용해야 할지 가장 잘 알고 있으므로, 오늘날 청중들의 삶에 어떻게 적용할 수 있는지를 고민해야 한다는 쪽으로 생각이 바뀌었다.

이런 관점에서 더글러스 스튜어트의 주장은 매우 적절하다.

> 사실, 설교를 준비하는 시간의 대부분은 적용의 토대를 놓은 데에 도움이 되는, 엄격히 말해서 적용이라고 할 수 없는 것들에 할애된다. 실제로 당신은 해당 본문에 대한 당신

---

[1] 도리아니, 『적용』 정옥배 역, 11.
[2] Hans-Georg Gadamer, *Truth and Method*, 2d ed. (Continuum, 1989), 307-11. 도리아니, 『적용』, 45에서 재인용.
[3] 도리아니, 『적용』, 45.
[4] 밀러, 『설교 : 내러티브 강해의 기술』, 81.

의 적용을 오직 당신 자신의 권위에 의거해서 당신의 회중이 받아들여 줄 것이라고 기대할 수 없다. 그들은 적용이 해당 본문의 의미에 대한 적절한 이해에 토대를 둔 것인지를 알 필요가 있고, 그들은 이 점이 그들에게 분명하지 않다면 적용을 진심으로 받아들이지 않게 될 것이다. 마찬가지로 당신은 회중들에게 해당 본문이 무엇을 요구하는지에 대해서는 회피한 채 해당 본문이 무엇을 말하고 있는지만을 설명해서는 안 된다. 성경은 그 자체가 목적이 아니다. 성경은 하나님을 전심으로 사랑하고 이웃을 자기 몸과 같이 사랑해야 한다는 목적에 기여하는 수단이다.[5]

3. 묵상에 대한 오해

성경은 단순히 정보를 전달하는 글이 아니라, 우리에게 무엇인가를 하도록 요구하는 지령이 담긴 글이다. 따라서 설교자는 본문을 주석한 다음에 교우들의 삶에 말씀을 적용하기 위하여 반드시 신학적 사색 혹은 묵상(theological reflection)의 과정을 거쳐야 한다. 여기서 묵상 혹은 사색이란 흔히 많은 설교자들의 경우처럼 주해와는 상관없이 그저 본문을 단지 뜀틀로 삼아, 내면적으로 본문을 깊이 사색하는 것을 의미하는 것이 아니다. 묵상이란 성경 본문을 따라 사고하는 것을 말한다. 단지 본문의 한 구절이나 핵심 단어에 근거하여 제멋대로 상상하는 것을 의미하는 것이 아니며, 본문의 행간을 읽어내는 것도 아니다.

최근에 로마 가톨릭 교회에서 그리고 개신교에서 유행하는 소위 "거룩한 독서"(lectio divina)에서 행하는 이런 식의 묵상은, 종종 본문을 지나치게 심리적으로 해석하고 지나치게 적용함으로써 본문을 사사화(私事化; privatizing)하는 경향이 있다. 이렇게 되면 어떤 성경 본문을 설교 본문으로 택해도 주관적이고 틀에 박힌 메시지만 나온다. 다니엘 도리아니의 말을 들어보자.

어떤 교회를 보면 본문은 달라도 적용은 언제나 똑같은 몇 가지뿐이다. 거룩하라, 충성

---

5 스튜어트, 『구약 주석 방법론』, 158.

하라, 헌신하라 등과 같은 말이다. 매주 신자들은 더 많이 섬기고, 더 많이 증거하고, 더 많이 성경을 공부하고, 더 많이 교회를 후원해야 한다는 말을 듣는다. … 동일한 몇 가지 용어로 동일한 몇 가지 주제만을 말하는 것이다. 그들은 거짓을 전파하는 가장 큰 죄는 피한다 해도, 기독교가 지루하고 부적절하게 보이도록 만드는 두 번째로 큰 죄를 범하는 것이다.[6]

신학적 묵상이란 본인이 본문에 대한 객관적인 연구와 분석을 하지 않은 채, 반복적인 독서―심지어는 수십 번의 독서―를 통해서라도 본문으로부터 얻은 주로 주관적인 깨달음을 가지고 내면적으로 오랜 시간 깊이 사색하면서 적용점을 찾아내는 것이 아니다. 이렇게 되면 성경 말씀이 약화될 가능성이 너무 크다. 성경 말씀을 그저 권위 있는 근거로만 사용한 채 주로 설교자의 내면에서 생성된 묵상은 객관적으로 확인할 수 없는 내면적 말씀(internal word)으로 전락할 가능성이 크기 때문이다.[7]

4. 외적 말씀에 대한 신학적 사색

묵상이란 객관적인 주해의 결과로 확인된 본문의 적법한 의미(legitimate meaning)를 깊이 신학적으로 사색(theological reflection)하는 것을 의미한다. 다시 말해 말씀이 육신이 되어 우리 가운데 거하시고, 성경으로 기록되어 누구라도 확인할 수 있는 객관적인 말씀, 즉 외적인 말씀(external word)을 가지고 주석적 연구를 통해 확인된 적법한 의미를 놓고, 어떻게 신학적으로 오늘 교회와 교우들의 삶에 적용해야 하는

---

[6] 도리아니, 『적용』, 15.
[7] 이런 내향적 묵상의 위험성에 대해서는 도리아니, 『적용』, 46-47을 보라 : "교사들은 방법이 아니라 묵상을 통해 성경을 적용한다. … 참된 적용은 "사람과 하나님 간의 직접적 만남"의 결과다. 인간의 계획이 아니라 하나님의 은혜가 선포를 통해 경건함을 이룬다. 이런 견해를 엄격히 따른다면 이론이 불필요해진다. 우리가 성경을 듣는다면 하나님께 듣는 것이며, 무엇을 말해야 할지 알 것이다. … 하지만 이러한 접근법은 통제되지 않은 묵상에는 안전장치가 별로 없다는 것을 잊어버린다. 묵상하는 사람들은 많은 음성을 듣는데 그 음성들이 다 하나님의 것은 아니다. 최근에 읽은 것들과 일어난 사건들이 큰 영향을 미친다. 더 안 좋은 것은 우리의 마음이 우리를 속인다는 것이다. 죄된 욕망과 쩨쩨한 원한이 우리의 묵상을 오염시킨다."

지를 깊이 있게 고민하는 성찰적 과정을 의미한다.

결국 묵상이란 본문에 성경 기자가 깔아 놓은 단서를 따라 사고하는 것을 말한다. 우리는 여기서 루터의 말을 다시 들어볼 필요가 있다.

> 모든 사람들보다 더 학식 있는 유명한 사람이 되고자 하는 것이 아니라, 나는 성경만이 통치하도록(solam scripturam regnare), 또 성경은 내 정신이나 그 밖의 다른 사람을 통해 해석되지 아니하고, 그 자체와 성경의 영을 통해 이해되기를 바라는 것이다.[8]

한편 이렇게 묵상한 후에, 다른 이들의 주석이나 설교집을 보면서 동일한 본문에 대한 다른 이들의 생각을 살펴보는 것은 혹시 있을지도 모르는 독단적인 생각을 교정할 수 있는 좋은 기회가 될 것이다.

5. 적용하는 법을 배워야 한다

그렇다면 어떻게 성경의 메시지를 삶에 적용해야 하는가? 『적용 : 성경과 삶의 통합을 말하다』란 책을 써서 설교의 적용 문제를 가장 심오하게 다룬 다니엘 도리아니는 "적용 기술은 배우는 것이기보다는 간파해야 하는 것"[9]이라고 보았기에 "성경 해석에 대한 탁월한 글들은 넘쳐 흐르는 데 반해, 적용에 대해서는 참고할 만한 글이 양적으로나 질적으로나 당황스러울 만큼 찾을 수 없다는 사실을 발견하였다"[10]고 토로하고 있다. 그것은 정말 사실이다. 필자도 신학교 시절 이후에 적용에 관한 강의를 들은 적도, 책을 읽은 적도 별로 없었다.

도리아니는 "성경과 인간의 본성을 잘 아는 재능 있는 목사들"의 "직관"만으로 성경 말씀을 적용하는 것이 얼마나 위험한 것인지를 이렇게 지적하고 있다.

---

8 *Weimarer Ausgabe* 7, 98, 40ff.
9 도리아니, 『적용』, 15.
10 도리아니, 『적용』, 10.

성경과 인간의 본성을 잘 아는 재능 있는 목사들은 특정한 본문들의 요점을 쉽사리 전개한다. 하지만 조직적 방법이 없다면 지성과 직관만으로는 어려운 본문들을 납득시키지 못할 것이다. 날마다 일어나는 위기들은 우리의 연구 시간을 빼앗아 가고, 말씀 사역을 밀어내 버린다. 복잡한 문제를 지속적으로 성찰하는 것은 여러 모임에 참석하는 것보다 더 힘든 일이다. 성경 해석 기술이 서서히 감퇴한다.

설교를 준비할 때, 어떤 사람들은 교인들에게 무엇을 말할지 미리 결정하고 나서, 그들의 목적에 맞는 본문을 훑어본다. … 그 목사의 생각이 대체로 성경적이라면, 그가 자신의 교인들을 잘 안다면, 피해는 줄어든다. 직관이 있으면 태만한 교사들이라도 약간의 타당한 메시지는 전할 수 있다. 하지만 그들의 직관이 메말라 버릴 때는 어떤가? 습관적인 태만함은 독이다. 유행을 따르는 편안한 주제들이 증거 본문으로 치장한 채 정기적으로 등장한다. 설교는 하나님의 총체적 뜻을 무시하고 타락한 열망에 영합하는, 반복적이고 인간 중심적인 잡담이 될 수 있다.[11]

도리아니는 "현대 청중에게 맞는 적용을 하려면 저자가 원래 청중에게 의도했던 적용이 무엇인지를 알아야 할 것"[12]이라고 강조하면서 이렇게 말한다.

성경의 적절성을 발견하는 일은 굴을 모으는 일과 비슷하다. 어디를 바라보아야 할지 안다면, 거의 모든 본문 안에 풍성한 적용거리가 담겨 있다. 나는 대부분의 본문에는 하나의 일관된 메시지가 전개할 수 있는 것보다 더 많은 잠재적 적용거리가 있다고 믿는다. 그렇다면 주로 할 일은 뭔가 말할 것을 찾는 것이 아니라, 본문의 중심 주제를 납득시키고 그것을 중심으로 부차적 사항들을 배열하는 한 가지 주된 적용거리를 다루는 것이다.[13]

다니엘 도리아니는 구체적으로 어떻게 적용해야 할지에 대해서도 적절한 가르침

---

11 도리아니, 『적용』, 16.
12 도리아니, 『적용』, 11.
13 도리아니, 『적용』, 114.

을 주고 있다.

> 성경은 일련의 교훈들이 아니다. 하지만 성경은 모두 교훈적이다. 모든 본문은 의미가 있다. 성경 본문은 일곱 가지 방식으로 우리를 교훈한다. 규칙, 이상, 교리, 이야기에 나오는 구속적 행동, 이야기에 나오는 모범적 행동, 성경의 이미지들, 노래와 기도 등을 통해서 교훈하는 것이다.[14]

적용에 관한 더 상세한 것은 그의 책을 직접 상세히 읽는 것이 도움이 될 것이다. 우리는 여기서 한 가지 점을 주목해야 한다. 이런 묵상과 적용의 과정에서 무엇보다 성령의 도우심을 간구해야 한다. 물론 주해의 전 과정에서 성령의 조명을 요청하는 겸손한 자세를 가져야 하지만, 특별히 주해의 결과를 가지고 묵상할 때에는 더욱 성령의 도움을 바라야 한다. 주해 결과 이해하기 어려운 부분, 지금까지 상식적으로 생각해 온 것과 다른 하나님의 지시와 지령들을 대할 때 나의 경험과 이성으로 비판하지 않고 믿음으로 받아들일 수 있게 해달라고 기도하는 순종의 자세가 필요하다. 종종 하나님의 말씀은 우리의 이성과는 다른 세상, 즉 전복된 세상, 아래 위가 바뀐 하나님의 나라(upside down kingdom)를 제시하기 때문이다. 말씀대로 살다가는 굶어죽기 딱 알맞을 것 같은 느낌이 드는 것도 바로 이런 이유에서이다. 이런 경우라 하더라도 성령님의 도움으로 이 말씀에 "아멘"으로 답하며 기쁨으로 받아들이도록 해달라고 간구해야 한다.

6. 성령님께 의존해야 한다

이렇게 주해를 하고 신학적 사색을 하고 적용을 하는 과정에서 그동안 언급하지 않은 것이 하나 있다. 그것은 바로 해석자가 성령께 의존해야 한다는 것이다. 성령께 의존하려면 성령 충만해야 한다. 그런데 성령의 충만을 받기 위해서는 단순히

---

14 도리아니, 『적용』, 115.

기도만 해서는 안 된다. 성령은 성경과 함께 임하시기 때문이다. 성경을 영감하신 영이 성경 말씀을 설교할 때에 설교자는 물론 교우들에게 임하기 때문이다. 그런 점에서 성경은 성령의 매개체인 셈이다. 간단히 말해서 성경 말씀을 통해서 성경의 영의 충만을 받아야 한다.

가끔 성경 연구를 등한시하고 기도를 많이 하는 설교자들의 경우 종종 성경의 영이 아닌 자신의 영으로 성경을 해석하는 경우를 볼 수 있다. 우리가 설교할 때 성령의 충만과 성령의 임재를 간구하는 것은 성경의 영으로 성경을 해석하는 것이 무엇보다 중요하기 때문이다. 따라서 성령 충만이란 말씀 운동과 대조되는 성령 운동을 하는 사람들이 흔히 이야기하는 입신이나 방언이나 떨림 같은 열정적 성령 체험을 가리키는 것이 아니라, 성경의 영으로 충만해지는 것을 의미한다. 다시 말해 성경을 주해하는 과정과 신학적 사색과 묵상하는 전 과정에서 성령의 조명과 도우심으로 성경의 영이 충만케 되도록 해달라고 기도해야 한다.

설교자는 후회 없이 설교하기 위해 기도하고, 설교를 위해 성경 본문을 제대로 주해하고, 신학적 사색과 묵상을 통해 적용하고, 설교 문안을 작성하고, 설교를 강대상에서 전하는 모든 과정에 성령께서 도와주시고 임재하시고 직접 교우들의 마음에 역사하실 것을 기대하고 기도해야 한다.

7. 설교 작성과 설교 전달

이렇게 주해한 후에 풍요로워진 본문의 의미를 설교할 청중의 상황을 고려하면서 수사학과 설교학의 원칙에 따라 설교로 작성(sermon making)하면 되는 것이다.[15] 그리고 나서 설교문을 가지고 주일에 강대상에 올라가 설교를 전달(sermon delivery)하면 주해에서 설교까지의 모든 과정이 완성된다.

여기서는 설교 작성을 간단하게 한 문장으로 언급하였지만, 실제로 주해에서 설교까지의 단계를 보면 두 번째 단계로 매우 중요하며 그 자체로 연구할 주제이다.

---

15 설교자들의 임무가 무엇인지를 보여주는 탁월한 명저로는 헬무트 틸리케, 『현대교회의 고민과 설교』 (대한 기독교 출판사, 1982)를 들 수 있다.

목사가 설교를 어떻게 작성하느냐도 중요하지만, 강대상에서 실제 설교를 전달하는 과정도 만만치 않다. 따라서 주해 못지 않게 설교 작성이나 설교 전달도 중요하다. 따라서 성경 본문의 주해가 끝났다고 하더라도 그것은 전체 3단계에서 겨우 1단계 과정이 끝난 것이라고 보아야 한다.

건전한 주해가 바로 설교의 성공 여부로 직결되는 것은 아니다. 주해는 좋은 설교의 필요 조건이지 충분 조건이 아니다. 다시 말해 주해는 그저 좋은 설교의 필요 조건, 그것도 3분의 1의 필요 조건에 지나지 않는다. 주해를 잘 했어도 설교 작성이나 설교 전달에 문제가 생기면 좋은 설교를 할 수 없다. 그러나 주해를 잘 하지 않고는 성경적 설교를 할 수 없다. 설교란 하나님의 말씀을 순전하게 전하는 것이지, 설교자의 입맛대로 재단해서 하나님의 말씀을 전하는 것이 아니기 때문이다.

이런 점에서 우리는 학자들의 성경 주석들을 필히 참고해야 한다. 물론 상당수의 주석이 설교에 도움이 되지 않는 메마른 학적 내용들로 이루어진 것이 사실이다. 그러나 "설교 없는 주석"도 문제지만, "주석 없는 설교"는 더 큰 문제이다. "설교 없는 주석"은 소수의 목회자에게 악영향을 미친다면, "주석 없는 설교"는 다수의 교인들에게 나쁜 영향을 주기 때문이다.[16]

어찌되었든 지금까지의 주해 과정 후에 설교를 작성해야 한다. 우선 주해 과정에서 주석하며 작성해 놓은 연구 목록 혹은 주해 일지를 사용해야 한다. 설교 작성이란 주해 단계를 밟은 후에 주해 결과물을 나열하는 식으로 하는 기계적 공정(mechanical process)이 아니다. 주해 결과물을 가지고 전혀 새로운 창조물을 만들어내는 화학적 공정(chemical process)이다.[17]

그러나 어떤 경우라 하더라도 주해의 건전한 단계 없이 건전한 설교란 기대하기 어렵다. 때로는 오랜 주석의 작업을 거쳤음에도 불구하고 당장은 별로 신통치 않은 결과를 얻는 경우도 있다. 그럴 때에는 심방도 해야 하고, 상담도 해야 하고, 목회 계획도 세워야 하는데, 무엇을 하고 있나라는 생각이 들기도 할 것이다.

---

[16] 주석 없는 설교에 대해서는 왕대일, 『새로운 구약 주석 : 이론과 실제』(성서연구사, 1996), 30-34를 참조하라.

[17] 신설교학 운동이라고 불리는 새로운 설교 방식에 대해서는 유진 라우리(Eugene L. Lowry), 『이야기식 설교 구성』(The Homiletical Plot : The Semon as Narrative Art Form), 이연길 역 (한국 장로교출판사, 1996); 토마스 롱(Thomas G. Long), 『설교자는 증인이다』(The Witness of Preaching), 서병채 역 (기독교 문서 선교회, 1998)을 참조하라.

또한 많은 시간 투자에도 불구하고 당장 다음 주일에 교인들 앞에 내놓을 멋있는 설교 거리가 되지 못해 초조해지기도 할 것이다. 그러나 단기적으로는 불만스러울지 모르나, 계속되는 차분한 주석 작업은 차후에 큰 보상으로 돌아오기 마련이다. 당장에는 설교로 이용할 수 없는 주석의 결과가 후에는 언젠가 사용할 수 있기 때문이다. 당장에 교인들을 감동시킬 수 있는 남이 만들어 놓은 인스턴트 설교보다는 오랜 주석 작업 끝에 직접 만들어 먹이는 음식이 교인들의 건강에 더 유익한 것은 두말할 나위도 없다. 매일 먹는 어머니의 집 밥이 어쩌다 먹는 맛있는 외식보다 건강에는 더 좋을 수 있기 때문이다.

앞으로 룻기를 주해하는 과정 가운데 하나님 앞에 서 있다는 자세로 문법적–문예적–역사적–정경적–신학적 방법을 잘 사용하게 된다면 "더 성경적인" 설교를 할 수 있게 될 것이다. 이런 기대를 가지고 룻기를 함께 주해해 보도록 하자.

2부

룻기, 어떻게 설교할 것인가

Chapter 5

서막 :
텅 빈 나오미와
양식 주시는 여호와

룻 1:1-6

1. 서론적 이야기

1.1 룻기 1장의 개요

"사사들이 치리하던 때에 그 땅에 흉년이 드니라"로 시작하는 룻기 1장의 개요는 크게 둘로 나눌 수 있다.

첫 단락은 사사 시대에 가나안 땅에 흉년이 들자 베들레헴에 사는 엘리멜렉이란 인물이 아내 나오미와 두 아들을 이끌고 잠시 모압으로 우거하기 위해 떠나는 모습으로 시작한다. 그런데 엘리멜렉이 죽고 나오미 혼자 남았으나, 모압 여자와 결혼한 두 아들로 인해 마음을 달랠 수 있었다. 그러나 10년 만에 두 아들마저 후사 없이 떠나자 나오미는 남편과 두 아들들 뒤에 남을 수밖에 없었다. 이에 삶 전체가 텅 비어 버린 나오미는 여호와께서 자기 백성을 돌보시사 양식을 주셨다는 이야기를 듣고 며느리인 룻과 오르바와 함께 모압 지방에서 돌아오려고 일어난다. 그렇다면 모압 지방에서 돌아오는 과부 나오미에게 과연 무슨 일이 일어날까?

이렇게 역사적–지리적 배경을 설정하고 주인공을 소개하고 주제를 암시하며 호기심을 불러일으키는 이 대목은 룻기 전체 스토리의 발단에 해당하는 단락으로 룻기 전체의 서막이라고 할 수 있다.

한편 1장의 나머지 부분은 제1막에 해당한다. 나오미는 두 자부와 함께 모압 지방에서 일어나 유다 땅으로 돌아오는데 과연 모압 여인인 두 자부가 모압 민족과 모압 신을 버리고 베들레헴으로 돌아올까?라는 문제를 다루게 된다. 따라서 "모압에서 돌아오는 나오미"를 다루는 룻기 1장의 나머지 부분은 플롯의 발전상 크게 세 단락으로 나눌 수 있다.

A. 1막 1장(1:7-14) : 오르바는 돌아가고 룻은 나오미를 붙좇음
B. 1막 2장(1:15-19상반절) : 룻의 시어머니를 향한 죽음에 이르는 충성 맹세
C. 1막 3장(1:19하반절-22) : 연달은 비극을 겪은 나오미의 애가

1.2 서막에 해당하는 성경 본문

룻기는 나오미란 여인에게 연달아 일어나는 세 번의 비극으로 시작한다. 첫째, 가나안 땅에 기근이 들었다. 이에 나오미는 남편 엘리멜렉을 따라 가족을 이끌고 모압으로 이주하였는데, 얼마 지나지 않아 남편 엘리멜렉이 죽었다. 나오미는 남편을 묻은 지 불과 10년도 채 되지 않아 두 아들을 연달아 잃게 되었다. 룻기 서두에 불과 5절 안(1:1-5)에 세 번의 비극이 연달아 일어난다. 기근에, 남편의 죽음에, 두 아들의 죽음까지 꼬리에 꼬리를 물고 이어지는 세 번의 비극으로 나오미는 홀로 세상에 남게 되었다.

언뜻 보면 "그 여인은 두 아들과 남편의 뒤에 남았더라"는 5절에서 룻기의 첫 단락이 끊어져야 할 것으로 보인다. 실제로 대부분의 번역본들이 5절에서 단락을 끊었다. 그러나 필자는 첫 단락을 5절에서 끊으면 안 되고 6절에서 끊어야 한다고 생각한다. 첫 단락이 나오미가 남편과 두 아들을 잃고 홀로 남은 지점에서 끝이 난다면 매우 절망적이고 비극적이다.

그러나 6절로 끝이 나면 나오미가 여호와께서 자기 백성을 돌아보사 양식을 주셨다는 이야기를 듣고 모압 지방에서 돌아오려고 일어나는 장면으로 끝이 나기에 상대적으로 희망적이고 낙관적이다. 물론 이런 희망적이고 낙관적인 주제를 이끌어

내기 위해 6절에서 끊어야 한다는 것은 절대 아니다. 단락을 구분할 때에는 성경 기자가 본문 안에 심어 놓은 단서들과 표지들을 고려해야 하기 때문이다. 그런데 이런 단서들과 표지들을 보면 성경 기자는 1-6절을 한 단락으로 보고 있다. 이와 관련해서 상세한 것에 대해서는 "단락 구분과 구조"의 항목에서 살펴보기로 하고 우선 성경 본문을 1장 1절부터 6절까지 읽어 보자.

"사사들이 치리하던 때에 그 땅에 흉년이 드니라 유다 베들레헴에 한 사람이 그의 아내와 두 아들을 데리고 모압 지방에 가서 거류하였는데 그 사람의 이름은 엘리멜렉이요 그의 아내의 이름은 나오미요 그의 두 아들의 이름은 말론과 기룐이니 유다 베들레헴 에브랏 사람들이더라 그들이 모압 지방에 들어가서 거기 살더니 나오미의 남편 엘리멜렉이 죽고 나오미와 그의 두 아들이 남았으며 그들은 모압 여자 중에서 그들의 아내를 맞이하였는데 하나의 이름은 오르바요 하나의 이름은 룻이더라 그들이 거기에 거주한 지 십 년쯤에 말론과 기룐 두 사람이 다 죽고 그 여인은 두 아들과 남편의 뒤에 남았더라 그 여인이 모압 지방에서 여호와께서 자기 백성을 돌보시사 그들에게 양식을 주셨다 함을 듣고 이에 두 며느리와 함께 일어나 모압 지방에서 돌아오려 하여(룻 1:1-6)."

1.3 단락 구분과 구조

앞에서 잠깐 언급한 대로 단락을 구분할 때에는 성경 기자가 본문 안에 심어 놓은 단서들과 표지들을 고려해야 한다. 그런데 이런 단서들과 표지들은 크게 두 가지가 있다. 즉 단락을 나눌 때에는 각 단락들 사이에 존재하는 "분리의 힘"(separating force)과 한 단락 안의 "결속의 힘"(bonding force)이다. 그런데 두 힘을 모두 고려해 보면 6절에서 첫 단락이 끝나는 것으로 보아야 한다. 상세히 본문을 들여다보면 6절과 7절 사이에는 분리의 힘이 작용하고 있고, 1-6절은 구성 성분들이 반복과 대조를 이루면서 통일된 의미 단락을 보이고 있어서 결속의 힘이 작용하고 있기 때문이다.

우선 6절과 7절 사이에는 분리의 힘이 작용하고 있다. 왜냐하면 7절은 새로운 단락의 시작이기 때문이다. 7절이 6절의 내용을 반복하고 있는 것으로 보이지만 사실은 그렇지 않다.

"그 여인이 모압 지방에서 여호와께서 자기 백성을 돌보시사 그들에게 양식을 주셨다 함을 듣고 이에 두 며느리와 함께 일어나 모압 지방에서 돌아오려 하여(6절)."

"있던 곳에서 나오고 두 며느리도 그와 함께 하여 유다 땅으로 돌아오려고 길을 가다가 (7절)."

물론 6절에서 이미 나오미가 일어나 모압 지방에서 돌아오려고 했음을 언급하는데, 7절에서도 동일하게 나오미의 귀향을 언급하고 있다. 따라서 일부 학자들은 7절을 불필요한 반복으로 간주한다. 그러나 본문을 상세히 들여다보면 7절은 6절의 불필요한 반복이 아니라 새로운 단락의 시작을 가리킨다. 왜냐하면 7절은 나오미의 귀환 길의 시작을 가리키고 있기 때문에 새로운 시작으로 보아야 한다. 이것은 귀한 길의 시작인 7절과 귀환 길의 종국을 언급하는 19절을 연결시켜 보면 금방 알 수 있다. 이 두 절은 7절에서는 "떠나다"는 동사로 귀환 길의 시작을 알리고 있으며 19절에서는 "도착하다"는 동사로 귀환 길의 끝을 알리고 있다.

  a 그녀가 있던 곳을 떠났으며(יצא ; 야차), 두 자부도 그와 함께 하였다
     b 그들이 유다 땅으로 돌아오려고 길을 행하였다(הלך ; 할라크)(7절)
     b' 그 두 사람이 행하여(הלך ; 할라크)
  a' 베들레헴까지 이르니라(בוא ; 보)(19상반절)

위의 도표가 보여주듯이 7절과 19상반절은 "떠나다"(יצא ; 야차), "도착하다"(בוא ; 보), "행하다"(הלך ; 할라크)란 세 개의 단어들로 이중 인클루지오(inclusio)를 보여준다. 7절에서는 세 명의 인물, 즉 나오미와 두 자부가 모압을 떠나며(יצא ; 야차), 19상반절에서는 "이에 그 두 사람이 행하여 베들레헴에 도착하니라(בוא ; 보)"로 되어 있다. "떠나다"는 동사와 "도착하다"는 동사가 7절과 19상반절에 나와 인클루지오를 형성하며 7-19상반절이 한 단락임을 보여준다.

이것은 7절과 19상반절에 "행하다"는 동사가 반복되는 것을 보면 더 분명히 알 수 있다. 7-19절을 상세히 들여다보면 이 단락은 나오미와 자부들이 길을 행하는 도중에 나눈 대화를 다루고 있다. 결국 7-19상반절은 세 사람이 길을 떠나(יָצָא ; 야차) 행하다가(הָלַךְ ; 할라크), 룻과 나오미만이 베들레헴에 도착하는(בּוֹא ; 보) 모습을 묘사하는 단락이다. 따라서 우리는 7절이 새로운 단락의 시작으로서 6절과 7절 사이에는 "분리의 힘"이 작용하고 있다고 결론내릴 수 있다.

한편 1절과 6절 사이에는 "결속의 힘"이 작용하고 있다. 1-6절의 구조를 살펴보면 아래와 같은 동심 구조가 보인다.

  A 가나안 땅의 기근(1상반절)
    B 유다 베들레헴의 한 사람이 모압 지방으로 이거(1하반절-2절)
      C 엘리멜렉이 죽고, 나오미만 남음(3절)
        X1 아들들이 모압 여자 중에서 아내를 삼음(4상반절)
        X2 하나는 오르바요 다른 하나는 룻 : 그들이 거기에 10년쯤 거함(4하반절)
      C' 말론과 기룐이 죽고, 나오미만 남음(5절)
    B' 나오미와 룻이 일어나 모압을 떠남(6절)
  A' 여호와께서 자기 백성을 돌보시사 양식을 주셨음을 들음(6하반절)

가나안 땅에 기근이 들어(A) 모압으로 이주하였던 나오미(B)가 모압을 떠나 돌아오게 되는데(B'), 그 이유는 여호와께서 자기 백성에게 양식을 주셨다는 이야기를 들었기 때문이다(A'). 기근과 풍년, 모압으로의 이주와 고향으로의 귀향이라는 대칭적 주제가 룻기 1:1-6의 전체 틀을 제공하고 있다. 따라서 우리는 1:1-6을 한 단락으로 보는 것이다.[1]

이렇게 전체 틀만이 결속의 힘이 아니라 틀 안의 내부 요소들이 강하게 연결되어 있다. 겉으로 보기에 기근에서 풍년으로, 타향살이에서 귀향으로의 운동은 긍정적인 것처럼 보인다. 그러나 실제로 내용을 들여다보면 그렇지 않다. 나오미가 모

---

[1] 대부분의 주석가들은 1-5절을 한 단락으로 보는 데 반해 프레드릭 부쉬(Frederic Bush)가 1-6절을 한 단락으로 본다. Frederic Bush, *Ruth/Esther*, WBC 9 (WordBooks, 1996), 57-69.

압 지방에서 고향으로 돌아오는 것은 즐거운 금의 환향이 아니다. 남편과 두 아들을 잃고 홀로 쓸쓸히 돌아온다. 그 내용이 중앙 단락을 형성하고 있다. 남편이 죽고 두 아들과 함께 뒤에 남았던 나오미(C)가, 끝내는 두 아들마저 죽고 난 후에, 남편과 두 아들 뒤에 홀로 남게 된다(C'). 남편과 두 아들을 잃고 홀로 남은 나오미의 모습이 대칭되어 있다.

그렇다면 나오미는 이제 끝장인가? 그렇지 않다. 그 사이에 두 아들이 모압 여인과 결혼을 하였기에(X1) , 두 자부는 남아 있었다(X2). 이 동심 구조의 중앙에 나오미의 두 아들과 모압 여인의 결혼, 그리고 두 자부의 이름이 등장하는 것은 룻기 전체의 스토리 전개에 있어서 모압 여인이 중요한 역할을 감당할 것을 예시한다. 나오미의 경우 남편과 두 아들이 모두 죽었고 후사를 남기지 않았기에, 남자 식구들의 결혼으로 나오미의 문제를 해결할 가능성은 사라졌다. 그렇다면 나오미의 삶은 누가 채울 것이며, 남은 두 자부는 어떻게 되는가? 이것이 앞으로 전개될 룻기의 핵심 문제이다.

따라서 룻기 1:1-6은 룻기 내러티브의 첫 시작을 알리는 단락으로 강한 결속력을 보여주면서 배경을 설정하고 등장 인물을 소개하고 주제를 암시하는 기능을 한다.

1.4 그동안의 대중적 해석사

이렇게 첫 단락은 단지 나오미에게 연달아 일어난 비극적 사건으로 끝이 나는 것이 아니라, 여호와께서 자기 백성을 생각하여 양식을 주셨다는 이야기를 듣고 나오미가 모압 지방에서 돌아오기 시작하는 장면으로 끝이 난다.

그런데 그동안 많은 해석자들은 룻기 1:1-5을 한 단락으로 구분한 후에 비극의 원인을 찾는 데 주력하는 모습을 보여왔다. 적지 않은 해석자들이 룻기 서두에 나오는 세 번의 비극을 죄에 대한 하나님의 징벌로 본다. 예를 들어, 가나안 땅에 든 기근은 국가적 죄에 대한 하나님의 징벌이라고 본다(삿 3:7). 룻기가 사사 시대에 일어난 일이란 언급을 근거로 사사 시대는 "각기 자기의 소견에 옳은 대로" 행동한 시기라는 사사기의 평가를 언급하면서 곧바로 기근이란 사사 시대의 이스라엘의 불순종에 대한 형벌이라고 해석하는 것이다.

이런 식으로 해석하는 사람들은 나오미의 남편 엘리멜렉이 죽은 것 역시 여호와를 섬기는 곳이 아닌 모압으로 갔기 때문이라고 본다. 미국의 유명한 방송 설교자인 워렌 위어스비(Warren Wiersbe) 목사는 이렇게 말한다.

> 엘리멜렉은 믿음으로 걷지 않고 눈에 보이는 대로 걸었다. … 엘리멜렉은 영적인 것보다 육체적인 것을 더 중시했다. … 엘리멜렉은 여호와를 존중하지 않고 원수를 존중했다. … 엘리멜렉과 그의 가족은 죽지 않으려고 유다를 떠났지만 그 가족 중 세 남자가 죽음을 당했다. … 불순종의 십 년이 끝났을 때 남은 것이라곤 세 명의 외로운 과부들과 이방 땅에서 묻히게 된 세 구의 시체뿐이었다.[2]

대중적인 설교자인 워렌 위어스비가 하나님의 섭리를 불신하는 행동으로 인해 징벌 당한 것으로 해석하는 것은 그렇다손 치더라도, 일부 성경학자들 역시 모압으로 이사한 것은 죄라고 하는 것은 이런 해석이 대중적인 호감은 물론 상황을 설명해내는 능력이 있음을 보여준다.

이런 해석은 기독교에만 있는 것이 아니다. 유대주의 해석가들 역시 베들레헴에서 모압으로 이주한 것을 재난의 원인으로 본다.

> 그들이 왜 처벌되었는가? 이들이 팔레스타인을 떠나 이방 땅으로 갔기 때문이다. 온 도시가 이들로 인해 소란이 났으며, 여인들이 "이는 나오미가 아니냐?"고 했다. 이것이, 그러니까 "이는 나오미가 아니냐?"가 무슨 뜻인가? 랍비 이삭은 말씀하셨다. 이들이 말하기를 "팔레스타인을 떠나 이방 땅으로 간 나오미에게 무슨 일이 일어났는지 너희들은 보느냐?"라고 한 것이다.[3]

이런 해석들을 보면 성경을 도덕적으로 해석하려는 경향은 동서고금을 막론하고

---

2 워렌 위어스비, 『헌신하여라』, 안보헌 역 (생명의말씀사, 1996), 18–22.
3 Babylonian Talmud : Tractate Baba Bathra Folio 91a (약칭 Baba Bathra 91a). 참조 https://halakhah.com/bababathra/bababathra_91.html.

고난의 이유를 알기 원하는 인간의 성정에 기반한 보편적 경향이라고 볼 수 있다.

1.5 대중적 해석사에 대한 문제 제기

그러나 과연 우리는 룻기 1:1-6을 이렇게 해석해도 될까? 필자는 이런 해석이 이유를 알 수 없는 고난과 비극으로 가득 찬 인간의 삶을 제대로 담아내기 어렵다고 생각한다. 왜냐하면 이런 해석은 우리에게 적용하려고 할 때 여러 문제를 야기하기 때문이다.

예를 들어, 우선 기근이란 자연적 재앙은 언제나 인간의 불순종과 죄 때문인가? 아브라함이 갈대아 우르를 떠나 가나안 땅으로 순종의 발걸음을 옮겼는데, 가나안 땅에 도착하자마자 그 땅에 기근이 든 것(창 12:10)은 그렇다면 구체적으로 누구의 불순종과 죄 때문인가? 창세기를 아무리 읽어보아도 아브라함이 가나안으로 이동한 후에 일어난 기근이 누구의 불순종과 죄 때문인지 명시되어 있지 않다.

설령 기근이 인간의 불순종과 죄 때문이라고 한다고 치자. 그렇다면 우리는 어떻게 해야 되는가? 기근이 있는 땅에 그대로 머물러야 하는가? 기근을 피해 양식이 있는 곳으로 가면 안 되는가? 아브라함이 기근이 들자 애굽으로 내려간 것을 창세기 성경 기자는 어디에서도 비판하지 않는다. 7년 대흉년이 들자 야곱도 가족 70명을 거느리고 애굽으로 내려가지 않았는가? 그리고 애굽인들이 싫어하는 목축업에 종사하면서 애굽에서 400년 만에 이스라엘이 큰 민족이 되었다. 야곱의 후손이 팔레스타인에 머물렀다면 지정학적으로 결코 큰 민족이 될 수 없었을 것이다.

그뿐만이 아니다. 엘리멜렉이 죽은 것은 약속의 땅을 버리고 모압으로 갔기 때문이고 두 아들이 죽은 것은 모압 여인과 결혼했기 때문이라면, 과연 오늘 우리가 가지 말아야 할 모압은 어디이며, 우리가 결혼하지 말아야 할 모압 여인은 누구인가? 그렇다면 한국 땅에 태어난 사람은 어디로도 이민을 가서는 안 되는가? 이민 가서 외국인들과 결혼해서는 안 되는가? 이런 식으로 해석을 하기 시작하면 오늘날 현대를 사는 우리의 삶에 적용을 할 수 없다.

룻기의 주인공은 모압 여인 룻이다. 룻기 1장이 모압 여인과 결혼해서는 안 된다는 메시지를 담고 있다면, 룻기 전체에서 보여지는 룻의 인애의 모습은 어떻게 해석해야 하는가? 게다가 메시아의 족보에 모압 여인 룻이 들어가는 것은 어떻게 받아들여야 하는가? 나중에 보면 다윗 역시 자기 가족을 모압 왕에게 피신시킨 적도 있었다(삼상 22:3). 모압 여인과 결혼한 것이 죄라고 했다가, 나중에는 모든 것이 합력하여 선을 이룬다고 둘러댈 수 있는가? 결국 모든 것이 합력하여 선을 이루는 것이라고 한다면 모압 여인과 결혼한 것이 왜 죄인가? 모압인들도 구속을 받을 대상이 아닌가?

이런 문제만이 아니라 더 심각한 문제가 있다. 우리는 우리에게 닥치는 비극의 원인을 과연 알 수 있는가? 물론 비극을 당하는 사람이 자신의 잘못이 무엇인지를 성찰하는 것은 중요하다. 그러나 과연 이런 성찰로 비극의 원인을 알 수 있는가? 600만 명의 유대인이 독일군에게 학살당한 비극의 원인은 무엇인가? 예수를 십자가에 못박은 민족이기에 그 대가를 치른 것인가? 비록 비극의 원인을 찾아낸다고 해도 과연 그것이 옳은지 어떻게 확증할 수 있는가?

게다가 이렇게 비극의 이유를 찾아 도덕적으로, 신학적으로 설명하려는 해석이 정말로 심각한 이유는 또 하나 있다. 한 사람의 고난과 재앙을 보고 이론적으로 그 이유를 설명하려는 태도는 그들을 정죄하게 만듦으로써 비극을 당한 사람을 돕기는커녕 오히려 더 큰 좌절에 빠지게 하기 때문이다. 룻기 1:1-6을 보면 룻기 저자는 고난의 이유에 대해서 아무런 언급도 하지 않는다. 매우 객관적으로 반복해서 일어나는 고난을 묘사한 후에 나오미가 모압 지방에서 돌아오려 하고 있다고 기술할 뿐이다. 성경 기자가 아무 말도 하지 않는데, 해석자들은 때론 주제넘게 비난과 정죄를 담은 해석을 내놓는다.

그렇다면 이런 식의 해석이 대중에게나 심지어 설교자들에게도 널리 퍼져 있는 이유는 무엇일까? 여러 가지 이유가 있지만, 가장 큰 이유는 룻기 전체에서 1:1-6이 차지하고 있는 문예적 기능이 무엇인지에 대한 이해 없이, 이 단락을 잘라내서 "시트콤(situation comedy)식"으로 해석하기 때문이다. 시트콤은 등장 인물들이 거의 동일하나 매 회마다 독립적으로 해석할 수 있는 단막극 형태의 드라마이다.

그러나 룻기 1:1-6은 잘라내서 앞뒤 문맥과 상관없이 독립적으로 해석할 수 있는 "시트콤 용 대본"이 아니라, 룻기 전체 내러티브에서 "발단"(發端; exposition)의 역할을 하므로 독립적으로 해석해서는 안 된다. 따라서 우리는 룻기 전체 스토리에서 룻기 1:1-6이 "발단"의 역할을 하고 있다는 점을 염두에 두면서 본문을 읽어야 한다.

2. 사사들이 치리하던 때에

2.1 "발단"의 정의

그렇다면 도대체 "발단"이란 무엇인가? 발단이란 내러티브나 스토리에 서술될 행동들의 서론으로서, 등장 인물들이 소개되면서 그들의 이름, 특징, 외모 등을 밝히고 지리적, 시간적 배경이 설정되는 서두라고 할 수 있다. 그렇다고 발단을 스토리의 단순한 시발점이라고 보아서는 안 된다. 발단에는 스토리의 갈등과 주제가 암시됨으로써 독자들로 하여금 지속적인 흥미를 유발시키는 경우가 많기 때문이다.

룻기의 발단에서는 지형적, 역사적 배경이 설정되고, 9명의 등장 인물 가운데 여섯 명이 소개된다. 그 중에 셋은 주요 등장 인물 다섯 명 가운데 셋에 해당한다. 발단에는 성격의 갈등과 주제를 예시할 수 있는 암시성이 내포되어 있는 경우가 많은데, 룻기에서는 흉년으로 주인공 가족이 모압으로 이주한 후에 가족 구성원이 죽게 되는 비극이 연달아 빠른 속도로 일어난다. 따라서 흉년과 나그네됨, 죽음과 뒤에 살아남음 같은 주제가 암시된다.

2.2 독특한 시작

룻기 기자는 시간적 배경으로 내러티브를 시작한다. 이것은 내러티브의 발단에서 흔히 볼 수 있다.

"사사들이 치리하던 때에(וַיְהִי בִּימֵי שְׁפֹט הַשֹּׁפְטִים; 와예히 비메 셰포트 하쇼페팀; 1절)"[4]

---

[4] 한국에서 가장 많이 쓰이고 있는 인쇄된 히브리 성경 『비블리아 헤브라이카 슈투트가르텐시아』 (*Biblia Hebraica Stuttgartensia* : 앞으로 BHS 약자로 표시할 것임)의 룻기 편집자 로빈슨(Th. Robinson)은 칠십인경(ἐν τῳ

"사사들이 치리하던 때에"는 직역하면 "이제 사사들이 치리하던 때였다"라고 번역할 수 있다. 그런데 이 문장의 첫 단어 "와예히"(וַיְהִי)는 히브리 내러티브에서 새로운 시작을 알리는 "전형적인 표지"(typical marker)이다. 그런데 한글개역개정에는 아예 번역되어 있지 않다. 왜냐하면 이 단어는 직역하면 "그리고 … 였다"의 의미로서 히브리 내러티브에만 나타나는 독특한 표현인데다가 번역하기가 어렵기 때문이다.

그러나 "와예히"(וַיְהִי)는 단순히 내러티브의 시작을 알릴 뿐 아니라 앞의 어떤 스토리와의 연속성을 알리고 있기에 매우 중요한 표현이다. "와예히"(וַיְהִי)의 첫 음절의 자음인 와우(ו)는 "연속의 접속사"로서 앞에 선행하는 어떤 스토리나 내러티브가 있음을 전제하면서 그 스토리나 내러티브의 흐름을 연속시키는 기능이 있다. 앞의 스토리와의 연속을 알린다는 점에서 "와예히"(וַיְהִי)가 전체 스토리 안의 작은 에피소드를 시작할 때도 사용되는 것은 충분히 이해될 수 있다. 그러나 "와예히"(וַיְהִי)가 심지어는 한 책의 맨 앞 서두에 나오는 것은 처음에는 이해하기 어렵다. 그런데 흥미롭게도 여호수아, 사사기, 사무엘서, 그리고 에스더서 같은 역사서 내러티브의 첫머리에 이 표현이 나온다. 게다가 에스겔서, 요나서 같은 선지서 내러티브를 여는 표현으로 사용된다.[5] 그러므로 성경 기자는 이 표현을 통해 심지어 독립적인 책으로 보이는 스토리도 독자적으로 읽어서는 안 된다는 점을 지시하고 있다는 것이 학계의 중론이다.

룻기 역시 "와예히"(וַיְהִי)로 시작하고 있기에 독립적으로 읽도록 의도된 책이 아님을 염두에 두어야 한다. 룻기는 여호수아-사사기로부터 이어지는 역사서의 연속 내러티브로 들려지도록 의도된 역사 이야기인 것이다. 그리고 다시 사무엘서로 연속되도록 만들어진 대하 구속 드라마의 일부분인 것이다. 왜냐하면 성경 기자는 여

κριυειυ)을 근거로 "사사들이 치리하던 날들에"에서 "날들"이라는 의미의 "예메"(יְמֵי)가 생략되어 있다고 주장한다. 한편, 페쉬타역에는 "치리하던"은 생략된 채 "사사들의 날들에"라고 되어 있다. 그러나 이 정도의 외적 증거만으로는 마소라 사본을 개정할 필요를 느끼지 못한다. 더욱이 고대 라틴역(OL)이 "in diebus iudicis iudicum"(사사들이 치리하던 날)으로 되어 있으며 일부 칠십인경 사본도 반복처럼 보이는 번역을 감행함으로 마소라 사본을 지지하고 있다. 일부 학자들은 이 시간구를 신명기적 역사가의 첨가라고 본다. 그러나 이 시간구는 결론부의 족보와 함께 인클루지오(inclusio)를 형성하면서 전체를 감싸는 구조적 기능을 감당할 뿐 아니라, 해석의 문맥을 제공하기에 함부로 후대의 첨가로 보아서는 안 된다.

5 그래서 히브리 문법에서는 이런 기능을 "와우 연속법"(waw consecutive)이라고 부른다. 와우(ו)는 단순히 두 개의 단어나 구나 절을 병행하는 등위 접속사로 사용될 수 있는데 이런 와우를 "단순 와우"(simple waw)라고 부르는 데 반해, 앞의 문장에 이어서 연속적인 흐름이나 동작을 보여주는 와우를 "연속의 와우"(consecutive waw)라고 부른다.

호수아, 사사기, 룻기, 사무엘서의 서두에 모두 "와예히"(וַיְהִי)가 등장하도록 하여 연속되는 스토리로 읽도록 독자들에게 지시하고 있기 때문이다. 따라서 룻기는 독자적으로 읽혀서는 안 되며 구약 성경의 일부로 더 나아가서는 구약과 신약으로 이루어진 정경(canon) 전체의 문맥을 염두에 두고 읽혀야 한다.

2.3 시간적 배경

"사사들이 치리하던 때에"란 어구는 직역하면 "사사들이 사사로 다스리던 날들에"이다. "치리하다"로 번역된 동사는 "사사로 다스리다"란 뜻의 동사 "샤파트"(שָׁפַט)의 부정사인데, 사사들이란 히브리어 "쇼페트"(שֹׁפֵט)가 이 동사에서 파생하였다. 이렇게 "사사들이 사사로 다스리던 날들에"라고 동일한 어근의 단어를 두 번이나 사용한 것은 룻기가 기록하고 있는 내용이 역사적으로 얼마든지 확증할 수 있는 사건들임을 강조하기 위한 것이다.

그러나 일부 비평적 해석자들은 이 어구를 그저 "옛날 옛적에"란 뜻으로 이해한다. 즉 사사들에 대한 언급이 역사적 사실을 가리키는 것이 아니라는 것이다. 한신대의 장일선 교수는 "그저 성경 기자가 이야기를 전하고 있는 그 시각보다는 훨씬 더 오래된 이전의 시간을 가리킬" 뿐이라고 말한다.[6] 옛날 이야기의 전형적 어구인 "옛날 옛적에"(once upon a time)란 표현과 유사하다는 것이다. 그러나 이 같은 주장은 룻기가 그저 민담이나 동화라는 전제에 기초한 것이기에 전혀 근거가 없는 것이다.[7]

"사사들이 사사로 다스리던 때에"라는 시간적 배경은 단순히 사건의 배경을 제시하는 기능만 하는 것이 아니다. 룻기가 기록하고 있는 사건들이 실제 언제 일어났는지를 실증적으로 확인하도록 독자들에게 요구하는 기능을 하면서 룻기 전체를

---

[6] 장일선, 『히브리 설화의 문학적 이해』 (대한기독교출판사, 1985), 87.

[7] 많은 구약 성경의 책들이 וַיְהִי(와예히)로 시작한다. 여호수아, 사사기, 사무엘, 에스겔, 요나, 에스더서 등이 이 단어로 시작하는데, 히브리인들은 이를 모두 역사적인 글들로 간주한다. 룻기의 저자는 룻기에 기록된 글들이 사사 시대에 일어난 사건으로 서술하고 있다. 따라서 심지어는 민담적 접근을 사용하는 쏜(Jack M. Sasson)조차도 "오래 전에" "옛날에"라는 식으로 픽션의 시작을 알리는 표현처럼 번역해서는 안 된다고 말한다. 참조, Jack M. Sasson, *Ruth : A New Translation with a Philological Commentary and a Formalist-Folklorist Interpretation* (Baltimore and London : The Johns Hopkins University Press, 1979), 14-15.

어떤 역사적 배경하에서 이해해야 하는지를 보여주는 해석의 열쇠이다. 따라서 우리는 사사들이 활동하던 시대를 연상하면서 룻기 내러티브를 읽어야 하며, 무엇보다 모압 여인 룻과 베들레헴의 유력자 보아스의 행동이 어떤 의미를 갖는지를 살펴보아야 한다.

2.4 룻기의 일차적 해석의 문맥은 룻기 자체

그런데 우리는 여기서 조심해야 할 것이 하나 있다. 일부 해석자들은 내러티브를 읽을 때 역사지향적 읽기(historically oriented reading)를 하는 경향이 있는데 이는 본문을 곡해할 위험이 있다. 예를 들어, "사사 시대" 하면 "사람이 각자 자기의 소견에 옳은 대로 행동한" 시기라고 평가한 사사기의 역사적 평가를 바로 떠올리고, 이런 룻기 밖의 해석적 근거를 가지고 들어와서 본문을 해석해서는 안 된다. 예를 들어, "사사들이 치리하던 때에 그 땅에 흉년이 드니라"라는 룻기 1:1의 언급을 사사 시대 사람들이 자기 소견대로 행한 데 대한 하나님의 형벌로 곧바로 해석하는 것이다. 이렇게 해석하는 것은 룻기 본문의 첫 번째 해석의 문맥을 룻기 밖에서 찾는 것인데, 이는 적절한 해석 방법이 아니다. 사사 시대에 든 "흉년"의 모티브는 룻기 내러티브 자체에서 어떤 기능을 하는지, 그리고 정경적 문맥에서 흉년의 모티브가 어떤 주제 표출의 역할을 하는지를 먼저 살펴야 한다.

왜냐하면 룻기를 다룰 때에 염두에 두어야 할 첫 번째 해석의 문맥은 사사기가 아니라 룻기 자체이기 때문이다. 물론 사사기가 룻기 해석의 두 번째 해석적 문맥인 것은 사실이다. 그러나 "사사들이 사사로 다스리던 날들에"란 언급이 룻기 내러티브 안의 어느 부분과 연관되면서 의미를 창출하는지 먼저 살펴보아야 한다. 이렇게 룻기 자체 스토리를 첫 번째 해석의 문맥으로 염두에 두고 룻기를 읽으면 결미 부문에 다윗에 대한 언급과 함께 다윗의 족보가 나오는 것이 눈에 띈다.

"그의 이웃 여인들이 그에게 이름을 지어 주되 나오미에게 아들이 태어났다 하여 그의 이름을 오벳이라 하였는데 그는 다윗의 아버지인 이새의 아버지였더라(룻 4:17)."

사사 시대에 대한 언급(1:1)과 다윗에 대한 언급(4:17하), 그리고 다윗으로 끝이 나는 베레스의 족보(4:18-22)는 룻기 내러티브 전체를 감싸는 연대기적 인클루지오(inclusio)[8]의 기능을 감당하면서 룻기의 1차적 해석의 문맥을 제공한다.

룻기 내러티브의 처음과 끝에 나타나는 사사 시대와 다윗 시대에 대한 언급은 룻기에 기록된 사건들을 사사 시대에 피폐해진 이스라엘의 국가적 삶이 어떻게 다윗 시대에 풍요롭게 바뀌는가를 염두에 두면서 해석할 것을 우리에게 요구하는 것이다. 결론부의 다윗의 족보를 보면 룻기는 이미 다윗이 이스라엘에게 주어진 하나님의 최고의 선물임을 이스라엘 독자들이 알고 있는 상황에서 기록된 것임을 보여준다. 사사 시대와 다윗 시대에 대한 언급은 룻기에 기록된 사건들이 사사 시대에 피폐해질 대로 피폐해진 이스라엘이 어떻게 다윗 시대에 풍요롭게 변하였는지, 그 신학적 이유가 무엇인지를 시사하기 위한 의도로 볼 수 있다. 따라서 룻 1:1-6을 해석할 때에는 따로 떼어내어 독립적으로 분석해서는 안 되고, 사사 시대에 피폐해진 이스라엘의 국가적 삶이 어떻게 다윗 시대에 풍요롭게 바뀌는가를 암시적으로 보여주는 정경적 의미를 가지고 있음을 염두에 두면서 해석해야 한다.

3. 주제 암시

3.1 첫 번째 주제 : 흉년

룻기 내레이터는 시간적 배경을 "사사들이 치리하던 때에"라고 밝힌 후에 바로 주제를 암시한다.

"그 땅에 흉년이 드니라(וַיְהִי רָעָב בָּאָרֶץ ; 와예히 라아브 바아레츠)."

---

[8] 인클루지오(inclusio)란 한 단락이나 에피소드나 스토리의 처음과 끝에서 동일하거나 유사한 요소를 반복함으로써 전체를 감싸는 문예장치로서 봉투 기법(envelope)이라고 불린다. 여기서는 사사 시대와 다윗 시대라는 연대기적 언급이 전체를 감싸고 있기에 연대기적 인클루지오라고 부른 것이다.

내러티브의 시초인 발단은 앞서 살핀 대로 보통 시간적 공간적 배경을 설정하고, 등장 인물을 소개하며, 주제를 암시한다. 그런데 룻기 기자는 내러티브의 발단에 사사 시대라는 시간적 배경을 설정한 다음에 "그 땅에 흉년(רָעָב; 라아브)이 들었다"고 묘사함으로 공간적 배경과 함께 룻기 1장의 주제인 "텅 빔"을 암시한다. 룻기 1장의 주제가 "텅 빔"이라는 사실은 이제 스토리 전개와 함께 나타나게 될 것이다.

어찌되었든 흉년이 왜 텅 빔이란 주제를 암시하고 있는가? 자연 수준에서의 텅 빔이 흉년이기 때문이다. 흉년! 젖과 꿀이 흐르는 약속의 땅에 흉년이라니 어찌된 일인가! 사사 시대뿐 아니라 족장 시대에도 흉년이 있었다. 흉년이 들면 사람들의 삶은 피폐해질 수밖에 없고, 흉년이 들면 무엇인가 대책을 세워야만 한다. 따라서 흉년이 들었다는 이야기를 들으면 일반적으로 사람들은 긍휼과 동정심을 가진다.

인류 역사에서 가장 큰 고통은 흉년과 기근이다. 기근이 얼마나 큰 고통을 안겨 주는지는 역사에 남아 있는 기록을 보면 금방 알 수 있다. 맛시모 몬타나리의 『유럽의 음식문화』에서 발췌해 보자.

여러 문서에는 750년과 1100년 사이에 유럽 전체에 걸친 기근이 29번 기록되어 있어서 12년에 한번 꼴로 대기근이 일어난 셈이다. … 어떤 기준으로 보더라도 11세기가 가장 심각한 재난에 시달린 시기였다. … 글라베르에 의하면 1032년과 1033년 사이에 다음과 같은 일이 일어났다.

기근이 전세계에 퍼져서 전 인류를 죽음으로 몰아넣을 기세이다. … 식량 부족은 모든 계급의 사람들을 덮쳤다. 부자들이나 제법 살 만했던 사람들도 가난한 사람들과 마찬가지로 굶주림으로 핏기가 없게 되었고, 일반화된 궁핍 앞에서 유력자들의 폭거마저 멈췄다. … 그러는 동안 네 발 짐승과 새들을 다 잡아먹고 나서 사람들은 끔찍한 배고픔에 사로잡혀 죽은 짐승 고기를 비롯해서 아무 고기나 먹고 그 외의 어떤 더러운 것도 다 먹어치웠다. 어떤 이들은 나무뿌리와 숯를 먹어 죽음을 면해 보려고 하였으나 소용이 없었다. 신의 분노를 피할 도리는 없었다. … 그 시기에, 오 불행이여, 기아의 광증은 인육을 먹도록 만들었다. … 여행자들은 그들보다 힘센 사람들에게 잡혀서 몸이 절단되어 불에 구워졌다. … 수많은 사람들이 과일 한 개나 계란 한 개로 아이들을 으슥한 곳으로 꼬여서 죽인 다음 먹어 버렸다. … 마치 식인 풍습이 정상적인 관습인 것처럼 어떤 사람은 투르늬(Tournus) 시장에 인육을 갖고 와서 팔았다. 그 사람은 체포된 뒤에도 자신의 죄를 부인하지 않았으며 그래서 결박하여 화형에 처해졌다. 그 인육을 땅에 묻었더니 다른 사람이 파서 먹었다. 그 사람 역시 화형에 처해졌다.[9]

현대에 풍요를 경험하는 한국 그리스도인들은 웬만해서 굶지 않는다. 기근과 흉년으로 배고픔을 거의 경험하지 못하였기에 고대인들이 기근으로 어떤 고통을 당했는지 잘 알지 못한다. 따라서 위와 같은 역사 기록을 읽으면 소설처럼 느껴진다. 그러나 기근과 흉년은 무서운 재앙이었다. 인간사에서 흉년과 기근은 피할 수 없는 일이기 때문이다.

바이블 웍스(Bible Works)란 프로그램으로 검색을 해 보면 구약 성경에는 흉년/기근이란 단어(רָעָב ; 라아브)가 무려 134회나 사용되고 있다. 약 1500년의 구약 역사를 살펴보면 10년에 한 번 정도의 흉년이 있었다고 통계적으로 말할 수 있다. 그만큼 흉년은 고대 세계에서는 흔한 일이었다. 어디 그뿐인가? 기근이 얼마나 공포스러운 재앙인지는 성경에도 나온다.

"주 여호와께서 이같이 이르시되 내가 나의 네 가지 중한 벌 곧 칼과 기근과 사나운 짐승과 전염병을 예루살렘에 함께 내려 사람과 짐승을 그 중에서 끊으리니 그 해가 더욱 심하지 아니하겠느냐(겔 14:21)."

에스겔 선지자는 기근을 칼과 사나운 짐승과 전염병과 함께 4대 재앙으로 언급한다. 그러나 이 중에 가장 큰 재앙은 기근이라고 예레미야는 말한다.

"칼에 죽은 자들이 주려 죽은 자들보다 나음은 토지 소산이 끊어지므로 그들은 찔림받은 자들처럼 점점 쇠약하여 감이로다(애 4:9)."

구약 성경이 무려 134회나 기근을 언급하는 것은 성경 역사에서 기근은 하나님의

---

9 맛시모 몬타나리, 『유럽의 음식문화』, 주경철 역 (새물결출판사, 2001), 75-77.

백성이 피할 수 없는 고통이요 환난임을 잘 보여준다.

3.2 흉년에 대한 독자의 반응은 어떠해야 하는가?

과연 우리는 룻기를 읽으면서 가나안 땅에 흉년이 들었다는 이야기를 들으면 무슨 느낌을 가지는가? 기근으로 인해 고통당하는 이들의 아픔이 동병상련처럼 아련하게 느껴지는가? 아니면 그저 남의 이야기 같아 아무런 느낌도 들지 않는가? 아니면 왜 기근을 당했는지 도덕적 이유를 찾으려고 하는가?

그런데 흥미롭게도 성경 해석자들은 특별히 설교자들은 흉년을 당한 사람들에 대한 긍휼과 동정보다는, 흉년에 대한 이론적인 도덕적 설명을 먼저 시도하는 경향을 보인다. 실제로 기근을 당한 사람 앞에서는 동정과 긍휼을 보일 것이 분명한 설교자들이 성경 본문 앞에서는 이상하게도 윤리적 이유를 찾으려고 한다.

그러다 보니 설교자들은 "그 땅에 흉년"이 든 것은 사사 시대의 이스라엘의 죄 때문이라고 쉽게 해석한다. 왜 이런 식의 윤리적 해석을 보이는 것일까? 설교자들은 성경 본문을 가지고 도덕적 신학적 교훈을 전하려는 의도가 너무 강하기 때문이다. 아이러니컬하게도 설교자들은 본문 자체에 오래 머무르면서 본문이 무엇을 말하는지 귀 기울이기보다는 도덕적 교훈을 주거나 신학적 메시지를 먼저 찾으려고 한다. 그러다 보니 본문의 작은 단서라도 찾아서 이를 근거로 삶에 적용하려다 보니 도덕적 해석의 경향을 보이게 된 것이다.

물론 성경 본문은 단순히 정보를 전달하는 데 목적이 있는 것이 아니며(not informative) 우리의 행동을 지시하는 지령적(directive) 목적이 있기에 성경 본문을 삶에 적용하려는 노력은 격려할 만한 일이다. 그러나 여기서 우리는 지령은 본문 자체에서 나와야 한다는 점을 잊어서는 안 된다. 해석자가 본문의 작은 단서를 선택적으로 취해서 해석자 마음대로 주관적 해석을 해서는 안 된다.

물론 성경에 나오는 흉년 가운데 하나님의 심판으로 간주되는 경우도 있는 것이 사실이다(왕하 8:1; 사 3:1 등). 그러나 실제로 성경을 읽어보면 원인을 알 수 없는 흉년이 몇 번 나온다. 예를 들어, 아브라함의 경우 본토, 친척, 아비 집을 떠나 가나안 땅으로 순례를 시작하였음에도 불구하고 아브라함은 약속의 땅에서 곧바로 기근을 만나 애굽으로 내려갈 수밖에 없었다(창 12:10). 이삭의 때에도 가나안 땅에 기근이 들었다(창 26:1). 그런데 성경에는 아브라함이나 그 외의 다른 인물들이 잘못을 저질 렀다는 하등의 언급도 없다.

이것은 룻기도 마찬가지이다. 룻기에 언급된 가나안 땅의 기근과 흉년의 이유에 대해서는 아무런 언급이 없다. 엘리멜렉이나 자녀들이나 이스라엘 백성이 잘못을 해서 흉년이 생겼다는 암시는 어디서도 살펴볼 수 없다. 물론 누군가의 잘못에 의해서 흉년이 생겼을 수도 있다. 그러나 룻기 본문은 이에 대해 단 한마디도 하지 않는다. 따라서 해석자들은 본문이 언급하지 않는 부분에 대해 함부로 해석을 해서는 안 된다. 한마디로 우리는 "침묵으로부터의 논증"이라는 오류를 범해서는 안 된다.

3.3 흉년의 "정경적" 의미(canonical meaning)

오히려 이 점을 염두에 두면서 본문 자체와 정경적 문맥에 착념할 필요가 있다. 정경적 해석이란 정경을 형성하는 구약과 신약 전체의 문맥에서 의미를 찾는 노력을 의미한다. 본문에 사용된 어구인 "그 땅에 흉년이 드니라"(וַיְהִי רָעָב בָּאָרֶץ ; 와예히 라아브 바아레츠)는 표현이 정확히 정경 전체 가운데 어디에 나오는지를 살펴볼 필요가 있는데 놀랍게도 이 표현은 창세기 12:10과 26:1의 족장 이야기에만 나온다.

"그 땅에 기근이 들었으므로(וַיְהִי רָעָב בָּאָרֶץ ; 와예히 라아브 바아레츠) 아브람이 애굽에 거류하려고 그리로 내려갔으니 이는 그 땅에 기근이 심하였음이라(창 12:10)."

"아브라함 때에 첫 흉년이 들었더니 그 땅에 또 흉년이 들매(וַיְהִי רָעָב בָּאָרֶץ ; 와예히 라아브 바아레츠) 이삭이 그랄로 가서 블레셋 왕 아비멜렉에게 이르렀더니(창 26:1)."

우리는 이렇게 동일한 어구가 성경에 3번 나온다는 데 주목해야 한다. 그렇다면 룻기 기자는 왜 족장 기사에 나오는 표현과 동일한 어구를 사용하고 있을까? 우리는 정경 전체에서 이 어구가 갖는 의미를 찾을 줄 알아야 한다. 룻기 주석을 쓴 허바드(Robert L. Hubbard)¹⁰는 정경적 문맥에서 볼 때 흉년은 "두 가지 주제적 기능"을 갖는다고 말한다.

"첫째 흉년은 비극임에도 하나님의 백성을 위한 하나님의 계획을 전진시킨다"는 것이다.¹¹ 아브라함과 이삭이 기근으로 인해 각기 애굽과 블레셋 지역으로 피신하였으나 거기서 하나님의 도우심을 체험하고 전보다 더 부자가 되었기 때문이라는 것이다. 아브라함은 바로를 통해 "양과 소와 노비와 암수 나귀와 낙타를 얻게" 되었고(창 12:16), 이삭은 아비멜렉의 도움을 받게 되었고, "그 땅에서 농사하여 그 해에 백 배나 얻었고 여호와께서 복을 주시므로 그 사람이 창대하고 왕성하여 마침내 거부"가 되었다(창 26:12-13)는 것이다.

둘째, "이 흉년은 하나님의 백성을 위해 어떤 종류의 더 큰 미래를 암시"하고 있는데 아브라함이 흉년으로 가나안을 떠났다가 다시 돌아온 것처럼, 엘리멜렉의 가족이 흉년으로 베들레헴을 떠났다가 다시 돌아올지 모른다는 점을 암시하고 있다고 허바드는 주장한다.¹²

허바드의 해석은 우리가 성경을 정경 전체의 문맥에서 보는 것이 얼마나 중요한지를 보여준다. "흉년"이라는 비극이 그 자체로 우리의 삶에 고통만을 안겨주는 것은 아님을 정경이 가르쳐주고 있다는 것이다. 물론 하나님의 백성이라고 하더라도 흉년이나 기근 같은 고난에서 면제받는 것은 아니라는 점을 분명히 보여주지만, 그럼에도 불구하고 하나님께서 그의 백성과 함께 하시며 그의 백성을 위한 하나님의 계획을 친히 이루어가신다는 점을 보여준다. 가나안 땅에도 기근은 다가오기 마련이며, 무슨 이유에서든 기근이 다가오면 하나님의 백성조차도 기근을 피할 수는 없지만, 하나님께서는 끝내 그의 백성들과 함께 하시고 그들을 위해 역사하신다는 것이다.

이것은 오늘날 우리 그리스도인의 삶에서도 마찬가지이다. 그리스도를 믿는 순간 우리는 온갖 불행과 재난과 고통에서 면제를 받는 것은 아니다. 우리는 비그리

---

10 로버트 허바드(Robert L. Hubbard)는 휘튼 대학을 졸업하고, 풀러 신학교를 거쳐 클레몽 대학교에서 박사학위를 받은 후에 콜로라도의 덴버(Denver) 신학교를 거쳐 1995년부터 노스 파크(North Park) 신학교에서 성경학을 교수하고 있다.

11 Robert L. Hubbard, *The Book of Ruth*, NICOT (Eerdmans, 1988), 85.

12 Hubbard, *The Book of Ruth*, 85.

스도인들과 동등하게 재난을 당한다. 때론 그 재난의 원인도 알지 못한다. 그러나 우리가 비그리스도인들과 다른 것은 이 같은 재난을 당할 때 하나님께서 우리와 함께 하시며 우리를 위한 하나님의 계획을 친히 이루어가신다는 점이다.

물론 룻기의 발단 부분에서는 아직 이런 점이 구체적으로 드러나지 않았다. 그러나 이스라엘 독자들은 "그 땅에 흉년이 드니라"(וַיְהִי רָעָב בָּאָרֶץ ; 와예히 라아브 바아레츠)는 표현을 통해 족장에게 일어났던 일이 혹시 또 일어날지 모른다는 기대를 갖게 하였음이 분명하다. 우리가 앞으로 살펴보게 되겠지만 룻기는 텅 빈 나오미의 삶이 어떻게 채워지는지를 보여주는 이야기이다. 따라서 고대 이스라엘 독자들은 흉년이 들어 애굽 땅으로 갔던 아브라함에게 일어난 일이 텅 빈 나오미의 삶을 채울 수 있을까라는 질문을 던지며 룻기를 읽었을 것으로 보인다.

이것은 오늘날 신약의 독자들인 우리에게도 마찬가지이다. 우리가 고난을 당할 때 불평과 불만을 늘어놓는 것으로는 문제가 해결되지 않는다. 우리가 당하는 고난의 이유를 우리는 다 알 수 없다. 우리가 고난을 당할 때 주님께서는 우리와 함께 하신다는 사실을 믿고 고난을 이겨내야 하는 것이다.

이렇게 해석자들은 성경 본문의 의미를 찾으려고 할 때 너무 쉽게 "역사 지향적 읽기"(historically oriented reading)를 해서는 안 된다. 다시 말해 너무 빨리 본문 밖으로 나가 본문이 가리키는 역사적 사건이나 환경을 파악하고, 역사적 재구성을 한 후에 그 속에서 해석자가 스스로 도덕적 의미를 찾아내고 부여하는 일을 해서는 안 된다. 해석자들은 가능한 한 오래 본문과 본문의 근접 문맥과 정경적 문맥을 근거로 본문의 문자적 의미가 무엇인지를 찾아내는 일에 일차적으로 최선을 다해야 한다. 종교 개혁자 마틴 루터는 이렇게 문자적 의미를 찾아내려는 방식의 성경 읽기를 "성경의 영으로 성경을 해석하는" 것이라고 보았다.

3.4 두 번째 주제 : 우거자/나그네

룻기 기자는 시간적-공간적 배경을 설정하고 주제를 암시한 후에 등장 인물을 소개하면서 또 다른 주제를 제시한다.

"유다 베들레헴에 한 사람이 행하였다

(וַיֵּלֶךְ אִישׁ מִבֵּית לֶחֶם יְהוּדָה ; 와엘레크 이쉬 미베트 레헴 예후다)

모압 지방에 가서 우거하려고

(לָגוּר בִּשְׂדֵי מוֹאָב ; 라구르 비스데 모아브)

그 아내와 두 아들을 데리고

(הוּא וְאִשְׁתּוֹ וּשְׁנֵי בָנָיו ; 후 웨이쉬토 우스네 바나우)."

내레이터가 소개하는 등장 인물은 "유다 베들레헴에 살던 한 사람"이다. 이 사람이 아내와 두 아들을 데리고 모압 땅에 가서 우거하려고 베들레헴을 떠나고 있다. 등장 인물은 유다 베들레헴 사람과 그의 아내와 두 아들이다. 우선 "그의 두 아들"이라고 번역된 원문(שְׁנֵי בָנָיו ; 스네 바나우)은 "둘"이란 수사에 "그의 아들들"이 결합된 형태이다. 이런 경우에는 "그의 아들들 가운데 두 사람"(아들이 둘보다 많은데 그 중에 둘)이거나 "그의 두 아들"(아들이 둘밖에 없는 경우)일 가능성이 있다.[13] 그런데 문맥으로 보면 아들이 둘밖에 없는 경우로 보아야 할 것 같다. 베들레헴에 사는 한 사람이 모든 가족을 이끌고, 즉 아내와 두 아들을 데리고 모압으로 이주한 것이다.

내레이터는 공간적 배경을 가나안 땅에서 "유다 베들레헴"(בֵּית לֶחֶם יְהוּדָה ; 베트 레헴 예후다)으로 좁히고 있다. 베들레헴(בֵּית לֶחֶם ; 베트 레헴)은 "집"이란 "베트"(בֵּית)와 "떡"이란 "레헴"(לֶחֶם)이 합성된 명사이다. 문자적으로 보면 "떡(음식)의 장소(집)"로서 "창고" 혹은 "곳간"을 가리키는 일반명사이다. 따라서 지명이 되려면 실제 장소를 가리키는 명사가 뒤에 붙어야 한다. 예를 들어, "유다"(יְהוּדָה ; 예후다)라는 지명이 붙어야 "유다 지역의 떡의 장소(곳간 ; 창고)"가 되어 일반명사가 아니라 고유명사로 지명의 역할을 할 수 있는 것이다. 이것은 여호수아 19:15에 보면 스불론 지역에 동일한 이름의 베들레헴이라는 도시가 있는 것을 보면 잘 알 수 있다 : "또 갓닷과 나할랄과 시므론과 이달라와 베들레헴이니 모두 열두 성읍과 그 마을들이라."

어찌되었든 "떡의 집"이라는 뜻의 베들레헴에 살던 사람이 흉년이 들어 떡이 없어 자기 고향을 등지고 타향으로 떠나가는 모습에서 우리는 일종의 아이러니(모순)

---

13 Robert D. Holmstedt, *Ruth : A Handbook on the Hebrew Text* (Baylor Univ. Press, 2010), 58.

를 느낄 수 있다. 그것도 베들레헴을 떠나 모압 지방으로 이주하고 있으니 독자들은 착잡한 생각이 들었을 것이다.

도대체 모압 민족은 누구며 모압은 어떤 곳인가? 모압 민족은 롯의 큰 딸이 아버지에게 술을 먹이고 동침하여 낳은 아들인 모압의 후손이 아닌가? 게다가 모압 왕 발락은 거짓 선지자 발람을 데려다 이스라엘을 저주하게 하였고(민 22-23장), 모압 여인들은 싯딤에서 이스라엘 남자들과 음행을 하였다(민 25:1). 따라서 신명기 23:3에서 "암몬 사람과 모압 사람은 여호와의 총회에 들어오지 못하리니 그들에게 속한 자는 십 대뿐 아니라 영원히 여호와의 총회에 들어오지 못하리라"고 규정할 정도였다.

그렇다면 모압으로 간 것은 잘못인가? 룻기 기자는 이에 대해 명시적인 도덕적 판단을 내리지 않는다. 그러나 앞서 살핀 대로 족장인 아브라함도 기근이 들자 애굽으로 피신한 적이 있었다. 아브라함의 경우도 성경 기자가 어떤 도덕적 신학적 판단을 내리지 않는다. 그렇다면 우리 역시 도덕적 신학적 판단을 유보하고 내러티브의 목소리를 그냥 들을 필요가 있다.

우선 우리는 현실적으로 "과연 모압으로 이주가 가능했을까?"부터 살펴보도록 하자. 첫째, 가나안 땅에 기근이 들었다면 모압 땅도 기근이 들지 않았을까? 그런데 캠벨(Campbell) 같은 학자에 의하면 엘리멜렉이 이주한 모압 땅은 베들레헴에서 가장 가깝고 접근 가능한 곳으로 소위 학자들이 "모압의 이상향"(ideal Moab)이라고 부르는 북부 모압일 가능성이 크다고 본다. 이곳은 사해에서 갑자기 솟아 오른 7-800미터의 고원지대라 일 년에 16인치의 비가 올 정도로 물이 넉넉하다고 한다. 따라서 요단 동쪽 지역에 강수량이 적어 기근이 들었다 할지라도, 모압 지방에는 물이 넉넉했을 가능성이 많았다고 한다.[14]

둘째, 설령 기후적으로 그렇다 해도 적대적인 관계처럼 보이는 모압으로의 이주가 과연 가능하였을까?라는 의문을 던질 수 있다. 그런데 학자들은 정확한 근거는 없지만 충분히 가능했을 것으로 해석한다. 모압 북부 지역을 언제 누가 장악하였느냐는 현재 우리의 성경적 데이터로는 확실히 알 수 없다는 것이 학계의 정설이다.

---

14 Edward F. Campbell, Jr., *Ruth*, The Anchor Bible (Double Day & Company, Inc., 1975), 50-51. 앞으로는 그냥 Campbell, *Ruth*의 약칭으로 표기할 것이다.

그러나 성경과 고대 근동의 비문 등의 정보들을 종합해 보면 처음에는 모압이 이 지역을 장악하였다가 아모리 왕 시혼에게 빼앗긴 후에(민 21:26-30), 다시 이스라엘 지역으로 넘어갔다가, 9세기 중반에 메사 왕 때 다시 모압으로 넘어간 것일 수도 있다고 본다.[15]

결국 우리가 확인할 수 있는 것은 모압과 이스라엘이 복잡한 관계를 유지했다는 점이다. 다윗이 식구를 모압 왕에게 피신시킨 것을 보면 어떤 때는 친선 관계를 가진 것 같기도 하고(삼상 22:3-4), 다윗이 모압을 친 것을 보면 어떤 때는 심각한 분쟁이 있기도 하였던 것 같다(삼하 8:2). 어찌되었든 학자들은 "유대 가족이 모압에서 피신할 수 있었던 것은 기후적으로 보나, 역사적으로 보나 불가능한 점은 전혀 없다"고 본다.[16]

그런데 이런 모압으로의 이주의 역사적 가능성보다 우리에게 더 중요한 것은 한 사람이 아내와 두 아들을 거느리고 흉년을 피해 모압 지방에 우거하러(גּוּר; 구르) 갔다는 룻기 기자의 언급이다. 왜냐하면 이 언급은 성경의 중요한 주제인 "우거자/나그네"(גֵּר; 게르) 모티브를 룻기의 주제로 암시하고 있기 때문이다.

우선 "우거한다"고 번역된 히브리어 "구르"(גּוּר)는 성경에서는 매우 중요한 함축 의미를 지니는 단어이다. 그런데 놀랍게도 구약은 족장들을 "우거자"로 묘사한다. 특별히 아브라함은 가나안 땅에 기근이 임하자 애굽에 "우거하려고"(גּוּר; 구르)[17] 내려간 적이 있었고(창 12:10), 또 남방으로 이사하여 가데스와 술 사이 그랄에(창 20:1), 그리고 블레셋 땅에서도 우거하였다(창 21:34). 이것은 이삭(창 26:3), 야곱(창 32:5; 35:27)의 경우도 마찬가지였다. 야곱의 온 가족은 기근을 피해 요셉의 도움으로 애굽에 우거하기도 하였다.

"그들이 또 바로에게 고하되 가나안 땅에 기근이 심하여 종들의 양 떼를 칠 곳이 없기로 종들이 이 곳에 거류하고자(גּוּר; 구르) 왔사오니 원하건대 종들로 고센 땅에 살게 하소서(창 47:4)."

---

15 Campbell, *Ruth*, 51.

16 Campbell, *Ruth*, 51.

17 Campbell, *Ruth*, 50-51.

이렇게 족장 스토리는 "우거자"(גֵר ; 게르) 모티브가 강력하게 나타난다. 하나님께서는 족장들에게 그들이 "우거할 땅"을 주시겠다고 언약을 맺으셨다는 것이 모세오경의 가장 중요한 주제 가운데 하나이다(출 6:4). 그뿐 아니라 이스라엘인들은 우거자들(גֵר ; 게르)이었던 적이 있기 때문에 우거자들을 세심하게 보살펴야 했다. "우거자"(גֵר ; 게르)란 본토인과 외국인 사이의 중간 위치를 차지하고 있는 "재류(在留) 외인"(resident aliens)을 가리키는 용어이다.

"너는 또 네 하나님 여호와 앞에 아뢰기를 내 조상은 방랑하는 아람 사람으로서 애굽에 내려가 거기에서 소수로 거류하였더니(גּוּר ; 구르) 거기에서 크고 강하고 번성한 민족이 되었는데(신 26:5)."

"거류민(גֵר ; 게르)이 너희의 땅에 거류하여 함께 있거든 너희는 그를 학대하지 말고 너희와 함께 있는 거류민(גֵר ; 게르)을 너희 중에서 낳은 자같이 여기며 자기같이 사랑하라 너희도 애굽 땅에서 거류민(גֵר ; 게르)이 되었었느니라 나는 너희의 하나님 여호와이니라(레 19:33-34)."

따라서 구약 성경에서는 고아나 과부와 같이 "우거자들"은 특별한 보호와 돌봄이 필요한 사회적 부류로 구분되고 있다.

우리는 여기서 룻기 저자가 엘리멜렉의 모압으로의 이주를 족장들의 이야기를 생각나게 하는 방식으로 기술하고 있는 것을 주목해야 한다. 물론 당장은 가장과 두 아들의 죽음으로 이어지지만, "궁극적으로는" 이들의 미래에 희망적인 전환을 예기하고 있다고 볼 수 있다. 신약의 관점에서 보면 나그네였던 자들도 그리스도 안에 들어오면 하나님의 권속이 되기 때문이다.

"그러므로 이제부터 너희는 외인도 아니요 나그네도 아니요 오직 성도들과 동일한 시민이요 하나님의 권속이라(엡 2:19)."

외인이요 나그네였던 자들이 성도들과 동일한 시민이 되고, 하나님의 권속이 되는 것, 이것이 복음이 아닌가!

따라서 우리는 너무 쉽게 주석가 매튜 헨리(Matthew Henry)처럼 모압으로 이사한 것은 죄라고 단정적으로 말해서는 안 된다.

> 하나님이 우리에게 주신 장소에 싫증을 내며 불편을 느낄 때마다 즉시 그곳을 떠나는 것은 불평하기 좋아하고 신실치 못하며 침착하지 못한 사람이라는 증거이다.[18]

매튜 헨리의 주석은 경건하게 들리기는 하지만, 본문에 근거가 없는 지나친 해석이라고 보아야 한다. 왜냐하면 스토리 자체는 이에 대해 중립을 지키고 있기 때문이다. 여기서 우리는 데이빗 앳킨슨(David Atkinson)의 현명한 지적을 들어볼 필요가 있다.

> "우리는 룻기에서 엘리멜렉에 대한 매튜 헨리의 논평의 옳고 그름을 알 만큼 충분한 자료를 갖고 있지 않다. 하지만 엘리멜렉의 행동이 여호와에 대한 믿음의 부족을 시사하든지 아니면 그에 대한 불만의 표현이든지간에, 룻기 기사는 하나님의 은혜로운 섭리가 인간의 어리석음 때문에 제한받지 않는다는 사실을 충분히 논증하고 있다."[19]

나중에 보게 되겠지만 베들레헴 여인들은 모압 여인을 받아들이는 데 주저하지 않는다. 따라서 가장 단순한 설명이 좋을 것 같다. 모압은 먹을 양식이 있는 가장 가까운 지역이었기 때문에 그리로 이주한 것이다.

---

18 데이빗 앳킨슨, 『룻기에 나타난 하나님의 섭리』 (고경호-박권섭 역, 풍만출판사, 1987), 51에서 재인용.
19 앳킨슨, 『룻기에 나타난 하나님의 섭리』, 52.

4. 등장 인물 소개

4.1 엘리멜렉

룻기 기자는 드디어 유다 베들레헴 사람과 그의 아내와 두 아들들의 이름을 소개한다(1:2).

"그 사람의 이름은 엘리멜렉이요
(וְשֵׁם הָאִישׁ אֱלִימֶלֶךְ ; 웨셈 하이쉬 엘리멜레크)."

우선 첫 번째 등장 인물인 가정의 가장은 엘리멜렉(אֱלִימֶלֶךְ ; 엘리멜레크)이다. 그 뜻은 "나의 하나님(אֵלִי ; 엘리)은 왕(מֶלֶךְ ; 멜레크)"이거나 "왕의 하나님"으로[20] 이름을 지어준 부모의 기대가 들어간 이름이었을 가능성이 크다. 일부 학자들은 엘리멜렉이 모압으로 이주한 것은 "자신의 이름이 지니는 진리에 대한 회의"[21]를 드러낸다고 보기도 하고 "자신의 이름에 걸맞은 생활"을 하지 않았다고 주장하기도 한다.[22] 그러나 앞서 살핀 대로 흉년이 들었을 때 아브라함이 애굽으로 우거하러 간 것을 본다면, 모압으로 간 것만을 가지고 비난을 해서는 안 된다고 본다. 성경 기자가 이름을 가지고 의미를 구체적으로 도덕적이거나 신학적인 메시지를 이끌어내지 않고 있기에 우리는 그저 어원을 가지고 이름의 의미를 파악하는 정도로 만족하는 것이 좋을 것이다.

4.2 나오미

내레이터는 가장 엘리멜렉의 아내를 소개한다.

---

20 엘리 (אֵלִי)의 ִ י를 1인칭 대명사 접미로 보느냐(my god is king), 아니면 초기 히브리어에서 남은 소유격의 잔재(god of [the] king)로 보느냐에 따라 해석이 달라진다. 참조, Holmstedt, *Ruth : A Handbook on the Hebrew Text*, 59.

21 Daniel I. Block, *Judges, Ruth*, The New American Commentary (Broadman & Holman Publishers, 1999), 625.

22 앳킨슨, 『룻기에 나타난 하나님의 섭리』, 53.

"그의 아내의 이름은 나오미요

(וְשֵׁם אִשְׁתּוֹ נָעֳמִי ; 웨셈 이쉬토 노오미)."

엘리멜렉의 아내의 이름은 나오미(נָעֳמִי ; 노오미)로서 "나의 즐거운 자"(My Pleasant One)라는 의미이다.23 나오미란 이름은 "즐거움, 인자"란 의미의 "노암"(נֹעַם)이란 단어에 "이"(ִי)가 붙은 형태이다.

홀름스테드(Holmstedt) 같은 학자들은 나오미의 의미를 두 가지 가능성으로 본다. 첫째, 끝의 음절 "이"(ִי) 다음에 신의 이름 같은 두 번째 요소가 빠진 상태라면 "노오미야"(נָעֳמִיָּה)의 단축형으로 볼 수 있다고 본다. "노오미야"(נָעֳמִיָּה)는 "야(여호와)의 인애" 혹은 "야(여호와)의 인자한(여인)"이다. 둘째, "이"(ִי)를 소유대명사 1인칭 접미("나의")로 보는 것인데, 그러면 나오미란 "나의 즐거운 자"가 된다. 나오미의 히브리 원어의 발음은 "노오미"인데 헬라어 번역본인 칠십인경의 영향으로 나오미(Naomi)가 된 것으로 보인다.24 필자는 이 두 가지 해석이 가능하다고 보지만, 앞으로의 논의의 편의상 "나의 즐거운 자"란 의미를 택하기로 했다.

어찌되었든 나오미란 이름은 후에 나오미가 베들레헴에 도착하자 옛 친구들이 "이 이가 나오미(나의 즐거운 자)냐"고 하자 "나를 나오미(나의 즐거운 자)라 부르지 말고 나를 마라(מָרָא ; 쓴 자)라 부르라"고 할 때, 이름의 의미가 중요한 역할을 하게 된다.

4.3 아들 말론과 기룐

내레이터는 이제 가장의 아들들을 소개한다.

"그의 두 아들의 이름은 말론과 기룐이니

(וְשֵׁם שְׁנֵי־בָנָיו מַחְלוֹן וְכִלְיוֹן ; 웨셈 셰네-바나우 마흘론 웨킬르욘)."

---

23 학자들은 나오미란 이름은 즐거움, 생동감이란 의미를 지닌 נעם이라는 어근과 연결되어 있을 것으로 대부분 본다.
24 Holmstedt, *Ruth : A Handbook on the Hebrew Text*, 59.

엘리멜렉의 두 아들의 이름은 말론과 기룐이었는데, 말론(מַחְלוֹן ; 마흘론)은 "병든"의 의미이며, 기룐(כִּלְיוֹן ; 킬르욘)은 "약한"의 의미라고 학자들은 말한다.25 만일 이런 추론이 맞다면 말론과 기룐이란 이름은 이들의 "때 이른 죽음"을 암시하고 있는 것으로 볼 수 있다.

일부 독자들은 어떻게 부모가 이런 부정적인 이름을 지어줄 수 있는지 반문할지 모른다. 물론 고대 근동 아시아의 풍습이 우리와 같은지는 확인하기 어렵지만, 우리 나라에서는 아명(兒名)을 지을 때 좋지 않은 이름을 지은 경우가 많이 있다. 좋지 않은 이름이 전화위복으로 신상에 좋다는 신념 때문이었다고 한다. 호사다마라 하여 좋은 일에는 항상 마귀가 따라다니지만, 이름이 궂으면 마귀가 도망친다고 생각한 것이다. 따라서 황희 정승의 아명은 도야지(都耶只)였고, 고종의 등극전 아명은 개똥이였다고 한다. 어쩌면 엘리멜렉도 이와 유사한 이유로 아들들에게 "병든"(말론), "약한"(기룐)이라는 좋지 않은 이름을 붙여주었는지 모른다.

아니면 룻기가 구전 단계에서 전승될 때 아들들이 때 이른 죽음을 맞았음이 이미 드러났기에 이런 특징을 반영하여 전승을 전하는 자들이 "병든 자", "약한 자"란 별명을 붙여주었는데, 룻기 기자가 마지막 최종 본문을 기록할 때에 이런 별명을 사용했을 가능성도 있다.26 예를 들어, 우리가 잘 아는 "광개토대왕"은 원래의 이름이 아니고 후대 역사가들이 붙여준 이름이다. 원 이름은 담덕인데, 삼국사기에서 광개토왕이라고 불렀다고 한다. 그런데 여기에 존칭을 붙여 광개토대왕이라고 부르는 것과 마찬가지이다. 어쩌면 엘리멜렉의 두 아들도 이름이 있으나 후대에 일찍 죽은 것을 계기로 "병든", "약한" 뜻의 별명으로 불리다가 룻기 기자가 주제를 표출하는 데 도움이 되니까 별명을 이름으로 내러티브에 썼을 가능성도 있다. 물론 이런 논의들은 그저 추론에 불과하다.

---

25 말론(מַחְלוֹן)은 "병들다"란 동사 "할라"(חָלָה)에서 파생된 단어이고, 기룐(כִּלְיוֹן)은 "멈추다, 끝나다, 사라지다"란 동사 "칼라"(כָּלָה)에서 파생된 것으로 보기도 한다. 참조, Holmstedt, *Ruth : A Handbook on the Hebrew Text*, 60; Block, *Judges, Ruth*, 625; Campbell, *Ruth*, 53; Hubbard, *The Book of Ruth*, 89–90.

26 K. Lawson Younger, Jr., *Judges/Ruth*, The NIV Application Commentary (Zondervan, 2002), 415 : "They may be coined names meaning "sickly one, sickness" and "finished or spent one, [hence] destroyed, death" used as "ominous names," implicitly pointing to the intensification of the crisis about to strike Naomi" (이것들은 "병든, 병" 그리고 "끝난 사람, [따라서] 멸망 당한 사람, 죽음"이란 의미로 불길한 이름들로 새로 만들어진 이름일 가능성이 있다. 즉 나오미가 겪게 될 위기를 강화시키도록 하기 위해서 기자에 의해 만들어졌을 가능성이 있다는 말이다).

4.4 유다 베들레헴 에브랏 사람들

어찌되었든 성경 기자는 등장 인물들의 이름의 어원보다 다른 것에 더 강조점을 두고 있다(1:2).

"유다 베들레헴 에브랏 사람들이더라
(אֶפְרָתִים מִבֵּית לֶחֶם יְהוּדָה ; 에프라팀 미베트 레헴 예후다)."

내레이터는 이들이 "유다 베들레헴 에브랏 사람들"이라는 점을 강조한다. 내레이터는 등장 인물들의 외모, 성격, 도덕적 성품에 대해서는 아무런 언급도 하지 않고 오직 "유다 베들레헴 에브랏 사람들"이라는 점만 말하고 있다. 성경 내레이터는 현대의 극작가들과는 달리 등장 인물을 소개할 때 주제의 표출이나 플롯 전개에 도움이 되지 않는 요소들은 보통 언급하지 않는다.

스토리 전개상 이들이 "유다 베들레헴 에브랏 사람들"(אֶפְרָתִים מִבֵּית לֶחֶם יְהוּדָה ; 에프라팀 미베트 레헴 예후다)이란 점이 주제를 드러내고 플롯을 전개하는 데 중요하기에 내레이터가 강조하며 언급하는 것이라고 보아야 한다. 그렇다면 "유다 베들레헴 에브랏 사람들"이란 점이 왜 그토록 중요할까?

우선 에브랏(אֶפְרָתָה ; 에프라타)은 야곱이 사랑하는 아내 라헬이 베냐민을 낳다가 죽어 장사된 곳이다(창 35:16, 19). 그뿐만이 아니라 룻기가 기록되던 당대에는 다윗이 가장 중요한 국가적 인물이 되었는데 다윗이 바로 "유다 베들레헴 에브랏 사람 이새라 하는 사람의 아들"(אֶפְרָתִי ... מִבֵּית לֶחֶם יְהוּדָה ; 에프라티 ... 미베트 레헴 예후다; 삼상 17:12)이었기 때문이다. 앞서 살핀 대로 룻기의 끝에 다윗의 족보가 등장하고 있음은 룻기 내러티브는 발단부터 이미 다윗을 염두에 두고 있음이 분명하다. 다시 말해 룻기 기자는 엘리멜렉 가족이 끝내는 결미에서 다윗 가문과 연결될 것임을 이미 처음부터 복선으로 깔고 있는 것이다.

어디 그뿐인가? 이스라엘 역사에서 "베들레헴 에브라다"(בֵּית־לֶחֶם אֶפְרָתָה ; 베트-레헴 에프라타)보다 유명한 곳이 어디 있을까? 미가 선지자가 무엇이라고 하였는가?

"베들레헴 에브라다(בֵּית־לֶחֶם אֶפְרָתָה ; 베트-레헴 에프라타)야 너는 유다 족속 중에 작을지라도 이스라엘을 다스릴 자가 네게서 내게로 나올 것이라 그의 근본은 상고에, 영원에 있느니라(미 5:2)."

장차 메시아가 베들레헴 에브라다에서 나올 것이라는 사실을 이스라엘 백성들이 알고 있다는 점을 염두에 둘 때 엘리멜렉의 가정을 유다 베들레헴 에브랏 사람들(אֶפְרָתִים מִבֵּית־לֶחֶם יְהוּדָה ; 에프라팀 미베트 레헴 예후다)로 지칭하는 것은 특별히 정경적 문맥에서 시사하는 바가 큰 것이다.

5. 남편의 죽음

5.1 나오미의 남편 엘리멜렉

룻기 기자는 등장 인물들의 이름을 소개한 후에 이들의 모압 안에서의 행적이나 삶의 역사를 상세하게 묘사하지 않고 바로 엘리멜렉의 죽음을 언급한다(1:2하반절-3).

"그들이 모압 지방에 들어가서 거기 살더니
(וַיָּבֹאוּ שְׂדֵי־מוֹאָב וַיִּהְיוּ־שָׁם ; 와야보우 세데-모아브 와이흐유-샴)
나오미의 남편 엘리멜렉이 죽고
(וַיָּמָת אֱלִימֶלֶךְ אִישׁ נָעֳמִי ; 와야모트 엘리멜레크 이쉬 노오미)."

내레이터는 "그들이 모압 지방으로 들어가서 거기 있었다"고만 밝히고 있다. 한글개역개정이 "살았다"고 번역한 부분은 직역하면 "거기에 있었다"(וַיִּהְיוּ־שָׁם ; 와이흐유-샴)이다. 학자들은 "하야"(הָיָה) 동사는 일차적 의미에서는 "존재하다, 있다, 되다"이지만 부차적으로는 "살다"의 의미로도 사용된다고 본다.[27] 그런 점에서 한글개역

---

27 참조, Holmstedt, *Ruth : A Handbook on the Hebrew Text*, 61.

개정이 "살다"로 번역한 것은 부적절한 것은 아니다.

룻기 기자는 엘리멜렉의 가족이 모압에서 무엇을 했는지 전혀 언급하지 않고 그냥 "거기 있었다"고만 말한다. 구약 성경에서 "거기에 있었다"(וַיְהִי־שָׁם ; 와이흐유-샴)는 표현은 총 7번 쓰였는데, 4번이 "아직까지 거기 있었다"(신 10:5; 수 4:9; 삼하 4:3; 왕상 8:8)라는 의미로 주로 사용되었다.

"내가 돌이켜 산에서 내려와서 여호와께서 내게 명령하신 대로 그 판을 내가 만든 궤에 넣었더니 지금까지 있느니라(וַיְהִי־שָׁם ; 와이흐유-샴; 신 10:5)."

"거기에 있었다"(וַיְהִי־שָׁם ; 와이흐유-샴)는 표현은 "지금까지 있었다"란 의미로 주로 쓰이는 표현이기에 독자들은 얼마든지 엘리멜렉의 가족은 "아직까지 거기 있었다"라고 말할 것으로 기대할 수 있다. 그런데 그런 기대와는 다르게 "나오미의 남편 엘리멜렉이 죽고"라고 내레이터는 기술한다. 모압으로 이주한 엘리멜렉은 죽었다! 모압에서 무슨 일을 했는지 아무런 언급도 없이 그저 "거기 있다"가 죽은 것이다.

그런데 내레이터는 엘리멜렉의 죽음을 언급하면서 "나오미의 남편 엘리멜렉이 죽고"(אִישׁ נָעֳמִי ; 이쉬 노오미)라고 묘사한다. 어떻게 보면 너무나 당연한 호칭이 아니냐고 할 수 있겠지만 구약에서는 남자가 아내와의 관계에서 누구의 남편으로 불린 적이 없다는 점을 주목한다면 눈여겨 볼 대목이다. 사실상 그냥 엘리멜렉이라고 해도 될 것을 굳이 "나오미의 남편" 엘리멜렉이 죽고라고 밝히는 이유는 무엇일까?

우리는 이렇게 내레이터가 한 인물을 소개할 때 어떤 표현을 쓰는지를 주목해야 한다. 이런 문예기법을 영어로는 "네이밍"(naming) 혹은 "에피세트"(epithet)라고 부른다.[28] 엘리멜렉을 그냥 "그 사람", 혹은 "그", 혹은 고유명사로 "엘리멜렉"이라고 하지 않고 굳이 "나오미의 남편 엘리멜렉"이라고 명명한 것을 우연이나 언어적 장식으로 보지 않고 바로 저자의 심각한 의도가 들어간 문예기법으로 보는 것이다.

"나오미의 남편 엘리멜렉"이란 네이밍을 룻기 기자가 선택한 이유가 무엇일까?

---

28 M. H. 아브람스는 에피세트(epithet)를 다음과 같이 정의한다 : "이 말은 그리스어의 eptheton에서 온 것으로 "첨가물"을 뜻한다. 비평용어로서는 어떤 인물이나 물체의 특질을 규정하기 위하여 사용되는 형용사나 형용사구를 가리킨다." M. H. 아브람스, 『문학용어사전』, 최상규 역 (보성출판사, 1991), 88.

이런 질문을 던지면 내레이터가 독자들로 하여금 등장 인물을 나오미의 관점에서 보게 하려는 전략을 가지고 있음을 알게 된다. 그렇다. 엘리멜렉이 죽은 것은 엘리멜렉이란 사람이 죽었다는 것이 중요한 것이 아니라 "나오미의 남편"이 죽었다는 것이 중요한 것이라고 학자들은 본다. 이제 나오미는 남편이 없는 미망인이요 나오미의 아들들은 아버지가 없는 자녀들이 된 것임을 이런 식으로 드러낸 것이다.

우리가 앞으로 살펴보겠지만 3절 이후부터 모든 등장 인물들은 누구나 나오미와의 관계를 통해서 소개된다. 이 모든 것은 스토리의 초점을 나오미의 관점에 맞추려 하는 룻기 저자의 의도에서 나온 것이라고 최근 학자들은 주장한다. 독자인 우리는 이로서 룻기 안에 일어나는 모든 일들을 나오미의 눈으로 보게 되고 나오미의 관점에서 추체험하게 되는 것이다.

5.2 남편이 죽은 이유는 명시되지 않음

나오미의 남편 엘리멜렉이 죽었다! 독자들은 나오미의 입장에서 남편이 죽었음을 듣게 된다. 나오미의 남편이 죽은 것이다. 그런데 내레이터는 나오미의 남편이 어떻게 죽었는지 설명하지 않을 뿐더러, 왜 죽었는지 이유를 밝히지 않는다. 인생은 한 번 태어나면 죽을 것을 알지만 한 사람이 죽었을 때에는 왜 죽었는지 어떻게 죽었는지 우리는 알고 싶어진다. 특히 천수를 다하고 늙어서 죽는 경우를 제외하고는 반드시 어떻게 왜 죽었는지를 알아야 직성이 풀린다. 따라서 영안실이나 장례식장에 가면 어떻게 해서라도 어떻게 왜 죽었는지를 알고 싶어 한다.

일부 학자들은 엘리멜렉이 자연스런 죽음을 맞이했을 수도 있다고 본다. 열왕기를 보면 당시 북이스라엘 왕들의 평균 수명이 40세였던 것으로 보인다. 그렇다면 일반 시민들의 평균 수명은 이보다 더 적었을 가능성이 크다. 그렇다면 엘리멜렉이 천수를 누린 것으로 보인다고 학자들은 말한다.

그러나 필자가 보기에 아직 아들 둘이 장가를 가지 않은 것을 보면 엘리멜렉은 아직 죽을 만큼 나이가 들지 않았을 것이라고 본다. 15세 어간에 결혼한다면, 엘리멜렉이 아들 둘을 낳았을 때는 20세 정도였을 것이고, 이 아이들이 15세가 아직 안 되었다면 30대 초반이었을 수도 있다. 그렇다면 엘리멜렉은 살 만큼 살고 죽었다기보다는 일찍 죽은 것으로 볼 수도 있다.

그렇다면 당연히 왜 죽었는지 알고 싶어진다. 특히 종교적 내러티브인 룻기에서는 왜 엘리멜렉이 죽었는지 알려주어야 하는 것 아닌가? "나의 하나님은 왕"이라는 이름을 가진 인물이 고향을 떠나 잠시 모압에 우거하러 왔는데 이방 땅에서 죽었으니 행복한 죽음이 아님은 분명하지 않은가? 그렇다면 왜 죽었을까? 독자들은 이런 의문을 가지기 마련이고 설교자들이나 경건한 자들은 이 질문에 도덕적이거나 신학적인 설명을 하고 싶어 한다.

그런데 내레이터는 이에 대해 한마디도 하지 않는다. 따라서 설교자나 해석자는 너무 쉽게 남의 이야기하듯이 죽음에 대해서 이야기해서는 안 된다. 왜냐하면 종교 지도자나 설교자는 인간의 죽음의 문제를 다룰 때에 가장 신중해야 하기 때문이다. 지금부터 3,000년 전 그것도 남의 땅에서 일어난 남의 죽음이므로 객관적 태도로 죽음을 다루려는 유혹을 받기가 쉽다. 그러나 설령 그렇다 해도 인간의 죽음 문제는 함부로 대해서는 안 된다. 죽음의 문제야말로 인간의 궁극적 문제이며 삶의 가장 큰 위기이기 때문이다. 따라서 설교자는 도덕적이거나 신학적 해석을 하기 전에 나오미가 남편이 죽었을 때 어떤 심정이었을지를 최소한 상상해 보고 동감할 줄 알아야 한다.

5.3 사별의 고통을 당한 자를 어떻게 대해야 하는가?

그러나 그동안 설교자들은 이렇게 슬픔에 동감하기보다는 엘리멜렉이 죽은 것은 모압으로 갔기 때문에 죽은 것이라고 너무 쉽게 도덕적으로나 신학적으로 설명하곤 하였다. 그러나 타인의 죽음 앞에서 도덕적이거나 신학적인 이유를 대는 것은 남아 있는 유가족들을 두 번 죽이는 일일 수 있다. 차라리 이런 상황에서는 침묵하는 것이 낫다. 사별의 고통을 당하는 자들을 진정으로 돕는 것은 그냥 옆에 있어주는 것이다. 섣불리 죽은 신학적 이유를 대면서 위로하려고 하면 오히려 고통을 가하는 일이 된다.

독일에서 건축학 공부를 위해 유학을 하던 아들을 등반 실족사로 잃은 니콜라스 월터스토프(Nicholas Wolterstorff)는 칼빈대학교를 졸업하고 예일대학에서 석좌 교수로 섬기는 미국의 대표적인 기독교 철학자이다. 아들을 잃고 나서 『나는 사랑하는 사람을 잃었습니다』란 명저를 남긴 월터스토프의 말을 들어보자.

> 고통 가운데 있는 사람에게 무슨 말을 할까? 어떤 이들은 "지혜의 말"을 하는 은사를 받았다. 그런 사람들에게 깊은 감사를 전할 뿐이다. … 하지만 모든 이들이 같은 은사를 받은 것은 아니다. 어떤 이들의 입에서는 어색하고 엉뚱한 말들이 튀어나왔다. 그것도 역시 괜찮다. 지혜의 말이 아닌들 어떤가. 말 자체보다는 그 말을 하는 사람의 마음이 전해져야 한다. 할 말을 찾지 못했다면 그냥 이렇게 말해도 좋다. "무슨 말을 해야 할지 모르겠네. 단지 우리가 자네의 슬픔에 함께 동참하고 있다는 사실만 알아주게나."
>
> 또는 말없는 포옹도 좋다. 아무리 지혜로운 말이라고 해도 어차피 고통을 덜어줄 수는 없다. 지혜의 말들은 새 날을 향해 가는 이 땅에서의 우리의 여정에 고통 이외에 다른 것도 존재한다는 것을 보여주는 증거가 된다. 존재하는 다른 모든 것들 가운데 최고는 사랑이다. 사랑을 표현하라. 사랑이 없는 가운데 자신의 죽음을 맞이하는 것처럼 소름 끼치게 잔인한 일이 또 있을까?[29]

그래서 그런지 내레이터는 나오미가 엘리멜렉의 죽음을 어떻게 받아들였는지에 대해서도 한마디도 하지 않는다. 나오미가 남편을 장사한 것조차도 언급하지 않는다. 내레이터는 엘리멜렉을 어디에 묻었는지, 어떻게 묻었는지에 아예 관심이 없는 것 같다. 그렇다면 죽은 엘리멜렉은 어떻게 되는가? 엘리멜렉의 뼈는 다시 베들레헴으로 돌아갈 수 있을까? 이런 의문에 대해서도 한마디도 말하지 않는다.

5.4 살아남은 자의 비극

남의 고통 앞에서는 침묵으로 함께 하는 것이 최선이라는 것을 보여주려는 듯이 발단에서는 그저 빠른 속도로 객관적으로 일어난 사건을 묘사한다. 내레이터는 엘

---

29 니콜라스 월터스토프, 『나는 사랑하는 사람을 잃었습니다』, 박혜경 역 (좋은 씨앗, 2003), 58-59.

리멜렉의 죽음을 나오미의 남편의 죽음으로 묘사한 후에 네 단어로 간략하게 상황을 묘사한다.

"그녀와 그녀의 두 아들들이 남았으며
(וַתִּשָּׁאֵר הִיא וּשְׁנֵי בָנֶיהָ ; 와티샤에르 히 우세네 바네하)."

이제 남은 두 아들 역시 나오미의 관점에서 소개되고 있기에 "그녀의 두 아들들"인 것이다. 이제 나오미와 그녀의 두 아들들이 뒤에 남은 것이다. 그것도 모압 지방에서! 그런데 룻기 기자는 나오미의 남편 엘리멜렉이 왜 죽었는지 그 이유를 언급하지 않는다. 성경 기자는 냉혹할 정도로 중립적인 언어로 그녀와 그녀의 두 아들들이 "남았다"(שָׁאַר ; 샤아르 동사의 니팔형[수동형])고 묘사한다. "남았다"는 "샤아르"(שָׁאַר) 동사의 니팔(수동)형은 사별로 인해 남은 자를 가리키거나 하나님의 심판에서 살아남은 자를 묘사하는 데도 사용되는 용어이다.

"지면의 모든 생물을 쓸어버리시니 곧 사람과 가축과 기는 것과 공중의 새까지라 이들은 땅에서 쓸어버림을 당하였으되 오직 노아와 그와 함께 방주에 있던 자들만 남았더라(שָׁאַר ; 샤아르의 니팔형[수동형])(창 7:23)."

"야곱이 이르되 내 아들은 너희와 함께 내려가지 못하리니 그의 형은 죽고 그만 남았음이라(שָׁאַר ; 샤아르의 니팔형[수동형]) 만일 너희가 가는 길에서 재난이 그에게 미치면 너희가 내 흰 머리를 슬퍼하며 스올로 내려가게 함이 되리라(창 42:38)."

룻기 기자가 "그녀와 그녀의 두 아들들이 남았으며"라고 했을 때는 남편과 부친을 여의고 남은 나오미와 아들들의 모습을 객관적으로 묘사한 것일 수도 있고, 무슨 이유인지 모르지만 하나님의 징계를 받고 남은 모습을 묘사한 것일 수도 있다. 물론 후자라고 하더라도 엘리멜렉이 왜 죽었는지에 대해서는 어떤 이유도 언급하지 않고 있음을 주목해야 한다. 따라서 해석자들은 도덕적 해석을 하려고 해서는 안 된다.

내레이터가 모압 지방에서 엘리멜렉이 죽은 이유에 대해 언급하지 않은 이유는 무엇일까? 룻기가 강조하려고 하는 것은 재난의 이유를 밝히는 것이 아니기 때문인 것 같다. 실제로 우리 인생에 닥쳐오는 재난의 이유는 설교자들이 원하는 것만큼 명백한 것이 아니기 때문일 수도 있다.

어찌 보면 중요한 것은 "남은 자"이다. 남편 엘리멜렉이 죽은 이유가 무엇이든지 간에 나오미는 이를 하나님께서 자신을 치신다고 느꼈을 가능성이 크다. 후에 자부들을 집으로 돌려보내려고 하면서 "여호와의 손이 나를 치셨으므로 나는 너희로 말미암아 더욱 마음이 아프도다"(1:13)라고 한 것을 보면 남편의 죽음을 하나님의 징계로 보았을 가능성이 있다. 그러나 내레이터는 이에 대해 한마디도 하지 않는다. 중요한 것은 살아남았다는 것이다. 그리고 살아남은 자는 어찌되었든 삶을 살아내야 한다. 나오미에게는 "그녀의 두 아들들"(שְׁנֵי בָנֶיהָ ; 쉐네 바네하)이 남아 있었기에 남편을 여읜 슬픔을 이겨낼 만했는지 모른다.

5.5 "한 말씀만 하소서"

가톨릭 신자인 소설가 박완서 씨는 57세가 되던 1988년, 남편과 아들을 연이어 잃고 난 후에 겪은 고통의 삶을 일기 형식 수필집인 『한 말씀만 하소서』라는 책으로 담아 출판하였다. 외아들에게 시집을 가서 딸 넷에 아들 하나를 낳았는데 남편을 사별한 지 불과 1년도 채 안 된 1988년 어느 날 아침에 잘 다녀오겠다고 인사를 하고 나간 아들이 저녁에는 싸늘한 시신이 되어 돌아왔다고 한다. 그런데 그의 수필집에는 남편 이야기는 거의 나오지 않는다. 오직 외아들의 죽음 이야기뿐이다.

주님, 당신은 과연 계신 것입니까? 계시다면 내 아들이 왜 죽어야 하는지 더도 말고 덜도 말고 한 말씀만 해주십시오. 왜 내게 이런 불행한 일이 일어난 것입니까? … 특별히 남에게 모질게 한 것도 없고 그렇게 끔찍한 고통을 당할 만큼 죄를 범한 것도 없는 내게 말입니까?

불과 1년 사이에 연거푸 남편과 아들의 죽음을 경험하였으나 남편의 이야기가 나오지 않는 이유는 무엇일까? 자식들(아들과 딸 넷)이 있었기에 남편을 여읜 아픔을 쉽게 잊었던 것 같기도 하다. 아니 아들에 대한 절절한 사랑이 있었던 것을 보면 아들이 있기에 남편의 죽음은 그렇게 절절한 고통으로 다가오지 않았을 수도 있다. 박완서 씨는 죽은 자녀가 아들이 아니라 딸이었으면 하는 모진 생각도 했다고 『한 말씀만 하소서』에 적고 있기에 필자가 하는 말이다. 어쩌면 나오미도 아들 둘이 남았기에 남편의 죽음이 그토록 사무치지는 않았을지도 모른다.

6. 결혼과 죽음

6.1 모압 여인과 결혼

어찌되었든 아버지의 죽음을 경험한 나오미와 두 아들들은 어떤 행동을 취할까? 이방 땅에 남편이자 아버지를 묻었으니 이제는 삶의 전환을 맞이하지 않을까? 다시 모압을 떠나 고향 베들레헴으로 돌아가지 않을까? 독자들은 호기심이 생긴다. 그러나 두 아들들은 우리의 예측과는 달리 베들레헴으로 돌아가지 않았다.

> "그들은 모압 여자 중에서 그들의 아내를 맞이하였는데
> (וַיִּשְׂאוּ לָהֶם נָשִׁים מֹאֲבִיּוֹת ; 와이세우 라헴 나쉼 모아비요트)
> 하나의 이름은 오르바요 하나의 이름은 룻이더라
> (שֵׁם הָאַחַת עָרְפָּה וְשֵׁם הַשֵּׁנִית רוּת ; 솀 하아하트 오르파 웨솀 하셰니트 루트; 1:4)."

나오미의 아들들은 모압에 정착하는 편을 택했다. 두 아들들이 모압 여자 중에서 아내를 맞이하였기 때문이다. 엘리멜렉이 모압에 들어온 지 얼마 만에 세상을 떠났는지는 명시되어 있지 않지만 아마도 모압에 거주한 지 얼마 안 되어 죽은 것 같다. 아들들이 모압을 떠나기보다는 모압 여자들 중에서 아내를 맞이하였던 것을 보면 모압에 정착한 지 그리 오래된 것 같지 않다.

내레이터는 두 아들이 아내로 맞이한 모압 여인의 이름을 오르바와 룻으로 소개

하면서 누구의 아내인지 밝히지는 않는다. 오르바가 먼저 소개되고 룻이 나중에 소개되는 것을 보고 오르바가 말론의 아내이고 룻이 기룐의 아내인 것처럼 보이지만, 4장에 가면 룻이 말론의 아내임이 드러난다. 어떤 학자는 A-B-B'-A'의 키아스틱 (chiastic) 구조로 이름을 소개한 것이라고 보기도 한다 :

A 말론   B 기룐
B' 오르바(기룐의 아내)   A' 룻(말론의 아내)[30]

그러나 필자가 보기에는 누가 누구의 아내인지는 그리 중요하지 않음이 곧 드러나게 될 것이기 때문에 밝히지 않은 것으로 볼 수도 있다고 생각한다. 기룐과 말론은 어차피 10년 만에 후사 없이 죽게 될 존재들이었으니! 오히려 플롯 전개상 중요한 것은 이들이 결혼한 자들이 모압 여인들이었다는 점이다. 따라서 내레이터는 이 여인들이 모압 여인들(מֹאֲבִיּוֹת ; 모아비요트)이라고 밝히고 있다.

오르바(עָרְפָּה ; 오르파)란 이름의 의미에 대해서는 학자들이 설왕설래를 하고 있다. 종종 오르바는 "목덜미"을 의미하는 히브리어 "오레프"(עֹרֶף)와 관련된 것으로 본다. 이를 근거로 랍비들은 룻과는 달리 오르바는 시어머니 나오미에게 "목덜미"을 보이고 고향으로 돌아갈 것을 암시한다고 해석하였다. 현대 해석자들은 이름의 의미에 대한 이런 주장은 스토리의 전개로부터 이끌어낸 것으로 작위적인 냄새가 나는 것으로 보는 경향이 많다. 그렇지만 필자는 스토리의 흐름에서 오르바가 보인 행동을 보여주는 상징적인 이름으로 볼 수도 있지 않을까라는 생각이 든다.[31]

"룻"(רוּת)이란 이름의 의미에 대해서도 현대 학자들은 정확히 알지 못한다고 보는 것이 정설이다. 그러나 일부 학자들은 "풍족하게 하다"란 의미의 어근(רוה ; 루흐)과 연관해서 풍족하게 하는 자란 뜻으로 해석한다.[32] 룻이 나오미의 텅 빈 삶을 채워주게 되므로 이런 상징적인 의미를 가지고 있다고 추론해도 좋을 것 같다.

---

30 Kirsten Nielsen, *Ruth*, OTL (Westminster/John Knox Press, 1997), 44.

31 Block, *Judges, Ruth*, 628; Hubbard, *The Book of Ruth*, 94, fn.14; Bush, *Ruth/Esther*, 65.

32 Hubbard, *The Book of Ruth*, 94, fn. 15; D. R. G. Beattie, "Ruth III," *JSOT* 5 (1978), 46. 제안한 어원은 다르지만 Campbell은 임시적으로 룻의 의미를 충족으로 받아들인다(Campbell, *Ruth*, 56).

여태까지 살펴본 것처럼 성경 기자가 이름을 가지고 의미를 창출하는 경우는 나오미가 유일하다는 점을 잊어서는 안 된다. 그러나 이 점을 유념한다면 다른 등장인물의 이름에 대해서는 약간의 유보적 태도를 유지하면서도 상징적 의미를 받아들이는 것도 크게 나쁘지 않을 것이라고 본다.

나오미의 두 아들들이 모압 여인들과 결혼한 것을 우리는 어떻게 해석할 것인가? 일부 해석자들은 아들들이 모압 여인과 결혼한 것은 잘못이라고 해석한다. 가나안 일곱 족속과 결혼하지 말라는 신명기 7:3-4과 모압 사람은 여호와의 총회에 들어오지 못한다는 신명기 23:3을 근거로 모압 여인과 결혼한 것은 죄라고 본다.[33] 그러나 다른 학자는 "모압 사람은 여호와의 총회에 들어오지 못하리니"라고 한 것은 결혼을 금한 것이 아니라 제사에 참여하는 것을 금한 것이라고 해석한다.

또한 물론 후대에 에스라와 느헤미야는 모든 이방인과의 결혼을 금한 것도 사실이지만 신명기 7장에서 혼인을 금한 민족은 가나안 일곱 족속으로 한정되어 있으며 모압 여인은 없다고 본다. 게다가 에스더가 이방 왕 아하수에로와 결혼한 것에 대해 아무런 비난을 하지 않는 것을 보면 이런 금지도 이방 땅에서는 구속력이 없었던 것으로 보인다고 해석한다.[34] 따라서 우리는 모압 여인과 결혼한 것을 도덕적으로나 신학적으로 쉽게 비난할 수 없다.

사실상 모압 땅에 살기로 결정한 이상 모압 여인과 결혼하는 것은 거의 필연적인 것이 아닌가? 더욱이 룻기 전체의 신학적 메시지를 보면 모압인들도 여호와의 날개 아래에 보호받으러 오기만 하면 여호와에 의해 구속을 받을 수 있는 자들로 묘사되고 있다. 그렇다고 한다면 이방 땅에서 나오미의 두 아들들이 모압 여인과 결혼한 것이 잘못이라고 보는 것은 본문의 의도를 넘어서는 것으로 보인다.[35]

---

33 Block, *Judges, Ruth*, 629.

34 Hubbard, *Ruth*, 93, fn. 10.

35 허바드(Hubbard)에 따르면 랍비들은 아버지가 결혼에 반대하자 아버지가 죽은 후에 아들들이 결혼한 것이라고 본다. 미드라쉬 이후 유대 학자들은 룻기 1:4을 이방인과의 결혼에 대한 침묵의 항거로 간주하고 있다고 허바드는 지적한다. Hubbard, *Ruth*, 93 fn. 11 참조.

6.2 두 아들의 죽음

나오미의 두 아들이 결혼을 한 후에는 그들의 기대대로 자녀를 낳고 행복했을까? 룻기 기자는 이들의 삶에 비극이 일어났다고 묘사한다.

"그들이 거기에 거주한 지 십 년쯤에

(וַיֵּשְׁבוּ שָׁם כְּעֶשֶׂר שָׁנִים ; 와예쉬부 샴 케에세르 샤님)

말론과 기론 두 사람이 다 죽고

(וַיָּמוּתוּ גַם־שְׁנֵיהֶם מַחְלוֹן וְכִלְיוֹן ; 와야무투 감-셰네헴 마흘론 웨킬르욘; 1:4-5)."

"그들이 거기에 거주한 지 십 년쯤에"란 언급은 모압 거주 기간을 가리키는 것인지, 아니면 결혼한 후 10년이 지났다는 것인지 분명하지 않다고 학자들은 본다. 문법적으로 양쪽 모두의 해석이 가능하다. 그러나 결혼한 후 10년이 지난 것으로 보는 것이 좋아 보인다. 사라도 가나안 땅에 거한 지 10년 동안 아이를 갖지 못하자, 애굽 여인 하갈을 남편과 동침시켜 아들을 낳으려고 한 것을 보면(창 16:3), 10년은 아이를 가질 수 있는지 없는지의 여부를 가리는 일종의 한계점인 것으로 보인다. 왜냐하면 캠벨의 주장대로 10년 정도 결혼생활을 했는데도 불구하고 말론과의 사이에서 아이를 낳지 못하던 룻이 4장에 가서 보아스와 결혼한 후에 즉각 아기를 낳은 것을 강조하려는 저자의 의도가 있는 것으로 보이기 때문이다.[36]

또한 10년의 언급은 그저 모압에 거한 기간이나 결혼 기간이 얼마인지를 알리는 정보 전달의 목적으로 쓰인 것만이 아니다. 10년이면 강산도 변한다는데 결혼(혹은 모압 거주) 후 10년이 지났다는 것은 이들이 베들레헴으로 돌아갈 가능성이 점차 없어지고 있음을 보여주고 있는 것은 아닐까?

게다가 일련의 동사들이 사용되면서 이 식구들이 모압에 아주 자리잡는 모습을 잘 보여주고 있다. 처음에는 베들레헴으로부터 모압으로 간다(הָלַךְ ; 할라크). 그리고 모압 지방에 도착하고(בוֹא ; 보), 거기 있다가(הָיָה שָׁם בוֹא ; 하야 샴 보) 아들들이 결혼한

---

[36] Campbell, *Ruth*, 58.

후 아예 십년 쯤 거주한다(שׁב ; 야샤브). 네 개의 동사는 단순한 이동(הלך ; 할라크)에서 도착하여(בוא ; 보) 머물다가(היה שׁם ; 하야 샴) 아예 거기 자리잡는(שׁב ; 야샤브) 모습을 잘 보여준다.

그런데 모압 여인들과 결혼하며 모압에 자리 잡은 나오미의 두 아들들의 결과는 무엇인가? 결혼했다면 당연히 떠올리게 되는 임신과 자녀 생산의 언급은 전혀 없다. 대신 청천벽력 같은 일이 벌어졌다. 말론과 기룐 두 사람이 다 죽은 것이다. 그것도 무자한 상태로! 어떻게 이런 일이 있을 수 있을까? 성경 기자는 아들이 죽은 이유를 밝히지 않는다. 그저 한 문장으로 나오미의 상태만 묘사한다(1:5하반절).

"그 여인은 그녀의 두 아기들과 그녀의 남편의 뒤에 남았더라
(וַתִּשָּׁאֵר הָאִשָּׁה מִשְּׁנֵי יְלָדֶיהָ וּמֵאִישָׁהּ ; 와티샤에르 하잇샤 미쉬네 엘라데하 우메이샤흐)."

우리는 여기서 두 가지 단어, "그 여인"(הָאִשָּׁה ; 하잇샤)과 "그녀의 아기들"(יְלָדֶיהָ ; 엘라데하)이란 표현에 주목해야 한다.

첫째, 룻기 기자는 "나오미"라는 고유명사를 사용하지 않고 "그 여인"(הָאִשָּׁה ; 하잇샤)이라고 냉정하게 부른다. 그 이유가 무엇일까? 학자들은 "여인이 혼자 남았다"라는 감정적인 효과를 위해 "그 여인"이라고 칭하고 있다고 본다. 고대 근동에서는 여인의 존재 근거는 남편과 아들이었다. 그런데 나오미는 남편과 아들을 잃고 삶의 모든 존재 근거를 잃고, 이제 홀로 남은 것이다. 이제 나오미는 "그 여인"이라고 불릴 수 있을 뿐, 남은 것은 아무 것도 없다. 필리스 트라이블(Phyllis Tribles)[37]의 말을 들어보자.

아내에서 과부로, 어머니에서 무자녀 여인으로 바뀌면서, 이 여인은 모든 정체성을 상실하고 말았다. 남성 지배적 사회에서 여성에게 안전을 가져다 주는 필수적인 요소인 남편과 자녀는 모두 사라지고 말았다. 여성이 가질 수 있는 존엄 역시 남아 있지 않았다. 자손의 많음을 통한 노년의 축복도 더 이상 존재하지 않았다. 이방 땅에서 나그네가

---

[37] 필리스 트라이블은 메레딧 대학과 유니온 신학교를 졸업한 여성 신학자이다. 앤도버 뉴튼 신학교, 유니온 신학교를 거쳐 1998년 이후에는 웨이크 포레스트 대학 신학부에서 성경학을 가르치고 있다.

된 이 여인은 죽음의 희생물이요 동시에 삶의 희생물이었다.[38]

그러기에 룻기 기자는 이런 점을 강조하기 위해 고유명사인 나오미를 사용하지 않고 "그 여인"이라고만 한 것이다.

둘째, 룻기 기자는 두 아들의 죽음을 언급하면서 "두 아기들" 뒤에 남았더라고 한 점을 주목해야 한다. 15세에 결혼했다면 결혼한 지 10년 만에 죽었으니 최소한 25세 이상 되었을 터인데 기자는 아들(בֵּן ; 벤)이란 단어를 사용하지 않고 "아기"(יֶלֶד ; 엘레드)란 용어를 사용한다. 결혼한 장성한 아들을 "아기"라고 표현한 것은 구약에서는 오직 여기에서만 나타난다.

그렇다면 여기서 굳이 "아기"라는 용어를 고집하고 있는 까닭은 무엇인가?

첫째, 어쩌면 자녀를 잃은 어머니의 슬픔을 표시하기 위해 산문적인 "아들"이라는 표현보다는 "아기"라는 용어를 사용했는지도 모른다. 그러나 이런 해석은 심리적 해석이다.

둘째, 이보다 더 중요한 것은 본문에 근거한 해석을 해야 한다는 것이다. 룻기에서 "아기"(יֶלֶד ; 엘레드)란 단어는 1:5과 4:16에만 나온다. 1:5에서 두 아기들(יֶלֶד ; 엘레드)을 잃은 나오미는 4:16에서 "아기"(יֶלֶד ; 엘레드)를 취하여 품에 안게 된다. 결국 1:5의 아기는 4:16의 아기와 인클루지오를 형성하면서, 아기들을 잃고 텅 빈 나오미가 룻이 낳은 오벳을 안음으로 채워졌음을 드러내도록 하기 위한 전략적 장치로 볼 수 있다는 것이 학자들의 중론이다.

이렇게 보면 왜 룻기의 주인공이 룻임에도 불구하고 1장과 4장에는 룻이 거의 나오지 않고 나오미가 중심을 차지하는지 알 수 있다. 다시 말해 룻기의 전체 틀은 남편과 두 아들을 잃고 텅 빈 나오미의 일곱 아들보다 나은 자부가 기업 무를 자인 보아스와 결혼에서 낳은 아들을 통해 채워진다는 데 있다. 이것이 룻기의 "주 플롯"(main plot)이다. 따라서 나오미의 인식의 관점에서 어떻게 텅 빈 삶이 채워졌는지를 독자들에게 보여주려면 나오미의 인식의 관점을 차용할 수밖에 없는 것이다.

이런 점에서 아델 벌린(Adele Berlin)의 말을 들어볼 필요가 있다.

---

38 Phyllis. Trible, "A Human Comedy : The Book of Ruth," *Literary Interpretations of Biblical Narratives*, edited by Gros Louis, Vol. 2, (Nashville : Abingdon, 1982), 167-168.

룻기의 중심 인물은 나오미이다. 다른 인물들은 나오미와의 관계에서 나타난다. 단지 1:2에서만 나오미가 엘리멜렉과의 관계로 소개된다. 그러나 1:3이 되면 이것이 역전되어 엘리멜렉이 나오미와의 관계로 언급된다 : "나오미의 남편 엘리멜렉이 죽고." 이것은 아들들의 경우도 마찬가지이다. 말론과 기룐은 1:2에 엘리멜렉의 아들로 소개된다. 그러나 1:3과 1:5에 가면 "그녀의 아들"로 언급된다. 룻과 오르바는 나오미의 며느리이다. 물론 나오미의 아들들이 이들과 결혼했기 때문에 나오미의 며느리가 된 것이지만, 이야기 종반까지는 누가 누구랑 결혼했는지가 분명하지 않다. 오르바와 룻은 나오미와의 관계성에서 중요한 것이지, 그들의 남편과의 관계에서 중요한 것은 아니다. 보아스도 엘리멜렉의 친족이며, 결혼에 의해서 비로소 엘리멜렉과 연관을 맺었으나, 본문에 처음 언급될 때에는 나오미와의 관계에서이다. "나오미에게 남편 쪽으로 친족이 있으니"(Naomi had a kinsman on her husband's side). 룻과 보아스가 낳은 아들도 나오미가 아들을 낳은 것으로 선포된다(4:17). 이 모든 것은 스토리의 초점을 나오미의 관점에서 맞추려고 하는 경향에서 나온 것이다. 우리는 사물을 나오미의 눈으로 본다. 나오미가 느끼듯이 느끼게 된다. 나오미의 사별과 외로움, 나오미의 귀향, 나오미의 쓰디쓴 상처와 가난, 룻의 미래에 대한 걱정, 보아스에 대한 나오미의 견해, 손자의 탄생을 통한 회복 등이 전개된다. 나오미는 텅 빔에서 채워짐의 모티브의 주된 대상이다. 우리는 주로 나오미의 인식의 관점에서 스토리를 대하게 된다.[39]

마지막으로 우리는 발단에서 "둘"이라는 수사에 주의를 기울여야 한다. 단지 아들들이라고 하면 더 간략하면서도 효과적으로 이야기할 수 있는데도 불구하고 "두" 아들이라고 명백히 밝히고 있다. 더욱이 "둘"(שְׁנַיִם ; 셰나임)이라는 수사가 1-5절 안에 무려 다섯 번이나 반복되고 있다.

"한 사람이 그 아내와 두(שְׁנֵי ; 셰네) 아들을 데리고 … 그 두(שְׁנֵי ; 셰네) 아들의 이름은 … 나오미와 그 두(שְׁנֵי ; 셰네) 아들이 남았으며 … 말론과 기룐 두(שְׁנֵיהֶם ; 셰네헴) 사람

---

39 Adele Berlin, *Poetics and Interpretation of Biblical Narrative* (The Almond Press, 1983), 83-84. 아델 벌린은 메릴랜드 대학의 성경학 교수로, 로버트 알터(Robert Alter)와 마이어 스턴버그(Meir Sternberg)와 함께 성경의 문예적 접근을 시도한 지도적인 학자이다. 위의 책은 그의 대표적 저서로서 룻기의 문예적 특징에 대한 분석이 학문적으로 탁월하다.

이 다 죽고, 그 여인은 두(שְׁנֵי : 셰네) 아기들과 남편의 뒤에 남았더라."[40]

만일 정보 전달이 주목적이라고 한다면 "둘"이라는 수사의 5중 반복은 불필요한 것처럼 보인다. 그러나 성경은 단지 정보를 전달하는 데서 멈추지 않고, 때로는 반복을 통해 효과를 극대화하는 경향이 있다. 성경은 단순한 정보 전달의 글이 아니라, 설득을 목적으로 하는 하나님의 말씀이기 때문이다. 결국 종종 성경 내러티브에서는 내레이터가 "경제성"보다는 "효과의 극대화"를 목적으로 삼는 경우가 매우 많다고 학자들은 말한다. 왜냐하면 성경 내러티브는 눈으로 보도록 만든 글이라기보다는 귀로 듣도록 의도된 말이기 때문이다.

그렇다면 굳이 "둘"이라는 수사를 반복적으로 쓴 이유는 무엇인가? 학자들은 "둘"이라는 수사가 앞으로의 사건 전개에 매우 중요하기 때문이라고 본다. 이제 앞으로 룻기 1장에서 나오미에게는 두 자부가 생기게 될 것이며, 이 두 자부는 서로 대조적인 자세를 취하게 된다. 오르바는 나오미를 떠나는 반면에, 룻은 시어머니를 떠나지 않는다. 이렇게 두 등장 인물이 상반적인 모습을 보이기에 이를 강조하기 위해서 "둘"이란 수사를 반복하며 강조하는 것이라고 학자들은 해석한다.

이것은 룻기의 결론부인 4장에서도 마찬가지로 두 등장 인물이 대조를 보인다. 여기에서는 기업 무를 자가 룻의 새 남편감으로 등장하게 되는 보아스와 대조적이다. 기업 무를 자는 자신의 기업에 손해가 있을 것이라 예상하고 기업 무름의 의무를 감당하지 않는 데 반해, 보아스는 형제의 이름을 성문에서 사라지지 않도록 하기 위해 손해를 감수하고 기업을 무르는 모습을 보여준다.

결국 룻기에는 대조적인 두 쌍의 인물을 등장시켜 두 가지 삶의 스타일을 강조하고 있다고 볼 수 있다. 한편으로는 룻과 보아스의 삶의 스타일과, 다른 한편으로는 오르바와 기업 무를 자의 삶의 스타일을 대조하고 있는 것이다. 이렇게 두 인물 쌍의 대조를 극대화하고 독자들로 하여금 이를 미리부터 예감하도록 하기 위해 성경 기자는 "둘"이란 단어를 굳이 반복하는 것이라고 학자들은 강조한다.

이렇게 내레이터는 때로는 지나치게 반복하거나 강조하는 기법을 통해, 듣는 독

---

40 본문에서 셰네(שְׁנֵי)나 셰네헴(שְׁנֵיהֶם)은 셰나임(שְׁנַיִם)의 연계형이다. 연계형이란 두 단어나 그 이상의 단어가 연결되어 하나의 개념을 나타낼 때 앞에 있는 단어가 액센트를 상실하여 축약된 형태를 의미한다.

자들로 하여금 자신이 강조하려는 요점을 놓치지 않도록 하는 전략을 택한다. 달리 말하면 내레이터에게 중요한 것은, 스토리를 이야기할 때 반복을 피하면서 언어를 얼마나 경제적으로 사용하고 얼마나 효율적으로 말하느냐가 아니다. 성경 내러티브를 읽다보면 때로는 지나칠 정도로 반복해도 "의도한 효과"를 내느냐 못내느냐가 내레이터에게 더 큰 관심사임을 금방 알 수 있다. 이런 점에서 성경 해석자들은 성경 본문의 작은 디테일들, 즉 "둘" 같은 수사에도 신경을 써서 해석을 해야 한다.

7. 양식을 주시는 하나님 : 돌아오는 나오미

7.1 돌아오는 나오미

내레이터는 두 아들을 잃은 나오미의 심정이 어떠했을지에 대해서는 언급하지 않는다. 앞서 남편을 여읜 후와 마찬가지로 두 아들을 어디에 묻었는지, 묻을 때의 심경이 어떠했는지 일언반구도 언급하지 않는다. 두 아들이 왜 죽었는지에 대해서는 더더욱 이야기하지 않는다.

내레이터는 현대 독자들이 궁금해하는 부분은 언급하지 않고 나오미의 행동만을 묘사한다.

"그녀가 두 며느리와 함께 일어나
(וַתָּקָם הִיא וְכַלֹּתֶיהָ ; 와타콤 히 웨칼로테하)
모압 지방에서 돌아오려 하였다.
(וַתָּשָׁב מִשְּׂדֵי מוֹאָב ; 와타쇼브 미스데 모아브; 1:6)."

내레이터는 두 개의 동사를 사용하여 나오미의 반응을 묘사한다. 나오미는 일어나(קוּם ; 쿰) 모압 지방에서 돌아오기로(שׁוּב ; 슈브) 하였다는 것이다. 내레이터에게는 비극의 이유나 나오미의 심경이 중요하지 않았다. 룻기의 발단 부분에서 비극의 이유보다는 나오미가 모압 지방에서 돌아오기로 결정한 사실을 언급함으로써 모압 지방에서 돌아오는 나오미에게 무슨 일이 일어날 것인지 기대하도록 만드는 것이 더 중요한 것이다.

이렇게 본다면 발단에서는 "죽음/비극의 이유"라는 주제가 암시되어 있다고 보기보다는 "모압에서 돌아옴"이라는 주제가 암시되어 있다고 보아야 한다. 왜냐하면 "돌아오다"는 동사(שׁוּב ; 슈브)가 룻기에만 15번 쓰였고, 실제로 모압에서 베들레헴으로 돌아오는 장면을 묘사한 룻기 1장에만 12번 쓰였기 때문이다. 드디어 6절에서 우리는 룻기 전체를 끌고가는 중요한 주제, "돌아옴"의 주제를 만나게 된 것이다.

우리는 여기서 한 가지 더 주목해야 한다. "일어나다"(תָּקָם ; 타쿰), "돌아오다"(וַתָּשָׁב ; 타쇼브)라는 두 개의 동사 모두가 3인칭 여성 단수형으로 되어있다는 점이다. 다시 말해 현재까지 일어나서 모압 지방에서 돌아오려고 하는 인물은 나오미뿐이다. 앞으로 더 상세히 살펴보겠지만 아직까지 두 자부가 어떻게 할지는 미지수이기 때문에 성경 기자가 3인칭 단수 형태를 쓰고 있다고 학자들은 해석한다.

7.2 양식을 주시는 하나님

그렇다면 나오미가 모압 지방에서 일어나 돌아오려고 한 이유는 무엇인가?

"모압 지방에서 들었기 때문이다
(כִּי שָׁמְעָה בִּשְׂדֵה מוֹאָב ; 키 샤메아 미스데 모아브)
여호와께서 자기 백성을 돌보시사 그들에게 양식을 주셨다 함을
(כִּי־פָקַד יְהוָה אֶת־עַמּוֹ לָתֵת לָהֶם לָחֶם ; 키-파카드 아도나이 에트-암모 라테트 라헴 라헴; 1:6)."

나오미가 모압 지방에서 "여호와께서 자기 백성을 돌보시사 그들에게 양식을 주셨다"는 것을 "들었기" 때문이었다. 여기서도 "들었다"는 동사(שָׁמְעָה ; 샤메아)는 3인칭 여성 단수 형태이다. "여호와께서 자기 백성을 돌보시사 그들에게 양식을 주셨다"는 것을 들은 것은 두 자부가 아니라 나오미라는 점을 해석자가 놓쳐서는 안 된다.

나오미가 모압 지방에서 들은 내용이 일어나서 돌아오려고 한 동기가 되었다. 그 내용이 무엇인가? "여호와께서 자기 백성을 돌보시사 그들에게 양식을 주셨다"라는 것을 들은 것이다. 이 문장을 이해하기 위해서는 우선 "돌보다"라고 번역된 히브리 동사 "파카드"(פקד)의 의미를 이해해야 한다.

"파카드"(פקד)는 구약에서 300여 회 사용된 단어로서 그 의미가 다양하여 학자들이 가장 번역하기 까다로운 동사라고 본다. 기본 능동(Qal)형으로 쓰이면 "찾다/방문하다, 시찰하다, 살피다, 보살피다, 주목하다, 위임하다" 등의 매우 다양한 의미를 가지고 있다.[41] 그런데 반 이상의 용례가 상위자가 하위자를 향해 행하는 적극적 행동을 가리키고 있기에 기본적인 의미는 "세심하게 돌보다" 혹은 "주목하다"라고 학자들은 본다.[42] 하나님을 주어로 사용하는 경우에는 인간을 "방문하다"의 의미로 많이 쓰이는데, 이 경우 방문을 당하는 사람의 삶에 심대한 영향을 끼치게 된다. 왜냐하면 하나님께서 인간을 방문하셨을 때 순종할 때에는 복을 주시고 불순종할 때에는 해를 가하시기 때문이다. 파카드 동사는 주권자이신 하나님께서 인간의 삶과 행위를 보시고 순종에는 축복을, 반역에는 저주를 내리시는 행위를 묘사하는 동사라고 볼 수 있다. 결국 룻기 1:6에서 자기 백성을 방문하신 하나님이 상황을 보고 필요를 채워주기로 하셨다는 의미로 파카드 동사가 사용된 것 같다. 따라서 한글개역개정 성경 번역자들이 파카드를 돌보다는 단어로 번역한 것 같다.

이제 하나님께서 자기 백성을 돌보셔서 양식을 주셨다는 것을 나오미가 들었다. 해석자들은 나오미가 무엇을 들었는지 주목해야 한다. 어쩌면 "베들레헴에 흉년이 끝났다"는 객관적인 팩트가 전해졌는지 모른다. 그러나 이런 팩트가 나오미에게는 "여호와께서 자기 백성을 돌보시사 양식을 주셨다"는 이야기로 들린 것이다. 이것이 중요한 것이다.

그렇다! 나오미는 기근이 들자 떡의 집이라는 이름의 베들레헴을 떠나 모압 지방으로 가 잠시 우거하려고 하였지만 남편과 두 아들을 동시에 여의고 텅 빈 상태로 홀로 남게 되었다. 타향살이 10여 년 동안 얼마나 서러웠을까? 나오미는 이제 텅

---

41 게제니우스, 『게제니우스 히브리어 아람어 사전』, 656–657.
42 Victor P. Hamilton, "פקד", in R. L. Harris (eds.), *Theological Wordbook of the Old Testament*, Vol. 2 (Moody Bible Institute, 1980), 731–732.

빈 상태에서 베들레헴에 흉년이 끝났다는 고향 소식을 들었는지 모른다. 그러나 나오미에게는 그냥 객관적인 소식으로만 들리지 않았다. 하나님께서 자기 백성을 돌보시사 양식을 주셨다는 이야기로 들렸다. 그래서 모압 지방에서 일어나 돌아오기로 결심한 것이다.

"양식"이란 단어 "레헴"(לֶחֶם)은 베들레헴(בֵּית לֶחֶם)이란 지명의 요소로 쓰인 용어이다. 1절의 베들레헴과 6절의 레헴은 인클루지오를 형성하면서 1-6절을 한 단락으로 묶어준다. 동시에 연달아 일어난 비극에도 불구하고 하나님은 자기 백성을 돌보시사 양식을 주시는 분임을 이 단락의 끝에서 제시하면서 룻기 전체의 주제를 암시하고 있다.

비록 발단에 불과하지만 룻기 기자는 여호와는 자기 백성을 텅 비게만 만드는 분이 아님을 보여준다. 하나님은 자기 백성을 돌보시는 분이시다. 하나님은 기근으로 고통당하는 자기 백성을 긍휼히 여기셔서 떡을 주는 분이시다. 아니 하나님은 친히 떡이 된 분이시다. 신약으로 가면 하나님은 자신의 몸을 찢어 우리의 떡이 되시기 위해 친히 이 땅에 육신을 입고 오셨다. 우리가 그의 떡을 먹으면 죽지 아니하고 영원한 생명을 얻게 된다. 이것이 복음이 아닌가!

8. 신학적 메시지

8.1 고통의 이유에 대해 침묵하고 고통받는 자들과 동감하라

우리는 룻기 1:1-6을 읽으며 고난의 이유에 대해 도덕적 설명을 하려는 유혹을 떨쳐버려야 한다. 왜냐하면 내레이터는 나오미가 고난을 당하는 이유를 도덕적으로나 신학적으로 설명하지 않기 때문이다. 심지어 내레이터는 두 아들을 잃은 나오미의 심정이 어떠했는지 언급하지 않는다. 앞서 남편을 여읜 후와 마찬가지로 두 아들을 어디에 묻었는지, 묻을 때의 심경이 어떠했는지 일언반구도 언급하지 않는다. 두 아들이 왜 죽었는지에 대해서는 더더욱 이야기하지 않는다.

그럼에도 불구하고 설교자들은 나오미의 아들들이 죽은 것은 모압 여인과 결혼했기 때문이라고 설명한다. 우리는 아들들이 죽은 이유에 대한 이런 도덕적 신학적 설명을 하기 전에 아들을 잃은 사람들의 이야기를 먼저 들어보고, 그러고 나서 그런 설명이 과연 유가족이나 아니면 독자들에게 도움이 되는지 자문해 보아야 한다.

따라서 우리는 고통당하는 자들이 왜 고통받고 있는지 이유를 설명하기 전에 고통받는 자들과 동감할 줄 알아야 한다. 미국의 대표적 기독교 철학자이자 아들을 잃은 월터스토프(N. Wolterstorff)의 말을 들어보자.

> 나는 복음의 내용이 언제나 내게 위로를 줄 것이라고 생각해왔었다. 하지만 그렇지 않았다. 복음은 다른 중요한 역할들은 해주었지만 에릭을 잃은 내게 위로를 주지는 못했다. 부활의 소망을 떠올리는 것도 위로가 되지 못했다. 내가 부활의 소망을 잊고 살았던 사람이라면, 그 소망이 내 삶에 빛을 새롭게 가져다 주었을 것이다. 하지만 나는 죽음이 바닥 없는 심연이라고 생각하는 사람이 아니었다. 나는 소망 없는 자들처럼 상심하는 사람도 아니었다.
>
> 그럼에도 에릭은 가고 없다. 지금 여기에 그는 없다. 이제 나는 그와 이야기를 나눌 수 없다. 이제 나는 그를 볼 수도 없다. 그를 안을 수도 없고, 그가 전하는 장래의 계획을 들을 수도 없다. 그것이 바로 나의 슬픔이다.
>
> 한 친구가 내게 말했다. "잊지 말게나. 에릭은 지금 하나님의 품안에 있다네." 나는 그 말에 깊은 감동을 받았다. 그러나 현실은 에릭을 내 품으로 되돌려 놓지 않는다. 그것이 나의 애통함이다. 그런 나에게 에릭을 돌려받는 일 외에 그 어떤 것도 위로가 되지 않는다.[43]

복음이 해답임에도 불구하고, 아들을 잃은 아픔을 되돌리지 못한다는 월터스토프의 말을 듣고 믿음이 약한 사람이라고 비난할 수 있을까? 오히려 아들을 잃은 아버지의 아픔이 절절히 느껴지지 않는가? 설교자는 자녀를 여읜 이들의 아픔을 우선

---

43 월터스토프, 「나는 사랑하는 사람을 잃었습니다」, 53-54.

공감할 줄 알아야 한다. 그리고 설교를 듣는 교우들 역시 다른 이들의 고통에 공감할 줄 아는 자들로 양육시켜야 한다.

신학적으로 죽음의 이유를 설명하는 설교는 정죄와 비난으로 이어지기 때문에 유가족은 물론 주변의 교우들에게도 교육적으로 도움이 되지 않는다. 따라서 설교자들은 월터스토프의 말에 귀를 기울여야 한다.

그러나 제발 죽음이 그리 나쁜 것이 아니라는 말만은 하지 말라. 왜냐하면 죽음은 정말 나쁜 것이기 때문이다. 죽음은 끔찍하며 악마가 주는 고통과도 같다. 만일 당신이 나를 위로하면서 "죽음이란 그리 나쁜 것이 아니에요"라고 말하는 것이 자신의 의무라고 믿는다면, 당신은 내가 애통함에 빠져 있는 동안 내 곁에 앉지 않고 멀리 떨어져 저만치 서 있는 사람과 같다. 그렇게 떨어져 있는 사람은 내게 아무 도움도 되지 않는다. 내가 진정 듣고 싶은 말은 자식의 죽음이 얼마나 고통을 안겨주는지 당신이 알고 있다는 말이다. 나는 당신이 절망 가운데 있는 나와 함께 있다는 말을 듣고 싶다. 나를 위로하기 위해서는 내게로 다가와야 한다. "이리로 와서 내 통곡의 벤치에 나와 함께 앉아주세요."

나는 안다. 때때로 사람들은 어떤 일에 대해서 실제보다 더 끔찍하게 생각한다는 것을 … 그런 점은 부드럽게 생각하도록 고쳐주어야 한다. 그러나 어느 누구도 죽음에 대해서는 실상보다 더 끔찍하게 생각할 수는 없다. 죽음이 별로 나쁘지 않다는 생각이야말로 고쳐야 한다.[44]

어찌 보면 룻기 내레이터는 나오미의 통곡의 벤치에 앉아 그녀의 고통을 함께 나누길 원했는지 모른다. 따라서 아들 둘이 죽은 이유에 대해 한마디도 언급하지 않고 심지어 나오미의 심정에 대해서도 입을 다물고 있는 것은 아닐까?

---

44 월터스토프, 『나는 사랑하는 사람을 잃었습니다』, 59.

8.2 고난의 이유에 대한 도덕적 설명을 멈추라

니콜라스 월터스토프는 고난의 이유에 대한 명백한 답은 주어지지 않는다고 본다.

> "왜" 고통이 따르는지에 대한 명확한 답은 우리에게 주어지지 않는다. 물론 어떤 고통은 전쟁, 폭행, 풍요 속의 빈곤, 상처 입히는 말과 같은 우리가 지은 죄의 결과라는 것을 쉽게 알 수 있다. 또 어떤 고통은 징계일지도 모른다. 그러나 전부 그렇지는 않다. 나머지 고통의 의미에 대해서는 아무도 우리에게 말해주지 않는다. 우리가 이해할 수 있는 의미의 폭은 아주 미비하다. 고통에는 우리의 죄보다 더 큰 무엇인가가 있다.[45]

따라서 이제 막 룻기 전체 내러티브의 발단을 읽었을 뿐이기에 아직은 내레이터가 무엇을 말하려고 하는지 알기가 쉽지 않다. 발단은 배경을 설정하고 등장 인물을 소개하고 기껏해야 주제를 암시하는 정도의 기능을 하는 것뿐인데, 발단 안에서 그렇지 않아도 쉽게 설명하기도 어려운 삶의 고난의 이유를 찾아내는 것은 적절하지 않을 뿐 아니라 잘못 해석할 가능성이 크다.

룻기의 발단에서 내레이터는 나오미가 모압 지방으로 간 것과 모압 여인을 며느리로 받아들인 죄로 비극을 당하였다고 비난하는 어조를 조금도 보이지 않는다. 오히려 계속되는 가족의 죽음으로 인해 고통당하는 나오미의 모습을 객관적으로 보여주면서 등장 인물의 고통을 동감하고 긍휼히 여기도록 만드는 감정이입의 방법을 사용하고 있다. 앞서 살핀 대로 "말론과 기룐 두 사람이 다 죽고 그 여인은 두 아들과 남편의 뒤에 남았더라"고 묘사함으로 남편과 두 아들을 잃고 홀로 남은 "여인"의 모습을 잘 묘사한다. 그럼으로 고통받는 자의 옆에 앉아 함께 고통할 것을 우리에게 권고한다.

이 점에서 월터스토프의 『나는 사랑하는 사람을 잃었습니다』란 책의 뒷 페이지에 실린 월터 완저린(Walter Wangerin Jr.)의 추천사는 시사하는 바가 크다.

---

45 월터스토프, 『나는 사랑하는 사람을 잃었습니다』, 127.

월터스토프는 욥이 물었던 질문들을 되묻고 있다. 그는 죽음에 대해 경박하게 답하지 않는다. 그는 죽음 앞에서 언제나 정직한 태도를 잃지 않는다. 그는 어리석은 경솔함이나 헛된 망상이 아닌 믿음 안에서 인류의 사망과 아들의 죽음을 극복하게 될 그날을 바라본다. 그러고는 고통받고 있는 모든 이들의 곁에 마련된 자리로 돌아가 앉는다. 이는 기적과도 같다.

룻기의 내레이터 역시 엘리멜렉과 두 아들이 죽은 이유에 대해 경박하게 답하지 않는다.

8.3 고통의 문제를 성찰할 기회를 가지라

오히려 룻기는 우리에게 진정한 고통의 문제가 무엇인지를 성찰할 수 있는 기회를 제공해준다.

기독교인들에게 고통의 문제는 단순히 "왜" 우리가 고난을 당하느냐의 문제가 아니다. 우리가 당하는 고난의 이유를 알려고 할 때에는 기독교가 고통의 문제를 풀 수 없다.

룻기의 저자는 유다 땅에 흉년이 들어 나오미의 가정이 모압으로 이주할 수밖에 없었고, 그곳에서 남편과 두 아들을 잃었음에도 불구하고, 여호와를 "자기 백성을 돌보시사 그들에게 양식을 주시는 하나님"으로 묘사하고 있기 때문이다. 다시 말해 룻기에서 진짜 문제는 나오미가 남편과 두 아들을 잃었다는 것이 아니다. 남편과 두 아들을 잃었음에도 불구하고 나오미가 이스라엘의 하나님은 선하고 의로우신 하나님이라고 믿을 수밖에 없는 것이 룻기의 진짜 고통이다.

이런 사실을 20세기 최대의 기독교 지성으로 통하는 C. S. 루이스(Lewis)는 그의 명저 『고통의 문제』에서 너무나 잘 지적하고 있다.

이런 의미에서 기독교는 고통의 문제를 푸는 것이 아니라 오히려 만들어낸다고 할 수 있습니다. 즉 실제로는 날마다 고통스러운 세상을 경험하고 있음에도 불구하고 "궁극적인 실재는 우리를 사랑하시는 의로운 존재"라는 믿을 만한 보증을 받았다고 생각하는

그 사람들에게 고통이 문제가 되는 것입니다.⁴⁶

엄밀하게 이야기하면 고난은 선하신 하나님에 대한 신앙을 소유한 사람에게만 문제가 된다는 것이다. 물론 무신론자도 고난을 당할 수 있다. 그러나 무신론자들도 고난을 당할 때는 슬프고 힘든 것은 사실이지만 어쩔 수 없는 불합리한 세상의 일부로 느낄 뿐이라는 것이다. 그런 점에서 제임스 토런스(James B. Torrance)가 지적했듯이, 고난은 우리가 아래 세 가지를 인정할 때에만 문제가 된다.⁴⁷

(1) 하나님은 전능하시다. 따라서 원하면 얼마든지 고난을 막을 수 있으시다.
(2) 하나님은 사랑이 많고 선하시다. 따라서 인간이 고난을 당하는 것을 즐거워하실 수 없다.
(3) 악과 고난은 환상이 아니라, 실제적인 것이다.

고난이 나오미에게 문제가 되는 것은 그가 이 세 가지를 믿었기 때문이다. 만일 나오미가 그냥 모압 지방에 주저앉아 있으면 고난은 나오미에게 아무런 문제가 되지 않았을 것이다. 그러나 나오미는 위의 세 가지 전제를 받아들이고 하나님을 믿었기 때문에 고난이 문제가 된 것이다.

프란시스 앤더슨(Francis I. Andersen) 역시 욥기를 해석하는 가운데 한 말이지만 우리에게 "고통의 문제"가 무엇인지 잘 보여준다.

> 한 분의 주권적인 주님이 다스리는 우주에 "사고"란 존재하지 않는다. 여기에 욥의 문제가 있다. 그러한 재난은 다신론자, 이원론자, 무신론자, 자연주의자, 운명론자, 물질주의자, 불가지론자에게는 문제가 되지 않는다. 성가신 일 혹은 비극일 수 있지만 문제는 아닌 것이다.

인간의 약함이나 자연의 힘에 의해 초래되는 고난은, 궁극적으로 선하시고 전능하신 창

---

46 C. S. 루이스, 『고통의 문제』, 이종태 역 (홍성사, 2002), 33.
47 James B. Torrance, "Why Does God Let Men Suffer," *Interpretation* 15 (1961), 157.

조주를 믿는 자에게만 문제가 되는 것이다. 따라서 이 문제는 분명한 도덕적 단일신론을 지지하는 성경 안에서만 일어날 수 있다.[48]

이것이 그리스도인들에게 고통이 문제가 되는 이유이다. 때로는 우리의 믿음이 우리의 고통이나 고난을 경감시켜 주지 못한다. 아니 어떤 때는 오히려 우리의 믿음이 우리의 고난과 고통을 악화시킨다. 그렇다면 이럴 때 우리는 어떻게 해야 하는가? 믿음을 포기하고 주저앉아야 하는가? 아니면 믿음이 오히려 우리의 고통을 악화시키고 있음에도 불구하고 하나님께로 돌아가야 하는가? 이런 문제를 룻기는 내러티브 형식으로 다루고 있는 것이다.

8.4 고난의 효력 : 모압에서 돌아옴

룻기는 우리가 고통과 고난에 대해 생각할 때 너무 단순하게 죄의 결과라고 비난하거나 좌절해서는 안 된다는 점을 보여준다. C. S. 루이스가 지적한 대로 "인간들이 겪는 고통의 5분의 4"는 "인간의 탐욕 내지는 어리석음 때문에 생기는 것이지만 그럼에도 불구하고 우리 탓으로 돌릴 수 없는 고통 역시 여전히 많다"는 점을 유념해야 한다.[49]

물론 이론적인 가능성의 수준에서는 베들레헴에 불어닥친 흉년이 사사 시대의 이스라엘의 불순종에 대한 하나님의 징벌일 수 있다. 그렇다 해도 고난을 당할 때 고난을 피하는 것이 과연 잘못일까? 상당수의 설교자들이 흉년으로 인해 엘리멜렉이 모압에 간 것은 불신앙적인 선택이라고 말하지만, 자신들이 그런 상황에 있다면 엘리멜렉처럼 하지 않았을까? C. S. 루이스의 말대로 고난을 당하면 피하는 것이 인지상정과 자연에 부합한 일이기 때문이다.

기독교에는 시련에 관한 역설이 있습니다. … 우리는 핍박받을 때 복이 있지만, 핍박을 피하기 위해 이 도시에서 저 도시로 도망갈 수 있으며 우리 주님이 겟세마네 동산에서

---

48 Francis I. Andesen, *Job* (IVP, 1976), 96.
49 C. S. 루이스, 『고통의 문제』, 이종태 역 (홍성사, 2002), 135.

그리하셨듯이 핍박을 면하게 해주시기를 기도할 수 있습니다.⁵⁰

우리 모두가 고통을 피하는 일에 지나치게 많은 신경을 쓰고 있다는 것은 의심할 여지가 없는 사실입니다. 그러나 적당한 한도 안에서 합법적인 수단을 통해 고통을 피하고자 하는 것은 "자연"—즉 시련의 구속적인 역할을 고려하여 만든 피조 세계의 전 작동 체계—에 부합되는 일입니다.⁵¹

따라서 우리는 너무 쉽게 고난의 이유를 도덕적으로 설명하려고 해서는 안 된다. 왜냐하면 룻기 역시 고난의 이유를 설명하지 않기 때문이다. 이유를 알 수 있는 고난이든, 이유를 알 수 없는 고난이든 고난을 당할 때에 주의할 것이 한 가지 있다는 사실을 스토리로 보여주고 있다. 그것은 고난을 원하는 사람은 아무도 없고 고난을 당할 때에는 누구나 다 피하고 싶지만, 그럼에도 불구하고 고난을 당할 수밖에 없을 때에는 최소한 고난에는 효력이 있다는 사실을 잊어서는 안 된다는 메시지를 전하고 있는 것이다.

놀랍게도 나오미가 모압에서 베들레헴으로 돌아가기로 결정한 것은 갑자기 불어 닥친 고통과 고난 때문이라는 사실은 부인할 수 없다. C. S. 루이스는 고통에는 몇 가지 효력이 있다고 말한다. 루이스는 "만사가 잘 돌아가고 있다는 환상을 깨뜨리는"⁵² 것이 고통의 첫 번째 효력이라고 본다.

> 인간의 영혼은 모든 상황이 좋아 보일 때에는 아집을 포기할 생각을 하지 않습니다. … 그러나 고통은 고집스럽게 우리의 주목을 요구합니다. 하나님은 쾌락 속에서 우리에게 속삭이시고, 양심 속에서 말씀하시며, 고통 속에서 소리치십니다. 고통은 귀먹은 세상을 불러 깨우는 하나님의 메가폰입니다.⁵³

루이스는 "지금 우리가 가진 것은 본질적으로 좋은 것이든 나쁜 것이든간에 전부

---

50 루이스, 『고통의 문제』, 167.
51 루이스, 『고통의 문제』, 173.
52 루이스, 『고통의 문제』, 144.
53 루이스, 『고통의 문제』, 139, 141.

우리 것이며 그 이상은 필요치 않다는 환상을 깨뜨리는 것"[54]이 고통의 두 번째 효력이라고 본다.

> 우리를 만드신 하나님은 우리의 본질을 아시며, 우리의 행복이 그분 안에 있음을 아십니다. 그러나 하나님이 행복을 찾을 만하게 보이는 곳을 단 한 군데만 남겨두셔도 우리는 그분 안에서 행복을 찾으려 들지 않습니다. 우리는 이른바 "나의 삶"이 즐겁게 느껴질 동안에는 그 삶을 하나님께 양도하려 들지 않습니다. 그러니 "나의 삶"을 덜 즐겁게 만들고 그럴 듯해 보이는 거짓된 행복의 원천을 빼앗는 것 외에 우리의 유익을 위해 하실 수 있는 일이 무엇이 있겠습니까? 바로 이 자리, 처음에는 하나님의 섭리가 잔인하기 짝이 없는 이 자리야말로 하나님의 겸손함과 지고한 분의 낮아짐을 찬양해 마지 않아야 할 자리입니다.[55]

> 그렇기 때문에 하나님은 그들에게 어려움을 주심으로써, 언젠가는 그들 스스로 발견해야 할 부족함에 대해 미리 경고해주시는 것입니다. 그들(존경스럽고 악의가 없으며 훌륭한 사람들-필자가 앞의 문맥에서 첨가)과 그들의 가족은 현재 누리고 있는 삶 때문에 자신들의 필요를 깨닫지 못합니다. 그래서 하나님이 그 삶을 덜 달콤하게 만드시는 것입니다.[56]

나오미는 흉년으로 인해 베들레헴을 떠나 모압으로 이주한 후에 연거푸 불어닥친 재앙과 고난 가운데서 드디어 "자기 백성을 돌보시사 그들에게 양식을 주시는 하나님"께로 돌아오기로 결정한다. 과연 이런 "더 이상 붙들 나은 것이 없기에" 자신에게 돌아오는 나오미를 여호와께서는 받아주실 것인가? C. S. 루이스는 나오미에 대해 명시적으로 언급하지 않지만 하나님은 겸손하시기에 기꺼이 받아주실 것이라고 말한다.

---

54 루이스, 『고통의 문제』, 144.
55 루이스, 『고통의 문제』, 145.
56 루이스, 『고통의 문제』, 146.

저는 이것을 하나님의 겸손이라고 부르는데, 왜냐하면 배가 이미 가라앉고 있는 상황에서 하나님께 백기를 드는 것은 궁색한 일이기 때문입니다. 최후의 수단으로 어쩔 수 없이 하나님께 나아가는 것, 더 이상 지닐 가치가 없어졌을 때 비로소 "자기 것"을 바치는 것은 궁색한 일입니다. 하나님이 교만한 분이라면, 그런 조건에서는 우리를 받아주지 않으실 것입니다. 그러나 그는 교만하지 않으실 뿐 아니라 오히려 자신을 낮춤으로써 정복하시는 분으로서, 우리가 언제나 그분보다는 다른 것을 더 좋아한다는 사실이 드러났음에도 불구하고, 그리고 이제는 더 이상 붙들 "나은 것이 없기" 때문에 그분께 나아가는 것임에도 불구하고 기꺼이 우리를 받아주십니다.[57]

아직은 분명하지 않지만, 룻기 기자는 나오미가 모압 지방에서 돌아가기로 결정한 모습을 그리면서 더 이상 붙들 것이 없어서 돌아오는 나오미조차 따뜻하게 맞아주실 겸손하신 여호와를 기대하게 만든다.

이렇게 C. S. 루이스는 고통의 효력을 설명한 다음에[58] 고난으로 말미암아 우리가 온전케 될 수 있다고 선언한다.

저는 고통이 고통스럽지 않다고 주장하는 것이 아닙니다. 고통은 아픕니다. 그것이 바로 이 단어가 의미하는 바입니다. 다만 저는 "고난을 통해 온전하게 하심"(히 2:10)이라는 기독교의 옛 교리는 믿을 수 없는 이야기가 아니라는 점을 보여주고 싶을 뿐입니다.[59]

이제 우리는 룻기를 통해 고난으로 말미암아 어떻게 온전케 되는지를 살펴보게 될 것이다. 그러나 우선 나오미가 모압에서 베들레헴으로 돌아오기로 한 것 자체가 온전함의 방향으로 이미 발걸음을 옮겼음을 보여준다.

---

57 루이스, 『고통의 문제』, 147.
58 루이스는 고통의 세 번째 효력에 대해서도 언급하나 여기서는 큰 상관성이 없으므로 언급하지 않았다.
59 루이스, 『고통의 문제』, 159.

8.5 삶은 지속된다!(Life Goes On)

룻기의 발단은 나오미가 남편과 두 아들을 잃었으나 모압 지방에 주저앉지 않았음을 보여준다. 왜냐하면 삶은 지속되어야 하기 때문이다. 옛날 미국 유학 시절 (1987-1989) 미국의 홈 드라마 가운데 특히 필자의 아내가 즐겨 보던 것이 있었다. 그것은 다운 신드롬이라는 병을 지닌 한 소년과 그의 식구의 평범한 일상사를 그린 일종의 시트콤 드라마였다. 이 시트콤은 소년의 가정이 소년의 병뿐 아니라 그 밖의 많은 인생의 문제들로 희로애락을 겪으면서도 꿋꿋하게 살아가는 모습을 너무나 현실감 있게 그린 수작이었다. 이 드라마의 주제는 수많은 문제들과 예기치 않은 불행과 고통이 연이어 나타나는 가운데서도 인생은 지속되기 마련이라는 내용이었다. 이 주제와 걸맞게도 그 홈 드라마의 제목은 "삶은 지속된다"(Life goes on)였다.

그렇다! 우리의 삶에 예기치 않은 많은 고통과 슬픔이 있음에도 우리의 인생은 멈추지 않는다. 삶을 더 이상 이끌고 갈 힘조차 없게 느껴지는 순간에도 우리의 삶은 우리에게 쉴 시간을 주지 않는다. 왜냐고? 인생에는 예기치 않은 여러 일들이 사방에서 일어나지만 그래도 삶은 지속되기 마련이다. Life goes on!

따라서 불행을 당할 때, 우리의 삶이 텅 비게 되었을 때 우리는 이를 탄식하고 원망하며 주저앉아서는 안 된다. 그렇다면 그때 어떻게 해야 하는가? 길은 오직 하나이다. 그것은 일어나 돌아가는 것이다. 룻기 1장에는 "돌아가다"는 동사가 12번 나타난다. 그 첫 용례가 1:6의 나오미가 일어나서 돌아오는 모습에 사용되었다.

그렇다면 어디로 돌아가야 한단 말인가? 그 해답은 너무나 자명하다. 그것은 그의 백성을 돌보시며 양식을 주시는 하나님께로 돌아가는 것이다. 여기서 "돌보신다"는 단어 "파카드"(פקד)는 하나님께서 그의 백성의 충성을 평가하시고 복종시에는 축복을, 불순종시에는 징벌을 행하시는 주권적 통치 행위를 가리킨다. 즉 하나님께서는 그의 백성의 필요를 보시고 이 필요를 채우는 분이시다. 하나님께서는 우리의 인생의 최대 파트너이며, 그만이 우리의 삶을 풍요롭게 하실 수 있는 유일한 분이시다. 결국 우리가 돌아가야 할 궁극적 대상은 바로 양식을 주시는 하나님이시다.

8.6 "밥이 되어라"

그렇다면 돌아가기만 하면 만사형통인가? 아니다! 돌아가면 무슨 일이 일어날지 아직은 모른다. 돌아가 보아야 한다. 그러나 어떤 일이 불어닥칠지 모르지만 모압 지방에서 일어나 돌아와야 한다. 나오미 역시 모압 지방에서 돌아오면 베들레헴에서 무슨 일이 일어날지 알지 못하였다. 돌아오기로 결정한 순간에 모든 문제가 완벽하게 그것도 순식간에 해결되는 것이 아니다. 그러나 하나님께서는 자기 백성을 돌보시사 양식을 주시는 분임을 기대하며 베들레헴, 떡의 집으로 돌아와야 한다.

소설가 박완서 씨는 57세가 되던 1988년, 남편과 아들을 연이어 잃고 난 후에 겪은 고통의 삶을 쓴 일기 형식 수필집인 『한 말씀만 하소서』라는 책에서 그는 특히 명문대 의대생이었던 아들을 잃고 난 후의 심경을 이렇게 고백하고 있다.

사제관 응접실에서 신부님을 뵙고 긴 위로의 말씀을 들었으나 자식도 낳아보지 않은 분이 내 마음을 어찌 알까 싶어 그저 괴로운 마음으로 경청했다. 그러다가 탁자 위에 놓인 백자 필통이 눈에 띄었다. 거기 쓰인 "밥이 되어라"라는 글귀 때문이었다. 신부님이 손수 쓰신 건지, 아니면 어떤 주교님이나 추기경님이 쓰신 건지 그건 분명치 않았다.

누가 썼건 실상 그건 그닥 중요하지 않았다. "밥이 되어라, 밥이 되어라"를 입속으로 되뇌면서 나는 분도 수녀원에서 맡은 이 세상에서 가장 맛있는 밥 냄새를 떠올렸고, 어쩌면 주님이 그때 나에게 밥이 되어 오시었던 게 아닐까 싶은 생각이 났다. 그때 나는 몇날 며칠을 밤이나 낮이나 주님을 찾아 대들고 몸부림쳤었다. "내가 왜 이런 고통을 받아야 하나? 한 말씀만 하시라"고 애걸복걸도 해 보았다. 그러나 주님은 끝내 아무 말씀도 없으셨다. 어쩌면 나직하고 그윽하게 뭐라고 하셨을지도 모른다는 생각이 늦게 난 철처럼 슬며시 왔다.

그래. 분명히 뭐라고 그러셨을 거야. 다만 내 귀가 독선과 아집으로 꽉 막혀 못 알아들었을 뿐인 것을. 하도 답답해서 몸소 밥이 되어 찾아오셨던 거야. 우선 먹고 살아라 하는 응답으로. 그렇지 않고서 그 지경에서 밥 냄새와 밥맛이 그렇게 감미로울 수는 없는

일이었다.[60]

비록 다른 신앙 전통에 속한 박완서 씨지만 그녀의 고백을 들으면서 하나님은 자기 백성을 텅 비게만 만드시는 분이 아니시며, 고통 가운데서 자기 백성을 돌보시사 양식을 주시는 분이심을 느끼게 된다. 아니 여호와는 자기 백성을 위해 떡이 된 분이시다. 구약에서 자기 백성을 위해 양식을 주시는 하나님은 신약에서 직접 자신이 백성을 위한 떡이 되셨다. 그것도 자기 백성을 위해 몸이 찢겨가면서 우리의 떡이 되어 주셨다.

"진실로 진실로 너희에게 이르노니 믿는 자는 영생을 가졌나니 내가 곧 생명의 떡이니라 너희 조상들은 광야에서 만나를 먹었어도 죽었거니와 이는 하늘에서 내려오는 떡이니 사람으로 하여금 먹고 죽지 아니하게 하는 것이니라 나는 하늘에서 내려온 살아 있는 떡이니 사람이 이 떡을 먹으면 영생하리라 내가 줄 떡은 곧 세상의 생명을 위한 내 살이니라 하시니라(요 6:47-51)."

구약의 백성들이 상상할 수도 없는 일을 신약의 우리는 보고 듣고 알고 믿게 되었다. 자신의 몸을 찢어 우리의 떡이 되어 주신 주님이 계시다면 우리는 어떤 고난과 슬픔 가운데서도 낙망하지 않을 수 있지 않을까!

---

60 박완서, 『한 말씀만 하소서』 (세계사, 2004), 165-167.

Chapter 6

제1막 :
모압에서 돌아오는
나오미

룻 1:7-22

**1막 1장
누가 여호와께 돌아온 여인인가?(룻 1:7-14)**

1. 서론적 이야기

1.1 성경 본문

앞에서 우리는 서막(룻 1:1-6)을 제외한 룻기 1장의 나머지 부분은 주제의 발전상 크게 세 단락으로 나눌 수 있다는 점을 살펴보았다.

    A. 1막 1장(1:7-14) : 오르바는 돌아가고 룻은 나오미를 붙좇음

    B. 1막 2장(1:15-19상) : 룻의 시어머니를 향한 죽음에 이르는 충성 맹세

    C. 1막 3장(1:19하-22) : 연달은 비극을 겪은 나오미의 애가

지금 우리가 살펴보려는 룻기 1:7-14은 모압 지방에서 나와 베들레헴으로 오는

도중에 있었던 나오미와 두 며느리 사이의 대화를 담고 있다. 이는 룻기 전체에서 1막 1장에 해당한다. 여기를 보면 나오미와 두 며느리의 두 번에 이르는 대화의 결과, 오르바는 모압으로 돌아가고 룻은 나오미를 붙좇는 모습이 나온다. 오르바와 룻이 대조되는 모습으로 묘사되면서, 룻의 충성이 강조되고 있다. 이제 이 대목을 읽어보자.

"있던 곳에서 나오고 두 며느리도 그와 함께 하여 유다 땅으로 돌아오려고 길을 가다가 나오미가 두 며느리에게 이르되 너희는 각기 너희 어머니의 집으로 돌아가라 너희가 죽은 자들과 나를 선대한 것같이 여호와께서 너희를 선대하시기를 원하며 여호와께서 너희에게 허락하사 각기 남편의 집에서 위로를 받게 하시기를 원하노라 하고 그들에게 입 맞추매 그들이 소리를 높여 울며 나오미에게 이르되 아니니이다 우리는 어머니와 함께 어머니의 백성에게로 돌아가겠나이다 하는지라 나오미가 이르되 내 딸들아 돌아가라 너희가 어찌 나와 함께 가려느냐 내 태중에 너희의 남편 될 아들들이 아직 있느냐 내 딸들아 되돌아가라 나는 늙었으니 남편을 두지 못할지라 가령 내가 소망이 있다고 말한다든지 오늘 밤에 남편을 두어 아들들을 낳는다 하더라도 너희가 어찌 그들이 자라기를 기다리겠으며 어찌 남편 없이 지내겠다고 결심하겠느냐 내 딸들아 그렇지 아니하니라 여호와의 손이 나를 치셨으므로 나는 너희로 말미암아 더욱 마음이 아프도다 하매 그들이 소리를 높여 다시 울더니 오르바는 그의 시어머니에게 입 맞추되 룻은 그를 붙좇았더라(룻 1:7-14)."

1.2 단락 나누기

나오미와 두 며느리 간의 노상 대화를 이해하려면 7-14절이 룻기 1장 전체에서 플롯상 어떤 위치에 있는지를 살펴볼 필요가 있다. 우선 우리는 7-14절이 룻기 1장의 두 번째 큰 단락인 1:7-19상반절의 하부 단락임을 주목해야 한다. 7-19상반절은 나오미가 모압 지방에서 일어나서 유다 땅을 향하여 돌아오기 시작하여(7절), 마침내 베들레헴에 도착하기까지(19상)의 귀향 길에서 일어난 일을 다루고 있다.

룻기 1:1-6이 한 단락을 형성한다는 점을 살펴볼 때 이미 언급하였지만, 내레이터는 7절과 19상반절에서 "떠나다"(יצא ; 야차), "도착하다"(בוא ; 보), "행하다"(הלך ; 할라크)란 세 개의 단어들을 반복적으로 사용하여 귀환 길의 시작과 종국을 보여주면서 한 단락으로 제시한다.

  a 그녀가 있던 곳을 떠났으며(יצא ; 야차), 두 자부도 그와 함께 하였다
     b 그들이 유다 땅으로 돌아오려고 길을 행하였다(הלך ; 할라크)(7절)
     b' 그 두 사람이 행하여(הלך ; 할라크)
  a' 베들레헴에 도착하였더라(בוא ; 보)(19상반절)

7절에서는 세 명의 인물, 즉 나오미와 두 자부가 모압을 떠나나(יצא ; 야차), 19상반절에는 "이에 두 사람이 베들레헴에 도착하니라(בוא ; 보)"라고 되어 있어 룻과 나오미만이 돌아오는 것으로 기술되어 있다. 결국 가운데 스토리는 세 사람이 길을 행하면서(הלך ; 할라크) 무슨 대화를 했는지(8-14절), 그리고 한 사람이 떠난 후에 남은 두 사람이 길을 오면서(הלך ; 할라크) 무슨 이야기를 했는지(15-18절)를 다루고 있다.

1.3 구조 분석

그렇다면 모압을 떠남과 베들레헴에 도착이라는 큰 틀 안에 놓여있는 8-18절의 주제는 주로 두 며느리 중에서 누가 돌아오는가를 다루는 데 있다. 결국 나오미는 세 차례나 자부와 대화를 하면서 돌아가라고 권고하는 반면에, 처음에는 돌아가기를 거부하던 자부들이 두 번째 대화에서는 오르바가 고향으로 돌아가기로 결정하였으나, 룻은 세 번째 권면에도 불구하고 나오미를 붙좇는 모습을 보이고 있다. 따라서 룻기 1:7-14은 나오미와 자부들 간의 3라운드 노중 대화(road talk)라고 할 수 있다. 이 단락은 아래와 같은 동심 구조 위에 세워져 있다.

A 유다 땅으로의 귀환 길 시작(7절)

  B 노중 대화 1(8-10절):

    1 나오미의 첫 번째 권면(8-9상반절)

    2 자부들의 반응(9b-10) : 울면서 돌아가기를 거부

  X 노중 대화 2(11-14절):

    1 나오미의 두 번째 권면(11-13절)

    2 자부들의 반응(14절) : 오르바는 돌아가고 룻은 시어머니를 붙좇음

  B' 노중 대화 3(15-18절):

    1 나오미의 세 번째 권면(15절)

    2 룻의 반응 : 죽음에 이르는 충성 맹세

A' 귀향의 목적지인 베들레헴 도착(19상반절)

위의 도표가 보여주듯이 나오미와 며느리 간의 노중 대화는 모두 3라운드로 이루어져 있다.

그런데 이 노중 대화가 너무 길기에 둘로 나누어서 룻기 1:7-14을 1막 1장으로 보고 이번에 다루고, 1:15-19상반절은 1막 2장으로 보고 다음 번에 다루기로 하였다. 결국 룻기 1:7-14은 오르바의 떠남과 룻의 함께 함을 대조함으로써 결국은 두 자부 중에 룻만이 돌아오고 있음을 보여주는 데 목적이 있다.

1.4 그동안의 대중적 해석사

앞서 살핀 대로 룻기 1:7-14은 나오미와 두 자부 룻과 오르바가 모압 지방을 떠나 베들레헴으로 돌아오는 도중에 노상에서 있었던 처음 두 번의 대화를 중심으로 이루어져 있다. 이 단락은 크게 둘로 나눌 수 있다. 첫 단락은 나오미가 두 자부에게 각자 고향으로 돌아갈 것을 요청하면서 이별의 입맞춤을 하자 자부들이 울면서 돌아가지 않겠다고 응답하는 장면(7-10절)으로 이루어져 있는 반면에, 둘째 단락은 나오미가 다시 각기 고향으로 돌아갈 것을 자부들에게 강력히 요청하자, 결국 오르바는 나오미를 떠나는 반면에 룻은 떠나지 않는 장면(11-14절)으로 구성되어 있다.

따라서 오르바와 룻의 행동이 잘 대조되고 있다고 볼 수 있다.

그러다 보니 그동안은 이 단락을 해석하면서 상당수의 해석자들이 나오미와 오르바는 해서는 안 될 일을 한 인물로 비난하고 룻은 마땅히 해야 할 일을 한 인물로 칭찬하는 방식으로 해석을 하는 경향을 많이 보였다. 예를 들어, 워렌 위어스비(Warren Wiersbe)는 나오미가 두 자부를 데리고 가지 않기로 결심한 것은 잘못이라고 비평한다.

만약 나오미가 베들레헴으로 돌아가는 것이 옳은 일이었다면 그녀는 마땅히 오르바와 룻도 함께 데리고 갔어야 했다. 모세가 자기 장인에게 말했던 것처럼 나오미도 두 자부에게 "우리와 동행하자 그리하면 선대하리라 여호와께서 이스라엘에게 복을 내리리라 하셨느니라"(민 10:29)고 말했어야만 했다. 그런데 나오미는 그렇게 하는 대신 오히려 두 자부에게 친정과 그들이 섬기는 거짓 신에게로 돌아가라고 말한 것이다.

아브라함의 딸이요 하나님을 믿는 유대 여성이 왜 두 이방 여인에게는 거짓 신을 숭배하라고 했을까? … 그 두 자부는 나오미와 엘리멜렉이 자기네 두 아들에게 언약의 나라 밖에 있는 여인들과의 결혼을 허락한 산 증거이기 때문이다. 쉽게 말해서 나오미는 자신의 불순종을 감추고 싶었던 것이다. 만약 그녀 혼자 베들레헴으로 돌아간다면, 아무도 그 가족이 모세의 율법을 어긴 사실에 대해 모를 것이다.[1]

사무엘 리도우트(Samuel Ridout) 같은 설교자는 심지어 나오미가 베들레헴으로 돌아오려고 결심한 것조차도 이기적인 것이었다고 비난한다.

그녀를 돌이키게 하도록 이끈 것은 마치 탕자로 하여금 그의 얼굴을 아버지의 집으로 돌이키게 한 것과 마찬가지로 이기적인 동기에서였습니다. "그 여인이 그가 모압 지방에서 여호와께서 자기 백성을 돌보시사 그들에게 양식을 주셨다 함을 듣고…"(6절). 이 말 속에는 "떡집"을 떠난 데 대한 죄의식도, 모압 백성을 저버리는데 대한 죄책감도 찾

---

1 워렌 위어스비, 『헌신하여라 : 룻기 에스더 강해』, 안보헌 역 (생명의말씀사, 1993), 24.

아볼 수 없습니다.[2]

또한 많은 설교자들이 나오미는 물론 특별히 오르바를 비난한다. 한 설교자는 오르바를 믿음을 저버리고 "적그리스도"(Antichrist)와 함께 할 자로 맹비난한다.

오르바에게서 우리는 이 세상의 헛된 부귀 영화를 얻기 위하여 그토록 소중히 간직하여야 할 믿음을 단호히 저버리는 무수한 사람들의 모습을 보게 됩니다. 그리고 다음의 말씀처럼 그들은 결국 적그리스도와 함께 할 자들임을 알게 됩니다.[3]

위어스비 역시 오르바의 선택을 "일시적 선택"이라고 비판한다. 처음에는 하나님께 나아왔으나 다시 우상에게로 돌아가는 사람들의 예로 끝까지 견디는 신앙을 보여주지 못했다는 것이다.

그녀는 "하나님의 나라에서 멀지 않은 곳"에 있었으나(막 12:34) 잘못된 결정을 내리고 길을 돌이켰다.[4]

1.5 문제 제기

성경 본문을 대충 읽으면 이런 식의 해석도 가능해 보인다. 그러나 내러티브는 내레이터가 먼저 해석한 후에 보여주고 싶은 것만 기록한 글이기에 내레이터가 무엇이라고 해석하는지 세심하게 먼저 들어야 한다. 따라서 우리는 내러티브를 읽을 때 과거 사건의 객관적인 역사적 보고를 보고 우리가 해석하는 것이라고 생각해서는 안 된다. 성경 내러티브는 이미 해석된 역사(the interpreted history)이다. 그것도 내레이터가 성령의 영감을 받아 무오하게 해석한 역사이다. 따라서 우리는 내레이터가 이미 해석한 역사를 해석하는 것이다. 다시 말해 성령에 의해 이루어진 규범적

---

2 사무엘 리도우트, 『사사기 룻기 강해』, 장세학 역 (전도출판사, 1994), 352.
3 사무엘 리도우트, 『사사기 룻기 강해』, 장세학 역 (전도출판사, 1994), 354.
4 위어스비, 『헌신하여라』, 26.

해석에 대한 한 해석(an interpretation of the interpretation)을 하는 것이다. 따라서 성경 해석자는 내레이터가 영감받아 해석한 내러티브를 읽을 때 성경 본문 아래에 자신을 위치시키고 본문을 해석해야 한다. 다시 말해 해석자/독자는 성경 본문을 대할 때 "순종의 자세"를 취해야 한다.

그런데 "나는 성경에 복종해라고 고백하는 것과, 실제로 복종하는 것이 별개의 문제"라고 다니엘 도리아니(Daniel M. Doriani)는 지적한다.[5] 다시 말해 성경에 복종한다고 생각하는 복음적인 해석자들이 아래와 같이 왜곡된 생각을 할 수 있다는 것이다.

> 나는 성경이 말하는 것은 뭐든 믿는다.
> 나는 성경이 뭐라고 말하는지 안다.
> 그렇기 때문에 내가 믿는 게 곧 성경이 말하는 것이다.
> 그렇기 때문에 성경이 내가 믿지 않는 어떤 것을 말하는 것처럼 보일 때
> 분명 사실은 그런 뜻이 아닐 것이다.[6]

도리아니에 의하면 이런 견해를 주장하는 사람들은 겉으로는 성경의 권위를 고백하지만 실제로는 자기 멋대로 성경을 해석하는 자들이다. 도리아니는 이런 오류를 피할 수 있는 비결을 알려준다.

> 보수주의자들은 자기 기만을 더욱 예방하기 위해, 성경 위에 서는 것과 성경 아래 서는 것을 구분해야 한다. 이러한 구분은 복음주의적 독일인 학자 아돌프 슐래터(Adolf Schlatter)가 신학적 검토를 하면서 말한 것이다. 한 교인이 슐래터에게 그가 성경에 의거하고 있느냐(stand on)고 물었다. 그는 "아니오. 나는 성경 아래(stand under) 있습니다"라고 답했다. 즉 그는 성경을 자신의 신학을 구축하는 기반으로 사용하지 않겠다는 것이다. 그는 성경 자료들을 관찰하고 그 자료들이 그의 견해들을 결정하도록 할 것이다.[7]

---

5 다니엘 도리아니(Daniel M. Doriani), 『적용 : 성경과 삶의 통합을 말하다』 (성서유니온선교회, 2009), 94.
6 도리아니, 『적용 : 성경과 삶의 통합을 말하다』, 94.
7 도리아니, 『적용 : 성경과 삶의 통합을 말하다』, 95.

성경 해석자가 성경 본문 "아래에"(under) "서"(stand) 있어야 한다는 뜻이 무엇인가? 성경을 제대로 이해하려면(understand) 해석자가 성경 본문 "아래에" "서" 있어야 한다는 것이다. 다시 말해 성경 해석자는 성경 본문을 마음대로 해석할 수 있는 자유가 있는 존재가 아니다. 성경 해석자는 성경 옆에 서서 훈수를 두며 해석하거나, 성경 위에 서서 자기가 원하는 것을 이야기해서는 안 된다.

성경 해석자는 철저하게 성경 본문 아래에 서 있어야 한다. 다시 말해 성경 본문이 무엇을 말하는지 철저하게 성경 본문에 매여야 한다. 예를 들어, 우선 본문이 어떤 장르인지 살펴야 한다. 장르가 무엇인지 모른다면 본문에 매일 수가 없다. 왜냐하면 본문의 의미는 "장르에 매여 있기"(genre-bound) 때문이다. 예를 들어, 해석자가 다루는 성경 본문의 장르가 내러티브라고 한다면 내러티브의 성격이 무엇인지, 내러티브는 어떻게 의미를 창출하는지 먼저 이해해야 한다. 왜냐하면 내러티브는 나름대로의 의미 창출 메카니즘(meaning-creating mechanism)을 가지고 있기 때문이다.

내러티브는 등장 인물(character), 플롯(plot), 어조(tone), 분위기(atmosphere)의 네 가지 요소로 이루어져 있기에 이 요소들을 분석하지 않고는 내러티브의 의미를 이해할 수 없다.[8] 예를 들어, 내러티브는 등장 인물의 성격 묘사를 통해 의미를 전달한다. 내레이터가 등장 인물을 어떻게 평가하고, 성격을 어떻게 묘사하고 있는지를 알고 그에 따라 해석해야 한다. 내레이터는 등장 인물을 묘사할 때 직접적인 도덕적 신학적 용어로 논평을 하기도 하고, 등장 인물의 대화나 행동을 통해서 독자들이 스스로 평가를 하도록 유도하기도 하며, 다른 등장 인물을 내세워 다른 등장 인물을 평가하도록 하기도 한다. 따라서 해석자는 내러티브의 의미 창출 메카니즘을 이해하고 그에 따라 해석하는 해석적 능력을 키워야 한다. 이것이 성경의 본문 아래 서 있어야 한다는 것의 구체적 의미이다.

결국 내러티브가 무엇인지, 내러티브는 어떻게 의미를 창출하는지 그 메카니즘을 이해하지 못한 채 가볍게 내용 파악을 하는 정도의 독서를 한 후에, 선택적인 본문의 데이터에 근거하여 해석하게 되면 결국 자기 멋대로 해석하는 결과를 빚게 된

---

[8] 웨슬리 코트(Wesley Kort)는 내러티브를 "등장 인물, 플롯, 어조, 분위기"로 이루어진 담화로 정의한다. 더 상세한 것은 Wesley Kort, *Story, Text, and Scripture : Literary Interests in Biblical Narrative* (The Pennsylvania State Univ. Press, 1988), 14-17를 참조하라.

다. 이것은 바로 성경 아래 서는 것이 아니라 성경 위에 서는 것이다.

따라서 우리는 섣불리 해석하겠다고 나서기보다는 룻기 기자가 나오미와 오르바를 어떤 식으로 성격 묘사하고 있는지부터 먼저 질문해야 한다. 우선 내레이터는 나오미가 이방 땅에서 남편과 두 아들을 잃고 과부로 사는 것이 싫어 모압 지방에서 일어나 고향으로 돌아가는 모습을 묘사하고 있다. 그런데 두 자부에게 같이 베들레헴으로 가자고 할 수 있을까? 베들레헴으로 가자는 것은 자부들에게 이방 땅에서 남편 잃고 자녀 없는 미망인으로 살자고 요구하는 것인데, 자신은 이방 땅에서 사는 과부 신세가 싫어 모압을 떠나면서 자부들에게 그렇게 요구할 수 있을까? 과연 성경 기자는 나오미가 자부들에게 하나님이 계신 베들레헴으로 같이 가자고 권면하지 않은 것이 문제라고 비난하고 있는가? 만일 성경 기자가 이에 대해 비난하는 것이 아니라면, 해석자는 과연 무슨 권위와 무슨 근거로 나오미를 비난할 수 있는가?

이것은 오르바의 경우도 마찬가지이다. 물론 필자는 오르바의 선택을 두둔할 마음은 없다. 단지 성경 기자는 이렇게 흑백 논리로 오르바를 묘사하고 있지 않다는 점을 지적하고 싶을 뿐이다. 본문을 조금만 잘 살펴보면 오르바가 먼저 나오미에게 떠나겠다고 한 것이 아님을 주목해야 한다. 나오미가 먼저 떠나라고 했을 때 울면서 시어머니를 떠나지 않겠다고 했음을 놓쳐서는 안 된다.

여기서도 우리가 주목해야 하는 것은 내레이터가 오르바를 어떻게 묘사하고 있느냐이다. 내레이터는 오르바를 비판하는 일을 피하고 있다는 것을 주목해야 한다. 앞으로 살펴보겠지만 오르바가 먼저 떠나겠다고 한 적이 없다. 나오미가 어머니의 집으로 돌아가라고 했을 때에는 돌아가지 않겠다며 울기까지 하였다. 그러나 두 번째로 돌아가라고 권면하자, 오르바는 나오미가 하는 일을 똑같이 한 것이다. 나오미는 자기 고향으로, 이에 오르바도 자기 고향으로 돌아간 것이다. 게다가 대부분의 사람들은 오르바처럼 살고 있는 것이 부인할 수 없는 현실이다. 엄밀히 보면 오르바는 상식적인 일, 예상했던 일을 한 반면에, 룻은 상식을 초월한 일, 예상치 않았던 일을 한 것이 아닌가! 내레이터는 오르바를 대부분의 사람들의 상식적인 삶의 방식을 산 사람으로 묘사하면서, 룻이 얼마나 대단한 충성을 보이고 있는지를 드러내는 데 관심을 쏟고 있다는 것이 최근 학자들의 중론이다.

따라서 우리는 성경 기자가 본문 안에 깔아 놓은 작은 단서들에 유의하며 책임감 있게 성경을 해석해야 한다. 특히 룻기는 내러티브로서 대화의 양이 많은 극적(dramatic)이고 장면적인(scenic) 스토리이다. 따라서 대화를 통한 간접적인 성격 묘사가 많다. 그런 점에서 노중의 대화를 담고 있는 룻기 1:7-14은 세밀한 분석을 통해 성경 기자가 나오미와 오르바와 룻을 어떻게 성격 묘사하는지 주목해야 한다. 또한 룻기의 플롯이 어떻게 구성되어 있는지도 주목해야 한다. 왜냐하면 플롯 역시 내러티브의 중요한 의미 창출 메카니즘의 한 부분이기 때문이다.

2. 룻기 내 플롯상의 위치

2.1 오르바와 룻 중 누가 돌아올 것인가?

발단(exposition)-분규(complication)-절정(climax)-대단원(denouement)이라는 내러티브 플롯의 관점에서 본다면 이 단락(7-14절)은 분규의 첫 단계(the first stage of the complication)에 해당한다. "분규"란 스토리의 액션(동작)이 본격적으로 제시되면서, 등장 인물들이 사건 진행 과정에 있어서 사건과의 관계에서나 등장 인물 상호 간에 있어서 내부 심리적으로 갈등을 일으키는 단계이다. 그러다 보니 내러티브에서 양적으로 가장 많은 부분을 차지하는 단계가 바로 분규이다.

그런데 룻기에서는 분규가 하나가 아니다. 물론 룻기 전체를 끌고 가는 가장 큰 상위 분규는 "텅 빈 나오미가 누구에 의해 어떻게 채워지게 될 것인가?"이다. 이 분규가 전체 룻기를 끌고가는 원동력이고 룻기의 주(主)-플롯(main plot)다. 그런데 이 상위 분규를 해소해 가는 과정에서 여러 가지 문제들과 작은 갈등들이 생겨나게 마련이다. 따라서 하위 분규들이 나타나고 이를 해소하는 과정으로 룻기 스토리가 이어진다.

(1) 상위 분규 : 텅 빈 나오미가 오르바와 룻 중 누구에 의해 어떻게 채워지게 될 것인가?(룻 1:1-6)

(2) 하위 분규 1 : 오르바와 룻 중 누가 돌아올 것인가?(룻 1:7-22)
　　　　⇒ 소해결 1 : 룻이 돌아와 보아스의 밭에서 이삭을 주워 나오미를 채움(룻 2장)
　　(3) 하위 분규 2 : 보아스와 가까운 기업 무를 자 중 누가 룻과 결혼할 것인가?(룻 3장)
　　　　⇒ 소해결 2 : 보아스가 룻과 결혼하기로 함(룻 4:1-12)
　　(4) 대단원 : 나오미가 룻과 보아스에 의해 후사를 얻음으로 채워짐(룻 4:13-22)

　우리가 앞으로 살펴보겠지만 나오미는 남편과 두 아들을 잃고 텅 비게 되었다. 나오미는 늙어 임신을 할 수 없었다. 결국 양식이 없는 것과 후사가 없는 것이 나오미의 문제였다. 그렇다면 누군가가 도와주어야 텅 빈 삶을 채울 수 있었다(상위 분규와 대단원). 이 과정이 룻기의 주–플롯이다.

　그런데 나오미가 모압 지방에서 유다 땅으로 돌아오려고 길을 나서자 두 자부가 나오미를 따라나섰다. 그렇다면 오르바와 룻 중에 누가 나오미를 따라나설 것인지, 그리고 어떻게 나오미의 텅 빈 삶을 채울 것인지가 룻기 1장의 핵심 분규(하위 분규 1)이다. 그런데 오르바는 떠나고 룻이 나오미를 붙좇았고, 룻이 추수 밭에 나가 이삭을 주워 나오미를 공양함으로써 보리추수와 밀추수가 끝날 때까지 나오미는 양식을 얻을 수 있었다(소해결 1). 이 과정은 첫 번째 부(副)–플롯(1st sub-plot)이다.

　그러나 양식 문제가 해결된다고 해서 나오미의 텅 빈 삶이 채워지는 것은 아니었다. 아들이 없기에 나오미의 기업 무를 자가 주어지지 않는 한 나오미의 노년은 텅 빈 상태를 벗어날 수 없었다. 따라서 룻이 기업 무를 의무가 있는 친족과 결혼하여 후사를 낳아주어야 노년을 풍요롭게 살 수 있었다. 이에 나오미는 룻에게 타작마당에 내려가서 보아스의 발치 부분에 누우라고 지시하였다. 그런데 타작마당에서 보아스보다 더 가까운 기업 무를 자가 있다는 사실이 드러났다. 그렇다면 기업 무를 자와 보아스 중에 누가 기업을 무를 것인가가 핵심 분규로 떠올랐다(하위 분규 2). 이에 룻기 4장에서는 보아스와 기업 무를 자와의 담판을 통해 보아스가 룻과 결혼하고 나오미의 기업을 무르게 되었다(소해결 2). 이 과정이 두 번째 부(副)–플롯(2nd sub-plot)이다.

　결국 보아스가 룻과 결혼하여 아기를 낳았고, 이 아기가 나오미의 기업 무를 자가 되고 노년의 봉양자가 됨으로써 나오미의 삶이 이제 채워지게 된 것이다(대단원).

이것이 룻기의 주(主)-플롯의 마지막 결말이다.

이런 전체 플롯의 빛 아래서 보면 룻기 1:7-14은 따라나선 나오미의 두 자부 룻과 오르바 중 누가 나오미를 끝까지 따를 것인지를 다루는 부분이라고 할 수 있다. 룻과 오르바 중 누가 돌아올 것인가가 갈등으로 제기되고, 7-14절의 노중 대화를 통해 오르바가 떠나고 룻은 남음으로 누가 나오미와 함께 돌아올 것인가의 첫 번째 분규가 해소된다. 이런 점을 염두에 두고 본문 옆에 서거나 본문 밖으로 이탈하거나 본문 위에 서서 자기가 하고 싶은 이야기를 찾아내려고 하지 말고 철저하게 본문 아래 서서 본문의 소리에 온몸으로 귀를 기울여야 한다.

3. 유다 땅으로의 귀환 길 시작

3.1 "거기 있던 곳"에서 나와

내레이터는 7절에서 나오미와 두 며느리가 모압 지방에서 나와 이동하는 모습을 묘사하고 있다.

"그녀가 있던 곳에서 나오고 두 며느리도 그와 함께 하여
(וַתֵּצֵא מִן־הַמָּקוֹם אֲשֶׁר הָיְתָה־שָׁמָּה וּשְׁתֵּי כַלֹּתֶיהָ ; 와테체 민-함마콤 아쉐르 하예타-샴마 우쉬테 칼로테하)."

한글로 무심코 읽으면 특별히 이해가 잘 되지 않는 대목이 없다. 그래서 내용 파악이 되었으니 그냥 넘어갈 경향이 크다. 그러나 우리가 성경을 이해하기(understand) 위해 본문 "아래에"(under) "서려면"(stand) 우선 본문의 상세한 사전적-문법적-문예적 디테일에 주목해야 한다. 따라서 내용 파악 위주로 성경을 읽어서는 안 된다. 내용을 전달하기 위해 성경 기자가 사용한 구체적인 언어적 근거가 무엇인지를 살펴야 한다.

그런데 7절의 문장을 상세히 들여다보면 "그녀가 거기 있던 곳에서부터"(מִן־הַמָּקוֹם

אֲשֶׁר הָיְתָה-שָׁמָּה ; 민-함마콤 아셰르 하예타-샴마)란 표현이 특히 눈에 띈다. 왜냐하면 이미 6절에서 내레이터는 "그녀가 모압 지방에서(מִשְּׂדֵי מוֹאָב ; 미스데 모아브) 돌아오려 하였다"고 밝힌 바가 있기에 모압 지방에서 나오는 것은 다 알고 있는 사항인데, "그녀가 거기 있던 곳에서부터"라고 하며 원문으로 다섯 단어나 사용하여 굳이 밝힐 필요가 무엇일까?

우리가 아는 대로 "거기에"라는 단어(שָׁמָּה ; 샴마)는 특정한 장소가 아니라 "일반적인 장소"를 가리키는 부사이다. 모압이라고 구체적 지명을 언급하면 후대의 독자들은 모압에 살고 있지 않기에 이 본문을 자신의 삶에 적용하기 힘들다. 그러나 일반적인 장소인 "거기" 있던 곳에서라고 하면 우리 모두에게도 적용이 된다. 단지 나오미만이 아니라 누구든지 텅 빈 자신의 삶을 돌아보고 양식을 주시는 하나님께 돌아오길 원하는 자들은 누구든지 "있던 그곳에서" 나오면 되는 것이다. 따라서 일반적 장소를 가리키는 부사를 사용하여 굳이 "있던 그곳에서"(מִן-הַמָּקוֹם אֲשֶׁר הָיְתָה-שָׁמָּה ; 민-함마콤 아셰르 하예타-샴마) 나왔다고 내레이터는 밝히고 있는 것이다.

그러기에 겉으로 보면 불필요해 보이는 반복 같은 요소들도 상세히 들여다보면 주제를 표출하는 중요한 문예적 기능을 감당하고 있는 것이다. 이런 점에서 성경 내러티브는 단순한 과거의 역사 보고서가 아니라 이미 적용된 해석이요, 해석된 진리이다. 성경을 해석하려는 사람들은 대충 내용을 파악한 다음에 자기 멋대로 적용해서는 안 된다. 성경 기자가 구체적인 구속사적 사건을 어떻게 적용하고 해석했는지를 찾아내어 현대 우리의 삶에 적용하고 해석해야 한다.

3.2 왜 단수 동사를 지속적으로 쓸까?

둘째로 우리가 문법적으로 주목해야 하는 것은 그녀가 있던 곳에서 "나오고"(תֵּצֵא ; 테체; יָצָא [야차] 동사의 3인칭 여성 단수형)라고 할 때 단수 동사를 쓰고 있다는 점이다. 아래 본문을 보면 알 수 있듯이 나오미와 며느리 둘이 이동하고 있음에도 불구하고 세 번 연거푸 단수 동사를 쓰다가 네 번째 동사부터 복수를 쓰고 있다.

"그 여인이 모압 지방에서 여호와께서 자기 백성을 돌보시사 그들에게 양식을 주셨다

함을 듣고 이에 두 며느리와 함께 일어나(וַתָּקָם ; 와타콤; 단수) 모압 지방에서 돌아오려 (וַתָּשָׁב ; 와타쇼브; 단수) 하여 있던 곳에서 나오고(וַתֵּצֵא ; 와테체; 단수) 두 며느리도 그와 함께 하여 유다 땅으로 돌아오려고 길을 가다가(וַתֵּלַכְנָה ; 와텔라크나; 복수)."

현재 히브리 본문이 단수를 고집하는 것은 아직까지는 두 자부 중 누가 유다 땅으로 돌아가게 될지에 대해 확실히 이야기할 수 없기 때문에, "돌아가다"는 동사의 주어를 나오미에게만 한정하기 위해서라고 학자들은 주장한다. 더 상세한 내용은 부록에서 다루도록 하자.

룻기 1장 초반부에서 두 자부 중 누가 나오미와 함께 돌아올지 모르는 것이 플롯 전개의 가장 중요한 관건이라고 한다면 왜 룻기 1:6 이하에서 내용상의 주어는 복수인데 단수 형태의 동사가 계속 쓰이고 있는지 설명해낼 수 있을 것 같다.

이렇게 성경 본문은 작은 단서 하나를 가지고도 의미를 창출해내는 고도로 문예적인 글이다. 물론 내용상으로도 누가 돌아오는지가 관건이라는 점은 쉽게 알 수 있다. 그러나 대충 내용을 파악하는 식의 성경 독서가 습관화되면 나중에는 성경 본문의 의도를 파악하는 능력이 약화된다. 왜냐하면 성경 본문의 의미는 언어적인 작은 디테일들이 어떤 기능을 감당하고 주제 표출에 어떤 기여를 하는지 알 때 비로소 드러나기 때문이다.

따라서 본문의 형식상의 작은 디테일을 놓치고 대충 내용을 파악하는 성경 읽기 습관이 생기면 나중에는 본문이 이야기하는 메시지를 놓치게 된다. 본문의 인도를 따라 읽어내는(exegesis ; 엑시제시스) 것이 아니라 자신의 생각을 집어넣어 읽는(eisgesis ; 아이스제시스) 우를 범하기 쉽다. 이것은 앞으로 등장 인물들의 성격 묘사를 통해 메시지를 찾아내는 과정을 거치다 보면 필자가 무슨 말을 하려는지 이해하게 될 것이다.

3.3 길을 걷는 세 사람

내레이터는 7절에서 모압 지방에서 일어난 세 사람의 여행 경로를 보고하면서 비로소 동사에 처음으로 복수를 사용한다.

"그녀들이 유다 땅으로 돌아오려고 길을 가다가
(וַתֵּלַכְנָה בַדֶּרֶךְ לָשׁוּב אֶל־אֶרֶץ יְהוּדָה ; 와텔라크나 바데렉크 라슈브 엘-에레츠 예후다)."

내레이터는 처음으로 복수동사(וַתֵּלַכְנָה ; 와텔라크나; "걷다"는 "할라크"(הָלַךְ) 동사의 3인칭 여성 복수; 그녀들이 걸었다)를 사용하여 나오미와 두 자부의 행동을 묘사한다. 내레이터는 지금까지 "일어나고, 돌아오고, 듣고 나오고" 한 인물은 오직 나오미뿐이라고 해석하고 있는 것이다. 다시 말해 능동적이고 적극적으로 일어나서 돌아오고 듣고 나오고 한 행동은 나오미의 행동이고, 다른 두 자부의 행동은 그렇게 볼 수 있을지는 미지의 상태라는 것이 캠벨 같은 학자들의 주장이다. 상세한 것은 뒤에 나오는 부록을 보라.

물론 내레이터는 "그녀의 자부들과 함께"라는 어구를 두 번 써서 나오미의 "일어나고" "나오는" 행동에 자부들이 참여한 것으로 묘사하고 있다. 그러나 두 자부들이 한 첫 번째 능동적 행동은 "걷는"(הָלַךְ ; 할라크) 것이라고 본 것이다. 따라서 처음으로 복수 동사를 사용한 것이라고 해석할 수 있다. 그렇다면 나오미와 두 자부는 어느 길을 걸은 것인가? "유다 땅으로 돌아오는 길"(בַדֶּרֶךְ לָשׁוּב אֶל־אֶרֶץ יְהוּדָה ; 바데렉크 라슈브 엘-에레츠 예후다)이었다. 셋이 현재 걷고 있는 길은 유다 땅으로 돌아오는 길이었다.

우리는 내레이터의 보고를 통해 유다 땅으로 돌아오려는 나오미의 결심이 확고함은 확실히 느낄 수 있다. 그러나 과연 두 자부 역시 유다 땅으로 돌아가는 것인가에 대해서는 아직 알 길이 없다. 단지 룻은 물론이거니와 오르바 역시 나오미가 유다 땅으로 돌아오는 길을 걷고 있기에 함께 동행하고 있는 것만은 분명하였다.

그렇다면 오르바와 룻은 단순히 손님이 가면 멀리까지 나가서 배웅하는 심정으로 동행하고 있는 것인가? 아니면 시어머니를 따라 유다 땅으로 돌아가려는 의사가 어느 정도는 있었던 것인가? 이에 대해서는 아직 확실히 알 길이 없다. 단지 이 셋이 걷는 길이 "유다 땅"(אֶרֶץ יְהוּדָה ; 에레츠 예후다)으로 돌아가는 길인 것만은 분명하였다. 따라서 두 자부가 과연 나오미를 따라 유다 땅으로 돌아갈 것인가? 독자들의 호기심이 커지는 것만은 분명하다.

4. 나오미의 첫 번째 권면

4.1 본문

드디어 나오미가 룻기에서 처음으로 입을 열었다. 보통은 등장 인물이 내러티브 안에서 처음 한 말이 그 인물에 대한 가장 중요한 성격 묘사일 가능성이 많다. 그런 점을 염두에 두면서 8-9절의 나오미의 말을 들어보자.

> "나오미가 두 며느리에게 이르되 너희는 각기 너희 어머니의 집으로 돌아가라 너희가 죽은 자들과 나를 선대한 것같이 여호와께서 너희를 선대하시기를 원하며 여호와께서 너희에게 허락하사 각기 남편의 집에서 위로를 받게 하시기를 원하노라 하고(1:8-9상)."

내레이터는 나오미가 두 자부에게 돌아가라고 하기 전까지 셋이 얼마나 오랫동안 동행을 한 것인지 언급하지 않았다. 학자들은 모압과 이스라엘 사이의 소위 "돌아오지 못할 지점"에서 헤어짐이 있었을 것이라고 본다. "사해 위의 요단 강변에서나 사해 중간 부분 모압 지방에서 사해 안으로 뻗쳐진 작은 반도인 리숀 해변에서 이런 이별이 있었을 것"이라고 보는데 충분히 가능한 추론이라고 본다.[9] 리숀 반도는 사해를 둘로 나누는 15킬로미터 정도의 반도 모양의 지형으로 건조기에는 이곳을 통해 유다 지방으로 건너갈 수 있었다고 한다. 현대에도 물이 없을 때에 거의 양쪽이 붙어 있게 된다. 반도 모양이 "혀"(히브리어 לשׁון ; 라숀)처럼 생겼기 때문에 리숀이라는 지명이 생긴 것이다.

4.2 나오미의 설득의 구조

나오미의 말은 꽤 길기에 이를 제대로 이해하려면 구조를 분석하는 것이 가장 빠르다. 구조란 "전체와 부분, 부분과 부분과의 관계"이기 때문이다. 구조를 분석할

---

9 Robert Hubbard, *The Book of Ruth*, NICOT (Eerdmans, 1988), 102 fn. 34.

때에는 (1) 단어의 반복과 (2) 주제의 발전이 가장 중요한 근거가 되는데 "집"과 "여호와"가 반복된다는 점을 주목하면 좋다.

   A 가라. 너희 어머니의 집(בַּיִת ; 바이트)으로 제각기 돌아가라
      B 여호와께서(יְהוָה ; 아도나이) 너희에게 인애를 베푸실 것이다
         X 너희가 죽은 자들과 나에게(인애를) 행한 것처럼
      B' 여호와께서(יְהוָה ; 아도나이) 너희에게 허락하실 것이다
   A' 너희 남편의 집(בַּיִת ; 바이트)에서 제각기 위로를 얻을 수 있도록

위의 도표에서 보듯이 나오미의 말은 "어머니의 집"(בַּיִת ; 바이트)과 "남편의 집"(בַּיִת ; 바이트)에 의해 둘러싸여 있다. 결국 며느리들을 향한 나오미의 진심은 며느리들이 어머니의 집으로 돌아가서 새롭게 결혼하여 남편의 집에서 위로를 얻는 것이다(A와 A').

이런 외적인 좋은 환경만이 나오미가 바라는 전부는 아니다. 나오미는 여호와께서 며느리들에게 인애를 베푸실 것이고, 앞길을 허락하실 것이라고 축복한다(B & B').

이런 권면과 축복을 하는 이유는 무엇인가? 며느리들이 죽은 자들인 아들들과 자신에게 베푼 인애 때문이다(X). 따라서 나오미는 그저 입에 바른 빈 말로 돌아가라고 한 것이 아니라, 여호와의 이름을 걸고 진심어린 자부들의 행복을 빌고 있는 것이다.

이렇게 분석해 보면 나오미의 말의 설득의 논리가 무엇인지 한눈에 알 수 있다. 나오미는 흔히 생각하는 대로 며느리를 이방 종교를 믿도록 내버려 둔 불신앙의 여인이라고 할 수 없다. 나오미는 며느리들이 자신과 죽은 아들들에게 행한 인애를 보았기에, 자신과 함께 이방 땅에서 미망인으로 살아가는 것을 받아들일 수 없었던 것이 분명하다. 그것이 자부들이 남편들과 시어머니에게 베푼 인애에 대한 보답이기 때문이다. 따라서 어머니의 집으로 돌아가서 결혼을 하고 남편의 집에서 안식을 누리는 일반적인 여인의 삶을 살 것을 권고한 것이다. 그러고는 며느리들에게 고마움의 표시로 여호와께서 인애를 베푸실 것을 축복한 것이다.

성경 기자는 이렇게 나오미의 말을 통해 나오미가 어떤 인물인지를 성격 묘사하고 있다. 어떻게 성격을 묘사하는지를 상세히 살피지 않은 채 어떤 도덕적 신학적 선입견을 가지고 나오미의 선택을 불신앙의 선택으로 보는 것은 최소한 본문상의 구체적인 근거가 없는 주장이다. 그렇다면 이제부터 나오미의 말을 상세하게 해석해 보도록 하자.

4.3 어머니의 집으로 돌아가라

내레이터는 8절에서 나오미의 말을 직접 인용한다.

"나오미가 두 며느리에게 이르되
(וַתֹּאמֶר נָעֳמִי לִשְׁתֵּי כַלֹּתֶיהָ ; 와토메르 노오미 리쉬테 칼로테하)
너희는 각기 너희 어머니의 집으로 돌아가라
(לֵכְנָה שֹּׁבְנָה אִשָּׁה לְבֵית אִמָּהּ ; 레크나 쇼브나 잇샤 르베트 임마)."

나오미는 두 자부에게 "너희는 가라(לֵכְנָה ; 레크나), 각각 어머니의 집으로 돌아가라(שֹּׁבְנָה ; 쇼브나)"고 권면하고 있다. 우리가 다 알다시피 "가다"(הלך ; 할라크)는 동사와 "돌아가다"(שׁוב ; 슈브)는 동사는 이미 앞의 내러티브에서 사용된 핵심 동사들이다. 나오미는 모압 지방에서 일어나(קום ; 쿰) 돌아가려고(שׁוב ; 슈브) 있던 곳을 떠났다(יצא ; 야차). 나오미와 두 며느리는 유다 땅으로 돌아가는 길을 걷고(הלך ; 할라크) 있었다.

나오미는 지금 유다 땅으로 향하는 길을 가고 있는 두 며느리들에게 "가라", "돌아가라"고 명령한다. 무슨 뜻인가? 나오미는 자기 고향 유다 땅으로 돌아가고(שׁוב ; 슈브) 있었기에 두 자부들 역시 "가던"(הלך ; 할라크) 길을 "돌아가라"(שׁוב ; 슈브)는 것이다. 이것이 공평한 것 아닌가? 시어머니가 신앙의 이름으로 며느리들의 삶을 강요하는 것이 과연 옳은가? 나오미는 온당치 않다고 본 것이다. 따라서 돌아가라고 권한 것이다.

그렇다면 어디로 돌아가란 말인가? 나오미는 며느리들에게 "너희 어머니의 집으로(לְבֵית אִמָּהּ ; 르베트 임마) 돌아가라"고 권면한다. 보통 과부는 "아버지의 집"(בֵּית אָב ; 베트 아브)으로 돌아간다는 표현을 쓴다(창 38:11; 레 22:13; 민 30:17; 신 22:21; 삿 19:2, 3)는 점을 염두에 두면 이 표현은 매우 특이하다고 할 수 있다. 그렇다면 왜 나오미는 굳이 어머니의 집으로 돌아가라고 한 것일까? 학자들이 여러 견해를 제시했는데 이를 캠벨이 아래와 같이 잘 요약했다.[10]

어떤 학자들은 두 자부의 부친이 우연히도 모두 세상을 떠났기에 어머니의 집으로 가라고 한 것으로 본다. 이에 대해 어떤 학자들은 룻기 2:11에서 보아스가 "네가 … 네 부모와 고국을 떠나 전에 알지 못하던 백성에게로 온 일"을 안다고 룻에게 말한 것을 근거로 삼아 부친이 살아있음이 분명하다고 반박한다. 그러나 이에 대해 어떤 학자들은 "부모를 떠나"란 표현은 상투적인 어구이므로 이것으로 꼭 룻과 오르바의 부친이 살아있었을 것이라고 볼 수는 없다고 한다. 그러나 두 자부의 부친이 우연히도 모두 세상을 떴을 것이라는 주장은 지나친 것이 분명한 것 같다.

어떤 학자들은 나오미가 고통 가운데서 모성의 사랑을 생각하고 "어머니의 집"이라는 표현을 쓴 것이라고 주장하며, 어떤 해석자는 어머니는 위로할 줄 아는 자이기 때문에 어머니의 집이라는 말을 선호한 것으로 보기도 한다. 어떤 이들은 모압이 모성 중심의 사회라 그런 것이라고 보는 이들도 있다고 한다. 마지막으로 미드라쉬는 개종자는 법적으로 부친이 없기에 어머니의 집으로 돌아가라고 한 것이라고 해석한다.[11]

캠벨은 이렇게 다양한 해석들을 요약한 다음에 이런 해석들은 "어머니의 집"(בֵּית אִמָּה ; 베트 임마)이란 표현이 어떤 의미로 성경 안에서 쓰이는지 연구하지 않은 것이기에 주관적이라고 본다. 캠벨은 성경에 세 번 나오는 어머니의 집의 용례를 연구해보면 "결혼에 관련된 논의와 결혼 계획을 짜는 장소"로 사용되고 있다고 주장한다.[12]

10　Edward E. Campbell, Jr., *Ruth*, The Anchor Bible (Double Day & Company, Inc., 1975), 64. 앞으로는 Campbell, *Ruth*으로 약칭할 것이다.

11　Campbell, *Ruth*, 64.

12　Campbell, *Ruth*, 64;

"그들을 지나치자마자 마음에 사랑하는 자를 만나서 그를 붙잡고 내 어머니 집(בֵּית אִמָּה ; 베트 임마)으로, 나를 잉태한 이의 방으로 가기까지 놓지 아니하였노라(아 3:4)."

"소녀가 달려가서 이 일을 어머니 집(בֵּית אִמָּה ; 베트 임마)에 알렸더니(창 24:28)."

위의 두 구절 모두 사랑과 결혼과 관련된 단락 가운데서 어머니의 집이 나오는 것이 사실이다. 그렇다면 나오미의 권면은 어머니의 집으로 돌아가서 결혼하라는 권면으로 볼 수 있다는 것이다. 이렇게 보면 나오미의 말은 결혼 계획에 대한 이야기(어머니의 집)로 시작해서 결혼 성사(남편의 집)에 대한 언급으로 끝이 나고 있음을 알 수 있다는 것이다.[13]

4.4 여호와께서 인애 베푸시길

나오미는 며느리들에게 각자 어머니의 집으로 가라고 권면하면서 놀랍게도 여호와의 이름으로 축복한다(1:8).

"여호와께서 너희를 인애 베푸시길 원하며
(יַעַשׂ יְהוָה עִמָּכֶם חֶסֶד ; 야아세 아도나이 임마켐 헤세드)
너희가 죽은 자들과 나를 인애한 것같이
(כַּאֲשֶׁר עֲשִׂיתֶם עִם־הַמֵּתִים וְעִמָּדִי ; 카아쉐르 아시템 임-함메팀 웨임마디)."

내레이터는 나오미가 두 자부에게 돌아가라고 권면하면서 여호와께서 인애 베푸시길(한글개역개정은 "선대하실 것") 원한다고 축복하는 모습을 직접 인용으로 묘사하고 있다. 나오미는 단순히 인간적인 수준에서 두 자부들과 대화하고 있는 것이 아니라, 신적인 수준으로 끌어올려 종교적이고 신학적인 대화를 나누고 있음을 보여준다.

---

13 Campbell, 64-65; 참조 Hubbard, *The Book of Ruth*, 102-103; Block, *Judges, Ruth*, 632-633.

나오미가 여호와께서 자부들을 선대하길(인애 베풀기) 원한 데에는 이유가 있었다. 그것은 자부들이 죽은 자들(말론과 기룐)과 자신을 선대하였기 때문이었다. 자부들이 행한 과거의 선대의 행위를 근거로 여호와께 선대해주실 것을 기원한 것이다. 한글개역개정에서 "선대"라고 번역된 히브리어는 "헤세드"(חֶסֶד)로서 아주 중요한 신학적 함축을 담은 용어이다. 헤세드(חֶסֶד)는 한글개역개정에서는 주로 "자비", "인자", "선함", "선대", "은혜", "긍휼" 등으로, 영역 성경에서는 "kindness, steadfast love, loving kindness, love, mercy, loyalty, faithfulness"로 번역되고 있는데, 이런 현상은 헤세드가 한글이나 영어의 한 단어로 포착할 수 없는 다양하고 깊은 의미를 함축하는 개념임을 잘 보여준다. 따라서 어떤 역어를 선택하든지간에 헤세드의 중요한 의미들을 놓칠 수 있음을 주목해야 한다.

"헤세드"(חֶסֶד)의 용법을 깊이 연구한 학자는 캐서린 사켄펠드(Katharine Doob Sakenfeld)이다.[14] 사켄펠드와 다른 현대 학자들의 연구 결과를 토대로 필자는 헤세드 개념을 "약한 자가 곤궁에 처해 있을 때 강한 자가 그럴 의무가 없음에도 불구하고 자발적으로 보이는 언약적 충성"이라고 정의하는 것이 가장 좋다고 본다. 전통적인 의미의 충성은 상위자에 대한 하위자의 절대적인 복종을 의미하지만 성경에서 말하는 충성은 이와 정반대이다. 상위자가 하위자에게 보이는 자발적인 사랑과 헌신, 이것이 성경이 말하는 충성이며 "헤세드"(חֶסֶד)의 핵심 개념이다.

다윗도 아들 압살롬에게 쫓기는 상황에서 자신을 좇으려는 잇대를 돌려보내면서 헤세드라는 단어를 사용하고 있음을 유념해야 한다.

"그때에 왕이 가드 사람 잇대에게 이르되 어찌하여 너도 우리와 함께 가느냐 너는 쫓겨난 나그네이니 돌아가서 왕과 함께 네 곳에 있으라 너는 어제 왔고 나는 정처 없이 가니 오늘 어찌 너를 우리와 함께 떠돌아다니게 하리요 너도 돌아가고 네 동포들도 데려가라 은혜(인애 ; חֶסֶד; 헤세드)와 진리(אֱמֶת ; 에메트)가 너와 함께 있기를 원하노라(삼하 15:19-20).”

---

[14] K. Sakenfeld, *The Meaning of Hesed in the Hebrew Bible : A New Inquiry*. HSM 17. (Missoula : Scholars, 1978).

필자는 이런 "헤세드"(חֶסֶד)의 의미 개념을 가장 잘 표현할 수 있는 한글 용어는 "인애"(仁愛)라고 본다. 물론 "인자"라는 단어가 인애보다 더 친숙한 것이 사실이다. 그러나 친숙한 단어는 익숙함 때문에 생기는 선입관으로 오히려 헤세드의 개념을 담기가 어려울 수 있다. 따라서 찬송가에서 "인애하신 구세주여"란 가사를 제외하고는 일상사에서는 거의 사용하지 않는 낯선 "인애"란 단어가 오히려 헤세드의 개념을 담기가 더 좋다고 필자는 생각한다.

어찌되었든 사켄펠드는 "헤세드"(חֶסֶד)에 해당하는 행동의 기준은 세 가지라고 본다 : (1) 수혜자의 생존과 복지에 관련되어야 하고; (2) 다른 도움을 줄 사람이 없어야 하고; (3) 수혜자와 시혜자 사이에 기존의 좋은 관계가 있어야 한다.[15] 이렇게 본다면 나오미가 그동안 자신과 아들들에게 보인 며느리들의 인애에 감사하면서 며느리들에게 여호와의 인애가 있을 것을 선언하며 어머니의 집으로 돌아가라고 한 것은 헤세드의 개념에 잘 부합하는 말이라고 볼 수 있다. 사켄펠드는 나오미의 말은 10년 동안 고부 간의 관계를 맺은 며느리들에게 더 이상 해줄 수 있는 게 없음을 알고, 하나님의 인애에 맡기면서 자신에게 더 이상 충성할 필요가 없음을 선언함으로 자신에 대한 충성의 의무(자신을 따라올 필요)에서 며느리들을 해방시키려고 한 좋은 의도에서 나온 것이라고 본다.[16]

우리는 이런 의도를 나오미의 첫 번째 권면의 마지막 부분에서 확인할 수 있다(9절).

"여호와께서 너희에게 허락하사

(יִתֵּן יְהוָה לָכֶם ; 잇텐 아도나이 라켐)

각기 남편의 집에서 위로를 받게 하시기를 원하노라

(וּמְצֶאןָ מְנוּחָה אִשָּׁה בֵּית אִישָׁהּ ; 우메체나 메누하 잇샤 베트 이샤흐)."

나오미는 여호와께서 자부들을 축복하실 것을 기원하는 내용으로 자신의 말을 마무리하고 있다. "여호와께서 너희에게 허락하사"(יִתֵּן יְהוָה לָכֶם ; 잇텐 아도나이 라켐) 에서 첫 단어인 "잇텐"(יִתֵּן)은 "주다"는 "나탄"(נָתַן) 동사의 3인칭 간접명령(jussive)으

---

15 K. Sakenfeld, *Ruth*, Interpretation (John Knox Press, 1999), 24.

16 Sakenfeld, *Ruth*, 24.

로 여호와가 주어이다. 나오미는 여호와를 믿는 신앙인으로서 진정으로 며느리들을 향해 여호와의 축복을 빈 것이다. 왜냐하면 이 표현은 룻기 4장에서 보아스를 향한 백성들과 장로들의 축복 가운데도 나타나기 때문이다 : "여호와께서 그 여인으로 라헬과 레아 같게 만들어주시길 바라며"(יִתֵּן יְהוָה ; 잇텐 아도나이). 따라서 우리는 나오미가 자부에게 한 말이 그저 신의 이름으로 빈 입에 발린 빈 말이거나 일부 해석자들의 주장처럼 불신앙에서 나온 말이 아님을 잊어서는 안 된다.

나오미가 빈 여호와의 축복의 내용은 무엇인가? 각자 남편의 집에서 "안식"(מְנוּחָה ; 메누하)을 얻는 것이다.[17] 여기서 안식이란 단어는 "쉬다"(נוח ; 누아흐)는 동사에서 파생된 명사로서 단순한 쉼을 이야기하는 것이 아니라, 남편과 자녀로 이루어진 가정이 제공할 수 있는 모든 평안을 가리킨다. 나오미는 며느리들이 여호와의 축복으로 새 남편을 만나서 가정의 평안을 누릴 것을 진심으로 바란 것이다.

어떻게 보아도 성경 기자는 나오미를 불신앙의 여인으로 묘사하지 않는다. 오히려 성경 기자는 나오미를 자신의 유익을 위해 며느리를 이용하지 않는 선량한 양심을 가진 여인, 며느리를 떠나 보내면서 여호와의 인애에 부탁하는 신앙의 여인, 며느리의 복지와 생존에 깊은 관심을 가진 따뜻한 여인으로 묘사한다.

따라서 위어스비처럼 나오미가 두 자부를 데리고 가지 않기로 결심한 것은 잘못이라는 식으로 비난해서는 안 된다. 앞으로 살펴보겠지만 우리는 같이 돌아가자고 권면하지 않았다는 이유로 나오미를 비난하거나, 자기 고향으로 떠난 오르바를 비난할 것이 아니라, "자기 부모를 떠나 전에 알지 못하던 백성에게로" 돌아온 룻의 충성을 칭찬해야 한다.

우리는 이런 이전 해석들을 보면서 교훈을 얻어야 한다. 구체적으로 성경 기자가

---

17 Holmstedt, *Ruth : A Handbook on the Hebrew Text*, 75. 아래 논의는 여기서 발췌한 것이다. 나탄(נתן) 동사는 타동사로 목적어를 필요로 하는데, 현재 목적어가 보이지 않는다. 따라서 이를 해결하기 위해 제시된 해석은 아래와 같다. (1) 이어진 "남편의 집에서 안식을 발견하라(וּמְצֶאןָ ; 우메체나)"고 명령법이 와우 계속법으로 쓰여 목적절을 형성하는 것으로 보는 견해 ; (2) 나탄 동사의 목적어는 생략되었고, "남편의 집에서 안식을 발견하라"를 목적이나 결과를 나타내는 절로 보는 견해 ; (3) "여호와께서 보상을 주시기를"인데 목적어 "보상"이 생략된 것으로 보는 견해 ; (4) 일상 대화에서 종종 볼 수 있듯이 중간에 말의 흐름이 바뀐 경우로 보는 견해. 화자가 "처음에는 이런 식으로 시작했으나 중간에 말을 끊고 쉰 다음에 다시 다른 방식으로 이야기하는 것"으로 보는 것인데, 고대에서는 이를 아나칼루톤(anacaluthon)이라고 불렀다. 이렇게 본다면 "여호와께서 허락하시기를 바란다. … 각자 남편의 집에서 안식을 찾거라"로 번역할 수 있다. 홈름스테드(Holmstedt)는 네 번째 견해가 가장 적절하며 며느리들에게 돌아갈 것을 권면하는 시어머니의 심정과 상황이 잘 드러난다고 본다. 이별의 슬픔과 아픔으로 인해 처음 이야기를 시작한 방향으로 지속적으로 말을 하지 못하고 끊겼다가 다시 이어진 것으로 보는 것이다.

어떤 방식으로 등장 인물을 성격 묘사하는지를 언어적 단서와 문예적 기법을 염두에 두고 해석하지 않고, 본문을 읽고 난 후의 어떤 느낌과 자신만의 신학적인 틀을 가지고 너무 쉽게 등장 인물을 도덕적으로나 신학적으로 판단하는 것은 피해야 한다.

5. 며느리들의 첫 번째 반응

"너희는 각기 어머니의 집으로 돌아가라 너희가 죽은 자들과 나를 선대한 것같이 여호와께서 너희를 선대하시기를 원하며"라고 말한 후에 나오미는 이를 행동으로 표현하였다(1:9하반절).

"그들에게 입 맞추매(וַתִּשַּׁק לָהֶן ; 와티샤크 라헨)."

나오미는 며느리들에게 입을 맞추었다. 자기가 할 수 없는 것을 하나님께서 해 주시기를 요청하면서 나오미는 이제 룻과 오르바가 자신에게 더 이상 헌신할 필요가 없음을, 자신과 상호 간의 헌신의 관계에서 해방되었음을 선언하는 마지막 제스처로 입을 맞춘 것이다. 나오미는 상호 간에 비난이나 원망 없이 좋은 관계를 단절하기 위해 돌아가라고 권면한 다음에 이별의 입맞춤까지 한 것이다. 이런 이별사와 이별의 입맞춤에 대해 두 며느리는 어떤 반응을 보였는가?

"그들이 소리를 높여 울며
(וַתִּשֶּׂאנָה קוֹלָן וַתִּבְכֶּינָה ; 와티세나 콜란 와티브케나)."

두 며느리는 헌신과 의무의 관계에서 해방시켜 주겠다는 나오미의 제안을 즉시 받아들이지 않았다. 며느리들이 보인 첫 번째 반응은 울음이었다. "그들이 소리를 높여 울며"(וַתִּשֶּׂאנָה קוֹלָן וַתִּבְכֶּינָה ; 와티세나 콜란 와티브케나)를 직역하면 "그들이 소리를 높였다. 그리고 그들이 울었다"이다. 이 표현은 "소리를 높이다"와 "울다"는 두 동사로 표현되어 있지만 실제로는 "큰 소리로 울다"는 한 가지 개념을 나타내는 기법이다. 이를 학자들은 헨다이어디스(hendiadys ; 重言法)라고 부른다. 이것은 "버터 바른 빵"(buttered bread)이라는 한 가지 개념을 표현하는 데 "빵과 버터"(bread and butter)라는 두 단어를 사용하는 영어 표현과도 유사하다.

나오미의 이별의 입맞춤에 며느리들은 이별의 입맞춤으로 반응하지 않았다. 며느리들은 큰 소리로 울었다. 그러나 그것이 전부가 아니었다(1:10).

"나오미에게 이르되
(וַתֹּאמַרְנָה־לָּהּ ; 와토마르나-라흐)
아니니이다 우리는 당신과 함께 당신의 백성에게로 돌아가겠나이다
(כִּי־אִתָּךְ נָשׁוּב לְעַמֵּךְ ; 키-이타크 나슈브 르암메크)."

"아니니이다"로 번역된 원어는 "키"(כִּי)이다. 이 단어는 혼자 쓰여도 얼마든지 강한 부정을 나타낼 수 있다. "절대 안 됩니다", "그럴 수는 없습니다"로 번역될 수 있는데, 영어로는 by no means, never로도 번역된다.[18] 며느리들은 마지못해 체면상 "안 된다"고 한 것이 아니다. 며느리들은 돌아가지 않겠다는 강한 결심을 "절대 안 됩니다"라는 한 단어(כִּי ; 키)로 표시한 것이다.

그리고 이어지는 말을 들어보면 이들의 결심을 읽을 수 있다. "우리는 당신과 함께 당신의 백성에게로 돌아가겠나이다"(כִּי־אִתָּךְ נָשׁוּב לְעַמֵּךְ ; 키-이타크 나슈브 르암메크)라고 고사하였다. 히브리어는 동사-주어-목적어가 정상 순서인데 "당신과 함께"(אִתָּךְ ; 이타크)라는 전치사구가 동사 앞에 나와 강조되고 있다.

이 얼마나 아름다운 장면인가! 시어머니는 더 이상의 헌신을 하지 않아도 된다며 어머니의 집으로 돌아가라고 권면하고, 며느리들은 어머니와 함께 어머니의 백성에게로 돌아가겠다며 우는 모습은 감동적이지 않은가? 이런 감격적인 장면을 나오미도 잘못했고 오르바도 잘못했다고 말하는 것은 성경 본문을 곡해한 것이라고 볼 수밖에 없다.

심지어는 피상적인 해석자들이 너무나 쉽게 비난하는 오르바 역시 나오미의 제

---

18 삼상 2:16; 10:19. Campbell, *Ruth*, 66을 보라.

안을 받아들여 바로 자기 고향으로 돌아간 게 아니다. 나오미가 어머니의 집으로 돌아가라고 했을 때 오르바 역시 울면서 그렇게 하지 않겠다고 만류했던 여인이었음을 잊어서는 안 된다. 나중에 나오미의 두 번째 권면을 듣고 고향으로 돌아갔다고 해서 처음부터 오르바를 비난해서는 안 된다.

6. 나오미의 두 번째 권면

6.1 긴 권면

며느리들의 이런 강한 만류라면 받아들일 만도 하건만, 나오미는 두 번째로 자부들에게 돌아갈 것을 더 강력하게 권고한다.

> "나오미가 이르되 내 딸들아 돌아가라 너희가 어찌 나와 함께 가려느냐 내 태중에 너희의 남편 될 아들들이 아직 있느냐 내 딸들아 되돌아 가라 나는 늙었으니 남편을 두지 못할지라 가령 내가 소망이 있다고 말한다든지 오늘 밤에 남편을 두어 아들들을 낳는다 하더라도 너희가 어찌 그들이 자라기를 기다리겠으며 어찌 남편 없이 지내겠다고 결심하겠느냐 내 딸들아 그렇지 아니하니라 여호와의 손이 나를 치셨으므로 나는 너희로 말미암아 더욱 마음이 아프도다 하매(1:11-13)."

나오미는 이전보다 더 강력한 언어와 이미지를 사용할 뿐 아니라 양적으로도 두 배 반이나 많은 말로 돌아갈 것을 권면한다. 분량으로 보면 첫 번째 권면에서는 모두 22개의 단어를 사용한 반면에, 두 번째 권면에서는 원어로 무려 53개의 단어를 사용하고 있다. 이렇게 분량이 많은 것은 나오미의 권면이 그저 "립 서비스"(lip service)가 아니라 진심에서 나온 권고임을 보여준다. 진심이 아니라면 이렇게 긴 말을 그저 입술에 발린 말로만 할 수 있을까? 자부들을 돌려보내고 싶은 마음이 없다면 이렇게까지 길게 권면하지는 않았을 것이다.

6.2 "내 딸들아"

게다가 나오미는 며느리들을 설득하기 위해 강력한 이미지와 언어를 사용한다. 우선 나오미는 "딸"이란 용어를 사용한다(1:11상반절).

"나오미가 이르되 내 딸들아 돌아가라
(וַתֹּאמֶר נָעֳמִי שֹׁבְנָה בְנֹתַי ; 와토메르 노오미 쇼브나 베노타이)
너희가 어찌 나와 함께 가려느냐
(לָמָּה תֵלַכְנָה עִמִּי ; 람마 텔라크나 임미)."

첫 번째 권면에서는 "딸"이란 용어를 사용하지 않았다. 그러나 두 번째에서는 돌아가라고 권하면서 "내 딸들아"(בְנֹתַי ; 베노타이)라고 부른다. 이런 친근한 용어는 며느리에 대한 나오미의 정서적 태도가 어떠한지를 보여준다. 나오미는 두 번째 권면에서 "내 딸들아"를 세 번이나 반복하고 있다.

"내 딸들아 돌아가라(שֹׁבְנָה בְנֹתַי ; 쇼브나 베노타이; 11절)."

"내 딸들아 되돌아가라(שֹׁבְנָה בְנֹתַי לֵכְןָ ; 쇼브나 베노타이 레크나; 12절)."

"내 딸들아 그렇지 아니하니라(אַל בְּנֹתַי ; 알 베노타이; 13절)."

"내 딸들아"라는 호칭 안에 마치 딸처럼 생각하고 며느리의 앞날을 진심으로 걱정하는 심정이 들어 있다. 그것도 한 번이 아니라 거듭해서 세 번이나 "내 딸들아"라고 부른 것은 나오미의 권면이 며느리들의 행복을 위한 진심에서 우러나온 것임을 보여준다. 따라서 우리는 나오미가 며느리들을 돌려보내려고 한 것을 비난해서는 안 된다.

6.3 여인들에게 남편의 중요성

그렇다면 나오미가 자부들에게 굳이 모압으로 돌아가라고 한 이유는 무엇인가? 나오미는 "남편"이란 이미지를 4번이나 사용하면서 그 이유를 밝히고 있다. 아래의 구조를 보면 2번은 나오미와 관련해서, 2번은 자부들과 관련해서 "남편"이란 단어가 사용되고 있음을 알 수 있다.

  A 내 태중에 너희의 남편(אֲנָשִׁים ; 아나쉼)될 아들들이 아직 있느냐(자부들의 남편; 11절)
    B 나는 늙었으니 남편(אִישׁ ; 이쉬)을 두지 못할지라(나오미의 남편; 12절)
    B' 오늘 밤에 남편(אִישׁ ; 이쉬)을 두어 아들들을 낳는다 하더라도(나오미의 남편; 12절)
  A' 어찌 그들로 인해 남편(אִישׁ ; 이쉬) 없이 지내겠느냐(자부들의 남편; 13절)

이렇게 "남편"(אִישׁ ; 이쉬)이란 단어를 4번이나 반복하는 것은 나오미와 두 며느리의 희망은 남편을 얻는 데 있기 때문이었다. 고대 근동 아시아나 이스라엘에서 여인들의 정체성과 희망은 남편과 자녀들, 특히 아들들에게 달려 있었다. 사회보장제도가 제대로 갖추어져 있지 않았기에 고대에서는 남편과 자녀가 없는 미망인은 창기 노릇을 하거나 구걸을 하는 것 외에는 생계를 유지할 방법이 거의 없었다. 따라서 과부인 룻과 오르바에게는 다시 결혼하는 것만이 어쩌면 이들에게 남은 유일한 소망이었는지 모른다.

이런 점을 염두에 두면 나오미가 자부들에게 "내 딸들아 돌아가라 너희가 어찌 나와 함께 가려느냐"고 하면서 "내 태중에 너희의 남편 될 아들들(בָּנִים ; 바님)이 아직 있느냐"(A)고 한 것은 강한 호소력이 담긴 설득이 될 수 있었다. 실제로 나오미는 아들들(בָּנִים ; 바님)을 임신한 상태가 아니었다. 만일 아들들이 태중에라도 있다면 혹시 이 아이들이 자라 남편 역할을 할 수도 있을 것이지만 현실은 그렇지 않았다. 이를 근거로 나오미는 "내 딸들아 돌아가라 너희가 어찌 나와 함께 가려느냐"고 권면한 것이다.

일부 학자들은 나오미가 복수로 "아들들"(בָּנִים ; 바님)이라고 말한 것을 근거로 나오미의 불평의 어조를 읽을 수 있다고 본다. 나오미에게는 아들들은커녕 한 아들도 없는데 복수를 쓰고 있는 것은 불평의 기미를 강하게 드러낸다는 것이다. 이런 해석의 근거로 라헬도 아이를 낳지 못했을 때 "나로 자식들을 낳게 하라"(הָבָה־לִּי בָנִים; 하바-리 바님)고 야곱에게 요구할 때 복수를 사용한 것을 든다(창 30:1). 자식을 하나도 낳지 못한 라헬이 "자식들"(בָנִים; 바님)을 낳게 하라고 야곱을 질책하는 모습에서 불평과 원망의 모습을 강하게 느낄 수 있다는 것이다. 물론 이런 요소가 있는 것도 사실이다. 그렇지만 동시에 며느리가 둘이기 때문에 어차피 아들들이 둘이 있어야 하는 것이다. 따라서 두 자부에게 "내 태중에 너희 둘의 남편이 될 아들들이 있느냐"고 한 것으로도 볼 수 있다. 어쩌면 이 두 요소가 모두 들어 있는 말이라고 하는 게 가장 좋을지 모른다.

한편 나오미는 "내 태중에(בְּמֵעַי; 베메아이) 너희의 남편 될 아들들이 아직 있느냐"고 하면서 "태중"이라는 의미로 더 흔히 사용하는 "베텐"(בֶּטֶן)이나 "레헴"(רֶחֶם) 대신 "메에"(מֵעֶה)를 사용하였다. "메에"(מֵעֶה)는 단순히 자궁만 가리키는 것이 아니라, "복부, 내장, 소화기관, 따라서 성적 욕망이나 긍휼 같은 본능적 감정(gut feeling)"을 가리킨다는 점을 근거로 허바드는 "아들도 없고 아들을 가질 희망도 없는 나오미의 슬픈 마음"을 드러내는 표현으로 본다.[19] 이렇게 해석자들은 단순히 본문의 내용을 근거로 상상력을 발휘하여 심리적인 해석을 할 것이 아니라 본문에 쓰여진 단어의 용례를 통해 등장 인물의 정서적 상태를 찾아내 해석하는 훈련을 받아야 한다.

6.4 나는 불임의 여인이라!

나오미는 자신이 현재 임신 상태가 아님을 지적하면서, 앞으로도 임신할 가능성이 없음을 근거로 돌아가라고 12절에서 다시 권면한다.

"내 딸들아 되돌아 가라
(שֹׁבְנָה בְנֹתַי לֵכְןָ; 쇼브나 베노타이 레크나)
나는 늙었으니 남편을 두지 못할지라

---

[19] Hubbard, *The Book of Ruth*, 109.

(כִּי זָקַנְתִּי מִהְיוֹת לְאִישׁ ; 키 자칸티 미흐요트 르이쉬)."

"내 딸들아 되돌아 가라"로 번역된 원문은 직역하면 "돌아가라(שֹׁבְנָה ; 쇼브나), 내 딸들아, 가라"(לֵכְנָה ; 레크나)이다. 나오미는 8절에서는 "가라"(הָלַךְ ; 할라크), "돌아가라"(שׁוּב ; 슈브)의 순서로 권면하였는데, 여기서는 "돌아가라"(שׁוּב ; 슈브), "가라"(הָלַךְ ; 할라크)의 순서로 권고한다. 8절과 12절의 명령들을 모아 보면 다음과 같은 키아스틱(chiastic; 교차 대구) 구조를 볼 수 있다.

A 가라(לֵכְנָה ; 레크나)   B 돌아가라(שֹׁבְנָה ; 쇼브나)   – 8절
B' 돌아가라(שֹׁבְנָה ; 쇼브나) A' 가라(לֵכְנָה ; 레크나)   – 12절

나오미가 이렇게 반복적으로 "가라", "돌아가라"를 두 번씩이나 권면하는 이유는 무엇인가? 나오미의 권면은 가식적인 것이 아닌 진정성에서 나온 것이기 때문이다. 나오미는 자부들에게 "반드시 유다 땅으로 가는 길에서 돌아서서(שׁוּב ; 슈브) 모압 땅으로 가야(הָלַךְ ; 할라크) 한다"고 주문한다. 내레이터는 며느리에 대한 나오미의 진심이 무엇인지를 이런 방식을 통해 분명히 드러내고 있다.

나오미는 자부들이 돌아가야 하는 근거로 "나이 들어(זָקֵן ; 자켄) 남편을 둘 수 없다"는 점을 언급한다. "남편을 두다"로 번역된 히브리 어구(הָיָה לְאִישׁ ; 하야 르이쉬)는 직역하면 "남자에게 속하다"인데 "성관계를 갖다"란 의미로도 쓰일 수 있지만 통상적으로 "결혼하다", "남편을 얻다"라는 의미로 쓰인다. 또한 문맥상으로 볼 때 하룻밤 성관계를 갖고 아들을 갖기에 늙었다고 보기보다는 결혼하여 아들을 낳기에는 나오미가 너무 늙었다고 말한 것으로 보는 것이 더 적절해 보인다. 그러나 "성관계"를 갖고 아이를 낳을 가능성에 대한 암시가 전혀 배제된 것은 아니라고 보아야 한다. 이 점에 대해서는 이어지는 나오미의 말을 들어보면 알 수 있다.

어찌되었든 그렇다면 나오미는 얼마나 늙은 것인가? 캠벨 같은 학자는 나오미의 나이를 45세 정도 되었을 것이라고 추산한다.[20] 15세 정도에 결혼해서 두 아이를 낳

---

20 Campbell, *Ruth*, 67.

았으면 20세가 되었을 것이고, 아이들이 자라 결혼을 했으면 35세 정도, 장가간 지 10년 있다 죽었으면 45세 정도가 된다는 것이다. 이 정도면 결혼을 할 수 없는 나이였는지에 대해서는 고대 이스라엘의 풍습을 잘 알지 못해 가늠하기 쉽지 않지만 폐경기에 접어든 것은 분명하다고 본다.

이에 사쏜(Sasson) 같은 학자는 나오미의 말의 핵심은 나이가 들어 결혼할 수 없다는 것이 아니라, 폐경이 되어 성관계를 해도 아이를 임신할 수 없다는 뜻으로 보아야 한다고 주장한다.[21]

어떻게 보더라도 나오미의 경우는 며느리들보다 희망이 없다. 나오미의 경우에는 남편을 둘 가능성도 없을 뿐 아니라, 남편을 둔다 해도 아들을 생산할 가능성은 더욱 없다. 만일 폐경기에 접어들었다면 이제 개인적 수준에서의 공허함을 나오미는 경험하고 있는 것이다. 자연의 수준에서의 공허함인 흉년(1절)에다 가정의 수준에서의 공허함인 남편과 두 아들의 사별을 경험한(3, 5절) 나오미가 이제는 개인적 수준에서의 공허함인 불임과 폐경을 겪고 있는 것이라고 학자들은 해석한다(12절). 자연적인 흉년과 가정적으로 나오미에게 불어닥친 비극의 잔혹함이 "나는 늙었으니 남편을 두지 못할지라"는 말 속에서 불임과 폐경이라는 개인적인 공허함을 더욱 더 느낄 수 있기에, 이 말은 독자의 가슴을 아리게 만든다. 아마 이 말을 직접 듣는 룻과 오르바는 더더욱 마음이 시렸을 것이다.

6.5 상상의 나래를 펴더라도 며느리에게 줄 아들들이 없기에

불임과 폐경이 현실임에도 불구하고 나오미는 12절에서 상상의 나래를 편다.

"비록(가령: 한글개역개정) 내가 소망이 있다고 생각한다 하더라도(말한다든지 : 한글개역개정) (כִּי אָמַרְתִּי יֶשׁ־לִי תִקְוָה ; 키 아마르티 예쉬-리 티크와)."

한글개역개정에서 "가령"이라고 번역된 첫 단어 "키"(כִּי)는 "만일"이라는 의미로

---

[21] Jack M. Sasson, *Ruth : A New Translation with a Philological Commentary and a Formalist-Folkoristic Interpretation*, (The Johns Hopkins Univ. Press, 1979), 24–25.

더 많이 쓰이지만 "비록"이란 의미로도 쓰인다. 영역본을 보면 if(만일; KJV, ESV)와 even if(비록; NIV, NRSV)로 번역되는 가운데서도 후자가 더 선호되고 있음을 볼 수 있다. 여기서는 문맥상 "비록"으로 번역하는 것이 더 좋아 보인다. 또한 두 번째 단어 "말하다"로 번역된 동사 "아마르"(אָמַר)는 "생각하다"는 의미로 쓰인다. 따라서 "비록 내게 소망이 있다고 생각한다 하더라도"로 번역해야 한다.

그렇다면 나오미가 말하는 소망은 무엇인가? 12-13절을 보면 나오미의 소망은 남편을 두어 아들들을 낳고 그 아들들이 자라서 며느리들의 남편이 되는 것이다. 과연 그것이 가능한 소망일까? 나오미는 자신이 생각하는 소망이 얼마나 비현실적인지를 보여주기 위해 "더욱이, 게다가, 또한"이란 의미의 단어 "감"(גַּם)을 12절에서 두 번이나 반복해서 사용한다.

"게다가, 오늘 밤에 남편을 둔다고 치자
(גַּם הָיִיתִי הַלַּיְלָה לְאִישׁ[22] ; 감 하이티 할라옐라 르이쉬)
또한, 아들들을 낳게 된다 하더라도
(וְגַם יָלַדְתִּי בָנִים ; 웨감[23] 얄라드티 바님)."

나오미가 생각하는 희망이 성립하려면 두 개의 조건이 부합되어야 한다. 첫째, 오늘 밤에 남자에게 속하는(הָיָה לְאִישׁ ; 하야 르이쉬) 일, 다시 말해 남자와 결혼하는 일, 혹 남자와 관계를 갖는 일이 일어나야 한다. 둘째, 오늘밤에 한 번의 성관계로 쌍둥이를 임신하는 일이 생겨야 한다. 과연 이 두 가지 조건이 동시에 일어날 수 있을까?

나오미는 지금 모압에서 베들레헴으로 돌아가는 귀향길에 있었다. 그런데 지금 결혼할 남자도 없는데 오늘밤 남편과 합방할 수 있을까? 아니 그냥 어떤 남자이든 길에서 만난 남자와 잠자리를 같이 할 수 있는 가능성이 있기는 할까? 그럴 가능성이 있다면 나오미에게 소망이 있다고 생각할 수도 있을 것이다. 그러나 그럴 가능성은 거의 없다고 보아야 하지 않을까?

---

22 "밤"이란 단어(לַיְלָה ; 라옐라)에 정관사 (ה)가 붙으면, "오늘밤"이 된다.
23 두 번째 용례인 웨감(וְגַם)은 접속사 웨(ו)에 감(גַּם)이 결합된 형태이다.

설령 한 걸음 더 양보해서 그런 일이 일어난다 하더라도 나오미가 임신하여 정상적인 출산을 할 수 있을까? 현대 여성의 경우에도 35세가 넘으면 노산이라고 말하며 임신율과 정상적 출산율이 현저하게 떨어진다고 한다. 게다가 며느리가 둘이기 때문에 최소한 쌍둥이를 임신하고 아들 둘을 낳아야 한다. 따라서 나오미는 "아들들(בָּנִים; 바님)을 낳게 된다 하더라도"라며 복수를 사용하고 있는 것이다.

나오미는 자신이 가진 소망의 비현실성을 강조하기 위해 "두 개의 조건"을 더 붙이는 것이며, 이를 위해 "감"(גַּם)을 두 번 반복하는 것이다. 그러나 대부분의 대중용 성경에서는 이런 부분은 번역하지 않고 있다. 따라서 설교자들이 이런 작은 디테일 속에 들어 있는 의미를 확대해 보여주어야 한다. 그래야 성경 본문이 생동감 있게 살아서 움직이는 것이다.

다시 성경 본문으로 돌아오자. 이렇게 나오미는 자신의 비현실적 소망을 언급한 후에, 자부들이 가상의 아들들이 자랄 수 있을 때까지 과연 기다릴 수 있는지를 13절에서 묻는다.

"너희가 어찌 그들이 자라기를 기다리겠으며

(הֲלָהֵן תְּשַׂבֵּרְנָה עַד אֲשֶׁר יִגְדָּלוּ[24]; 하라헨 테사베르나 아드 아셰르 이그달루)

어찌 남편 없이 지내겠다고 결심하겠느냐

(הֲלָהֵן תֵּעָגֵנָה לְבִלְתִּי הֱיוֹת לְאִישׁ; 할라헨 테아게나 르빌티 해요트 르이쉬)."

---

[24] "하라헨"(הֲלָהֵן)은 해석하기가 어려운 단어이다. 그러나 보통은 의문대명사 "하"(הֲ)에 전치사 "르"(לְ)에 3인칭 여성 대명사 접미 "헨"(הֵן)이 붙은 것으로 본다. 그런데 문제는 가상의 아들들을 염두에 두고 있다면 3인칭 남성 복수 접미 "헴"(הֵם)이 붙어야 하는데 3인칭 여성 복수 접미 "헨"(הֵן)이 사용되고 있다는 것이다. 이에 대해서는 다양한 해석이 있다. 우선 이런 수의 불일치는 후기 성경 히브리어의 중성화 경향에서 나온 것이라고 본다. 다른 학자들은 겉으로 보기에 복수 접미의 꼬리처럼 보이는 ם(멤)은 초기 쌍수 접미의 흔적이라고 본다. 따라서 일부 학자들은 이를 룻기의 초기 연대설의 근거로 삼는다. 성 불일치의 예들이 나오미의 말에 집중적으로 나오는 것은 남편과 아들들을 잃고 난 후의 내적인 혼돈과 남편과 아들들을 갈망하는 심정을 드러내기 위한 전략적 장치일 수 있다. 그러나 최근에 앤드류 데이비스(Andrew R. Davis)는 "물론 얼마든지 공성 쌍수 어미로 볼 수 있지만, 나오미의 슬픔과 며느리에 대한 모호함을 드러내는 문예장치로 볼 수 있다"고 보면서 이렇게 말한다. "나오미는 자신이 아무런 가능성이 없음을 인정한다. 그런데 만일 아들이 아니라 딸을 임신한다면 상황이 어떨까? 룻과 오르바에게 남편감을 제공하기보다 부양 가족의 수가 늘어나는 것이 아닌가! 이런 성의 불일치적 표현은 나오미가 상실감과 사투를 벌이고 있음을 보여줄 뿐 아니라 며느리들에 대한 양가적 감정을 드러내고 있다. 나오미가 룻과 오르바의 복지를 걱정하는 것도 사실이지만, 동시에 새 남편으로 인한 새 딸이 별 도움이 안 되듯이 룻과 오르바 역시 도움이 안 된다는 느낌을 가진 것으로 보인다." 룻기에는 동사나 명사나 전치사의 성과 수가 일치하지 않는 경우가 모두 10번 나오는데 데이비스는 문예적으로 이 현상을 잘 설명한다. 더 상세한 것은 Andrew R. Davis, "The Literary Effect of Gender Discord in the Book of Ruth," *JBL* 132 (2013), 495-513을 참조하라.

나오미의 비현실적인 소망이 이루어진다 해도 이 아이들이 자라서 결혼연령이 될 때까지 과연 기다릴 수 있느냐고 묻는 나오미의 말 속에서 우리는 진정성을 느끼게 된다. 게다가 나오미는 젊은 과부인 며느리의 행복을 정말 원하고 있음을 마지막 문장에서 확인할 수 있다 : "어찌 남편 없이 지내겠다고 결심하겠느냐"는 문자적으로 번역하면 "스스로 자제하여 남자에게 속하지(הֱיוֹת לְאִישׁ ; 해요트 르이쉬) 않을 수 있는가?"이다. 앞서 우리가 살핀 대로 "남자에게 속하다"(הָיָה לְאִישׁ ; 하야 르이쉬)는 "결혼하다, 성관계를 갖다" 양자의 의미로 쓰인다.

앞 문장에서 나오미는 아들들을 잉태하여 낳는다 하더라도 자녀들이 성장하는 데 걸리는 시간을 강조하였다. 설령 이 아들들이 자라기를 기다린다 해도 그동안에 결혼을 통해 남편이 주는 안정과 행복, 그리고 남자에게 속하는 성적인 기쁨을 놓칠 수 있겠느냐고 질문하는 것으로 볼 수 있다고 학자들은 해석한다. 우리는 여기서 자부들에 대한 나오미의 사랑에 진정성이 있음을 볼 수 있다.

6.6 계대결혼을 염두에 둔 것인가?

일부 학자들은 나오미가 "계대결혼"을 염두에 두고 말하는 것으로 해석한다. 이스라엘의 율법에 의하면 한 남자가 아들 없이 죽었을 경우 그의 형제가 형수와 결혼하여 형의 후사를 잇도록 규정되어 있다.

"형제들이 함께 사는데 그 중 하나가 죽고 아들이 없거든 그 죽은 자의 아내는 나가서 타인에게 시집가지 말 것이요 그의 남편의 형제가 그에게로 들어가서 그를 맞이하여 아내로 삼아 그의 남편의 형제 된 의무를 그에게 다 행할 것이요 그 여인이 낳은 첫 아들이 그 죽은 형제의 이름을 잇게 하여 그 이름이 이스라엘 중에서 끊어지지 않게 할 것이니라 그러나 그 사람이 만일 그 형제의 아내(יְבָמָה ; 예바마) 맞이하기를 즐겨하지 아니하면 그 형제의 아내(יְבָמָה ; 예바마)는 그 성문으로 장로들에게로 나아가서 말하기를 내 남편의 형제가 그의 형제의 이름을 이스라엘 중에 잇기를 싫어하여 남편의 형제 된 의무를 내게 행하지 아니하나이다 할 것이요 그 성읍 장로들은 그를 불러다가 말할 것이며 그가 이미 정한 뜻대로 말하기를 내가 그 여자를 맞이하기를 즐겨하지 아니하노라 하면 그의 형제의 아내(יְבָמָה ; 예바마)가 장로들 앞에서 그에게 나아가서 그의 발에서 신을 벗기고 그의 얼굴에 침을 뱉으며 이르기를 그의 형제의 집을 세우기를 즐겨 아니하는 자에게는 이같이 할 것이라 하고 이스라엘 중에서 그의 이름을 신 벗김 받은 자의 집이라 부를 것이니라(신 25:5-10)."

이를 "계대결혼"(levirate marriage) 제도라고 한다. 후에 오르바가 돌아가자 나오미가 "보라 네 동서는 그의 백성과 그의 신들에게로 돌아가나니 너도 너의 동서를 따라 돌아가라"(15절)고 할 때 동서로 번역된 "예바마"(יְבָמָה)란 단어는 룻기(룻 1:15)와 계대결혼 율법(신 25:7, 9)을 제외하고는 어디에도 사용되지 않는다. 따라서 학자들은 룻기에서는 계대결혼의 개념을 1장부터 전제하고 있다고 본다.[25]

그러나 일부 주석학자들은 나오미가 여기서 계대결혼의 의미를 충분히 이해하지 못하고 있다고 지적한다. 즉 나오미가 다시 결혼을 해서 아들을 낳는다 해도, 이 아들이 엘리멜렉의 자식이 될 수 없으며, 말론과 기룐의 진정한 법적 형제일 수 없다는 것이다.

다른 학자들은 나오미가 여기서 엘리멜렉의 계보를 이으려는 관심은 보이지 않는다고 본다. 단지 두 젊은 며느리의 이익에만 관심을 보일 뿐이라는 것이다.[26] 따라서 계대결혼이 전제되어 있다고 보지 않는다.

필자가 보기에는 룻기 기자가 계대결혼을 배경에 깔고 스토리를 전개하고 있는 것이 분명하다. 왜냐하면 룻기 4장에 가면 계대결혼의 모티브가 강하게 나오기 때문이다. 신명기 25장에서 형수와 결혼하기를 싫어하는 자의 신발을 벗기는 풍습이 나올 뿐 아니라 창세기 38장의 계대결혼 스토리의 주인공인 다말이 룻기 4장에서 장로들의 축복 가운데 등장하기 때문이다.

물론 성경의 다른 곳에 고엘 제도와 계대결혼 제도가 연결되어 있는 곳은 없다. 반면에 룻기에 보면 땅을 무르는 고엘 제도와 계대결혼 제도가 연결되고 있는데 이는 두 제도의 법의 정신이 유사하기 때문이다. 따라서 계대결혼을 너무 좁게 해석하여 룻기 1장에 계대결혼이 등장하지 않는다고 보는 것은 너무 좁은 해석으로 보

---

25 André LaCocque, *Ruth*, A Continental Commentary, Tr. by K. C. Hanson (Fortress Press, 2004), 47.
26 Block, *Judges, Ruth*, 636; Sakenfeld, *Ruth*, 27-28.

인다. 이에 대해서는 나중에 룻기 3-4장을 해석할 때 상세히 살펴보도록 하자.

물론 여기서는 계대결혼의 가능성이 희박하기에 단지 나오미가 룻과 오르바에게 당장 오늘 밤에 남자를 만나 동침하고 잉태하여 아들들이 태어난다 해도 그들이 결혼 적령기가 될 때까지 기다릴 수는 없는 것이 아니냐고 설득하는 것이라고 볼 수도 있다. 그렇지만 그 밑에는 계대결혼이라는 개념이 복선처럼 깔려 있는 것이 분명한 것 같다.

6.7 "여호와의 손이 나를 치셨으므로"

나오미는 며느리를 향한 권면을 마치면서 자신이 느끼는 감정 상태를 13하반절에서 토로한다.

"나는 너희들보다 더욱 마음이 쓰도다
(כִּי־מַר־לִי מְאֹד מִכֶּם ; 키-마르-리 메오드 미켐)
여호와의 손이 나를 향해 뻗치셨으므로(나를 치셨으므로 : 한글개역개정)
(כִּי־יָצְאָה בִי יַד־יְהוָה ; 키-야츠아 비 야드-아도나이)."

한글개역개정은 "나는 너희로 말미암아 더욱 마음이 아프도다"로 번역하였지만 필자는 "나는 너희들보다 더욱 마음이 쓰도다"로 번역하는 것이 더 좋다고 생각한다. 그 이유를 살펴보자.

첫째, "마르(מַר)"를 "마음이 아프다"라고 의역하기보다는, "쓰다"라고 직역하는 것이 좋다. 왜냐하면 후에 나오미가 베들레헴 여인들에게 "나를 나오미라 부르지 말고 "마라"(מָרָא ; 쏨)라 부르라 이는 전능자가 나를 심히 쓰게(הֵמַר ; 헤마르) 하셨음이니라"고 했을 때 같은 어근의 단어들이 사용되고 있기 때문이다. 게다가 "쓰다"(מַר ; 마르)는 단어는 탄식의 노래인 애가의 용어이다.

"보옵소서 내게 큰 고통을 더하신 것은 내게 평안을 주려 하심이라
(הִנֵּה לְשָׁלוֹם מַר־לִי מָר ; 힌네 르샬롬 마르-리 마르; 사 38:17)."

"시온의 도로들이 슬퍼함이여 절기에 지키려 나아가는 사람이 없음이로다 모든 성문들이 적막하며 제사장들이 탄식하며 처녀들이 근심하며 시온도 곤고를 받았도다(וְהִיא מַר־לָהּ; 웨히 마르-라흐; 애 1:4).″

지금 나오미는 남편과 두 아들을 잃고 애가를 부르고 싶은 심정이 아닌가? 그렇다면 마르(מַר)를 "아프다"보다는 "쓰다"로 번역하는 것이, 나오미의 마음을 더 잘 드러내는 적절한 역어(譯語)로 보인다.

둘째, 한글 성경은 "너희로 말미암아" 마음이 아프다고 번역하였지만, 필자는 "너희들보다" 마음이 쓰다로 번역하는 것이 더 좋다고 생각한다. 문법적으로는 전치사 "민"(מִן; 히브리원문에서는 מ)을 "이유"의 전치사로 보든, 아니면 "비교"의 전치사로 보든 모두 가능하다.[27] "이유의 전치사"로 보면 나오미의 마음이 슬픈 이유를 "며느리들 때문"으로 보아 "나는 너희들로 인해 쓰다"라고 번역할 수 있다.

한편 "비교의 전치사"로 보면 뒤에 나오는 "하나님의 손이 자신을 치고 있다"는 의식이 마음이 쓴 이유로 보고, "나는 너희들보다 더욱 쓰다"라고 번역할 수 있다. 아마도 자부들은 하나님의 손이 치고 있다는 생각은 하지 않을 것이다. 그러나 나오미는 하나님의 손이 자신을 치고 있다는 생각 때문에 자부들보다 더 마음이 쓰다고 한 것으로 볼 수 있다. 그러나 어느 쪽으로 번역해도 큰 상관은 없다고 생각한다. 필자는 두 번역 모두 가능하나, 본문을 번역할 때에는 어느 한 쪽을 택할 수밖에 없기에 "비교"가 드러나도록 하는 번역을 선호하는 것뿐이다.[28]

나오미가 자부들보다 마음이 더 쓴 이유는 무엇인가? 나오미가 "여호와의 손이 나를 치셨다"고 느끼기 때문이다. 여호와의 손이 나를 치셨다니 무슨 뜻인가? 이를 알기 위해서 우리는 "여호와의 손"이란 단어(יַד־יהוה; 야드-아도나이)와 "치셨다"(יָצָא; 야차)는 말의 의미를 살펴보아야 한다. 우선 구약에서 "여호와의 손"(יַד־יהוה; 야드-아도나이)은 여호와가 베푸시는 능력을 가리키는 은유로서 긍정적으로 쓰이기도 하고 부정적으로 쓰이기도 한다. 여호와의 손은 부정적으로는 재앙을 임하게 하는 도

---

27 어느 쪽으로 번역하든 문법적으로는 문제가 되지 않는다. Block, *Judges, Ruth*, 637은 번역의 두 가능성을 모두 받아들인다.

28 Campbell, *Ruth*, 70.

구로 사용된다(출 9:3; 신 2:15; 삿 2:15; 삼상 5:6, 9, 12:15; 사 19:16). 한편 여호와의 손은 긍정적으로는 자기 종을 감동시키거나(왕하 3:15) 돕는 구원의 손길(사 59:1, 66:14; 겔 1:3)이나 기적적인 공간 이동 등의 권능을 베푸시는 능력(겔 37:1; 40:1)을 가리킨다.

여기서는 여호와의 손은 재앙을 가져오는 하나님의 능력을 가리킨다. 그런데 여기서 한 가지 주목할 점이 있다. 재앙을 가져온다는 의미로 쓰일 때에는 "여호와의 손이 …를 향해 있다"(בְּ יָד־יְהוָה הָיְתָה ; 야드-아도나이 하예타 베)라고 해서 "있다"는 의미의 상태 동사인 "하야"(הָיָה ; to be; 여기서는 "손"이 여성 명사이기에 3인칭 여성단수 형태인 "하예타"⟨הָיְתָה⟩)가 쓰인다(출 9:3; 신 2:15 등). 그런데 나오미는 "여호와의 손이 나를 향해 뻗치셨다"(כִּי־יָצְאָה בִי יַד־יְהוָה ; 키-야츠아 비 야드-아도나이)라고 하며 "나오다"는 의미의 강한 동작 동사인 "야차"(יָצָא)를 사용한다. 따라서 "하나님의 손이 나를 향해 뻗쳐 나오셨다"라고 직역할 수 있다. 이런 동작 동사를 사용하여 나오미는 자신이 느끼는 불행의 정도가 매우 심함을 강조한다.[29]

7. 며느리들의 반응

7.1 흐느끼다가 다시 크게 우는 며느리들

드디어 나오미의 긴 권면의 말이 끝났다. 과연 자부들은 어떤 반응을 보일까?

"그들이 소리를 높여 다시 울더니

(וַתִּשֶּׂנָה קוֹלָן וַתִּבְכֶּינָה עוֹד ; 와티세나 콜란 와티브케나 오드)."

나오미의 두 번째 권면이 끝나자 자부들이 보인 반응은 "소리를 높여 다시 우는" 것이었다. 이 표현은 나오미가 두 자부들에게 어머니의 집으로 돌아가라고 하면서 이별의 키스를 하자, 앞의 9절에서 그들의 반응을 묘사한 표현과 동일하다. 앞의

---

29 Hubbard, *The Book of Ruth*, 113.

9절에서 "소리를 높이다 그리고 운다"는 문장은, 두 개의 상호 연결된 표현을 사용하여 하나의 의미를 나타내는 기법인 "중언법"(hendiadys)으로 "큰 소리로 울었다"라는 의미임을 살펴보았다.

나오미가 각자 어머니의 집으로 돌아가라고 하자 자부들이 큰 소리로 울며 반대하였다. 그런데 나오미가 자기에게는 소망이 없음을 지적하면서 돌아갈 것을 거듭 촉구하자 그들이 "다시 큰 소리로 울었다"는 것이다. 그러나 14절에서 한글개역개정이 "다시"라고 번역한 히브리어(עוֹד ; 오드)는 "또다시"의 의미보다는 "지속"의 의미로 보는 것이 더 적합해 보인다.³⁰ 부쉬의 주장대로 두 자부가 울다가 그쳤다 다시 운 것이 아니라, 계속해서 울먹이고 있었는데, 나오미의 재촉이 반복되자 더욱 크게 울었다고 보는 것이 더 좋아 보인다.

7.2 돌아가는 오르바

자부들이 처음과 마찬가지로 이번에도 큰 소리로 운 것은 사실이지만 14절을 보면 오르바와 룻 사이에 차이가 나타난다.

"오르바는 그의 시어머니에게 입 맞추되
(וַתִּשַּׁק עָרְפָּה לַחֲמוֹתָהּ ; 와티샤크 오르파 라하모타흐)
룻은 그를 붙좇았더라
(וְרוּת דָּבְקָה בָּהּ ; 웨루트 다브카 바흐)."

오르바는 시어머니에게 입을 맞춘 반면에 룻은 시어머니를 붙좇았다는 것이다. 결국 며느리들이 소리 높여 운 것이 전부라면 나오미의 두 번째 권면은 실패했겠지만, 오르바가 나오미에게 입을 맞춤으로 절반의 성공을 거두었다. 우리가 9절과 14절을 연결시키면 나오미의 입맞춤(A)과 오르바의 입맞춤(A')이 전체를 감싸면서 이별의 입맞춤 구조를 볼 수 있다.

---

30 Bush, *Ruth/Esther*, 81.

A 나오미의 입맞춤   B 자부들이 소리 높여 움
B' 자부들이 소리 높여 움   A' 오르바의 입맞춤

나오미가 먼저 어미의 집으로 돌아갈 것을 권면하자(A), 자부들이 소리 높여 울면서 반대하였다(B). 이에 나오미가 더욱 강한 어조로 떠날 것을 촉구하자 자부들이 소리 높여 운 후에(B') 오르바는 입을 맞추고(A') 떠났다. 나오미의 이별의 입맞춤은 오르바의 이별의 입맞춤으로 완성이 되면서 오르바는 떠난다.

시어머니와 자부가 소리 높여 울면서 입을 맞추고, 떠나 보낼 때도 입을 맞추며 떠나는 모습이 너무나 잘 그려져 있다. 큰 소리로 울면서 감정이 폭발하고 있는 이별의 장면은 입맞춤의 상징적 제스처로 열리고 닫힌다. 입맞춤만큼 강력한 감정의 표현이 있을까? 인간들은 만날 때도 입맞추고 이별할 때도 입을 맞춘다. 연인들이 사랑을 표현하는 중요한 방법은 입을 맞추는 것이다.

캠벨이 지적한 대로 성경에서도 특히 가족끼리 만나고(창 29:13 등) 헤어질 때(창 31:55 등) 주로 입을 맞추고, 연인들이 사랑을 느낄 때도 입을 맞춘다(아 1:2). 바알에게 충성을 맹세할 때도 입을 맞춘다(왕상 19:18). 그러나 가장 감정적인 입맞춤은 이별의 입맞춤이다. 다시는 영원히 볼 수 없는 작별을 고할 때의 입맞춤이다. 이런 영원한 작별의 입맞춤은 라반과 손자(딸)와의 입맞춤(창 31:28, 55), 다윗과 바르실래의 입맞춤(삼하 19:40), 엘리야와 부모의 입맞춤(왕상 19:20)에서 볼 수 있다.[31]

그런데 다른 곳에서는 한 사람의 입맞춤만 나오지만, 룻기에는 쌍방의 이별의 입맞춤이 나온다. 나오미는 이미 9절에서 오르바와 룻에게 작별을 고하면서 이별의 입맞춤을 하였다. 그런데 자부들이 작별을 거부하자, 나오미가 두 번째로 떠날 것을 강력하게 권면한 것이다. 그렇다면 이제 남은 것은 누가 이별의 입맞춤을 할 것인가이다. 그런데 오르바가 이별의 입맞춤으로 작별을 고하였다. 이제 이별의 입맞춤만을 남기고 오르바는 떠나고, 무대 위에는 나오미와 룻만이 남게 된다.

---

31 Campbell, *Ruth*, 71–72.

7.3 오르바는 어떤 인물인가?

그렇다면 과연 오르바는 어떤 인물인가? 나오미를 떠났다는 이유로 비난을 받아야 하는가? 흔히 해석자들은 오르바를 불신앙의 사람이나 불성실한 인물로 간주한다.[32] 여기서 주목할 점은 오르바는 마땅히 해서는 아니 되는 신실치 못한 인물로 그려지고 있지 않다는 점이다. 본문을 상세히 보면 성경 기자는 도덕적이나 신학적인 평가를 내리지 않는다. 도덕적으로나 신학적으로 비난하려는 어떤 암시도 없다. 그저 자신의 삶을 스스로 책임지는 사회인으로서 상식에 맞는 행동을 한 인물로 성격이 묘사되고 있다고 학자들은 해석한다.

물론 오르바는 자기 길을 택함으로 모압에서 여호와께 돌아온 여인은 되지 못하였다. 그러나 오르바를 불충성한 여인으로 보아 비난해서는 안 된다. 우리가 살핀 대로 오르바가 먼저 나오미에게 떠나겠다고 하지 않았다. 더욱이 나오미가 먼저 떠나라고 했을 때 울면서 시어머니를 떠나지 않겠다고 하였고, 두 번째 권면을 들은 후에야 비로소 고향으로 돌아간 것이다.

사실상 나오미의 권면은 설득력과 호소력이 있었다. 인간적으로는 불가능한 미래의 희미한 가능성 때문에 현재의 결혼 가능성과 기회를 놓쳐서는 안 된다는 나오미의 권면은 자부들의 마음을 떠보려고 해본 소리가 아니었다. 이런 권면과 냉혹한 현실 앞에서 오르바와 같이 결정하지 않을 사람이 과연 몇이나 되겠는가? 대부분의 사람들은 이런 식으로 행동할 수밖에 없는 것이 현실이다.

게다가 상세히 본문을 들여다보면 오르바는 나오미가 하고 있는 행동을 하는 것이 아닌가! 나오미는 이방 땅에서 과부로 살 수 없어서 모압 땅을 떠나 자기 고향으로 가고 있는 것이다. 만일 오르바가 나오미를 따른다면 이방 땅에서 과부로 사는 것이다. 그러기에 오르바는 나오미처럼 자기 고향으로 돌아가는 길을 택한 것이다. 나오미도 자기 고향으로! 오르바도 자기 고향으로! 그렇다면 오르바를 굳이 비난할 이유도 없지 않은가? 최근의 룻기 주석가들은 주로 이런 방식으로 해석하고 있다.

---

32 워렌 위어스비, 『헌신하여라 : 룻기-에스더 강해』, 26.

7.4 오르바는 정상적인 사회인

따라서 허바드는 오르바가 택한 길은 "상식적으로 그에게 남은 유일한 길"(the only sensible course of action)이라고 말한다.[33] 충성이 무슨 희생을 치르면서라도 모든 관계를 지속하는 것을 의미하는 것은 아니지 않은가! 나오미가 자기 고향으로 돌아간다면 오르바 역시 자기 고향으로 돌아가 살아내야 할 개인적인 삶이 있었다. 그것도 나오미가 먼저 시어머니와 자부의 헌신의 관계에서의 해방을 선언하며 자유를 주었기에 오르바는 정상적인 사회인으로 자신의 삶을 책임지는 상식적 행동을 한 것이라고 얼마든지 볼 수 있고, 실제로 성경 기자도 오르바를 이런 식으로 그리고 있다는 것이다.

결국 룻기 기자의 의도는 오르바는 상식적인 일, 예상했던 일을 한 반면에, 룻은 상식을 초월한 일, 예상치 않았던 일을 한 인물로 묘사하는 데 있다는 것이 최근 학자들의 중론이다. 여기에 오르바와 룻 사이에 강한 대조가 있다. 14절에 "오르바는 그의 시어머니에게 입 맞추되 룻은 그를 붙좇았더라"고 오르바와 룻이라는 고유명사를 사용한 것은 4절 이후에 여기가 처음이다.

이렇게 룻기 기자가 고유명사를 사용한 것은 오르바와 룻을 개인의 이익과 동기에 따라 움직이는 살아있는 인격적 존재로 묘사하기 위해서라고 학자들은 말한다. 오르바도 스스로의 삶을 책임지는 존재로 행동하고, 룻도 자신의 삶을 스스로 선택해 가는 인물로 행동하고 있다.[34]

우리가 조금만 정직해진다면 오르바의 행동을 충분히 이해할 수 있다. 우리도 보통은 오르바식으로 살아가기 때문이다. 그러기에 우리는 상식을 초월해서 시어머니에게 충성을 보인 탁월한 인물 룻의 행동에 대해서는 충격을 받고 감탄할 수밖에 없는 것이다. 그런 점에서 오르바는 룻을 부각시키는 역할을 감당한다. 시어머니를 떠나는 오르바의 선택은 시어머니와 함께 머물기로 한 룻의 선택을 두드러지게 하는 기능을 한다. 이런 기능을 담당하는 인물을 문예적으로는 "대조적 인물"(foil character ; 혹은 부인물〈副人物〉)이라 부른다. 아델 벌린(Adele Berlin)의 말을 들어보자.

---

33 Hubbard, *The Book of Ruth*, 114.
34 박상훈, 『일곱 아들보다 귀한 자부』(도서출판 여일사, 1996), 56-57에서도 유사한 해석을 하고 있다.

오르바의 경우에는, 룻과 오르바가 처음에는 동일한 반응을 보였다. 둘 다 나오미 곁을 떠나기를 싫어하였다. 그러나 나오미의 긴 설득으로 오르바는 떠난다. 결국 이로 인해 독자들에 눈에는 나오미 곁에 남아 있기로 한 룻의 결정이 더욱 영웅적으로 보일 수밖에 없다. 처음에 이 둘은 비슷하게 나타난다. 둘 다 모압 여인으로, 형제와 결혼하였다. 둘 다 아이를 낳지 못한 과부였으며, 시어머니에게 충성하였다. 그러나 서서히 스토리가 전개되면서 둘의 차이점은 커진다. 이로 인해 효과는 더욱 극적이고 감동적이 된다.[35]

오르바를 비난하게 되면 룻의 행동은 당연히 보여야 할 당위에 지나지 않는다. 당연히 해야 할 일을 한 사람 때문에 우리는 충격을 받거나 감동을 받지 않는다. 반면에 룻은 상식을 초월한 충성의 여인으로 도저히 이해할 수 없는 감동적인 인물이다. 따라서 성경 기자는 오르바를 상식적인 여인으로, 룻은 상식을 초월한 충성의 여인으로 대조함으로 룻을 충격적인 인물로 묘사한다. 독자들 역시 이런 룻의 모습을 보면 당연히 충격을 받게 된다. 어떻게 이방 모압 여인이 이런 인애의 모습을 보일 수 있을까! 그것도 하나님의 백성들조차 각자 자기 소견에 옳은 대로 행동하던 사사 시대에!

이렇게 성경 기자는 이미 성격 묘사를 통해 등장 인물을 해석한다. 그렇다면 성경 해석자는 성경 기자의 인도를 따라 성경 본문을 해석하면서 등장 인물을 평가해야 한다. 해석자는 성경의 주인이 아니라 성경을 섬기는 자(a servant of the Word)이기 때문이다. 따라서 해석자들은 성경 본문을 그저 "가공되지 않은 원재료"(raw material)만 담긴 역사 보고서(historical report)로 보고 얼마든지 자신이 이렇게 저렇게 해석할 수 있는 권리가 있다고 생각해서는 안 된다. 성경 본문은 이미 성경 기자에 의해 오류 없이 해석된 역사(interpreted history)이기 때문에 성경의 목소리에 먼저 귀를 기울여야 한다.

---

35 Adele Berlin, *Poetics and Interpretation of Biblical Narrative*, Bible and Literature Series (Almond, 1983), 85.

7.5 그러나 시어머니를 붙좇은 충성스런 룻

오르바는 불충성한 며느리라기보다는 자신의 삶을 책임지는 상식적 행동을 한 사람이라면, 룻은 상식을 초월해서 시어머니에게 충성을 보인 걸출한 여인인 것이다. 이런 점을 강조하기 위해 내레이터는 14절에서 "붙좇다"(דָּבַק ; 다바크)는 동사를 사용하여 룻을 오르바와 대조한다.

"오르바는 그의 시어머니에게 입 맞추되
(וַתִּשַּׁק עָרְפָּה לַחֲמוֹתָהּ ; 와티샤크 오르파 라하모타흐)
룻은 그를 붙좇았더라
(וְרוּת דָּבְקָה בָּהּ ; 웨루트 다브카 바흐)."

내레이터는 오르바의 입맞춤과 룻의 붙좇음을 대조시킨다. 히브리어 문장 순서는 동사, 주어, 목적어인데, 여기서는 주어인 룻이 "붙좇다"는 동사보다 먼저 나와 강조되고 있다. 게다가 오르바와 룻이 대조되고 있으면 접속사 "웨"(וְ)는 "그러나"로 해석해야 한다 : "오르바는 그의 시어머니에게 입맞추었다. 그러나 룻은 그녀를 붙좇았다."

룻기 기자는 "인애"(חֶסֶד ; 헤세드)라는 단어를 사용하지는 않지만 "붙좇다"는 동사를 사용함으로써 룻이 시어머니를 붙좇는 행동은 바로 "인애의 행동"이라고 칭찬하고 있다. 한 믿음의 공동체에서 약한 자가 곤궁에 처했을 때 강한 자가 자발적으로 보이는 충성과 사랑, 이것이 바로 인애라고 한다면 룻의 행동이야말로 인애의 행동이 아닌가!

8. 신학적 메시지

8.1 모압 지방에서 돌아온 여인

우리는 앞서 이 단락의 핵심 주제는 "두 며느리 중 누가 돌아올 것인가"임을 살펴보았다. 그러나 보니 "돌아오다"(שׁוב ; 슈브)라는 동사가 나오미와 자부들의 대화 단락에 무려 4번(8, 10, 11, 12절)이나 사용되고 있음을 보았다. 나오미는 8절에서 먼저 자부들에게 "돌아가라"(שֹׁבְנָה ; 쇼브나)고 권면한다. 그러나 자부들은 10절에서 "우리는 어머니와 함께 어머니의 백성에게로 돌아가겠나이다(נָשׁוּב ; 나슈브)"라고 거부한다. 이에 나오미는 11-12절에서 자신에게는 아들들이 없고 설령 오늘밤 남자와 동침하여 아들들을 낳는다 하더라도 어떻게 기다릴 수 있느냐고 "돌아가라"(שֹׁבְנָה ; 쇼브나)고 두 번이나 강력하게 권고한다. 그러자 오르바가 입맞추고 시어머니를 떠난 반면에 룻은 시어머니를 붙좇는다.

내용 파악을 위해 대강 스토리를 읽고 나서 메시지나 삶의 적용점을 찾으려는 독자들에게는 굳이 시어머니와 자부들 사이의 상세한 대화의 내용을 소개하면서 "돌아오다"(שׁוב ; 슈브)는 동사를 이렇게 반복하는 것은 불필요해 보일 수 있다. 그러나 성경 기자가 무엇을 이야기하는지 알기 위해서는 먼저 형식에 유의해야 한다. 본문에 깔아 놓은 언어의 반복 같은 형식의 작은 디테일들을 무시하면 절대로 기자가 이야기하려는 내용을 파악할 수 없다.

따라서 우리는 성경 기자가 깔아 놓은 작은 단서들을 놓쳐서는 안 된다. 이 단락뿐 아니라 룻기 1장에서 "돌아오다"(שׁוב ; 슈브)는 동사를 지나치다 싶을 정도로 반복하는 것은 정녕 모압에서 돌아온 여인이 누구인지를 드러내려는 의도에서 나온 것이다. 모압에서 돌아오는 여인은 나오미인가? 룻인가?

물론 나오미가 모압에서 돌아온 여인인 것은 맞다. "돌아온다"는 것은 원래의 장소로 복귀하는 것이 아닌가? 그렇다면 원래의 장소로 돌아온 여인은 룻이 아니라 나오미이다. 따라서 룻기 4:3에서 보아스는 나오미를 가리켜 "모압 지방에서 돌아온 여인"(הַשָּׁבָה מִשְּׂדֵה מוֹאָב ; 핫샤바 미스데 모아브)이라고 부른다.

그러나 룻기 전체에서 "모압 지방에서 돌아온 여인"(הַשָּׁבָה מִשְּׂדֵה מוֹאָב ; 핫샤바 미스데 모아브)이 나오미에겐 한 번만 쓰인(4:3) 반면에, 룻에게는 두 번이나 쓰이고 있다는 점이 흥미롭다. 한 번은 내레이터에 의해(1:22), 한 번은 베는 자를 거느리는 사환에 의해(2:6) 룻은 "모압 지방에서 돌아온 여인"으로 묘사되고 있다. 독자들의 이해를 분명히 하기 위해 원문의 순서대로 직역해 보았다.

(1) 내레이터(1:22) :
   "나오미가 돌아왔다(וַתָּשָׁב נָעֳמִי ; 와타쇼브 노오미),
   그리고 룻(וְרוּת ; 웨루트),
   모압 여인(הַמּוֹאֲבִיָּה ; 함모아비야),
   그녀의 자부가 그녀와 함께(כַּלָּתָהּ עִמָּהּ ; 칼라타흐 임마흐)
   모압 지방에서 돌아온 여인(הַשָּׁבָה מִשְּׂדֵה מוֹאָב ; 핫샤바 미스데 모아브)."

(2) 베는 자들을 거느린 사환(2:6) :
   "이는 모압 소녀(נַעֲרָה מוֹאֲבִיָּה הִיא ; 나아라 모아비야 히),
   돌아온 여인(הַשָּׁבָה ; 핫샤바)
   나오미와 함께(עִם־נָעֳמִי ; 임 노오미)
   모압 지방에서(מִשְּׂדֵה מוֹאָב ; 미스데 모아브)."

내레이터는 성령의 영감을 받아 계시를 기록한 장본인으로 전지적 작가 시점으로 묘사하고 있기에 내레이터의 성격 묘사는 틀리지 않는다. 따라서 내레이터가 룻을 "모압 지방에서 돌아온 여인"으로 묘사한다는 것을 주목해야 한다(1:22). 그런데 등장 인물인 사환 역시 룻을 가리켜 "모압 지방에서 돌아온 여인"이라고 묘사한다 (2:6). 이렇게 내레이터와 등장 인물의 인식이 합치되면 우리는 "모압 지방에서 돌아온 여인"은 단연 룻이라고 성경 기자가 강조하려는 의도임을 알 수 있다는 것이 최근 학자들의 해석이다.

내레이터와 사환이 룻을 "모압 지방에서 돌아온 여인"이라고 한 성격 묘사는 신학적으로 무엇을 가리키는가? 스토리의 표층 구조 수준에서는 "모압 지방에서 돌아온 여인"은 나오미이다. 베들레헴에서 모압으로 갔다가 돌아온 여인은 나오미이다. 룻은 어딘가를 갔다가 다시 돌아온 여인이 아니다. 그러나 더 깊은 심층 구조 수준에서 보면 "모압 지방에서 돌아온 여인"은 룻이다. 신학적 관점에서 보면 모압 지방에서 여호와께 돌아온 여인은 룻인 것이다. 따라서 나오미가 모압 지방에서 돌아온 것도 중요하지만 더 중요한 것은 모압 여인인 룻이 모압 지방에서 돌아온 것이다. 따라서 내레이터와 사환은 룻을 가리켜 "모압 여인"이라는 사실을 강조하고 있는 것이다.

사실상 여호와를 떠나 살던 이방 여인이 나오미와 함께 돌아왔으니 여호와께 돌아온 여인은 룻이 아닌가! 따라서 나오미도 모압 지방에서 돌아온 것은 맞지만 진정으로 여호와께 돌아온 여인은 모압 여인 룻인 것이다.

그런데 우리는 여기서 호기심과 함께 긴장감을 느끼게 된다. 모압인은 여호와의 총회에 들어오지 못한다는 선언이 율법에 있기 때문이다.

"암몬 사람과 모압 사람은 여호와의 총회에 들어오지 못하리니 그들에게 속한 자는 십 대뿐 아니라 영원히 여호와의 총회에 들어오지 못하리라(신 23:3)."

그런데 모압 여인 룻이 모압 지방에서 돌아오고 있다. 그런데 모압 지방에서 돌아온 모압 여인 룻은 어떻게 될까? 여호와의 총회에 들어오지 못하는가? 룻기의 나머지 스토리는 이 문제를 다루게 될 것이다.

오늘날 우리는 어떤가? 우리는 지금 나오미처럼 베들레헴을 떠나 모압으로 가고 있는가? 모압 지방에 잠시 머무르고 있는가? 머물다가 아예 결혼하고 거주하고 있는가? 혹시 그러다가 남편과 아들을 잃고 혼자 남은 것은 아닌가? 그렇다면 어떡해야 하는가? 돌아가야 하지 않을까? 자기 백성을 돌보시사 양식을 주시는 하나님께로!

혹시 독자 중에 아직 하나님을 모르는 분이 계신가? 누군가 그리스도를 믿어보라고 권하고 있지 않은가? 삶의 깊은 수렁에서 고통을 당하고 계시는 것은 아닌가? 이때 그리스도를 전하는 분을 따라 함께 지금까지의 삶에서 돌이켜 보는 것은 어떨까?

8.2 어떻게 해야 돌아올 수 있는가?

그렇다면 룻이 어떻게 해서 모압에서 돌아온 여인이 되었는가? 우리는 룻이 늙은 시어머니를 붙좇음으로 모압에서 돌아오게 됨을 본다. 우리는 젊은 여성인 룻이 젊은 남자를 얻기 위해 자기 고향으로 떠나지 않고, 오히려 늙은 여인을 붙좇아(דבק ; 다바크) 낯선 땅으로 떠나고 있는 모습에서 충격을 받지 않을 수 없다. 도대체 룻의 개인적인 삶은 어떻게 되는 것인가? 개인의 자아 실현을 최고의 덕으로 알고 있는 현대 사회에서 룻은 정말 불가사의한 존재이다.

"붙좇다"는 히브리어 "다바크"(דבק)는 주로 하나님을 좇는 데 사용되고, 인간에게 사용된 것은 불과 8번밖에 되지 않는다. 그런데 그 중에 무려 네 번이 룻기에서 사용되고 있다. 결국 이 단어가 룻기의 중요한 핵심 모티브일 가능성을 보여준다. 따라서 우리는 "붙좇다"로 번역된 히브리어 "다바크"(דבק)의 의미와 용례를 살펴보아야 한다.

이 단어의 용례를 살펴보면 인간 관계에 쓰일 때는 애정과 충성심을 가지고 누군가와 결속하는 것을 가리킨다. 우선 이 단어는 결혼한 부부의 이상적 친밀성을 가리키는 데 사용된다. "이러므로 남자가 부모를 떠나 그의 아내와 연합하여(דבק ; 다바크) 둘이 한 몸을 이룰지로다"(창 2:24). 부부 사이가 아니라 하더라도 한 사람이 다른 사람에게 사랑과 충성을 보일 때 이 단어가 사용된다.

"그 마음이 깊이 야곱의 딸 디나에게 연연하며(דבק ; 다바크) 그 소녀를 사랑하여(אהב ; 아하브) 그의 마음을 말로 위로하고(창 34:3)."

"이에 온 이스라엘 사람들이 다윗 따르기를 그치고 올라가 비그리의 아들 세바를 따르나 유다 사람들은 그들의 왕과 합하여(דבק ; 다바크) 요단에서 예루살렘까지 따르니라(삼하 20:2)."

"여호와께서 일찍이 이 여러 백성에 대하여 이스라엘 자손에게 말씀하시기를 너희는 그들과 서로 통혼하지 말며 그들도 너희와 서로 통혼하게 하지 말라 그들이 반드시 너희의 마음을 돌려 그들의 신들을 따르게 하리라 하셨으나 솔로몬이 그들을 사랑하였더라 (בָּהֶם דָּבַק שְׁלֹמֹה לְאַהֲבָה ; 바헴 다바크 셰로노 레아하바)(왕상 11:2).”

위의 용례를 보면 부부 사이, 연인 사이, 왕과 친족 사이에서 사랑과 애정, 충성심으로 서로 연합하는 의미를 지니고 있음을 알 수 있다. 따라서 "붙좇다"는 단어는 자주 "사랑하다"(אָהַב ; 아하브)와 평행어로 쓰이는 것을 볼 수 있다. 잠언 18:24에서는 "어떤 친구는 형제보다 친밀하니라"(וְיֵשׁ אֹהֵב דָּבֵק מֵאָח ; 웨예쉬 오헤브 다베크 메아흐)로 쓰여서 "다바크"는 형제 관계보다 "친밀한 우정"을 가리키는 데 사용된다.

"다바크"(דָּבַק)가 부부와 연인과 친족 사이의 사랑과 애정과 충성심으로 연결된 연합을 가리키는 단어라는 점을 염두에 둘 때 룻이 나오미를 "붙좇았다"(דָּבַק ; 다바크)는 것은 충격이 아닐 수 없다. 앞날이 창창한 젊은 여인이 남자도 아닌 여인을, 그것도 시어머니를 사랑과 애정과 충성심으로 좇고 있으니 이 어찌 감동이 아닌가!

시댁을 "시(媤)월드"라고 부르며 가능한 멀리해야 한다고 믿는 한국 여인들에게는 상상도 할 수 없는 그림이다! 이재현은 한국일보에서 연재한 "유행어 사전"에서 "시월드"를 이렇게 정의한다 :

소리 자체만으로는 테마파크 이름처럼 들리는 "시(媤)월드"란 말은, 결혼한 여성의 입장에서 과거에 시댁이라고 불렀던 것이 알고 보니, 같은 세계 안에 있는 어떤 다른 집이 결코 아니라 아예 전혀 다른 세계, 그러니까 시(媤)자를 돌림자로 쓰고 있는 다른 종족의 사람들, 즉 샵쥐(시아버지), 셤니 혹은 셤마(시어머니), 시누이 등이 살고 있는 세계라는 통찰을 강조하고 있는 것이다. … 온통 지뢰밭인 시월드에서는 성격 좋고 능력 있고 똑똑한 여성들도 끊임없이 시친며(시어머니 친구 며느리)와 비교당하게 되며, 마침내 이 세계에서는 모든 사람이 서로를 끊임없이 피곤하게 만들거나 크든 작든 서로 학대를 하고 서로 상처를 입히게 된다. … 어차피 오늘날 한국의 시월드에서 모든 사람은 상처를 주고 받을 수밖에 없다. 이 세계는 단지 젠더나 세대라는 점에서만 문제가 있는 것은 아니다. 이 세계는, 그 밖에도 노동, 계급, 재산, 지역, 나이 등의 다른 여러 요인들에 있어서 수직적인 것과 동시에 수평적인 것이 얼기설기 짜여 있으며 가족사에서의 폭력적 정

서로 얼룩져 있는 세계다.[36]

한국의 현대 상황에서는 이해하기 힘든 며느리의 인애를 우리는 룻에게서 보게 된다. 과연 이런 룻을 하나님께서 그냥 내버려 두실까? 룻기 저자는 2장에서 3번이나 "붙좇다"(דָּבַק ; 다바크) 단어를 반복하여 "주제 동기"(leitmotif)로 사용하면서, 끝내 하나님께서 룻의 행동을 보상하신다는 점을 강조한다(2:8, 21, 23)는 것이 최근 학자들의 중론이다.

"보아스가 룻에게 이르되 내 딸아 들으라 이삭을 주우러 다른 밭으로 가지 말며 여기서 떠나지 말고 나의 소녀들과 함께 있으라(דָּבַק ; 다바크; 8절)."

"모압 여인 룻이 이르되 그가 내게 또 이르기를 내 추수를 다 마치기까지 너는 내 소년들에게 가까이 있으라(דָּבַק ; 다바크) 하더이다 하니(21절)."

"이에 룻이 보아스의 소녀들에게 가까이 있어서(דָּבַק ; 다바크) 보리 추수와 밀 추수를 마치기까지 이삭을 주우며 그의 시어머니와 함께 거주하니라(23절)."

위의 반복을 통해 우리는 시어머니를 "붙좇는"(דָּבַק ; 다바크) 룻을 보아스가 추수하는 소녀들에게 "붙좇도록"(דָּבַק ; 다바크) 허락함으로써 시어머니와 함께 생명을 유지할 수 있게 함을 볼 수 있다. 또한 룻이 나오미를 좇은 것이 단지 말뿐이 아님을 보게 된다. 룻이 추수 끝까지 보아스의 소녀들과 붙어 있으면서(דָּבַק ; 다바크) 이삭을 줍고 시어머니와 함께 거하는 모습에서 우리는 룻의 충성의 모습을 보게 된다.

시어머니를 붙좇은 룻의 인애는 믿음의 공동체에서는 언제나 요구되는 미덕이다. 그러나 믿음의 공동체가 위기에 처해 있을 때, 우리의 믿음의 형제나 자매의 삶이 피폐해졌을 때, 이 같은 인애가 더더욱 필요함은 두말할 나위가 없다. 이러한 인애의 삶이 있었기에, 자기 고향을 떠나 시어머니를 붙좇는 충성의 행동이 있었기에

---

36 http://www.hankookilbo.com/m/v/cf98c9aa55714f1f8e602e9c86951b77/

룻은 "모압에서 돌아온 여인"이 된 것이다.

  오르바처럼 자기의 길을 찾았으나 결국은 여호와께 돌아오지 못한 여인이 될 것인가, 아니면 룻처럼 시어머니에게 충성하는 인애의 삶 때문에 겉으로는 자신의 삶을 잃어버린 것처럼 보였으나 실제로는 "여호와께 돌아온 여인"이 될 것인가는 절대적으로 우리가 여기서 오늘 내리는 결정에 달려 있는 것이다. 오늘 우리는 어떤가? 오늘 우리는 자기의 삶을 찾아 고향으로 돌아가는 오르바인가? 아니면 공동체의 연약한 멤버를 붙좇는 자인가? 사랑하는 독자 여러분, 인애의 결정으로 여호와께 돌아오는 자들이 되지 않으시려는가?

8.3 고통에는 치유케 하는 힘이 있다!

  우리는 나오미가 자부들을 돌려보내려고 권면하는 모습에서 신앙의 이중적인 측면을 볼 수 있다. 어떻게 보면 나오미가 자신이 당한 재앙과 환난을 하나님의 손에서 나온 것으로 보고 있는 것은 불신앙이 아닌가라는 느낌이 들기도 한다. 따라서 일부 학자들은 나오미가 자신의 죄를 고백하지 않고 자신이 당한 고난의 이유를 하나님께 돌리는 것을 불편해 한다. 나오미의 모습은 "성숙하거나 정통이 아닐 수 있다"는 것이다.[37]

  그러나 여기서 우리는 나오미가 며느리들을 돌려보내려는 권면을 하는 중에 이런 고통을 나누고 있음을 주목해야 한다. 게다가 보통 하나님의 손이 재앙을 불러오는 경우에는 어려움을 당하는 사람이 죄를 범한 경우가 대부분이다. 그럼에도 불구하고 나오미의 경우는 특별히 죄를 지었다는 언급이 없다. 내레이터는 나오미의 말을 부정적으로 평가하지 않는다. 내레이터는 나오미가 하나님이 자신에 대해 매우 모질게 대하셨다고 느끼고 있다는 점을 아무런 비판 없이 묘사한다는 점을 주목해야 한다.

  따라서 우리는 나오미의 고통의 절규를 도덕적으로 판단하려고 하지 말고 동정어린 눈으로 들어주어야 한다. 왜냐하면 니콜라스 월터스토프(Nicholas Wolterstorff)

---

[37] Block, *Judges, Ruth*, 638.

가 지적한 대로 우리가 당하는 고통은 항상 죄의 결과만은 아니기 때문이다.

"왜" 고통이 따르는지에 대한 명확한 답은 우리에게 주어지지 않는다. 물론 어떤 고통은 전쟁, 폭행, 풍요 속의 빈곤, 상처 입히는 말과 같은 우리가 지은 죄의 결과라는 것을 쉽게 알 수 있다. 또 어떤 고통은 징계일지도 모른다. 그러나 전부 그렇지는 않다. 나머지 고통의 의미에 대해서는 아무도 우리에게 말해주지 않는다. 우리가 이해할 수 있는 의미의 폭은 아주 미비하다. 고통에는 우리의 죄보다 더 큰 무엇인가가 있다.[38]

나오미는 지금까지의 삶을 돌아보면서 "여호와의 손이 자신을 치고" 있는 것으로 보았다. 흉년의 배후에, 남편과 아들의 죽음 이면에 자신을 치고 있는 하나님의 손길을 본 것이다. 자신의 삶의 고통 이면에 그저 우연한 일이나 운명의 장난이 아니라, 거룩하신 여호와의 손이 있음을 발견했을 때 나오미는 더 큰 아픔을 느꼈을 것이다. 그래서 "여호와의 손이 나를 치셨으므로 나는 너희들보다 더욱 마음이 쓰도다"라고 절규한 것이다.

그럼에도 불구하고 나오미에게 놀라운 것은 나오미가 여호와의 손을 피해 도망가려고 하지 않았다는 점이다. 여호와의 손이 자신을 치기에 마음이 매우 쓰다고 토로하면서도 나오미는 여호와의 손이 강력하게 다스리시는 유다 땅으로 돌아오고 있는 것이다. 데이빗 앳킨슨의 말을 들어보자.

> 나오미의 경험이 입증하듯이 환난을 당하면서도 시종일관 나오미가 갖고 있었던 신뢰는, 여러 당혹스런 현실에도 불구하고, 그 환난이 바로 사랑하는 아버지의 손길에서 나온 것이라는 사실을 확고히 믿고, 그 손 아래 겸손히 머리 숙이는 것이다.[39]

놀랍게도 나오미는 고통을 통해 이렇게 깊은 영적인 차원으로 들어갈 수 있었던 것은 아닐까? 이런 점에서 고통에는 치유케 하는 힘이 있다. 물론 고난을 당하는 순간에는 이런 사실을 피부로 느끼지 못하는 것이 사실이다.

---

38 월터스토프, 『나는 사랑하는 사람을 잃었습니다』, 127.
39 앳킨슨, 『룻기에 나타난 하나님의 섭리』, 78.

이런 점에서 우리는 나오미의 말 가운데 드러난 신앙의 이중적인 모습이 나오미의 불신앙을 보여주는 것은 아니라는 점, 그리고 재앙과 환난이 고통을 가져다 주는 것이 사실이지만 동시에 고난을 통해 깊은 영적인 차원으로 들어가는 축복을 얻을 수도 있다는 점을 깊이 생각해 보아야 한다.

9. 부록 : 왜 단수 동사를 지속적으로 쓸까?

우리는 앞에서 내레이터가 나오미와 두 자부가 이동하는 장면을 묘사할 때 복수 동사가 아니라 단수 동사를 지속적으로 쓰는 특이한 모습을 보였다는 사실을 살펴보았다. 부록에서 이 점을 좀 더 상세히 살펴보도록 하자. 우선 룻기 1:6-7을 동사 형태에 주의하면서 읽어 보자.

"그 여인이 모압 지방에서 여호와께서 자기 백성을 돌보시사 그들에게 양식을 주셨다 함을 듣고 이에 두 며느리와 함께 일어나(וַתָּקָם ; 와타콤; 단수) 모압 지방에서 돌아오려 (וַתָּשָׁב ; 와타쇼브; 단수) 하여 있던 곳에서 나오고(וַתֵּצֵא ; 와테체; 단수) 두 며느리도 그와 함께 하여 유다 땅으로 돌아오려고 길을 가다가(וַתֵּלַכְנָה ; 와텔라크나; 복수)."

주어가 둘 이상일 때에 첫 문장에서는 단수였다가 바로 다음 문장에서 복수로 바뀌는 것이 일반적이다(참조, 룻 1:1-2, 7; 창 9:23, 21:32, 24:50, 55-57, 61, 31:14, 33:7, 34:20, 44:14; 출 15:1). 이렇게 보면 룻기 1:6에서 "그녀가 두 며느리와 함께 일어나(וַתָּקָם ; 단수)에서 "일어나다"는 동사가 단수인 것은 히브리어 문법으로는 정상이다. 이는 "그리고 두 며느리"(한글개역개정은 "두 며느리와 함께")를 영어 문장에서처럼 복수 주어로 보아 "그녀와 두 며느리가 일어났다"로 보지 않고 "그녀가 일어났다. 그리고 두 며느리와 함께"로 보기 때문이다. 다시 말해 "그리고 두 며느리"를 부가된 상황구로 보기 때문이다.

그러나 그 후에 의미상의 주어가 바뀌지 않고 복수일 때는 그 다음에 나오는 동사들은 복수로 바뀌는 것이 정상이다.[40] 그러나 현재 히브리어 맛소라 사본은 그 다음에 나오는 "돌아오다"(וַתָּשָׁב ; 와타쇼브)와 "나오다"(וַתֵּצֵא ; 와테체) 동사를 그냥 단수로 지속적으로 표현한다.

"그 여인이 모압 지방에서 여호와께서 자기 백성을 돌보시사 그들에게 양식을 주셨다 함을 듣고 이에 두 며느리와 함께 일어나(וַתָּקָם ; 와타콤; 단수) 모압 지방에서 돌아오려 (וַתָּשָׁב ; 와타쇼브; 단수) 하여 있던 곳에서 나오고(וַתֵּצֵא ; 와테체; 단수) 두 며느리도 그와 함께 하여 유다 땅으로 돌아오려고 길을 가다가(וַתֵּלַכְנָה ; 와텔라크나; 복수)."

위의 본문을 보면 첫 동사뿐 아니라 이어지는 두 개의 동사가 단수이며, 네 번째 동사에 이르러서야 복수 형태가 나타난다.

그렇다면 이런 특이한 문법적 현상의 목적은 무엇인가? 캠벨은 여기에 두 가지 목적이 있다고 본다.

첫째, 7절에서 나오미가 자부들에게 돌아가도록 설득하는 장면에 대한 준비를 하는 동안까지는 내레이터가 나오미를 전면에 내세우려 했기 때문이다. 둘째, 자부 중 누가 유다로 돌아가는지의 여부에 대해 이야기할 시간이 아니기에 "돌아가다"는 동사의 주어는 나오미에게만 해당되어야 한다고 생각했기 때문이다.[41]

결국 현재 히브리 본문이 단수를 고집하는 것은 아직까지는 두 자부 중 누가 유다로 돌아가게 될지에 대해 확실히 이야기할 수 없기 때문에 "돌아가다"는 동사의 주어를 나오미에게만 한정하기 위해서라고 최근 학자들은 주장한다. 이와 유사한 주장을 사쏜에게서도 볼 수 있다.

"그리고 그녀가 일어났다"(וַתָּקָם ; 와타콤)는 비록 형태는 3인칭 여성 단수지만 문맥으로

---

40 따라서 고대 역본들은 나름대로의 이해를 따라 다양한 지점에서 복수로 바꾸어 번역하였다. 예를 들어, 칠십인역과 구라틴역은 "그들이 돌아왔다"로, 칠십인역은 "그들이 들었다"로 복수로 바꾸어 번역한다.
41 Campbell, *Ruth*, 63.

는 나오미와 두 자부를 가리키는 것으로 볼 수 있다. 그러나 "그리고 그녀가 돌아갔다" (וַתָּשָׁב ; 와타쇼브)는 나오미만 가리키는 것으로 보아야 한다. 내러티브의 이 지점에서 나오미는 자부들이 자기를 따라 이방 땅으로 가리라고 기대하지 않았을 것이다.[42]

롯기 주석을 쓴 프레드릭 부쉬(Frederic Bush) 역시 마찬가지이다.

자부들은 "돌아오거나", "듣거나", "나오거나" 하지 않는다. 그들은 단지 시어머니와 함께 할 뿐이다. 단지 7절 마지막 부분에서만 복수 동사를 사용할 뿐이다. 따라서 오직 나오미만이 유다로 돌아오는 것이다. 물론 처음부터 두 자부가 함께 행하였지만. 성경 저자는 두 젊은 자부의 위치와 의도에 대해 모호함과 불확실성을 집어넣으려 하고 있다.[43]

결국 룻기 1장 초반부에서는 두 자부 중 누가 나오미와 함께 돌아올지 모르는 것이 플롯 전개의 가장 중요한 관건이다. 따라서 룻기 1:6 이하에서 내용상의 주어는 복수이지만 단수 형태의 동사를 계속 쓰고 있는 것이라는 학자들의 견해가 매우 타당해 보인다.

---

42 Sasson, *Ruth*, 21.
43 Frederic Bush, *Ruth/Esther*, WBC (Word Books, 1996), 85.

1막 2장
죽음에 이르는 충성(룻 1:15-19상반절)

1. 서론적 이야기

1.1 성경 본문

본문 룻기 1:15-19상반절은 나오미와 룻 사이의 세 번째 노중 대화를 담고 있다. 오르바가 입을 맞추고 떠난 반면에 룻이 나오미를 붙좇자 나오미가 룻에게 세 번째로 떠나 돌아갈 것을 권면하고, 이에 룻이 나오미를 따르겠다고 맹세하는 감동적인 내용을 담고 있다. 이제 룻의 감동적인 고백이 담긴 본문을 읽어 보자.

"나오미가 또 이르되 보라 네 동서는 그의 백성과 그의 신들에게로 돌아가나니 너도 너의 동서를 따라 돌아가라 하니 룻이 이르되 내게 어머니를 떠나며 어머니를 따르지 말고 돌아가라 강권하지 마옵소서 어머니께서 가시는 곳에 나도 가고 어머니께서 머무시는 곳에서 나도 머물겠나이다 어머니의 백성이 나의 백성이 되고 어머니의 하나님이 나의 하나님이 되시리니 어머니께서 죽으시는 곳에서 나도 죽어 거기 묻힐 것이라 만일 내가 죽는 일 외에 어머니를 떠나면 여호와께서 내게 벌을 내리시고 더 내리시기를 원하나이다 하는지라 나오미가 룻이 자기와 함께 가기로 굳게 결심함을 보고 그에게 말하기를 그치니라 이에 그 두 사람이 베들레헴까지 갔더라(룻 1:15-19상반절)."

1.2 룻의 감동적인 고백

특별히 룻기를 읽는 사람들은 시어머니를 향한 룻의 고백에 감격을 금치 못한다. 인간 삶의 영역에서, 그것도 며느리와 시어머니 사이에서 이토록 아름다운 고백을 들어본 적이 있는가? 물론 사랑하는 젊은 연인끼리의 고백이라면 충분히 이런 고백이 가능할 것이다. 아가서에 따르면 남녀 간의 에로스는 죽음보다 강하며 음부보다 잔인한 불이기 때문이다(아 8:6). 그러나 젊은 며느리가 나이 든 시어머니를 향해 이런 고백을 했다는 것은 동서고금을 막론하고 들어본 적이 별로 없다.

그렇다면 도대체 룻의 이런 고백은 어떤 성격의 고백인가? 단순히 인간적 연대의 표현인가, 아니면 종교적인 신앙고백인가? 그리고 룻이 이런 고백을 하게 된 동기와 힘은 무엇인가? 우리는 이런 질문을 던지지 않을 수 없다.

1.3 그동안의 유대교의 해석사

성경 본문의 표층적 수준에서 보면 시어머니에 대한 며느리의 사랑 고백과 충성 맹세임이 분명하다. 그러나 심층적 수준에서 보면 여호와에 대한 룻의 신앙고백이 기저에 깔린 것도 부인할 수 없다. 그런데 흥미롭게도 그동안의 해석사를 보면 룻의 말을 주로 종교적인 신앙고백으로만 보는 경향이 지배적으로 보인다.

우선 고대에 구약을 아람어로 의역한 탈굼(Targum)은 룻의 고백을 "개종 예식"(a proselyte formula)의 한 부분으로 보았다.

룻이 이르되 "내게 어머니를 떠나며 어머니를 따르지 말고 돌아가라 강권하지 마옵소

서. 나는 개종자가 되기 원하나이다."⁴⁴

나오미가 이르되 "우리는 안식일과 거룩한 절기를 지켜야 하는데 그때에는 2천 규빗 이상 걸어서는 안 되느니라."

룻이 답하기를 "어머니께서 가는 곳에 나도 어디든 가겠나이다."

나오미가 이르되 "우리는 이방인과 함께 유숙할 수 없노라."

룻이 답하기를 "어머니가 유숙하는 곳에 나도 유숙하겠나이다."

나오미가 이르되 "우리는 613개의 계명을 지켜야 하느니라."

룻이 답하기를 "어머니의 백성이 지키는 것을 마치 이전부터 내 백성인 것처럼 지키겠나이다."

나오미가 이르되 "우리는 이방 신을 섬길 수 없노라."

룻이 답하기를 "어머니의 하나님이 나의 하나님입니다."

나오미가 이르되 "우리에게는 죄 지은 자들에게 내리는 네 가지 사형 제도가 있다. 돌로 치는 투석형, 불로 태우는 화형, 칼로 치는 처형, 나무에 목매는 교살형이 있다."

룻이 답하기를 "어머니께서 어떻게 죽으시든 나도 죽을 것입니다."

나오미가 이르되, "우리는 세 규빗짜리 무덤만 있느니라."

룻이 답하기를 "그곳에 나도 묻힐 것입니다. 그러니 더 이상 말씀하지 마십시오. 죽음 외에 어머니에게서 떠나면 여호와께서 이같이 행하시고 이같이 더하실 것입니다."

위의 탈굼은 룻이 분명히 개종자가 되고 싶다고 밝히자, 나오미가 개종자에게 요구되는 율법이 무엇인지 조목조목 언급하면 룻이 그렇게 하겠다고 승인하는 장면으로 되어 있다.

이런 해석은 룻기 탈굼의 다른 부분을 보면 더 명확하게 드러난다. 룻기 탈굼 2:6을 보면 베는 자를 거느린 사환이 "그 소녀는 모압 백성 출신이며 나오미와 함께 모압에서 돌아와 개종자가 되었나이다"라고 말하는 장면이 나온다. 룻기 탈굼 3:10에서는 "네가 베푼 은혜가 처음보다 나중이 더하도다. 너의 처음 인애는 개종자가 된 것이며, 나중 인애는 시동생이 자랄 때까지 시동생을 기다리는 여인으로

---

44 http://targuman.org/targum-ruth/targum-ruth-in-english/

참으며 빈부를 막론하고 젊은 자들을 좇아 사통하지 않은 것"이라고 되어 있다.

룻기 탈굼 3:11에서는 "내 딸아 내 백성의 큰 산헤드린 문에 앉아 있는 자들에게 네가 현숙한 여자인 줄 그리고 주님의 계명의 멍에를 멜 능력이 있는 자인 줄 알려졌느니라"[45] 이렇게 유대주의 해석자들은 룻을 개종자로, 룻의 말과 행동을 개종자가 오직 여호와만 섬기고 율법의 멍에를 메기로 맹세하는 종교적인 고백으로 주로 보았다.

1.4 개신교의 해석사

그런데 종교적 고백으로 보는 이런 해석은 방향은 조금 다르지만 개신교 해석사에서도 마찬가지이다. 고든 케디(Gordon J. Keddie) 목사의 말을 들어보자.

> 그녀의 이 고백은 살아있는 믿음을 가장 아름답고 비장하게 드러낸 신종(信從)의 한 극치입니다. …

> 첫째, 1:16, 17에 나온 룻의 고백이 본 장의 중심 주제이긴 하지만 그것이 결코 룻기 전체의 핵심은 아니라는 점입니다. 이러한 관점은 룻이 나오미에게 준 애절한 고백의 진정성과 아름다움을 극구 찬양하는 분들에게는 다소 실망이 될 수 있습니다. … 그러니까 룻의 고백은 시어머니에 대한 그녀의 단순한 간증이 아닙니다. 우리는 그녀의 이 사랑의 고백 속에서 앞으로 오시게 될 주 예수 그리스도와 하나님의 모습을 들여다볼 수 있어야 합니다.

> 둘째, 우리가 그리스도 중심의 관점을 포착하게 되면 룻의 고백을 바른 문맥에 놓고 이해할 수 있게 됩니다. … 그러므로 룻의 선택은 그녀가 주께로 개종하고 또 주의 백성들에게 자신을 투신했다고 볼 때에만 바르게 이해할 수 있습니다. 룻의 고백은 믿음의 고백이었고, 기독교적 사랑(아가페)의 고백이었습니다. 물론 룻은 시어머니를 지성으로

---

45 http://targuman.org/targum-ruth/targum-ruth-in-english/

모시는 효부였습니다. 그런데 이 같은 사랑과 헌신은 살아계신 하나님께 대한 구원의 믿음이 바탕에 깔려 있기에 가능한 것이었습니다.⁴⁶

이런 식의 해석은 겉으로 보기에는 경건해 보이고 문제가 없어 보이지만 한 걸음만 더 들어가 보면 해결하기 어려운 문제에 봉착한다. "룻이 여호와를 향한 비장한 신앙고백을 하고 있다면, 과연 모압 여인 룻이 누구에게서 이런 신앙을 배웠단 말인가?" 이런 질문을 우리는 던질 수밖에 없다. 왜냐하면 이런 식으로 해석하는 대부분의 해석자들은 나오미의 행동과 삶을 부정적으로 보기 때문이다. 예를 들어, 흉년이 들었을 때 모압으로 간 것은 엘리멜렉과 나오미의 불신앙에서 나온 것이고, 모압 여인을 며느리로 맞아들인 것도 나오미가 불순종한 것이며, 며느리들을 돌아가라고 권면한 것도 나오미의 잘못이라고 비난한다.

그렇다면 도대체 이런 가정에서, 그리고 이런 시어머니에게서 룻은 무엇을 배울 수 있었을까? 이런 나오미에게서 모압의 그모스 신을 버리고 이스라엘의 신인 여호와를 받아들일 만큼의 신앙을 얻을 수 있었을까? 이런 질문에 답하는 것이 쉽지 않다. 따라서 이런 식의 접근을 하는 분들은 룻이 이런 헌신과 개종을 하게 된 것은 하나님의 은혜로 말미암은 것이라고 해석한다. 워렌 위어스비의 말을 들어보자.

> 그녀는 시련과 실망을 당했으나 하나님을 원망하는 대신 하나님을 믿었다. 그리고 하나님께 대한 자신의 믿음을 아무 거리낌 없이 고백했다. 불순종한 동서의 나쁜 본보기에도 불구하고 룻은 살아계신 참 하나님을 알게 되었다. 그리고 그녀는 그 하나님의 땅에서 하나님의 백성들과 함께 거하고 싶었던 것이다. 룻의 말을 보면 하나님의 주권적인 은혜의 역사가 역력하다. 왜냐하면 죄인들이 구원얻을 수 있는 유일한 길은 은혜로 말미암는 길이기 때문이다(엡 2:8-10).⁴⁷

그러나 이런 위어스비의 해석은 룻기의 문자적 본문 어디에서도 그 근거를 찾을 수 없다. 물론 구원은 하나님의 은혜이다. 이것은 성경 전체의 큰 사상이요, 부인할

---

46 고든 케디(Gordon J. Keddie), 『사사기-룻기』, 이중수 역 (목회자료사, 1989), 155, 157.
47 워렌 위어스비, 『헌신하여라』, 26-27.

수 없는 개신교의 중심 교리이다. 그렇다고 해서 성경 아무데나 이런 교리를 집어 넣어 해석해서는 안 된다. 따라서 이런 해석은 건전한 주석이라기보다는 지나치게 자기 생각을 본문에 넣어 읽은 것(eisgesis)으로 볼 수밖에 없다. 건전한 성경 해석은 본문 "으로부터"(ex) 나오는(gesis) 해석(exegesis; 엑스제시스)이어야 하지, 자기 생각을 본문 "안에"(eis) 집어넣는(gesis) 해석(eisgesis; 아이스제시스)이 되어서는 안 된다.

"주석"이란 용어 "엑스제시스"(exegesis)는 "이끌어내다"(to lead out)는 헬라어 "엑세게시스"(εξηγησις)에서 파생한 단어로서 주석이 어떤 방향으로 이루어져야 하는지를 잘 보여준다. 본문의 의미가 무엇인지를 발견하려는 노력은 본문으로부터(ex) 밖으로 나오는 방향으로 진행되어야 한다는 것이다. 해석자가 자신이 원하는 의미를 본문 안으로(eis) 집어넣는 방향으로 진행되어서는 안 되는 것이다. 아무리 성경적 사상이요 기독교의 핵심 교리라고 하더라도 성경의 모든 본문에 이런 사상과 교리를 넣어 읽어서는 안 된다는 사실은 위어스비의 이어지는 해석을 보면 알 수 있다.

룻은 자기 어머니를 극진히 사랑했다. 그러나 시어머니조차 룻을 반대하고 있지 않은가? … 엘리멜렉과 말론이 죽고 없었기 때문에 룻은 이제 법적으로 시어머니인 나오미의 보호 아래 있게 된 셈이다. 그녀는 시어머니의 충고를 따랐어야만 했다. 그러나 은혜스럽게도 하나님께서 개입하시어 모든 장애물이 있음에도 불구하고 룻을 구원해주셨다. … 하나님은 긍휼 베풀기를 좋아하시는데(미 7:18) 종종 전혀 긍휼을 베푸실 것 같지 않은 곳에서 도저히 긍휼을 받지 못할 것 같은 사람들에게 긍휼을 베푸신다. … 그러나 하나님의 율법은 이렇게 말하고 있다. "암몬 사람과 모압 사람은 여호와의 총회에 들어오지 못하리니 그들에게 속한 자는 십대뿐 아니라 영원히 여호와의 총회에 들어오지 못하리라"(신 23:3). 이것은 영원한 제외를 의미한다. 그렇다면 룻은 어떻게 하나님의 총회에 들어올 수 있었을까? 하나님의 은혜를 믿고 그분의 긍휼에 온전히 자신을 맡김으로써 들어올 수 있었다. 율법은 우리를 하나님의 가정에 속하지 못하도록 제외시키나, 은혜는 그리스도를 믿기만 하면 우리를 하나님의 가정에 속하게 해준다.[48]

---

[48] 위어스비, 『헌신하여라』, 27-28.

물론 하나님의 은혜가 룻에게 주어졌을 것이다. 그러나 성경의 모든 부분을 하나님의 은혜로만 푼다면 성경의 다양하면서도 풍성한 메시지를 과연 들을 수 있을까? 모든 것이 하나님의 은혜라고 한다면 인간은 그저 인형극에 나오는 줄이 달린 꼭두각시 인형인가?

1.5 문제 제기

그동안에 많은 해석자들이 룻의 놀라운 고백을 지나치게 종교적이고 교리적으로만 해석하는 경향을 보여왔다. 그러나 과연 성경 기자는 룻의 고백을 이렇게 여호와를 향한 신앙고백이나 개종의 선언으로 묘사하고 있는가? 이것이 오늘 우리의 관심사이다.

물론 우리는 얼마든지 이차적인 의미에서, 배경 그림으로 룻의 신앙고백을 볼 수 있다. 그러나 일차적인 의미에서는 룻의 시어머니에 대한 충성의 맹세라고 보아야 한다. 이런 인간적인 충성 맹세 아래 여호와를 믿는 신앙고백이 밑그림으로 깔려 있는 것은 부인할 수 없는 사실이다. 그런데 교리적이고 신앙적인 개종을 너무 앞세우면 시어머니에 대한 룻의 충성의 모습은 사라지고 룻의 개종과 신앙의 모습만 남게 된다. 그러나 본문은 룻이 어떤 식으로 개종을 하였고 어떤 신앙을 가졌는지에 대해서는 전혀 명시하지 않는다.

앞으로 상세히 살펴보겠지만 룻기 본문은 하나님의 은혜는 밑그림으로 깔려 있고, 드러난 윗그림은 룻이 보인 죽음에 이르는 충성을 강조하고 있다. 룻기에서는 "하나님의 은혜"와 "룻의 신앙"이라는 교리적 가르침을 밑그림으로 깔고, 하나님이 자기 백성에게 의도하신 인애의 삶이 무엇인지, 다시 말해 하나님께서 인간 상호 간에 어떤 삶을 살 것을 요구하시는지를 윗그림으로 그려 보여주려는 데 주요 목적이 있다. 과연 그런지 룻기 본문을 꼼꼼하게 "엑스제시스"(exegesis)하며 살펴보도록 하자.

2. 나오미의 세 번째 권면

성경 기자는 결심이 확고한 룻을 나오미가 단념시키기 위해 세 번째로 권면하는 모습을 15절에서 그리고 있다.

"나오미가 또 이르되 보라
(וַתֹּאמֶר הִנֵּה ; 와토메르 힌네)
네 동서는 그의 백성과 그의 신들에게로 돌아가나니
(שָׁבָה יְבִמְתֵּךְ אֶל־עַמָּהּ וְאֶל־אֱלֹהֶיהָ ; 샤바 예빔테크 엘-암마흐 웨엘-엘로헤하)
너도 너의 동서를 따라 돌아가라 하니
(שׁוּבִי אַחֲרֵי יְבִמְתֵּךְ ; 슈비 아하레 예빔테크)."

나오미는 전보다 강한 언어들을 사용하여 룻에게 돌아가라고 권면한다. 처음에는 "어머니의 집"과 "남편의 집"을 언급하며 돌아가라고 했고, 두 번째는 "내 딸들아"라고 부르며 미래의 남편될 아들들이 자신에게 없음을 강조하며 돌아가라고 했다. 이에 오르바는 떠났으나, 룻이 자신을 붙좇자 "민족"(עַם ; 암)과 "신"(אֱלֹהִים ; 엘로힘)을 끄집어들일 뿐 아니라 또래 집단인 동서를 비교의 대상으로 삼고 있다. 나오미의 설득이 얼마나 강력한지는 나오미의 말의 구조를 살펴보면 금방 알 수 있다.

  A 너의 동서(יְבִמְתֵּךְ ; 예빔테크)는 돌아갔다(שׁוּב ; 슈브)
    B 그녀의 백성(עַם ; 암)에게
    B' 그리고 그녀의 신(אֱלֹהִים ; 엘로힘)에게
  A' 너도 너의 동서(יְבִמְתֵּךְ ; 예빔테크)를 따라 돌아가라(שׁוּב ; 슈브)

위의 구조에서는 나오미가 룻을 설득시키기 위해 동원한 수단이 무엇인지 분명히 드러난다. 우선 A와 A'에서는 "또래 집단의 압력"이 사용되고 있다 :[49] "너의 동

---

[49] Hubbard, *Ruth*, 116.

서는 돌아갔다—너도 너의 동서를 따라 돌아가라." 이 세상에서 가장 강력한 압력 중 하나가 "또래 집단"이다. 같은 처지 같은 형편에 놓여 있는 또래 중 하나가 어떤 행동을 하게 되면 다른 아이들이 모방하는 이유가 무엇인가? 또래 집단의 압력 때문이다.

오르바와 룻은 또래 집단이었다. 둘 다 모압 여인이었고, 둘 다 과부였다. 둘 다 자식이 없었다. 그런데 오르바는 돌아갔다. 그렇다면 룻 역시 돌아가야 하지 않을까? 혹시 룻의 표면상의 강한 결심 뒤에 놓였을지도 모르는 일말의 후회가 있을 수 있기에 나오미는 "또래 집단"인 동서[50]를 언급하는 것이라고 허브드는 잘 지적하고 있다. "너와 같은 처지인 동서는 돌아갔다. 그렇다면 너도 돌아가야 하지 않을까?" 만일 룻이 "오르바가 옳았는지도 몰라"라고 내심 생각하고 있었다면, 나오미의 말이 금방 먹혀 들어갈 것이 분명하였다.

그러나 "또래 집단의 압력"만으로는 룻을 설득하기가 어려울 것이라고 판단한 나오미는 그보다 한 단계 더 깊은 차원, 즉 룻의 민족적–종교적 뿌리를 언급한다. 너의 동서는 "그녀의 백성(עַם ; 암)에게(B) 그리고 그녀의 신(אֱלֹהִים ; 엘로힘)에게(B') 돌아갔다"라고 덧붙인다.

오르바가 돌아간 곳은 단순히 어머니의 집이나 미래 남편의 집이 아니라, 바로 "그녀의 백성과 그녀의 신"이라는 점을 강조하고 있다. 나오미가 볼 때 오르바는 모압 백성과 모압 신에게로 돌아간 것이다. 오르바는 모압인이라는 민족적 정체성과 모압 신이라는 종교적 정체성은 포기할 수 없었다고 본 것이다. 왜냐하면 한 인간의 가장 근본적인 삶의 근거는 민족적 정체성과 종교적 정체성이기 때문이다. 이에 나오미는 룻에게 과연 "그녀의 백성과 그녀의 신"마저도 버릴 수 있는지를 묻고 있는 것이다.

---

50 네 동서(יְבִמְתֵּךְ ; 예빔테크)라고 번역된 히브리어의 정확한 의미는 무엇인지 현재 상태로는 잘 알 수 없다. יָבָם(야밤, יְבֵמֶת ; 예베메트)은 절대형으로는 한 번도 쓰이지 않았다. 룻기 1:15를 제외하고는 명사형은 모두 계대결혼 제도를 다루는 신명기 25:5–10에 나타난다. 이 명사형에서 파생한 동사 יָבַם(야밤 ; do the duty of יָבָם[명사 야밤] to a brother's widow)은 신명기 25:5, 7, 창세기 38장–다말과 유다 사이의 복잡한 계대결혼 제도와 관련된–에 나타난다. 이런 문맥 때문에 룻기 1:15에 יְבֵמֶת(예베메트)가 등장하는 것은 룻기에서 계대결혼을 찾는 것을 정당화시켜 준다. 그러나 יְבֵמֶת(예베메트)를 계대결혼 풍습(과부가 죽은 남편의 형제와 결혼하는)과 직접 연관성이 있는 것으로 전제해서는 아니된다. 앞서 말한 대로 성경에는 친척 관계를 나타내는 용어를 쓴 경우가 많지 않다 (Sasson, *Ruth*, 28–29). 참조. Hubbard, *Ruth*, 116.

우리는 여기서 성경 기자가 며느리의 행복과 복지에 관심을 가진 신실한 여인으로, 그리고 자신을 위해 다른 사람을 이용하려는 의도가 전혀 없는 순수한 여인으로 나오미를 성격 묘사하고 있음을 알 수 있다. 웬만하면 룻의 결심을 받아들여 같이 갈 수도 있으련만 나오미는 그렇게 하지 않았다. 이런 나오미를 며느리들로 하여금 돌아가게 하려고 한 것은 불신앙이라며 비난하는 것은 룻기 기자의 의도를 곡해하는 것이다.

3. 룻의 고백

3.1 첫 발언의 중요성

과연 룻은 또래 집단의 압력을 이겨내고 민족적 종교적 정체성을 버릴 것인가? 아니면 못 이기는 척하고 오르바를 따라 모압으로 돌아갈 것인가? 드디어 룻이 처음 입을 열었다. 등장 인물의 첫 발언은 등장 인물의 성격 묘사에 있어서 가장 중요한 순간이다. 첫 발언을 통해 내레이터는 등장 인물을 어떤 성격을 가진 존재로 묘사할지를 결정한다. 예를 들어, 삼손 스토리에서 삼손의 첫 발언인 "내가 딤나에서 블레셋 사람의 딸들 중에서 한 여자를 보았사오니 이제 그를 맞이하여 내 아내로 삼게 하소서"(삿 14:2)는 이방 여인의 뒤를 좇는 삼손의 성격을 가장 강력하게 보여 준다.

따라서 룻이 처음으로 말을 하는 이 단락(1:16-17)은 가장 결정적으로 룻의 성격이 어떻게 묘사되는지를 알 수 있는 장면이다. 따라서 우리는 이 단락을 룻의 성격 묘사와 관련해서 신중하게 살펴보아야 한다. 전체 구조뿐 아니라 작은 디테일을 놓치지 말고 성경 기자가 어떻게 룻을 성격 묘사하는지 세심하게 들여다보아야 한다.

우선 우리는 룻의 고백을 살펴보기 전에 룻이 어떤 상황에 놓여 있는지 살펴보자. 나오미가 마지막으로 동서의 뒤를 따라 그녀의 백성과 그녀의 신에게로 돌아가라고 권면하자, 룻은 결단의 기로에 서게 되었다. 사랑하는 잘 알려진 고향 모압을 택할 것인가, 아니면 낯설고 물설은 유다를 택할 것인가? 모압 민족과 그모스를 섬길 것인가, 아니면 이스라엘 민족과 여호와를 섬길 것인가? 이런 결단의 기로에서 룻이 토해낸 말은 룻기를 읽는 독자들 누구에게나 영원히 잊을 수 없는 고백으로 성경의 상징적 지도 안에 거대한 기념비로 남아 있다. 그 이유가 무엇일까? 이를 알려면 시의 운율과 구조마저 갖춘 룻의 고백의 구조를 먼저 살펴볼 필요가 있다.

3.2 룻의 첫 발언의 구조

주제의 발전을 염두에 두고 살펴보면, 룻의 고백은 아래와 같은 동심 구조(同心 構造; concentric structure)를 이룬다.[51]

  A 나로 당신을 떠나며 당신을 따르지 말고 돌아가라 강권하지 마소서(결심)
    B 당신께서 가시는 곳에 나도 가고
      당신께서 유숙하시는 곳에 나도 유숙하겠나이다(살아 있는 동안의 충성)
      X 당신의 백성이 나의 백성이 되고
        당신의 하나님이 나의 하나님이 되시리니(중앙 고백)
    B' 당신께서 죽으시는 곳에
      나도 죽어 거기 장사될 것이라(죽음 가운데서도 충성)
  A' 만일 죽는 일 외에 당신과 내가 갈라진다면 여호와께서 나를 벌하실지라(결심)

룻의 말은 결코 돌아가지 않을 것이며 죽음 외에는 절대 갈라지지 않을 것이라는 강한 결심(A와 A')에 의해 둘러 싸여 있다. 이 같은 결심이 구체적으로 어느 정도인지가 안쪽 프레임(B와 B')을 형성하고 있다. 살아 있는 동안 어디를 가든지, 어디서 살든지 상관하지 않고, 심지어는 죽는 데마저도 따라갈 것이라는 충성을 고백하고 있다.

그렇다면 이 같은 룻의 결심의 근거는 무엇인가? 도대체 이방 여인, 그것도 이스라엘이 그토록 경멸하는 모압 여인이 어떻게 이런 충성을 보이는 것인가? 그에 대

---

51 Murray D. Gow, *The Book of Ruth : Its Structure, Theme and Purpose*, (Apollos, 1992), 37와 Block, *Ruth*, 93의 구조는 필자의 것과 같으나 구조에 대한 설명은 약간씩 다르다.

한 답은 룻의 말에서 직접 찾아볼 수 있다. 위의 구조에서 볼 수 있듯이 룻의 말은 "당신의 백성이 나의 백성이 되고, 당신의 하나님이 나의 하나님이 되시리니"라는 고백을 중심으로 이루어져 있다(x). 이런 고백이 이토록 엄청난 충성을 가능케 한 것이다.

앞서 살핀 대로 룻의 말은 나오미를 떠나지 않겠다는 결심의 표현으로 시작해서 어떤 경우라도 죽기 전에는 떠나는 일이 없을 것이라는 결심으로 끝이 난다. 언뜻 보면 그냥 강한 결의라고 보이지만 디테일을 살피면 특별히 마지막 말은 맹세 공식이라는 사실이 드러난다. 그렇다면 룻의 고백은 단순히 충성의 표시를 넘어서 충성 "맹세"일 가능성이 높다.

이렇게 구조 분석은 전체와 부분, 부분과 부분 간의 관계를 이해하도록 도움으로써 전체 숲은 물론 부분의 나무들을 파악하는 데 도움을 준다. 이렇게 구조 분석을 통해 룻의 고백 전체에 대한 그림을 그린 다음 디테일들을 살피면서 고백의 성격과 동기가 무엇인지를 살펴야 한다.

3.3 "어머니, 당신을 버릴 수 없습니다!"

우선 룻은 16상반절에서 "강권하지 말라"면서 시어머니의 말을 막는다.

"룻이 이르되 내게 강권하지 마옵소서
(וַתֹּאמֶר רוּת אַל־תִּפְגְּעִי־בִי ; 와토메르 루트 알-티프게이-비)
어머니를 버리며 어머니를 뒤로 하고 돌아가라고
(לְעָזְבֵךְ לָשׁוּב מֵאַחֲרָיִךְ ; 레오즈베크 라슈브 메아하라이크)."

그렇다면 무엇을 강권하지 말라는 것인가? "당신을 버리며 당신을 뒤로 하고 돌아가라"고 강권하지 말라는 것이다. 룻은 "돌아가는"(שׁוּב ; 슈브) 것은 나오미를 "버리는 것"(עָזַב ; 아자브)이라고 규정짓는다. 그러니 자신에게 어머니를 "버리라고" 강요하지 말라는 것이다. 룻은 돌아가는 것을 "버리는 것"으로 동일시하면서 나오미를 버리지 않을 것임을 선언한 것이다.

그렇다! 불임의 과부, 자식 없는 늙은 여인을 두고 돌아가는 것은 사실상 버리는 것과 다름이 없다고 본 것이다. 나오미가 돌아가라고 세 번씩이나 권면하고 있음에도 룻의 결심에 흔들림이 없었던 이유가 바로 여기에 있었다.

흥미로운 것은 후에 보아스는 룻이 나오미와 함께 돌아온 것을 "네 부모와 고국을 버린(עזב ; 아자브)" 일로 규정한다(룻 2:11). 이렇게 룻기 기자는 "버리다"(עזב ; 아자브)는 동사를 반복하여 룻을 시어머니를 "버리지" 않기 위해 부모와 고국을 "버린" 여인으로 묘사하는 것이다. 이렇게 성경 기자는 핵심 단어를 반복적으로 사용하여 의미를 창출해 내고 있다.

성경 기자의 성격 묘사를 분석하다 보면 충격을 받지 않을 수 없다. 이 세상에 시어머니를 버리지 않기 위해 자기를 낳아준 아버지와 어머니, 그리고 고국을 버릴 수 있는 여인이 과연 몇 명이나 있을까? 과연 그게 가능한 일인가? 성경 기자는 룻을 이런 식으로 성격 묘사함으로 룻의 비범한 성품과 선택을 강조한다. 그렇다면 해석자인 우리는 하나님이 없는 모압으로 돌아가라고 했다고 나오미를 비난할 것이 아니라, 지속적으로 돌아갈 것을 권면했음에도 시어머니를 버리지 않으려고 부모와 조국을 버린 룻의 선택과 행동을 칭찬해야 한다.

3.4 "살아 있을 동안에 충성하겠습니다"

이어서 룻은 나오미가 살아 있을 동안에 나오미에게 어떻게 할 것인지를 선언한다.

"당신께서 가시는 곳에 나도 가고
(כִּי אֶל־אֲשֶׁר תֵּלְכִי אֵלֵךְ ; 키 엘-아셰르 텔키 엘레크)
당신께서 머무시는 곳에서 나도 머물겠나이다
(וּבַאֲשֶׁר תָּלִינִי אָלִין ; 우바아셰르 탈리니 알린)."

한글개역개정은 "어머니"라고 되어 있지만, 히브리어 원문은 "어머니"라는 단어는 없고 모두 2인칭 여성 단수형 동사가 사용되고 있다. "당신"과 "나"가 반복되면서 강한 결속이 강조된다.

우선 룻은 살아있는 동안에 충성할 것임을 "가다"는 동사(הָלַךְ ; 할라크)와 "유숙하다"(לוּן ; 룬)는 동사로 표현한다. 나오미가 가는 곳이라면 어디든지 갈 것이며, 나오미가 유숙하는 곳은 어디나 그곳에 유숙하겠다는 것이다. 일부 학자들은 "유숙하다"라고 번역된 "룬"(לוּן) 동사는 "밤을 지내다"(stay the night)는 의미로 통상적으로 쓰이기에 나오미가 베들레헴으로 돌아가는 길에서 어디에 유숙하든지 함께 유숙하겠다는 의미로 볼 수 있다고 본다.52 그러나 다른 학자들은 "유하다"(לוּן ; 룬)라는 시적인 동사를 사용한 것은 나오미의 미래가 아무리 불확실해도 평생 그와 함께 하겠다는 의도를 보인 것으로 본다. 단순히 나오미의 귀향 길만의 문제가 아니라, 궁극적으로 평생 동안 나오미의 거처가 궁전이든 헛간이든 그곳에 거할 것이라고 말한 것으로 해석한다. 결국 살아 있는 동안에는 어떤 사건이 일어나든, 어떤 상황에 처하든 상관없이 오직 시어머니에게 충성하겠다고 선언한 것이다.53

3.5 "당신의 하나님이 나의 하나님입니다!"

그렇다면 도대체 룻이 이런 충성과 연대감을 드러내는 이유는 무엇일까? 이어지는 룻의 말은 압권이며 감동적이다.

"당신의 백성이 나의 백성이 되고 당신의 하나님이 나의 하나님이 되시리니
(עַמֵּךְ עַמִּי וֵאלֹהַיִךְ אֱלֹהָי ; 암메크 암미 웨엘로하이크 엘로하이)."

룻의 핵심 고백에 등장하는 "백성"(עַם ; 암)과 "하나님"(אֱלֹהִים ; 엘로힘)은 나오미의 권면 가운데 나왔던 핵심 단어이다 : "네 동서는 그녀의 백성(עַם ; 암)과 그녀의 신(אֱלֹהִים ; 엘로힘)에게로 돌아가나니 너도 동서를 따라 돌아가라." 이 얼마나 설득력 있는 권면인가. 그러나 룻은 이 같은 권면에 대해 찬란히 빛나는 선언을 한다 : "당신의 백성이 나의 백성이 되고 당신의 하나님이 나의 하나님이 되시리니." 이 말을 풀어보면 룻은 나오미의 백성인 이스라엘인들이 자기 백성이 될 것이며, 나오미의

---

52 Campbell, *Ruth*, 73-74.
53 Hubbard, *The Book of Ruth*, 117; Sasson, *Ruth*, 30.

하나님인 여호와가 자기 하나님이 될 것이라는 것이다. 나오미가 "여호와의 손이 나를 치셨으므로 나는 쓰도다"라고 여호와께 애가를 부르고 있음에도 룻은 나오미의 여호와를 자기 하나님으로 삼겠다고 고백한 것이다. 동기가 무엇인지, 여호와에 대한 지식이 얼마나 되는지 알 수 없지만, 룻은 자신의 가족과 친근한 삶의 환경과 종교를 버리기로 자원한 것이다.

나오미는 처음에 각자 어머니의 집으로 돌아가라고 했다. 어머니의 집으로 돌아가서 결혼을 새로 하고 새 남편을 만나 사는 것이 어떻겠냐고 했다. 그러나 자부들은 그렇게 할 수 없다고 했다. 그렇다. 결혼을 포기할 수는 있다. 어머니의 집으로 돌아가지 않을 수는 있을지 모른다. 그러나 과연 백성들과 신까지 포기할 수 있는가? 동서인 오르바가 결국 자기 백성과 자기 신에게로 돌아간 것을 보면 이는 결코 쉬운 일이 아니다. 그런데 룻은 나오미의 백성을 자기 백성으로, 나오미의 하나님을 자기의 하나님으로 삼겠다고 선언한다.

3.6 죽으면서도 충성하겠습니다!

어디 그뿐인가? 이어지는 말 속에서 룻은 죽음에 이르는 충성을 선포한다.

> "당신께서 죽으시는 곳에서 나도 죽어 거기 묻힐 것이라
> (בַּאֲשֶׁר תָּמוּתִי אָמוּת וְשָׁם אֶקָּבֵר ; 바아셰르 타무티 아무트 웨샴 에카베르)."

룻은 나오미가 살아 있을 때만이 아니라 죽음의 순간에도 나오미와 함께 할 것이라고 강조한다. 한글개역개정은 "어머니께서 죽으시는 곳에서 나도 죽어 거기 묻힐 것이라"고 되어 있다. 이런 번역은 맨 처음 자음인 베(בּ)를 장소의 전치사 베(בּ)로 보고 해석한 것이다.

그러나 어떤 학자는 전치사 "베"(בּ)는 "장소"의 전치사뿐 아니라 "수단"(by means of)의 전치사로도 볼 수 있다고 본다.[54] 다시 말해 룻은 나오미가 어떤 방식으로 죽

---
[54] Sasson, *Ruth*, 30.

든지간에 자신도 같은 방식으로 죽을 것이라고 선언했다는 것이다. 당시에 인간이 죽을 수 있는 가능성으로는 기근, 자연 재해, 전염병, 전쟁, 자연사 등을 예상했을 수 있다.[55] 그렇다면 룻의 말은 나오미가 기근으로 죽으면 기근으로, 자연 재해로 죽으면 자연 재해로, 전염병으로 죽으면 전염병으로, 전쟁으로 죽으면 전쟁으로, 자연사면 자연사로 함께 죽을 것이라는 것이다. 나오미가 생을 마치는 순간까지도 같은 방식으로 죽을 것이라고 선언한 것으로 얼마든지 볼 수 있다. 필자는 이런 식의 해석도 가능하다고 본다. 필자는 "베"(בְּ)를 장소의 전치사로 보든 수단의 전치사로 보든 의미상의 큰 차이는 없다고 본다. 어쩌면 룻이 두 가지 가능성을 모두 염두에 두고 말한 것으로 볼 수도 있다.

어찌되었든 룻이 나오미가 죽는 곳에서 아니면 죽는 방식으로 자신도 죽어 함께 장사될 것이라고 선언하는 것이 핵심이기 때문이다. 겉으로 보면 룻의 선언은 그저 "내 손에 장을 지지겠다"는 투의 수사적인 허풍으로 들리기 쉽다. 그러나 팔레스타인의 장례에 대한 고고학적 데이터는 룻의 이 같은 선언이 죽음에 이르는 충성임을 분명히 보여준다.

실제로 고고학적인 발굴 결과에 의하면 고대 근동 아시아에서는 사람들이 실제로는 죽음에 의해서도 서로 헤어지지 않는다고 말할 수 있는 실제적인 근거가 있음을 알 수 있다. 고대 이스라엘에서는 가족은 보통 한 무덤에 묻히곤 하였다. 무덤은 연한 암석에 굴을 뚫거나 자연적인 동굴을 이용하였다. 사람이 죽으면 무덤 안에 사람 모양으로 파놓은 홈 안에 시신을 안치했다. 그리하여 시신의 살들이 썩을 때까지 놓았다가 뼈만 추려서 그 아래 파놓은 석실 안에 보관하였다. 결국 식구들의 뼈는 석실 안에서 만나게 마련이다. 성경에 "조상에게로 돌아간다"(창 25:8, 35:29, 49:29; 신 32:50; 삿 2:10) 혹은 "조상과 함께 잔다"(왕상 2:10, 11:43, 14:31)는 표현은 이 같은 장례 풍습에서 기인하는 것이다.

그러므로 룻의 "당신이 죽는 곳에(방법으로) 내가 거기 죽어 장사될 것이라"는 말은 "죽음에 이르는 충성", "무덤에 이르는 충성"을 간략하게 표현한 것으로 볼 수 있다. 나오미가 나이가 들었기에 룻은 어쩌면 짧은 기간 동안 시어머니를 봉양할지도

---

[55] Sasson, *Ruth*, 30.

모른다. 그렇다면 시어머니가 살아있는 동안만 봉양하다가, 시어머니가 죽은 후에 모압으로 돌아가서 재혼하고 살 가능성도 있었다. 따라서 룻이 이렇게 말한 것은 이런 일이 전혀 없을 것임을 강조하는 의도일 수도 있다.[56] 나오미가 살아 있는 동안뿐 아니라, 죽은 후에도 계속해서 룻은 나오미에 대해 헌신할 것임을 선언한다. 뒤에서 살피겠지만 어머니의 백성이 나의 백성이라고 했기에, 룻은 나오미가 죽은 후에도 계속 유다 땅에서 이스라엘인들을 자기 백성으로 여기고, 죽은 후에는 모압 땅이 아닌 이스라엘 땅에 묻힐 것이라는 뜻이다.

3.7 "자기 저주"의 맹세

룻은 자신의 말을 마무리하면서 "자기 저주의 맹세"(self-maledictory oath)를 한다.

"여호와께서 내게 벌을 내리시고 더 내리시기를 원하나이다 하는지라
(כֹּה יַעֲשֶׂה יְהוָה לִי וְכֹה יֹסִיף ; 코 야아세 아도나이 리 웨코 요시프)
만일 내가 죽는 일 외에 어머니를 떠나면
(כִּי הַמָּוֶת יַפְרִיד בֵּינִי וּבֵינֵךְ ; 키 함마웨트 야프리드 베니 우베네크)."

피상적으로 한글로만 읽으면 룻이 그저 강력한 의지를 표명한 것으로만 보인다. 그러나 "여호와께서 내게 벌을 내리시고 더 내리시기를 원하나이다"(כֹּה יַעֲשֶׂה יְהוָה לִי וְכֹה יֹסִיף ; 코 야아세 아도나이 리 웨코 요시프)라는 표현은 "맹세 공식"이라는 것이 학계의 중론이다. 우선 이 표현을 직역하면 "주께서 이같이 내게 행하실지라. 그리고 이같이 그가 더하실지라"(Thus shall the Lord do to me, and thus shall he add)이다. 문자적 해석만으로는 무슨 의미인지 바로 이해하기 어렵다. 따라서 우리는 이와 거의 유사한 표현이 사용된 용례들을 살펴야 한다.

흥미롭게도 이런 표현은 룻기 1:17에서 한번, 사무엘서와 열왕기에서 11번 나온다(삼상 3:17, 14:44, 20:13, 25:22; 삼하 3:9, 35, 19:13; 왕상 2:23, 19:2, 20:10; 왕하 6:31). 그런

---

56 Sakenfeld, *Ruth*, 33.

데 이 용례를 살펴보면 주로 지도자급(왕, 왕후, 왕자, 대제사장, 군대장관 등)에 있는 인물들이 매우 중차대한 문제를 놓고 행한 엄중한 맹세임을 알 수 있다.57 이 표현이 왜 엄중한 맹세 공식인지는 실례인 사무엘상 14:44만 살펴보아도 금방 알 수 있다.

"사울이 이르되 요나단아 네가 반드시 죽으리라 그렇지 않으면 하나님이 내게 벌을 내리시고 또 내리시기를 원하노라(כֹּה יַעֲשֶׂה אֱלֹהִים לִי וְכֹה יֹסִף; 코-야아세 엘로힘 리 웨코 요시프) 하니."

요나단이 병기 든 자와 함께 블레셋 진영을 급습하여 시작된 전투에서 승기를 잡자, 사울은 "내가 내 원수에게 보복하는 때까지 아무 음식물이든지 먹는 사람은 저주를 받을지어다"라고 "백성에게 맹세"시켰다(삼상 14:24). 백성들은 숲 속에서 꿀을 보고도 맹세를 두려워하여 꿀을 먹지 못하였다. 그런데 이런 사실을 알지 못한 요나단은 벌집의 꿀을 먹음으로 맹세를 어기게 되었다.

그 후 사울이 밤에 블레셋을 추격할지의 여부를 하나님께 물었으나 대답하지 않으시자, 누군가가 죄를 지었기 때문이라고 확신하고는 "이스라엘을 구원하신 여호와께서 살아 계심을 두고 맹세하노니 내 아들 요나단에게 있다 할지라도 반드시 죽으리라"(삼상 14:39)고 선포한 후에 제비를 뽑자고 하였다. 그런데 제비 뽑은 결과 요나단이 뽑혔고 그때 사울이 요나단에게 한 말이 "요나단아 네가 반드시 죽으리라 그렇지 않으면 하나님이 내게 벌을 내리시고 또 내리시기를 원하노라"고 한 것이다.

이미 사울은 두 번이나 하나님의 사심을 가리켜 맹세하였고, 따라서 아들 요나단이 맹세를 어긴 것이 드러나자, 자신이 맹세한 대로 하지 않으면 자신이 벌을 받을 것이라는 식의 엄중한 맹세를 또 한 것이다.

위의 용례에서 볼 수 있듯이 "그렇지 않으면 하나님이 내게 벌을 내리시고 또 내리시기를 원하노라"(כֹּה יַעֲשֶׂה אֱלֹהִים לִי וְכֹה יֹסִף; 코-야아세 엘로힘 리 웨코 요시프)는 표현이 "맹세 공식"이라는 점은 모든 학자들이 거의 동의한다.58 그런데 여기서 특이할 만한 것은 이 맹세 공식에서 등장하는 신의 이름은 대부분 "하나님"(אֱלֹהִים; 엘로힘)

---

57 Hubbard, *The Book of Ruth*, 119, fn. 31.
58 Campbell, *Ruth*, 74; Block, *Judges, Ruth*, 642; Bush, *Ruth/Esther*, 82–83.

인데 반해, 사무엘상 20:13과 룻기 1:17에서만 고유명사인 "여호와"(יהוה)가 등장한다는 점이다. 게다가 룻기에서 룻이 입으로 "여호와"라는 이름을 언급한 곳은 여기가 유일하다.

그 이유가 무엇일까? 만일 룻이 일반명사 "하나님"(אלהים ; 엘로힘)을 사용한다면 자칫 모압의 그모스 신을 떠올릴 수도 있기에 "여호와"(יהוה)를 명시한 것으로 보인다.[59]

그렇다면 구체적으로 어떤 내용의 맹세 공식인가? 이를 알려면 "이같이"(כה ; 코)란 단어에 주목해야 한다. "이같이"(כה ; 코)란 단어는 부사로서 다른 형용사나 동사를 수식하는 품사이므로 정확하게 내용을 알 수 없는 표현이다. 단지 이 애매한 부사는 맹세자가 맹세를 어겼을 경우 임할 재앙을 가리키는 내용을 의미하는 단어라는 것만은 분명하다. 따라서 학자들은 룻은 "이같이"라고 말하면서 어떤 상징적 행동이나 제스처를 행했을 것으로 본다.[60] 어쩌면 "손가락으로 자기 목을 자르는 것" 같은 상징적 제스처가 따랐을지도 모른다고 본다.[61]

학자들은 창세기 15:7-17과 예레미야 34:18-20을 보면 동물을 죽이고 반을 자른 후에 그 사이로 계약을 맺은 당사자들이 지나가는 언약 체결 의식이 남아 있다고 본다. 만일 자기가 맹세를 어기면 마치 죽어 반쪽이 난 동물처럼 하나님이 자기를 죽여서 반쪽으로 나누셔도 좋다는 자기 저주의 맹세 의식이라는 것이다.[62] 물론 이런 해석은 주로 추론에 근거한다. 그러나 만일 룻이 이런 자기 저주 맹세 의식과 유사하게 손가락으로 자기 목을 자르는 상징적 제스처를 하면서 이 맹세 공식을 언급한 것이라면 룻은 여기서 죽음에 이르는 충성 맹세를 한 것이라고 얼마든지 볼 수 있을 것이다.

그렇다면 룻이 어떤 일이 있으면 자신을 죽여달라고 자기 저주의 맹세를 한 것인가?

"만일 내가 죽는 일 외에 어머니를 떠나면
(כי המות יפריד ביני ובינך : 키 함마웨트 야프리드 베니 우베네크)."

---

59 LaCocque, *Ruth*, 54.
60 Hubbard, *The Book of Ruth*, 119.
61 Campbell, *Ruth*, 74;
62 Campbell, *Ruth*, 74;

"만일 내가 죽는 일 외에 어머니를 떠나면"을 "진정으로 죽음만이 나와 당신 사이를 갈라놓을 것이다"라고 번역할 수도 있다.[63] 어찌되었든 룻의 자기 저주 맹세의 조건은 "죽음 외에 나오미를 떠나는 것"이다. 결국 죽기 전에는 무슨 일이 있어도 나오미를 떠나지 않겠다는 것이다. 며느리가 시어머니에게 죽음에 이르는 충성을 맹세한 것이다.

인간 세상 가운데 이보다 아름다운 충성 고백을 들은 적이 있는가? 이에 여성 신학자 필리스 트라이블(Phyllis Trible)은 다음과 같이 칭찬한다.

문화적 관점으로 볼 때 룻은 생명보다는 죽음을 택한 것이다. 룻은 식구의 연대감을 포기하고, 민족의 정체성을 내던지고, 종교까지도 거부하였다. 이스라엘 전체 역사 가운데 오직 아브라함만이 룻과 맞먹을 수 있을 것이다. 그러나 그래도 아브라함은 하나님의 부르심을 받지 않았는가?[64]

물론 교리적인 입장이 달라서 문자적으로 트라이블의 말을 다 받아들일 수 있는 것은 아닐 것이다. 그러나 최소한 룻이 아브라함과 맞먹는 신앙의 선택을 한 것은 부인할 수 없을 것 같다. 그런 점에서 룻은 얼마든지 예수 그리스도의 구속사의 족보에 들어갈 만한 여인임이 틀림없다.

4. 나오미의 단념과 베들레헴 도착

4.1 나오미의 단념

이런 룻의 죽음에 이르는 충성 맹세에 대해 나오미는 어떤 반응을 보일까? 18절

---

[63] Holmstedt, *Ruth : A Handbook on the Hebrew Text*, 92 : "맹세나 저주의 조건절에는 "임"(אִם), "임 로"(אִם לֹא)가 보통 쓰이지만 여기서는 그냥 "키"(כִּי)가 쓰였다. 키가 조건절에서 쓰일 수 있지만 맹세나 저주 문장에서는 쓰이지 않는다. 따라서 여기서는 강조의 용법으로 보아 "진정으로", "진실로"라고 번역하는 것이 좋다."

[64] Phyllis Trible, *God and the Rhetoric of Sexuality* (Fortress, 1978), 173.

을 보자.

"나오미가 룻이 자기와 함께 가기로 굳게 결심함을 보고

(וַתֵּרֶא כִּי־מִתְאַמֶּצֶת הִיא לָלֶכֶת אִתָּהּ ; 와테레 키-미트아메체트 히 라레케트 이타흐)

그에게 말하기를 그치니라

(וַתֶּחְדַּל לְדַבֵּר אֵלֶיהָ ; 와테흐달 레다베르 엘레하)."

성경 기자는 나오미가 룻에게 말하기를 멈추었다고 했다. 그 이유가 무엇인가? 자신과 함께 "가기로"(הָלַךְ ; 할라크) 굳게 결심하였기 때문이다. 우리가 앞서 살폈듯이 나오미에 대한 룻의 연대는 상상을 초월하는 죽음에 이르는 충성이었다. 자신의 인생은 물론 부모와 조국, 그리고 자신의 신까지도 포기하고 나오미의 민족과 신을 받아들이겠다면서 나오미와 함께 가기로 한 결심을 어떻게 마다할 수 있겠는가? 부쉬(Bush)는 이를 잘 설명한다.

이런 전폭적 헌신은 앞으로 룻에게 어떻게 전개될지 모르는 미래의 운명에 대해 나오미가 느끼는 책임감을 덜어주는 데 일조를 한 것이다. 이에 나오미는 더 이상 룻에게 떠날 것을 요구하지 않는다. 내레이터는 이런 헌신에 대해 나오미가 부드러운 포옹이나 감사의 말로 대응하였다는 점을 언급하지 않는다. 나오미 편에서 이런 반응이 없었던 것은 나오미가 얼마나 깊은 절망과 큰 고통을 느끼고 있었는가를 잘 알 수 있다. 나오미는 룻의 절대적 헌신을 거부할 수 없었다. 그러나 침묵의 허용 외에는 그 이상 어떤 것도 룻에게 줄 수 없었다.[65]

부쉬는 나오미가 깊은 절망과 고통을 느꼈기에 침묵했다고 설명하지만 시카고 신학교의 구약 교수인 안드레 라코크(André LaCocque)는 이런 상황에서는 오히려 침묵이 더 적절하다고 본다.

---

65 Bush, *Ruth/Esther*, 87.

나오미의 침묵은 그녀가 기분이 나빴다는 것을 보여주는 것이 아니다. 오히려 의도적인 사려분별의 모습이라고 할 수 있다. 만일 나오미가 말을 한다면 갈대아 우르를 떠난 아브라함처럼 모든 것을 버린 룻의 결정으로 격려할 수밖에 없었을 것이다. 비록 암시적이더라도. 따라서 이런 희생 앞에서는 침묵만이 적절한 응답이라 할 수 있다. 게다가 룻의 말은 감동적이기에 여기에 나오미가 말을 섞는다면 그야말로 실망스러운 모습이 연출될 것이 분명하다.[66]

나오미는 할 만큼 하였다. 세 번씩이나 간곡하게 만류했음에도 룻의 굳은 결심과 헌신적 태도를 바꿀 수는 없었다. 그렇다면 이제 룻의 말을 액면 그대로 받아들이고 함께 동행하는 것 외에는 달리 길이 없었을 것이다.

4.2 베들레헴 도착

내레이터는 드디어 19상반절에서 여행의 종결을 보고한다.

"이에 그 두 사람이 베들레헴까지 갔더라

(וַתֵּלַכְנָה שְׁתֵּיהֶם עַד־בֹּאָנָה בֵּית לָחֶם ; 와텔라크나 셰테헴 아드-보아나 베트 라헴)."

드디어 나오미와 룻은 계속 길을 행하여(הלך ; 할라크) 목적지에 도달하였다(בוא ; 보). 내레이터는 "그들 두 사람"(שְׁתֵּיהֶם ; 셰테헴)이라고 명시적으로 밝힘으로써 무슨 일이 중간에 일어났는지 보여준다. 7절에서 세 명이 "유다 땅으로의 귀환 길"을 시작했는데 이제 19상반절에서는 두 명만이 그 길의 목표인 "베들레헴"에 도착했음을 보여준다. 아래 도표는 룻기 1장 가운데 큰 단락의 전체적 흐름을 잘 보여준다.

C 그녀가 있던 곳을 떠났으며(יצא ; 야차), 두 자부도 그와 함께 하였다

   D 그들(세 명)이 유다 땅으로 돌아오려고 길을 행하였다(הלך ; 할라크)(7절)

---

[66] LaCocque, *Ruth*, 54.

D' 그 두 사람이 행하여(הלך ; 할라크)
　　C' 베들레헴까지 이르렀더라(בא ; 보)(19상반절)

7절에서는 세 명의 인물, 즉 나오미와 두 자부가 모압을 떠나나(יצא ; 야차), 19상반절에는 "이에 두 사람이 베들레헴에 도착하니라(בא ; 보)"라고 되어 있어 룻과 나오미만이 돌아오는 것으로 기술되어 있다. 결국 가운데 나오는 스토리(8-18절)는 세 사람이 길을 행하면서(הלך ; 할라크) 무슨 대화를 했는지, 그리고 한 사람이 떠난 후에 남은 두 사람이 길을 오면서(הלך ; 할라크) 무슨 이야기를 했는지를 다룬다. 그런데 이제 노상 대화는 끝나고, 길을 재촉하여 드디어 베들레헴에 도착한 것이다. 이제 베들레헴 공동체가 어떻게 모압에서 돌아오는 두 여인을 맞이할 것인가, 그리고 여호와께서는 텅 빈 두 여인을 어떻게 채우실 것인가만 남은 것이다.

5. 룻의 맹세와 고백의 성격

5.1 밑 그림 : 룻의 종교적 헌신과 신앙

우리는 룻의 죽음에 이르는 충성의 모습을 살펴보면서 룻의 모습을 이해하는 것이 쉽지 않음을 고백하게 된다. 도대체 무엇이 룻으로 하여금 이런 충성을 가능케 했을까? 룻에게 이런 힘을 제공한 원동력은 무엇일까? 그동안 룻기 해석사를 보면 너무 쉽게 이것을 룻이 여호와 하나님을 섬긴 때문이라고 해석한다. 이것은 물론 사실이다. 룻이 여호와를 섬기기로 결정하고 개종한 것은 룻기의 밑그림으로 전제되어 있는 것은 분명하다. 허바드의 말을 들어보자.

룻은 여호와 종교에 개종하였는가? 이 질문은 현대적인 것이기에 대답은 조건부 예(a qualified yes)이어야만 한다. 스타일이나 어조를 보면 룻의 말은 고백처럼 들린다. 더욱이 룻의 헌신은 삶의 방향의 전환을 보여준다. 오르바와는 달리 과거의 연대를 모두 끊고 새로운 하나님인 여호와께로 방향을 돌렸기 때문이다. … 구약에는 개종이라는 만개한 개념이 없지만, 16-17절은 그런 변화에 상응하는 헌신이 있었음을 보여준다. 결국 이런 헌신에 대한 보상이 여호와로부터 있을 것임을 기대하게 해준다.

요약하자면 룻은 결정적으로 나오미에게 자신의 모든 것을 걸었다. 룻의 말은 삶의 수직적 차원과 수평적 차원을 모두 포함하고 있다. 지형적으로는 미래의 모든 장소들을 포함하고 있으며, 연대기적으로는 현재로부터 영원에 이르는 결정이고, 신학적으로는 배타적으로 여호와를 끌어안은 선택이었고, 족보적으로는 젊은 모압 여인을 나오미의 가족에 포함시키는 결심이었다. 맹세로 모든 출구를 차단한 후에 룻은 이방 땅의 불확실성을 택하고 친밀함이 주는 안전성을 포기하는 도박을 한 것이다. 룻은 이전의 한 이민자, 즉 모든 것을 여호와께 걸었던 아브라함을 생각나게 한다.[67]

허바드가 주장한 것처럼, 룻의 고백 뒤에는 여호와를 자신의 하나님으로 믿고 미래에 온 몸을 던지는 헌신이 깔려 있음이 분명하다.

이에 여성 신학자 필리스 트라이블 역시 룻은 아브라함과 같은 믿음의 여인이라며 다음과 같이 칭찬한다.

룻은 혼자 서 있다. 룻은 소유한 것이 아무 것도 없다. 어떤 신도 그녀를 부르지 않았다. 어떤 신도 그녀에게 축복을 약속하지 않았다. 어떤 인간도 룻을 돕지 않았다. 룻은 지지 그룹 없이 살았으며, 선택하였다. 룻은 자신의 결정이 거부당할 수도 있고, 심지어는 죽음에 이를 수도 있음을 알고 있었다. 결국 아브라함의 믿음의 결단도 룻의 이 결단을 초월하지 못한다. 이것이 전부가 아니다. 룻은 가족과 국가와 신앙을 버렸을 뿐 아니라, 성적인 충성마저도 바꾸어 버렸다. 젊은 여인 룻은 남편을 찾기보다는 늙은 여인의 생명에 자신을 헌신하였다. … 생명과 삶이 남자에게 달려 있는 세계에서 한 여인이 다른 여인을 택한 것이다. 이스라엘의 기억 가운데서 이보다 더 급진적인 결정은 없는 것이다.

문화적 관점으로 볼 때 룻은 생명보다는 죽음을 택한 것이다. 룻은 식구의 연대감을 포기하고, 민족의 정체성을 내던지고, 종교까지도 거부하였다. 이스라엘 전체 역사 가운

---

[67] Hubbard, *The Book of Ruth*, 120.

데 오직 아브라함만이 룻과 맞먹을 수 있을 것이다. 그러나 그래도 아브라함은 하나님의 부르심을 받지 않았는가?[68]

바벨론 탈무드 샤바트[69]에는 "아브라함은 하나님의 명령으로 떠났으나 룻은 자발적으로 떠났다"고 되어 있어서 트라이블의 해석은 오래된 유대주의 해석에 근거했음을 알 수 있다. 이렇게 룻의 충성은 오랫동안 유대인들에게도 상상할 수 없는 충격과 도전의 근원이었다.

"당신의 하나님이 나의 하나님 되시리니"라고 한 것을 볼 때에 룻이 모압의 신을 버리고 여호와를 택한 것은 의심할 나위가 없는 명백한 사실이다. 시카고 신학교의 구약 교수인 안드레 라코크의 말을 다시 들어보자.

나오미의 하나님이 자신의 하나님이라고 말하기 전에 룻은 이스라엘을 자신의 백성으로 받아들였다 : "당신의 백성이 나의 백성이 되리니." 하나님에 대한 헌신은 이스라엘에 대한 헌신을 통해서 온다(참조 슥 8:23). 이것이 그리스도인들이 종종 잊고 있는 교훈이다. 룻의 결정은 "자발적인 정체성의 변화와 새로운 방향으로의 자발적인 순종"으로 나아갔다. 알려지지 않은 것에 대한 두려움을 물리치고 궁극적인 것의 결말을 기쁘게 받아들이는 헌신으로 나아갔다.

"당신의 하나님이 나의 하나님 되시리니." 이 하나님은 나오미가 막 재판관과 집행관으로 묘사한 그분이다. 나오미는 자신의 모든 재앙의 궁극적인 원인이 여호와라고 하였다. 그럼에도 룻은 이것을 받아들였다. 그리고 이런 신의 심판에 도전해 보길 원했다. 베들레헴으로 가서 텅 빔을 풍요로 바꾸어볼 심산이었다. 모압 여인이 시어머니의 그룹에 들어가기로 한 것인데, 거기서 곧 그룹의 리더가 될 것이었다. 여기서 룻은 자신이 택한 하나님은 나오미의 비판에 의해 규정되는 하나님이 아니라는 것에 내기를 건 것이다.

룻기의 이런 놀라운 차원을 언급하는 것이 필요하다. 이전의 이방 여인이 나오미와 보

---

68 Trible, *God and the Rhetoric of Sexuality*, 173.
69 b. Šabb 55a. LaCocque, *Ruth*, 53, fn.52에서 재인용.

아스와 이스라엘인들로 하여금 하나님의 자비와 사랑(헤세드)을 돌아보게 하고 있다(참조 2:20). 토라의 말들이 이방인의 행동에 의해 도전을 받고 있다.[70]

이런 점에서 우리는 충분히 룻의 고백을 종교적으로 신앙적으로 해석할 수 있다. 룻이 내린 결정은 자신의 민족적 정체성과 종교적 정체성을 포기하고 이스라엘과 이스라엘의 하나님을 선택한 것이기 때문이다.

5.2 윗 그림 : 룻이 보인 충성과 사랑

그러나 룻의 맹세에 대한 해석이 여기에서 멈추어서는 안 된다. 왜냐하면 룻기 기자는 단순히 종교적인 관점에서만, 다시 말해 신앙고백적 차원에서만 룻을 성격 묘사하고 있는 것이 아니기 때문이다. 신앙고백적 차원을 너무 강하게 부각시키면 본문의 표층적 의미가 살아나지 않는다.

성경 기자는 이런 신앙고백적 차원을 밑바탕에 깔고 무엇보다 곤궁에 처한 나오미에 대한 충성과 연대의 모습을 그리는 데 초점을 맞추고 있다. 이 같은 점은 룻의 고백을 히브리어로 큰 소리로 읽어보면 잘 알 수 있다. 룻의 고백을 소리내어 읽어보면 인칭대명사 2인칭 접미어 "에크"(ךְ)와 1인칭 접미어 "이"(ִי), 그리고 동사의 미완결형 2인칭 접두어 "타우"(ת)와 1인칭 접두어 "알렙"(א)이 반복적으로 나타난다. "이"와 "에크", "트" 소리와 "아" 소리의 반복이 리드미컬하게 연결되고 있다. 히브리어를 읽을 줄 안다면 한 번 소리내어 읽어볼 필요가 있는데 필자가 한글로 음역을 하였으니 한번 읽어보시길 바란다.

텔르키 엘레크(תֵּלְכִי אֵלֵךְ) : 당신이 가는 곳에 나도 가고
바아셰르 탈리니 알린(בַּאֲשֶׁר תָּלִינִי אָלִין) : 당신이 머무는 곳에 나도 머물 것이며
암메크 암미(עַמֵּךְ עַמִּי) : 당신의 백성이 나의 백성이고
엘로하이크 엘로하이(אֱלֹהַיִךְ אֱלֹהָי) : 당신의 하나님이 나의 하나님이며

---

[70] LaCocque, *Ruth*, 52-53.

바아셰르 타무티 아무트(בַּאֲשֶׁר תָּמוּתִי אָמוּת) : 당신이 죽는 곳에서 나도 죽을 것이고
함마웨트 야프리드 베니 우베네크(הַמָּוֶת יַפְרִיד בֵּינִי וּבֵינֵךְ) : 당신과 나 사이를 죽음 외에 갈라 놓는다면…

결국 "당신"과 "나"라는 의미를 가진 접두어와 접미어의 반복적 사용은 "당신"과 "나" 사이의 강한 결속력을 부각시키는 효과를 드러낸다. 한글개역개정은 당신 대신 어머니라는 단어를 사용하여 "당신과 나" 사이의 강한 연대감이 잘 드러나지 않는다. 인칭대명사 2인칭 접미어 "에크"(ךְ)와 1인칭 접미어 "이"(ִי), 그리고 동사 미완결형 2인칭 접두어 "타우"(תּ)와 1인칭 접두어 "알렙"(א)의 반복적 사용은 룻의 선언의 핵심이 나오미를 향한 룻의 결속과 연대감이 얼마나 큰지를 잘 드러낸다. 따라서 단순히 심층적 수준에서 룻이 여호와를 선택하는 개종을 하였다는 것만으로 해석을 멈추어서는 안 된다. 표층적 수준에서는 룻과 나오미 사이의 결속과 연대감이 드러나도록 해석해야 한다.

이렇게 본다면 앞서 라코크가 말한 대로 룻은 여호와를 선택하기 전에 이스라엘 민족을 선택한 것이고, 이스라엘 민족을 선택하기 전에 나오미를 선택한 것이다.

"만군의 여호와가 이와 같이 말하노라 그날에는 말이 다른 이방 백성 열 명이 유다 사람 하나의 옷자락을 잡을 것이라 곧 잡고 말하기를 하나님이 너희와 함께 하심을 들었나니 우리가 너희와 함께 가려 하노라 하리라 하시니라(슥 8:23)."

내러티브의 플롯을 보면, 나오미를 붙좇는 선택(1:14)은 이스라엘을 자기 백성으로 삼고 여호와를 자기 하나님으로 받아들이기로(1:16) 한 것이다.

따라서 일부 학자들은 룻의 개종보다는 하나님이 의도하신 인간 상호 간의 충성과 사랑의 모습이 무엇인지를 보여주려는 것이 룻기의 의도라고 해석한다. 가장 대표적인 학자는 캠벨인데 그의 말을 들어보자.

본문은 무엇이 이들로 하여금 이런 삶을 살게 했는지는 이야기하지 않는다. 그러나 이런 책임과 인애의 삶, 의무를 넘어선 절대적 충성과 사랑의 삶을 사실적으로 묘사하면

서, 우리가 획득할 수 있는 것으로 추천하고 있다. 룻을 진정한 이스라엘 여인으로 만든 것은, 룻기의 다른 진정한 이스라엘인들처럼 룻이 행동했다는 데 있다. … 인애의 삶은 어떤 부류의 인간이든지간에 인간들은 누구나 획득할 수 있는 것으로 헤세드를 보고 있다. 룻기에 어떤 기적도, 어떤 하나님의 능력의 현시도, 어떤 팡파레도 울려퍼지지 않는다. 그런 점에서 어떤 "회심"(conversion)도 없는 것이다. 단지 여호와의 길을 삶에 실행한 것(a living out of the way of Yahweh)이다.[71]

물론 우리는 캠벨의 말을 모두 받아들일 수는 없다. 우리가 앞서 구조를 살피면서 본 대로 룻의 고백은 "당신의 백성이 나의 백성이고, 당신의 하나님이 나의 하나님이시라"를 중심으로 하고 있다. 게다가 여호와의 이름으로 맹세하는 것을 보면 여호와에 대한 고백이 중요한 주제 중 하나임은 분명하다. 또한 룻이 여호와를 믿기로 개종한 것도 사실이다.

그러나 여호와에 대한 룻의 고백이나 개종은 기저에 깔린 밑그림이지 여기서 전면에 강조되고 있는 것은 아니다. 여기서 부각되고 있는 것은 나오미에 대한 룻의 충성이다. 캠벨이 말한 대로 룻은 하나님께서 기대하는 행동 방식대로 진정한 이스라엘인들에게 행동을 하였기에 칭찬을 받은 것이다. 물론 이런 충성의 행동 기저에 여호와에 대한 신앙이 있는 것은 분명하지만, 그러나 여기서 이 점이 강조되고 있는 것은 아니다. 룻의 충성과 헌신을 이런 식으로 합리적으로 설명하려고 해서는 안 된다. 오히려 충격으로 남겨두어야 한다. 어떻게 이스라엘 여인이 아닌 모압 여인이 이런 충성을 보일 수 있는가?

만일 여호와에 대한 신앙이 이런 일을 가능케 하였다면, 왜 사사 시대에 이스라엘인들은 이런 모습을 모두 보이지 못했는가? 특히 구원은 삶과는 별 관계없이 믿음으로만 얻는다고 생각하는 이들이 많은 한국 교회에서는, 룻의 충성을 여호와에 대한 믿음에서 나온 것이라고 쉽게 설명해 "버려서는"(explain away) 안 된다.

룻의 믿음이나 여호와의 은혜라는 교리적 해설로 설명하면 룻의 죽음에 이르는 충성 모습을 충격과 도전으로 남겨두고 곱씹을 수가 없다. 필자는 이런 식의 해

---

71 Campbell, *Ruth*, 82.

설을 영어로 explain away(설명해 버리기)식 해설이라고 본다. 영어에서 "explain away"[72]란 더 이상 질문하거나 고민하지 않도록 쉽게 설명해 "버리는 것"이다. 의미와 중요성을 약화시켜 버리는 설명 방식을 의미한다. 심하게 이야기하면 "설명해서 내어버리는" 것이다.

예를 들어, 모든 것을 하나님의 섭리로 해석하는 사람들이 있는데, 사실상 모든 것이 하나님의 은혜요 섭리라고 한다면 아무 것도 하나님의 은혜와 섭리가 아닐 수 있다. 룻의 충성의 모습이 하나님의 은혜로 말미암은 개종 때문이라고 한다면 도대체 사사 시대의 그 많은 이스라엘인들은 무엇을 한 것인가? 하나님이 은혜를 베푸시지 않았기 때문에 각자 자기 소견에 옳은 대로 행동한 것인가?

따라서 하나님의 은혜라는 교리로 모든 것을 설명하려고 하지 말고, 오히려 이방인이었던 룻이 어떻게 이런 충성의 모습을 보일 수 있었는지를 보면서 충격으로 받아들이고 룻이 보였던 충성의 모습을 본받도록 도전을 받아야 한다. 캠벨이 말한 대로 "여호와의 길을 삶에 실행한 것"(a living out of the way of Yahweh)이 중요함을 강조하는 편이 좋다.[73]

6. 신학적 메시지

6.1 고통의 문제는 연대감으로 해결

룻의 이런 연대감이 나오미에게 치유의 능력을 발휘하였을 것이 분명하다. 이것은 욥기를 보면 알 수 있다. 욥의 세 친구들의 처음 모습은 고통의 문제를 어떻게 해결할 수 있는지 잘 보여준다.

욥의 세 친구들은 고난 중에 있는 욥과 침묵으로 함께 하였다. 친구들은 고통 중에 있는 친구와 함께 슬퍼하는 전형적인 모습을 보였다. 큰 소리로 울고, 옷을 찢

---

[72] 영어 사전에 의하면 "to get rid of by or as if by explanation" 아니면 "to minimize the significance of by or as if by explanation"이라고 explain away를 정의한다.

[73] Campbell, *Ruth*, 82.

고, 머리에 재를 뒤집어쓰고, 함께 칠 일을 땅에 앉아 있으면서 아무 말도 하지 않았다. 우리는 욥의 친구들에게서, 긍휼의 마음으로 욥의 옆에 함께 하는 모습을 보게 된다. 침묵과 연대감이야말로 진정한 우정이요 고통을 치유하는 강력한 사역이다. 우리는 욥의 세 친구들의 첫 모습과 룻의 태도에서 고난 중에 있는 이들에게 어떤 자세로 접근해야 하는지를 배울 수 있다.

아들을 잃은 월터스토프의 말은 정곡을 찌른다.

고통 가운데 있는 사람에게 무슨 말을 할까? 어떤 이들은 "지혜의 말"을 하는 은사를 받았다. 그런 사람들에게 깊은 감사를 전할 뿐이다. … 하지만 모든 이들이 같은 은사를 받은 것은 아니다. 어떤 이들의 입에서는 어색하고 엉뚱한 말들이 튀어나왔다. 그것도 역시 괜찮다. 지혜의 말이 아닌들 어떤가. 말 자체보다는 그 말을 하는 사람의 마음이 전해져야 한다. 할 말을 찾지 못했다면 그냥 이렇게 말해도 좋다. "무슨 말을 해야 할지 모르겠네. 단지 우리가 자네의 슬픔에 함께 동참하고 있다는 사실만 알아주게나."

또는 말없는 포옹도 좋다. 아무리 지혜로운 말이라도 어차피 고통을 덜어줄 수는 없다. 지혜의 말들은 새 날을 향해 가는 이 땅에서의 우리의 여정에 고통 이외에 다른 것도 존재한다는 것을 보여주는 증거가 된다. 존재하는 다른 모든 것들 가운데 최고는 사랑이다. 사랑을 표현하라. 사랑이 없는 가운데 자신의 죽음을 맞이하는 것처럼 소름끼치게 잔인한 일이 또 있을까?[74]

6.2 룻의 충성과 연대감

룻은 고통받는 나오미의 곁을 지켰다. 그저 단순한 함께 함이 아니라 죽음에 이르는 충성과 연대감을 보이고 있다. 룻기 기자에게 중요한 것은 룻의 개종만이 아니다. 룻의 개종은 밑그림으로 전제되어 있다. 룻기 기자가 강조하려는 것은 룻의 죽음에 이르는 충성이다.

---

[74] 월터스토프, 『나는 사랑하는 사람을 잃었습니다』, 58-59.

도대체 모압 여인 룻이 어떻게 다윗의 증조모가 되면서 구속사의 중요한 역할을 담당하는 것인가? 그것은 룻이 여호와께서 하나님의 백성들에게 원하시는 행동과 삶을 보여주었기 때문이다. 여호와께서는 그의 백성들이 서로에게 이 같은 충성의 삶, 인애의 모습을 보이기를 원하신다. 그것은 바로 자신이 그의 백성을 위해 죽음에 이르는 충성을 보이셨기 때문이다.

비록 룻기를 다룬 것은 아니지만, 룻의 충성과 연대감 같은 것이 무엇을 의미하는지를 C. S. 루이스가 잘 보여준다.

> 시련이 구속의 필수 요소라면, 하나님 보시기에 세상이 이미 구속되었거나 더 이상 구속할 수 없는 상태가 되기 전까지는 시련이 멈추지 않을 것을 예상해야 합니다. 그러므로 그리스도인은 우리의 경제, 정치, 혹은 위생 체제가 개혁되기만 하면 지상에 천국이 이루어질 것이라고 약속하는 그 어떤 사람의 말도 믿을 수 없습니다. 이 말이 사회운동가들을 의기소침하게 만드는 것처럼 들릴 수도 있지만 사실은 그렇지 않습니다. 오히려 같은 인간으로서 함께 불행을 겪고 있다는 강력한 연대감은, 우리가 도덕법을 깨뜨리면서까지 실현하고 싶어 하는 무모한 희망, 막상 실현하고 나면 먼지와 재밖에 남지 않는 그 어떤 희망 못지 않게 인간의 모든 불행을 최대한 제거하도록 박차를 가하는 훌륭한 역할을 합니다.[75]

6.3 구속사의 여울목

이런 충성과 연대감이 끝내는 인간을 구속하는 것임을 룻기가 웅변으로 보여준다. 겉으로 보면 그저 가련한 두 여인의 텅 빈 삶을 채우는 매우 목가적이고 가정적인 이야기처럼 보인다. 그러나 놀랍게도 룻기는 구속사의 거대한 주제를 담고 있다. 이에 대해서는 해롤드 피쉬(Harold Fisch)가 통찰력있게 지적한다.

> (룻기의) 처음과 끝에 나오는 족보는 단지 부속물이 아니다. 라헬과 레아, 유다와 다말

---

75 루이스, 『고통의 문제』, 173.

에 대한 언급도 단지 첨가물이 아니다. 족장 시대부터 다윗 왕조로 이어지는 지속되는 언약 역사에 대한 언급이 섬세하면서도 지속적으로 전개되고 있다. 뒤를 회고하고 앞을 내다보는 모습을 볼 수 있다. 단순히 야만성에서 문명성으로의 직선적 진보의 이야기가 아니다. 여기서 언약 역사는 이보다는 훨씬 변증법적이다. 과거의 이상적 시대를, 즉 족장 시대를 회고하는 모습도 보인다.[76]

해롤드 피쉬는 "만일 내가 죽는 일 외에 어머니를 떠나면(פָּרַד; 파라드) 여호와께서 내게 벌을 내리시고 더 내리시기를 원하나이다"(룻 1:17)라고 한 룻의 놀라운 맹세는 룻이 아브라함을 떠난 것을 암시한다고 본다. 결국 룻이 떠나기를 거부하는 것은 룻이 아브라함을 떠난 이전 행동을 무효화하는 것이라는 해석이다 : "네 앞에 온 땅이 있지 아니하냐 나를 떠나가라(פָּרַד; 파라드) 네가 좌하면 나는 우하고 네가 우하면 나는 좌하리라 … 그러므로 롯이 요단 온 지역을 택하고 동으로 옮기니 그들이 서로 떠난지라(פָּרַד; 파라드)"(창 13:9, 11).

룻과 나오미가 재결합함으로써, 심지어는 죽음도 이들을 분리할 수 없을 정도로 강하게 결합함으로써 롯의 가족과 아브라함 가족 사이의 옛 분리가 다시 봉합되었으며, 족장적 연대가 다시 창출됨으로써 구원의 새로운 탄생이 가능하게 된 것이다. 우리가 룻기를 구속사의 축소판이라고 한 것은 이런 의미에서이다. 룻과 엘리멜렉의 스토리는 언뜻 보기에는 시시하고 그저 한 가정에 국한된 일로 보이지만, 사실상은 역사의 여울목에 위치해 있는 것이다.[77]

우리는 이제서야 룻기가 왜 "사사기와 사무엘서라는 딱딱한 껍질 속에 들어 있는 진주"라고 했는지 조금은 이해할 수 있다. 그리고 이런 충성이 끝내는 사사 시대의 텅 빈 하나님의 백성을 다윗 시대에 풍요롭게 만들었던 이스라엘의 민족적 구속사를 이어가는 가장 큰 원동력임을 깨달을 수 있다.

---

76 Harold Fisch, "Ruth and the Structure of Covenant History," *VT* 32 (1982), 435.
77 Fisch, "Ruth and the Structure of Covenant History," 435.

6.4 하나님의 충성

이것이 어디 구약뿐인가? 신약을 살펴보면 오늘날 그리스도인들 역시 삶이 텅 빈 상태였으나 그리스도로 말미암아 풍요롭게 되었다. 십자가에 나타난 그리스도의 사랑은 그가 우리를 위해 죽음에 이르는 충성을 보이셨음을 단적으로 보여준다.

"그런즉 이 일에 대하여 우리가 무슨 말 하리요 만일 하나님이 우리를 위하시면 누가 우리를 대적하리요 자기 아들을 아끼지 아니하시고 우리 모든 사람을 위하여 내주신 이가 어찌 그 아들과 함께 모든 것을 우리에게 주시지 아니하겠느냐(롬 8:31-32)."

그렇다면 우리는 그리스도의 십자가 안에서 하나님의 죽음에 이르는 충성을 이미 경험한 것이다.

"누가 능히 하나님께서 택하신 자들을 고발하리요 의롭다 하신 이는 하나님이시니 누가 정죄하리요 죽으실 뿐 아니라 다시 살아나신 이는 그리스도 예수시니 그는 하나님 우편에 계신 자요 우리를 위하여 간구하시는 자시니라 누가 우리를 그리스도의 사랑에서 끊으리요 환난이나 곤고나 박해나 기근이나 적신이나 위험이나 칼이랴 기록된 바 우리가 종일 주를 위하여 죽임을 당하게 되며 도살당할 양같이 여김을 받았나이다 함과 같으니라 그러나 이 모든 일에 우리를 사랑하시는 이로 말미암아 우리가 넉넉히 이기느니라 내가 확신하노니 사망이나 생명이나 천사들이나 권세자들이나 현재 일이나 장래 일이나 능력이나 높음이나 깊음이나 다른 어떤 피조물이라도 우리를 우리 주 그리스도 예수 안에 있는 하나님의 사랑에서 끊을 수 없으리라(롬 8:33-39)."

그렇다면 이런 사랑을 이미 경험한 자들이 하나님과 이웃을 죽음에 이르는 충성으로 사랑하는 것은 너무나 당연한 것이다. 그러기에 주님께서는 그의 제자들에게 뒤를 돌아보지 말 것을 요구하신 것이다.

"길 가실 때에 어떤 사람이 여짜오되 어디로 가시든지 나는 따르리이다 예수께서 이르시되 여우도 굴이 있고 공중의 새도 집이 있으되 인자는 머리 둘 곳이 없도다 하시고 또 다른 사람에게 나를 따르라 하시니 그가 이르되 나로 먼저 가서 내 아버지를 장사하게 허락하옵소서 이르시되 죽은 자들로 자기의 죽은 자들을 장사하게 하고 너는 가서 하나님의 나라를 전파하라 하시고 또 다른 사람이 이르되 주여 내가 주를 따르겠나이다마는 나로 먼저 내 가족을 작별하게 허락하소서 예수께서 이르시되 손에 쟁기를 잡고 뒤를 돌아보는 자는 하나님의 나라에 합당하지 아니하니라 하시니라(눅 9:57-62)."

물론 이런 헌신은 큰 위험을 내포한다. 그러나 그리스도의 죽음에 이르는 충성을 통해 얻은 사랑이 있기에 이제 그리스도인들은 위험을 동반한 헌신으로 주님께 헌신해야 하는 것이다. 여기서 우리는 예수님의 제자들도 부모와 직업을 버리고 오직 예수만을 좇을 것을 요구받은 것을 주목해야 한다.

"내가 온 것은 사람이 그 아버지와, 딸이 어머니와, 며느리가 시어머니와 불화하게 하려 함이니 사람의 원수가 자기 집안 식구리라 아버지나 어머니를 나보다 더 사랑하는 자는 내게 합당하지 아니하고 아들이나 딸을 나보다 더 사랑하는 자도 내게 합당하지 아니하며(마 10:35-37)."

오늘 우리는 어떤가? 모압 여인 룻의 충성을 본받고 있는가? 최소한 주님의 제자로서 요구되는 조건에 부합되는 삶을 살고 있는가? 우리는 모든 것을 버리고 주님을 좇을 자세가 되어 있는가? 아니 실제 삶에서 주님을 좇고 있는가? 그리고 주님을 본받아 연약한 형제와 자매에게 죽음에 이르는 충성과 연대감을 보이고 있는가?

1막 3장
애가를 부르며 돌아오는 나오미(룻 1:19하반절-22)

1. 서론적 이야기

1.1 성경 본문

우리가 살펴보려는 룻기 1:19하반절-22은 나오미와 룻이 베들레헴으로 돌아왔을 때에, 베들레헴 여인들과 나오미 사이의 대화를 중심으로 한다. 이 대화는 남편과 두 아들을 잃고 텅 비어 돌아온 나오미의 심정의 일단을 잘 드러내면서 나오미에 대한 성격 묘사에 중요한 기여를 한다. 함께 성경 말씀을 읽어보자.

"베들레헴에 이를 때에 온 성읍이 그들로 말미암아 떠들며 이르기를 이 이가 나오미냐 하는지라 나오미가 그들에게 이르되 나를 나오미라 부르지 말고 나를 마라라 부르라 이는 전능자가 나를 심히 괴롭게 하셨음이니라 내가 풍족하게 나갔더니 여호와께서 내게 비어 돌아오게 하셨느니라 여호와께서 나를 징벌하셨고 전능자가 나를 괴롭게 하셨거늘 너희가 어찌 나를 나오미라 부르느냐 하니라 나오미가 모압 지방에서 그의 며느리 모압 여인 룻과 함께 돌아왔는데 그들이 보리 추수 시작할 때에 베들레헴에 이르렀더라 (룻 1:19하-22)."

1.2 그동안의 대중적 해석사

그동안의 해석사를 보면 베들레헴 여인에 대한 나오미의 응답을 놓고 나오미에 대한 평가가 판이하게 다르게 나타나는 모습을 볼 수 있다. 어떤 해석자들은 나오미가 아직도 분노하고 있는 불신앙적인 모습을 보인다고 보는 반면에, 다른 해석자들은 나오미가 현실을 인정하고 비극의 원인을 깨닫고 원래 자리로 돌아오는 신앙적인 모습을 보이고 있다고 정반대로 해석한다.

1.2.1 나오미에 대한 비판적 해석

일부 해석자들은 나오미가 아직도 하나님께 분노하고 있는 것으로 보면서 나오미가 신앙이 없는 여인이라고 비판적으로 해석한다. 워렌 위어스비는 나오미가 아직도 "이스라엘의 하나님을 확고히 믿지 못하고 그 하나님을 향해 원통한 마음을 품고" 있었다고 보면서 아래와 같이 해석한다.[78]

> 스코틀랜드의 설교가 조지 모리슨이 "우리 불행 중 90%는 우리의 이기심에서 비롯되며 이것은 하나님을 모욕하는 것이다"라고 말한 것처럼 나오미는 이기심에 사로잡혀 있었기 때문에 하나님께 분개했던 것이다.
>
> 우선 그녀는 자기를 괴롭게 하신 분이 바로 여호와라고 비난했다(룻 1:20). … 그녀는 여호와께 순복해서 그분의 사랑의 징계를 받아들이지 않았기 때문에 "의의 평강한 열

---

78 위어스비, 『헌신하여라』, 29.

매"(히 12:11)를 맺지 못했다. 여호와께서는 그녀를 괴롭게 하셨을 뿐 아니라 이 모든 재난을 내리심으로 말미암아 그녀를 징벌하셨다고 나오미는 말한다. 이것은 나오미가 자신의 죄를 고백하는 것일까? 즉 자기와 자기 가족이 모압으로 간 것은 죄를 범한 것이라고 인정하는 것일까? …

하나님의 이름을 아는 것과 하나님을 믿고 그분으로 하여금 인생의 어려운 상황 가운데서 역사하실 수 있도록 허용해 드리는 것과는 서로 다르다. … 나오미는 하나님의 이름은 알았으나 하나님을 믿지는 않았다.[79]

위어스비는 나오미의 말을 해석하면서 이기심에 사로잡혀 있었고, 하나님의 이름을 알았을 뿐 하나님을 믿지는 않았다고 해석한다.

1.2.2 나오미에 대한 긍정적 해석

반면에 이동원 목사는 나오미는 "자기가 당하고 있는 현실을 똑바로 직면"하고 "자기의 비참함에 대한 궁극적인 원인을 알고", "자기가 있어야 할 자리로 돌아온" 신앙인의 모습을 보이고 있다고 해석한다.[80]

잘못했을 때, 그 잘못을 인정하고 그리고 고백하는 일에서부터 우리의 회복은 시작되는 것입니다. … "나를 나오미라 칭하지 말고 마라라 칭하라 이는 전능자가 나를 심히 괴롭게 하셨음이니라"(20절). … 이것은 지금 그녀가 직면하고 있는 어둠과 고통의 현실에 대한 정직한 직면이요 고백인 것입니다.[81]

그녀는 잃어버린 세월에 대한 진단을 이렇게 하고 있습니다. "여호와께서 나를 징벌하셨고 전능자가 나를 괴롭게 하셨거늘"(21절). 잃어버린 낭비와 아픔의 그 세월을 하나님

---

79 위어스비, 『헌신하여라』, 30-31.
80 이동원, 『이렇게 선택하라』 (나침반, 1998), 42-47.
81 이동원, 『이렇게 선택하라』, 43.

과의 관계 속에서 해석했던 것입니다. 여기에 신앙인다운 안목이 있습니다.[82]

나오미는 자기가 마땅히 있어야 할 자리, 곧 유다 베들레헴 본래의 땅으로 돌아왔습니다. … 그 떡이 있는 곳, 하나님을 섬기던 그 삶의 자리로 나오미는 다시 돌아왔습니다. 그것이 회개입니다. 회개는 돌아오는 것입니다. 이 가정은 그들의 과거의 잘못을 뉘우치기만 하지 않고 뉘우친 다음에 돌아왔습니다.[83]

이동원 목사의 룻기 1:19-22의 해석은 위어스비의 해석과는 정반대로 보일 만큼 전혀 다르다.

1.3 문제 제기

우리는 여기서 심각한 질문을 하지 않을 수 없다. 해석자(설교자)는 얼마든지 나름대로 본문을 해석할 수 있는가? 다시 말해 본문은 사골 같은 원재료(raw material)이고 해석자(설교자)는 원재료인 사골을 가지고 육수를 만들어 곰탕이든 육개장이든 설렁탕이든 얼마든지 음식을 만들어 내놓을 수 있는 요리사인가? 과연 해석자(설교자)에게는 얼마든지 본문을 가지고 여러 다른 음식을 만들어낼 수 있는 해석학적 자유가 주어졌는가?

현대의 많은 해석자들은 적용 중심의 독서를 하는 경향이 있다. 그러나 적용 중심의 독서는 실제적이라는 점에서 장점도 있지만, 끝내는 본문에 충실하지 못하게 만들 가능성이 크다. 왜냐하면 적용 중심의 독서는 본문 자체의 의미보다는 어떻게 하면 오늘 우리의 삶에 적용할 수 있을지의 실용적 가치를 더 중요하게 여기기 때문이다.

해석자(설교자)는 어떤 상황에서도 먼저 본문에 충실해야 한다(true to the Text). 본문에 충실해야 한다는 것은 본문의 인도를 따라 해석해야 한다는 뜻이다. 다시 말해 본문에 깔려 있는 언어적 단서를 따라 일차적으로는 문법적-문예적 해석을 해

---

82 이동원, 『이렇게 선택하라』, 44.
83 이동원, 『이렇게 선택하라』, 46-47.

야 한다는 의미이다. 본문의 모든 단어들에 대한 문법적 분석은 기본이고 이를 넘어서서 본문의 장르가 무엇인지를 살피는 문예적 해석을 해내야 한다.

적용 중심의 독서와 해석을 하다 보면 본문을 그것도 번역된 성경으로 몇 번 읽은 다음에 적용을 하다 보니, 본문에 대한 기본적인 주해를 거치지 않게 된다. 그리고 눈에 띄는 몇 개의 단어나 통찰을 근거로 주로 묵상 위주의 해석을 하다 보니 본문에 매인 해석이 아니라 본문으로부터 자유로운 해석을 하게 되는 것이다.

또한 우리는 동일한 본문에 대한 해석이 이렇게 다를 때에는 어떻게 해야 하는가? 해답은 하나이다. 성경 본문이 모든 해석의 기준이다. 과연 본문이 그런 해석을 지지하는가이다. 여기서도 중요한 것은 본문의 디테일이다. 본문의 상세한 요소들을 어떤 해석이 가장 잘 설명해낼 수 있느냐가 관건이다. 다시 말해 본문에 대한 더 좋은 설명(better understanding of the text)이 해석의 기준이 되어야 한다.

2. 베들레헴 여인들의 반응

2.1 "온 성읍"이란 제유법

나오미와 룻이 드디어 베들레헴에 도착하였다. 이들이 도착하면 과연 베들레헴 사람들이 어떤 반응을 보일까? 19하반절을 보자.

"베들레헴에 이를 때에
(וַיְהִי כְּבֹאָנָה בֵּית לֶחֶם ; 와예히 케보아나 베트 레헴)
온 성읍이 그들로 말미암아 떠들며 이르기를
(וַתֵּהֹם כָּל־הָעִיר עֲלֵיהֶן ; 와테홈 콜-하이르 알레헨)
이이가 나오미냐 하는지라
(וַתֹּאמַרְנָה הֲזֹאת נָעֳמִי ; 와토마르나 하조트 노오미)."

나오미와 룻 역시 베들레헴 사람들이 어떤 반응을 보일지 궁금했을 것이다. 그런데 "온 성읍(כָּל־הָעִיר ; 콜-하이르)이 그들로 인해 떠들었다"고 내레이터는 묘사한다. 여기서 우리는 의문이 생긴다. 전쟁 영웅이나 스포츠 스타의 금의 환향도 아닌데 정말 "온 성읍"이 난리가 났을까? 이를 위해서 우리는 여기서 "온 성읍"(כָּל־הָעִיר ; 콜-하이르)이란 어구는 제유법으로 쓰였음을 주목해야 한다.

그렇다면 제유법(提喩法)이 무엇인가? 제유란 사물의 일부로서 그 사물 자체의 전체를 대표하게 하거나 전체로서 부분을 대표하게 하는 기법이다. 그렇다면 "온 성읍"(כָּל־הָעִיר ; 콜-하이르)이 그들로 인해 떠들었다"고 해서 베들레헴의 모든 사람들이 한 사람도 빠짐 없이 나와서 나오미에게 반응을 보였다는 의미는 아니다. 부분으로 전체를 가리킬 수도 있기 때문이다.

아마도 베들레헴 거주자들 가운데 일부이지만, 이들의 반응이 전체 베들레헴 사람들을 대표할 수 있는 반응이라면 얼마든지 "온 성읍"이라는 표현을 사용해도 되는 것이다. 이어지는 문장의 동사 "그녀들이 말하였다"(וַתֹּאמַרְנָה ; 와토마르나)가 여성 복수형인 것을 보면 "베들레헴 여인들"로 베들레헴 온 성읍 사람들을 가리키는 제유법을 사용한 것이 분명하다.

온 성읍이 제유법으로 쓰인 것이라고 설명하면 일부 독자들은 이런 문예적 기법을 밝히는 것이 무엇이 중요하냐고 의문을 제기한다. 제유법이 일상생활에서 얼마나 중요한지 모르니까 하는 말이다. 정치가들이 틈만 나면 자신의 생각을 이야기하면서 "국민의 뜻"이라고 말한다. 국민의 뜻이라고 할 때에는 자신이 알아본 일부 국민의 여론이 전체 국민의 여론을 대변한다는 분명한 근거가 있을 때 "국민의 뜻"이라고 할 수 있다.

그럼에도 불구하고 정치가들이 "국민의 뜻"을 운운하는 것은 제유법을 모르거나, 아니면 제유법을 악용한 결과이다. 따라서 우리는 제유법을 사용하는 사람들을 만날 때 그들이 제유법을 제대로 모르고 사용하는 것인지 아니면 알면서도 악용하는 것인지 날카롭게 판단할 줄 알아야 한다.

2.2 제유법의 중요성

이것은 성경 해석에서도 마찬가지이다. 성경에 보면 종종 "모든"이 부정어와 함께 쓰이는데 이때도 제유법을 염두에 두고 해석해야 한다.[84] 출애굽기 20장에 나오는 제4계명은 "일곱째 날은 네 하나님 여호와의 안식일인즉 너나 네 아들이나 네 딸이나 네 남종이나 네 여종이나 네 가축이나 네 문안에 머무는 객이라도 아무 일도 하지 말라"(10절)고 되어 있다. 예수님 당시 사해 인근 지방에 거하던 일종의 유대교 종파인 에센파 사람들은 "아무 일도 하지 말라"는 이 계명을 지나치게 문자적으로 이해하고 이 계명을 지키기 위해 안식일 전날 구덩이를 파두었다가 예배를 드린 다음에는 그 구덩이에 들어가 아무 것도 하지 않고 누워 있기만 하였다.

이들에 대한 가장 상세한 고대 문헌인 요세푸스의 『유대 전쟁사』에 보면 이들의 안식일 성수를 다음과 같이 묘사한다.

> 더욱이 에센파는 제7일에 노동을 쉬는 문제에 관해서는 유대의 어떤 종파보다 엄격하였다. 그들은 안식일 하루 전 날에 미리 음식을 장만하였을 뿐 아니라 안식일에는 불도 지피지 않았다. 그들은 또한 안식일에는 어떤 그릇도 있던 자리에서 다른 곳으로 옮기지 않았으며 학교도 가지 않았다. 그들은 조그만 연장으로 안식일 외의 다른 날에 1피이트 가량의 구덩이를 팠다. 그리고 안식일이 되면 빛을 정면으로 받지 않기 위해서 몸을 옷으로 감싼 후에 파 놓은 구덩이 안에 들어가 편히 누웠다. 그러고는 파낸 흙을 몸 위에 덮었다. 그들은 이런 일을 아무도 없는 한적한 곳에서만 하였다. 따라서 그들은 일부러 그런 곳을 물색해 두었다.[85]

그러나 계명이 이런 식의 행동을 권장하는 것은 아니었다. 아무 일도 하지 말라는 것은 어떤 일도 해서는 안 된다는 의미가 아니다. 왜냐하면 안식일에는 성일로 모이고 화제를 드리는 일을 해야 했기 때문이다.

> "그 첫 날에는 너희가 성회로 모이고 아무 노동도 하지 말지며 너희는 이레 동안 여호와께 화제를 드릴 것이요 일곱째 날에도 성회로 모이고 아무 노동도 하지 말지니라(레

---

84 아래 제유법과 안식일에 관련된 논의는 김지찬, 『언어의 직공이 되라』(생명의말씀사, 1996), 203-205에서 그대로 가져온 것이다.
85 요세푸스, 『유대 전쟁사』, 2권 8장 9절, 요세푸스 전집 제3권, 김지찬 역 (생명의말씀사, 1987), 201.

23:7-8; 참조 민 28:18)."

그렇다면 여기서 아무 노동도 하지 말라고 한 일은 말 그대로 어떤 행동도 하지 말라는 것이 아니다. 특정한 일, 즉 주중의 일상적인 노동은 어떤 일도 해서는 안 된다는 것이다. 아무 노동이란 모든 노동을 가리키는 것이 아니다. 때로는 전체를 가리키는 것처럼 보이지만, "특정 부분의 전체"를 가리킬 의도로 제유법을 쓰기 때문이다. 이렇게 제유를 잘못 이해하면 기괴한 행동 패턴이 등장하게 된다. 결국 제유 같은 언어적 장치는 쉽게 생각하듯이 단순한 언어의 문제가 아니다. 사고와 행동의 문제이다. 아니 바로 "삶"의 문제이다. 따라서 제유법은 그저 수사법에 불과하다고 생각하고 우습게 여겨서는 안 된다.

2.3 그리스도인들, 특히 목사들은 언어에 주의해야 한다

이렇게 언어의 문예적 장치나 기법을 잘 모르면 성경을 잘못 해석할 수 있을 뿐 아니라, 성경의 진리를 전하는 일과 서로 소통하는 데 있어서 장애가 될 수 있다. 진리의 증인이 되어야 할 그리스도인들, 특히 성경을 해석하여 강단에서 설교하는 목사들은 언어에 주의해야 한다. 유진 피터슨의 말을 들어보자.

> 무엇이든 생각나는 대로 말하기 쉽다. 목사라는 역할이 정신 나간 말도 무마해주기 때문이다. 아첨하거나 조종하는 말로 사람들에 대한 지배력을 얻기가 쉽다. 목사는 미묘한 방식들로 말을 부패시킬 수 있다. 그래서 시인 친구들과 자주 어울리는 게 중요하다. 내 시인 친구들로는 제라드 맨리 홉킨스(Gerard Manley Hopkins), 조지 허버트(George Herbert), 에밀리 디킨슨(Emily Dickinson), 루시 쇼(Luci Shaw) 등이 있다. 시인은 말에 관심을 가지고 말에 정직하며, 말의 압도적 힘을 존중하고 존경하는 사람이다. 그런 시인들과 만나고 나면 더 주의하게 되고, 말과 하나님 말씀에 대한 경외심을 회복한다.[86]

---

[86] 유진 피터슨, 『목회자의 영성』, 양혜원 역 (포이에마, 2012), 212.

어찌되었든 복음적 그리스도인들은 성경의 무오성을 믿기에, 특히 성경의 문자적 해석과 문예적 기법 등에 조예가 있어야 한다. 내레이터가 "온 성읍"이 나오미와 룻으로 인해 떠들썩했다고 하면 이를 믿어야 한다. 다시 말해 실제로 그들에게 반응을 보인 자들은 여인들이었지만 베들레헴 전체의 반응을 집약한 것으로 보아야 하는 것이다. 성경 기자의 제유법을 그대로 받아들여야 한다.

2.4 법석떠는 베들레헴 여인들

그렇다면 베들레헴 전체의 반응을 집약한 것으로 볼 수 있는 여인들의 반응은 어떠했는가?

"온 성읍이 그들로 말미암아 떠들며 이르기를(19하반절)

(וַתֵּהֹם כָּל־הָעִיר עֲלֵיהֶן : 와테홈 콜-하이르 알레헨)."

내레이터는 여인들이 "떠들며"(וַתֵּהֹם ; 와테홈) "이 이가 나오미냐"라고 했다고 묘사한다. 과연 베들레헴 여인들은 나오미의 모습을 보고 충격을 받아 이런 말을 했을까, 아니면 기뻐서 반가워하며 외친 것일까? 여인들의 반응의 성격을 알려면 "떠들다"고 번역된 동사 "테홈"(תֵּהֹם)의 의미를 살펴야 한다.

우선 "테홈"의 의미를 알려면 어간(語幹)이 무엇인지 알아야 한다. 학자들 사이에서 테홈(תֵּהֹם)의 어간이 무엇인지에 대해 논란이 많아 불분명하다. 여러 가능성이 제기되고 있지만 "소리를 내다" 동사 "하맘"(הָמַם)의 수동형(니팔형)이거나, "떠들다, 불평하다"는 동사 "훔"(הוּם)의 수동형일 가능성이 있다.[87] 따라서 이런 경우에는 동사의 용례가 더 중요하다.

어쨌든 이 동사는 구약에서 총 6번(신 7:23; 룻 1:19; 삼상 4:5; 왕상 1:45; 시 55:3; 미 2:12) 사용되었는데, 신명기 7:23과 미가 2:12은 문맥이 분명하지 않아 의미를 특정하기가 어렵다. 한편 시편 55:2은 탄식할 때의 소리를 가리킨다. 이에 반해 사무엘

---

87 Robert D. Holmstedt, *Ruth : A Handbook on the Hebew Text* (Baylor Univ. Press, 2010), 96을 보라.

삼 4:5에서는 언약궤가 이스라엘 진영으로 들어올 때 좋아 흥분해서 떠드는 소리를, 열왕기상 1:45에서는 솔로몬이 왕위에 오를 때의 환호성 소리를 이 동사로 묘사하였다.

용례로만 보면 탄식의 소리로 1번, 기쁜 환호성으로 2번 쓰였기에 베들레헴 사람들이 나오미를 보고 놀라면서 기쁜 마음으로 외치는 소리를 가리킬 가능성이 커 보인다. 따라서 많은 학자들은 결국 이들이 외치는 소리는 나오미가 당한 고난을 보고 동정심에서 나오는 비탄의 소리가 아니라, 나오미를 알아보고 반가와서 외친 소리라고 본다.[88]

문맥을 보면 베들레헴 여인들의 법썩에 대해 "나를 나오미라 부르지 말고 나를 마라라 부르라 이는 전능자가 나를 심히 괴롭게 하셨음이니라"라고 대꾸한 것을 보면, 나오미인 줄 알아보고 놀라 기쁜 마음으로 외쳤을 개연성이 더 커 보인다는 것이다.[89] 비록 친척들을 통해 나오미가 모압에서 어떤 일을 당했는지 알았을 가능성도 있으나, 10여 년 만에 나타난 나오미를 보고 우선은 반가웠을 가능성이 더 크지 않았을까? 베들레헴 여인들이 나오미의 격정적인 반응을 듣고 가만히 있었던 것을 보면 오랜 만에 만난 나오미를 보고 반가워하고 놀라면서 외친 기쁨의 소리로 보는 것이 더 좋아 보인다.

2.5 베들레헴 여인들의 반응 : "이 이가 나오미냐"

그렇다면 베들레헴 여인들이 무엇이라고 법석을 떨었는가?

"이 이가 나오미냐 하는지라

(וַתֹּאמַרְנָה הֲזֹאת נָעֳמִי ; 와토마르나 하조트 노오미)."

---

[88] Campbell, *Ruth*, 75; Block, *Judges, Ruth*, 645. 반면에 사쏜(Sasson)은 "흥분해서 소리지르다"(hummed with excitement)로 중립적으로 번역한다. 여기서는 기뻐서 외친 것인지, 초라한 몰골을 보고 충격을 받은 것인지 확실치 않다는 것이다. 한글개역개정에서도 "떠들며"라고 다소 중립적으로 번역하였다.

[89] Bush, *Ruth/Esther*, 92.

베들레헴 여인들의 말은 단지 두 단어(הֲזֹאת נָעֳמִי; 하조트 노오미)로 이루어져 있는데 평서문으로 읽을 수도, 질문으로 읽을 수도 있다. 첫 단어 "하"(הֲ)가 의문사일 수도 있고, 감탄사일 수도 있기 때문이다. 만일 "하"(הֲ)를 감탄사로 본다면, 이 어구는 평서문으로 "정말로 이는 나오미구나"(This, indeed, is Naomi)라고 번역할 수 있다. 반면에 "하"(הֲ)를 의문사로 보면 질문으로 "이는 나오미야"(Is this Naomi)라고 번역할 수도 있다.

어떤 번역도 거의 비슷한 의미를 전달하기에 어떻게 번역해도 상관은 없으나, 베들레헴 여인들이 나오미를 알아보고 반가워서 보이는 반응이라면 의문문으로 번역하는 것이 좋을 것 같다. "이게 누구야? 나오미 아냐?"라는 식으로 말을 건 것으로 볼 수 있다.

일부 학자들은 베들레헴 여인들이 나오미에게 직접 한 질문으로 보기도 하나,[90] 최근의 다수의 학자들은 자기들끼리 떠든 말로 보는 경향이 있다.[91] 어떻게 보아도 큰 차이가 나는 것은 아니지만, 여인들이 나오미를 보고 반가워하면서 법석을 떨다가 자기들끼리 "우리가 보고 있는 게 나오미 맞아?"라고 떠들고 있는 모습이 더 개연성이 있어 보인다.

3. 나오미의 애가

3.1 본문과 구조

베들레헴 여인들이 "이는 나오미가 아니냐"고 나오미에게 직접 질문을 던졌든, 아니면 자기들끼리 떠드는 소리를 나오미가 들었든간에 나오미는 격정을 토로하고 있다.

"나오미가 그들에게 이르되 나를 나오미라 부르지 말고 나를 마라라 부르라 이는 전능

---

90 Arthur E. Cundall & Leon Morris, *Judges & Ruth*, Tyndale OT Commentaries (IVP, 1968), 262.
91 Hubbard, *The Book of Ruth*, 123; Block, *Judges, Ruth*, 645; Bush, *Ruth/Esther*, 91.

자가 나를 심히 괴롭게 하셨음이니라 내가 풍족하게 나갔더니 여호와께서 내게 비어 돌아오게 하셨느니라 여호와께서 나를 징벌하셨고 전능자가 나를 괴롭게 하셨거늘 너희가 어찌 나를 나오미라 부르느냐 하니라(룻 1:20-21)."

이 격정적인 나오미의 토로는 본문 단락의 핵심이기에, 이 단락의 신학적 메시지를 찾아내기 위해서는 이 부분을 세밀하게 분석할 필요가 있다. 우선 구조를 분석할 필요가 있는데 나오미의 대답은 A-X-A'의 형식으로 되어 있다.

A 1 나를 나오미라 부르지 말고(요청 1)
      나를 마라라 부르라(요청 2)
  2 이는 전능자가 나를 심히 괴롭게 하셨음이니라(이유 1)
    X 내가 풍족하게 나갔더니
       여호와께서 내게 비어 돌아오게 하셨느니라
A' 1 너희가 어찌 나를 나오미라 부르느냐(요청 3)
  2 여호와께서 나를 징벌하셨고(이유 2)
    전능자가 나를 괴롭게 하셨거늘(이유 3)

A와 A'는 자신의 이름을 나오미라 부르는 데 대한 이의를 제기하고 있다. 베들레헴 여인들이 "이는 나오미가 아니냐?"고 하자, 나오미라는 이름의 뜻이 "나의 즐거운 자"이기에, 이 이름의 뜻과 자신의 삶은 천양지차라는 점을 빌미로 자신의 고통스런 심정을 드러낸다.

나오미는 A에서 베들레헴 여인들에게 두 가지를 요청한다. 첫째, "나오미"(즐거운 자)라 부르지 말고, 둘째 "마라"(쓴 자)라 부르라고 부탁한다. 그러고는 그 이유를 한 가지 밝힌다 : "이는 전능자가 나를 심히 쓰게 하셨음이라."

A'에서 나오미는 또다시 "너희가 어찌 나를 나오미라 부르느냐?"고 질문하면서 그렇게 하지 말 것을 요청한다. 여기서는 A에서와는 달리 요청은 하나이나, 대신 그 이유가 두 개 나타난다. 첫째, 여호와께서 자신을 징벌하셨으며, 둘째 전능자가 자신을 쓰게 하셨고 또 괴롭게 하셨기 때문이라는 것이다. 우리는 여기서 A와 A' 사

이의 균형을 볼 수 있다.

A = 요청(2) + 이유(1)
A' = 요청(1) + 이유(2)

결국 나오미의 말은 자신을 나오미라고 부르지 말라는 요청으로 둘러싸여 있다. 자신을 나오미라고 부르지 말라고 요청하는 것은 그저 명분일 뿐 실제 나오미의 속마음은 하나님께 자신의 고통을 부르짖는 데 있음을 알 수 있다. 자신이 당한 고난의 원인은 바로 전능자이신 여호와 때문이라고 부르짖고 있는 것이다.

이 같은 나오미의 시각은 구조의 중앙(x)에 가장 명료하게 드러난다 : "내가 풍족하게 나갔더니 여호와께서 내게 비어 돌아오게 하셨느니라." 나오미는 이런 식으로 여호와가 자신이 당한 모든 재난의 근원임을 분명하게 밝힌다.

이것은 나오미의 말 가운데서 신의 명칭이 나오는 부분만 모아 보면, 이미 여러 학자들이 지적하였듯이 교차 대구를 이루는데, 이는 나오미의 핵심 의도가 무엇인지를 한 눈에 확연히 알 수 있게 한다.

  A 이는 전능자(שַׁדַּי ; 샷다이)가 나를 심히 쓰게 하셨음이니라
    B 여호와(יהוה ; 아도나이)께서 나로 비어 돌아오게 하셨느니라
    B' 여호와(יהוה ; 아도나이)께서 나를 징벌하셨고
  A' 전능자(שַׁדַּי ; 샷다이)가 나를 괴롭게 하셨느니라

위의 교차 대구적 구조는 여호와(יהוה ; 아도나이)를 2번, 전능자(שַׁדַּי ; 샷다이)를 2번, 도합 4번이나 반복함으로써 전능자이신 여호와가 재난의 궁극적 원인임을 크게 부각시킨다. 하나님께서 나오미를 심히 쓰게 하셨고, 비어 돌아오게 하셨고, 징벌하셨고, 괴롭게 하셨다는 것이다. 특별히 전능자(שַׁדַּי ; 샷다이)로 시작해서 전능자(שַׁדַּי ; 샷다이)로 끝나고 있다. 전능하신 하나님의 손길에 대한 두려움이 잘 드러난다. 여기서 전능자라고 번역된 히브리어 "샷다이"(שַׁדַּי)는 인간을 다스리는 지배자로서의 하나님, 즉 축복을 베풀고, 인간의 운명을 결정하며, 공의를 행하고, 악을 심판하는

분으로서 하나님을 묘사할 때 사용되는 용어이다. 나오미가 자신이 당한 재앙과 고통을 언급하면서 전능자로 시작해서 전능자로 끝나는 것은 어쩌면 당연한 것일지도 모른다.

3.2 "애가"(lament)의 중요성

위의 분석을 살펴보면 나오미의 말은 여호와가 자신의 모든 재앙과 고난의 궁극적 이유라고 선언하면서 탄식함을 알 수 있다. 겉으로는 자신을 나오미라고 부르면 안 되는 이유를 밝히면서 베들레헴 여인들에 대해 말을 하는 것처럼 보이지만, 실제로는 여호와를 향해 "나한테 이러실 수는 없다"며 애가(lament)를 부르고 있는 것이다 : "나는 풍족하게 나갔는데, 여호와께서 나를 텅 비어 돌아오게 하셨다." 따라서 우리는 나오미의 말을 하나님을 향한 탄식의 언어, 애가로 볼 수 있다.

따라서 우리가 나오미에 대한 성경 기자의 성격 묘사를 제대로 이해하려면 먼저 성경의 "애가"(lament)가 무엇인지 먼저 이해해야 한다. 그동안 나오미의 부르짖음이 애가라는 장르 인식이 없었고, 또한 애가의 성격과 기능을 알지 못하였기 때문에 일부 해석자들이 1:19-22에 나오는 나오미를 불평만 하는 불신앙의 여인으로 해석한 것이다.

어떤 상황에서든 "내 삶이 이래서는 안 된다"고 부르짖는 고통의 소리가 바로 성경의 애가이다. 그러나 애가는 단순히 고통 가운데서 부르짖는 한탄은 아니다. 애가에는 대상이 있고 그 대상은 바로 하나님이시다. 다시 말해 비록 겉으로는 불평과 탄식을 늘어놓고 있지만 애가는 하나님을 신뢰하면서 부르짖는 기도요 노래이다. 자신의 삶에 문제가 있음을 탄식으로 알리며 하나님께 도움을 청하는 것이다. 비록 애가는 겉으로 볼 때에는 부정적인 탄식의 소리처럼 들릴지 모르지만, 실제로는 하나님의 인애에 대한 깊은 확신에서 나오는 것이다. 비록 큰 절망 가운데 있더라도 하나님의 인애는 변함없음을 확신하고 그분께 호소하는 것이기 때문이다. 이렇게 애가를 부를 때 우리는 심리적 절망에서 희망으로 나아가게 된다. 하나님께 나아가서 능동적으로 탄식하게 되면 우리는 치유의 손길을 경험하게 된다.

따라서 시편에는 감사의 찬양시 숫자보다 탄식하는 애가의 숫자가 더 많다. 물론 시편의 가장 기본적인 태도는 찬양이다. 시편의 히브리 명칭은 테힐림, "찬양"이다. 실제로 시편의 마지막 결론부는 할렐루야 찬양시로 이루어져 있다. 시편 146편부터 150편은 거대한 찬양시 그룹을 형성하고 있다. 따라서 많은 이들은 시편 하면 "찬양"이라고 생각한다. 그러나 시편에서 찬양이 가장 기본적인 것이기는 하지만, 시편에서 가장 압도적인 어조는 찬양이 아니다. 애가가 찬양시보다 수적으로 많다. 찬양은 41개인 반면에, 애가는 모두 54개로 보는 학자도 있다.

지금까지 교회가 애가를 중요시하지 않았기에 이런 사실을 알게 되면 많은 이들이 놀라게 된다. 어떻게 감사하는 노래보다 불평과 탄식의 노래가 더 많다는 말인가? 그러나 이것은 결코 놀랄 바가 되지 못한다. 세상을 살다 보면 기뻐할 때보다는 상실감으로 슬퍼하고 탄식할 때가 더 많기 때문이다.

그럼에도 불구하고 교회는 그동안 애가를 중요하게 생각하지 않았다. 한국 교회의 프로그램 가운데 "찬양과 경배"는 있어도, "애가(탄식)와 경배"는 없다. 물론 공적인 모임으로 "애가(탄식)와 경배"라는 프로그램이 가능하며, 또 마땅히 그런 프로그램을 만들어야 한다는 말은 아니다. 단지 찬양만을 강조한 나머지 우리의 삶 가운데서 애가가 가지는 역할과 기능이 상실되고 있음을 지적하는 것뿐이다. 그렇다면 애가를 이렇게 교회가 무시하게 된 이유는 무엇인가? 학자들은 신앙이란 부정적인 것을 인정하는 것이 아니라고 믿기 때문에 애가의 시편을 무시하게 되었다고 본다. 따라서 어떤 학자는 애가는 교회가 잃어버린 영적 자산이라고까지 말한다.

그런데 놀랍게도 나오미는 애가가 잃어버린 교회의 영적 자산임을 우리에게 보여주고 있다. 나오미의 애가를 통해 고통을 이겨내며 하나님께로 나아가는 법을 배워보도록 하자.

3.3 전능자가 나를 "쓰게" 만드셨다!

앞서 살핀 대로 나오미는 자신을 나오미라고 부르는 데 대해 이의를 제기한다. 나오미는 자신을 "나오미"(נָעֳמִי ; 노오미)라 부르지 말라고 요청한다.

"나오미가 그들에게 이르되

(וַתֹּאמֶר אֲלֵיהֶן ; 와토메르 알레헨)

나를 나오미라 부르지 말고

(אַל־תִּקְרֶאנָה לִי נָעֳמִי ; 알-티크레나 리 노오미).”

자신을 "나오미"라고 부르지 말라고 한 이유가 무엇일까? 나오미(נָעֳמִי ; 노오미)란 "나의 즐거운자"라는 의미를 지니고 있기 때문이다. 나오미가 자신을 "즐거운 자"라고 부르지 말라고 한 것은 갑자기 자신의 이름과 현재 삶의 처지가 상충되면서 통렬한 아이러니를 드러내고 있기 때문이었다. "하, 내 이름이 즐거운 자라고. 내 형편을 보라고. 이 세상에 이보다 더 맞지 않는 이름이 어디에 있는가!" 대신 자신을 다른 이름으로 부르라고 요청한다.

"나를 마라라 부르라

(קְרֶאןָ לִי מָרָא ; 크레나 리 마라).”

따라서 나오미는 자신의 상황에 더 맞는 이름으로 불리기를 원한 것이고, 지금 상황에 더 맞는 이름은 마라(מָרָא)[92]라는 것이다. "마라"는 쓰다는 뜻이다. 그렇다! 나오미는 이제 "쓰디 쓴 여인"인 것이다.

그렇다면 "마라"(מָרָא)라는 이름이 더 적합한 이유는 무엇인가? 나오미는 바로 다음에서 그 이유를 밝히고 있다.

"이는 전능자가 나를 심히 쓰게 하셨음이니라

(כִּי־הֵמַר שַׁדַּי לִי מְאֹד ; 키-헤마르 샤다이 리 메오드).”

---

[92] 맛소라 사본에서 마라(מָרָא)란 이름의 끝이 자음 "헤"(ה)가 아닌 "알렙"(א)으로 끝난 것은 특이하다. 따라서 로빈슨 (Th. H. Robinson)도 BHS의 비평주(critical apparatus)에서 많은 사본들과 함께 מָרָה로 읽을 것을 제안하고 있다 (20a l c mlt MSS מָרָה). 마이어스(Jacob M. Myers)는 17개의 중세 사본이 מָרָה로 되어 있다는 근거로 단순히 서기관의 실수로 본다("The Linguistic and Literary Form of the Book of Ruth," [E.J. Brill. 1955], 10). 한편 캠벨 (Campbell) 은 아람어식 스펠링으로 기록한 것으로 본다(참조, Campbell, *Ruth*, 76). 어떤 스펠링을 택해도 큰 의미의 변화는 없다.

"마라"는 "전능자가 나를 심히 쓰게 하셨음이니라"에 있는 "쓰다"는 동사 "마라르"(מָרַר)에서 나온 명사로서 "쓴 자"란 뜻이기 때문이다. "쓰게 하다"(הֵמַר ; 헤마르; 한글개역개정은 "괴롭게 하다")는 동사와 "마라"란 이름은 같은 어근인 "마라르"(מָרַר)에서 나온 단어들이다. 나오미는 전능자가 자기를 쓰게(מָרַר) 하셨으므로 더 이상 자신을 나오미(נָעֳמִי ; 노오미; 나의 즐거운 자)라고 부르지 말고, "쓴 자"(מָרָא ; 마라)라고 부르라고 한 것이다.

그렇다면 전능자가 어떻게 나오미를 쓰게 만들었는가? 구체적으로 여기서 밝히고 있지 않지만, 스토리의 흐름을 따라온 독자들에게는 그 이유가 무엇인지 다 알 수 있다. 흉년에 남편의 사별과 두 아들의 사별로 이어지는 연속적인 재앙이 나오미의 마음을 쓰게 만든 것이다. 이미 오르바와 룻을 돌려보내기로 권면하는 가운데 나오미는 "여호와의 손이 나를 치셨으므로 나는 너희로 말미암아 (너희들보다) 더욱 마음이 쓰도다(מַר ; 마르)"(1:13)라고 토로한 적이 있었다. 여기서 "쓰다"는 단어 마르(מַר)도 "마라"(מָרָא)란 이름과 같은 어근인 "마라르"(מָרַר)에서 나온 것이다. 나오미는 여호와의 손이 자신을 치므로 재앙을 연거푸 당하게 되었고, 결국 마음이 쓰게 되었다고 토로하고 있는 것이다. 겉으로는 베들레헴 여인들에게 하는 말이지만 여기서도 궁극적인 탄식의 대상은 여호와이시다.

나오미는 자신의 이름조차 나오미에서 마라로 변경하길 원할 정도로 마음에 상처를 입었다. 쓰디쓴 마음의 상처의 원인을 여호와께 떠넘기는 것은 나오미가 아직도 감사할 줄 모르는 불신앙의 소유자이기 때문이 아니다. 여기서 "쓰게 하다"는 동사 "마라르"(מָרַר)는 욥기 27:2, 예레미야애가 1:4; 3:15처럼 고통당하는 하나님의 백성들을 묘사할 때 사용된 단어이다.

"나의 정당함을 물리치신 하나님, 나의 영혼을 괴롭게 하신 전능자(וְשַׁדַּי הֵמַר נַפְשִׁי ; 웨샷다이 헤마르 노프쉬)의 사심을 두고 맹세하노니(욥 27:2)."

욥 역시 전능자가 자신의 영혼을 쓰게 만들었다고 탄식한다. 욥은 하루 아침에 열 자녀와 재산을 모두 잃고 온 몸에 피부병이 생겨 기왓장으로 온몸을 긁게 되는 고난을 겪으면서 이 모든 재난의 원인을 "자신의 영혼을 쓰게 하신 전능자(שַׁדַּי ; 샷다이)"에게 돌리고 있다.

전능자란 신명은 구약 성경에 총 43번 등장하는데 욥기에 무려 23번이나 등장한다. 이런 점에서 성경은 나오미의 고난과 욥의 고난을 같은 선상에서 보고 있다 : 둘 다 전능자(שׁדַּי ; 샷다이)가 그들을 쓰게 만들었기(מָרַר ; 마라르) 때문이다. 고난의 이유를 알지 못하는 상황에서 자신을 쓰게 만드는 신적 존재는 여호와라는 친숙한 고유명사보다는 무시무시한 느낌이 드는 "전능자"란 칭호가 훨씬 적절해 보인다.

이렇게 "삶의 쓰디 쓴 경험"은 여성적 경험으로 표현하는 것이 성경적 전통인 것 같다. 예루살렘의 멸망 후에 시온의 심정을 "쓴 처녀"로 묘사하고 있기 때문이다.

"시온의 도로들이 슬퍼함이여 절기를 지키려 나아가는 사람이 없음이로다 모든 성문들이 적막하며 제사장들이 탄식하며 처녀들이 근심하며 시온도 곤고를 받았도다(וְהִיא מַר־לָהּ ; 웨히 마르-라흐)(애 1:4)."

우리는 나오미의 애가를 성경적 관점으로 이해해야 한다. 너무 마음이 아파 하나님 앞에 솔직한 심정을 쏟아 놓는 것이 고통과 상실과 낙심을 이길 수 있는 중요한 길이라고 성경은 우리에게 가르쳐 주고 있기 때문이다. 따라서 우리는 일부 해석자들처럼 너무 쉽게 아직도 나오미가 정신을 차리지 못하고 있다고 비난해서는 안 된다.

3.4 "여호와께서 나로 텅 비어 돌아오게 하셨다!"

나오미는 전능자가 자신을 쓰게 만들었다고 한 후에 그렇게 생각하게 된 결정적 근거를 댄다(21상반절).

"내가 풍족하게 나갔더니
(אֲנִי מְלֵאָה הָלָכְתִּי ; 아니 멜레아 할라크티)
여호와께서 내게 비어 돌아오게 하셨느니라
(וְרֵיקָם הֱשִׁיבַנִי יְהוָה ; 웨레캄 헤쉬바니 아도나이)."

이 말은 나오미의 애가의 핵심을 이루면서 룻기 전체의 핵심 주제인 "텅 빔으로부터 채움으로"에서 텅 빔의 주제를 처음 드러내고 있다. 게다가 "돌아오다"는 동사(שׁוּב ; 슈브)가 룻기에 총 15번 쓰였고 1장에만 12번이나 등장하는데, 바로 이 "돌아오다"(שׁוּב ; 슈브)는 동사가 룻기의 핵심 주제인 "텅 빔과 채움" 중에서 처음으로 "텅 빔"(רֵיקָם ; 레캄)의 모티브와 함께 나타나기 때문이다.

이미 여러 학자들이 지적하였듯이 히브리 원문을 순서까지 염두에 두고 직역해 보면 주어인 "내가"(אֲנִי ; 아니)와 "여호와께서"(יְהוָה ; 아도나이)가 전체 문장 처음과 끝에 나와 대조되고 있음을 알 수 있다.

"내가"(אֲנִי ; 아니) 풍족하게(מְלֵאָה ; 멜레아) 나갔더니(הָלַכְתִּי ; 할라크티)
비어(וְרֵיקָם ; 웨레캄) 돌아오게 하셨다(הֱשִׁיבַנִי ; 헤쉬바니) 여호와가(יְהוָה ; 아도나이)."

"내가"(אֲנִי ; 아니)와 "여호와께서"(יְהוָה ; 아도나이)가 문장의 처음과 끝에 등장하여 나오미의 계획과 의도와는 정반대로 여호와께서 일을 틀어버리셨다는 나오미의 관점이 강하게 나타난다. "나는 풍족하게 나갔는데, 텅 비어 돌아오게 하셨다. 누가? 여호와께서"라는 불평이 시각적으로도 잘 드러나게 표현되어 있다.

나오미는 고향으로 돌아왔음에도 불구하고 조금도 기쁘지 않다고 토로한다. 기쁘기는커녕 마음이 쓰리다고 외친다. 그 이유는 돌아왔지만 텅 비어 돌아왔기 때문이다. 1장 내내 새로운 희망의 요소로 등장한 돌아오는 주제가 여기 와서 오히려 절망의 요소로 급전환된다. "돌아오면 무엇하는가? 텅 비어서 돌아온 것을." 나오미는 자신의 풍족한 과거와 현재의 상실을 대조한다. "나갈 때는 내가 풍족했는데, 여호와께서 나를 텅 비게 만들어 돌아오게 하셨다."

나오미의 이 말은 룻기 내러티브의 핵심 주제를 드러내고 있다고 오늘날 대부분의 현대 학자들은 주장한다. 룻기 내러티브의 플롯을 "텅 빔에서 채워짐으로" 보는 아델 벌린(Adele Berlin)의 말을 직접 들어보자.

우리는 사물을 나오미의 눈으로 본다. 나오미가 느끼듯이 느끼게 된다. 나오미의 사별과 외로움, 나오미의 귀향, 나오미의 쓰디쓴 상처와 가난, 룻의 미래에 대한 걱정, 보아스에 대한 나오미의 견해, 손자의 탄생을 통한 회복 등이 전개된다. 나오미는 텅 빔에서 채워짐의 모티브의 주된 대상이다. 우리는 주로 나오미의 인식의 관점에서 스토리를 대하게 된다.[93]

앞서 룻기 1장에서 우리는 나오미의 삶이 어떻게 텅 비어 가는지를 볼 수 있었다. 나오미는 자연의 수준에서의 공허함인 흉년으로 자기 고향을 떠나게 된다. 그러나 남편이 죽고 결혼한 두 아들마저 아이를 생산하지 않은 채 죽음으로써 사회적 수준에서의 공허함을 나오미가 겪게 되었다. 게다가 나오미는 폐경기에 다다른 여인으로서 아이를 낳을 수 없는 불임의 여인이 되어 개인적 수준에서도 공허함을 경험하게 되었다. 따라서 학자들은 늙은 여인의 불임과 땅의 흉년이 맞물리면서 나오미의 상실감이 얼마나 컸을지를 공감하게 된다고 본다. 자연의 순환은 끊임없이 되풀이되나 한 여인의 삶은 이렇게 되풀이될 수 없음에 나오미의 고통이 있다. 이같이 나오미의 삶이 텅 비어져 가고 있음을 우리는 내레이터를 통해 듣고 있었다. 그런데 이제 여기서 나오미의 입을 통해 이를 확인하게 된 것이다 : "나갈 때는 내가 풍족했는데, 여호와께서 나를 텅 비게 만들어 돌아오게 하셨다."

나오미는 비록 흉년으로 베들레헴을 떠났지만 남편과 아들 둘이 있었기에 풍요하다고 생각했을지 모른다. 그러나 남편과 두 아들의 죽음은 나오미에게 하늘이 무너지는 "상실"이었다. 따라서 텅 비게 되었다는 느낌이었다. 오랫동안 영성에 대해 연구한 조앤 키티스터(Joan D. Chittister)의 말은 나오미의 상실감을 잘 드러낸다.

모든 죽음에는 일상적인 것의 죽음이 따라오며, 익숙한 것이 사라지게 되면 편안함이 사라지게 됩니다. 우리가 당연시 여겼던 것, 심지어는 우리의 존재의 중력마저도 기울어지고 약화됩니다. 그리고 텅 빔만이 우리의 친구가 됩니다. 하나님은 사실이라기보다는 그저 소문 속의 존재처럼 느껴집니다. 우리의 영적 확실성마저도 조금은 희미해집니다. 우리의 세계가 기울어져 넘어질 것 같은데, 우리가 방향을 상실하고 망망 대해에 홀로 떠 있는데, 도대체 하나님은 어디 계시는 것입니까?

---

93 Berlin, *Poetics and Interpretation of Biblical Narrative*, 84.

삶의 대들보 없이 홀로 남겨진다는 것은 나머지 것들을 회의하지 않을 수 없는 상태로 내던져지는 것입니다. 이 지위 없이, 이것 없이, 이 후원 없이, 이 사람 없이 과연 삶이란 어떤 목적이 있는 것입니까? 생생한 과거 없이(no living past) 과연 미래는 무슨 목적이 있습니까? 미래, 한때는 주어진 것이지만, 이제 아무런 계획이 없는 것이 아닙니까? 희망은 먼지로 변하고, 전망은 안개로 변하지 않았습니까? 비록 어떻게든 우리가 살아야 한다 하더라도 과연 삶을 위해 남아 있는 것이 무엇입니까? 상실을 경험하고 있는 우리에게 하나님의 뜻은 어디에 있습니까?[94]

결국 룻기 1장의 가장 중요한 주제인 "텅 빔"(emptiness)의 모티브가 나오미의 애가를 통해 명시적으로 표출된 것이다.

3.5 "여호와께서 나를 징벌하셨고 전능자가 괴롭게 하셨다!"

여호와로 인해 자신이 텅 비게 되었으니 자신을 나오미로 불러서는 안 된다고 말하면서 자신이 텅 비게 된 이유를 밝혔다. 한글개역개정은 순서가 원문과는 다르게 되어 있어서 이유가 먼저 나오고 나오미라고 부르지 말라고 되어 있지만, 원문을 따라 번역하면 아래와 같다.

"너희가 어찌 나를 나오미라 부르느냐
(לָמָּה תִקְרֶאנָה לִי נָעֳמִי ; 람마 티크레나 리 노오미)
여호와께서 나에게 불리하게 증언하셨고
(וַיהוָה עָנָה בִי ; 와도나이 아나 비)
전능자가 나를 괴롭게 하셨거늘
(וְשַׁדַּי הֵרַע לִי ; 웨샷다이 헤라 리)."

앞에서는 "나를 나오미라 부르지 말라"고 명령형으로 대꾸한 나오미는 여기서는

---

94 Joan D. Chittister, *The Story of Ruth : Twelve Moments in Every Woman's Life*, (Eerdmans, 2000), 11.

의문문을 사용한다 : "왜 나를 나오미라 부르느냐?" 이렇게 의문을 던진 다음 그 이유를 설명한다. 한글개역개정은 "여호와께서 나를 징벌하셨고(בִי עָנָה וַיהוָה ; 와도나이 아나 비) 전능자가 나를 괴롭게 하셨거늘(לִי הֵרַע וְשַׁדַּי ; 웨샷다이 헤라 리)"이라고 번역하였다.

그런데 나오미의 인식을 분명하게 이해하기 위해서는 히브리 원문이 문자적으로 무슨 의미인지 파악해야 한다. 물론 한글로 읽는다고 해서 이해가 안 되는 것이 아니다. 충분히 내용 파악을 할 수 있을 것으로 보인다. 그런데 이것이 함정이다. 이미 한글개역개정은 번역자의 의도와 해석이 들어간 것이다. 따라서 내용 파악이 된다고 해서 한글로 그냥 읽어나가면 번역자의 의도를 무비판적으로 받아들일 수 있다. 따라서 해석자들은 특히 교회의 공적인 설교자들은 주석들을 동원하여 원문의 의미가 무엇인지를 알아내야 한다.

나오미는 여호와께서 자신을 징벌하셨기 때문에 나오미라고 불러서는 안 된다고 한글개역개정은 번역하고 있다. 그렇다면 "징벌하다"는 의미는 무엇일까? 표준국어대사전에 의하면 "징벌하다"는 "옳지 아니한 일을 하거나 죄를 지은 데 대하여 벌을 주다"이다. 과연 히브리 원문은 이런 의미의 "징벌하다"는 의미일까?

그러나 "징벌하다"로 번역된 히브리어 동사구(בִי עָנָה ; 아나 비)는 이런 의미는 아니다. 직역하면 "답하다/응답하다"란 동사 아나(עָנָה ; 기본형 칼)에 "불리"의 전치사 "베"(בְּ)에 소유대명사 접미 1인칭 단수 "이"(ִי)가 결합된 것으로 "불리하게 말(답)하다"가 된다(민 35:30; 신 19:16; 욥 15:6). 제9계명에서 "네 이웃에 대하여 거짓 증거하지 말라"(בְרֵעֲךָ תַעֲנֶה לֹא ; 로-타아네 베레아카; 출 20:16)를 보면 동일한 동사어구가 사용되었음을 알 수 있다(참조 삼하 1:16; 사 3:9 등). 따라서 다수의 학자들은 재판 상황을 염두에 두고 "불리하게 증언하다"로 해석하고 있고, 일부 영어 성경은 "불리하게 증언하다"(testify/witness against; 예를 들어, KJV, ESV, NASB)로 번역하는 것이 사실이다.[95]

그러나 일부 학자들은 칠십인경과 수리아역과 라틴 불가타역의 독법을 따라 동사 "아나"(עָנָה)를 강조형 피엘(Piel)로 본다(בִי עִנָּה ; 인나 비). 이렇게 되면 "나를 괴롭

---

95 Campbell, *Ruth*, 77.

게 하셨다"(afflited me, NIV; dealt harshly with me, NRSV)로 번역할 수도 있다.⁹⁶

한편 일부 학자들은 어떻게 보든지간에 사법적인 함축을 띄고 있다고 보면서 이 두 의미를 결합시키는 것이 좋다고 보기도 한다.⁹⁷ 다시 말해 나오미가 죄책감과 부끄러움을 동시에 느끼고 있다는 것이다. 어차피 고난을 당하면 죄책감과 부끄러움을 동시에 느끼는 것이 인지상정이기 때문이라는 것이다. 어쩌면 두 의미를 모두 받아들이는 것도 좋을 것 같다.

필자는 어떤 의미로 해석하든 나오미는 자신이 법정에 선 채 자신에게 불리한 증언을 하시는 여호와의 모습을 그리고 있는 것으로 본다. 만일 이런 해석이 옳다면 나오미는 사법적 용어를 사용하면서, 여호와께서 자신에게 불리하게 증언하셨다고 보고 있는 것이다. 만일 여호와께서 법정에서 나오미에게 불리하게 증언하셨다면, 아무도 논박할 수 없는 것이 아닌가?

그런데 이것이 전부가 아니다. 여호와께서는 법정에서 단순히 그녀에게 불리하게 증언하였을 뿐 아니라 아예 유죄 선언을 하셨다고 나오미는 인식하고 있다.

"전능자가 나를 괴롭게 하셨거늘(וְשַׁדַּי הֵרַע לִי ; 웨샷다이 헤라 리)."

한글로 "괴롭게 하다"란 단어는 너무나 의미가 다양하여 해석하기가 쉽지 않았다. 따라서 원어를 들여다볼 필요가 있다. 여기서 "괴롭게 하다"로 번역된 동사(הֵרַע ; 헤라)는 "악하다"는 어근(רָעַע ; 라아)의 사역형(히필)으로서 "해를 가하다, 재앙을 일으키다, 고난을 야기하다, 악을 행하다" 등의 여러 의미를 지닌다.

이런 사전적 의미를 좀 더 특정하려면 용례를 살펴야 한다. 그런데 용례를 살피다 보면 흥미로운 것은 허바드가 지적한 대로 여호와께서 이유 없이 부당하게 재앙을 가했다고 여호와를 기소하는 문맥에 이 어구가 사용되고 있다는 점이다.⁹⁸

---

96 더 상세한 내용은 LaCocque, *Ruth*, 58; Hubbard, *The Book of Ruth*, 126, fn. 31를 참조하라.
97 Avivah Zornberg, "The Concealed Alternative," in *Reading Ruth*, ed. J.A. Kates and G.T. Reimer (Ballanine, 1994), 68; LaCocque, *Ruth*, 58에서 재인용.
98 Hubbard, *The Book of Ruth*, 127.

"모세가 여호와께 돌아와서 아뢰되 주여 어찌하여 이 백성이 학대를 당하게(רָעַע ; 라아) 하셨나이까 어찌하여 나를 보내셨나이까(출 5:22)."

"모세가 여호와께 여짜오되 어찌하여 주께서 종을 괴롭게 하시나이까(רָעַע ; 라아) 어찌하여 내게 주의 목전에서 은혜를 입게 아니하시고 이 모든 백성을 내게 맡기사 내가 그 짐을 지게 하시나이까(민 11:11)."

"여호와께 부르짖어 이르되 내 하나님 여호와여 주께서 또 내가 우거하는 집 과부에게 재앙을 내리사(רָעַע의 사역형 히필) 그 아들이 죽게 하셨나이까 하고(왕상 17:20)."

"주께서 주의 손으로 뭇 백성을 내쫓으시고 우리 조상들을 이 땅에 뿌리 박게 하시며 주께서 다른 민족들은 고달프게 하시고(רָעַע ; 라아) 우리 조상들은 번성하게 하셨나이다(시 44:2)."

나오미는 모세나 엘리사나 이스라엘 백성들이 절규한 것처럼 자신이 당한 고난을 여호와께서 직접 일으키신 것이라고 기소하고 있는 것으로 볼 수 있다. 캠벨은 앞의 문장과 평행법을 이루기에, 이 문장을 사법적 상황으로 보고 "전능자께서 내게 악한 선언을 하셨으니"(Shadday has pronounced evil sentence on me)라고 번역한다.[99] 만일 이렇게 해석한다면 전능자가 재앙을 내린 것을 가리킨 것이 아니라, 재앙을 내릴 것을 법정에서 선언한 것으로 보는 것이 좋다.

그런데 흥미롭게도 허바드는 "처음에는 해나 재앙인 것처럼 보였지만 후에는 더 큰 축복의 시작임"[100]이 드러나는 본문에서 이 어구가 사용되었다고 주장한다. 여호와께서 재앙을 내려 엘리야가 묵고 있던 과부의 아들이 죽었으나, 나중에 다시 살아나는 기적을 경험했음을 보면 이런 해석에 일리가 있음을 알 수 있다. 다시 말해 "나오미의 고난의 책임은 여호와께 있다는 점, 그리고 독자들에게 나오미에 대한 동정심을 불러일으키고, 끝내는 더 좋은 결과로 이어질 것이라는 암시"를 전하기

99　Campbell, *Ruth*, 77.
100　Hubbard, *The Book of Ruth*, 127.

위해 이 어구를 사용한 것으로 본다.[101] 허바드의 해석은 매우 탁월한 통찰을 담고 있다. 불임을 새로운 창조의 무대로 삼으시는 여호와께서 재앙과 고통을 통해 얼마든지 회복과 축복의 기회로 삼으시기도 하기 때문이다.

3.6 나오미의 성격 묘사

사실상 성경 기자는 나오미의 애가를 통해 나오미가 처한 상황을 잘 묘사하고 있다. 나오미는 예레미야나 욥처럼 고통 가운데 하나님 앞에 서서 솔직하게 부르짖고 있다. "전능자가 나를 심히 쓰게 하셨다. 내가 풍족하게 나갔는데 여호와께서 나로 비어 돌아오게 하셨다. 여호와께서 나에게 불리하게 증언하셨고, 전능자가 나에게 유죄선언을 하셨다."

나오미는 마치 욥처럼 소유한 모든 것을 상실한 채 망연자실한 상태에 놓여 있다. 나오미의 말은 이렇게 들린다 :

"주님 제가 무슨 죄를 저질렀습니까? 제가 무슨 죄를 저질렀는지 알지 못하는 상황에서, 여호와께서 유죄임을 선언하시고, 이에 대한 형벌을 집행하셨습니다. 따라서 저는 남편과 두 아들을 잃고 비어서 고향으로 돌아오게 되었습니다."

이 같은 나오미의 애가에 대해 내레이터는 아무런 언급도 하지 않는다. 어찌보면 고난받는 의인의 모습으로 자신을 그리고 있는 나오미의 해석에 어느 정도는 동의하고 있는 것처럼 보인다. 그런데 그동안 룻기의 독자들은 놀랍게도 욥은 칭찬한 반면에 나오미는 비난하였다. 『룻기의 복음』이란 책을 쓴 캐롤린 제임스(Carolyn Custis James)는 이렇게 말한다.

> 고통당하는 두 사람 사이의 유사점은 분명하다. 잃어버린 것들의 범위와 내용, 고통과 상실감, 하나님과의 씨름, 고통스러운 애가는 서로를 비추는 거울과도 같다. 그러나 역사적으로 우리는 욥과 함께 운 반면에 나오미는 비난하였다. 이제 그렇게 해서는 안 된다고 구약학자들은 말한다. 이제 우리는 나오미와도 함께 울어야 한다.[102]

---

101 Hubbard, *Ruth*, 127.
102 Carolyn Custis James, *The Gospel of Ruth : Loving God Enough to Break the Rules* (Zondervan, 2008), 28.

우리는 나오미와도 함께 울어야 한다는 제임스의 말에 귀를 기울여야 한다. 아직도 나오미가 정신 못 차렸다고 함부로 정죄하지 말고 먼저 나오미의 슬픔에 동감할 줄 알아야 한다. 동감할 줄 모르는 그리스도인이 과연 진정한 그리스도인일 수 있을까?

4. 내레이터 : 절망은 없다!

4.1 모압 지방에서 돌아온 여인 룻이 있기에

나오미가 말한 대로 우리의 여호와 하나님은 그의 백성을 텅 비게만 만드시는 하나님인가? 나오미의 탄식에 대한 대답이 룻기의 나머지 장들이 해결해야 할 이슈이다. 또한 나오미가 당한 불행의 원인은 알 수 있는 것인가? 일부 해석자들의 주장대로 나오미의 재앙의 원인이 알려지지 않은 죄, 나오미의 죄나, 가족의 죄나, 국가적 죄에 대한 형벌로 해석할 수 있을까? 현재까지 내레이터는 이렇게 해석할 수 있는 어떤 단서도 우리에게 제시하지 않았다. 이런 점에서 독자들로 하여금 룻기 내러티브의 플롯을 호기심을 가지고 지켜보게 만든다.

물론 내레이터는 나오미의 애가가 전부는 아님을 알고 있다. 나오미의 하나님은 자기 백성을 텅 비게만 만드는 하나님이 아니심을 알고 있기 때문이다. 아니나 다를까 룻기 기자는 1장의 마지막 22절에서 자기 백성을 돌보시사 양식을 주시는 하나님이 텅 비어 돌아온 나오미에게도 희망임을 솜씨있게 암시하면서 복선을 깔아 놓는다.

"나오미가 돌아왔는데
(וַתָּשָׁב נָעֳמִי ; 와타쇼브 노오미)
자부 모압 여인 룻이 그와 함께 하였다
(וְרוּת הַמּוֹאֲבִיָּה כַלָּתָהּ עִמָּהּ ; 웨루트 함모아비야 칼라타흐 임마흐)
그녀는 모압 지방에서 돌아온 여인이었다

(הַשָּׁבָה מִשְּׂדֵי מוֹאָב ; 핫샤바 미스데 모아브)."

나오미의 입장에서는 공허감으로 고통스럽기 그지 없었으나, 나오미 스스로 생각하는 만큼 공허한 것은 아니었다. 그에게는 자부 룻이 있었고, 때는 보리 추수할 시기였기 때문이다.

우선 나오미는 텅 비어 돌아왔다고 했으나 내레이터는 냉정하게 이는 사실이 아니라고 말한다 : "나오미가 돌아왔는데 자부 모압 여인 룻이 그와 함께 하였다." 룻을 묘사하는 표현은 셋이다. 첫째는 모압 여인(מוֹאֲבִיָּה ; 모아비야)이라는 것이고 둘째는 자부(כַּלָּתָהּ ; 칼라타흐)이며, 셋째는 모압 지방에서 돌아온 여인(הַשָּׁבָה מִשְּׂדֵי מוֹאָב ; 핫샤바 미스데 모아브)이라는 것이다.

우선 룻이 모압 여인이라는 사실을 독자들이 다 알고 있음에도 불구하고 굳이 내레이터가 모압 여인(מוֹאֲבִיָּה ; 모아비야)이라는 점을 강조한 이유가 무엇일까? 나오미와 내레이터에게 있어서 룻이 모압 여인이라는 것은 룻의 정체성에 있어서 상수이다. 심지어는 다윗의 증조모가 되었음에도 불구하고 룻은 모압 여인일 수밖에 없는 것이다. 그 이유가 무엇일까? 벌린의 말을 들어보자.

"딸", "자부"라는 명칭도 많이 쓰이고 있지만, "모압 여인"이라는 점도 계속해서 강조되고 있다. 베들레헴 여인들에게 룻이 항상 이 칭호로 불린 것은 자연스럽다. 사환과 보아스도 룻을 가리키는 객관적인 명칭으로 모압 여인을 사용하였다. 그러나 내레이터는 룻과 나오미와의 개인적 대화를 다루고 있는 장면에서도 슬쩍 모압 여인이라는 명칭을 집어 넣고 있다. 이것은 스토리 내에 깔려 있는 긴장, 즉 낯섬과 친숙함 사이의 대조를 지적하고 있는 것이다. 스토리 자체도 이런 정체성의 문제로 씨름하고 있다.[103]

그러나 모압 여인인 룻은 그녀의 동서인 오르바처럼 고향으로 돌아가지 않고 나오미를 붙좇았다. "당신께서 가시는 곳에 나도 가고, 당신께서 유숙하시는 곳에서 나도 유숙하겠나이다"라고 고백한 대로 베들레헴에 오는 동안 룻은 나오미와 함께

---

103 Berlin, *Poetics and Interpretation of Biblical Narrative*, 88.

하였다. 그런 점에서 룻은 나오미의 "며느리"(כַּלָּתָהּ ; 칼라타흐)였다.

어디 그뿐인가? 나오미는 "너도 네 동서를 따라 네 백성과 네 신에게로 돌아가라" 하였지만 룻은 "당신의 백성이 내 백성이고 당신의 하나님이 내 하나님"이라면서 죽음에 이르는 충성을 맹세하였다. 그렇다면 룻은 정말로 모압 지방에서 돌아온 여인(הַשָּׁבָה מִשְּׂדֵי מוֹאָב ; 핫샤바 미스데 모아브)이었다.

만일 이런 룻이 나오미와 함께 한다면 과연 나오미는 텅 빈 채로 돌아온 것일까? 젊은 여인이 나오미의 곁에서 목숨을 다해 충성한다면 나오미의 절망의 밤은 가고 이제 먼동이 터오기 시작한 것이다.

4.2 보리 추수 시작 때이기에

내레이터는 나오미에게 절망만 있는 것이 아닌 두 번째 이유를 22하반절에서 넌지시 제시한다.

"그들이 베들레헴에 이르렀더라
(וְהֵמָּה בָּאוּ בֵּית לֶחֶם ; 웨헴마 바우 베트 레헴)
보리 추수 시작할 때에
(בִּתְחִלַּת קְצִיר שְׂעֹרִים ; 비트힐라트 케치르 세오림)."

내레이터가 굳이 보리 추수 시작을 언급하는 이유가 무엇일까? 보리 추수 시작할 때라면 최소한 나오미와 룻은 굶지는 않을 수 있지 않을까?

왜냐하면 베들레헴은 여호와와 율법과 그 율법을 지키는 하나님의 백성이 있는 곳이기 때문이었다. 여호와께서는 가난한 과부과 객을 긍휼히 여기는 분이시다. 그리고 구체적으로 이들을 돕는 율법을 주셨다. "너희 땅의 곡물을 벨 때에 밭 모퉁이까지 다 베지 말며 떨어진 것을 줍지 말고 그것을 가난한 자와 거류민을 위하여 남겨두라 나는 너희의 하나님 여호와이니라"(레 23:22). 만일 베들레헴에 여호와를 믿고 그가 주신 율법을 지키는 자들이 있다면 보리 추수할 때에 도착한 나오미와 룻에게는 희망이 있는 것이 아닌가!

"나오미가 돌아왔다." "떡의 집"이란 베들레헴으로! 그것도 모압 여인 룻과 함께! 게다가 보리 추수 시작할 때에! 이렇게 본다면 죽음과 텅 빔으로만 줄달음치던 나오미의 삶의 궤적은 이제 변곡점을 맞이한 것이다. "떡의 집", "추수 시작", 이제 나오미의 텅 빈 삶은 채워짐으로 이미 나아가고 있음을 알 수 있다. 떡의 집이란 뜻의 베들레헴에 떡이 없어, 고향을 떠날 수밖에 없었던 나오미가 이제 남편과 두 아들은 잃었지만 자부 룻과 함께 다시 베들레헴에 도착하였을 때에는 보리 추수가 시작되고 있었다. 그렇다면 이제 비로소 베들레헴은 떡의 집으로 제 구실을 다할 수 있게 된 것이 아닐까!

5. 신학적 메시지

5.1 정직하게 애가를 부를 줄 알아야 진정한 신자

우리는 나오미가 애가를 부르는 모습에서 인간의 고통에 정직하면서도 희망을 잃지 않는 모습을 볼 수 있다. 나오미는 하나님 앞에서 자신의 모습을 정직하게 드러내고 있다. 세상을 살다 보면 인간은 항상 기쁘고 희망에 넘쳐 감사하며 찬양할 수는 없다. 때로는 하나님께 버림받은 느낌이 들기도 하고 슬프기도 하며, 때로는 절망 가운데 빠져 가슴 속에서 불평이 터져 나오는 것을 억제할 수 없다. 그럼에도 불구하고 일부 그리스도인들은 "범사에 감사하라"는 말씀을 잘못 오해하여, 슬픈데도 기쁜 척하는 위선을 드러낸다. 실제로 절망 가운데 있으면서도 희망에 넘치는 척, 불평하면서도 찬양하는 척하는 거짓 경건의 모습을 드러낸다. 그러나 성경은 그 어디에서도 이 같은 거짓 경건의 모습을 장려하지 않는다. 오히려 성경은 때로 자기 감정에 충실할 것을 요구한다. 이런 점에서 허바드는 "룻이 헌신의 모델이라면, 나오미는 정직의 모델"이라고 본다.[104]

자신의 상실을 정직하게 인정하고 들여다볼 때 새로운 시작이 가능하다고 키티

---

104 Hubbard, *The Book of Ruth*, 127.

스터는 조언한다.

그러나 상실은 한 번 인식되고, 한 번 수용할 수 있다면 보배로운 선물입니다. 물론 나는 과거의 나가 될 수 없습니다. 그러나 나는 새로운 것이 될 수 있고, 새로운 것이 되어야 합니다(No, I cannot be what I was before but I can be-I must be-something new). 내 안에는 내가 풍요하기 위해 내가 취한 것보다 하나님의 것이 더욱 많은 것을 텅 빈 후에야 깨닫게 된 것입니다. 상실로부터 얻을 수 있는 영적 교훈이 있습니다. 이 교훈은 결코 다른 방법으로는 얻을 수 없는 것입니다. 우리는 우리가 아무 것도 없다고 생각할 바로 그때, 이 세상에 남겨진 것 가운데 좋은 것은 하나도 없다고 생각할 때, 우리가 아직 가지고 있는 것이 바로 우리 자신들임을 알게 되는 것입니다.[105]

5.2 애가의 중요성 : 잃어버린 교회의 영적 자산

그럼에도 불구하고 지금까지 교회는 시편 가운데 애가를 중요하게 여기지 않았다. 그러나 시편에는 감사의 찬양시(praise)의 숫자보다 탄식하는 애가(lament)의 숫자가 더 많다. 물론 시편의 가장 기본적인 태도는 찬양이다. 시편의 히브리 명칭은 "테힐림", "찬양"이다. 실제로 시편의 마지막 결론부는 할렐루야 찬양시로 이루어져 있다. 시편 146편부터 150편은 거대한 찬양시 그룹을 형성하고 있다. 따라서 많은 이들은 시편 하면 "찬양"이라고 생각한다. 그러나 시편에서 찬양이 가장 기본적인 것이기는 하지만, 시편에서 가장 압도적인 어조는 찬양이 아니다. 애가가 찬양시보다 수적으로 많다.

그렇다면 찬양을 강조하고 애가를 무시한 이 같은 불균형의 가장 중요한 원인은 무엇인가? 신앙이란 부정적인 것을 인정하는 것이 아니라는 현대인들의 편견 때문에 애가의 시편을 무시하게 되었다면서 월터 브루그만(Walter Brueggemann)은 애가는 교회가 잃어버린 고귀한 영적 자산이라고까지 말한다.[106]

---

[105] Chittister, *Ruth*, 11.
[106] 교회가 잃어버린 것은 첫째는 "진정한 언약적 상호반응의 상실"이며 둘째는 "신정론적 질문의 질식"이라고 본다. 더 자세한 것은 Walter Brueggemann, "The Costly Loss of Lament," *JSOT* 36 (1986), 59-62를 보라.

성경의 애가는 우리가 깊은 데 빠졌을 때, 나오미처럼 하나님께 나아와 애가를 부르라고 가르치고 있다. 문제가 없는 척, 경건한 척하지 말고 솔직하게 하나님께 나아와 상실로 인한 고통을 부르짖으라는 것이다. 현대 그리스도인들은 자신의 삶이 잘못되었다는 것을 잘 인정하지 않으려는 경향이 있다. 형통함과 풍요 가운데서 하나님의 인도를 경험하려는 세속적 욕구 때문에 자신의 삶에 문제가 있음을 인정하려 들지 않는다. 실제로 문제 가운데 있으면서도 문제가 없는 척하는 거짓 경건의 모습을 드러내고 있다. 그러다 보니 문제점을 가지고 나아와 하나님께 치유를 받으려고 하지 않는다는 것이 브루그만의 지적이다.

이런 점에서 우리는 깊은 데서 하나님께 부르짖어야 한다. 우리가 깊은 죄의식과 절망감을 느끼고 하나님께 부르짖지 않는다면 어쩌면 우리 기도는 매우 피상적이고 얄팍한 기도일 것이다. 그러기에 두려워하거나 눈치를 볼 필요가 없다. 언제든지 고통이 있을 때, 우리는 하나님께 부르짖으면 되는 것이다.

비록 애가는 겉으로 볼 때에는 부정적인 탄식의 소리처럼 들릴지 모르지만, 실제로는 하나님의 인애에 대한 깊은 확신에서 나오는 것이다. 비록 큰 절망 가운데 있더라도 하나님의 인애는 변함없음을 확신하고 그분께 호소하는 것이기 때문이다. 이렇게 애가를 부를 때 우리는 심리적 절망에서 희망으로 나아가게 된다. 하나님께 나아가서 능동적으로 탄식하면 우리는 치유의 손길을 경험하게 된다.

미국의 구약학자인 제임스 메이스(James L. Mays)의 말을 들어보자.

겉으로 보기에는 절망과 희망은 서로 다른 것처럼 보이지만 실제로는 그렇지 않다. 하나님은 축복과 구원의 하나님이기에 고통과 환난은 하나님의 부재로 해석된다. 따라서 고통과 환난을 당할 때에 하나님의 부재로 인해 절망하며 하나님께 부르짖는 것이다. 그러나 동시에 하나님은 인애의 하나님이기에 고통과 환난 가운데서도 하나님을 구원의 하나님으로 부를 수 있다. 따라서 고통 가운데서 희망을 가질 수 있는 것이다. 결국 애가에는 삶의 어떤 상황에서도 하나님을 떼어낼 수 없다는 깊은 신앙의 확신이 잘 나타난다. 심지어는 인간의 가장 극심한 환난을 경험하면서도 하나님께 호소하는 깊은 신앙이 잘 드러난다.

따라서 탄식과 찬양은 둘이 아니라 하나이다. 우리는 기쁠 때만 여호와께 찬양하는 것이 아니라, 고통스러울 때에도 하나님께 부르짖을 수 있다. 우리는 선택된 백성으로서 늘 찬양만 하도록 부름을 받은 것이 아니다. 왜냐하면 인간은 땅을 디디고 사는 연약한 존재이기 때문이다. 따라서 고통의 부르짖음과 찬양은 서로 다른 것이 아니다. 탄식하는 모습과 찬양하는 모습은 믿음의 백성인 우리의 참 모습이다.

우리의 삶은 고통에서 시작해서 환희로 끝나는 일방 통행이 아니다. 우리의 삶은 고통에서 환희로, 환희에서 다시 고통으로, 그리고 다시 고통에서 환희로 돌아가는 쌍방 통행이다. 따라서 우리의 삶에 있어서 고통과 환희는 인간의 정체성의 비밀로서 함께 속하는 것이다.[107]

이렇게 본다면 나오미의 애가는 불신앙의 산물이 아니다. 나오미의 애가는 고통 가운데서 하나님을 향해 도움을 요청하는 신실한 외침이다. 겉으로 보기에는 불평하고 탄식하는 것처럼 보일지 모르지만 애가를 통하지 않고는 진정한 치유로 나아갈 수 없다. 따라서 우리는 워렌 위어스비처럼 나오미가 아직도 "이스라엘의 하나님을 확고히 믿지 못하고 그 하나님을 향해 원통한 마음을 품고" 있었다고 비난해서는 안 된다.[108]

5.3 월터스토프의 "나는 사랑하는 사람을 잃었습니다"[109]

우리는 이 같은 사실을 현대의 신앙인의 삶에서도 찾아볼 수 있다. 예일 대학교

---

[107] James L. Mays, "Psalm 13," *Interpretation* 34 (1980), 281-282.
[108] 위어스비, 『헌신하여라』, 29.
[109] Nicholas Wolterstorff, *Lament for a Son* (Eerdmans, 1987)를 박혜경의 번역으로 좋은 씨앗에서 『나는 사랑하는 사람을 잃었습니다』란 제목으로 출판하였다. 니콜라스 월터스토프 교수는 칼빈 칼리지에서 학사학위를, 하버드 대학교에서 철학박사학위를 받았다. 칼빈 칼리지 철학교수를 역임했으며, 하버드 대학교, 프린스턴 대학교, 옥스퍼드 대학교, 화란 자유 대학교에서 방문교수로 지냈으며, 현재 예일대학교의 철학적 신학의 노아 포터 명예교수이며, 버클리칼리지의 펠로우이다. 그는 철학과 신학을 폭넓게 다루면서 형이상학, 미학, 정치철학, 인식론, 신학, 종교철학 등에 관해 많은 저술을 남겼다. 그는 앨빈 플랜팅가(Alvin Plantinga), 윌리엄 얼스턴(William Alston), 리처드 마우(Richard Mouw) 등과 더불어 미국 기독교철학회(the Society of Christian Philosophers)를 세웠으며, 학술지 *Faith and Philosophy*를 창간한 탁월한 학자이자 신실한 그리스도인이다.

의 철학교수인 니콜라스 월터스토프는 불과 25세밖에 안 된 아들 에릭을 별안간 잃었다. 독일에서 현대 건축의 기원에 관한 박사학위 논문을 쓰고 있던 아들은 오스트리아에서 산행하다 실족하여 목숨을 잃었다. 아들을 잃고 난 후에 깊은 상실과 고통이 무엇을 의미하는지를 경험한 후에 솔직하게 토로한 그의 고백은 우리에게 "진정한 애가"가 무엇인지, 그리고 애가가 어떻게 치유로 나아가는 가장 중요한 길인지를 잘 보여준다.

나는 복음의 내용이 언제나 내게 위로를 줄 것이라고 생각해 왔다. 하지만 그렇지 않았다. 복음은 다른 중요한 역할들은 해주었지만 에릭을 잃은 내게 위로를 주지는 못했다. 부활의 소망을 떠올리는 것도 위로가 되지 못했다. 내가 부활의 소망을 잊고 살았던 사람이라면, 그 소망이 내 삶에 빛을 새롭게 가져다 주었을 것이다. 하지만 나는 죽음이 바닥 없는 심연이라고 생각하는 사람이 아니었다. 나는 소망 없는 자들처럼 상심하는 사람도 아니었다.

그럼에도 에릭은 가고 없다. 지금 여기에 그는 없다. 이제 나는 그와 이야기를 나눌 수 없다. 이제 나는 그를 볼 수도 없다. 그를 안을 수도 없고, 그가 전하는 장래의 계획을 들을 수도 없다. 그것이 바로 나의 슬픔이다.

한 친구가 내게 말했다. "잊지 말게나. 에릭은 지금 하나님의 품안에 있다네." 나는 그 말에 깊은 감동을 받았다. 그러나 현실은 에릭을 내 품으로 되돌려 놓지 않는다. 그것이 나의 애통함이다. 그런 나에게 에릭을 돌려받는 일 외에 그 어떤 것도 위로가 되지 않는다.[110]

월터스토프가 아들을 잃고 나자 복음이 위로가 되지 않았다는 말을 근거로 우리가 그를 신앙이 없는 사람으로 비판할 수 있을까? 그렇게 하는 사람이 있다면 그는 비정한 사람이요 긍휼을 모르는 사람이 아닐까? 고통당하는 사람에게 우리는 어떤

---

110 월터스토프, 『나는 사랑하는 사람을 잃었습니다』, 52-53.

모습을 보여야 할지에 대해 월터스토프는 이렇게 말한다.

> 고통 가운데 있는 사람에게 무슨 말을 할까? …
>
> 그러나 제발 죽음이 그리 나쁜 것이 아니라는 말만은 하지 말라. 왜냐하면 죽음은 정말 나쁜 것이기 때문이다. 죽음은 끔찍하며 악마가 주는 고통과도 같다. 만일 당신이 나를 위로하면서 "죽음이란 그리 나쁜 것이 아니에요"라고 말하는 것이 자신의 의무라고 믿는다면, 당신은 내가 애통함에 빠져 있는 동안 내 곁에 앉지 않고 멀리 떨어져 저만치 서 있는 사람과 같다. 그렇게 떨어져 있는 사람은 내게 아무 도움도 되지 않는다. 내가 진정 듣고 싶은 말은 자식의 죽음이 얼마나 고통을 안겨주는지 당신이 알고 있다는 말이다. 나는 당신이 절망 가운데 있는 나와 함께 있다는 말을 듣고 싶다. 나를 위로하기 위해서는 내게로 다가와야 한다. "이리로 와서 내 통곡의 벤치에 나와 함께 앉아주세요."[111]

우리는 이 같은 진리를 룻기에서도 볼 수 있다. 베들레헴 여인들은 나오미의 애가에 아무런 반응도 하지 않는다. 아마도 나오미와 함께 "통곡의 벤치에 함께 앉아 있었던" 것은 아닐까? 그럼에도 피상적인 독자들은 나오미를 이런 저런 식으로 비난한다. 나오미의 모습을 본 베들레헴 여인도 비난하지 않는 일을, 더 나아가 성경 기자도 비판하지 않는 일을 독자들(해석자들)이 하는 것은 부당한 일이요 주제넘은 일이 아닐까?

5.4 애가의 본질

우리가 애가의 본질을 이해하면 애가를 부르는 사람을 함부로 비난할 수 없다. 왜냐하면 고통 가운데 부르짖는 애가에는 불안과 믿음이 공존할 수밖에 없기 때문이다. 아니 더 정확히 말하자면 애가를 부르다 보면 불안과 믿음 사이를 진자

---

111 월터스토프, 『나는 사랑하는 사람을 잃었습니다』, 58-59.

운동할 수밖에 없다. 월터스토프 역시 아들을 잃고 난 후에 이런 일을 겪었다고 한다.

믿음은 한결같은 것이다. 그러나 하나님을 향한 나의 고백은 당황스럽고 불쾌하게 느껴질 만큼 자꾸 변했다. … 나는 에릭을 돌려달라고 간구하고 싶지만 그렇게 할 수 없다. 그래서 빙빙 돌려대며 정곡을 찌르지 못한다. 하나님께 올리는 간구의 한 형태로 나는 애가를 묵상한다. 시편 42편은 믿음의 인내를 노래한 애가다. 다음의 시편에서 애통함과 신뢰는 마치 활의 나무와 줄처럼 서로 긴장 관계에 있다 : "내 눈물이 주야로 내 음식이 되었도다."

시편 기자가 말한다. 기쁨이 아직 자신의 것이었을 때 세상이 어떠했는지 기억한다 : "내가 전에 성일을 지키는 무리와 동행하여 기쁨과 감사의 소리를 내며 그들을 하나님의 집으로 인도하였더니."

그러나 이제는 다르다. 나는 낙망하며 불안해 한다. 그러나 믿음은 죽지 않았다는 것을 나는 안다. 그래서 나 자신에게 말한다 : "너는 하나님을 바라라 그 얼굴의 도우심을 인하여 내가 오히려 찬송하리로다 내 하나님이여."
그러나 나의 낙망은 되살아나며 또다시 나의 반석되신 하나님께 매달린다 : "어찌하여 나를 잊으셨나이까? 내가 어찌하여 원수의 압제로 인하여 슬프게 다니나이까?"
다시 믿음이 대답한다 : "너는 하나님을 바라라. 나는 내 얼굴을 도우시는 내 하나님을 오히려 찬송하리로다."

애통함과 믿음, 믿음과 애통함 사이를 왔다 갔다 하면서 서로 결합했다. 멍이 든 믿음, 갈망하는 믿음, 거의 텅 빈 믿음 : "하나님이여 사슴이 시냇물을 찾기에 갈급함같이 내 영혼이 주를 찾기에 갈급하니이다 내 영혼이 하나님 곧 살아 계시는 하나님을 갈망하나니 내가 어느 때에 나아가서 하나님의 얼굴을 뵈올까."

그러나 인내의 간격을 두고 나도 노래를 부른다 : "낮에는 여호와께서 그의 인자하심을 베푸시고 밤에는 그의 찬송이 내게 있어 생명의 하나님께 기도하리로다."[112]

나오미가 부르는 애가도 마찬가지이다. 애통함과 믿음, 믿음과 애통함 사이를 왔다 갔다 하고 있다. 그래서 일부 독자들에게는 당황스럽고 불쾌한지 모른다. 빙빙 돌려대며 정곡을 찌르지 못하는 것처럼 들릴 수도 있다. 나오미가 믿음이 있는 것 같기도 하고 없는 것 같기도 하다. 그러나 재앙을 당하고 가장 가까운 식구를 잃고 나면 이렇게 믿음과 애통함, 애통함과 믿음을 왔다 갔다 할 수밖에 없다는 사실을 우리는 인정해야 한다.

5.5 애통하는 자는 복이 있나니

우리는 나오미의 애가를 보면서 그리고 월터스토프의 비탄의 노래를 들으면서 비록 왔다 갔다 하는 것처럼 보여도 슬픔을 토로하는 것만이 상실을 극복하고 슬픔에서 헤어나올 수 있는 어쩌면 유일한 길이라는 사실을 어렴풋이나마 느끼게 된다. 아니나 다를까 우리 주님께서는 정곡을 찌르셨다. "애통하는 자는 복이 있나니 저희가 위로를 받을 것임이라."

따라서 우리는 사람들이 상실을 경험할 때에 슬퍼하도록 시간을 주어야 한다. 키 티스터는 이렇게 권고한다.

> 슬퍼하는 것(grieving)만이 슬픔(grief)에서 우리를 건져낼 수 있습니다. 우리가 과거의 상실을 직면하지 않으면 결코 새로운 삶으로 나아갈 수 없습니다. 그리고 이것은 시간이 걸리는 일입니다. 상실에서 나오는 분노를 다루기 위해서는 시간이 필요합니다. 거짓 위로와 즉흥적 해결은 아무리 많도 슬픔을 치유할 수 없습니다. 상실의 충격을 흡수하기 위해서는 시간이 필요합니다. 균형 감각을 되찾기 위해서는 시간이 있어야 합니다. 우리가 상실한 것으로부터 물러나 자신을 중립적으로 보기 위해서는 시간이 있어야 합니다. 우리가 지금까지 놓여 있었던 곳에 있는 것이 지금은 더 이상 그곳에 없어도 선

---

[112] 월터스토프, 『나는 사랑하는 사람을 잃었습니다』, 119-121.

물이었다는 것을 알기 위해서는 시간이 필요합니다. 아끼는 무엇의 끝이 또 다른 종류의 선의 시작임을 보기 위해서는 시간이 필요합니다. 어두움의 깊음 가운데서 하나님의 손길을 보는 데는 시간이 필요한 것입니다.[113]

이를 알기에 월터스토프는 아들을 잃은 상실을 겪은 후에 이렇게 우리에게 권면한다.

고대의 금기주의자들은 이렇게 말했다. "마음을 가라앉혀라. 세상으로부터 자신을 분리시켜라. 웃지도 말고 통곡하지도 말라." 그러나 예수님께서는 말씀하신다. "세상의 상처에 마음을 열어라. 인류의 애통함에 함께 애통해 하고, 인류의 통곡에 함께 통곡하고, 인류의 상처에 함께 아파하고, 인류의 고뇌에 함께 고민하라. 그러나 이 모든 것을 기쁨으로 하라. 곧 평안의 날이 다가오지 않는가!"[114]

5.6 애가를 부르면서라도 여호와께 돌아가자

우리가 지금까지 살펴본 대로 "애가"란 상실을 경험하고 부르짖는 탄식으로서 단순히 신세 한탄이 아니라, 여호와의 사랑에 대한 확신 가운데서 하나님을 바라보며 호소하는 기도임을 알 수 있다. 나오미는 여호와의 치는 손으로 인해 아직도 마음이 쓰지만 애가를 부르며 하나님께 돌아온 것이다. 그래도 희망은 오직 하나님 한 분께만 있기 때문이다. 그렇다면 우리 역시 깊은 상실을 경험하고 좌절 가운데 빠졌을 때에도 마찬가지로 애가를 부르며 하나님께로 돌아가야 한다.

심지어 하나님의 손이 우리를 치신다는 느낌이 들더라도 하나님께로 돌아가야 한다. 아직 마음이 쓰라리더라도 애가를 부르며 돌아가야 한다! 때로는 하나님을 향해 강하게 도전하며 질문해야 한다. "왜 나를 쓰게 만드시는가? 나는 풍족하게 나갔는데 왜 여호와께서 나로 텅 비어 돌아오게 하시는가? 여호와가 내게 불리하게 증언하고, 전능자가 유죄를 선고하셨는데 도대체 어찌된 까닭인가?" 이런 강한 질

---

113 Chittister, *The Story of Ruth*, 12–13.
114 월터스토프, 『나는 사랑하는 사람을 잃었습니다』, 145.

문만이 진정한 언약 관계를 가능하게 만들기 때문이다. 오직 하나님께 "예"밖에 대답할 줄 모르는 예스 맨이 되면, 그 관계는 진정성을 잃고 머지 않아 거짓과 위선이 난무하는 피상적 관계로 추락하게 된다.

하나님은 그저 인습적으로 할렐루야를 외치면서 아무 문제도 없다고 외치는 자들의 찬양을 듣기 원하지 않으신다. 루터의 말대로 "하나님은 믿는 자의 할렐루야보다 불신자의 저주를 더 즐겁게 들으신다." 왜냐하면 하나님은 거짓 경건으로 둘러싸인 위선의 말보다는 탄식자의 정직한 절망과 절규를 듣기 원하는 분이시기 때문이다. 우리 모두 애가를 부르며 하나님 앞에 우리의 깊은 소원을 아뢰지 않겠는가? 그러면 하나님께서 들으시고 응답하시며 우리를 구원하심으로 우리로 찬양을 부르게 하실 것이다.

Chapter 7

제2막 : 보아스의 밭에서 이삭을 줍는 룻

룻 2:1-23

2막 1장
우연도 하나님의 장중에(룻 2:1-7)

1. 서론적 이야기

1.1 성경 본문

룻기 2장은 나오미의 고독하고 괴로운 상황이 해결로 나아가는 첫 번째 구체적 단계를 기술하고 있다. 다시 말해 룻과 보아스가 추수 밭에서 만남으로 나오미의 문제가 해결되는 단초가 마련되기 시작한다. 룻기 2장은 크게 세 단락으로 나누인다.

A. 2막 1장(2:1-7) : 룻이 밭에 나가서 이삭을 줍게 되는 과정
B. 2막 2장(2:8-16) : 보아스와 룻의 추수 밭에서의 대화
C. 2막 3장(2:17-23) : 추수 밭에서 돌아온 룻과 나오미 사이의 대화

첫째 단락은 1-7절로서 서론적인 행동이 등장한다. 룻이 밭에 나가서 이삭을 줍게 되는 과정을 다룬다. 둘째 단락은 8-16절로서 보아스와 룻의 밭에서의 대화로 이루어져 있다. 한편 마지막 단락은 17-23절로서 밭에서 돌아온 룻과 나오미 사이의 대화가 중심이다. 2장에서의 독자들의 관심은 주로 룻에게 있다. 밭에 이삭을 주우러 나간 그에게 어떤 일이 일어날는지 독자들은 궁금하지 않을 수 없다.

우리가 이번에 다룰 본문(룻 2:1-7)은 첫 단락으로서 룻이 보아스를 만나기 전까지의 상황을 잘 그리고 있다. 특히 룻이 먼저 이니셔티브를 잡고 밭에 이삭을 주우러 가겠다고 요청한 후에, 허락을 받고 밭에 나갔는데 우연히 보아스에게 속한 밭에 이르게 되는 모습이 잘 그려져 있다.

"나오미의 남편 엘리멜렉의 친족으로 유력한 자가 있으니 그의 이름은 보아스더라 모압 여인 룻이 나오미에게 이르되 원하건대 내가 밭으로 가서 내가 누구에게 은혜를 입으면 그를 따라서 이삭을 줍겠나이다 하니 나오미가 그에게 이르되 내 딸아 갈지어다 하매 룻이 가서 베는 자를 따라 밭에서 이삭을 줍는데 우연히 엘리멜렉의 친족 보아스에게 속한 밭에 이르렀더라 마침 보아스가 베들레헴에서부터 와서 베는 자들에게 이르되 여호와께서 너희와 함께 하시기를 원하노라 하니 그들이 대답하되 여호와께서 당신에게 복주시기를 원하나이다 하니라 보아스가 베는 자들을 거느린 사환에게 이르되 이는 누구의 소녀냐 하니 베는 자를 거느린 사환이 대답하여 이르되 이는 나오미와 함께 모압 지방에서 돌아온 모압 소녀인데 그의 말이 나로 베는 자를 따라 단 사이에서 이삭을 줍게 하소서 하였고 아침부터 와서는 잠시 집에서 쉰 외에 지금까지 계속하는 중이니이다 (룻 2:1-7)."

1.2 그동안의 대중적 해석사

그동안 룻이 보아스에게 속한 밭에 이르게 된 과정을 설명하는 이 대목을 적용하는 것이 해석자들에게는 어려운 과제였다. 왜냐하면 오늘 우리 가운데 밭에서 이삭을 주어야 하는 상황에 놓인 사람들이 거의 없기 때문이다. 그러다 보니 룻이 보아스를 만났다는 사실과 보아스가 친족으로 유력한 자라는 점에 근거하여 우리도 그리스도를 만나야 한다는 방향으로 적용점을 두고 해석하는 사람들이 많이 생겨났다. 워렌 위어스비 목사의 해석은 이런 경향을 잘 보여준다.

> 그동안 성경학자들은 보아스를 우리 주 예수 그리스도의 모형으로 보아왔다. 즉 보아스에게서 그의 신부인 교회와의 관계 속에 계신 우리 주 예수 그리스도의 모습을 본 것이다. 룻처럼 구속받지 못한 죄인은 스스로 구원을 얻을 수도 없으며 그렇다고 해서 하나님의 자비를 청할 자격도 없는, 하나님의 언약 밖에 있는 자이다. 그러나 하나님께서 먼저 우리에게 예수 그리스도를 믿는 믿음으로 말미암아 그의 가정에 들어갈 수 있는 길을 열어주셨다(참조, 엡 2:10-22).[1]

이런 식으로 보아스를 예수님의 모형으로 보는 해석을 쉽게 볼 수 있다. 사무엘 리도우트(Samuel Ridout)는 심지어 보아스가 부유한 것은 "환란을 온전히 통과하여 풍성한 은혜를 베푸는" 예수님을 가리킨다고 본다. 그의 말을 들어보자.

> 이처럼 우리는 보아스에게서 수고와 고난을 겪으시고 마침내 승리하셔서 영원한 권세를 가지신 부활하신 주님을 보게 됩니다. 보아스는 엘리멜렉의 친족입니다. 이처럼 주님께서는 아브라함의 씨를 취하셔서 그들을 자신의 형제라 부르기를 부끄러워하지 않으셨습니다(히 2:11). 보아스와 엘리멜렉의 관계는 또한 이스라엘이 하나님과 어떠한 관계여야 하는지를 상기시킵니다. 이스라엘은 엘리멜렉이 죽었기 때문에 하나님과의 관계를 잃어버렸습니다. 그렇지만 여기에 있는 한 분은 비록 이스라엘이 실패한 상황 하에서도 여전히 하나님과의 관계를 전생애 동안 온전히 유지하셨고 그 이스라엘을 보존케 하시려고 대신 죽음과 심판을 치르셨습니다.[2]

이런 식으로 구약의 인물들을 그리스도의 모형으로 보면 신약만 있으면 되지 굳이 구약이 필요할까라는 생각이 든다. 이미 신약에서 예수님께서 꽃이 되셔서 그 아름다움을 보여주셨는데 굳이 구약이 보여주는 씨앗이 필요할까? 이미 신약에 예

---

1 위어스비, 『헌신하여라』, 39.
2 리도우트, 『사사기 룻기 강해』, 360.

수님 안에서 실체가 오셨는데, 굳이 구약의 그림자를 볼 필요가 있을까?

그뿐만이 아니라, 해석자들은 종종 자신의 신학적 편견과 선입견을 가지고 본문의 문자적 의미를 무시하는 방식으로 해석한다. 그런데 룻기도 예외가 아니다. 룻기 본문은 룻이 보아스의 밭에 도달한 것은 문자적으로 "우연"이라고 밝히고 있음에도 불구하고 이는 "우연"이 아니었다고 해석한다. 위어스비의 해석을 보자.

> 하나님의 섭리로 말미암아 룻은 보아스에게 속한 밭에서 이삭을 줍게 되었다. 성경은 우연히 이 밭에 오게 되었다고 기록하고 있지만 사실 그것은 우연이 아니었다. 여호와께서 그녀의 발걸음을 인도하신 것이다. … 아무튼 우리가 우리 인생을 하나님께 헌신할 때 우리에게 발생하는 일은 우연이 아니라 필연에 의해 일어나는 것이다.[3]

우리는 이런 해석이 어떤 의도에서 나온 것인지 안다. 이 세상의 역사에서 하나님의 작정에서 벗어나 일어날 수 있는 일은 없다. 그런 점에서 위어스비 목사의 해석이 큰 문제가 아니라고 할 수도 있다.

그러나 본문에서 룻이 보아스의 밭에 도착한 것을 "우연"이라고 묘사하였다면 그것이 무슨 의미인지를 심도 있게 논의해야 한다. 무조건 "우연"이 아니라 "필연"이라고 해서는 안 된다. 전통적인 조직신학에서조차도 하나님의 섭리의 방식에는 "우연", "필연", "하나님의 자의" 세 가지가 있다고 보면서 우연과 필연을 구분하고 있기 때문이다.

1.3 문제 제기

이제 그동안의 해석사에서 제기된 문제를 살펴보자. 우선 모형론적 해석의 문제를 살펴보자. 모형론적 해석이 현대에 다시 등장하게 된 데에는 이유가 있다. 20세기 중반에 들어서면서 모범적 설교에 대한 반발이 가시화되었고, 구속사적 설교 방식이 등장하였다. 구속사적 설교 방식은 성경 본문의 사건을 현재 그 본문이 들어

---

3 위어스비, 『헌신하여라』, 37, 39.

있는 책의 문맥 안에서 해석하기보다는, 이 본문을 떼어내어 구속사의 연속선상에 배치하고, 이 구속사의 문맥하에서 본문을 해석한다. 결국 이렇게 되면 현재 구약 역사서 본문의 최종 형태를 무시하게 되고 구약 역사서 본문은 예수 그리스도를 가리키는 모형으로 전락하게 된다. 즉 구속사라는 역사적 관심이 지나치게 강조되다 보면, 구약 어디서나 그리스도를 가리키게 되어 천편일률적인 그리스도 설교로 바뀌기 마련이다.

물론 구속사적 설교가 지향하는 원리인, "창조-타락-구속"의 큰 틀과, "그리스도에 의해 이 구속의 역사가 성취되었다"는 강조점은 구약과 신약을 해석할 때 포기해서는 안 되는 중요한 개신교의 해석 방법론이다. 그러나 구속사적 해석법은 개신교 성경 해석의 마지막 단계에서 고려해야 하는 정경적-신학적 방법의 한 요소로 보아야 한다.

개신교의 성경 해석학은 "문법적(문예적)-역사적-신학적(정경적)" 주해를 하는 것을 목표로 삼는다. 성경 해석자는 먼저 주해할 본문의 범위를 정한 후에 본문의 장르를 결정해야 한다. 본문의 앞뒤 문맥을 살펴보면서 본문이 속한 더 큰 단락들 안에서 어떤 기능을 갖는지 살피고, 본문 자체의 구조 분석을 통해 전체와 부분, 부분과 부분의 관계를 찾아서 본문의 의미를 파악하며, 중요한 단어들의 의미론적 특성을 살피는 문법적-문예적 해석에 주력해야 한다. 그 후에 본문의 역사적-지리적-사회적 배경을 살피고, 본문 이해에 어떤 영향을 미치는지 찾아보는 역사적 해석의 과정을 거쳐야 한다. 그 후에 마지막으로 현 설교 본문이 다른 성경 본문과 어떤 관계에 있는지, 특히 신약과 어떤 연관을 맺고 있는지, 그리스도 안에서의 성취와 어떤 관련성이 있는지를 살펴야 한다. 이것이 정경적-신학적 해석이다.

위의 과정에서 보면 구속사적 설교 원리는 정경적-신학적 해석법에 속한다고 할 수 있다. 따라서 구속사적 설교 원리는 본문에 대한 1차적 주해, 즉 문법적-역사적 주해가 끝난 후에, 2차적인 수준(구약과 신약과 관계)에서 본문에 적용되어야 하는 것이다. 그런데 현재 한국 교회의 구속사적 설교의 실제를 보면, "구속사"라는 틀(때로는 온당하지 않은 잘못된 구속 개념을 가지고)이 1차적 본문 주해를 집어삼킴으로써 본문의 문법적-역사적 의미를 제대로 이해하지 못하게 만드는 방해 요소가 될 수 있음을 보여준다.

이런 모형론적 해석의 경향은 성경의 문자적 의미를 경시하는 모습으로 나타날 가능성이 크다. 위어스비의 해석에서 보듯이 성경의 문자적 의미는 분명히 룻의 발길이 보아스의 밭에 다다른 것은 "우연"이라고 되어 있는데, 이것은 우연이 아니라 필연이라고 해석하는 것은 성경의 의도를 곡해할 수 있다.

흔히 기독교에서는 우연은 없고 필연밖에 없다고 주장하는 분들이 있다. 물론 하나님의 "작정"의 영역에는 우연이 있을 수 없다. 그러나 인간의 시공간의 영역 안에서 하나님의 작정을 성취해 가시는 섭리의 과정에서는 하나님께서 "우연"을 섭리의 한 방편으로 사용하신다는 것이 개신교, 특히 개혁주의의 중요한 교리 가운데 하나이다.

웨스트민스터 신앙고백은 하나님의 섭리 안에 "필연", "우연", "임의"라는 세 가지 요소가 있음을 모두 인정한다. 따라서 우연은 우연이라고 해야지, 우연을 필연이라고 하면 "카테고리의 오해"(category mistake)가 생기게 된다. 이에 대해서는 앞으로 본문을 살필 때 상세하게 살펴볼 것이다. 우리는 가능한 한 성경 본문을 해석할 때에는 문자적 의미에 착념해야 한다. 어줍잖게 자신의 신학적 선입견과 지식으로 본문을 재단해서는 안 된다. 이런 점을 염두에 두고 룻기 본문을 상세히 살펴보도록 하자.

2. 보아스의 등장

2.1 들어가는 이야기

나오미와 룻이 돌아왔을 때 베들레헴은 축제였다. 여호와께서 양식을 주셨으므로 빵이 넉넉하게 되었고 보리 추수가 시작될 때였다. 이에 베들레헴 사람들은 풍요로운 수확을 꿈꾸며 즐거워하고 있었다. 그러나 누구나 이런 기대에 부풀어 있었던 것은 아니다. 우리의 주인공인 룻과 나오미는 그렇지 않았다. 이들은 풍요로운 수확과는 관련이 없는 가난한 과부요 이제 막 모압 땅에서 돌아왔기 때문에 농사를 지은 것이 없었다. 더욱이 남편도, 자식도 없는 과부들이었다. 그렇다면 나오미와 룻이 할 수 있는 일은 추수 밭에서 이삭을 주워 연명하는 일이었다. 따라서 룻이 나오미에게 이삭을 주우러 나가겠다고 한 후에 허락을 받고 추수 밭으로 나가는 장면이 나오게 된다. 그런데 성경 기자는 이런 본격적인 플롯의 행동이 시작되기도 전에 새로운 인물을 등장시킨다.

2.2 보아스는 나오미 남편의 친척

룻기 2장에서 플롯의 행동이 시작되기 전에 뜬금 없이 한 인물이 등장한다. 내레이터는 이 사람을 네 가지 관점에서 소개한다(1절).

> "나오미의 남편에게 친척이 있으니
> (וּלְנָעֳמִי מוֹדַע לְאִישָׁהּ ; 울노오미 모다 르이샤흐)
> 엘리멜렉의 친족 가운데 유력한 자요
> (אִישׁ גִּבּוֹר חַיִל מִמִּשְׁפַּחַת אֱלִימֶלֶךְ ; 잇쉬 기쁘르 하일 밈미쉬파하트 엘리멜레크)
> 그의 이름은 보아스더라
> (וּשְׁמוֹ בֹּעַז ; 우셰모 보아즈)."

우선 이 사람은 나오미의 남편과 연관된 친척(지인)이라고 소개한다. 둘째로 그는 "유력한 자"(אִישׁ גִּבּוֹר חַיִל ; 잇쉬 깃쁘르 하일)이며, 셋째로 그는 엘리멜렉의 친족 중 한 명이고 넷째로 그 이름은 보아스라는 것이다. 무슨 의미인지 하나씩 살펴보자.

내레이터는 "나오미의 남편에게 친척"(וּלְנָעֳמִי מוֹדַע לְאִישָׁהּ ; 울노오미 모다 르이샤흐)이 하나 있다고 소개한다. 여기에 친척이라고 번역된 히브리어(מוֹדַע ; 모다)는 "혈연 친척"을 가리킬 수도 있고 "절친한 친구, 아는 사람, 친구, 친지" 등을 가리킬 수도 있다(잠 7:4). 학자들 간에 견해차가 많은데, 친구든 친척이든 지인든간에 나오미에게 남편을 통해 알려진 사람이라고 보는 것이 좋다. 후에 다룰 것이지만 이 사람이 엘리멜렉의 친족 중 한 사람이라는 것은 나오미가 엘리멜렉과 결혼했기 때문에 연관된 사람이라고 보면 좋을 것이다.

2.3 유력한 자

둘째로 룻기 기자는 이 사람을 "유력한 자"(אִישׁ גִּבּוֹר חַיִל ; 잇쉬 기쁘르 하일)로 소개한다. "유력한 자"라고 번역된 히브리어는 세 개의 단어가 결합되어 있다. 첫 단어 잇쉬(אִישׁ)는 남자를 가리키는 명사이다. 둘째 단어는 기쁘르(גִּבּוֹר)는 "강한"이란 형용사일 수도 있고, "강한 사람", "용사"란 명사일 수도 있다. 세 번째 단어 "하일"(חַיִל)은 원래 "신체적인 힘", "능력", "부", "소유", "도덕적 탁월"을 가리키는 명사이다. 따라서 학자들은 어떻게 번역하는 것이 좋은지 약간의 견해차를 보인다.

세 단어를 모두 명사로 보되, 두 번째 단어와 세 번째 단어가 강하게 연결된 구조로 보고 첫째 단어와 병치된 것으로 보는 학자들의 견해가 제일 좋아 보인다. 그러면 "남자, 부하고 강한 자" 혹은 "남자, 권세 있고 강한 자" 혹은 "남자, 성품 좋고 강한 자"(a man, a mighty one of wealth/power/character)를 가리킨다고 볼 수 있다.[4] 실제로 세 번째 단어 하일(חַיִל)이 두 번째 단어 기쁘르(גִּבּוֹר)와 함께 쓰이면, 문맥에 따라 "힘과 용맹함을 지닌 전쟁 영웅"(수 6:2-3; 삿 6:12)을 가리킬 수도 있고, "능력 있는 사람"(왕상 11:28; 왕하 5:1)을 지칭할 수도 있고, "재력가"(왕하 15:20)를 의미할 수도 있다. 이를 종합해 보면 "잇쉬 기쁘르 하일"(אִישׁ גִּבּוֹר חַיִל)은 용맹할 뿐 아니라, 능력도 있고 재산을 소유한 상층부의 지도급 인사를 가리키는 것 같다.

그렇다면 보아스는 과연 어떤 남자일까? 부하고 강한 남자, 권세 있고 강한 남자, 성품 좋고 강한 남자 이 세 가지 중에서 무엇이 가장 보아스에게 적합할까? 어떤 번역어를 택해야 제일 좋을까?

놀랍게도 스토리가 전개되면 알게 되겠지만 보아스는 이 세 가지에 모두 해당하는 인물이다. 보아스는 부한 자요, 권세 있는 자요, 성품이 좋은 사람이기도 한 것이다. 따라서 영어 성경들을 보면, "a worthy man(ESV; 덕망있는 사람), a mighty man of valour(JPS; 매우 용감한 사람), a mighty man of wealth (KJV; 부유한 권세자), a man of great wealth(NASB; 큰 부자), a man of standing(NIV; 지위 있는 사람), a prominent rich man(NRSV; 특출난 부자)" 등으로 위의 세 가지 개념 중 하나나 둘 이

---

[4] Holmstedt, *Ruth : A Handbook on the Hebrew Text*, 105.

상을 결합하여 다양하게 번역하였다.

일부 한글 성경들은 주로 "부"를 강조하여 "큰 부자", "세력 있는 부자"라고 번역하였지만 이 모든 것을 포괄하려면 한글개역개정처럼 "유력한 자"라고 번역하는 게 제일 좋을 것 같다.

우리는 여기서 보아스가 성경 기자에 의해 "유력한 자"(אִישׁ גִּבּוֹר חַיִל ; 잇쉬 기쁘르 하일)로 성격 묘사되고 있음을 주목해야 한다. 보통 성경 기자는 이런 식으로 직접 등장 인물의 도덕적 특징을 언급하지 않기 때문이다. 따라서 이렇게 명시적으로 성격 묘사를 할 때 해석자들은 특별히 주목해야 한다. 보아스에 대한 이런 성격 묘사가 주제를 표출하고 플롯을 이끌고 나가는 데 중요한 역할을 감당하기 때문이다.

이런 점을 염두에 두고 룻기를 읽으면 3:11에서 보아스가 룻을 가리켜 "현숙한 여인"(אֵשֶׁת חַיִל ; 에세트 하일)이라고 칭하는 점이 눈에 들어온다.[5] 한글로 보면 "유력한 자"와 "현숙한 여인" 사이에 강한 연결을 느끼기 힘드나, 히브리어 원문으로 보면 둘 다 "유력한"(חַיִל ; 하일)이란 단어가 쓰이고 있다. 즉 보아스는 유력한 남자이고 룻은 유력한 여자이다.

결국 이 둘은 어떻게 될까? 룻과 보아스는 선남선녀, 천생연분이기에 혹시 결혼으로 이어지지는 않을까? 그러나 보아스는 물론 룻도 아직 이러한 운명의 만남을 예기치 못한다. 단지 성경 기자와 우리 독자들만 이런 비밀을 알고 있는 것이다. 더욱이 룻은 보아스에 대해서는 아무 것도 알지 못한다. 이런 식으로 성경 기자는 독자에게 비밀을 미리 알려 주면서 독자의 호기심을 끌고 있는 것이다.

2.4 엘리멜렉의 "친족" 중 한 사람

성경 기자는 보아스를 나오미의 남편 쪽 친척으로, 그리고 유력한 자로 언급한 다음에 "엘리멜렉의 친족"(מִשְׁפַּחַת אֱלִימֶלֶךְ ; 미쉬파하트 엘리멜레크)에 속한 인물로 소개한다. 언뜻 보기에 이런 소개는 그저 그가 어느 친족에 속한 인물인지 신분 확인을 위해 언급하는 것처럼 보인다. 그러나 그가 엘리멜렉의 "친족"이라는 것은 룻기

---

[5] 여기서 현숙한 여인이란 잠언 31:10에 나오는 현숙한 여인과 같은 용어이다 : "누가 현숙한 여인(אֵשֶׁת חַיִל ; 에세트 하일)을 찾아 얻겠느냐 그의 값은 진주보다 더 하니라."

의 플롯을 이끌어가는 데 있어서 매우 중요한 복선이다. 왜냐하면 "친족"이라고 번역된 히브리어 "미쉬파하"(מִשְׁפַּחַה)는 이스라엘의 율법과 풍습을 이해하는 데 있어서 매우 중요한 용어이기 때문이다.

보아스가 엘리멜렉의 "친족"이 아니라면 보아스가 나오미의 땅을 기업 무를 수도 없을 뿐 아니라 룻과의 계대결혼도 불가능하다. 룻기에서 가장 중요한 핵심 모티브인 기업 무름과 계대결혼은 보아스가 나오미의 남편 엘리멜렉의 친족이라는 점과 불가분리로 연결되어 있다. 만일 보아스가 엘리멜렉의 친족이 아니라면 나오미의 땅을 무를 수도 없고, 룻과 계대결혼을 할 수도 없다. 따라서 성경 기자는 보아스를 소개하면서 그가 엘리멜렉의 친족이라는 점을 명시하고 있는 것이다.

그러나 같은 친족에 속해 있다고 해서 가난한 사람의 모든 문제가 해결되는 것은 아니다. 친족에 속해 있는 자들이 기업을 무르거나 계대결혼을 할 의사가 있어야 한다. 다시 말해 율법을 기쁨으로 감당하는 인물이어야 하는데, 과연 보아스가 그런 멋진 친족일지는 아직 모른다.

어찌되었든 엘리멜렉과 보아스가 같은 친족(מִשְׁפַּחַת ; 미쉬파하)에 속한다고 한다면 아마도 베들레헴에 살던 에브랏 친족들일 가능성이 크다. 룻기 1:2에 의하면 엘리멜렉 가족은 "유다 베들레헴 에브랏 사람들"(אֶפְרָתִים מִבֵּית לֶחֶם יְהוּדָה ; 에프라팀 미베트 레헴 예후다)이라고 불리고 있기 때문이다. 그런데 놀랍게도 이스라엘의 위대한 왕인 다윗이 바로 이 친족 출신이라고 사무엘상 17:12은 밝히고 있다 : "유다 베들레헴 에브랏 사람 이새라 하는 사람의 아들."

2.5 이름은 "보아스"

성경 기자는 드디어 엘리멜렉의 친족 중 유력한 사람의 이름을 밝힌다.

"그의 이름은 보아스더라
(וּשְׁמוֹ בֹּעַז ; 우셰모 보아즈)."

칠십인경과 구라틴역은 보아스를 "보오스"(βοος ; Booz)라고 음역한다. 이것을 히브리어로 다시 환원하면 보 오스(בוֹ עֹז ; in him is strength)로 "그 안에 힘이 있다"가 된다. 즉 "보아스 안에 힘이 있다"로 볼 수 있다고 학자들은 말한다.

또 다른 학자들은 베오스(בְּעֹז)로 보면서, "…으로"라는 의미의 전치사 "베"(בְּ)와 힘이란 명사 오즈(עֹז)가 결합된 것으로 해석한다. 이렇게 되면 "…의 힘으로"(in the strength of…)가 된다. 이 경우 뒤에 원래 붙어 있었던 여호와의 이름이 생략된 단축형으로 볼 수 있다는 것이다. 그러면 "베오스 아도나이"(בְּעֹז יְהוָה)가 되어 "여호와의 힘으로 [내가 기뻐하리라], 여호와의 힘을 [내가 노래하리라]"이란 이름으로 볼 수도 있다는 것이다.[6]

그런데 두 경우 모두 성경에 동일한 이름을 가진 용례가 없다는 것이 단점이다. 따라서 일부 학자들은 "보아스"(בֹּעַז)란 단어가 성전 낭실의 놋 기둥 둘 중 하나의 이름으로 나온다는 점에 주목한다.

"이 두 기둥을 성전의 주랑 앞에 세우되 오른쪽 기둥을 세우고 그 이름을 야긴(יָכִין)이라 하고 왼쪽의 기둥을 세우고 그 이름을 보아스(בֹּעַז)라 하였으며(왕상 7:21; 참조 대하 3:17)."

이를 근거로 해석자들은 다양한 해석을 한다. "병든"이란 이름의 말론과는 달리 보아스는 힘이 센 사람이었다고 하기도 하고, 기둥의 이름으로 쓰인 것을 보니 기둥같이 든든한 인물이라고 해석하기도 한다.[7] 지금까지 제기된 어떤 해석도 만족스럽지는 않지만 보아스라는 이름 안에는 "힘, 강함, 유력함, 견고함"이란 의미가 있는 것만은 분명해 보인다.

---

6 Hubbard, *The Book of Ruth*, 134.

7 흥미있는 것은 유대 주석가들이 보아스를 이스라엘의 열 번째 사사인 입산과 동일시한다(삿 12:8-10)는 점이다. 둘다 베들레헴과 연관되어 있기 때문에 이런 연결을 시도한 것이다. 그러나 현대 학자들은 입산의 베들레헴은 스불론 지파의 핵심에 놓인 북방의 마을이며, 유다 베들레헴이 아니라는 데 의견의 일치를 보이고 있다.

3. 나오미에게 요구한 룻의 요청

3.1 본문

내레이터는 갑작스럽게 보아스를 소개하면서 잠시 중단되었던 플롯의 진행을 나오미를 향한 룻의 요청을 묘사하면서 다시 재개한다.

"모압 여인 룻이 나오미에게 이르되 원하건대 내가 밭으로 가서 내가 누구에게 은혜를 입으면 그를 따라서 이삭을 줍겠나이다 하니 나오미가 그에게 이르되 내 딸아 갈지어다 하매 룻이 가서 베는 자를 따라 밭에서 이삭을 줍는데 우연히 엘리멜렉의 친족 보아스에게 속한 밭에 이르렀더라 (룻 2:2-3)."

3.2 구조 분석

룻과 나오미의 대화와 룻의 실행을 다루는 이 부분을 더 잘 이해하려면 룻기 2:1-3 단락의 구조를 분석할 필요가 있다. 그러면 전체 에피소드의 윤곽이 더 잘 들어오기 때문이다. 한편 구조를 분석할 때에는 단어의 반복과 주제의 발전에 유의해야 한다. 이렇게 분석한 결과는 아래와 같다.[8]

  A 나오미에게 엘리멜렉의 친족(מִמִּשְׁפַּחַת אֱלִימֶלֶךְ ; 밈미쉬파하트 엘리멜레크) 중 남편 쪽으로 유력자가 있으니

    B 이름은 보아스(בֹּעַז)더라

      C "나로 밭에 가게 하소서"(룻의 요청)

        X 내가 뉘게 은혜를 입으면 그를 따라서 이삭을 줍겠나이다

      C' "내 딸아 갈지어다"(나오미의 허락)

    B' 우연히 보아스(בֹּעַז)에게 속한 밭에 이르렀더라

---

8 Bush, *Ruth*, 99에도 거의 같은 구조 분석을 볼 수 있다.

A' 엘리멜렉의 친족(מִמִּשְׁפַּחַת אֱלִימֶלֶךְ ; 밈미쉬파하트 엘리멜레크)인

위의 구조를 보면 엘리멜렉의 친족(מִשְׁפַּחַת ; 미쉬파하)이 있다는 점이 이 단락의 처음과 끝(A & A')에 반복되고 있다. 이것은 한 단락의 경계를 설정하는 인클루지오(inclusio; 같거나 유사한 단어가 반복되면서 전체를 감싸는 일종의 "봉투 기법"을 가리키는 문예적 용어)의 기능을 하는 동시에 보아스가 엘리멜렉의 친족임을 강조하는 역할을 한다. 앞서 살핀 대로 보아스와 엘리멜렉이 에브랏 사람들이라 불리는 친족이라고 한다면, 단지 에브랏 마을에 함께 거주하는 이들이 아니라, 한 걸음 더 나아가 상부상조해야 하는 혈족인 셈이다. 성경 기자는 엘리멜렉의 "친족"에 대한 언급을 통해 친족이 앞으로 가련한 두 과부의 삶을 어떻게 채울 수 있을지에 대해 궁금증을 갖게 한다.

그런데 이 친족 중 유력자의 이름이 보아스인데, 룻의 발길이 우연히 보아스에게 속한 밭에 이르렀다는 점(B & B')은 나오미와 룻에게는 매우 중요한 사건 전개가 아닐 수 없다. 우연이라고 불림에도 불구하고 전체 사건 전개의 뒤에 누군가가 모든 일을 통제하고 있다는 느낌을 받지 않을 수 없다.

그러나 엘리멜렉의 친족이 있다 하더라도, 그리고 우연까지도 통제하는 어떤 손길이 있다 하더라도, 나오미와 룻의 편에서 아무런 움직임이 없다면 문제는 해결될 수 없다. 그런데 놀랍게도 룻이 이삭을 줍기로 결심하고 나오미에게 허락을 구하고, 이에 나오미가 허락함으로 룻은 밭에 나가 이삭을 줍기 시작한다(C & C'). 이런 룻의 선제적인 충성이 추수 시작할 때에 나오미의 생계를 유지할 수 있는 길을 열게 된 것이다.

그러나 무작정 이삭을 주우러 나선다고 문제가 해결되는 것은 아니다. 물론 율법은 곡물을 벨 때에 떨어진 이삭은 가난한 자와 고아와 과부를 위해 남겨놓을 것을 요구한다(레 19:9-10; 신 24:19-21). 그러나 실제로는 가난한 자들과 과부를 무시하고 학대한 경우가 많았던 것으로 보인다. 그렇다면 누군가의 은혜가 필요한 것이다. 마치 룻이 이를 잘 알기라도 하듯이 "내가 뉘게 은혜(חֵן ; 헨)를 입으면 그를 따라서 이삭을 줍겠나이다"라고 선언한다(X).

우리는 이 단락에서 룻이 처한 상황이 얼마나 처량하고 가련한가를 느낄 수 있다. 이방 땅의 낯선 밭에서 이삭을 주워 연명할 수밖에 없는 가련한 이방 여인, 누

군가의 은혜를 입지 않으면 이삭을 주울 수도 없는 신세임이 잘 드러난다. 과연 이 이방 여인에게 누가 은혜를 베풀 것인가? 이 점이 이 단락이 제기하는 핵심적인 갈등 요소이다.

결국 구조 전체를 살펴보면 "엘리멜렉의 친족(A)-보아스(B)-보아스(B')-엘리멜렉의 친족(A')"으로 이어지는 구조 안에 "내가 뉘게 은혜(חֵן ; 헨)를 입으면 그를 따라서 이삭을 줍겠나이다(X)"라는 룻의 희망이 담겨 있는 것은 어쩌면 룻이 보아스의 은혜(חֵן ; 헨)를 입을 사람인지도 모른다는 독자들의 기대를 가능케 하는 문예 기법이다. 그런데 놀랍게도 실제로 사건이 진행되면서 우리는 보아스가 룻에게 "은혜"(חֵן ; 헨)를 베푸는 모습을 볼 수 있다.

"룻이 엎드려 얼굴을 땅에 대고 절하며 그에게 이르되 나는 이방 여인이거늘 당신이 어찌하여 내게 은혜(חֵן ; 헨)를 베푸시며 나를 돌보시나이까 하니(룻 2:10)."

"룻이 이르되 내 주여 내가 당신께 은혜(חֵן ; 헨) 입기를 원하나이다 나는 당신의 하녀 중의 하나와도 같지 못하오나 당신이 이 하녀를 위로하시고 마음을 기쁘게 하는 말씀을 하셨나이다(룻 2:13)."

그러나 아직은 룻이 이런 모든 일이 일어날지는 기대는 물론 상상도 할 수 없는 불투명한 상태에 놓여 있다. 룻은 그저 나오미에게 충성의 모습을 보이면서 밭에 나가 이삭을 줍기로 결심한 것뿐이다. 여기에 룻의 성품의 매력과 아름다움이 있는 것이 아닌가?

4. 룻의 성격 묘사

4.1 아직도 모압 여인

지금까지 룻기 2:1-3의 구조를 살펴보았으니 이제 본문을 상세히 보도록 하자.

성경 기자는 룻이 먼저 나오미에게 말하는 장면으로 에피소드를 시작한다(2:2).

"모압 여인 룻이 나오미에게 이르되
(וַתֹּאמֶר רוּת הַמּוֹאֲבִיָּה אֶל־נָעֳמִי ; 와토메르 루트 함모아비야 엘-노오미)."

우리는 여기서 성경 기자가 룻을 모압 여인이라고 언급하는 점을 주목해야 한다. 룻기 1장에서 룻이 모압 여인임을 이미 두 번이나(룻 1:4, 22) 언급했으므로 독자들이 다 알고 있는데도 불구하고 성경 기자가 "모압 여인" 룻이라고 밝히는 이유는 무엇인가? 심지어는 나오미와 룻의 사적인 대화를 묘사할 때도 모압 여인임을 계속 강조하는 이유는 무엇인가? 벌린의 말을 들어보자.

> 베들레헴 여인들에게 룻이 항상 이 칭호로 불린 것은 자연스럽다. 사환과 보아스는 룻을 가리키는 객관적인 명칭으로 모압 여인을 사용하였다. 그러나 내레이터는 룻과 나오미와의 개인적 대화를 다루는 장면에서도 슬쩍 모압 여인이라는 명칭을 집어 넣고 있다. 이것은 스토리 내에 깔려 있는 긴장, 즉 낯섦과 친숙함 사이의 대조를 지적하는 것이다. 스토리 자체도 이런 정체성의 문제로 씨름하고 있다.[9]

베들레헴으로 돌아온 모압 여인 룻을 베들레헴 공동체가 어떤 방식으로 대했을까? 우선은 낯설지 않았을까? 그러나 남편을 여의고 나오미를 따라 베들레헴으로 온 모습에서 하나님의 백성의 친숙한 모습을 느끼지는 않았을까?

벌린의 주장대로 "모압 여인"이라는 강조는 단순히 낯섦과 친숙함의 분위기를 이용하여 하나님의 백성의 정체성의 문제를 제기하면서 독자들에게 충격을 주려는 의도가 있는 것으로 보인다. 어떻게 모압 여인이 시어머니에게 충성과 헌신의 모습을 보일 수 있을까? 과연 하나님의 백성인 우리는 어떤가? 이런 충격을 주려고 룻이 시어머니에게 보이는 충성을 묘사하면서 모압 여인임을 지속적으로 언급하는 것으로 보인다.

---

9 Berlin, *Poetics and Interpretation of Biblical Narrative*, 88.

4.2 충성의 선언을 행동으로 옮기는 룻

이어지는 룻의 말을 들어보면 베들레헴으로 돌아온 뒤에 이어지는 스토리에서 대화를 이끌고 행동에 옮기는 주도권은 나오미가 아니라 모압 여인 룻이 쥐고 있음을 알 수 있다(2:2).

"원하건대 내가 밭으로 가서 이삭을 줍겠나이다
(אֵלְכָה־נָּא הַשָּׂדֶה וַאֲלַקֳטָה בַשִּׁבֳּלִים אַחַר ; 엘르카-나 하사데 와알라크타 바쉽볼림 아하르)
내가 누구에게 은혜를 입으면 그를 따라서
(אַחַר אֲשֶׁר אֶמְצָא־חֵן בְּעֵינָיו ; 아하르 아셰르 에므차-헨 베에나우)."

룻은 "내가 밭으로 가서(הָלַךְ ; 할라크) 이삭을 줍게 해주소서"라고 요청한다. 여기서 가다(הָלַךְ ; 할라크)는 동사는 이전에 룻이 "어머니께서 가시는(הָלַךְ ; 할라크) 곳에 나도 가고(הָלַךְ ; 할라크), 어머니께서 유숙하시는 곳에 나도 유숙하겠나이다"라고 선언했을 때 사용한 동사이다. 성경 기자는 룻을 자기가 한 말에 책임을 지는 충성스런 여인으로 묘사하고 있다.

그렇다면 룻이 밭에 가려는 이유는 무엇인가? 이삭을 줍기 위해서이다. 이방 땅 보리 밭과 밀 밭에서 이삭을 주워 시어머니를 봉양하기 위해 먼저 밭으로 나가겠다고 요청한 것이다.

어떤 해석자들은 룻이 먼저 나서기까지 나오미가 아무런 행동을 하지 않은 것을 놓고 여러 가지로 해석한다. 어떤 이들은 나오미가 상실감으로 인한 깊은 고통 가운데 빠져있기 때문이라고 말하고, 어떤 이들은 나오미가 룻과 함께 밭에 나가 이삭을 줍지 못할 만큼 나이가 든 것이라고 말한다. 그러나 성경 기자는 이에 대해 아무런 언급도 하지 않는다. 그 이유가 무엇일까? 성경 기자는 플롯과 주제 표출에 기여하지 않는 것은 원래 언급하지 않기 때문이다. 이런 점을 염두에 두면 성경 기자는 주도권을 잡고 밭에 가서 이삭을 줍기로 나선 사람은 나오미가 아니라 룻이라는 점을 강조하면서 룻의 인애를 보여주려는 것으로 보인다.

4.3 "이삭 줍기" 관련 율법

그렇다면 도대체 룻은 무엇을 근거로 "내가 밭으로 가서 이삭을 줍겠나이다"라고 한 것일까? 보리 이삭을 밭에서 주워봤자 얼마 안 될 터인데 그것을 가지고 무엇을 할 것인가 의아해 하실 분이 있을 것이다. 그러나 율법에 의하면 밭의 수확을 거둘 때에 이스라엘 백성은 밭이나 포도원의 소출을 다 거두지 말고 밭 모퉁이를 사회적 약자들을 위해 남겨두도록 되어 있었다.

"너희가 너희의 땅에서 곡식을 거둘 때에 너는 밭 모퉁이까지 다 거두지 말고 네 떨어진 이삭도 줍지 말며 네 포도원의 열매를 다 따지 말며 네 포도원에 떨어진 열매도 줍지 말고 가난한 사람과 거류민을 위하여 버려두라 나는 너희의 하나님 여호와이니라(레 19:9-10 ; 참조 레 23:22)."

"네가 밭에서 곡식을 벨 때에 그 한 뭇을 밭에 잊어버렸거든 다시 가서 가져오지 말고 나그네와 고아와 과부를 위하여 남겨두라 그리하면 네 하나님 여호와께서 네 손으로 하는 모든 일에 복을 내리시리라 네가 네 감람나무를 떤 후에 그 가지를 다시 살피지 말고 그 남은 것은 객과 고아와 과부를 위하여 버려두며 네가 네 포도원의 포도를 딴 후에 그 남은 것을 다시 따지 말고 객과 고아와 과부를 위하여 남겨두라(신 24:19-21)."

이삭 줍기와 관련된 고대 근동 아시아의 문헌은 많지 않지만, 이런 문헌들과 성경을 비교해 보면 구약의 율법이 얼마나 혁명적이며 인도주의적인지 알 수 있다. 이런 문헌들 가운데 하나인 "수메르 농부의 달력"(Sumerian Farmer's Almanac)의 추수 단락을 보자.

이삭 줍는 자들에게 해를 가해서는 안 되며, 이삭을 뜯어내서는 안 된다. 매일 추수할 때에 마치 곤궁한 날들처럼 생각하고 땅이 젊은이들과 이삭 줍는 자들의 생계를 유지할 수 있도록 조치해야 한다. 그리고 그들이 넓은 들판에서 잠을 자는 것처럼, 네 밭에서 잠을 자도록 허락해야 한다. 네가 그렇게 한다면 너의 신께서 영원한 호의를 보이실 것

이다.[10]

위 문헌을 보면 이삭 줍는 자들은 이삭을 뜯어내서는 안 된다면서 먼저 이삭 줍기에 제약을 가하고 있다. 그러고는 추수하는 자들에게 젊은이들과 가난한 자들을 염두에 두라면서 밭에서 잠을 자는 것까지 허락하면 신의 가호를 받을 것이라고 권면한다. 그러나 이것이 전부이다. 가난한 자들을 향한 그 이상의 어떤 배려도 볼 수 없다. 고대 근동의 문헌 그 어디에서도 의도적으로 밭 모퉁이를 베지 말고 내버려두어 과부와 고아와 객들이 생계를 유지할 수 있도록 하라는 풍습은 발견할 수 없다.

그러나 성경은 "너희의 땅에서 곡식을 거둘 때에 너는 밭 모퉁이까지 다 거두지 말고 네 떨어진 이삭도 줍지 말며 … 가난한 자와 거류민을 위하여 버려두라 나는 너희의 하나님 여호와이니라"(레 19:9-10)고 명시적으로 명령하고 있다. 물론 얼마나 많은 모퉁이의 곡물을 베지 말아야 하는지, 얼마나 많은 포도 열매를 따지 않고 내버려두어야 하는지는 본문에 명시되어 있지 않다. 따라서 미쉬나의 논문 한 편(tractate)의 지면을 이 부분에 할애할 만큼 랍비들이 논란을 벌였다. 초기 랍비들은 첫 열매, 제물, 자선의 행위, 토라 연구를 얼마나 해야 하는 경우처럼 분량을 정하는 것이 옳지 않다고 보았다(m. Peah 1:1). 그러나 후기 랍비들은 수확의 60분의 1을 남겨 놓도록 정하였고, 가난한 사람의 필요를 채우는 데 필요하다면 더 남겨 놓도록 권면하였다(m. Peah 1:2)고 한다.[11]

4.4 누군가의 은혜를 구하는 겸손한 자세

이런 구약 성경의 율법은 밭의 소출의 일부를 가난한 사람과 타국인을 위해 남겨 놓음으로써, 빈민을 구제하는 일종의 사회복지 정책이라고 볼 수 있다. 그러나 우리가 다 알다시피 구약의 율법 역시 신앙의 양심에 호소하는 규례일 뿐 이를 어

---

10 Samuel Noah Kramer, *The Sumerians : Their History, Culture, and Character* (University of Chicago Press, 1963), 108, 341.

11 David L. Barker, "To Glean or Not to Glean," *Expository Times* 117 (2006), 406-410.

겼을 경우에 처벌하는 규정이 없기에 실제로는 과부들이나 고아들이 이삭을 주울 때 자주 무시 당했던 것 같다. 과부나 고아를 해롭게 하지 말라는 등의 율법 구절들이 많이 나오는 것을 보면 이런 일이 자주 발생했던 것이 분명하다(출 22:22-24; 신 14:29, 24:17, 26:12, 27:19). 그뿐 아니라 실제로 과부들을 박해하였다고 선지자들이 비난하는 목소리를 자주 들을 수 있다(시 94:6; 사 9:17, 10:2; 렘 7:6; 욥 24:3, 21; 시 94:6). 결국 룻이 "내가 뉘게 은혜를 입으면 그를 따라서 이삭을 줍겠나이다"라고 한 것은 이런 현실을 반영하고 있는 것 같다.

"내가 누구의 눈에 은혜를 입으면"(אֲשֶׁר אֶמְצָא־חֵן בְּעֵינָיו ; 아셰르 에므차-헨 베에나우)이란 표현은 40번 쓰인 가운데 대화에서 32번 쓰이고 있다. 특별히 항상 하위자가 상위자 앞에서 쓰는데, 13번은 인간이 하나님 앞에서 사용하였다. 따라서 이 표현은 불확실한 상황에서 누가 주도권을 잡고 있는지를 알려주는 기준이 된다(창 47:29에선 야곱이 요셉에게; 삼상 20:3, 29에선 다윗이 요나단에게; 삼상 25:8에서는 다윗이 나발에게).

룻기의 내레이터가 2장에서 이 표현을 세 번 반복하는 것은 룻이 추수꾼들에게 허락을 요청하려는 의도로 이삭 주우러 나가는 모습을 강조하기 위해서이다.

5. 나오미의 허락

5.1 오직 두 마디 말만

나오미는 2절 하반절에서 룻의 요청에 답한다.

"나오미가 그에게 이르되 내 딸아 갈지어다 하매
(וַתֹּאמֶר לָהּ לְכִי בִתִּי ; 와토메르 라흐 르키 비티)."

나오미의 답은 원어로 보면 단 두 단어이다 : "내 딸아 갈지어다"(לְכִי בִתִּי ; 르키 비티). 본문을 피상적으로 보면 나오미의 행동이 이해가 가지 않는다. 나오미는 그저 "내 딸아 갈지어다"라는 두 단어를 내뱉을 뿐 어떻게 하라는 구체적인 지시는 하지 않는다. 나오미는 룻과 함께 이삭을 주우러 나가지도 않을 뿐더러, 추수 밭에서 이삭을 줍는 것과 연관된 율법 관련 사항이나 행동 지침 같은 유다 풍습에 대해서도 일언반구하지 않는다. 아니 어떻게 룻만 이삭을 주우러 밭으로 가도록 내버려두고 자기는 집에 홀로 남아 있을 수 있을까?

이런 이유로 일부 학자들은 나오미가 무책임하다고 말한다. 자신이 유다 땅으로 돌아왔으면 낯설고 물설은 며느리를 내보낼 것이 아니라 자신이 이삭을 주우러 나갔어야 한다는 것이다. 최소한 룻이 나가겠다고 했을 때에는 같이 동행했어야 마땅하다는 것이다.

최소한 나오미는 룻에게 몸조심하라든지, 추수 밭에서는 어떻게 해야 한다는지에 대해 권면했어야 한다는 것이다. "내 딸아 가라", 이 두 단어가 전부인 것을 보면, 아직도 심리적 충격에서 벗어나지 못한 것 아닌가라고 보기도 한다.[12]

성경 해석자들은 이런 식으로 도덕적 해석이나 심리적 해석을 하고 싶은 유혹에 빠진다. 어찌되었든 등장 인물에 대해 어떤 평가나 설명을 해야 한다고 생각하기 때문이다. 본문에서 의미를 찾아 적용하고 싶어 하는 해석자는 이런 심리적 해석이나 도덕적 설명을 하고 싶은 강한 욕망을 느낀다.

그러나 그럴 때일수록 해석자는 조심해야 한다. 성경 기자가 의도하지 않은 의미를 찾아내려는 시도를 해서는 안 된다. 그런 점에서 성경 해석자는 본문에 충실해야 한다.

성경 본문을 상세히 읽어 보면 성경 기자는 나오미의 성격을 묘사하는 데 주안점을 두고 있지 않다. 성경 기자의 관심은 룻에게 있기 때문이다. 먼저 주도권을 쥐고 이삭을 주우러 나간 룻에게 어떤 일이 벌어질지 독자들로 하여금 궁금해 하도록 플롯을 빠르게 이끌어가고 있기 때문이다.

5.2 룻기 안의 "인식의 관점" vs "흥미의 관점"

이런 점에서 룻기 안에서 독자들의 관심과 흥미를 끄는 인물은 룻이다. 따라서

---

12 Hubbard, *The Book of Ruth*, 139.

나오미보다는 룻에게 무슨 일이 일어나고 있는지 흥미를 갖고 보게 된다. 아델 벌린은 룻기에서 "인식의 관점"의 초점은 나오미이지만 "흥미의 관점"의 초점은 룻이라고 본다.

> 그러나 룻기에서는 인식의 관점(perceptual point of view)과 흥미의 관점(interest point of view)을 나눌 필요가 있다. 왜냐하면 흥미의 관점의 초점은 룻이기 때문이다. 룻은 룻기 전체를 통해 나오미의 주요 관심의 대상이다. 더욱이 룻은 독자들의 관심의 초점이다. 독자들은 나오미에게 무슨 일이 일어나는가보다 룻에게 무슨 일이 일어날지에 대해 관심이 더욱 크다. 이것은 부분적으로는 나오미의 관심 때문이기도 하지만, 내러티브 테크닉에 더 기인한다. 룻은 보아스와 기업 무를 자가 만나서 대화하는 장면을 제외하고는 모두 나타난다. 따라서 독자들은 룻에 대해서 늘 인식하게 되고, 룻이 독자들의 머리나 시야에서 사라지지 않는다. 나오미가 룻과 보아스의 만남에 간접적으로 참여하는 것은 룻의 이야기를 통해서이다. 비록 스토리의 사건들은 나오미의 관점에서 인식되지만, 나오미의 인식을 촉진하게 하는 것은 룻이다. 이것은 나오미의 성취를 촉진하게 하는 것이 룻인 것과 동일하다.[13]

룻기의 "흥미의 관점"의 초점이 룻이라면, 나오미가 왜 이삭을 주우러 나가지 않았는지에 대해서는 룻기 기자가 언급할 필요를 느끼지 못할 것이다. 단지 낯설고 물설은 타향살이를 시작한 룻에게 어떤 일이 일어날지에 대해서만 언급하려 했을 것이다.

따라서 해석자들은 이런 점을 염두에 두고 본문에 근거나 데이터가 없는 나오미의 심리 분석에 매달릴 것이 아니라, 룻기의 "흥미의 관점"의 초점인 룻의 뒤를 따라 이삭을 주우러 나간 룻에게 무슨 일이 생기는지 살펴보아야 한다.

---

13 Berlin, *Poetics and Interpretation of Biblical Narrative*, 84.

6. 우연한 발길을 움직이는 분은 누구인가?

6.1 추수 밭으로 나간 룻

룻기 기자는 2:3에서 나오미의 심리상태에 대한 묘사는 전혀 하지 않고, 흥미의 관점의 초점인 룻을 바로 뒤쫓아간다.

"룻이 가서
(וַתֵּלֶךְ וַתָּבוֹא ; 와텔레크 와타보)
베는 자를 따라 밭에서 이삭을 줍는데
(וַתְּלַקֵּט בַּשָּׂדֶה אַחֲרֵי הַקֹּצְרִים ; 와텔라케트 바사데 아하레 하코츠림)
우연히 보아스에게 속한 밭에 이르렀더라
(וַיִּקֶר מִקְרֶהָ חֶלְקַת הַשָּׂדֶה לְבֹעַז ; 와이케르 미크레하 헬카트 하사데 르보아즈)."

내레이터는 룻의 행동을 네 개의 동사를 사용하여 묘사한다 : "가다"(הָלַךְ ; 할라크), "도착하다"(בּוֹא ; 보), "이삭을 줍다"(לָקַט ; 라카트) 그리고 "우연히 이르렀다"(קָרָה ; 카라). 처음 세 개의 동사는 중간에 어떤 단어도 없이 사슬처럼 직접 연결되어 있어서, 룻이 시어머니에게 약속한 대로 마치 로봇처럼 밭으로 "가서" "도착하자마자" "이삭을 줍는" 일을 실행하고 있음을 보여준다.

여기서 우리는 룻이 "베는 자들을 따라"(אַחֲרֵי הַקֹּצְרִים ; 아하레 하코츠림) 이삭을 주었다는 점에 주목해야 한다. 앞서 룻은 나오미에게 "내가 누구에게 은혜를 입으면 그를 따라서"(אַחַר אֲשֶׁר אֶמְצָא־חֵן בְּעֵינָיו ; 아하르 아셰르 에므차-헨 베에나우) 이삭을 줍겠나이다"라고 하였다. 그렇다면 "베는 자들"이 "그들의 눈에 룻이 은혜를 입을 자들"인가?

독자들이 이런 궁금증을 갖자마자, 내레이터는 "우연히(וַיִּקֶר מִקְרֶהָ ; 와이케르 미크레하) 보아스에게 속한 밭에 이르렀더라"고 묘사한다. 우연히 보아스의 밭에 이르렀다는 점을 밝히는 것은 룻이 보아스의 눈에 은혜를 입을 자임을 암시하는 것이다.

6.2 우연히 보아스의 밭에 이른 룻

그런데 룻기 기자는 룻이 보아스의 밭에 이른 것을 "우연"으로 돌리고 있다. 도대체 "우연"이 여기서는 무슨 의미인가? 표준국어대사전에 의하면 "우연"이란 "아무런 인과관계 없이 뜻하지 아니하게 일어난 일"이라는 뜻이다. 그런데 적지 않은 해석자들이 2:3을 해석하면서 보아스의 밭에 룻의 발길이 도착한 것은 "우연"이 아니라 "필연"이라고 주장한다. 표준국어대사전에 의하면 "필연"은 "사물의 관련이나 일의 결과가 반드시 그렇게 될 수밖에 없음"을 의미한다. 따라서 "우연과 필연"은 정반대의 의미를 가진 단어이다.

성경 기자는 룻이 보아스의 밭에 이른 것을 "우연"이라고 묘사하고 있는데, 해석자들이 이를 "우연"이 아니라 "필연"이라고 주장한다면 이는 잘못된 것이다. 첫째, 우연과 필연은 정반대의 의미를 가진 개념이기 때문에 우연을 필연이라고 해석하는 것은 논리상 모순이다. 둘째, 성경 기자가 우연이라고 한 것을 필연이라고 해석하는 것은 성경 본문에 충실한 것이 아니다.

6.3 우연, 필연, 섭리

우리는 성경에서 룻이 보아스의 밭에 이른 것은 "우연"이라고 한 의미가 무엇인지 찾아보아야 한다. 이를 위해 우리는 먼저 한글로 우연과 필연과 섭리가 무엇인지 살펴볼 필요가 있다. 표준국어대사전에 의하면 우연은 "아무런 인과관계 없이 [인간이] 뜻하지 아니하게 일어난 일"이며, 필연은 "사물의 관련이나 일의 결과가 반드시 그렇게 될 수밖에 없음"을 가리킨다. 그렇다면 우연과 필연은 서로 상반되는 개념이므로 성경이 우연이라고 말하고 있지만 실제로는 필연이라고 해서는 안 된다. 따라서 우리는 이 모두를 포괄할 수 있는 단어를 찾아야 한다. 그것이 바로 "섭리"이다. 표준국어대사전에 의하면 "섭리"란 "세상과 우주 만물을 다스리는 하나님의 뜻"이다. 그렇다면 보아스의 밭에 룻의 발길이 이른 것은 우연처럼 보이지만, 실제로는 섭리, 즉 "세상과 우주 만물을 다스리는 하나님의 뜻"이라고 한다면 논리적으로뿐 아니라 체험적으로도 모순되지 않는다. 이렇게 성경 해석자는 성경 안으로 들어가기 전에 한글의 개념을 명쾌하게 이해하고 사용해야 개념상 혼돈이나 오해를 피할 수 있다.

그러나 성경 해석자는 이렇게 단어의 개념을 논리적 수준에서 분석하는 것만으로 만족해서는 안 된다. 성경 본문이 "우연"이라고 묘사한 것이 무슨 의미인지를 언어적 데이터를 가지고 분석하면서 성경의 세계 속으로 들어가야 한다.

"우연히(וַיִּקֶר מִקְרֶהָ ; 와이케르 미크레하) 보아스에게 속한 밭에 이르렀다"는 히브리 문장을 직역하면 "그녀의 우연이 우연하게 보아스의 밭에 이르렀다"(Her chance chanced on…)라고 해야 한다. 왜냐하면 "우연"과 연관된 용어가 한 번은 명사 "미크레"(מִקְרֶה)로 한번은 동사 "카라"(קָרָה)로 나오기 때문이다. 따라서 우리는 우연이란 명사 "미크레"(מִקְרֶה)의 용례와 동사 "카라"(קָרָה)의 용례를 살펴보아야 한다.

우선 명사 "미크레"(מִקְרֶה)는 구약에서 열한 절에 총 13회 사용되고 있다(삿 3:20, 24; 룻 2:3; 삼상 6:9, 20:26; 전 2:14, 15, 3:19[3x], 9:2, 3, 10:18). "미크레"는 "우연, 운"(accident, chance)이란 의미로 쓰이기도 하고 "운명"(fate)이란 의미로 사용되기도 한다.

사무엘상 6:9의 용례에서 볼 수 있듯이 미크레는 "우연, 운"(accident, chance)이란 의미로 사용되고 있다.

"보고 있다가 만일 궤가 그 본 지역 길로 올라가서 벧세메스로 가면 이 큰 재앙은 그가 우리에게 내린 것이요 그렇지 아니하면 우리를 친 것이 그의 손이 아니요 우연히 당한 것인 줄 알리라(מִקְרֶה הוּא הָיָה לָנוּ ; 미크레 후 하야 라누; it happened to us by chance) 하니라(삼상 6:9)."

이렇게 보면 룻기에서도 "미크레"(מִקְרֶה)는 "행운/우연"으로 번역할 수 있다. 그런데 특기할 만한 것은 미크레라는 명사에 대명사 접미가 붙은 것은 룻기뿐이다. 룻기에는 소유대명사 접미 3인칭 여성단수가 붙어서 "그녀의 행운"이라고 되어 있다. 그렇다면 "그녀의 우연/행운이 우연하게도 보아스의 밭에 도달하였다"라고 번역할 수 있다.

한편 전도서에서는 "미크레"(מִקְרֶה)가 "운명"(fate)이란 의미로도 사용된다.

"모든 사람에게 임하는 그 모든 것이 일반이라(מִקְרֶה אֶחָד ; 미크레 에하드 ; one fate) 의인과 악인, 선한 자와 깨끗한 자와 깨끗하지 아니한 자, 제사를 드리는 자와 제사를 드리지 아니하는 자에게 일어나는 일들이 모두 일반이니 선인과 죄인, 맹세하는 자와 맹세하기를 무서워하는 자가 일반이로다 모든 사람의 결국은 일반이라(מִקְרֶה אֶחָד לַכֹּל ; 미크레 에하드 라콜 ; one fate for all) 이것은 해 아래에서 행해지는 모든 일 중의 악한 것이니 곧 인생의 마음에는 악이 가득하여 그들의 평생에 미친 마음을 품고 있다가 후에는 죽은 자들에게로 돌아가는 것이라(전 9:2-3)."

"한 운명"(מִקְרֶה אֶחָד ; 미크레 에하드)이 모든 이들에게 임한다는 것이다. 즉 의인이나 악인이나 동일한 운명을 맞게 된다는 것이다. 결국 "미크레"(מִקְרֶה)는 행운/운(luck chance)은 물론 운명(fate)이란 의미로도 사용되는 단어임을 알 수 있다.

그런데 룻기에서 쓰인 "우연이 우연하게 이르렀다"(קָרָה מִקְרֶה ; 카라 미크레)는 어구는 오직 전도서 2:14, 15에만 나타난다.

"지혜자는 눈이 밝고 우매자는 어두움에 다니거니와 이들의 당하는 일이 일반인 줄을 (מִקְרֶה אֶחָד יִקְרֶה אֶת־כֻּלָּם ; 미크레 에하드 이크레 에트-쿨람) 내가 깨닫고 심중에 이르기를 우매자의 당한 것을 나도 당하리니(כְּמִקְרֵה הַכְּסִיל גַּם־אֲנִי יִקְרֵנִי ; 케미크레 하케실 감-아니 이크레니) … 내가 심중에 이르기를 이것도 헛되도다(전 2:14, 15 ; 한글개역)."

영역본들은 "한/동일한 운명이 모든 사람에게 임하다"(one/the same fate befall all of them)로 번역한다. 결국 "카라 미크레"(קָרָה מִקְרֶה)는 "운명이 임하다"(fate befalls, overtakes)로 볼 수도 있다. 룻기에 이런 의미를 적용하면 "그녀의 운명이 임하여 보아스의 밭에 도달하였다"로 번역할 수도 있다.

그러나 문맥을 보면 룻기 2:3에서는 미크레(מִקְרֶה)를 "운명"보다는 "우연"이라고 번역하는 것이 더 좋아 보인다. 그렇다면 룻의 발걸음이 보아스의 밭에 이른 것은 어떤 의미에서 "우연"이라는 뜻인가?

일부 해석자들은 룻이 보아스를 만나려고 의도적으로 노력했다고 주장하면서, 여기서 "우연히 보아스의 밭에 이른 것"은 보아스를 만나려는 룻의 계획이 손쉽게 이루어지게 된 행운(good fortune)을 가리키는 표현이라고 본다.[14] 그러나 룻이 보아스를 의도적으로 만나려고 했다는 어떤 단서도 성경 본문에서 찾을 수 없다. 따라서 이런 식으로 해석해서는 안 된다.

그렇다면 룻이 보아스의 밭에 이른 것이 "우연"이라고 한 것은 무슨 뜻인가? 룻기 내레이터는 풍년을 주신 분도 여호와이시며(1:6), 룻으로 잉태케 하신 분도 여호와시라고(4:13) 명시적으로 강조한다. 그런데 갑자기 이 두 주인공의 만남을 우연으로 돌리는 것은 무엇인가?

6.4 성경에서도 우연은 섭리의 한 방편

이에 대한 대답을 얻기 위해서 우리는 "우연"이 하나님의 "섭리"의 한 방편임을 주목해야 한다. 보아스와 룻의 만남의 장면을 이해하려면 창세기 24장의 이삭과 리브가의 만남의 장면을 살펴볼 필요가 있다. 왜냐하면 이삭과 리브가의 만남을 룻기와 동일한 동사(קָרָה ; 카라)를 사용하여 하나님의 섭리에 의한 만남으로 묘사하고 있기 때문이다.

"그가 이르되 우리 주인 아브라함의 하나님 여호와여 원하건대 오늘 나에게 순조롭게 만나게 하사(הַקְרֵה־נָא לְפָנַי הַיּוֹם ; 하크레-나 레파나이 하욤) 내 주인 아브라함에게 은혜를 베푸시옵소서 … 말을 마치기도 전에 리브가가 물동이를 어깨에 메고 나오니 그는 아브라함의 동생 나홀의 아내 밀가의 아들 브두엘의 소생이라(창 24:12, 15)."

"순조롭게 만나게 하사"로 번역된 동사 "카라"(קָרָה)가 창세기 24:12과 룻기 2:3에 동시에 쓰이고 있음을 주목해야 한다(참조 창 27:20). 한 히브리계 영역본(TNK)은 "내게 좋은 행운을 주사"(grant me good fortune)로 번역한다. 어찌되었든 창세기에서는 아브라함의 종이 이삭의 신부감을 "운 좋게 만나게 해달라고" 여호와께 기도한 후에 곧바로 "말을 마치기도 전에" 리브가를 만나게 된다. 겉으로 보기에 "우연" 같은

---

14 Sasson, *Ruth*, 44–45.

이런 일은 기도의 응답으로 나타난 하나님의 섭리의 결과라고 보아야 한다.[15]

이것은 창세기 27:20을 보면 더 분명히 알 수 있다. 이삭은 야곱이 에서 흉내를 내는지 모르고 사냥을 갔다 바로 온 것으로 보고 "내 아들아 네가 어떻게 이같이 속히 잡았느냐"라고 묻자, 야곱이 이렇게 대답한다.

> "아버지의 하나님 여호와께서 나로 순조롭게 만나게 하셨음이니이다(הִקְרָה יְהוָה לְפָנַי ; 히크라 아도나이 레파나이; Yahweh granted me good fortune; 창 27:20)."

여호와가 "우연히 … 하게 하다"(קָרָה, 카라의 사역형)의 주어로 나온다. 우연의 뒤에서 역사하는 손길은 여호와임을 성경은 전제한다.

그렇다면 룻기 2:3에서 룻이 우연히 보아스의 밭에 이르렀다는 것은 비록 의도는 없었지만 하나님의 섭리임을 암시한다. 어떻게 보면 저자의 의도는 그가 표면적으로 말하는 것과는 정반대이다. 룻과 보아스의 만남을 우연으로 돌린 것은 단지 인간적 의도가 전혀 없었다는 점을 강조하는 것에 불과하다. 룻과 보아스에게 있어서 그것은 우연이었다.

그러나 하나님께는 우연은 섭리의 한 방편이었다. 전체 스토리의 어조를 보면 하나님의 손길이 구석구석 미치고 있음을 저자가 확신하고 있다. 결국 표현이 매우 세속적인 것 같지만, 실제로는 이 같은 확신을 담고 있는 것이다. 성경 기자는 이 만남을 우연이라 부름으로써 하나님께서는 우연도 그의 손 안에서 움직이고 계심을 우회적으로 보여준다.[16]

이것은 우연이라는 단어가 쓰인 블레셋인들과 법궤 이야기를 살펴보면 잘 알 수 있다. 블레셋인들은 이스라엘과의 아벡 전투에서 승리한 후에 법궤를 빼앗아 다곤 신전에 가져다 두었다. 그런데 다곤 신전이 넘지고, 머리가 부러지고 손이 잘려나가는가 하면, 독종과 재앙이 법궤가 가는 블레셋 도시마다 생기자 이 일이 우연으로 생긴 것인지 여호와께로서 온 것인지 시험해 보기로 하였다. 이에 멍에를 메어보

---

15 Gow, *The Book of Ruth*, 49.
16 R. M. Hals, *The Theology of the Book of Ruth* (Philadelphia : Fortress, 1969), 11-12.

지 않은 젖을 갓 뗀 암소 두 마리가 끄는 수레에 법궤를 싣고 돌려보내기로 하였다.

"보고 있다가 만일 궤가 그 본 지역 길로 올라가서 벧세메스로 가면 이 큰 재앙은 그가 우리에게 내린 것이요 그렇지 아니하면 우리를 친 것이 그의 손이 아니요 우연히 당한 것인 줄 알리라(לָנוּ הָיָה הוּא מִקְרֶה ; 미크레 후 하야 라누)(삼상 6:9)."

독자들은 블레셋인들의 이런 시험이 얼마나 우스꽝스러운가를 잘 알고 있다. 과연 블레셋인들이 당한 재앙은 우연에서 온 것인가? 아무도 그렇게 생각하는 사람은 없을 것이다. 그럼에도 불구하고 블레셋인들은 우연일 수도 있다고 생각한 것이다.

그런데 놀랍게도 암소는 좌우로 치우치지 아니하고 벧세메스로 올라갔다. 성경 기자가 블레셋에 임한 재앙을 우연이란 단어로 표현한 이유는 무엇인가? 하나님의 백성에게는 필연인 것을 이방인들은 우연이라고 보기 때문인가? 아니다. 독자들은 이 글을 읽으면서 이것이 우연이라고 보는 이들은 아무도 없을 것이다. 그럼에도 우연이란 단어를 쓰는 것은 우연은 인간의 눈으로 볼 때 현실적 실재이기 때문이다.

이것은 룻기의 경우에도 마찬가지이다. 룻이 보아스의 밭에 가려고 의도적으로 뜻하지 않았음에도 불구하고 보아스의 밭에 이르렀다. 따라서 "아무런 인과관계 없이 뜻하지 아니하게 일어난 일"이란 의미에서 "우연"이란 단어를 쓸 수밖에 없는 것이다. 우연은 인간의 눈으로 볼 때는 현실적 실재이기 때문이다. 그런데 해석자가 우연이 아니고 필연이라고 주장하게 되면 성경 본문을 이해할 수 없다. 성경 본문이 우연이라고 했으면 어떤 의미에서 우연이라고 했는지 이해하려고 애써야 한다. 그런데 우연이 아니고 정반대로 필연이라고 해석자가 우기는 것은 본문을 해석하는 올바른 자세가 아니다. 더 상세한 것은 뒤에 "9.3 우연도 하나님의 장중에"라는 항목에서 다루게 될 것이다.

7. 보아스의 질문 : "이는 누구의 소녀냐"

7.1 절묘한 시점의 등장

성경 기자는 룻이 우연히 보아스에게 속한 밭에 이르게 되었다고 한 다음에 이어서 보아스를 등장시킨다.

"마침 보아스가 베들레헴에서부터 왔다
(וְהִנֵּה־בֹעַז בָּא מִבֵּית לֶחֶם ; 웨힌네-보아즈 바 미베트 레헴)."

보아스가 "마침" 베들레헴에서 왔다는 말은 무슨 의미인가? 한글개역개정에서 "마침"이라고 번역된 힌네(הִנֵּה)의 용법은 크게 두 가지로 해석된다.

첫째로 많은 해석자들은 "힌네"(הִנֵּה)를 시간의 연속성을 가리키는 용법으로 보아 "바로 그때"라고 해석한다. 룻기 4:1의 "보아스가 성문으로 올라가서 거기 앉아 있더니 마침 보아스가 말하던 기업 무를 자가 지나가는지라"와 마찬가지로 여기서도 사건의 긴박한 연결을 가리킨다고 본다. 사쏜(Sasson)은 "바로 그때 보아스가 도착하였다"(Just then Boaz arrived)라고 번역한다. 그의 말을 들어보자.

> 장면이 설정되고 마침 바로 그때―시간이 얼마 지나지 않아 바로―일이 일어난 것을 가리킨다. 결국 놀라움의 요소가 깔린다. … 결국 2:4에서 말하려는 것은 룻이 밭에 도착한 지 오래지 않아, 물론 사환이 룻의 성격을 충분히 파악할 수 있는 시간이 지난 후나 바로 적절한 때 보아스가 나타났다는 것이다.

둘째로 일부 학자들은 "힌네"(הִנֵּה)를 "시간의 연속성"보다는 "놀라움"을 가리키는 의미로 본다. 아델 벌린의 말을 들어보자.

> 힌네(הִנֵּה)절은 놀라움을 표현하는 절이다. 독자나 등장 인물에게 정보를 제시함에 있어서 급작성을 나타낸다. 여기서 급작성은 사건들 사이에 시간이 얼마나 지났느냐를 이야

기하는 것이 아니다. 새로운 사실이 기대하지 않은 방식으로 갑자기 일어났음을 가리키는 것이다.[17]

이렇게 보면 "그런데 놀랍게도 바로 그때 보아스가 베들레헴으로부터 왔다"라고 번역할 수 있다.

그런데 위의 두 가지 견해는 시간상의 연속이냐, 아니면 기대하지 않은 방식으로의 사건 전개냐의 차이가 있을 뿐 양쪽 다 놀라움의 요소가 들어 있음을 인정한다. 따라서 놀라움이 들어가도록 번역하면 별 문제가 없을 것으로 보인다. "'놀랍게도 때마침'(surprisingly right at the time) 보아스가 베들레헴으로부터 왔다"라고 번역하면 좋을 것 같다. 룻이 보아스에게 속한 밭에 우연히 이른 바로 그날 놀랍게도 때마침 보아스가 베들레헴 도시에서 밭으로 나온 것이다.

7.2 보아스와 베는 자들 사이의 대화

룻기 기자는 보아스의 등장을 묘사한 후에 보아스와 베는 자들 사이의 대화를 통해 보아스를 성격 묘사하고 있다. 먼저 보아스가 인사한다(4상반절).

"베는 자들에게 이르되
(וַיֹּאמֶר לַקּוֹצְרִים ; 와요메르 라코츠림)
여호와께서 너희와 함께 하시기를 원하노라 하니
(יְהוָה עִמָּכֶם ; 아도나이 임마켐)."

보아스는 베는 자들에게 "여호와께서 너희와 함께 하시기를 원하노라"(יְהוָה עִמָּכֶם ; 아도나이 임마켐)고 하였다. 앞서 살핀 대로 한 등장 인물이 어떤 인물인지는 첫 번째 발언을 통해 제일 잘 알 수 있다. 그런데 보아스의 첫 발언은 베는 자들에게 여호와의 임재를 기원한 것이었다. 우리는 여기서 보아스가 얼마나 신실하게 여호와를 예

---

17 Berlin, *Poetics and Interpretation of Biblical Narrative*, 92.

배하는 자인지 알 수 있다. 놀랍게도 이것은 베는 자들도 마찬가지였다(4하반절).

> "그들이 대답하되
> (וַיֹּאמְרוּ לוֹ ; 와요메루 로)
> 여호와께서 당신에게 복주시기를 원하나이다 하니라
> (יְבָרֶכְךָ יְהוָה ; 예바레크카 아도나이)."

베는 자들 역시 신실하게 보아스를 향한 여호와의 축복을 기원한다. 우리는 베는 자들 역시 신실한 여호와 숭배자들임을 알 수 있다.
바바라 보우웬(Barbara M. Bowen) 같은 여행가는 이런 인사는 현대 팔레스타인에서 쉽게 볼 수 있는 것으로, 아마도 고대 이스라엘 당시의 일상적인 풍습이었던 것 같다고 본다.

> 이런 광경은 오늘날도 베들레헴에 가면 쉽게 볼 수 있다. 밭 주인과 하인 사이의 인사도 성경에 나오는 것과 똑같다. 주인은 "여호와께서 너희와 함께 하시기를 원하노라", 즉 "알라 마쿰"(Allah m'a-kum)이라고 인사하면 하인들은 "여호와께서 당신에게 복주시기를 원합니다"라고 답례한다. 이런 인사는 오늘날도 매일 들을 수 있다.[18]

그러나 다른 학자들은 추수 때의 특별한 인사였을 것이라고 본다. 왜냐하면 고대 이스라엘인들의 일상적 인사는 단순히 "샬롬"(שָׁלוֹם ; 창 29:6)이거나 아니면 "당신에게 샬롬"(שָׁלוֹם לְךָ ; 샬롬 르카; 삿 6:23; 삼상 25:6)이기 때문이라는 것이다. 이런 일상적인 인사에 비추어볼 때 보아스의 인사인 "여호와께서 너희와 함께 하시기를 원하노라"(יְהוָה עִמָּכֶם ; 아도나이 임마켐)와 베는 자들의 인사인 "여호와께서 당신에게 복주시기를 원하나이다"(יְבָרֶכְךָ יְהוָה ; 예바레크카 아도나이)는 풍성한 수확의 기쁨으로 한 추수 때의 특별한 인사 방법일 가능성이 크다는 것이다.[19]
어찌되었든 보아스와 베는 자들의 상호 인사는 여호와의 임재로 시작해서 여호

---

18 바바라 보우웬, 『성경에 나타난 기이한 표현들』, 김지찬 역 (생명의말씀사, 1985), 121.
19 Hubbard, *The Book of Ruth*, 144.

와의 축복으로 끝이 난다. 성경 기자는 이런 식으로 여호와는 어떤 상황에서도 이스라엘과 함께 하시는 분이시며, 여호와는 어떤 조건에서도 이스라엘에게 복주시기를 원하는 분임을 강조하고 있을 뿐 아니라, 보아스와 베는 자들이 진정으로 여호와를 섬기는 자들임을 드러내고 있는 것이다.

룻기에는 여호와의 기적적인 간섭이 보이지 않기에 룻기 안에는 하나님께서 강력하게 역사하지 않는 것처럼 보일 수 있다. 그러나 이것은 사실이 아니다. 여호와의 기적적인 직접적 개입이 나타나지 않지만 여호와라는 이름이 전체 85절 안에 모두 18번 나온다. 여호와의 이름이 내레이터의 논평이나 보고 가운데 나타나기도 하지만, 등장 인물의 대화 가운데도 언급된다. 이렇게 내레이터의 논평과 보고, 그리고 등장 인물의 대화를 통해 여호와가 언급되면서 비록 여호와께서는 무대 안에 직접적으로 등장하시지는 않지만 베들레헴 무대에서 일어나고 있는 모든 일을 통제하고 계심을 보여준다.

7.3 보아스의 질문 : "이는 누구의 소녀냐"

보아스는 베는 자들과 인사를 나눈 후에 질문한다(5절).

"보아스가 베는 자들을 거느린 사환에게 이르되
(וַיֹּאמֶר בֹּעַז לְנַעֲרוֹ הַנִּצָּב עַל-הַקּוֹצְרִים ; 와요메르 보아즈 레나아로 한니차브 알-하코츠림)
이는 누구의 소녀냐 하니
(לְמִי הַנַּעֲרָה הַזֹּאת ; 르미 한나아라 하조트)."

보아스가 질문한 자는 "베는 자들 위에 있는 그의 젊은이"(נַעֲרוֹ הַנִּצָּב עַל-הַקּוֹצְרִים ; 나아로 한니차브 알-하코츠림)였다. 추수 밭에는 베는 자들이 있었는데 주로 남자들이 베는 역할을 하였고, 이들을 관할하는 팀장이 있었던 것 같다. 이 팀장을 성경 기자는 "그의 젊은이"(נַעֲרוֹ ; 나아로)라고 부르고 있는데 보아스의 팀장은 비교적 나이가 젊은 사람이었던 것 같다. 따라서 한글개역개정은 "사환"이라고 부른다.

보아스가 사환에게 "이는 누구의 소녀냐"(לְמִי הַנַּעֲרָה הַזֹּאת ; 르미 한나아라 하조트)라고 물었다. 이 질문을 가지고 일부 해석자들은 보아스가 룻에 대해 특별한 이성적 관심을 가진 것으로 생각한다. 이것은 로맨스에 관한 현대적인 개념을 본문 안에 집어넣어 읽은 것이다. 현대에는 몇 마디 말로도 로맨틱한 상상력을 발휘하도록 스토리를 만들 수도 있지만, 성경 스토리는 그런 식으로 읽어서는 안 된다. 따라서 성경을 해석하는 사람들은 몇 개의 언어적 단서나 한 번의 독서를 통해 행간을 읽는 해석학적인 상상의 나래를 펴서는 안 된다.

우리는 성경 기자를 믿고 액면 그대로 문자적인 해석을 해야 한다. 보아스가 사환에게 물은 질문은 현대인들처럼 "이 소녀가 누구냐"라고 물은 것이 아니다. 직역하면 "이 소녀는 누구에게 속한 여자인가?"(לְמִי הַנַּעֲרָה הַזֹּאת ; 르미 한나아라 하조트)이다.

고대 이스라엘에서 여자는 결혼하기 전에는 아버지에게 속한 존재이고, 결혼하면 남편에게 속한 존재로 간주되었다. 이런 점을 염두에 두고 볼 때 보아스가 "이 소녀는 누구에게 속한 자인가"라고 물은 것은 자연스런 것이다. 룻은 낯선 여인이었기에 "이 여인은 누구에게 속한 자인가"라고 통상적이고 일반적인 질문을 던진 것이다. 따라서 보아스가 룻에게 흑심을 품고 던진 질문으로 해석해서는 안 된다. 게다가 앞으로 살펴보겠지만 베는 자를 거느린 사환의 대답은 여인에게 흑심을 품은 주인에게 한 하인의 대답으로 보기 어렵다.

8. 사환의 대답 속의 룻

8.1 사환의 긴 대답

히브리어 원문으로 보면 보아스는 3개의 단어(לְמִי הַנַּעֲרָה הַזֹּאת ; 르미 한나아라 하조트; 이는 누구에게 속한 소녀인가?)로 질문을 던졌는데, 베는 자들을 거느린 사환은 무려 25개의 단어를 사용하여 대답하고 있다.

"베는 자를 거느린 사환이 대답하여 이르되 이는 나오미와 함께 모압 지방에서 돌아온 모압 소녀인데 그의 말이 나로 베는 자를 따라 단 사이에서 이삭을 줍게 하소서 하였고 아침부터 와서는 잠시 집에서 쉰 외에 지금까지 계속하는 중이니이다(룻 2:6-7)."

사환이 길게 답을 하는 것은 사환이 중요하기 때문인가? 아니다. 사환은 자체로는 중요한 기능을 담당하지 않지만 룻의 성격을 묘사하는 역할을 하는 인물이기 때문이다. 이런 인물을 문예적인 용어로 "납작 인물/평면적 인물"(agent; flat character)이라고 부른다. 스토리 안에서 여러 가지 기능을 하는 핵심 인물은 "둥근 인물/입체적 인물"(round character)이라고 부르며, 이와 대조적인 인물이기에 "납작 인물/평면적 인물"이라고 부르는 것뿐이다.[20]

아델 벌린의 사환에 관한 논의를 살펴보자.

베는 자들을 거느린 사환도 납작 인물이다. 이 사람의 주요 기능은 밭에 등장하는 보아스를 좀 더 장면적(scenic)으로 만드는 데 있다. 결국 이 사람은 장면의 일부분으로서 그 상황을 더 사실적으로 만드는 기능을 감당한다. 또한 이 사람은 보아스와 룻의 성격을 묘사하는 데 도움이 된다. 보아스와 사환과의 대화를 보면 보아스는 매우 관찰력이 뛰어난 인물로 나타난다. 본문의 대부분이 보아스가 새로 이삭 줍는 여인에 대한 질문과 답으로 되어 있기 때문이다. 사환의 대답을 통해 우리는 룻이 "매우 열심히 일하는 여인"임을 알 수 있다. 결국 이를 통해 우리는 보아스와 룻과의 첫 번째 만남을 위한 준비가 끝났음을 알 수 있다.[21]

내레이터는 베는 자들을 거느린 사환의 말을 통해 룻이 어떤 여인인지를 성격 묘사하고 있는 것이다. 이런 점에서 우리는 베는 자들이 룻에 대해 무슨 말을 하는지 유심히 살펴보아야 한다.

---

20 M. H. 아브람스, 『문학용어사전』, 최상규 역 (보성출판사, 1991), 33.
21 Berlin, *Poetics and Interpretation of Biblical Narrative*, 86.

8.2 "모압 지방에서 돌아온 모압 소녀인데"

우선 사환은 룻을 "모압 지방에서 돌아온 모압 소녀"로 규정한다(6절).

"베는 자를 거느린 사환이 대답하여

(וַיַּעַן הַנַּעַר הַנִּצָּב עַל־הַקּוֹצְרִים ; 와야안 한나아르 한니차브 알-하코츠림)

이르되 이는 모압 소녀인데

(וַיֹּאמַר נַעֲרָה מוֹאֲבִיָּה הִיא ; 와요메르 나아라 모아비야 히)

나오미와 함께 모압 지방에서 돌아온

(הַשָּׁבָה עִם־נָעֳמִי מִשְּׂדֵה מוֹאָב ; 하샤바 임-노오미 미스데 모아브)."

드디어 우리는 사환의 입을 통해 룻을 어떻게 규정하는지 볼 수 있다. 우선 사환은 룻을 모압 소녀(נַעֲרָה מוֹאֲבִיָּה ; 나아라 모아비야)로 정의한다. 모압 소녀라는 용어는 룻기에 7번 나오는데, 룻이란 고유명사와 함께는 모두 5번 사용되고 있다. "모압 여인 룻"(רוּת מוֹאֲבִיָּה ; 루트 모아비야)은 거의 공식처럼 나온다.

그러나 여기서는 사환이 고유명사인 룻 대신 "나오미와 함께 모압 지방에서 돌아온"(הַשָּׁבָה עִם־נָעֳמִי מִשְּׂדֵה מוֹאָב ; 하샤바 임-노오미 미스데 모아브)이란 어구를 덧붙이고 있다. 결국 사환에게는 룻이란 고유명사보다 "모압 지방에서 돌아온 여인"이라는 것이 더욱 중요했던 셈이다. 이것은 베들레헴 공동체 사람들이 룻을 어떤 관점에서 보고 있는지를 잘 보여준다. 베들레헴 사람들이 룻에 대해 주목한 것은 그녀의 외모도, 그녀의 성품도, 그녀의 가문, 그녀의 국적도 아니었다.

그들에게 룻은 모압 여인이라는 것이 중요하였다. 그러나 단지 룻이 모압 여인이라는 것은 아니었다. 룻이 "모압 지방에서 돌아온 모압 소녀"라는 것이 중요하였다. 따라서 사환은 보아스에게 룻의 이름조차 언급하지 않는다. 어찌 보면 룻기가 가장 크게 강조하는 것은 룻은 "모압 지방에서 돌아온 모압 소녀"라는 것이다. 물론 우리는 앞서 내레이터가 1:22에서 룻을 "모압 지방에서 돌아온 모압 소녀"로 묘사하는 것을 보았지만 등장 인물의 관점을 통해서 룻이 "모압 지방에서 돌아온 모압 소녀" 임을 듣기는 처음이다. 결국 사환의 입을 통한 내레이터의 성격 묘사 역시 베들레헴 공동체와 같은 인식임을 보여준다.

8.3 대담한 요청을 한 여인

베는 자들을 거느리는 사환은 룻을 "모압 지방에서 돌아온 모압 소녀"로 규정한 후에 7절에서는 실제로 매우 담대한 요청을 한 여인으로 소개한다.

"그의 말이 나로 이삭을 줍고

(וַתֹּאמֶר אֲלַקֳטָה־נָּא ; 와토메르 알라케타-나)

베는 자를 따라 단 사이에서 이삭을 모으게 하소서 하였고

(וְאָסַפְתִּי בָעֳמָרִים אַחֲרֵי הַקּוֹצְרִים ; 웨아사프티 보오마림 아하레 하코츠림)."

룻은 사환에게 "나로 이삭을 줍게 하소서"라고 요청했다는 것이다. "줍다"는 동사 (לָקַט ; 라카트)는 룻기 2장에만 12번 쓰였는데, 한 번만 "이삭"이라는 목적어와 함께 쓰였고(2:2), 나머지 11번은 목적어 없이 쓰였다. 룻의 요청 안에도 목적어가 나오지 않지만, "이삭"이라는 목적어가 함축된 것으로 보아야 한다.

학자들은 율법에 의하면 밭에 떨어진 이삭을 줍는 것은 꼭 밭주인에게 허락을 받아야 하는 요청 사항은 아니라고 본다. 그럼에도 불구하고 실제 현장에서 이삭을 줍는 것은 눈치가 보이는 일이었을 것이다. 그뿐 아니라 룻은 단지 "이삭을 줍게 해주소서"라고 한 것이 아니라 "베는 자를 따라 단 사이에서 이삭을 모으려고" 하였기에 사환에게 정중히 요청한 것으로 보인다.

베는 자들을 따라서 단 사이에서 이삭을 줍게 해달라는 요청은 매우 담대한 것으로 특혜를 요구한 것이라고 할 수 있다. 이 요청이 왜 담대한지를 알려면 성경의 데이터를 근거로 고대 이스라엘의 "추수 밭의 장면"을 재구성해 보면 금방 알 수 있다.

우선 시편 129:7을 보면 추수 밭은 크게 남자들로 구성된 "베는 자들"과 여성들로 구성된 "묶는 자들"로 나누어져 있다고 학자들은 본다.

"이런 것은 베는 자(קוֹצֵר ; 코체르)의 손(כַּף ; 카프)과 묶는 자(מְעַמֵּר ; 메암메르)의 품(חֹצֶן ; 호첸)에 차지 아니하나니(시 129:7)."

"베는 자"(קוֹצֵר ; 코체르)들이 "손"(כַּף ; 카프)으로 곡식을 먼저 베면, "묶는 자"(מְעַמֵּר ; 메암메르)들이 뒤를 따라 "품"(חֹצֶן ; 호첸)으로 안아 묶는 방식으로 진행된 것 같다고 학자들은 본다. 룻기 2장을 보면 베는 자들은 "남자들"(נְעָרִים ; 네아림; 소년들)이고 묶는 자들은 "여자들"(נְעָרוֹת ; 나아로트; 소녀들)인 것이 분명하다. 이것은 보아스의 말 가운데 소년들과 소녀들이 등장하는 것을 보면 알 수 있다.

"내 딸아 들으라 이삭을 주우러 다른 밭으로 가지 말며 여기서 떠나지 말고 나의 소녀들(נְעָרוֹת ; 나아로트)과 함께 있으라 그들이 베는(קָצַר ; 카차르) 밭을 보고 그들을 따르라 내가 그 소년들(נְעָרִים ; 네아림)에게 명령하여 너를 건드리지 말라 하였느니라 목이 마르거든 그릇에 가서 소년들(נְעָרִים ; 네아림)이 길어 온 것을 마실지니라 하는지라(룻 2:8-9)."

보아스의 말 속에는 "소년들"(נְעָרִים ; 네아림)과 "소녀들"(נְעָרוֹת ; 나아로트)이 나온다. 소년들은 곡식을 베고, 물을 길어오는 등 험한 일을 한다. 반면에 소녀들이 무엇을 하는지에 대해서는 암시가 없다. 그러나 다른 성경 본문을 살피면 소녀들은 이삭을 묶는 역할을 한 것으로 보인다고 학자들은 해석한다.

그렇다면 구체적으로 어떻게 남자들(소년들)이 베고 어떻게 여자들(소녀들)이 묶는 것일까? 이사야 17:5과 예레미야 50:16을 보면 추수 밭 풍경을 대충 그려볼 수 있다.

"마치 추수하는 자가 곡식(קָמָה)을 거두어 가지고 그의 손으로 이삭을 벤 것 같고 르바임 골짜기에서 이삭을 주운 것 같으리라(사 17:5)."

"파종하는 자와 추수 때에 낫을 잡은 자를 바벨론에서 끊어 버리라 사람들이 그 압박하는 칼을 두려워하여 각기 동족에게로 돌아가며 고향으로 도망하리라(렘 50:16)."

"베는 자"(קוֹצֵר ; 코체르)들이 밭에 서 있는 "곡식들"(קָמָה ; 카마)을 한 손으로 한 줌 정도 잡고 다른 손에 들린 낫으로 잘라 한 줌씩 땅에 놓은 것 같다. 그러면 "묶는 자들"(מְעַמֵּר ; 메암메르)이 잘려진 이삭들을 모아 품 안에 들어올 분량만큼 안아서 단(עֳמָרִים ; 오마림)으로 묶은 것 같다. 이렇게 베는 자들과 묶는 자들의 일이 끝난 후에, 단들을 밭에서 타작마당으로 옮기게 된다. 이삭을 줍는 사람들이 밭에 들어와 이삭을 주울 수 있는 것은 이렇게 단들을 타작마당으로 옮긴 후였던 것 같다고 학자들은 생각한다.

이런 추수 밭의 상황을 염두에 두고 룻의 요청을 살펴보면 이해하는 데 도움이 많이 된다.

"이삭을 줍게 해주세요

(וַתֹּאמֶר אֲלַקֳטָה־נָּא ; 와토메르 알라케타-나)

베는 자를 따라 단 사이에서²² 이삭을 모으게 해주세요

(וְאָסַפְתִּי בָעֳמָרִים אַחֲרֵי הַקּוֹצְרִים ; 웨아사프티 보오마림 아하레 하코츠림)."

룻의 요청을 이해하는 데 있어서 핵심은 "단 사이에서"(בָעֳמָרִים ; 보오마림)라는 어구를 어떻게 해석하느냐에 달려 있다. 이 어구는 전치사 "베"(בְּ)에 "단들"(עֳמָרִים ; 오마림)이란 단어가 합쳐진 형태이다. 여기서 전치사 "베"(בְּ)를 어떻게 해석하느냐가 관건이다. 이 전치사는 "… 안에"라는 장소의 의미로 사용되기도 하고, "… 으로"라는 양태의 의미로도 사용되기 때문이다.

어떤 해석자들은 전치사 "베"(בְּ)를 "장소"의 의미, 즉 "… 사이(안)"로 해석한다. 이렇게 보면 룻이 베는 자들을 따라서 "단 사이에서" 이삭을 줍게 해달라고 요청한 것으로 본다. 보통은 베는 자들이 곡식을 자르면, 여인들이 품에 안아 단으로 묶고, 이를 타작마당으로 옮긴 다음에야 비로소 가난한 자들이 떨어진 이삭을 주울 수 있었던 것으로 보인다.

그런데 베는 자들을 따른다는 것은 아직 추수가 진행 중인 밭에서 이삭을 줍겠다

---

22 Hubbard는 "더미"라고 번역을 하면서, 더미는 추수꾼들이 베어 놓은 아직 묶지 않고 쌓아놓은 상태의 곡식을 말하며, 후에 타작마당으로 옮기기 위해 단으로 묶는다고 본다. Hubbard, *Ruth*, 148. 신영섭, 『룻기』, 135, 각주 56.

는 것이며, 게다가 단 사이에서 이삭을 줍겠다는 것은 단을 타작마당으로 이전하기 전에 이삭을 줍게 해달라고 요청한 것임을 보여준다. 결국 베는 자들을 따라서 단 사이에서 이삭을 줍게 해달라는 요청은 담대하기 이루 말할 수 없는 요구라고 볼 수 있다. 이렇게 본다면 룻은 정말로 대담한 여인이 아닐 수 없다.

다른 해석자들, 특히 부쉬(Bush)는 이런 해석에 동의하지 않는다. 이방인이요 낯선 여인인 룻이 "단 사이에서" 이삭을 줍게 해달라고 요청했을 리가 없다고 본다. 심지어는 베들레헴 토착민들에게도 이런 특혜는 주어지지 않았을 것이기 때문에 만일 룻이 이렇게 요청했다면 호의는커녕 반감을 샀을 수도 있다는 논리이다. 이에 부쉬는 "베"(ב)를 "양태"의 의미, 즉 "으로"의 의미로 해석하여, "나로 베는 자를 따라서 이삭을 주워 단'으로' 묶게 하소서"라고 번역한다.[23]

그러나 필자가 볼 때에는 이렇게 해석해도 룻의 요청이 대담한 것은 마찬가지이다. 왜냐하면 룻이 "베는 자들을 따라서" 이삭을 주워 단으로 묶게 해달라고 요구한 것이기 때문이다. "단 사이에서" 이삭을 줍든, 이삭을 주워 "단으로" 묶든간에 "베는 자들을 따라서" 이삭을 줍겠다는 것은 아직 추수가 진행되는 밭에서 이삭을 줍겠다는 것이기에 엄청난 특혜인 것이 사실이다.[24] 어찌되었든 추수가 한창 진행되는 밭에서 그것도 베는 자들 바로 뒤에서 이삭을 줍게 해달라고 요청했다면 룻은 대담한 여인임에 틀림없다.

8.4 근면하며 겸손한 여인

그러나 룻은 그저 대담한 여인만이 아니었다. 사환은 룻을 자신의 신분과 처지를 잘 아는 겸손한 여인으로 묘사한다. 현재 우리가 가지고 있는 맛소라 히브리 본문을 직역하면 아래와 같다(7하반절).

"와서 아침부터 지금까지 서 있는 중이니이다

(וַתָּבוֹא וַתַּעֲמוֹד מֵאָז הַבֹּקֶר וְעַד־עָתָּה ; 와타보 와타아모드 메오즈 하보케르 웨아드-아타)

---

23 Bush, *Ruth/Esther*, 114.
24 Holmstedt, *Ruth : A Handbook on the Hebrew Text*, 116. 역시 이 두 가능성을 모두 인정한다.

잠시 집에서 쉰 외에

(זֶה שִׁבְתָּהּ הַבַּיִת מְעָט ; 제 쉬브타흐 하바이트 메아트)."

이 문장은 해석에 있어서 복잡하며 학자들의 견해 또한 분분하기 그지 없다. 문법적으로는 룻기 전체에서 가장 문제가 많은 본문이라고 할 수도 있다.[25] 지면 관계상 이 문제를 상세히 다룰 수는 없어 무엇이 문제인지 대략적으로만 살펴보자. 크게 보면 학자들이 제기하는 문제는 두 가지이다.

첫째, 한글개역개정에서 "계속하는 중이니이다"(וַתַּעֲמוֹד ; 와타아모드)[26]로 번역된 아마드(עָמַד) 동사를 어떤 의미로 해석할 것인가?

둘째, 한글개역개정에 번역되어 있는 "잠시 집에서 쉰 외에"(זֶה שִׁבְתָּהּ הַבַּיִת מְעָט ; 제 쉬브타흐 하바이트 메아트)를 어떻게 해석할 것인가?

첫 번째 문제부터 살펴보도록 하자. 한글개역개정에서 "계속하는 중이니이다"로 번역된 동사 "아마드"(עָמַד)는 기본 의미가 "서다"이다. 따라서 직역하면 "그녀는 도착하여 서 있었다"이다. 그러나 스토리의 표층 의미 수준에서 의미가 잘 통하도록 그동안 번역자들이 다양하게 해석하였다 : "지속하였다"(has been on her feet; RSV), "계속하였다(continued; ESV)", "남아 있었다(remained; NASB)", "일하였다(worked; NIV).

그러나 필자는 허바드 같은 학자들과 함께 동사 "아마드"(עָמַד)를 직역하여 "그녀는 도착하여 서 있었다(혹 기다렸다)"로 해석하는 것이 제일 좋다고 생각한다.[27] 베는 자를 따라서 단 사이에서 이삭을 줍게 해달라는 요청은 주인만이 답할 수 있는 내용이기에 아마도 베는 자들을 거느린 사환은 허락을 하지 못한 것 같다. 따라서 룻이 이삭을 본격적으로 줍지 못한 채 주인의 허락을 받기까지, 다른 밭으로 가지 않

---

25 캠벨(Campbell)은 그의 주석에서 정확한 의미는 영원히 알 길이 없다는 이유로 7절을 번역하지 않고 공란으로 남겼다. Campbell, *Ruth*, 94.
26 한글개역개정은 "그녀가 서 있었다"(וַתַּעֲמוֹד ; 와타아모드)를 "그 발로 서다, 계속 움직이다, 지속하다"(had been on her feet, had been on the move, had persisted)로 해석하여 "계속하는 중이니이다"로 번역한 것인데, "서다"는 동사의 의미를 너무 지나치게 확대하는 것으로 보인다.
27 허바드(Hubbard, *The Book of Ruth*, 149)가 지적한 대로 서 있다는 동사가 기다리다는 의미로 쓰인 곳이 여럿 있다 (창 45:9; 수 10:19; 삼상 20:38; 전 8:3 등).

고 아침부터 지금까지 서 있었다는 의미로 볼 수 있다.28 특히 "내가 누구에게 은혜를 입으면 그를 따라서 이삭을 줍겠나이다"(2절)라고 룻이 나오미에게 한 말을 보면, 룻의 요청은 누군가의 특별한 은혜가 있어야만 가능한 것임을 암시한다. 룻이 나중에 보아스의 허락을 받은 후에 두 번이나 보아스의 은혜를 언급하는 점을 볼 때에 룻이 보아스가 오기 전에 이삭을 본격적으로 줍기 시작한 것 같지는 않다.29

7절의 사환의 말은 룻이 요청을 하였으나 이 허락은 오직 밭의 주인만이 내릴 수 있는 것이라는 취지로 이야기한 것으로 보인다. 결국 보아스는 젊은 여인이 서 있는 것을 보고 질문을 한 것이고 사환의 이야기를 들은 후에 즉시 허락을 내린 것으로 볼 수 있다.

7절의 두 번째 문제는 "이것이 그녀의 조금 집에서 앉은 것(한글개역개정은 "쉰 것")이니이다"(זֶה שִׁבְתָּהּ הַבַּיִת מְעָט ; 제 쉬브타흐 하바이트 메아트)를 의미가 통하게 번역하기가 어렵다는 점이다. 순서대로 직역하면 "이것(זה ; 제), 그녀의 앉은 것(שִׁבְתָּהּ ; 쉬브타흐), 그 집(הַבַּיִת ; 하바이트), 조금(מְעָט ; 메아트)"이다. 어떻게 보아도 제대로 된 문장이 아니다. 그래서 일부 학자는 룻의 요청이 보아스의 마음에 들지 않을 것이 분명하다 보니, 이를 전달하는 사환이 말을 더듬게 된 것이라고 해석하기도 한다.30

그뿐 아니라 사환의 말은 내용적으로도 이해하기 힘들다. 예를 들어, 집에서 앉았다는 것이 무슨 의미인지 해석하기가 어렵다. 한글개역개정은 의미가 조금은 더 잘 통하게 하기 위해 "그녀의 앉은 것"(שִׁבְתָּהּ ; 쉬브타흐)을 모음만 바꾸어 "그녀가 쉬었다"(שָׁבְתָה ; 샤브타)로 번역하였다. 이렇게 되면 전체 문장은 "이 사람이 잠시 집에서 쉬었던 것뿐입니다"가 된다.

이렇게 해도 이해가 잘 안 되는 부분이 남아 있다고 학자들은 본다. 앉았든 쉬었든간에 잠시 머물 수 있는 집이 추수 밭 근처에 있었단 말인가? 아니면 여기서 집은 화장실을 의미하는 것인가? 만일 여기서 집이 룻의 집을 이야기한다면 룻이 집에 잠깐 갔다왔다는 이야기인가? 문맥상 자세한 내용이 없어 설명해내기가 쉽지 않

---

28 Hubbard, *The Book of Ruth*, 149.
29 물론 이렇게 본다면 허버드(Hubbard, *The Book of Ruth*, 149)의 말대로 3절(룻이 가서 베는 자를 따라 밭에서 이삭을 줍는데)은 룻의 이삭 줍기 시작을 가리키는 것이 아니라, 뒤에 나오는 전체 에피소드의 요약으로 볼 수 있다.
30 Holmstedt, *Ruth : A Handbook on the Hebrew Text*, 117.

다. 이 구절이 룻기에서 가장 난해한 곳이기에 수많은 이론들이 등장하였다.

고대 역본인 칠십인경과 라틴 불가타역을 살펴보면 초기 성경 번역자들이 이 문제를 어떻게 해결하려고 했는지를 알 수 있다. 구약을 헬라어로 번역한 칠십인경은 "그녀가 밭에서 조금도 쉬지 않았다"(she has *not* stopped in the *field* a little)로 번역한 반면에, 라틴 불가타역은 "단 한순간도 그녀가 집에 돌아가지 않았다"(*not* for a moment has she returned home)로 번역한다. 그런데 이 두 번역본에 나오는 "않았다"는 부정사(not)는 다른 역본들이나 맛소라 히브리 사본에는 등장하지 않는다. 이런 점들 때문에 학자들은 고대 번역자들 앞에 놓인 히브리 사본은 이미 오염된 본문이었을 것이라고 추측한다. 결국 여러 실수들이 겹치면서 악화되는 단계를 거쳐 현재 우리가 가진 히브리 본문을 만들어 낸 것으로 보인다는 것이다.

고대뿐 아니라 현대에도 이를 해결하기 위해 다양한 의견이 제시되었다. 예를 들어, 리스(D. Lys)는 "제 쉬브타흐 하바이트 메아트(מְעָט הַבַּיִת שִׁבְתָּהּ זֶה)를 둘로 구분하여 평행구로 본다.31 제 쉬브타흐(שִׁבְתָּהּ זֶה)는 '이것(밭)이 그녀의 거주지며'로 해석하고, 하바이트 메아트(מְעָט הַבַּיִת)는 '집은 그녀에게 별 의미가 없나이다'"로 해석한다. 다시 말해 집에 갈 생각을 하지 않고 밭을 거주지로 삼은 것처럼 기다리고 있었다는 것이다.

이렇게 이 구절을 놓고 많은 학자들이 여러 이론들을 만들어냈지만 만족할 만한 결과는 얻지 못했다. 그러나 대부분의 주석가들은 원래의 의미가 어떻든지간에 여기서 본문이 그리고자 하는 것은 룻의 겸손하고 근면한 모습이라는 데는 의견 일치를 보인다. 따라서 룻이 주인의 허락을 받을 때까지 다른 밭으로 가지 않고 참고 인내하며 잠시 쉬는 것 외에는 밭에 서서 주인의 허락을 기다렸다는 식으로 이해하고 넘어가는 것이 좋을 것 같다.

만일 이것이 사실이라면 룻이 용기 있게 요청한 후 끝까지 인내하는 모습을 묘사하는 것이 된다. 허바드의 말을 들어보자.

룻은 대담하였지만, 새로운 고향의 관습을 존중하는 예의를 보이고 있다. 가난하다는

---

31 D. Lys, "Résidence ou repos? Notule sur Ruth 2:7," *VT* 21 (1971), 499-501; Hubbard, *Ruth*, 151에서 재인용.

이유로 이웃(부자)의 권리를 무참히 밟을 수 있는 것은 아니기 때문이다. 룻은 이들의 권리 안에서 일하기를 바랐다. 이런 점에서 룻의 성격미는 본받아야 할 만큼 아름답다고 할 수 있다.[32]

이렇게 해서 베는 자들을 거느린 사환을 통해 보아스와 독자들은 룻이 어떤 여인인지 소개받게 되었다. 과연 모압 여인 룻은 베들레헴 추수 밭에서 어떤 경험을 하게 될까? 혹시 추수 밭에서 이방 여인이라고 학대를 당하지는 않을까? 나오미와 함께 모압 지방에서 돌아온 이 여인을 하나님께서 인도하셔서 우연히 보아스의 밭에 이르게 하셨다면 어느 정도 희망을 가져도 될까? 룻이 밭에 도착하자 또 그날 보아스가 밭에 오게 되어 룻을 눈여겨 보게 된 것 역시 희망의 서광이 비치는 것으로 보아도 될까? 담대하게 베는 자들을 따라 이삭을 줍게 해달라는 용기 있는 요청을 과연 보아스는 허락할까? 룻이 누군가에게 은혜를 입으면 그를 따라 이삭을 줍겠다며 나왔는데, 과연 룻은 보아스의 은혜를 입을 수 있을까? 독자들의 호기심은 커져간다.

9. 신학적 메시지

9.1 친족의 중요성

룻기 2:1-7은 이스라엘의 삶에서 친족의 중요성을 잘 보여준다. 그리고 구약의 친족의 역할은 신약에서는 얼마든지 교회의 역할로 연결시켜 볼 수 있다. 따라서 "친족"(מִשְׁפָּחָה ; 미쉬파하)이라는 것이 이스라엘의 율법과 풍습에서 왜 그리 중요한지 한걸음 더 들어가 살펴보도록 하자.

고대 이스라엘의 사회학을 집중 연구한 노만 갓월드(N. Gottwald)는 "미쉬파하"를 "지파"(שֵׁבֶט, 셰베트 혹은 מַטֶּה, 마테)와 "대가족"(בֵּית אָב ; 베트 아브; 아비의 집) 사이에 놓인 중간 혈족 단위로서 고대 이스라엘의 사회 구조에서는 가장 중요한 구성 단

---

32 Hubbard, *The Book of Ruth*, 150.

위로 본다.33

갓월드는 친족(מִשְׁפָּחָה ; 미쉬파하)이란 "동일한 마을이나 인근에 살면서, 동일한 이익과 관심을 가진 혈족들로서, 상호 보호하고 협조하는 대가족들의 모임"이라고 정의한다. 후사 없이 남편이 죽은 미망인들에게 남자 후손을 제공하고, 잃은 땅을 다시 되찾아 가문의 기업을 잇도록 해주고, 빚으로 노예가 된 이들을 속량해내고, 억울하게 살해된 이들의 피를 보수하는 역할을 친족 가운데 한 사람이 담당해주지 않으면 어려운 상황에 놓인 이들이 도움을 얻을 수 없기 때문이다. 따라서 어려움에 처한 사람에게 대가족의 누구도 도움을 주기 어려울 때 같은 친족의 다른 대가족들의 멤버들이 서로를 보호하도록 결속된 대가족들의 혈족 연합체를 가리킨다고 본다.34

그렇다면 친족이 구체적으로 무엇을 하는지 구약 성경 안에서 살펴보도록 하자. 우선 모세와 여호수아가 땅을 이스라엘에 제비뽑아 분배할 때 친족(מִשְׁפָּחָה ; 미쉬파하)들 단위로 분배하였기에, 빚을 져서 땅이 다른 친족에게로 넘어가게 되면 같은 친족의 한 사람이 빚을 갚고 땅을 원주인에게 돌리는 땅 무름을 하도록 되어 있었다.

"모세가 르우벤 자손의 지파에게 그들의 친족(מִשְׁפָּחָה ; 미쉬파하; 한글개역개정은 "가족")을 따라서 기업을 주었으니(수 13:15)."

이스라엘에게 준 땅은 한 개인의 소유나 한 가족이나 심지어는 대가족(בֵּית אָב ; 베트 아브; 아비의 집)의 소유로 준 것이 아니라, 친족(מִשְׁפָּחָה ; 미쉬파하)의 소유로 준 것이다. 따라서 땅이 한 친족에게서 다른 친족에게로 넘어가서는 안 되는 것이다. 이런 정신이 슬로브핫의 딸들에게 준 명령에 나온다. 슬로브핫은 아들이 없었고 딸뿐이었다. 그런데 슬로브핫이 죽자 딸들이 모세에게 나아와 자신들에게도 땅을 주어 아버지의 기업을 얻게 해달라고 요청하였다.

---

33 N. K. Gottwald, *The Tribes of Yahweh : A Sociology of the Religion of Liberated Israel, 1250-1050 BCE* (Orbis Books, 1985), 257.

34 Gottwald, *The Tribes of Yahweh*, 267.

"너는 이스라엘 자손에게 말하여 이르기를 사람이 죽고 아들이 없으면 그의 기업을 그의 딸에게 돌릴 것이요 딸도 없으면 그의 기업을 그의 형제에게 줄 것이요, 형제도 없으면 그의 기업을 그의 아버지의 형제에게 줄 것이요 그의 아버지의 형제도 없으면 그의 기업을 가장 가까운 친족(מִשְׁפָּחָה ; 미쉬파하)에게 주어 받게 할지니라 하고 나 여호와가 너 모세에게 명령한 대로 이스라엘 자손에게 판결의 규례가 되게 할지니라(민 27:8-11)."

슬로브핫의 딸들의 요청으로 아들이 없을 때 기업을 누구에게 줄 것인지를 정한 것이다. 딸이 없으면, 형제, 형제가 없으면 아버지의 형제, 아버지의 형제가 없으면 가장 가까운 친족에게 주도록 한 것이다. 우리는 여기서도 땅은 친족(מִשְׁפָּחָה ; 미쉬파하)을 단위로 주신 것임을 알 수 있다. 슬로브핫의 딸이 기업을 받았다 하더라도 조상 지파의 친족이 아닌 다른 친족과 결혼하게 되면 여호와께서 슬로브핫의 친족에게 준 기업이 다른 지파로 옮겨갈 수 있기에 슬로브핫의 딸은 오직 조상 지파의 친족에게 시집가도록 정하셨다.

"슬로브핫의 딸들에게 대한 여호와의 명령이 이러하니라 이르시되 슬로브핫의 딸들은 마음대로 시집가려니와 오직 그 조상 지파의 친족(מִשְׁפָּחָה ; 미쉬파하; 한글개역개정은 종족)에게로만 시집갈지니 그리하면 이스라엘 자손의 기업이 이 지파에서 저 지파로 옮기지 않고 이스라엘 자손이 다 각기 조상 지파의 기업을 지킬 것이니라 하셨나니 (민 36:6-7)."

땅을 유지하느냐의 관건은 친족(מִשְׁפָּחָה ; 미쉬파하)에게 있었다. 무슨 일이 있어도 친족을 넘어서 다른 친족에게로 땅이 넘어가서는 안 되었다. 그 이유가 무엇인가?

"토지를 영구히 팔지 말 것은 토지는 다 내 것임이니라 너희는 거류민이요 동거하는 자로서 나와 함께 있느니라(레 25:23)."

땅은 여호와의 것이며, 그리고 그 땅을 친족에게 영원한 기업으로 이스라엘에 하사하셨기 때문이다. 따라서 땅을 상실하게 되었을 때에, 땅을 무를 수 있는 의무와 자격이 있는 사람은 친족에서 나와야 하는 것이다. 즉 기업 무를 자(גֹּאֵל ; 고엘)는 친족(מִשְׁפָּחָה ; 미쉬파하) 중 한 사람, 즉 형제이어야 하는 것이다.

"너희 기업의 온 땅에서 그 토지 무르기(גְּאֻלָּה ; 게울라)를 허락할지니 만일 네 형제가 가난하여 그의 기업 중에서 얼마를 팔았으면 그에게 가까운 기업 무를 자(גֹּאֵל ; 고엘)가 와서 그의 형제가 판 것을 무를 것이요 만일 그것을 무를 사람(גֹּאֵל ; 고엘)이 없고 자기가 부유하게 되어 무를 힘이 있으면 그 판 해를 계수하여 그 남은 값을 산 자에게 주고 자기의 소유지로 돌릴 것이니라 그러나 자기가 무를 힘이 없으면 그 판 것이 희년에 이르기까지 산 자의 손에 있다가 희년에 이르러 돌아올지니 그것이 곧 그의 기업으로 돌아갈 것이니라(레 25:24-28)."

결국 보아스가 엘리멜렉의 친족이 아니라면 나오미의 땅을 무를 수 있는 기업 무를 자가 될 수 없는 것이다. 따라서 성경 기자는 보아스가 엘리멜렉의 친족(מִשְׁפָּחָה ; 미쉬파하) 중 유력한 사람이라고 소개하는 것이다.

이것은 몸이 종으로 팔린 경우도 마찬가지이다. 애굽에서 종노릇하다가 여호와께서 구원해내셨기에 이스라엘은 여호와의 품꾼이었고 누구의 종이 되어서도 아니 되었다. 그러나 빚을 져서 종이 되었을 때에는 어떻게 해야 하는가? 형제나 삼촌이나 삼촌의 아들이 빚을 갚고 빚 노예로부터 해방시켜야 했다. 그러나 그럴 만한 사람이 없으면 친족(מִשְׁפָּחָה ; 미쉬파하) 중의 한 사람이 빚 노예로부터 구해내야 했다.

"만일 너와 함께 있는 거류민이나 동거인은 부유하게 되고 그와 함께 있는 네 형제는 가난하게 되므로 그가 너와 함께 있는 거류민이나 동거인 또는 거류민의 가족의 후손에게 팔리면 그가 팔린 후에 그에게는 속량받을 권리가 있나니 그의 형제 중 하나가 그를 속량하거나 또는 그의 삼촌이나 그의 삼촌의 아들이 그를 속량하거나 그의 친족(מִשְׁפָּחָה ; 미쉬파하; 한글개역개정은 가족) 중 그의 살붙이 중에서 그를 속량할 것이요(레 25:47-49)."

결국 한 사람의 신분이 자유인이었다가 종이 되었을 때 다시 자유인이 될 수 있는 관건은 친족(מִשְׁפָּחָה ; 미쉬파하)이라는 혈족이 얼마나 율법을 잘 순종하느냐 여부에 달려 있었다.

구약에서는 가족 중 한 멤버가 여러 가지 이유로 노예 상태나, 극빈 상태나 곤경에 빠질 때 그 가운데서 구해내는 책임이 바로 기업 무를 자에게 있었다. 그런데 기업 무름의 책임은 바로 친족들이 감당해야 했다. 그런데 구약의 친족 구속자가 감당해야 하는 일은 오늘날 신약의 입장에서는 교회의 구성원들이 담당해야 하는 일이다. 이런 점에서 교인들이 궁핍함을 경험할 때에는 교회의 다른 멤버들이 궁핍한 멤버들을 도와야 한다. 구약에서 "친족 구속자"의 개념은 신약에서는 교회의 "코이노니아"로 보아야 하기 때문이다.[35]

9.2 구약의 친족은 신약 교회에서는 코이노니아

구약의 친족 개념이 어떻게 신약에서 그리스도 안의 교회의 코이노니아가 되는지에 대해서는 크리스토퍼 라이트가 잘 보여준다.

> 그 옛날에 토지-혈연이라는 자격 조건이 가지고 있던 의의와 기능을 이제는 그리스도가 이어받고 있다. "그 땅 안에" 있는 것과 마찬가지로, "그리스도 안에" 있다는 것은 첫째로 하나님이 제공하신 신분과 관계를 가리키며, 둘째로 하나님의 가족 안에 포함되고 그 안에서 누리는 안전한 지위를 가리키고, 셋째로 여러분과 동일한 관계를 나누고 있는 사람들을 향한 실천적 책임을 성취함으로써 값진 삶을 사는 데 헌신하는 일을 가리킨다. 이것이 바로 이스라엘 땅의 의의에 대한 예표론적 이해다.[36]

> 사귐은 헬라어 "코이노니아"를 번역한 말이다. … 신약에서는 사귐이 우리의 관계와 우리의 소유물들에 연결되어 있다. … 오순절에 성령이 부어진 첫 번째 결과물은 새로운 공동체였는데, 그 공동체는 서로 교제하기(테 코이노니아)를 전혀 힘쓰며, 모든 물건을

---

35 구약에서 땅이 어떻게 신약에서는 교회의 코이노니아가 되는지에 대해서는 크리스토퍼 라이트, 『현대를 위한 구약 윤리』, 김재영 역 (IVP, 2006), 268-270를 참조하라.
36 크리스토퍼 라이트, 『현대를 위한 구약 윤리』, 김재영 역 (IVP, 2006), 265.

서로 통용하고(행 2:42, 44), 그 중에 가난한 사람이 아무도 없게 했던(행 4:34) 공동체였다. … 재정 모금에 열심히 동참한 일에 대해서 고린도 교인들을 칭찬하면서(코이노니아, 고후 8:4, 9:13) 실로 바울은 그 일을 복음에 대한 순종의 증거라고 묘사하고 있다. 이 말은 사귐이 그러한 경제적 증거로 구체화되어 드러나는 것이 진정한 기독교적 고백의 정수에 속한다는 것을 시사한다.[37]

신약의 교회 안에서의 코이노니아의 중요성은 구약의 친족의 중요성과 상응한다. 경제적으로 어려움을 당해 땅을 상실한 형제를 친족이 땅의 기업 무름을 통해 돕는 것처럼 신약의 교우들은 코이노니아를 통해 약한 자를 도와야 한다.

이것은 단지 지교회 차원에서 교우들 상호 간에만 해당되는 것이 아니라, 교단 차원에서는 미자립 교회를 돕는 일에도 해당되어야 한다. 다시 말해 미자립 교회는 지교회의 직속 상위 기구인 노회(일종의 친족)가 도와야 한다. 우리는 이를 예장 헌법에서도 볼 수 있다.[38] 예장 헌법 정치 10장 6조 노회의 직무 9항과 11항을 보자.

9항 노회는 교회를 감독하는 치리권을 행사하기 위하여 그 소속 목사 및 장로 중에서 시찰 위원을 선택하여 지교회 및 미조직 교회를 순찰하고 모든 일을 협의하여 노회의 치리하는 것을 보조할 것이니 위원의 정원과 시찰할 구역은 노회에서 작정한다.

11항 시찰 위원은 가끔 각 목사와 교회를 순찰하여 교회의 신령상 형편과 재정 형편과 전도 형편과 주일 학교 및 교회 소속 각 회 형편을 시찰하고, 목사가 결가 있고 유익하게 역사하는 여부와 그 교회 장로와 당회와 제직회와 교회 대표자들의 제출하는 문의(問議) 및 청원서를 노회에 제출한다.

---

37 크리스토퍼 라이트, 『현대를 위한 구약 윤리』, 268.
38 예장 헌법 정치 10장 노회 제1조 노회의 요의(要義)를 보자 : "그리스도의 몸된 교회가 나뉘어 여러 지교회가 되었으니(행 6:1~6, 9:31, 21:20) 서로 협의하며 도와 교회 도리의 순전을 보전하며, 권징을 동일하게 하며, 신앙상 지식과 바른 도리를 합심하여 발휘(發揮)하며, 배도(背道)함과 부도덕(不道德)을 금지할 것이요, 이를 성취하려면 노회와 같은 상회(上會)가 있는 것이 긴요하다(사도 시대 노회와 같은 회가 있었나니 교회가 분산한 후에 다수의 지교회가 있던 것은 모든 성경에 확연하다) (행 6:5~6, 9:31, 21:20, 2:41~47, 4:4). 이런 각 교회가 한 노회 아래 속하였고(행 15:2~4, 6:11, 23~30, 21:17~18) 에베소 교회 외에도 많은 지교회가 있고 노회가 있는 증거가 있다(행 19:18, 20). (비교. 고전 16:8, 9, 19; 행 18:19, 24~26, 20:17~18, 25~31, 36~37; 계 2:1~6)."

노회에 소속된 시찰회의 시찰 위원들이 "교회의 신령상 형편과 재정 형편과 전도 형편"을 돌아보도록 되어 있다면, 일차적으로 시찰회가 미자립 교회 형편을 살펴서 노회에 보고하고 노회가 도와야 하는 것이다. 그렇다면 시찰회와 노회가 모든 사회-경제적 악으로부터 미자립 교회를 구원해내는 고엘 역을 감당해야 하는 친족이 되어야 한다.

구약의 구원은 첫째 이스라엘의 생명을 죽음 가운데서 구해내시고(생명의 구속), 종되었던 이스라엘을 해방시켜 하나님의 자유로운 품꾼으로 삼으시고(몸의 해방), 그 자유를 가능케 하고 유지하고 보존하기 위해 이스라엘에게 약속의 땅으로 기업으로 하사하신(땅 하사) 것이다.

신약의 구원 역시 포로된 자에게 자유를, 눈먼 자에게 다시 보게 함을, 눌린 자를 자유롭게 함이 바로 예수에게는 구원이었고, "이 글이 오늘 너희 귀에 응하였다"고 선언하심으로 구원이 바로 지금 여기서 이루어지고 있다고 선포한 것이다.

9.3 우연도 하나님의 장중에

룻기 2:1-7은 우리에게 "우연"이 하나님의 섭리의 한 방식임을 잘 보여준다. 이에 신앙의 선배들은 우연이란 문제를 다루면서 하나님의 "작정"과 하나님의 "섭리"를 구분했다. 우선 우리는 성경을 통해 "하나님은 영원 전부터 우주를 위해 확정된 계획을 가지고 계시며 그 어떤 것도 이 작정을 변경시킬 수 없다"는 사실을 인정해야 한다. 웨스트민스터 신앙고백도 3장 1항에서 "작정의 불변성"을 강조한다.

> 하나님은 영원부터 자신의 가장 지혜롭고, 거룩하신 뜻과 계획에 따라 일어날 모든 일을 자유롭게 그리고 변함없이 정하셨다(엡 1:11; 롬 9:15, 18, 11:33; 히 6:17). 그러나 하나님은 죄의 조성자도 아니시며(약 1:13, 1:17; 요일 1:5), 피조물의 의지를 억압하지 않으시고, 제2원인의 자유와 우연성도 폐하지 않으시며, 오히려 그것들을 세우신다(행 4:28; 마 17:12; 요 19:11; 행 2:23).[39]

---

[39] God from all eternity, did, by the most wise and holy counsel of His own will, freely, and unchangeably ordain whatsoever comes to pass; yet so, as thereby neither is God the author of sin, nor is violence

하나님의 작정의 불변성이라는 관점에서 보면 이 세상에 우연은 없다고 말할 수 있다. 그러나 하나님의 초월성을 지나치게 강조하면서 우연은 없다고 하면 종종 역사 속에 나타나는 하나님의 섭리와 그 섭리의 미묘함을 놓칠 수 있다. 실제로 역사 가운데서 하나님이 하나님의 작정을 성취하는 과정은 복잡하고 미묘하기 때문이다.

따라서 칼빈은 하나님께서 작정을 역사 가운데서 성취해 나가는 방법을 세 가지로 나누어 언급한다. 하나님은 "중개자를 통해 일하시기도 하고, 때로는 중개자 없이 일하시기도 하며, 때로는 모든 중개자에 반하여 일하기도 하신다"는 것이다[40] 하나님께서는 모든 사건을 확정하는 영원한 계획만 만드신 것이 아니다. 하나님께서는 그분의 계획을 성취하시려는 과정에서 피조물의 수단으로 하시기도 하고, 때론 피조물의 수단 없이 하시기도 하고, 혹은 피조물의 수단에 반하여 하기도 하신다. 이런 식으로 칼빈은 하나님의 작정의 불변성과, 하나님의 역사 과정 안의 실제적인 관여("우연"도 이 안에 포함)를 동시에 강조한다.

이런 칼빈의 전통을 이어 웨스트민스터 신앙고백도 "우연"을 하나님의 섭리 가운데 하나로 인정한다. 5장 2항을 보자.

제1원인이신 하나님의 예지와 작정에 관해서는, 만물은 변함없고(행 2:23), 또 틀림없이 일어나지만, 일이 되어 가는 방편은 섭리로서 하나님은 그들이 제2원인(자연 법칙과 인류의 행동 원리와 기타 등)의 성격을 따라(렘 31:35; 창 8:22; 출 21:13; 신 19:5; 왕상 22:28, 34; 사 10:6-7), 혹은 필연적으로(necessarily), 자유롭게(freely), 또는 우연적으로(contingently) 일어나도록 정하셨다.[41]

웨스트민스터 신앙고백은 모든 사건들이 영원한 작정에 의해 확정되어 있음을

---

offered to the will of the creatures; nor is the liberty or contingency of second causes taken away, but rather established.

40 Calvin, *Institute*, 1.17.1.

41 WCF 5.2 Although, in relation to the foreknowledge and decree of God, the first cause, all things come to pass immutably, and infallibly; (1) yet, by the same providence, He ordereth them to fall out according to the nature of second causes, either necessarily, freely, or contingently.(2) [(1) Acts 2:23. (2) Gen. 8:22; Jer. 31:35; Exod. 21:13; Deut. 19:5; 1 Kings 22:28, 34; Isa. 10:6, 7.]

전제하면서, 이런 작정들이 섭리적으로 성취되는 가운데 제2원인들이 결정적 역할을 한다는 사실을 고백한다. 웨스트민스터 신앙고백은 제2원인들이 "필연적으로, 임의적으로, 우연적으로" 일어난다고 선언하고 있다. 다시 말해 하나님의 섭리 가운데는 "필연", "임의", "우연"이 모두 들어 있는 것이다.

우리는 여기서 웨스트민스터 신앙고백이 "우연"을 역사적 실재로 인정하고 하나님의 섭리의 수단으로 언급함을 주목할 필요가 있다. 즉 우연이 없다고 말하기보다는 우연을 역사적 실재로 인정하고 여호와께서 우연도 자신의 장중에서 통제하면서 섭리를 이루어 가신다고 보아야 한다. 다시 말해 룻의 발길의 "우연성"을 보아스의 밭에 이르도록 하나님께서 이용하신 것이다. 그러므로 해석자들은 이 본문을 해석하면서 우연은 없고 필연뿐이라고 해서는 안 된다.

우연이란 역사적 실재이기 때문이다. 따라서 이를 인정하고 하나님이 우연도 당신의 섭리의 수단으로 사용하신다는 점을 강조하는 것이 훨씬 현실적이고 실제적이다. 다시 말해 룻이 나오미의 텅 빈 삶을 채우기 위해 헤세드의 삶을 살아내면서 이삭을 주워 시어머니를 공양하려는 충성의 모습을 보이자 하나님께서 그녀의 우연한 발길을 보아스에게 속한 밭에 이르게 하셨다고 보는 것이 훨씬 감동적이다.

결국 우리가 보기에 "우연" 같은 일도 하나님이 "섭리"의 "한 방편"으로 사용하신다고 한다면, 오히려 하나님의 강력한 주권을 강조하게 된다. "우연"이 없다고 하는 것보다 오히려 하나님의 주권이 강조된다. 우리의 우연한 발걸음도 이끄시는 하나님을 믿고 이웃의 텅 빈 삶을 채우기 위해 이삭을 주우러 나간다면 은혜받을 만한 사람을 만나게 하실 것이기 때문이다.

이렇게 "우연"을 현실적 실재로 인정하고 하나님의 섭리 방식의 하나로 해석하지 않으면 인간의 눈으로는 우연이라고밖에 볼 수 없는 일들을 해석해낼 방법이 없다. 우연을 인정하고 우연도 하나님의 섭리의 한 방식으로 이해해야, 우리가 이 세상에서 경험하는 우연한 일들을 하나님의 뜻 안에서 해석할 수 있는 것이다. 그리고 그때 비로소 우리의 삶 속의 작은 일들, 우연한 일들조차 구속사적 의미를 지니게 되는 것이다.

10. 부록 : 친척(מידע ; 모다)의 의미

룻기 2:1에서 "친척"이라고 번역된 단어(מידע ; 모다)를 한글개역개정은 번역하지 않고 "나오미의 남편 엘리멜렉의 친족으로 유력한 자가 있으니 그의 이름은 보아스더라"라며 넘어 갔다. 그러나 원문을 직역하면 다음과 같다.

"나오미의 남편에게 친척이 있으니

(וּלְנָעֳמִי מֵידָע לְאִישָׁהּ ; 울노오미 모다 르이샤흐)

엘리멜렉의 친족 가운데 유력한 자요

(אִישׁ גִּבּוֹר חַיִל מִמִּשְׁפַּחַת אֱלִימֶלֶךְ ; 잇쉬 기뽀르 하일 밈미쉬파하트 엘리멜레크)."

"친척"이라고 번역된 단어(מידע ; 모다)를 한글개역개정이 왜 번역하지 않고 그냥 넘어갔는지 그 이유는 알 수 없다.

어찌되었든 이 부분을 우선 어떻게 읽고 둘째 어떻게 번역해야 하는지가 초심자들에게는 매우 어려운 난제 가운데 하나이다. 오늘 우리가 히브리 성경의 가장 중요한 사본으로 간주하는 맛소라 사본(Massoretic Text)은 두 개의 층으로 이루어져 있다. 예로부터 문서로 전승된 자음 본문에 맛소라 학자들이 구전으로 전해져 오는 모음 전승을 첨가하였기 때문이다. 이때 전승된 자음 본문이 자신들의 해석과 맞지 않는다 해도 맛소라 학자들은 절대로 자음 본문을 변경시키지 않았다. 자음 본문은 그대로 두고, 모음만 자신들의 이해에 맞게 자음 본문 위에 첨가한 것이다.

그런데 룻기 2:1의 자음 본문은 이 단어를 "메유다"(מְיֻדָּע)로 읽도록 되어 있는 반면에, 모음 전승은(다시 말해 실제로 읽을 때에는) "모다"(מוֹדַע 혹 מוֹידַע)로 되어 있다. 따라서 현재 맛소라 본문을 보면 전승된 자음 본문은 그대로 두고(מידע) 자기들이 원하는 모음( )을 그 위에 붙였기에(מֵידָע), 읽기가 쉽지 않은 것이다.[42]

---

[42] 맛소라 자음 본문에는 מידע로 되어 있다. 이것은 원래 자음 본문은 מְיֻדָּע(야다)의 푸알 분사로서 מְיֻדָּע(메유다)로 읽어야 함을 뜻한다. 한편 맛소라 모음 전승(케레)에서는 מוֹדַע(모다)로 읽을 것을 제안한다. 그러나 자음 본문을 성스럽게 생각하였기에 감히 자음 본문을 고치지는 못하고 대신 모음은 자기들이 옳다고 생각하는 대로 첨가하였다. 따라서 형태상 불가능한 모양인 מֵידָע가 나오게 된 것이다. 39개의 히브리 사본이 요드(י) 대신 와우(ו)로 읽고 있으며, 칠십인경이 룻기 2:1과 3:2에서 같은 용어로 번역하고 있기에, 대부분의 주석자들은 모다(מוֹדַע)로 읽는다.

우선 맛소라 학자들이 원하는 발음은 "모다"(מוֹדַע 혹 מוֹדָע)이다. 그런데 이 단어는 잠언 7:4과 룻기 2:1(자음 본문이 아니라 모음 전승[케레]으로)에만 나타난다. 잠언 본문을 보면 "누이"와 평행어로 쓰이고 있기에 "혈연 친척"을 나타내는 것처럼 보인다 :

"지혜에게 너는 내 누이라 하며 명철에게 너는 내 친족이라 하라."

이에 비해 자음 전승인 "메유다"(מְיֻדָּע)는 "알다"는 동사(יָדַע ; 야다)의 강조형 수동(푸알) 분사이다. 따라서 직역하면 "알려진 사람"으로 구약에 일곱 번 등장하는데 "절친한 친구, 아는 사람, 친구, 친지" 등을 가리킨다(룻 2:1; 왕하 10:11; 시 31:11, 55:13, 88:8, 18; 욥 19:14).

"예후가 아합의 집에 속한 이스르엘에 남아 있는 자를 다 죽이고 또 그의 귀족들과 신뢰받는 자들(מְיֻדָּע ; 메유다)과 제사장들을 죽이되 그에게 속한 자를 하나도 생존자를 남기지 아니하였더라(왕하 10:11)."

"내가 모든 대적들 때문에 욕을 당하고 내 이웃에게서는 심히 당하니 내 친구(מְיֻדָּע ; 메유다)가 놀라고 길에서 보는 자가 나를 피하였나이다(시 31:11)."

"그는 곧 너로다 나의 동료, 나의 친구요 나의 가까운 친우(מְיֻדָּע ; 메유다)로다(시 55:13)."

"주께서 내가 아는 자(מְיֻדָּע ; 메유다)를 내게서 멀리 떠나게 하시고 나를 그들에게 가증한 것이 되게 하셨사오니 나는 갇혀서 나갈 수 없게 되었나이다 주는 내게서 사랑하는 자와 친구를 멀리 떠나게 하시며 내가 아는 자(מְיֻדָּע ; 메유다)를 흑암에 두셨나이다(시 88:8, 18)."

"내 친척은 나를 버렸으며 가까운 친지들은(מְיֻדָּע ; 메유다) 나를 잊었구나(욥 19:14)."

위의 자음 본문(מידע ; 모다)과 모음 전승(מְיֻדָּע ; 메유다) 중에 정확히 어떤 편이 더 나은지 판단하기가 쉽지 않다. 따라서 친구든 친척이든 지인이든간에 나오미에게 남편을 통해 알려진 사람이라고 보는 것으로 만족해야 할 것 같다. 나오미가 엘리멜렉과 결혼한 관계로 알게 된 사람이라고 보는 것이 좋다. 왜냐하면 보아스는 엘리멜렉의 친족 중 한 사람이기 때문이다.

2막 2장
여호와의 날개 아래에(룻 2:8-16)

1. 서론적 이야기

1.1 성경 본문

앞서 살핀 대로 룻기 2장은 나오미의 텅 빈 삶과 마음이 쓰린 상황이 해결로 나아가는 첫 번째 단계이다. 이삭을 주우러 나간 룻이 보아스를 추수 밭에서 만남으로 나오미의 문제가 해결되는 단초가 마련되기 때문이다. 앞서 살펴본 대로 룻기 2장은 크게 세 단락으로 나누인다.

A. 2막 1장(2:1-7) : 룻이 밭에 나가서 이삭을 줍게 되는 과정
B. 2막 2장(2:8-16) : 보아스와 룻의 밭에서의 대화
C. 2막 3장(2:17-23) : 밭에서 돌아온 룻과 나오미 사이의 대화

우리는 2막 1장에서 룻이 먼저 이니셔티브를 잡고 이삭을 주우러 밭에 가겠다고 요청한 후에, 허락을 받고, 밭에 나갔는데 우연히 보아스에게 속한 밭에 이르게 되는 모습을 앞서 살펴보았다. 보아스가 소개되고 룻을 눈여겨 본 보아스가 누구에게 속한 소녀냐고 묻자, 베는 자들을 거느린 사환은 룻이 베는 자들을 따라 "단 사이에서" 이삭을 줍게 해달라(아니면 이삭을 주워 단으로 묶게 해달라)고 요청하고는 다른 밭으로 가지 않은 채 허락을 기다리고 있다고 이야기한다.

이제 둘째 단락은 8-16절로서 밭에서 오가는 보아스와 룻의 대화로 이루어져 있다. 2막 2장인 이 단락의 성경 말씀을 읽어 보자.

"보아스가 룻에게 이르되 내 딸아 들으라 이삭을 주우러 다른 밭으로 가지 말며 여기서 떠나지 말고 나의 소녀들과 함께 있으라 그들이 베는 밭을 보고 그들을 따르라 내가 그 소년들에게 명령하여 너를 건드리지 말라 하였느니라 목이 마르거든 그릇에 가서 소년들이 길어 온 것을 마실지니라 하는지라 룻이 엎드려 얼굴을 땅에 대고 절하며 그에게 이르되 나는 이방 여인이거늘 당신이 어찌하여 내게 은혜를 베푸시며 나를 돌보시나이까 하니 보아스가 그에게 대답하여 이르되 네 남편이 죽은 후로 네가 시어머니에게 행한 모든 것과 네 부모와 고국을 떠나 전에 알지 못하던 백성에게로 온 일이 내게 분명히 알려졌느니라 여호와께서 네가 행한 일에 보답하시기를 원하며 이스라엘의 하나님 여호와께서 그의 날개 아래에 보호를 받으러 온 네게 온전한 상 주시기를 원하노라 하는지라 룻이 이르되 내 주여 내가 당신께 은혜 입기를 원하나이다 나는 당신의 하녀 중의 하나와도 같지 못하오나 당신이 이 하녀를 위로하시고 마음을 기쁘게 하는 말씀을 하셨나이다 하니라 식사할 때에 보아스가 룻에게 이르되 이리로 와서 떡을 먹으며 네 떡 조각을 초에 찍으라 하므로 룻이 곡식 베는 자 곁에 앉으니 그가 볶은 곡식을 주매 룻이 배불리 먹고 남았더라 룻이 이삭을 주우러 일어날 때에 보아스가 자기 소년들에게 명령하여 이르되 그에게 곡식 단 사이에서 줍게 하고 책망하지 말며 또 그를 위하여 곡식 다발에서 조금씩 뽑아 버려서 그에게 줍게 하고 꾸짖지 말라 하니라(룻 2:8-16)."

1.2 그동안의 대중적 해석사와 문제 제기

앞의 단락과 마찬가지로 그동안 해석자들은 보아스와 룻의 대화를 하나님과 그리스도인과의 대화로 치환하여 해석해왔다. 이미 이전 단락에서 룻이 보아스를 만났다는 사실과 보아스가 친족으로 유력한 자라는 점에 근거하여 우리도 그리스도를 만나야 한다는 방향으로 적용점을 두고 해석하였기에, 이어서 보아스와 룻과의 대화를 해석할 때 보아스의 말을 하나님의 말씀으로 연결시키고 보아스의 공급을 하나님의 공급으로 직접 연결시켜 해석하는 것은 어쩌면 너무나 당연한 논리적 수순인지 모른다. 위어스비의 해석을 들어보자.

> 보아스가 룻에게 말을 걸었다(룻 2:8). … 전능하신 하나님은 예수 그리스도 안에서 그리고 하나님의 말씀을 통해 내게 말을 거셨다. … 보아스가 룻에게 지시를 내렸던 것처럼 하나님도 우리의 일상생활을 인도하시기 위해 그의 지혜의 말씀을 우리에게 주신다. 그는 그 추수 밭의 주인이시다. 그리고 그의 추수 밭에서 우리가 일할 것이 무엇인지 그것도 지정해 주신다.

> 보아스는 룻을 보호해 줄 것과 그녀가 필요로 하는 것을 공급해 주겠다고 약속했다(룻 2:9, 14-16). … 예수 그리스도께서는 우리를 구원하시고 우리를 그의 가족의 일원으로 삼기 위해 이 땅에 종의 모습으로 오셨다(빌 2:1-11). 예수님은 그분의 자비와 사랑의 부요함(엡 2:4), 은혜의 부요함(7절), 지혜와 지식의 부요함(롬 11:33), 영광의 부요함(빌 4:19), 그리고 그분의 측량할 수 없는 부요(엡 3:8)를 우리와 함께 나누셨다. 그런 은혜를 받을 만한 자격이 없는 "외국인들"인 우리가 하나님의 가족의 일원이 되어 그분의 기업을 모두 받아 누리고 있는 것이다.[43]

룻이 보아스의 은혜 베풂 속에서 보아스가 믿는 신인 여호와가 어떤 분인지 알 수 있었을 가능성이 있다. 그러나 본문을 따라가 보면 아직 룻은 보아스가 누구인

---

[43] 위어스비, 『헌신하여라』, 40-42.

지 알지 못한다. 나중에 집에 돌아가서야 보아스가 시아버지의 친척으로 기업 무를 자임을 알게 된다.

이렇게 모형론적으로 해석하다 보면 인간들 사이에서 무슨 일이 일어나야 하는지를 묘사하는 수평적 차원의 본문을 하나님의 백성과 하나님 사이에서 무슨 일이 일어나야 하는지를 다루는 수직적 차원으로 해석하게 된다. 이렇게 하다 보면 공동체 안에서 강한 자가 약한 자를 어떻게 대해야 하는지를 다루는 본문을 약한 자가 하나님을 직접 만나고 하나님을 바라보아야 한다는 식으로 바꾸어 해석하게 된다.

> 보아스는 룻을 격려했다(룻 2:10-13). 이런 보아스에 대한 룻의 첫 번째 반응은 겸손과 감사였다. 그녀는 자신의 무가치함을 인정하고 보아스의 은혜를 받아들였다. 그녀는 그의 약속들을 믿고 기뻐했다. … 룻은 자신의 비극적인 과거를 돌아보지도 않았고 자기 자신을 바라보며 자신의 딱한 처지를 생각하지도 않았다. 그녀는 자신의 가난에서 눈을 떼어 보아스의 부요함을 바라보았다. 그녀는 자신의 두려움을 잊고 보아스의 약속을 믿으며 편히 쉬었다. 이것이야말로 바로 오늘날의 하나님의 백성들이 본받아야 할 모범이다. 많은 사람들이 "예수를 바라보자"는 히브리서 12:2의 말씀에 순종하지 않기 때문에 비참하게 산다. … 주님의 온전하심 속에서 편히 쉬는 대신 그들은 자기 자신의 불완전함을 계속 바라본다.[44]

위어스비는 보아스가 룻에게 한 말과 사환들에게 취한 행동을 주로 다루는 본문을 룻이 어떻게 반응했는지를 다룬 본문처럼 바꾸면서 끝내 룻이 보아스를 바라보고 믿고 편히 쉬었던 것처럼 우리도 하나님을 바라보고 믿고 쉬어야 한다고 해석하고 있다. 인간 보아스가 인간 룻에게 행한 은혜와 인애의 모습을 다룬 수평적 차원의 본문을, 인간인 우리가 신이신 하나님께 어떻게 해야 하는지를 담은 수직적 차원의 본문으로 치환하고 있다. 이렇게 되면 우리가 공동체의 약한 멤버에 대해 해야 할 의무와 사랑이 무엇인지 알지 못하게 되고, 각자 하나님을 만나서 해결해야 할 개인의 신앙적 차원으로 치부하게 된다.

---

[44] 위어스비, 『헌신하여라』, 42-43.

따라서 우리가 성경을 해석할 때에는 본문의 언어적 데이터에 충실하게 해석해야 한다. 본문의 언어층에 대한 상세한 분석 없이 해석하게 되면 본문의 의도와는 다른 해석을 할 수도 있다. 따라서 우리는 먼저 본문의 언어층에 대한 문법적-문예적 해석에 집중해야 한다.

2. 보아스와 룻의 대화의 구조

2.1 동심 구조

룻기 2:8-16은 보아스와 룻의 대화로 주로 이루어져 있다. 자세히 살펴보면 세 번의 보아스의 말과 두 번의 룻의 말로 이루어져 있어서 크게 다섯 단락으로 나눌 수 있다. 그런데 대화의 주체와 주제의 흐름을 살펴보면 A-B-X-B'-A'의 동심 구조(concentric structure) 위에 세워져 있음을 알 수 있다.

  A 보아스의 말(8-9절) :
    1 이삭을 주우러 다른 밭으로 가지 말라
    2 내가 소년들에게 명하여 너를 건드리지 말라 하였느니라
    3 목마르거든 소년들이 길어온 것을 마시라
      B 룻의 말(10절) : 당신이 어찌하여 내게 은혜를 베푸시나이까?
        X 보아스의 말(11-12절) : 여호와께서 네가 행한 일에 보답하시기를 원하며
          여호와의 날개 아래에 보호를 받으러 온 네게 온전한 상 주시기를 원하노라
      B' 룻의 말(13절) : 내가 당신께 은혜 입기를 바라나이다
  A' 보아스의 말(14-16절) :
    3' 이리 와서 떡을 먹으라
    2' 곡식단 사이에서 줍게 하고 책망하지 말라
    1' 곡식 다발에서 조금씩 뽑아버려서 그에게 줍게 하고 꾸짖지 말라.

이 같은 구조를 보면 보아스의 말의 분량이 룻의 말의 분량보다 압도적으로 많다는 점을 볼 수 있다. 따라서 보아스가 룻에게 어떤 은혜를 베풀었는지를 보여주려는 것이 주 의도이며, 이에 대해 룻이 어떤 반응을 보이고 있는지는 부차적 의도임을 알 수 있다.

2.2 구조 설명

첫째, A와 A' 단락은 보아스가 룻에게 보인 자상한 마음씨와 배려를 부각시킨다. A(8-9절)에서는 보아스가 룻에게 세 가지 은혜를 베풀고 있다 : "이삭을 주우러 다른 밭으로 가지 말라. 내가 소년들에게 명하여 너를 건드리지 말라 하였으니 목마르거든 소년들이 길어온 것을 마시라." 이렇게 처음부터 룻에게 은혜를 베푼 보아스는 마지막에도 기대 밖의 호의를 보여주었다. 룻의 생리적 욕구에도 관심을 기울여 점심 때에는 직접 "떡을 먹을 수 있도록" 식사에 초대하기까지 하였다. 게다가 소년들이 룻에게 해꼬지를 하지 못하게 하였다. 또한 룻에게 직접 곡식을 퍼주면 자존심이 상할 수 있기에 소년들에게 곡식 다발에서 조금씩 뽑아버리라고 지시하였다.

따라서 내레이터는 이 단락에서 보아스가 어떤 인물인지 그의 말과 행동을 통해 간접적인 성격 묘사를 하고 있다. 내레이터가 2:1에서 보아스를 유력한 자라고 직접적인 도덕적 성격 묘사를 하였는데, 그것이 사실임을 보아스가 말과 행동으로 보여주고 있는 것이다.

이에 B와 B' 단락에서 룻이 보아스가 베푼 은혜에 놀라며 계속적인 호의를 부탁하는 것은 너무나 당연하다.

- B 룻이 엎드려 얼굴을 땅에 대고 절하며 그에게 이르되 나는 이방 여인이거늘 당신이 어찌하여 내게 은혜를 베푸시며 나를 돌보시나이까 하니
- B' 룻이 이르되 내 주여 내가 당신께 은혜 입기를 원하나이다 나는 당신의 하녀 중의 하나와도 같지 못하오나 당신이 이 하녀를 위로하시고 마음을 기쁘게 하는 말씀을 하셨나이다 하니라

룻이 자신을 "이방 여인"으로 인식하고 있었는데, 보아스가 은혜를 베풀고 자신을 "하녀"로 대하는 태도에 감격하는 모습을 내레이터가 잘 묘사하고 있다.

헐리우드의 로맨틱한 영화에 익숙한 현대인들에게는 혹시 보아스가 룻에게 흑심을 품은 것은 아닌가 오해할 수 있다. 그러나 보아스가 룻에게 은혜를 베푼 것은 세속적인 흑심이 아니었다. 이 구조의 가장 핵심적인 위치인 중앙을 차지하고 있는 X에서 보아스가 룻에게 한 말을 살펴보면 이를 분명히 알 수 있다.

"보아스가 그에게 대답하여 이르되 네 남편이 죽은 후로 네가 시어머니에게 행한 모든 것과 네 부모와 고국을 떠나 전에 알지 못하던 백성에게로 온 일이 내게 분명히 알려졌느니라 여호와께서 네가 행한 일에 보답하시기를 원하며 이스라엘의 하나님 여호와께서 그의 날개 아래에 보호를 받으러 온 네게 온전한 상 주시기를 원하노라."

보아스가 룻에게 은혜를 베푸는 것은 인간적인 동정이나, 숨은 저의가 있기 때문이 아니라 부모과 고국을 떠나 알지 못하던 백성에게로 온 룻의 행동, 다시 말해 여호와의 날개 아래에 보호를 받으러 온 룻의 행동에 대한 적은 보상에 불과하다는 점을 성경 기자는 잘 드러내고 있다. 이와 같이 성경 본문의 구조를 분석하는 것은 본문의 메시지가 무엇인지를 가시화하는 일에 매우 중요한 단서가 된다.

3. 보아스의 첫 번째 말

3.1 보아스의 첫 마디 : "내 딸아"

과연 보아스가 베는 자들을 거느린 사환이 룻에 대해 이야기하는 것을 듣고 무슨 말을 할까? 보아스의 첫 마디는 가장 중요한 단서가 아닐 수 없다. 그런데 보아스는 처음 만난 룻을 "내 딸아"라고 부른다(8절).

"보아스가 룻에게 이르되

(וַיֹּאמֶר בֹּעַז אֶל־רוּת ; 와요메르 보아즈 엘-루트)

내 딸아 네가 듣지 않았느냐

(הֲלוֹא שָׁמַעַתְּ בִּתִּי ; 할로 샤마트 빗티)."

한글개역개정은 "내 딸아(בִּתִּי ; 빗티) 들으라"고 되어 있는데 문자적으로 하면 "내 딸아 네가 듣지 아니하였느냐"이다. 부정의 수사학적 질문은 강한 긍정의 대답을 전제하고 던지는 질문이다. 그렇다면 그 의미는 "조심해서 들으라, 내 딸아(בִּתִּי ; 빗티)"라고 볼 수 있다. 이런 수사학적 질문은 룻기에서 자주 사용되는 문예적 기법이기에 주목해야 한다(2:9, 3:1, 2).

여기서 중요한 것은 보아스가 처음 만난 여인을 "내 딸아"(בִּתִּי ; 빗티)로 부르고 있다는 점이다. 앞으로도 살펴보겠지만 보아스는 룻을 두 번 더 "내 딸아"라고 부른다 (3:10, 11). 도대체 보아스가 처음 본 룻을 다짜고짜 "내 딸아"라고 부른 이유가 무엇일까? 우선 우리는 나오미도 룻을 "내 딸아"라고 다섯 번이나 부른 것과 연관시켜 볼 때(2:2, 22, 3:1, 16, 18) 보아스가 룻보다는 나이가 상당히 많은 인물이기 때문에 이런 용어를 쓴 것이라고 볼 수 있다.[45]

그러나 동시에 "내 딸"이란 표현은 이방 여인이지만 보아스가 "딸"을 대하는 마음으로 은혜를 베풀 것임을 알 수 있다. 물론 "딸"이란 표현은 부모-자식 사이의 용어이기에 상하 관계를 보여주는 것은 사실이다. 그러나 종과 주인의 관계나, 고용주(밭의 주인)와 피고용인(추수꾼들) 관계가 아니라 가족적인 관계 안에서 자신이 아버지 같은 태도로 대할 것임을 보여준다. "내 딸아"라는 호칭 속에 마치 사랑하는 아버지가 딸을 대하듯 하는 보아스의 따스함이 드러난다.[46]

3.2 나의 소녀들과 함께 있으라

보아스가 룻에게 지시하는 내용을 보면 그가 얼마나 자상하고 배려심 넘치는 인물인지 알 수 있다. 우선 룻에게 이삭을 주우러 다른 밭으로 가지 말고 자기 밭의

---

45 Hubbard, *The Book of Ruth*, 154; Block, *Judges, Ruth*, 659.
46 Block, *Judges, Ruth*, 659;

경계를 넘을 필요가 없다고 권면한다(8중반절).

"이삭을 주우러 다른 밭으로 가지 말며
(אַל־תֵּלְכִי לִלְקֹט בְּשָׂדֶה אַחֵר ; 알-텔키 릴코트 베사데 아헤르)
여기서 떠나지 말고
(וְגַם לֹא תַעֲבוּרִי מִזֶּה ; 웨감 로 타아부리 미제)."

다른 밭으로 가지 말고, 여기서 떠나지 말라는 것은 쉽게 이해하기 어렵다. 보아스가 자기 밭에서 이삭을 줍는 것을 허락한 정도가 아니라 자기 밭에서만 이삭을 주우라고 하기 때문이다. 언뜻 보면 무슨 이유로 이런 명령을 하는지 이해가 되지 않을 수 있다. 현대인들은 분명히 보아스가 연약한 이방 여인 과부에게 흑심을 품은 것으로 오해할 수도 있다. 그러나 이어지는 보아스의 말을 들으면 그렇지 않음을 알게 된다(8하반절).

"나의 소녀들과 함께 있으라
(וְכֹה תִדְבָּקִין עִם־נַעֲרֹתָי ; 웨코 티드바킨 임-나아로타이)."

룻에게 가장 안전한 것은 소녀들과 함께 있는 것이 아닌가? 그리고 소녀들과 함께 있어야 이삭을 더 많이 주울 수 있다. 흑심을 품었다면 "나의 소녀들과 함께 있으라"고 할 리가 없다.

3.3 추수 밭 풍경 : 베는 소년들과 묶는 소녀들

그렇다면 보아스가 말한 "나의 소녀들"(נַעֲרֹתָי ; 나아로타이)은 누구인가? 우리가 앞서 살펴본 대로 소녀들은 낯으로 이삭을 베는 이들 뒤를 따르면서 잘라진 이삭들을 한 묶음씩 묶는 일을 했던 품꾼들로 학자들은 본다.

"이런 것은 베는 자(קוֹצֵר ; 코체르)의 손과 묶는 자(מְעַמֵּר ; 메암메르)의 품에 차지 아니하나니(시 129:7)."

그렇다면 보아스는 룻에게 베는 자들 뒤에서 "이삭을 묶는" 소녀들과 함께 있으라고 허락한 것이다. 이삭을 주우러 나온 첫날 룻은 놀랍게도 보아스의 은혜를 입어 보아스가 고용한 여성 일꾼의 하나와 같은 대우를 받게 된 것이다.

특히 한글개역개정에서 "함께 있으라"고 번역한 히브리어 "다바크"(דבק)는 룻이 나오미를 "붙좇았더라"(1:14)고 했을 때 쓰인 단어와 동일하다. 이 단어는 "남자가 부모를 떠나 그의 아내와 연합하여(דבק ; 다바크) 둘이 한 몸을 이룰지로다"(창 2:24)에 사용되었고, 욥이 "내 피부와 살이 뼈에 붙었고(דבק ; 다바크)"라고(욥 19:20) 했을 때 사용되었다. 결국 이 단어는 물리적 인접성을 가리키는 용어로 "연합하다, 한 몸이 되다, 가까이하다, 붙잡다"의 의미를 지닌다. 따라서 여기서는 "나의 소녀들과 붙어 있으라"고 번역하는 것이 좋다. 그렇다면 베어 넘어진 이삭들을 주워 묶는 소녀들 속에 섞여 룻이 이삭을 줍도록 허락한 것이다.

룻은 추수하고 남은 밭에 떨어진 이삭을 주운 것이 아니라, 베는 자들의 뒤를 따르면서 이삭을 모을 수 있게 된 것이다. 사실상 이런 일은 보통 이삭을 줍는 이들에게 허락되지 않는 것이다. 그렇다면 보아스의 말은 큰 은혜가 아닐 수 없다. "나의 소녀들과 붙어 있으라(דבק ; 다바크)"고 하면서 마음껏 이삭을 주울 수 있도록 허락해 준 것은 그럴 의무가 없음에도 불구하고 나오미를 붙좇았던(דבק ; 다바크; 1:14) 룻에 대한 보상으로 성경 기자가 제시하고 있는 것이다. 이렇게 해서 시어머니를 붙좇은 룻은 보아스의 소녀들과 붙어 있으면서 비록 아직은 변방이지만 이스라엘 밖에서부터 이스라엘 안으로 들어올 수 있었던 계기를 얻게 된 것이라고 학자들은 해석한다. 이 얼마나 큰 감동인가! 모압인은 총회에 들어오지 못한다고 율법은 정하고 있지만, 이제 충성을 보인 모압 여인이 하나님의 은혜와 섭리 가운데 이스라엘 총회 안으로 들어오고 있는 것이다.

그렇다면 룻이 어떻게 보아스의 소녀들과 붙어 있을 수 있는가? 그 다음에 한 보아스의 말을 보면 정확히 무엇을 의미하였는지 알 수 있다(9상반절).

"그들이 베는 밭을 보고

(עֵינַיִךְ בַּשָּׂדֶה אֲשֶׁר־יִקְצֹרוּן ; 에나이크 바사데 아셰르-이크초룬)

그들을 따르라

(וְהָלַכְתְּ אַחֲרֵיהֶן ; 웨할라크트 아하레헨)."

한글개역개정을 보면 약간은 의미가 모호하다. 두 번 나오는 "그들"이 누구인지 분명치 않기 때문이다. 바로 앞에서 "나의 소녀들"과 붙어 있으라고 했으니 여기서 "그들"은 소녀들을 가리키는 것인가? 그런데 다른 한편으로 "그들이" 베는 밭이라고 했기에 베는 자들은 소년들이다. 이렇게 한글 번역으로는 모호하지만 히브리어 원문을 보면 "그들"이 누구인지 금방 알 수 있다.

보아스가 "그들이 베는 밭을 보고"라고 했을 때에 "그들이 베는"(יִקְצֹרוּן ; 이크초룬)이란 동사의 꼬리는 남성 복수(וּן ; 운)인 반면에 "그들을 따르라"고 했을 때 "그들"(אַחֲרֵיהֶן ; 아하레헨)은 여성 복수 대명사 접미(הֶן ; 헨)이다. 따라서 처음의 "그들은" 남성 복수로서 "이삭을 베는 남자"들을 가리킬 가능성이 크다. 아니면 베는 자들과 묶는 자들(히브리어에서는 남성과 여성이 섞여 있으면 남성으로 표현), 즉 모든 추수꾼들을 가리키는 것일 수도 있다. 한편 "그들을(אַחֲרֵיהֶן ; 아하레헨) 따르라"고 했을 때 그들은 소유대명사 여성복수 3인칭으로서 "묶는 자들"을 가리킨다. 결국 보아스는 이삭을 베는 자들(소년들)이 있는 밭을 보고, 이삭을 묶는 자들(소녀들)을 따라 이삭을 주우라고 허락한 것으로 학자들은 본다.

3.4 룻과 낭만주의 시인 존 키츠

우리는 여기서 이스라엘 추수 밭의 풍경을 그려볼 수 있다. 보아스의 밭에 이삭을 베는 남자들과 이삭을 주워 단으로 묶는 여자들이 섞여 있는 그림은 아름답지 않은가! 아직 결혼하지 않은 총각 처녀들이 섞여 있는 경우라면 얼마나 시끌벅적했을까? 서로의 외모를 훔쳐 보며 키득거리고 속마음을 은근히 드러내기 위해 접근하는 모습, 아니면 속마음을 들키지 않으려고 새침떠는 젊은이들의 모습이 활기차지 않았을까? 그러나 그곳에 모압 여인 미망인 룻이 들어가 이삭을 줍는 모습은 한편으로는 고독하고 외롭기 그지 없었을 것이다.

그래서 존 키츠(John Keast) 같은 시인들은 이방 땅에서 이삭을 줍는 룻의 모습에서 산업화로 인간성을 빼앗긴 근대인들의 자화상을 본 것이다. 키츠는 "나이팅게일에 부치는 노래"(Ode to a Nightingale)의 7연 61-70행에서 이렇게 노래한다.

너는 죽게 태어나지는 않았다, 불멸의 새여!
어떤 굶주린 새도 너를 짓밟지는 못하리라.
덧없이 흘러가는 이 밤에 내가 듣는 이 목소리는
그 옛날 황제와 어릿광대가 함께 들었던 소리이리라.
아마도 룻이 향수에 눈물지으며
이방 땅 밀밭 사이에 서 있을 때 그녀의 슬픈 가슴 속으로
흘러들어갔던 그 노래이리라.
또한 잊혀진 동화의 나라에서
위험한 바다의 물거품을 향해 열려있는
마술의 창문을 자주 마력으로 사로잡은 그런 노래이리라.

Thou wast not born for death, immortal Bird!
No hungry generations tread thee down;
The voice I hear this passing night was heard
In ancient days by emperor and clown:
Perhaps the self-same song that found a path
Through the sad heart of Ruth, when, sick for home,
She stood in tears amid the alien corn;
The same that oft-times hath
Charm'd magic casements, opening on the foam
Of perilous seas, in faery lands forlorn.

신경원은 영국의 낭만주의 시인들이 왜 룻을 좋아했는지에 대해 이렇게 밝힌다.

기근으로 엘리멜렉이 아내 나오미와 두 아들을 데리고 이스라엘을 떠나 모압으로 이주, 정착하는 내용은 인클로저(enclosure)와 산업화로 경작할 땅을 잃고 이주할 수밖에 없었던 18, 19세기 영국 농민들의 삶과 유사했기 때문에 이들의 이민사는 영국 낭만주의 시인들에게 특별한 관심사일 수밖에 없었다.[47]

이렇게 룻기는 인류의 역사에서 시인들의 영감의 원천이었다. 그렇다면 성경을 해석하는 설교자들이나 교우들 역시 룻기를 읽으며 이런 시적 상상력을 발휘해 보는 것은 어떨까? 딱딱한 교리적 언급이나 도덕적 교훈만을 얻으려고 룻기를 읽는 것을 지양하고, 우리의 삶을 조명하며 다가오는 영감받은 계시로, 우리의 복종과 충성을 요구하는 하나님의 음성으로 룻기를 읽는 것은 어떨까?

3.5 소년들이 길어온 물을 마셔라

한편 보아스는 단순히 베는 자들을 따라 이삭을 주울 수 있도록 허락하였을 뿐 아니라 룻의 안전과 생리적 필요에도 민감하게 반응하였다(9중반절).

"내가 그 소년들에게 명령하여 너를 건드리지 말라 하지 않았느냐
(הֲלוֹא צִוִּיתִי אֶת־הַנְּעָרִים לְבִלְתִּי נָגְעֵךְ ; 할로 치위티 에트-한네아림 르빌티 나그에크)."

한글개역개정은 긍정문으로 되어 있지만, 원문은 수사학적 질문으로 되어 있다. "내가 그 소년들에게 명령하여 너를 건드리지 말라 하지 않았느냐?" 수사학적 질문은 대답을 요구하는 질문이 아니다. "내가 소년들에게 너를 건드리지 말도록 했다"는 사실을 유념하라는 뜻으로 던진 질문이다.

"건드리다"(נָגַע ; 나가)는 "만지다"(창 3:3)의 기본적 의미와, 그리고 여기서 파생하여 "때리다, 해를 가하다(창 32:26), 성관계를 갖다"(창 20:6)의 의미로 쓰이는 용어이다. 여기서는 이런 모든 의미의 가능성을 염두에 두고 보아스가 소년들에게 지시한

---

[47] 신경원, "워즈워스와 키츠의 루스 : 성경의 루스 번역과 재구성", 비교문학 제52집 (2010. 10), 333.

것으로 볼 수 있다. 추수 밭은 "때리거나, 해를 가하거나, 성추행이나 성폭행" 같은 일이 일어날 가능성이 있는 곳이기 때문이다. 실제로 보아스가 소년들에게 이전에 명령을 내렸을 가능성도 이지만, 룻과의 대화를 소년들이 듣고 있으니까 이런 식으로 우회적으로 명령한 것이었을 가능성이 더 큰 것으로 학자들은 본다. 어느 쪽이든간에 추수 밭의 중요한 일꾼인 남자들에게 룻을 보호할 것을 명령한 것이다.

보아스는 그뿐 아니라 룻의 생리적 필요를 채울 조치를 취하였다(9하반절).

"목이 마르거든 그릇에 가서
(וְצָמִת וְהָלַכְתְּ אֶל־הַכֵּלִים ; 웨차미트 웨할라크트 엘-하켈림)
소년들이 길어 온 것을 마실지니라 하는지라
(וְשָׁתִית מֵאֲשֶׁר יִשְׁאֲבוּן הַנְּעָרִים ; 웨샤티트 메아셰르 이쉬아분 한네아림)."

보아스는 목이 마르면 공동의 물단지(כֵּלִים, 켈림 ; 그릇)에 가서 소년들이 길어온 물을 마셔도 된다고 룻에게 허락하였다. 추수 밭에서 일을 하려면 물과 음식을 준비하는 것은 기본이었다. 추수 시작할 때는 건기인데다가 팔레스타인은 낮에는 덥기 때문에 일을 할 때에 물은 필수였다. 따라서 추수 밭으로 오기 전에 남자들이 아마도 베들레헴에서(?) 길어온 우물물이었던 것으로 보는 학자도 있다. 그런데 그 물을 마시도록 허락한 것이다.

어떤 학자는 본문에는 그릇 안에 무엇이 담겼는지에 대한 언급이 없으므로 포도주라고 주장하기도 한다. 그러나 다수의 학자들은 "길어오다"라고 번역된 동사(שָׁאַב ; 샤아브)는 구약에서 19번 쓰였는데, 항상 물을 긷는다는 데 사용된다는 점을 주목한다(창 24:11 등).

3.6 저 유명한 베들레헴 우물물

만일 소년들이 떠온 물이 베들레헴 우물물이라면, 룻기 독자들에게는 매우 의미심장한 언급이 아닐 수 없다. 베들레헴 우물물은 이스라엘 역사에서 잊을 수 없는 우물물이었다. 왜냐하면 다윗이 어려서 먹은 베들레헴 성문 곁 우물물을 그리워하자 다윗의 세 용사가 목숨을 걸고 블레셋 군대를 뚫고 가서 우물물을 가져왔기 때문이다.

"다윗이 소원하여 이르되 베들레헴 성문 곁 우물물을 누가 내게 마시게 할까 하매 세 용사가 블레셋 사람의 진영을 돌파하고 지나가서 베들레헴 성문 곁 우물물을 길어 가지고 다윗에게로 왔으나 다윗이 마시기를 기뻐하지 아니하고 그 물을 여호와께 부어 드리며(삼하 23:15-16)."

그러나 다윗은 이 우물물을 마시지 않았다. 부하들이 이 물 때문에 목숨을 잃을 수도 있었다는 점을 다윗이 뒤늦게 깨달았기 때문이다. 따라서 다윗은 자신이 마시지 않고 그 물을 여호와께 부어드렸다. 이런 점에서 다윗은 멋진 군왕이다.

이제 룻은 베들레헴 우물물을 그것도 소년들이 길어온 우물물을 마시게 되었다. 그것도 공동의 물 단지에서. … 그러니 룻이 베들레헴 우물물을 마시는 장면을 보는 이스라엘 독자들은 어찌 감동하지 않을 수 있었겠는가! 어쩌면 룻 역시 처음 이삭을 주우러 나온 밭에서 이토록 환대를 받으리라고는 기대하지 않았을 것이다. 보아스와 베들레헴 공동체의 인애를 경험한 룻의 반응이 감격에 찬 모습일 수밖에 없었던 것은 나름대로 이유가 있는 것이다.

4. 룻의 첫 번째 반응 : 나는 이방 여인이거늘

4.1 엎드려 절하는 룻

보아스가 보인 호의에 룻은 어떤 반응을 보였을까? 10상반절을 보자.

"룻이 엎드려 얼굴을 땅에 대고 절하며
(וַתִּפֹּל עַל־פָּנֶיהָ וַתִּשְׁתַּחוּ אָרְצָה ; 와티폴 알-파네하 와티쉬타후 아르차)."

보아스의 호의에 룻이 보인 첫 번째 응답은 몸으로 나타났다. 직역하면 "그녀가 그의 얼굴 위로 엎어졌고(וַתִּפֹּל עַל־פָּנֶיהָ; 와티폴 알-파네하) 땅을 향하여 경배하였다(וַתִּשְׁתַּחוּ אָרְצָה; 와티쉬타후 아르차)"이다. 이 제스처는 무릎을 꿇고 이마를 땅에 대고 절하는 것이다. 보통은 신이나 왕 같은 절대자나 권력자 앞에서 취하는 자세이지만, 하위자가 상위자에게 경의를 표할 때에도 나타난다(창 18:2, 24:52 등). 일부 해석자는 혹시 돈 많고 나이 든 밭주인의 눈에 들려는 젊은 과부의 과도한 제스처라고 보기도 하지만,[48] 이런 제스처를 취한 것은 보아스가 룻이 기대한 것보다 훨씬 큰 은혜를 베풀고 있기 때문이다. 이에 대해서는 나중에 상세하게 살펴보도록 하자.

4.2 룻의 탁월한 질문

룻은 이렇게 보아스 앞에 엎드려 절하며 간단히 고맙다고만 하지 않았다. 룻은 예상 밖으로 보아스에게 질문을 던졌다. 그런데 이 질문은 보아스뿐 아니라 이스라엘인들의 신학적 상상계의 중추 신경을 건드린 최고의 질문이었다(10하반절).

"그에게 이르되
(וַתֹּאמֶר אֵלָיו; 와토메르 엘라우)
당신이 어찌하여 내게 은혜를 베푸시며 나를 돌보시나이까
(מַדּוּעַ מָצָאתִי חֵן בְּעֵינֶיךָ לְהַכִּירֵנִי; 마두아 마차티 헨 베에네카 르하키레니)
나는 이방 여인이거늘
(וְאָנֹכִי נָכְרִיָּה; 웨아노키 노크리야)."

우선 룻은 보아스가 은혜를 베푼 이유를 질문하였다. 직역하면 "내가 어찌하여 당신의 눈에 은혜(חֵן; 헨)를 발견하였습니까?"이다. 룻은 나오미에게 "내가 그의 눈에 은혜(חֵן; 헨)를 발견하면 그를 따라 이삭을 줍겠나이다"(룻 2:2)라고 한 적이 있었다. 그런데 바로 룻은 "보아스의 눈에 은혜(חֵן; 헨)를 발견한 것"이었다.

---

[48] Sasson, *Ruth*, 51.

그렇다면 룻이 보아스의 눈에 은혜를 발견한 결과는 무엇인가? 보아스가 이삭을 줍도록 허락한 것인가? 물론 표층 구조에서는 이삭 줍기를 허락한 것이지만 심층 구조에서는 그것보다 깊은 신학적 이유가 있었다. 그것은 바로 "이방 여인(נָכְרִיָּה; 노크리야)을 돌본 (נָכַר; 나카르)⁴⁹ 것이었다." 보아스가 이방 여인을 돌본 것은 이스라엘의 신학적 정체성을 더하는 행동이었다. 과거에 애굽에서 나그네였고 객이었던 이스라엘은 공동체 안으로 들어온 나그네와 객에게 인애를 베풀어야 했다.

그런데 룻은 놀랍게도 이 부분을 지적하며 질문을 던진다 : "나는 이방 여인인데 어찌하여 나를 돌보십니까?" 한글로는 "이방 여인(נָכְרִיָּה; 노크리야)인데 어찌 나를 돌보십니까(נָכַר; 나카르)"란 표현이 특이해 보이지 않지만 히브리 원문으로 보면 "돌아본다"는 동사 "나카르"(נָכַר)와 "이방 여인"이라는 "노크리야"(נָכְרִיָּה) 사이에 유사한 소리가 반복되어 있어 특이한 모습을 보인다. 내레이터가 "유사 발음 단어 반복"이란 워드플레이를 통해 메시지를 강조하는 것으로 학자들은 해석한다.

우선 "돌아보다"라고 번역된 히브리어(הִכִּיר; 핫키르)는 "나카르"(נָכַר) 동사의 사역형(히필형)으로서 "알아보다, 전에 알던 사람을 알아채다"의 의미로 쓰인다. 이방 여인 노크리야(נָכְרִיָּה)는 누구도 나카르(נָכַר)하는(돌아보는) 존재가 아니다. 시편 142:4에 의하면 알아보는 사람이 없다는 것은 피난처도 없는 것이요, 영혼을 돌아보는 사람도 없는 것이다.

"오른쪽을 살펴보소서 나를 아는 이(מַכִּיר; 맛키르; 나카르 동사의 히필 분사형)도 없고 나의 피난처도 없고 내 영혼을 돌보는(돌아보는) 이도 없나이다."

보아스는 돌아보는 자가 없는 이방 여인(נָכְרִיָּה; 노크리야)을 돌아본(נָכַר; 나카르) 자라는 점을 성경 기자가 강조하려고 한 것으로 학자들은 해석한다. 이에 룻은 "내가 노크리야임에도 당신이 나카르하십니까?"라고 질문한 것이다. 영어로는 학자들이 이런 유사 발음 단어 기법을 살려 "You have noticed the unnoticed" 혹은 "You

---

49 나를 돌아보시나이까(לְהַכִּירֵנִי; 르하키레니)는 알아보다는 동사 나카르(נָכַר)의 사역(히필)형 부정사 연계형에 소유대명사 1인칭 단수 접미가 붙은 것이다.

have recognized the unrecognized"라고 번역한다.⁵⁰ 한글로 의미를 살려 본다면 "눈에 띄지 않는 이방 여인을 당신은 어찌 눈여겨 보십니까?" "주목의 대상이 아닌 저를 어찌 주목해 보십니까?"로 번역할 수 있다. 룻은 자신을 눈에 띄지 않는 자, 주목의 대상이 아닌 자로 여기고 있는데, 보아스가 눈여겨 보고 주목하고 있으니 이에 감동한 것이다.

여기서 훔버트의 말을 들어보자.

이방인(נָכְרִי ; 노크리)은 어원적으로 볼 때 본토인이 관심을 기울이지 않는 사람, 자신에게 속한 사람으로 인정하지 않는 사람이다. 그런데 여기서 보아스는 룻에게 관심을 기울이고, 자신에게 속한 사람으로 인정한 것이다(הַכִּיר ; 히키르). 룻의 말(10절)은 룻이 보아스로부터 받은 환대를 "가족"으로 인정한 환대로 인식했다고 보아야만 그 의미를 완전히 이해할 수 있다. 이런 가족적 환대를 받고 룻은 놀라서 그 이유를 물은 것이다. 왜냐하면 그 순간까지 룻은 이 남자와의 친족 관계에 대해서 몰랐기 때문이다.⁵¹

이렇게 본다면 룻의 질문이야말로 보아스가 한 행동을 신학적으로 가장 잘 드러낸 질문이라고 할 수 있다. 보아스는 이방 여인을 돌본 진정한 하나님의 백성이었다. 과연 오늘날 그리스도인인 우리는 한국 땅에 들어온 이방인들을 잘 돌보고 있는가? 보아스처럼 이방인들을 압제하거나 학대하지 말라(출 22:20)는 하나님의 말씀을 잘 지키고 있는가?

4.3 이방 땅에서 객이었던 이스라엘

룻이 보아스가 보인 행동에 감격한 이유를 알려면 고대 이스라엘의 사회 제도를 조금은 살펴볼 필요가 있다. 고대 이스라엘은 신학적으로 보면 여호와의 거룩한 백성(성민), 우거하는 객, 이방인으로 계층화되어 있었다.

---

50 Hubbard, *The Book of Ruth*, 163.
51 P. Humbert, "Art et leçon de l'histoire de Ruth" : In Opuscules d'un Hébraisant (Neuchâtel, 1958), 92–93; Bush, *Ruth*, 129에서 재인용.

"너희는 너희의 하나님 여호와의 성민이라(קָדוֹשׁ עַם ; 암 카도쉬) 스스로 죽은 모든 것은 먹지 말 것이나 그것을 성중에 거류하는 객(גֵּר ; 게르)에게 주어 먹게 하거나 이방인(נָכְרִי ; 노크리)에게 파는 것은 가하니라 너는 염소 새끼를 그 어미의 젖에 삶지 말지니라(신 14:21).

스스로 죽은 짐승은 여호와의 백성은 성민(קָדוֹשׁ עַם ; 암 카도쉬)이라 먹을 수 없었던 반면에 우거하는 객(גֵּר ; 게르)에게는 먹도록 줄 수 있었고 이방인(נָכְרִי ; 노크리)에게는 팔아도 무방한 이유는 무엇인가? 세 사회적 계층이 신학적으로는 엄격하게 구분되어 있었기 때문이다. 따라서 형제에게는 이자를 받을 수 없으나, 이방인에게는 돈을 빌려주고 이자를 받을 수 있으며(신 23:21), 매칠 년의 면제년에 형제에게는 돈을 갚으라고 독촉하지 말고 면제해야 하지만, 이방인에게는 독촉할 수 있었다(신 15:3).

"이방인(נָכְרִי ; 노크리)에게는 네가 독촉하려니와 네 형제에게 꾸어준 것은 네 손에서 면제하라(신 15:3)."

"타국인(נָכְרִי ; 노크리)에게 네가 꾸어주면 이자를 받아도 되거니와 네 형제에게 꾸어주거든 이자를 받지 말라 그리하면 네 하나님 여호와께서 네가 들어가서 차지할 땅에서 네 손으로 하는 범사에 복을 내리시리라(신 23:20)."

특히 고대 이스라엘에서 이방인(נָכְרִי ; 노크리)은 우거자(גֵּר ; 게르)보다는 신학적-사회적 신분이 낮은 계층으로 여호와의 백성(קָדוֹשׁ עַם ; 성민)에 속하지 않기에 언약의 특권을 누릴 수 없었다. 형제에게는 이자를 받을 수도 없었고, 돈을 갚으라고 독촉할 수도 없었던 반면에, 이방인에게는 이자를 받아도 되고, 돈을 갚으라고 독촉할 수도 있었다. 이방인은 한마디로 이런 언약의 혜택을 받을 수 없는 존재였다.

그럼에도 불구하고 보아스가 룻에게 은혜를 베푼 이유는 무엇인가? 룻은 이방 여인으로 모압에서 돌아온 여인이었고, 이스라엘 역시 아브라함의 자손으로 과거에 이방 땅에서 객이었기 때문이다.

"여호와께서 아브람에게 이르시되 너는 반드시 알라 네 자손이 이방에서(직역하면 "그들에게 속하지 않은 땅에서") 객(גֵּר ; 게르)이 되어 그들을 섬기겠고 그들은 사백 년 동안 네 자손을 괴롭히리니 (창 15:13)."

모세 역시 미디안 땅에서 이드로의 딸과 결혼하여 아들을 낳고 게르솜(גֵּרְשֹׁם)이라고 이름 지은 후에 무엇이라고 하였는가? "내가 타국(אֶרֶץ נָכְרִיָּה ; 에레츠 노크리야)에서 나그네(גֵּר ; 게르)가 되었음이라"(출 2:22)고 하지 않았는가? 그렇다면 룻이야말로 이방 땅에서 객이 된 여인이었다.

결국 "이방 땅"(타국, אֶרֶץ נָכְרִיָּה ; 에레츠 노크리야), "이방 여인(נָכְרִיָּה ; 노크리야), "나그네" 혹은 "객"(גֵּר ; 게르)이란 용어들은 많은 신학적 함축과 정서적 감정이 응축된 단어들이다. 하나님의 백성의 신학적 상상계의 중추를 건드려 아브라함과 모세와 이스라엘 백성 전체의 체험이 이 단어 안으로 빨려들어 오게 만드는 용어이기 때문이다. "나그네"란 구약의 핵심 이미지 가운데 하나로서 율법을 보면 이스라엘이 과거에 나그네였다는 사상이 기저에 깔려 있음을 볼 수 있다.

"너는 이방 나그네(גֵּר ; 게르)를 압제하지 말며 그들을 학대하지 말라 너희도 애굽 땅에서 나그네(גֵּרִים ; 게림, 게르의 복수)였음이라(출 22:21)."

"토지를 영구히 팔지 말 것은 토지는 다 내 것임이니라 너희는 거류민(גֵּרִים ; 게림, 게르의 복수)이요 동거하는 자로서 나와 함께 있느니라(레 25:23)."

실제로 우리 그리스도인도 이스라엘 백성과 마찬가지로 "나그네"(거류민)이다. 우리가 살아가는 이 세상은 우리의 소유가 아니다. 그리고 우리가 살고 있는 땅은 하나님의 것이다. 따라서 우리는 하나님의 땅에서 나그네로 세상을 사는 것이다. 이 같은 사실을 보아스는 깊이 인식하고 있었다. 따라서 이방 여인임에도 불구하고 보아스는 그를 돌아본 것이다. 그런데 바로 이 점을 룻이 지적하며 질문을 던진 것이다 : "나는 이방 여인(노크리야)이거늘 당신이 어찌하여 나를 알아보시나이까(니카르 하십니까?)?" 이스라엘의 신학적 상상계의 중추를 건드리는 질문에 과연 보아스는 무엇이라고 답을 할까? 독자들의 궁금증이 커져만 간다.

5. 보아스의 두 번째 말

5.1 본문

룻은 누구에게 은혜를 입지 않고서는 살 수 없다는 자기 인식이 분명하였다. 그런데 보아스의 눈에 은혜를 입은 것이다. 이에 룻은 함축성이 강한 "이방 여인"이라는 단어를 사용함으로 보아스의 신학적 상상계의 중추 신경을 건드린 것이다. 이어지는 보아스의 말을 들어보면 보아스의 신학적 상상계의 중추 신경이 자극을 받은 결과가 어떤 것인지 생생하게 볼 수 있다. 보아스의 말을 들어보면 룻이 한 행동을 신학적으로 더 이상 잘 묘사할 수 없을 정도로 분명하게 드러내고 있다.

"보아스가 그에게 대답하여 이르되 네 남편이 죽은 후로 네가 시어머니에게 행한 모든 것과 네 부모와 고국을 떠나 전에 알지 못하던 백성에게로 온 일이 내게 분명히 알려졌느니라 여호와께서 네가 행한 일에 보답하시기를 원하며 이스라엘의 하나님 여호와께서 그의 날개 아래에 보호를 받으러 온 네게 온전한 상 주시기를 원하노라 하는지라(룻 2:11-12)."

5.2 구조

우리는 보아스의 두 번째 말을 크게 둘로 구분해 볼 수 있다. 룻이 한 행위를 묘사하는 부분과 이에 대한 보상을 기원하는 부분으로 나눌 수 있다.

A 남편이 죽은 후로 네가 시어머니에게 행한 모든 것과 네 부모와 고국을 떠나 전에 알지 못하던 백성에게로 온 일이 내게 분명히 알려졌느니라(인간과 관련된 수평적 차원의 행동)

B 여호와께서 네가 행한 일에 보답하시기를 원하며(여호와의 보응)
　　B' 이스라엘의 하나님 여호와께서 온전한 상 주시기를 원하노라(여호와의 상급)
　A' 그의 날개 아래에 보호를 받으러 온 네게(하나님과 관련된 수직적 차원의 행동)

여기서 룻이 한 행동은 (1) 부모와 고국을 떠나 전에 알지 못하던 백성에게로 와서 시어머니를 공경한 일, (2) 여호와의 날개 아래에 보호함을 받으러 온 일 두 가지로 나뉜다. 룻의 행동은 수평적 차원과 수직적 차원을 가지고 있다. 수평적 차원은 인간과 인간과의 관계의 차원이며 수직적 차원은 인간과 신과의 관계의 차원이다. 수평적 차원에서 룻의 행동은 "남편이 죽은 후로 시어머니에게 행한 모든 것과 부모와 고국을 떠나 전에 알지 못하던 백성에게로 온 일"이다. 수직적 차원은 "여호와의 날개 아래에 보호를 받으러" 온 일이다. 룻이 보인 수평적 차원과 수직적 차원의 두 행동이 서두(A)와 결미(A')에 나와 보아스의 전체 말을 감싸고 있다.

이런 룻의 행동에 대한 보상으로 보아스는 여호와께서 두 가지를 해주실 것을 소망한다 : (1) 룻이 행한 일을 여호와께서 보응하시고(B), (2) 온전한 상을 주시기를 원하노라(B'). 이 보상 부분이 보아스의 말의 중앙에 나와 강조되어 있다. 따라서 우리는 이런 구조를 염두에 두고 보아스의 말을 해석해야 한다.

5.3 룻의 성격 묘사 : 여성 아브라함

성경 기자는 때로 한 등장 인물의 성격을 묘사할 때 다른 등장 인물의 입을 빌려서 한다. 룻기 2:8-16에서는 보아스의 입을 빌려 룻의 성격을 묘사한다(11상반절).

"보아스가 그에게 대답하여 이르되
(וַיַּעַן בֹּעַז וַיֹּאמֶר לָהּ ; 와야안 보아즈 와요메르 라흐)
내게 분명히 알려졌느니라
(הֻגֵּד הֻגַּד לִי ; 훅게드 훅가드 리)."

보아스는 "나는 이방 여인이거늘 어찌하여 돌보십니까?"라는 룻의 질문에 답을 해야 했다. 혹시 흑심을 품고 도와준 것은 아닐까라고 누구라도 의심할 수 있기 때문이다. 이에 성경 기자는 다소 불필요한 반복처럼 보이지만 보아스가 "대답하여 이르되"라고 한 후에 "내게 분명히 알려졌느니라"고 밝힌다. 흑심을 품고 보인 호의가 아니라, 보아스는 자신이 분명하게 들은 것이 있었기 때문이라고 말한다.

"내게 분명히 알려졌느니라"(הֻגֵּד הֻגַּד לִי ; 혹게드 혹가드 리)는 문장은 "선포하다, 말하다"는 동사(נגד ; 나가드)의 사역 수동형(호팔형)이 쓰였는데 한번은 정동사(הֻגַּד ; 혹가드; finite verb)로 한번은 부정사 절대형(הֻגֵּד ; 혹게드; infinitive absolute)으로 쓰였다. 그런데 로버트 홀름스테드(Robert D. Holmstedt)는 여기에 쓰인 부정사 절대형을 "열린 부사"(an open-ended adverb)의 기능으로 본다. "열린 부사"란 독자들이 알아서 여러 의미(시간, 장소, 양태)로 강조의 의미를 생각해 볼 수 있다는 뜻이다. 시간적으로 번역하면 "내게 최근에 들렸느니라"(It was just recently reported to me)고 번역할 수 있다. 양태적으로 번역하면 "내게 철저하게 보고되었느니라"(It has been thoroughly reported to me), 즉 "내가 너에 관한 것은 모두 알고 있다"는 의미로 번역할 수도 있다고 본다.[52]

그렇다면 보아스가 룻에게 최근에 듣거나 혹은 철저하게 알게 된 사실은 무엇인가? 11절을 보자.

"네 남편이 죽은 후로 네가 시어머니에게 행한 모든 것과
(כֹּל אֲשֶׁר־עָשִׂית אֶת־חֲמוֹתֵךְ אַחֲרֵי מוֹת אִישֵׁךְ ; 콜 아셰르-아시트 에트-함모테크 아하레 모트 이쉐크)
네 부모와 고국을 떠나
(וַתַּעַזְבִי אָבִיךְ וְאִמֵּךְ וְאֶרֶץ מוֹלַדְתֵּךְ ; 와타아즈비 아비크 웨 임메크 웨에레츠 몰라드테크)
전에 알지 못하던 백성에게로 온 일이
(וַתֵּלְכִי אֶל־עַם אֲשֶׁר לֹא־יָדַעַתְּ תְּמוֹל שִׁלְשׁוֹם ; 와 텔키 엘-암 아셰르 로-야다티 테몰 쉴숌)."

보아스는 남편이 죽은 후에 룻이 시어머니(חֲמוֹת ; 하모트)에게 행한 모든 일을 알고 있다고 했다. 그것이 무엇인가? 시어머니란 단어는 이전에 유일하게 1:14에서 한

---

52 Holmstedt, *Ruth : A Handbook on the Hebrew Text*, 127.

번 사용되었는데, 그 대목을 보면 룻이 시어머니에게 무엇을 했는지 알 수 있다 : "그들이 소리를 높여 다시 울더니 오르바는 그의 시어머니(חָמוֹת ; 하모트)에게 입 맞추되 룻은 그를 붙좇았더라(דָּבַק ; 다바크)." 룻이 시어머니를 붙좇은 것이 바로 남편이 죽은 후에 시어머니에게 행한 일이다.

그렇다면 룻이 시어머니를 붙좇은 일(דָּבַק ; 다바크)은 무엇을 의미하는가? 보아스는 룻이 시어머니에게 행한 일을 부모와 고국을 떠나(עָזַב ; 아자브) 전에 알지 못하던 백성에게로 온 일로 규정한다. 우리는 룻기에서 "떠나다"(עָזַב ; 아자브)는 동사와 "붙좇다"(דָּבַק ; 다바크)는 동사가 연결되고 있음을 주목해야 한다. 왜냐하면 이 두 동사는 창세기 2:24에서 남자가 부모를 떠나 아내와 연합함으로 부자관계에서 부부관계로의 소속의 이전을 묘사할 때 사용된 용어이기 때문이다.

"이러므로 남자가 부모를 떠나(עָזַב ; 아자브) 그의 아내와 연합하여(דָּבַק ; 다바크) 둘이 한 몸을 이룰지로다(창 2:24)."

룻은 부모를 떠나 말론과 연합하여 한 몸을 이루었다. 그런데 말론이 후사 없이 세상을 떠났다. 이에 나오미가 결혼이 가져온 고부 간의 관계의 해방을 선언하며 어머니의 집으로 돌아갈 것을 권고하였다. 그러나 룻은 시어머니에게 붙어 있기 위해(דָּבַק ; 다바크) 자기 부모를 떠나는(עָזַב ; 아자브) 결단을 내린 일을 들어서 확실히 알고 있다는 것이다. 따라서 보아스가 룻에게 자기 소녀들에게 붙어 있으라(דָּבַק ; 다바크)고 한 것(룻 2:8)은 시어머니에 대한 룻의 인애와 충성을 인정하고 은혜를 베푼 것이라는 논리이다.

보아스는 룻이 시어머니를 붙좇기 위해 단지 부모를 떠난 것만이 아니라 고국(אֶרֶץ מוֹלַדְתֵּךְ ; 에레츠 몰라드테크)을 떠난 것임을 인정한다. 여기서 많은 주석가들은 아브라함의 소명 기사에 대한 암시가 있다고 지적한다.

"네 부모(אָבִיךְ וְאִמֵּךְ ; 아비크 웨임메크)와 고국(אֶרֶץ מוֹלַדְתֵּךְ ; 에레츠 몰라드테크)을 떠나(עָזַב ; 아자브) 전에 알지 못하던 백성(עַם ; 암)에게로 온(הָלַךְ ; 할라크) 일이 내게 분명히 알려졌느니라."

"여호와께서 아브람에게 이르시되 너는 너의 고향(אֶרֶץ ; 에레츠)과 친척(מוֹלֶדֶת ; 몰레데트)과 아버지의 집(בֵּית אָבִיךָ ; 베트 아비카)을 떠나 내가 네게 보여줄 땅으로 가라(לֶךְ־לְךָ ; 할라크)(창 12:1)."

위의 두 본문을 보면 땅(אֶרֶץ ; 에레츠), 친척(מוֹלֶדֶת ; 몰레데트), 아버지(אָב ; 아브), 가다(לֶךְ־לְךָ ; 할라크) 같은 단어가 동일하게 등장한다. 아브라함이 하나님의 부르심을 받아 고향, 친척, 아버지 집으로부터 하나님께서 지시하는 땅으로 갔던 것처럼, 룻 역시 부모와 고국을 떠나 전에 알지 못하던 백성에게로 갔다.

우리가 이런 유사점을 염두에 둔다면 룻은 여기서 하나님의 부르심에 대한 응답으로 자기 고향을 떠나 이방의 땅으로 갔던 위대한 조상 아브라함에 비교되고 있다고 얼마든지 볼 수 있다. 아니 유대인들은 한 걸음 더 나아가 룻이 아브라함보다 더 멋진 인물이라고 본다. 유대 전승에 따르면 룻은 하나님의 부르심 없이, 시어머니의 만류에도 불구하고 자발적으로 자기 고향을 떠나 여호와의 날개 아래에 들어왔기에 아브라함보다 더 나은 인물일지 모른다는 것이다.[53] 이런 해석은 과장된 것이 분명하지만, 룻에 대한 새로운 인식을 갖게 만든다.

이렇게 본다면 보아스가 룻에게 보인 호의는 충분한 신학적 근거가 있는 것이다. 단순히 이성에 대한 호기심이나, 아니면 약자에 대한 긍휼함 때문에 보아스가 룻에게 혜택을 보였던 것이 아님을 알 수 있다.

5.4 상 주시는 하나님

보아스는 룻이 시어머니에게 한 행동을 칭찬한 후에 여호와의 이름으로 상 주시기를 기원한다(12절).

"여호와께서 네가 행한 일에 보답하시기를 원하며
(יְשַׁלֵּם יְהוָה פָּעֳלֵךְ ; 예샬렘 아도나이 포올레크)

---

53 Gow, *The Book of Ruth*, 54, fn. 27.

이스라엘의 하나님 여호와께서 네게 온전한 상 주시기를 원하노라

(וּתְהִי מַשְׂכֻּרְתֵּךְ שְׁלֵמָה מֵעִם יְהוָה אֱלֹהֵי יִשְׂרָאֵל ; 우테히 마스쿠르테크 쉘레마 메임 아도나이 엘로헤 이스라엘)

그의 날개 아래에 보호를 받으러 온

(אֲשֶׁר־בָּאת לַחֲסוֹת תַּחַת־כְּנָפָיו ; 아셰르-바트 라하소트 타하트-케나파우).''

보아스는 자신이 보인 은혜는 별거 아니며, 결정적인 보응자는 여호와이심을 분명히 한다. 이를 위해서 여호와의 이름을 두 번이나 거론한다. 게다가 히브리어 원문으로 보면 이미 여러 학자들이 지적했지만 보아스의 마지막 말은 키아스틱 (chiastic; 교차 대구) 구조를 이루고 있으면서 룻에 대한 궁극적 보상의 책임은 여호와께 있음을 더 강조한다. 왜냐하면 "여호와께서 보답하시기를"(a)로 시작해서 "여호와께로부터 온전하기를"(a') 로 끝나고 있기 때문이다.

  a 여호와께서 보답하시기를(יְשַׁלֵּם ; 예샬렘)
    b 너의 행한 일을(פָּעֳלֵךְ ; 포올레크)
    b' 너의 상이(מַשְׂכֻּרְתֵּךְ ; 마스쿠르테크)
  a' 여호와께로부터 온전하기를(שְׁלֵמָה ; 쉘레마)

한글개역개정으로는 "보답하기를"(יְשַׁלֵּם ; 예샬렘)과 "온전하기를"(שְׁלֵמָה ; 쉘레마)이 마치 전혀 다른 단어들인 것처럼 번역되어 있지만 히브리 원문을 보면 같은 어근 "샬람"(שׁלם)에서 나온 단어들이다.

"여호와께서 보답하시기를"에서 "보답하다"로 번역된 동사 "쉴렘"(שִׁלֵּם ; 샬람 어근의 피엘형/강조형)은 "이미 시작한 일을 완성시키다" 혹은 "전에 혼란스러워진 부분을 온전하게 회복하다"는 의미이다. "온전하기를" 역시 같은 어근(שׁלם)에서 파생된 형용사로 "완전하다"란 의미로 쓰이는 "샬렘"(שָׁלֵם)의 단수 여성형이다. 이렇게 본다면 여호와께서 룻이 행한 일을 보상하길 시작할 것이고, 여호와께서 룻에게 상주시는 일을 끝내 완성시킬 것이라는 것이다. 결국 보아스는 룻이 행한 일에 대한 보상은 궁극적으로는 여호와에 의해서만 가능하다고 말한다. 물론 보아스가 베푼 은혜

는 룻이 보인 행동에 대한 인간 편에서의 최소한의 인정이라는 논리이다.

"보답한다(שָׁלֵם ; 예샬렘)는 것은 "원래의 소유주에게 돌려주다, 상환하다, 배상하다(repay)"라는 의미이다. 하나님께서는 "사람의 행위(פֹּעַל ; 포알)를 따라 갚으사(שָׁלֵם ; 예샬렘) 각각 그의 행위대로 받게 하시는" 분이시다(욥 34:11; 참조, 신 7:10; 잠 11:31, 19:17). 그러기에 보아스는 룻이 "행한 일(פֹּעַל ; 포알)을 여호와께서 보답하시기를(שָׁלֵם ; 예샬렘)" 희망하고 있는 것이다.

그뿐 아니라 보아스는 "이스라엘의 하나님 여호와께서 그의 날개 아래에 보호를 받으러 온 너의 상(מַשְׂכֹּרֶת ; 마스쿠르테크)이 여호와께로부터 온전해지기(שְׁלֵמָה ; 셸레마)를 원하노라"(2:12)고 했다. 그렇다면 여기서 보아스가 여호와께로부터 온전해지기를 바라는 상은 어떤 것인가? 우선 상이라고 번역된 단어(מַשְׂכֹּרֶת ; 마스코레트)는 구약에 총 네 번 쓰였는데, 룻기에 한 번 그리고 야곱과 라반의 이야기에 세 번(창 29:15, 31:7, 41) 쓰였다. 창세기에서 이 단어는 라반이 야곱의 노동의 대가로 준 품삯(보수)을 가리키는데 자세히 보면 그 노동의 대가는 다름 아닌 아내 라헬과 레아였다.

"라반이 야곱에게 이르되 네가 비록 내 생질이나 어찌 그저 내 일을 하겠느냐 네 품삯(מַשְׂכֹּרֶת ; 마스코레트)을 어떻게 할지 내게 말하라 … 야곱이 라헬을 더 사랑하므로 대답하되 내가 외삼촌의 작은 딸 라헬을 위하여 외삼촌에게 칠 년을 섬기리이다(창 29:15, 18)."

"그대들의 아버지가 나를 속여 품삯(מַשְׂכֹּרֶת ; 마스코레트)을 열 번이나 변경하였느니라 그러나 하나님이 그를 막으사 나를 해치지 못하게 하셨으며 그가 이르기를 점 있는 것이 네 삯(שָׂכָר)이 되리라 하면 온 양 떼가 낳은 것이 점 있는 것이요 또 얼룩무늬 있는 것이 네 삯(שָׂכָר)이 되리라 하면 온 양 떼가 낳은 것이 얼룩무늬 있는 것이니 하나님이 이같이 그대들의 아버지의 가축을 빼앗아 내게 주셨느니라(창 31:7-9)."

"내가 외삼촌의 집에 있는 이 이십 년 동안 외삼촌의 두 딸을 위하여 십사 년, 외삼촌의 양 떼를 위하여 육 년을 외삼촌에게 봉사하였거니와 외삼촌께서 내 품삯(מַשְׂכֹּרֶת ; 마스코레트)을 열 번이나 바꾸셨으며(창 31:41)."

결국 "상"이라고 번역된 단어(מַשְׂכֹּרֶת ; 마스코레트)는 여러 학자들이 자적한 대로 구약에서 "아내를 얻어 결혼하고 후손을 얻고, 가축의 다산을 통해 가정의 안식을 누리는 것"과 연관되어 있음을 알 수 있다.

이것은 족장 이야기에서 "상"(מַשְׂכֹּרֶת ; 마스코레트)과 평행어로 쓰인 "삯"이라고 번역된 단어(שָׂכָר ; 사카르)의 용례를 살펴보면 이 용어 역시 "아내를 얻어 결혼하고 후손을 얻고, 가축의 다산을 통해 가정의 안식을 누리는 것"과 연관됨을 금방 알 수 있다. 성경에서 사카르(שָׂכָר)의 첫 용례는 창세기 15:1이다. 아브라함이 롯을 동방의 네 왕의 연합군으로부터 구해 온 후에 여호와께서는 "아브람아 두려워하지 말라 나는 네 방패요 너의 지극히 큰 상급이니라(שְׂכָרְךָ הַרְבֵּה מְאֹד ; 창 15:1)"고 위로하셨다. 그렇다면 여기서 아브라함에게 약속한 상급은 구체적으로 무엇을 의미하는가? 이를 알려면 이어지는 스토리를 살펴보아야 한다. 아브라함이 아들이 없으니 상급이 무슨 소용이 있냐면서 자신의 종 다메섹 사람 엘리에셀이 상속자라고 불평하였다. 이에 여호와께서는 "네 몸에서 날 자가 네 상속자가 되리라" 하시며 "네 자손이 뭇 별과 같으리라"고 약속하셨다. 그렇다면 상급(שָׂכָר ; 사카르)은 후손을 얻는 것과 연관되는 것이 분명하다.[54]

성경에서 "사카르"(שָׂכָר)의 두 번째 용례는 창세기 30:16-18이다. 레아가 르우벤이 들에서 가져온 합환채를 라헬에게 주고는 야곱과 동침할 수 있는 허락을 받아내었다. 레아가 야곱에게 "내가 내 아들의 합환채로 당신을 샀노라(שָׂכֹר שְׂכַרְתִּיךָ ; 사코르 세카르티카)" 하고 난 후 동침하게 되었다. 여호와께서 레아의 소원을 들어주셔서 아들을 낳게 되자, "하나님이 내게 그 값(שְׂכָרִי ; 세카리)을 주셨다"라고 하면서 아들의 이름을 "잇사갈"(יִשָּׂשכָר ; 잇사카르)이라 지었다. 여기서도 "상급"(שָׂכָר ; 사카르; 값)은 후손과 연관이 있다.

이렇게 본다면 보아스가 말하는 룻의 상급은 "남편을 얻어 결혼하고 후손을 얻는 것"을 가리킬 가능성이 크다. 이방 여인 룻이 베들레헴에서 정착할 수 있는 가장 좋

---

54 Gow, *Ruth*, 55.

은 방법은 남편을 얻어 결혼하고 자녀를 낳는 것이기 때문이었다. 실제로 룻기의 내러티브 플롯을 보면 룻이 보아스와 결혼하여 오벳을 낳는 것으로 대단원에 이르게 된다. 그렇다면 보아스가 말한 룻의 상급이 "남편을 얻어 결혼하고 후손을 얻는 것"이라고 보는 것이 가장 좋다.

룻에게 이런 상급을 주시는 하나님은 "이스라엘의 하나님 여호와"(יְהוָה אֱלֹהֵי יִשְׂרָאֵל ; 아도나이 엘로헤 이스라엘)이시다. 바이블 웍스로 검색한 결과 이런 호칭은 구약에 모두 99번 나온다. 그런데 이 호칭은 대략 아래 열 가지 정도의 사역을 하시는 하나님을 가리키는 의도로 쓰였음을 확인할 수 있다.

(1) 출애굽기 5:1 – 해방의 하나님
(2) 출애굽기 32:27 – 금송아지 숭배 후 심판하시는 하나님
(3) 출애굽기 34:23 – 남자는 세 번 보이라고 요구하며 예배를 받으시는 하나님
(4) 여호수아 7:13 – 아간을 심판하시는 헤렘의 하나님
(5) 여호수아 10:40 – 가나안을 정복하시는 하나님
(6) 여호수아 10:42 – 이스라엘을 위해 싸우시는 하나님
(7) 여호수아 13:14 – 레위 지파에게 화제물을 기업으로 주시는 하나님
(8) 사사기 5:5 – 산들도 그 앞에서 진동하는 하나님
(9) 사사기 6:8 – 애굽에서 인도하신 하나님
(10) 사사기 11:21 – 이스라엘 손에 적을 넘기시는 하나님

이스라엘이 섬기는 하나님이 어떤 분이신지를 룻이 상급을 받음으로 이제 알게 될 것이라는 것이 보아스의 논리이다. 자기 백성을 해방시키시고, 악한 자를 심판하시며, 예배를 받으시고, 땅을 정복하시며, 이스라엘을 위해 친히 싸우시고, 땅을 기업으로 주시며, 산을 진동시키시는 하나님이 바로 이스라엘의 하나님 여호와(יְהוָה אֱלֹהֵי יִשְׂרָאֵל ; 아도나이 엘로헤 이스라엘)이시다. 룻이 택한 하나님은 바로 이런 하나님이신 것이다.

5.5 여호와의 날개 아래에 보호를 받으러 온 룻

그렇다면 과연 룻이 이런 상급을 받을 만한 일을 하였는가? 보아스는 마치 그렇다는 듯이 마지막에 결정적 이유를 밝힌다(12하반절).

"그의 날개 아래에 보호를 받으러 온
(אֲשֶׁר־בָּאת לַחֲסוֹת תַּחַת־כְּנָפָיו ; 아셰르-바트 라하소트 타하트-케나파우)."

룻이 부모를 떠나 전에 알지 못하던 백성에게 온 일이 인간과 인간 사이의 수평적 수준에서의 행동이라면, 룻이 이스라엘의 하나님 여호와의 날개 아래에 보호를 받으러 온 것은 인간과 신 사이의 수직적 수준에서의 행동인 것이다. 룻기는 이렇게 수평적 수준의 행동과 수직적 수준의 행동을 구분하면서도 통합적으로 다루고 있다. 따라서 독자인 우리도 과거의 일부 해석자들처럼 수평적 차원의 문제를 수직적 차원의 문제로 치환해서 읽어서는 안 된다.

그렇다면 룻이 이스라엘의 하나님 여호와의 날개 아래에 보호를 받으러 왔다는 말은 무슨 의미인가? 이를 위해 우리는 "날개"(כָּנָף ; 카나프)란 이미지를 살펴보아야 한다. "날개"(כָּנָף ; 카나프)란 단어는 구약에 모두 112번 나온다.

"날개"의 이미지는 문자적으로는 어미 새가 새끼를 날개로 보호하는 모습을 가리킨다. 그런데 성경에서는 대부분의 경우에 문자적인 새의 날개를 가리키기보다는 비유적으로 하나님의 보호를 가리키는 용도로 주로 쓰인다.

예를 들어, 출애굽 구원은 하나님께서 독수리 날개로 그의 백성을 업어 나르신 것으로 묘사되어 있다(출 19:4; 신 32:11). 어미 닭이 병아리를 품는 것처럼 하나님께서 그 날개 아래에 그의 백성을 보호하는 모습으로 그려진다(시 91:4). 그러다 보니 시편 기자들은 하나님의 날개를 "안전을 제공하는 피난처"(시 17:8-9), "새 힘을 얻는 도움의 장소"(시 36:7-8; 63:7), "재앙을 피하는 곳"(시 57:1)을 가리키는 이미지로 사용한다.

보아스는 여호와의 날개 아래에서만이 진정한 평안을 누릴 수 있음을 잘 알고 있었던 것처럼 보인다. 그러기에 부모와 고국을 떠나 전에 알지 못한 나라로 넘어온 룻의 행동을 단순히 정치적이고 사회적인 행동으로만 해석하지 않았다. 보아스는 룻의 행동을 무방비 상태의 어린 새끼가 이스라엘 위에 날개를 펼치고 있는 따뜻한 어미 새인 여호와의 날개 아래에 보호받으러 온 것으로 비유하고 있는 것이다.

6. 룻의 두 번째 반응

6.1 은혜 없이는 살 수 없으리

보아스의 말을 들은 룻은 다시 한 번 은혜를 구하는 요청을 한다(13상반절).

> "룻이 이르되 내 주여 내가 당신께 은혜 입기를 원하나이다
> (וַתֹּאמֶר אֶמְצָא־חֵן בְּעֵינֶיךָ אֲדֹנִי ; 와토메르 엠차-헨 베에네카 아도니)."

우리는 여기서 룻이 "내가 당신께 은혜(חֵן ; 헨) 입기를 원하나이다"라면서 은혜를 강조하고 있음을 주목해야 한다. 앞에서 두 번이나 룻은 누군가의 은혜를 입는 것이 중요하다는 점을 언급한 적이 있었다.

(1) 나오미를 향한 요청 : "내가 누구에게 은혜(חֵן ; 헨)를 입으면 그를 따라서 이삭을 줍겠나이다"(2:2)라고 요청하였을 뿐 아니라.
(2) 보아스의 환대에 대해 감사하여 : "나는 이방 여인이거늘 당신이 어찌하여 내게 은혜(חֵן ; 헨)를 베푸시며 나를 돌보시나이까"(2:10).
(3) 보아스를 향한 요청 : "내가 당신께 은혜(חֵן ; 헨) 입기를 원하나이다"(2:13).

이렇게 "은혜"란 단어가 세 번이나 룻의 입을 통해 반복되고 있다. 이것은 "누군가의 은혜를 입지 않고는" 살아갈 수 없다는 사실을 룻이 절실히 깨닫고 있음을 잘 보여준다.

이렇게 은혜를 입었기에 룻은 보아스를 "내 주여"(אֲדֹנִי ; 아도니)라고 부른다. 보아

스를 "내 주여"라고 부른 순간 룻은 자신이 보아스의 하녀가 되었으면 하는 바람이 생긴 것 같다. 그러나 곰곰히 생각해 보니 자신은 보아스의 하녀의 자격이 없다는 생각도 들었던 것 같다.

6.2 당신이 이 하녀를 위로하셨습니다

이런 생각의 흐름을 룻은 "하녀"(שִׁפְחָה ; 쉬프하)란 단어를 두 번씩이나 반복하면서 솔직하게 드러내고 있다(13하반절).

"당신이 이 하녀를 위로하시고 마음을 기쁘게 하는 말씀을 하셨나이다
(כִּי נִחַמְתָּנִי וְכִי דִבַּרְתָּ עַל-לֵב שִׁפְחָתֶךָ ; 키 니함타니 웨키 디바르타 알-레브 쉬프하테카)
나는 당신의 하녀 중의 하나와도 같지 못하오나
(וְאָנֹכִי לֹא אֶהְיֶה כְּאַחַת שִׁפְחֹתֶיךָ ; 웨아노키 로 에흐예 케아하트 쉬프호테카)."

내레이터는 룻을 아브라함과 같은 결단의 여인으로뿐 아니라 은혜를 받으면 이를 인정하고 감사할 줄 아는 여인으로 묘사하고 있다. 보아스가 사랑을 베풀고 룻이 이를 감사함으로 받아들이는 모습에서 하나님의 백성들이 상호 간에 어떤 모습을 보이며 살아야 하는지를 잘 보여준다. 룻기는 이렇게 서로 은혜를 베풀고 서로 감사하게 여기며 살아가는 공동체가 하나님이 원하시는 삶의 모습임을 강조한다. 다시 말해 보아스와 룻 사이의 수평적 차원의 삶의 문제를 다루고 있다.

그런데 룻기의 해석사를 보면 이런 인간 상호 간의 수평적 차원을 인간과 신 사이의 수직적 차원의 문제로 치환하는 모습을 쉽게 볼 수 있다. 예를 들어, 위어스비는 보아스가 룻의 마음을 위로하는 말을 하였다(인간 사이의 수평적 차원)는 본문을 하나님의 말씀이 신자의 마음을 위로하는 것(신과 인간 사이의 수직적 차원)으로 해석한다.

13절에 보면 "위로하고 마음을 기쁘게 하는 말을 했다"는 말이 있는데 그것은 가슴에 대고 말했다는 뜻이다. 하나님의 말씀은 하나님의 가슴으로부터(시 33:11) 그의 백성들

가슴으로 와서(마 23:18-23) 그들에게 격려와 희망을 불어넣어 준다(롬 15:4). 만일 당신이 이 세상의 음성을 듣는다면 당신은 실망할 것이다. 그러나 하나님의 말씀으로부터 오는 하나님의 음성을 듣는다면 당신 마음이 큰 힘을 얻게 될 것이다. 하나님의 말씀과 하나님의 아들은 신자의 가슴을 충족시켜 준다. … 우리는 믿음으로 살아야 하며 하나님의 은혜를 의지해야 한다.[55]

내레이터는 룻을 아브라함과 같은 결단의 여인으로뿐 아니라 은혜를 받으면 이를 인정하고 감사할 줄 아는 여인으로 묘사하고 있다. 보아스가 친절을 베풀자 룻은 땅에 엎드려 절을 하고, 초면에 "내 주여"라고 하며 자신을 하녀로 생각해달라고 요청한다. 현대 독자들은 이런 룻의 모습은 지나친 제스처요 과장된 말로 보면서 룻이 부유한 밭주인에게 흑심을 품은 것이 아니냐고 생각할 수 있다. 이에 대해서는 캠벨의 말을 들어볼 필요가 있다.

한 사람의 행동과 말은 그의 성품을 진정으로 드러내 준다고 보는 것이 성경적 사고 안에 박힌 본질적인 생각이다. 히브리 스토리들은 현대 이야기들처럼 마음속 깊이 숨겨진 모티브와 동기들을 지닌 악의적 등장 인물들을 만들어 내지 않는다. 만일 그런 인물이 등장하는 경우에는 독자들에게 이를 분명히 밝힌다. 고대 독자들은 룻의 말과 행동이 제시하는 대로 룻을 받아들인다. 만일 현대 독자들이 이런 식으로 룻을 받아들이지 않는다면 허영 많은 늙은 부자를 읊어 먹기 위해 룻이 꼬리를 치는 것으로 해석할 수밖에 없다. … 룻기 기자는 현대적 의미의 멜로 드라마나 소프 오페라(soap opera)를 쓰고 있는 것이 아니다. 따라서 룻기에 나오는 등장 인물들은 액면 그대로 받아들여야 하지, 음흉한 동기를 가진 사악한 인물로 받아들여서는 안 된다. 이런 점을 인식하는 것은 룻기 2장에서뿐 아니라 3장에서 더욱더 중요하다.[56]

우리는 캠벨의 말대로 성경 본문을 해석할 때 현대 소설이나 멜로 드라마를 이해하는 식으로 행간을 읽거나 소설적 상상력이나 영화적 상상력으로 본문을 재구성

---

55 위어스비, 『헌신하여라』, 44-45.
56 Campbell, *Ruth*, 112.

하여 읽어서는 안 된다. 본문에 나오는 등장 인물들이 한 말과 행동을 내레이터가 묘사하는 대로 신실하게 해석해내야 한다.

이방 여인 룻이 처음 추수 밭에 나가 이삭을 주우려고 한 것처럼 우리도 이 삭막한 현대 욕망 자본주의 세상에서 보아스 같은 인물을 만난다면 엎드려 절할 수도 있지 않을까? 룻이 보아스의 은혜에 감복하여 "내 주"라고까지 불렀다면 이제 "당신의 하녀"라고 자신을 지칭하는 것은 너무나 당연한 수순이 아닐까? 우리가 앞으로 룻기의 내러티브 플롯을 보면 알게 되지만 추수 밭에서는 보아스와 룻 사이에 더 이상 어떤 로맨틱하거나 에로틱한 일은 일어나지 않는다. 보아스와 룻 사이에는 아무런 일 없이 추수 기간이 끝난다.

7. 보아스의 세 번째 말

7.1 식사 초대

룻이 자신을 하녀 중 하나로 생각해 달라고 요청하였다. 과연 보아스는 어떤 반응을 보일까? 놀랍게도 보아스는 식사할 때에 룻을 자신의 하녀로 생각한다(14절).

"식사할 때에 보아스가 룻에게 이르되
(וַיֹּאמֶר לָה בֹעַז לְעֵת הָאֹכֶל ; 와요메르 라 보아즈 르에트 하오켈)
이리로 와서 떡을 먹으며 네 떡 조각을 초에 찍으라 하므로
(גֹּשִׁי הֲלֹם וְאָכַלְתְּ מִן־הַלֶּחֶם וְטָבַלְתְּ פִּתֵּךְ בַּחֹמֶץ ; 고쉬 하롬 웨아칼트 민-할레헴 웨타발트 피테크 바호메츠)."

식사할 때에 보아스는 놀랍게도 룻을 공동의 식탁에 초대한다. "식탁"이야말로 공동체 안으로 들어가는 입구가 아닌가? 누구와 식사하느냐, 식사할 때 초대를 받느냐 못 받느냐의 문제는 환영을 받느냐 못 받느냐를 나누는 기준이다. 그런데 보아스가 룻을 식탁에 초대한다 : "이리로 와서 떡을 먹으며 네 떡 조각을 초에 찍으라."

팔레스타인의 여러 지역을 여행한 후 팔레스타인은 성경 시대 이후로 변한 것이 없다고 보는 보우웬은 식사 풍습에 대해 이렇게 말한다.

> 팔레스타인 사람들은 작고 둥근 테이블이나 무거운 금속으로 만든 쟁반 주위에 앉아 식사를 한다. 음식은 모두 이 쟁반이나 접시 위에 올려놓고 모두 함께 이 속에다 손을 넣어 음식을 떠 먹는다. 그들은 빵 조각을 조그맣게 떼어내서 숟가락처럼 접어서 이것과 손가락을 사용해서 음식을 입에 가져간다. 팔레스타인에서 함께 식사하는 것은 우리 나라에서보다 훨씬 더 우정의 친밀함으로 드러내 보여주는 것이다. … 주인이 손님에게 베풀 수 있는 최대의 존경의 표시는 함께 떠먹는 접시에서 음식을 조금 떠서 손님의 입에 넣어주는 것이다. "나와 함께 그릇에 손을 넣는 그가 나를 팔리라"(마 26:23). 주님께서 빵 조각을 떼어 그릇에 담갔다가 유다의 입에 넣어 준 것은 그를 향한 사랑의 표현이었고 유다에게 곧 그가 하려고 하는 짓이 얼마나 엄청난 죄인가를 깨닫게 하려는 주님의 마지막 시도였음이 분명하다.[57]

보아스가 "이리로 다가오라"(גֹּשִׁי הֲלֹם ; 고쉬 할롬)[58]라고 한 것은 룻이 보아스의 일꾼들로부터 어느 정도 거리를 두고 있었음을 보여준다. 아무리 보아스가 이삭 줍는 일에 은혜를 베풀었다 하더라도 음식을 먹을 때에 덥석 다가오지는 못했을 것이다. 음식을 먹는 일에 있어서보다 더 외로움과 고독을 느끼는 일이 있을까? 일꾼들 곁으로 다가오지 못하고 멀찌감치 떨어져 있는 룻을 보아스는 못 본 척하지 않았다. "이리로 다가오라", 이 한마디가 얼마나 큰 위로가 되었을까?

보아스가 "이리로 다가오라"고 한 것은 "떡을 먹으라"고 하기 위해서였다. 그런데 직역하면 "그 떡으로부터 먹으라"(וְאָכַלְתְּ מִן־הַלֶּחֶם ; 웨아칼트 민-할레헴)이다. 떡에 정관사(הַלֶּחֶם)가 붙어 있어서 "그 떡"이기에, 일꾼들을 위해 미리 준비한 떡이었음이 분

---

[57] 보우웬, 『성경에 나타난 기이한 표현들』, 106-107.
[58] Holmstedt, *Ruth : A Handbook on the Hebrew Text*, 133의 견해는 다음과 같다. 대부분의 학자들은 "가까이 가다"는 의미의 "나가쉬"(נגשׁ) 동사의 기본형 명령법 2인칭 여성 단수로 본다. 그러나 이런 분석이 맞으려면 "게쉬"(גְּשִׁי)가 되어야 하는데 맛소라 사본에는 "고쉬"(גֹּשִׁי)이다. 학자들은 이는 변칙(anomalous)이며 설명불가한 (inexplicable) 현상이라고 본다. 따라서 Sasson 같은 학자는 여기에 쓰인 동사가 "나가쉬"(נגשׁ)가 아니라 "고쉬"(גושׁ)일 가능성도 제시한다.

명하다.

룻기 내러티브 안에서 "떡"이란 단어는 플롯과 주제 표출에 엄청난 기능을 감당하고 있다. "떡의 집"이란 베들레헴에 "떡"이 없어 남편과 아들 둘을 데리고 모압으로 이주한 나오미는 남편과 두 아들을 잃고 텅 비었음에도 불구하고 베들레헴으로 돌아왔다. 여호와께서 자기 백성을 돌보시사 떡을 주셨다는 소식을 들었기 때문이었다. 그런데 비록 나오미는 아니지만 그와 함께 모압에서 돌아온 모압 여인 자부 룻이 떡을 먹게 된 것이다. 그것도 유력자인 보아스의 초대로!

7.2 곡식 베는 자 곁에 앉은 룻

보아스의 초청에 룻은 어떤 반응을 보였을까? 14절을 보자.

"룻이 곡식 베는 자 곁에 앉으니

(וַתֵּשֶׁב מִצַּד הַקּוֹצְרִים ; 와테셰브 미차드 하코츠림)."

드디어 룻은 보아스의 초대를 받고 곡식 베는 자들 곁에 앉게 되었다. 보아스의 소녀들과 함께 이삭을 줍던 룻이 드디어 곡식 베는 소년들 곁에 앉게 된 것이다. 소년들이 떠온 물을 마셨던 룻이 마침내 소년들 곁에 앉게 된 것이다. 이런 장면을 내레이터가 상세하게 묘사하는 이유는 무엇인가?

모압 여인 룻이 베들레헴의 식탁 공동체 안으로 들어오게 되었기 때문이다. 보아스의 추수 밭 식탁 공동체 안에서는 유대인이나 모압인이나, 주인이나 일꾼이나, 남자나 여자나, 심지어는 이방인이나 품삯받는 고용인이나 아무 차별이 없었다. 이보다 더 아름다운 장면이 있을까? 여호와의 총회에 들어오지 못한다는 모압인이 베들레헴 공동체의 소녀들은 물론 소년들과 그리고 보아스와 함께 식탁에 둘러 앉은 모습을 상상해 보라! 이보다 더 복음적인 그림은 없을 것이다!

7.3 볶은 곡식을 건네는 보아스

베는 자들 곁에 앉자 보아스는 룻에게 볶은 곡식(קָלִי ; 칼리)을 주었다(14하반절).

"그가 볶은 곡식을 주매
(וַיִּצְבָּט־לָהּ קָלִי ; 와이츠바트-라흐 칼리)."

볶은 곡식(קָלִי ; 칼리)은 떡과 포도주와 건포도와 무화과 뭉치와 함께 등장하는 이스라엘의 주식 가운데 하나이다(삼상 25:18; 참조 삼상 17:17). 정확하게 어떤 종류의 곡식인지는 분명하지 않지만, 밀이 아니면 보리일 것으로 학자들은 본다. 팔레스타인의 여러 지역을 여행한 후 팔레스타인은 성경 시대 이후로 변한 것이 없다고 보는 보우웬은 이렇게 말한다.

> 빵을 신 초에 찍어서 볶은 곡식과 함께 먹는다. 이삭 단을 줄기 채 뽑아서 한 단씩 작게 묶는다. 그리고 가시나무로 불을 지핀 후에 겉껍질이 타 없어질 때까지 낱알이 붙은 부분을 불 속에 집어 넣는다. 그 후에 볶은 곡식을 먹게 되는데 너나 할 것 없이 누구나 이것을 매우 좋아한다. 볶아 먹기 위해 이삭을 줍는 행위는 결코 도둑질로 간주되지 않는다. 구운 다음에 껍질을 손으로 비벼서 입에 털어 넣는다. 볶은 곡식은 성경에 자주 언급된다. 우리는 사람들이 밭을 지나가다가 이삭을 손으로 비벼서 굽지 않은 채 옛날 사도들처럼 먹는 것을 여러 번 본 적이 있다. 이것은 용납되는 일이다. 바리새인들도 사도들이 이삭을 비벼 먹는 일에 대해서는 비난하지 않았다. … 바리새인들이 이들을 비방한 것은 안식일 날 노동을 했다는 이유 때문이었다.[59]

7.4 배불리 먹고 남은 룻

내레이터는 14절에서 볶은 곡식을 받은 룻이 이를 어떻게 다루었는지를 다룬다.

---

59 보우웬, 「성경에 나타난 기이한 표현들」, 121-122.

"룻이 배불리 먹고 남았더라

(וַתֹּאכַל וַתִּשְׂבַּע וַתֹּתַר ; 와토칼 와티스바 와토타르)."

내레이터는 세 개의 동사, "먹다"(אָכַל ; 아칼), "배부르다"(שָׂבַע ; 사바), "남다"(יָתַר ; 야타르)만 연결시켜 룻이 보아스와 만난 결과가 어떠했는지를 묘사한다. "룻은 먹었고, 배부르게 되었고, 음식이 남았다." 세 개의 동사가 사슬처럼 연속으로 나온다 : 먹고, 배불렀고, 남았다. 얼마나 오랫동안 보고 싶었던 모습인가? 먹고, 배부르고, 음식이 남은 모습은 오랫동안 룻이 경험해 보지 못한 경험이었을 것이다.

이미 학자들이 지적한 대로 드디어 룻기에서 나오미의 텅 빔의 상태를 채울 가능성이 복선으로 처음 등장한다. 물론 아직 나오미가 채워진 것은 아니지만, 과부인 룻이 먹고 배부르고 음식이 남았다면 곧바로 나오미도 채워질 것임이 분명해 보인다.

7.5 보아스가 베푼 마지막 호의

룻은 식사 후에 다시 일어났다. 물론 이삭을 줍기 위해서였다. 이삭을 더 많이 주우려면 그저 앉아 있을 수만은 없었기 때문이었을 것이다. 그러자 보아스가 베는 소년들에게 3가지를 명령하였다.

"룻이 이삭을 주우러 일어날 때에

(וַתָּקָם לְלַקֵּט ; 와타콤 르라케트)

보아스가 자기 소년들에게 명령하여 이르되

(וַיְצַו בֹּעַז ; 와예차우 보아즈)

그에게 곡식 단 사이에서 줍게 하고 책망하지 말며

(גַּם בֵּין הָעֳמָרִים תְּלַקֵּט וְלֹא תַכְלִימוּהָ ; 감 벤 하오마림 텔라케트 웨로 타클리무하)

또 그를 위하여 곡식 다발에서 조금씩 뽑아 버려서

(וְגַם שֹׁל־תָּשֹׁלּוּ לָהּ מִן־הַצְּבָתִים וַעֲזַבְתֶּם ; 웨감 숄-타슐루 라흐 민-하체바팀 우아자브템)

그에게 줍게 하고 꾸짖지 말라

(וְלִקֳטָה וְלֹא תִגְעֲרוּ־בָהּ ; 웨리크타 웨로 티그아루-바흐)(룻 2:15-16)."

보아스의 세 가지 조치를 요약하면 아래와 같다.

(1) 곡식 단 사이에서 줍게 하고 책망하지 말라.
(2) 곡식 다발에서 조금씩 뽑아 버려 줍게 하라.
(3) 꾸짖지 말라.

보아스의 세 가지 조치는 율법의 문자를 넘어서는 호의와 사랑에서 나온 것이었다. 율법은 "너희 땅의 곡물을 벨 때에 밭 모퉁이까지 다 베지 말며 떨어진 것을 줍지 말고 그것을 가난한 자와 거류민을 위하여 남겨두라 나는 너희의 하나님 여호와이니라"(레 23:22)만을 요구하고 있다. 그러나 보아스는 곡식 단 사이에서 줍도록 허락할 뿐만 아니라, 아예 곡식 다발에서 조금씩 뽑아 버려 줍게 하라고 베는 자들에게 지시한다.

혹자는 아예 타작까지 해서 곡식을 퍼주면 되지 굳이 이렇게 해야 하느냐고 반문할지 모른다. 그러나 가난한 자와 거류민 역시 노동을 해야 한다는 것이 성경적 사고이다. 추수 밭으로 나아가 이삭을 줍는(לָקַט ; 라카트) 일을 하지 않고 가만히 앉아서 먹을 것이 입에 들어올 것이라고 생각해서는 안 된다. 이런 상황에서 보아스는 룻이 자존심이 상하지 않도록 배려하면서 자연스럽게 이삭을 많이 주울 수 있도록 조치를 취한 것이라고 학자들은 본다.

"책망하지 말라", "꾸짖지 말라"고 한 것은 이삭을 줍는 가난한 이들이 추수 밭에서 어떤 취급을 받을 수 있는지를 보여준다. 이삭을 주워 연명하는 사회적 약자들을 책망하고 꾸짖는 일이 추수 밭에서 일어날 수 있는 것은 동서고금을 막론하고 개연성이 높다는 점을 학자들은 지적한다. 보아스는 이렇게 룻의 정서적 측면까지 배려하고 있는 것이다. 이렇게 보면 보아스가 얼마나 좋은 사람인지 잘 알 수 있다.

8. 신학적 메시지

8.1 여호와의 날개 아래에

룻기는 여호와의 날개 아래에 보호를 받으러 온 이방 여인이 어떤 일을 경험하게 되는지를 보여준다. 어미 닭이 병아리를 자기 날개와 깃 아래에 보호하듯이, 여호와께서는 자기 날개 아래에 보호를 받으러 온 모압 여인을 결코 모른 척하지 않으신다. 인간은 하나님의 날개 아래에서만 진정한 안식과 평안을 누릴 수 있기 때문이다.

따라서 시편 91편 기자는 전능자의 그늘 아래에 거하면 여호와께서 그의 날개로 우리를 보호하실 것이라고 노래한다.

"지존자의 은밀한 곳에 거주하며 전능자의 그늘 아래에 사는 자여, 나는 여호와를 향하여 말하기를 그는 나의 피난처요 나의 요새요 내가 의뢰하는 하나님이라 하리니 이는 그가 너를 새 사냥꾼의 올무에서와 심한 전염병에서 건지실 것임이로다 그가 너를 그의 깃으로 덮으시리니 네가 그의 날개(כָּנָף ; 카나프) 아래에 피하리로다 그의 진실함은 방패와 손 방패가 되시나니 너는 밤에 찾아오는 공포와 낮에 날아드는 화살과 어두울 때 퍼지는 전염병과 밝을 때 닥쳐오는 재앙을 두려워하지 아니하리로다(시 91:1-6)."

어거스틴이 말한 것처럼 우리는 하나님의 품 안에 거하기 전까지는 결코 평안을 누릴 수 없다.

오 우리 주 하나님이시여! 저희로 하여금 당신의 날개 그늘 아래서 소망을 갖게 하여 주옵소서. 저희를 보호하시며 붙들어 주옵소서. 저희가 사는 일평생 동안 저희의 보호자가 되시옵소서. 당신께서 저희의 힘이 되시오면 저희는 강하나, 저희 자신의 힘을 의지하면 저희는 약하옵니다. … 오, 주님이시여! 두려움 때문에 저희가 길을 잃지 않도록 종말에 저희를 당신의 집에 안전하게 이끌어 주옵소서. … 저희는 돌아갈 집이 없는 것으로 인하여 더 이상 두려워하지 않사옵니다. 저희는 그와 같은 두려움을 버렸사옵나이다. 오직, 영원하신 당신께서 저희의 집이시오니, 저희가 떠날지라도, 저희를 위한 집은 영영할 것입니다.[60]

여호와의 날개 아래에 거할 때 하나님의 백성은 비로소 하나님의 도우심을 경험하게 되고 그 날개 그늘 아래서 노래할 수 있게 된다.

우리는 여기서 왜 유대교가 룻기를 오순절에 읽는지 이해할 수 있다. 룻기에는 "거두어들임"의 이미지가 나온다. 추수꾼들이 이삭을 "거두어들이고", 여호와는 그의 날개 아래에 보호를 받으러 오는 자들을 "거두어들이신다." 따라서 유대교에서는 룻기를 오순절에 읽는 전통을 만들고 발전시킨 것이다.

8.2 여호와의 상급

보아스는 여호와의 날개 아래에 보호를 받으러 오는 자에게 상급을 베푸시길 기원하였다. 상급과 연관해서는 앳킨슨의 말을 들어보자.

하나님께서 우리에게 주시는 상급은 그 상급에 걸맞는 행위가 선행적으로 요구된다는 사실이다. 바리새인들은 사람들로부터 영광을 얻으려고 회당과 거리에서 나팔을 불고 그곳에 서서 기도하기를 좋아하며 금식할 때에 슬픈 기색을 내며 얼굴을 흉하게 하였다. … 성경은 그런 자들에 대하여 선언하기를 "저희는 자기 상을 이미 받았느니라"고 하였다. 그러나 참다운 상급은 하나님과의 관계 속에서 수고하고 노력한 대가로 주어지는 것이다. 우리가 구제와 기도와 금식을 힘쓰는 것은 자신의 유익을 위하여 노력한 만큼의 어떤 대가나, 또는 내가 기대한 만큼의 어떤 상급을 얻기 위해서가 아니다. 그러한 행위들은 나와 하나님과의 정상적인 관계에서 자연적으로 비롯되는 것이다. 그러므로 예수님께서는 우리의 선행에 대한 상급은 장차 하나님께서 주실 것이므로 선행을 행하고자 할 때 그 어떤 대가도 기대하지 말라고 권면하신 것이다. 좋은 나무로서 아름다운 열매를 풍성히 맺는 자가 받는 상급은 곧 하나님 그분과의 친밀한 관계를

---

60 어거스틴, 『고백록』 4권 16장.

뜻한다.[61]

칼빈도 창세기 15:1의 아브라함에게 하신 약속 가운데 "너의 상급이 클 것이다"라고 한 것에 대해 상급이란 "하나님과의 관계 속에서 얻는 모든 축복"을 가리킨다면서 이렇게 주해한다.

> 믿는 자에게는 아무런 역경이 없을 것이요, 그러기에 그들의 삶은 늘 평안할 것이라는 뜻이 아니다. 오히려 그들의 생애 동안, 다툼과 불행의 폭풍우가 끊임없이 엄습하더라도, 하나님의 방파제는 그 모든 위험을 능히 감당해낼 수 있을 만큼 높고 튼튼하기에 믿는 자들은 그들 자신의 믿음으로 그 모든 두려움을 이기며 승리할 수 있다는 뜻이다.[62]

8.3 인간 됨의 본질

내레이터는 룻을 아브라함과 같은 결단의 여인으로서뿐 아니라 은혜를 받으면 이를 인정하고 감사할 줄 아는 여인으로 묘사한다. 보아스는 사랑을 베풀고 룻은 이를 감사함으로 받아들이는 모습에서 하나님의 백성들은 상호 간에 어떤 모습을 보이며 살아야 하는지를 잘 보여주고 있다. 룻기는 이렇게 서로 은혜를 베풀고 서로 감사하게 여기며 살아가는 공동체가 하나님이 원하시는 삶의 모습임을 강조한다.

우리는 보아스가 사랑을 베풀고 룻이 이를 감사함으로 받아들이는 모습에서 인간의 본질적 모습을 보게 된다. 크리스토퍼 라이트는 인간의 특징은 "권리"가 아니며 "하나님과 이웃에 대한 책임"이라고 주장한다.

> 하나님께서는 우리가 우리의 이웃에 대하여 책임이 있다고 주장하신다. 그런즉 우리는 그 기본적인 책임에서 분리될 수 없다. 우리가 하나님께로부터 지음받은 존재라는 사실, 그러기에 하나님께 대해 책임을 져야 한다는 근본적인 사실로 인해 우리는 그와 같은 상호 관계를 파기할 수 없을 뿐 아니라 우리의 이웃에 대하여 하나님께로부터 부여

---

61 앳킨슨, 『룻기에 나타난 하나님의 섭리』, 124-25.
62 J. Calvin, *Genesis* [Banner of Truth, 1965, 7판], 400.

받은 의무 또한 소홀히 할 수 없다.[63]

앳킨슨 역시 이렇게 말한다.

우리는 여기서 믿음의 사람 보아스와 룻이 서로의 권리(소유자와 이삭 줍는 이로서의 권리)를 사양함으로써 펼치는 아름다운 장면을 본다. 또한 룻을 향한 보아스의 "돌봄"에서, 그리고 감사와 겸손의 심정으로 그 사랑을 "받아들이는" 룻의 태도에서 하나님을 믿는 그들의 신앙의 실체를 확인한다. 진정한 신앙이란 때때로 다른 이를 향한 베풂에서, 그리고 순전한 마음으로 그것을 받아들이는 감사함 속에서 빛을 발하기도 한다. … 칼 바르트가 말한 대로 우리는 전 생애 동안 "전 세계를 위탁받고 그 안에서 자신의 자유로운 행동에 대해 책임을 지며" 살아가는 존재이다. 그러므로 책임감 있는 삶이란 현세에서 우리 자신에게 부여된 제한된 자유 안에서 하나님께 책임을 지며, 또한 다른 이들에 대해 사랑을 베풀며 사는 삶을 말한다. … 책임감이란 "제한된 범위 안에서의 사랑"에 대하여 배우는 것이다. 다시 말하자면, 책임감 있게 산다는 것은 우리 자신에게 부과된 여러 가지의 제한된 자유를 성실히 누리면서, 늘 하나님의 인도하심과 은혜를 구하고, 또한 이웃의 선한 필요에 민감하게 대처하며 사는 삶을 의미한다. 믿음의 사람 보아스와 룻은 하나님 앞에서 그와 같은 삶을 영위하였던 모본적 인물들이다.[64]

8.4 인생은 이삭 줍기

"이삭 줍다"는 동사(לקט ; 라카트)는 구약에서 39번 쓰였는데, 룻기에만 무려 12번 사용되었다. 구약의 39권 가운데 가장 많이 사용된 것이다. 룻기는 인생이 이삭 줍는 삶임을 잘 보여준다. 어디 룻기만 그러한가! 어차피 인생은 밭에서 거두며(לקט ; 라카트; 주우며) 사는 존재임을 부인할 수 없다.

놀랍게도 출애굽한 이스라엘 역시 광야에서 매일같이 만나를 거두며(לקט ; 라카트) 살 수밖에 없었다. 하나님께서는 며칠 분을 한꺼번에 주지 않으셨다. 단지 매일같

---

63 C. G. H. *Wright, Human Rights : A Study in Biblical Themes*, [Grove, 1979], 8.
64 앳킨슨, 『룻기에 나타난 하나님의 섭리』, 117–19.

이 일용할 양식만을 주셨다.

"그때에 여호와께서 모세에게 이르시되 보라 내가 너희를 위하여 하늘에서 양식을 비같이 내리리니 백성이 나가서 일용할 것을 날마다 거둘(לקט ; 라카트) 것이라 이같이 하여 그들이 내 율법을 준행하나 아니하나 내가 시험하리라(출 16:4)."

광야에서는 하늘의 만나를 먹었지만, 가나안 땅에 입성한 이후 하늘 양식이 사라지면서부터 이스라엘은 밭에서 나는 곡물로 살아야 했다. 약속의 땅에서 기업으로 받은 땅을 경작하며 살도록 이스라엘은 부름받았지만, 이때에도 이스라엘은 여호와를 잊어서는 안 되었다.

이렇게 이스라엘은 자신이 경작한 밭에서 추수를 하여 생계를 유지하는 것이 정상이지만, 환난이나 재앙을 당하게 되면 남의 밭에서 이삭을 주워 생계를 유지할 수밖에 없었다. 인간은 이렇게 하나님이 주셔야만 받아 살 수 있는 존재임을 성경은 보여주고 있다.

"주께서 주신즉 그들이 받으며(לקט ; 라카트) 주께서 손을 펴신즉 그들이 좋은 것으로 만족하다가(시 104:28)."

8.5 룻과 윌리엄 워즈워스

홀로 보아스의 밭에서 추수하는 룻의 모습은 이삭을 주워 하루하루 생계를 유지할 수밖에 없는 인간들을 상징하는 좋은 이미지이다. 그런데 이런 사실을 시인들은 평범한 사람들보다 더 잘 깨달았던 것 같다. 윌리엄 워즈워스(William Wordsworth, 1770-1850)가 1805년에 "홀로 추수하는 여인"(The Solitary Reaper)이란 시를 썼는데, 이 시를 보면 정말 감동적이다.

보게나, 저 밭에서 홀로
곡식 거두며 제 흥에 겨워 노래부르는

저 외로운 하일랜드 아가씨를.
잠시 여기 서 있거나 조용히 지나가게나.
홀로 이삭 자르고 다발 묶으며
애잔한 노래 부르는 아가씨.
오, 들어 보게나, 깊고 깊은 골짜기에
넘쳐 흐르는 저 노랫소리.

아라비아 사막, 어떤 그늘진 쉼터에서
지친 나그네 무리에게
잘 오셨다 노래부른 나이팅게일 새가
이보다 더 고운 노래 불렀을까?
아주아주 멀리 해브리디즈 섬들이 모여 있는 곳
그 바다의 적막을 깨치는
봄날 뻐꾹새 노래가 이 목소리마냥
가슴 죄게 했을까?

이 아가씨 노래에 담긴 이야기 들려 줄 이 있을까?
아마도 오래 전 먼 곳의 슬픈 이야기,
옛날옛날의 싸움 이야기를
이 서러운 곡조가 담고 있을까?
아니면, 오늘날의 사연이 깃들인
좀더 소박한 노래,
지금까지 있어 온, 앞으로도 있을
일상의 슬픔, 여읨, 괴로움에 대한 노래일까?

담긴 이야기야 어떻든 아가씨는 노래불렀지.
끝이 없을 듯 오래오래.
그 여자가 일하며 노래부르며

허리 굽혀 낫을 쓰는 것을 보았지.
귀 기울였지, 꼼짝 않고 서서.
내가 언덕에 오를 때,
이미 들리지 않은 지 오래건만
그 노래 마음에 들리고 있었지.

워즈워스가 이런 시를 쓰게 된 동기는 무엇일까? 스코틀랜드는 1745년 영국의 지배를 받으면서 인구가 많았던 하일랜드가 쇠락해져 토지는 황무지가 되었고, 영국화하기(Anglicisation)의 영향을 받아 게일어(Gaelic)나 어스어(Erse)를 사용하지 못하게 함으로 문화가 영국식으로 바뀌었다고 한다. 워즈워스는 여동생과 콜리지(S. T. Coleridge)와 함께 스코틀랜드를 여행한 후에 이미 사회적 타자가 된 스코틀랜드의 고지대 주민들을 보면서 "홀로 추수하는 여인"이란 시를 지었다고 신경원은 말한다.[65] 신경원의 말을 계속 들어보자.

> 그러나 스코틀랜드의 고지대 주민들은 이미 사회적 타자가 되었고, 여인을 관찰하는 주체는 영어를 쓰는 잉글랜드의 시인이므로, 결과적으로 이 여인은 성경의 루스만큼이나 소외된 이방인의 위치에 있다. 이방인 언어로 노래를 부르며 추수하는 여인에게서 시인은 농경 문화에 대한 향수를 느낀다. … 그는 하일랜드의 궁핍한 현실을 목격하고 그나마 남은 농지에 소수만 남아 추수를 하는 모습에서 농경문화의 소멸과 언젠가는 그땅마저 잃을 타자를 보았다. 그 타자를 워즈워스는 홀로 추수하는 여인 루스로 재구성한 것이다.[66]

성경의 인물들로 당시의 사회 현상을 진단하고 해석하는 시인들을 볼 때 오늘날 설교자들 역시 시인이 되어야 한다는 강한 도전을 받는다. 현대의 설교자들은 상상력에 호소하며 감정이입을 통해 성경에 기록된 본문을 추체험하게 하기보다는 때론 너무 교리적이고 너무 교훈적인 설교를 한다. 그러다 보니 성경 본문이 우리의

---

[65] 신경원, "워즈워스와 키츠의 루스 : 성경의 루스 번역과 재구성," 비교문학 제52집 (2010.10), 344-345.
[66] 신경원, "워즈워스와 키츠의 루스 : 성경의 루스 번역과 재구성," 346-347.

삶과 괴리된 것처럼 느끼게 된다.

성경 해석자들은 성경에 충실해야 할 뿐 아니라, 우리가 살고 있는 세상에 대해서도 잘 알아야 한다. 현대인들이 얼마나 세상 가운데서 지치고 힘들어하는지 이해해야 한다. 금융자본주의 세상에서 얼마나 많은 젊은이들이 열심히 일하는 것만으로는 미래가 열리지 않는다고 생각하고 삶의 의욕을 잃고 자살을 택하는지 설교자들과 그리스도인들은 절감할 줄 알아야 한다. 남의 밭에서 이삭을 줍는 룻의 모습에서 하루하루 삶을 이어가는 흙수저들과 사회적 약자들의 고달픈 삶을 읽어낼 줄 알아야 한다.

8.6 성찬 공동체의 전조

남의 밭에서 이삭을 줍는 룻이 보아스의 배려로 인해 베는 자들 곁에 앉아 음식을 먹는 모습은 성찬 공동체의 전조를 보여준다. 그런 점에서 이삭을 주워 하루하루 연명하는 현대인들 역시 성찬 공동체인 교회 안에서 희망을 볼 수 있는 것이다. 이런 점을 염두에 두고 보아스가 룻을 초대하는 장면을 상세히 보면 신학적 메시지를 얻을 수 있다.

보아스가 "이리로 다가오라"고 한 것은 "떡을 먹으라"고 하기 위해서였다. 그런데 직역하면 "그 떡으로부터 먹으라"(וְאָכַלְתְּ מִן־הַלֶּחֶם)이다. "으로 부터"라고 번역된 히브리어 전치사 "민"(מִן)은 "부분을 나타내는"(partitive) 용도로 쓰인 것이다. 그렇다면 떡을 "떼어" 먹으라고 번역할 수 있다. 영어 성경도 eat of the bread(KJV; NASB)라고 번역하였다. 그렇다면 "그 떡으로부터 떼어 먹으라"고 직역할 수 있다.

보아스가 룻을 초청한 것은 그저 음식을 제공하는 것이 전부가 아니었다. 보아스는 "그 떡으로부터 떼어먹는" 일에 초청을 한 것이었다. 보아스와 베는 소년들과 묶는 소녀들과 룻이 그 떡을 떼어먹는 일에 함께 한 것이었다. 그렇다면 일부 학자들의 주장대로 일종의 성찬 공동체의 전조라고도 볼 수 있지 않을까?

유진 피터슨은 성례전을 다음과 같이 정의한다.

법궤는 단순히 과거에 어떤 일이 일어났는지 보여주는 것이 아니라, 지금 어떤 일이 일어나고 있는지 보여준다. 즉 하나님은 언제나 계속해서 사람의 삶에 쓰이는 물질(물과 도기와 나무)을 재료로 삼아 일하신다는 것을 보여준다. 기독교에서 이것과 가장 유사한 것이 성례전이다. 성례전은 평범한 물질을 재료로 삼아 우리의 평범한 일상 속에서 일하시는 하나님을 물질적으로 증거하는 것이다. 즉 그것은 우리 삶의 일상(물과 빵과 포도주) 속으로 들어오셔서, 바로 거기서 구원과 성화의 일을 이루어 가시는 하나님을 증거한다.[67]

이스라엘인과 모압인이, 남자와 여자가, 그리고 밭주인과 일꾼이 차별 없이 볶은 곡식과 물을 놓고 떡을 떼어 먹는 보아스의 추수 밭의 풍경은 하나님께서 어떻게 평범한 물질을 재료로 삼아 평범한 일상 속에서 일하시는지를 잘 보여준다. 그렇다면 얼마든지 보아스의 추수 밭 공동체는 성찬 공동체의 전조라 부를 수 있을 것이다.

캐롤린 제임스(Carolyn C. James)는 보아스의 추수 밭의 식사 장면을 복음으로 멋지게 설명해내고 있다.

비록 보아스는 룻을 고용하지 않았지만, 그의 행동은 강력한 복음적 장면을 창조해냈다. 이삭 줍는 자가 품삯받는 일꾼들과 나란히 앉았으며 모압 여인이 이스라엘인들과 함께 식사하고 있다. 남자가 여자를 섬기고 있으며, 가난한 자가 부자와 함께 있다. 이방인이 내부자들에 의해 둘러싸여 있다. 예수님께서 즐거워하실 잔치 같지 않은가! 주님의 복음이 회복하길 원하는 세상을 미리 보여주고 있지 않은가! "너희는 유대인이나 헬라인이나 종이나 자유인이나 남자나 여자나 다 그리스도 예수 안에서 하나이니라"(갈 3:28). 룻은 유대인이 아니었고 종이었으며 여자였으나, 보아스는 이런 경계선을 인정하지 않았다. 룻은 모압에서 돌아오는 길에 볼 수 없었던 하나님의 백성을 자기 백성으로 끌어안지 않았던가! 그러니 이제 하나님의 백성이 룻을 끌어안고 있는 것이다.[68]

추수 밭에서 보아스를 만난 룻은 드디어 처음으로 "배불리 먹고 남았다"(ותאכל

---

[67] 유진 피터슨, 『다윗 : 현실에 뿌리박은 영성』, 이종태 역 (IVP, 1999), 176.
[68] Carolyn Custis James, *The Gospel of Ruth* (Zondervan, 2008), 105.

וַתֹּאכַל וַתִּשְׂבַּע וַתֹּתַר ; 와토칼 와티스바 와토타르)고 한다. 내레이터는 세 개의 동사, "먹다"(אָכַל ; 아칼), "배부르다"(שָׂבַע ; 사바), "남다"(יָתַר ; 야타르)만 연결시켜 룻이 보아스와 만난 결과 공허함이 채워졌다고 묘사한다. 이 세 개의 동사는 놀랍게도 광야에서 예수로 인해 배부르게 된 무리들의 모습을 상기시켜 준다. 왜냐하면 광야까지 따라온 무리들은 예수로 인해 먹고, 배부르고, 남게 되었기 때문이다.

"예수께서 제자들을 불러 이르시되 내가 무리를 불쌍히 여기노라 그들이 나와 함께 있은 지 이미 사흘이매 먹을 것이 없도다 길에서 기진할까 하여 굶겨 보내지 못하겠노라 제자들이 이르되 광야에 있어 우리가 어디서 이런 무리가 배부를 만큼 떡을 얻으리이까 예수께서 이르시되 너희에게 떡이 몇 개나 있느냐 이르되 일곱 개와 작은 생선 두어 마리가 있나이다 하거늘 예수께서 무리에게 명하사 땅에 앉게 하시고 떡 일곱 개와 그 생선을 가지사 축사하시고 떼어 제자들에게 주시니 제자들이 무리에게 주매 다 배불리 먹고 남은 조각을 일곱 광주리에 차게 거두었으며 먹은 자는 여자와 어린이 외에 사천 명이었더라 예수께서 무리를 흩어 보내시고 배에 오르사 마가단 지경으로 가시니라(마 15:32-39)."

예수께서는 단지 떡 일곱 개와 생선 두 마리로 4천 명을 먹이시고 일곱 광주에 먹고 남은 떡이 가득 차게 하신 것만이 아니다. 예수께서는 친히 자신의 몸을 우리의 생명의 떡으로 내어 주신 것이다.

"그들이 먹을 때에 예수께서 떡을 가지사 축복하시고 떼어 제자들에게 주시며 이르시되 받아서 먹으라 이것은 내 몸이니라 하시고 또 잔을 가지사 감사 기도 하시고 그들에게 주시며 이르시되 너희가 다 이것을 마시라 이것은 죄 사함을 얻게 하려고 많은 사람을 위하여 흘리는 바 나의 피 곧 언약의 피니라 그러나 너희에게 이르노니 내가 포도나무에서 난 것을 이제부터 내 아버지의 나라에서 새것으로 너희와 함께 마시는 날까지 마시지 아니하리라 하시니라(마 26:26-29)."

그런 점에서 보아스가 룻에게 "그 떡에서 떼어 먹으라"고 한 것과는 비교도 안 될 정도의 어마어마한 은혜를 그리스도께서는 우리에게 베푸신 것이다. 따라서 오늘날 교회는 예수 그리스도의 찢긴 몸과 흘린 피를 나눈 성찬 공동체로서 예수께서 우리에게 베푸신 은혜가 얼마나 큰지 경험하고 입으로 증거해야 한다.

2막 3장
죽음을 넘어서는 여호와의 인애(룻 2:17-23)

1. 서론적 이야기

1.1 성경 본문

룻기 2:17-23은 룻기 2장을 형성하는 주요 세 단락 가운데 마지막 단락이다. 룻기 전체 플롯으로 보면 2막 3장이 되는 셈이다. 이 단락은 밭에서 돌아온 룻과 집에서 기다리던 나오미가 나눈 대화로 이루어져 있다. 다시 말해 룻이 추수 밭에서 보낸 첫 날에 일어난 사건들을 나오미가 평가하면서 룻과 나눈 대화가 핵심이다. 성경 말씀을 읽어보자.

"룻이 밭에서 저녁까지 줍고 그 주운 것을 떠니 보리가 한 에바쯤 되는지라 그것을 가지고 성읍에 들어가서 시어머니에게 그 주운 것을 보이고 그가 배불리 먹고 남긴 것을 내어 시어머니에게 드리매 시어머니가 그에게 이르되 오늘 어디서 주웠느냐 어디서 일을 하였느냐 너를 돌본 자에게 복이 있기를 원하노라 하니 룻이 누구에게서 일했는지를 시어머니에게 알게 하여 이르되 오늘 일하게 한 사람의 이름은 보아스니이다 하는지라 나오미가 자기 며느리에게 이르되 그가 여호와로부터 복받기를 원하노라 그가 살아 있는 자와 죽은 자에게 은혜 베풀기를 그치지 아니하도다 하고 나오미가 또 그에게 이르되 그 사람은 우리와 가까우니 우리 기업을 무를 자 중의 하나이니라 하니 모압 여인 룻이 이르되 그가 내게 또 이르기를 내 추수를 다 마치기까지 너는 내 소년들에게 가까이 있으라 하더이다 하니 나오미가 며느리 룻에게 이르되 내 딸아 너는 그의 소녀들과 함께 나가고 다른 밭에서 사람을 만나지 아니하는 것이 좋으니라 하는지라 이에 룻이 보아스의 소녀들에게 가까이 있어서 보리 추수와 밀 추수를 마치기까지 이삭을 주우며 그의 시어머니와 함께 거주하니라(룻 2:17-23)."

1.2 그동안의 대중적 해석사와 문제 제기

룻이 추수 밭에서 보낸 첫 날에 일어난 사건들을 나오미가 평가하면서 룻과 나눈 대화가 핵심인 이 단락에는 나오미가 미래에 대해 희망을 가지는 이유가 암시되면서, 텅 빈 백성들을 채우시는 여호와의 인애하신 성품이 강조되어 있다.

그런데 그동안의 일부 해석자들은 구약에서 바로 신약으로 넘어가면서 구약의 실재를 신약의 실재를 가리키는 모형으로 보고 알레고리컬하게 해석한다. 구약에서 모형(type)을 찾고 이에 대응하는 대형(antitype)을 신약에서 찾아 연결시키면서 구약과 신약을 통합적으로 해석하려면 구약과 신약 각 본문의 디테일을 먼저 문자적으로 해석해야 한다. 그리고 그 다음에 구약에서 신약으로 나아가는 강력한 모형론적-구속사적 물줄기를 심층 수준에서 찾아내는 세밀하고 정교한 방법론이 필요하다.

그런데 본문의 디테일을 분석하지 않고 몇 개의 핵심 단어를 근거로 표층 수준에서 구약과 신약을 연결하려다 보니 무리수를 두게 된다. 예를 들어, 워렌 위어스비는 보아스가 한 일을 나오미가 듣고 보아스가 자신과 며느리를 위해 무엇인가 계획을 세우고 있다고 짐작했다고 해석한다.

룻이 나오미에게 보아스가 한 말을 전하자 나오미의 희망은 더 부풀어 올랐다. 왜냐하면 보아스의 말로 미루어 볼 때 그는 룻을 사랑하고 있었으며, 그녀를 행복하게 해주고 싶어 하는 것이 역력했기 때문이다. 보아스가 룻에게 자기 일터에서만 일하고 자기 일꾼들과 가까이 있으라고 말한 점을 고려해 볼 때 나오미로서는 자기 남편의 친척인 보아스가 자기와 자기 며느리를 위해 무언가 계획을 세우고 있다는 사실을 짐작할 수 있었다.[69]

보아스가 룻에게 은혜를 베푼 것은 사실이지만, 그가 룻을 사랑하였다든지 그가 나오미와 룻을 위해 무엇인가 계획을 세웠다는 점은 본문의 어디에도 근거가 없다. 우리가 앞으로 보게 되겠지만, 룻이 한밤중에 타작마당으로 내려가 보아스의 곁에 누운 후에 "당신의 옷자락으로 나를 덮으소서"라고 요구하기까지 보아스는 룻과 나오미를 위해 어떤 계획도 세우지 않았다.

그런데 위어스비는 놀랍게도 보아스가 룻과 나오미를 위해 계획을 세운 것처럼 예수께서도 우리를 위해 하신 일과 말씀이 있기에 예수를 소망하자고 권면한다.

그렇다면 예수 그리스도를 믿는 우리들도 마땅히 소망을 안고 기뻐해야 하지 않겠는가? 예수님이 누구신지, 예수님이 우리를 위해 행하신 일이 무엇인지, 그리고 예수께서 그의 말씀 속에서 우리에게 하고 계신 말씀이 무엇인지 그 모든 것을 고려해 볼 때 우리는 절망에 빠질 이유가 전혀 없다. 예수 그리스도는 하나님의 아들이시다. 그는 우리를 위해 돌아가셨으며 지금은 천국에서 우리를 위해 중보하고 계신다. 그의 말씀을 통해 예수님은 우리에게 보배롭고 지극히 큰 약속을 주셨다. 그런데 그 약속의 말씀은 반드시 이루어질 것이다. 오늘 당신의 기분이 어떻든, 당신이 얼마나 어려운 상황에 처해 있든 그런 것은 상관 없다. 만일 당신이 예수 그리스도만 믿는다면 당신은 소망을 가지고 즐거워할 수 있다.[70]

위어스비가 말하는 보아스와 룻에 대한 교훈이나 예수 그리스도와 우리에 대한

---

69 위어스비, 『헌신하여라』, 47.
70 Ibid.,

권면은 각각 따로 독립적으로 놓고 보면 성경적이라고 할 수 있다. 그러나 보아스와 룻의 이야기를 너무나 직접적으로 예수 그리스도와 우리에 대한 권면으로 전환시키는 것은 적절하지 않다. 보아스와 룻의 이야기는 그 자체로 역사적 실재이며, 룻기 본문은 그 자체로 신학적 메시지를 가지고 있다.

따라서 보아스와 룻의 이야기를 예수 그리스도와 우리의 이야기로 연결시킬 때에는 구약의 역사적 실재를 그 자체로 인정하고 본문의 문자적 메시지를 살핀 후에, 신약의 역사적 실재와 신학적으로 어떻게 연결시킬 수 있는지를 심각하게 고민하면서 연결시켜야 한다. 그런데 보아스와 룻 간의 구약의 역사적 실재를 충분히 인정하지 않고, 너무 쉽게 그리스도와 우리 간의 신약의 역사적 실재와 모형론적으로나 구속사적으로 동일시하게 되면 끝내 우리에게 유일한 객관적 계시의 말씀인 룻기의 문자적 본문을 무시하게 된다.

결국 위어스비는 앞뒤의 근접 문맥에 주의를 충분히 기울이면서 먼저 본문 자체를 문법적–문예적–역사적 방법으로 해석해야 함에도 불구하고, 그리스도로 절정에 이르는 구속사를 너무 "빠르게" 본문 안에 읽어들인(reading into) 결과 이런 식으로 해석한 것이다. 구속사적 해석이나 모형론적 해석의 원리는 성경 해석을 관장하는 "전체적 태도와 자세"가 되어야 함에도 불구하고, 본문의 1차적 주해의 과정에 너무 빨리, 그것도 지나치게 간섭함으로써 본문을 오해하게 만드는 데 가장 큰 문제점이 있는 것이다. 따라서 우리는 최종 본문 형태를 주의하며 상세하게 읽어야 한다.

2. 전체 구조

2.1 보고에 둘러싸인 대화

룻기 2:17-23은 나오미와 룻의 대화(speech) 단락(19-22 절)이 두 개의 보고(report) 단락(17-18 & 23절)에 의해 둘러 싸여 있는 구조로 이루어져 있다.

A. 나오미에게 행한 룻의 일과 보고(report; 17-18절)

B. 나오미와 룻 사이의 대화(speeches; 19-22절)

C. 룻을 향한 나오미의 충고 보고(report; 23절)

서두의 보고 단락(17-18절)에서는 룻이 저녁까지 이삭을 주운 후에 거의 한 에바나 되는 많은 양과 배불리 먹고 남은 음식을 가져다가 시어머니인 나오미에게 보였다는 내용을 담고 있다. 그러자 나오미가 궁금증이 커져서 룻에게 질문하게 되는 서론의 역할을 감당하고 있다. 그리고 중간에는 나오미와 룻이 질문하고 답을 하는 대화가 오고 간다(19-22절). 한편 마지막 보고 단락(23절)은 룻이 나오미의 충고대로 보아스의 밭에서 보리와 밀 추수가 끝날 때까지 이삭을 주워 시어머니를 공경했다는 내용을 담고 있다. 결국 본문의 전체 구조로 볼 때, 나오미와 룻의 대화가 본문의 핵심 단락임을 알 수 있다.

2.2 대화의 구조

나오미와 룻의 대화는 주로 나오미가 주도적으로 끌고 나가고 있다. 나오미에게 "말한다"(אָמַר ; 아마르)는 동사가 모두 6번 사용되고 있는데 반해 룻에게는 두 번만 사용되고 있다. 특히 나오미와 룻의 대화는 대화의 주체를 기준으로 볼 때 이미 여러 학자들(예를 들어, 부쉬)이 지적하였듯이 동심 구조로 이루어져 있으며, 가운데 놓인 나오미의 말이 전체 구조의 중심이 되도록 구성되어 있다.

  A (나오미) : 오늘 어디서 주웠느냐 & 어디서 일하였느냐

    B (룻) : 오늘 일하게 한 사람의 이름은 보아스니이다

      C (나오미) : 그가 여호와로부터 복받기를 원하노라

          그(여호와)가 살아있는 자와 죽은 자에게 인애를 베푸시느니라

      C' (나오미) : 그 사람은 우리와 가까우니 우리 기업을 무를 자 중 하나이니라

    B' (룻) : 보아스가 추수 마치기까지 내 소년들에게 가까이 있으라 하더이다

  A' (나오미) : 너는 그의 소녀들과 함께 나가되 다른 밭에는 가지 말라

위의 구조를 설명해 보도록 하자. 나오미는 룻이 한 에바나 되는 이삭을 주워온 것에 놀란다. 한 에바는 22리터나 되는 엄청난 양의 곡식이다. 더욱이 룻은 먹을 음식조차 가져왔다. 이에 나오미는 "어디서 주웠느냐? 어디서 일을 하였느냐?"고 묻는다. 나오미의 질문은 크게 둘로 나뉘어 있는데 사실상 나오미와 룻의 대화를 이끌어가는 원동력이다. 이것이 위의 구조에서 A에 해당한다.

룻은 이 질문에 대해 B에서 대답한다. "오늘 일하게 한 사람의 이름은 보아스니이다." 룻과 나오미의 삶을 해결할 가장 중요한 인물인 보아스가 룻과 나오미의 대화에서 처음 등장한다.

보아스가 이삭을 줍게 해주었다는 이야기를 들은 나오미는 축복을 선언한다. 이미 나오미는 룻이 가져온 곡식과 음식을 보고는 누군가의 도움이 없었으면 불가능한 일임을 알아차리고 "너를 돌아본 자에게 복이 있기를 원하노라"고 복을 선언하였다. 그런데 이제 그 사람이 바로 보아스라는 이야기를 듣고서는 C에서 감격하여 외친다 : "그가 여호와로부터 복받기를 원하노라 그(여호와)가 살아 있는 자와 죽은 자에게 은혜 베풀기를 그치지 아니하도다."

나오미가 감격한 이유는 단지 인간적인 것만이 아니었다. 룻의 발길을 보아스의 밭에 인도하신 뒤에는 하나님의 손길이 있음을 깨달은 때문이었다. 이에 나오미는 여호와의 인애를 찬송한 것이다. 어쩌면 룻은 나오미가 이렇게 감격하는 이유를 몰라 어리벙벙했는지 모른다. 물론 많은 양의 곡식과 먹을 음식을 첫날 가져온 것이 감격스러울 수 있었다. 그러나 나오미의 찬송은 이것만으로는 설명할 수 없는 것이었다. 이에 나오미는 그 같은 감격의 이유를 C'에서 설명한다. "그 사람은 우리의 근족이니 우리 기업을 무를 자 중 하나이니라."

룻은 나오미의 설명을 듣고는 B'에서 보아스가 한 말을 덧붙인다 : "내 추수를 다 마치기까지 너는 내 소년들에게 가까이 있으라." 이 같은 보아스의 조치에 대해 나오미는 "소년들"을 "소녀들"로 바꾸면서 최종적으로 A'에서 룻에게 권고한다 : "내 딸아 너는 그의 소녀들과 함께 나가고 다른 밭에서 사람을 만나지 아니하는 것이 좋으니라."

이렇게 본문은 나오미와 룻의 대화를 중심으로 일관된 플롯에 따라 구성되어 있음을 알 수 있다. 특히 나오미가 보아스라는 이름을 듣고 감격해 한 말이 핵심적 주제를 담고 있음을 구조에서 확인할 수 있다. 핵심 주제는 (1) 산 자와 죽은 자에게 은혜를 베푸시는 하나님의 인애(C)와 (2) 기업 무름의 사상(C')이다. 이 같은 구조적 관찰의 결과를 근거로 아래 신학적 데이터를 다루는 부분에서는 산 자와 죽은 자에게 은혜를 베푸시는 하나님의 인애를 주로 다루고, 기업 무름의 제도에 대해서는 룻기 3장에 더 상세히 나오므로 그때 살펴보도록 하자.

3. 나오미에게 행한 룻의 보고

3.1 근면한 룻

내레이터는 룻이 베는 자들 곁에서 식사를 한 후에 어떤 행동을 했는지 묘사하고 있다(17절).

"룻이 밭에서 저녁까지 줍고
(וַתְּלַקֵּט בַּשָּׂדֶה עַד־הָעָרֶב ; 와텔라케트 바사데 아드-하에레브)
그 주운 것을 떠니
(וַתַּחְבֹּט אֵת אֲשֶׁר־לִקֵּטָה ; 와타흐보트 에트 아셰르-리케타)
보리가 한 에바쯤 되는지라
(וַיְהִי כְּאֵיפָה שְׂעֹרִים ; 와예히 케에파 세오림)."

룻은 어느 정도 이삭을 주운 후에 집으로 바로 돌아간 것이 아니라 저녁까지 밭에서 이삭을 주웠다고 내레이터는 묘사한다. 물설고 낯선 타향살이 첫 추수 밭에 나간 룻이 얼마나 근면하게 일했는지를 보여주기 위해서이다.

그 후 이삭을 집에 가져가기 위해서 룻은 이삭을 타작했다. 한글개역개정에서 "떠다"고 번역된 히브리어 "하바트"(חָבַט)는 "두들기다"라는 의미이다. 타작은 양이 많을 때에는 반석으로 이루어진 바닥에 이삭을 널어놓고 짐승이나 기구를 동원해서 그 위를 밟는 방식으로 타작한다. 그러나 양이 적을 때에는 막대기로 이삭의 낯알이 붙어 있는 부분을 두들겨서 타작을 한다(참조, 신 24:20; 삿 6:11; 사 27:12, 28:27).

룻이 주운 이삭을 타작해 보니 "한 에바쯤"(כְּאֵיפָה; 케에파) 되었다. 여기서 "쯤"이라고 번역된 전치사 "케"(כְּ)는 보통 "대략"(approximation)이란 의미를 지닌다. 그러나 최근에 학자들은 종종 "케"(כְּ)는 "정확히"(exactitude)의 의미를 지닌다고 본다(참조 느 7:2).[71] 그렇다면 "정확히 한 에바였다"고 번역할 수도 있다. "대략"으로 보든지, "정확히"라고 보든지 의미에 큰 차이가 나는 것은 아니다. 그러나 해석자들은 이렇게 작은 차이도 눈여겨 보며 다른 해석의 가능성을 찾아보아야 한다.

"한 에바"(אֵיפָה)는 얼마나 되는 분량일까? 구약 역사가 천년이 넘기 때문에 특정 시기에 "에바"라는 계량 단위가 정확히 얼마나 되는지 확정하는 것은 쉽지 않다. 그러나 학자들은 에스겔 45:11을 근거로 한 "에바"는 한 "호멜"(חֹמֶר; 호메르)의 십분의 일에 해당하는 계량 단위라고 본다.[72]

"에바(אֵיפָה; 에파)와 밧(בַּת; 바트)은 그 용량을 동일하게 하되 호멜(חֹמֶר; 호메르)의 용량을 따라 밧은 십분의 일 호멜을 담게 하고 에바도 십분의 일 호멜을 담게 할 것이며 (겔 45:11)."

에바가 십분의 일 호멜이라면 한 호멜은 어느 정도의 분량인가? "호멜"(חֹמֶר; 호메르)과 "하모르"(חֲמוֹר; 나귀) 사이의 발음이 유사한 것에서 알 수 있듯이 한 호멜은 "나귀 한 마리가 지고 갈 수 있는 양"이라고 학자들은 본다. 한 에바는 나귀 한 마리가 지고 갈 수 있는 양의 10분의 1이기에 꽤 많은 양으로 본다. 이새가 전쟁에 나간 세 아들들에게 가져다 주라며 다윗에게 준 음식이 볶은 곡식 1에바였던 것을 보면 상당한 양이었음을 짐작할 수 있다(삼상 17:17).

어떤 학자들은 한 에바는 40(혹 36.4)리터라고 보고, 어떤 학자들은 20(혹 22)리터라고 본다. 적게 보아 20리터라고 해도 나오미와 룻이 몇 주는 버틸 수 있는 양으로 보인다. 여인이 하루에 이삭을 주워서 얻을 수 있는 양으로는 상당히 많은 것만큼

---

71 Block, *Ruth : Zondervan Exegetical Commentary on the OT*, 142, fn. 120. Block은 이런 용법을 카프 베리타티스(kaph veritatis)라고 부른다.

72 Bush, *Ruth/Esther*, 133.

은 분명하다. 보아스의 자비로움과 은혜, 룻의 담대한 요구와 근면함이 합쳐져 이런 소득을 얻게 된 것이다.

3.2 주운 것을 시어머니에 보여주는 룻

내레이터는 18상반절에서 룻이 보리 한 에바를 들고 성읍으로 들어갔다고 묘사한다.

> "그것을 가지고 성읍에 들어가서
> (וַתִּשָּׂא וַתָּבוֹא הָעִיר ; 와티사 와타보 하이르)
> 시어머니에게 그 주운 것을 보이고
> (וַתֵּרֶא חֲמוֹתָהּ אֵת אֲשֶׁר־לִקֵּטָה ; 와테레 하모타흐 에트 아셰르-리케타)."

20리터 이상 되는 곡식을 가지고 성읍으로 가는 일은 쉽지는 않았을 것이다. 그러나 룻은 시어머니에게 주운 것을 보이고 싶어 가는 발걸음이 가벼웠을 것이라고 추론해 볼 수 있다. 그러나 내레이터는 이런 룻의 내적 감정에 대해서는 전혀 언급하지 않고 룻이 성읍으로 돌아가서 시어머니에게 주운 것을 보였다고만 객관적으로 보고한다. 며느리를 추수 밭에 내보내고 무슨 일이 있을지 궁금해하는 시어머니에게 가장 중요한 것은 얼마나 많은 이삭을 주울 수 있었느냐에 있기 때문이다.

룻은 시어머니에게 주운 곡식이 얼마나 많은지를 보여주었을 뿐 아니라, 밭 주인의 환대와 호의까지 받았다는 사실을 보여주는 물적 증거를 보여주었다.

> "그가 배불리 먹고 남긴 것을 내어 시어머니에게 드리매
> (וַתּוֹצֵא וַתִּתֶּן־לָהּ אֵת אֲשֶׁר־הוֹתִרָה מִשָּׂבְעָהּ ; 와토체 와티텐-라흐 에트 아셰르-호티라 미스베아흐)(18절)."

내레이터는 이를 룻이 "배불리 먹고 남긴 것"(אֲשֶׁר־הוֹתִרָה מִשָּׂבְעָהּ ; 아셰르-호티라 미사브아)이라고 묘사한다. "배부름"(שָׂבַע ; 사바)과 "남음"(יָתַר ; 야타르)이란 핵심 단어가

14절에 나왔었는데 이제 다시 한 번 반복된다.

"식사할 때에 보아스가 룻에게 이르되 이리로 와서 떡을 먹으며 네 떡 조각을 초에 찍으라 하므로 룻이 곡식 베는 자 곁에 앉으니 그가 볶은 곡식을 주매 룻이 배불리(שׂבע ; 사바) 먹고 남았더라(יתר ; 야타르; 룻 2:14)."

양식이 없어 남의 밭에 이삭을 주우러 나갔던 룻이 음식을 배불리 먹고(שׂבע ; 사바) 남긴(יתר ; 야타르) 것을 가지고 온 것은 텅 빈 나오미의 삶이 이제 채워지고 있음을 보이는 일종의 복선이라는 것이 학자들의 중론이다. 그러나 구체적으로 어떻게 채워지게 될 것인지는 아직 아무도 모른다.

따라서 독자들은 궁금증이 생기지 않을 수 없다. 한 에바의 이삭은 보아스가 말한 대로 룻이 장차 받을 "보상"의 미리 맛보기라면 과연 보아스가 보상의 주체가 될 것인가? 또한 나오미에게 기업 무를 자는 주어질 것인가? 나오미의 가계가 이어질 수 있을까? 보아스 밭의 다산은 보아스가 이 문제를 해결할 것임을 암시하는가? 그러나 보아스는 보상의 궁극적 책임자는 여호와라고 하지 않았는가? 그렇다면 룻의 온전한 보상과 나오미의 채움은 언제 누구에 의해 이루어질 것인가?

아직은 이런 모든 질문에 대해 분명한 해결책이 보이지 않고 모든 것이 불투명하지만, 최소한 텅 빈 나오미와 룻의 삶이 채워지게 될 것이라는 사실은 확신할 수 있게 되었다. 배불리 먹고 남은 음식이 이를 암시하는 복선인 것만은 분명하기 때문이다.

이것은 오늘 우리의 삶도 마찬가지가 아닐까? 사회의 상류층 20%가 사회 전체의 자산과 땅의 80%를 차지하고 있는 탐욕 자본주의 사회에서 대부분의 현대인들 역시 남의 추수 밭에서 이삭을 줍는 여인처럼 느껴질 때가 한두 번이 아닐 것이다. 이런 느낌은 기독교인들이라고 예외가 아니다. 남의 추수 밭에서 이삭만 줍다가 인생 끝나는 것은 아닌가라는 느낌이 들 때에 과연 그리스도인들은 어떻게 해야 하는가? 이때 우리는 추수 밭의 룻과 보아스를 바라보아야 한다. 아니 반대로 내 추수 밭에서 일하는 이방 나그네들과 사회적 약자들을 어떻게 대해야 할까? 이때도 우리는 추수 밭의 룻과 보아스를 바라보아야 한다.

만일 우리가 남의 밭에서 이삭 줍는 룻과 같은 느낌이 든다면, 추수 밭에서 우연히 보아스 같은 사람을 만나길 기대해야 한다. 보아스 같은 사람의 은혜를 맛보았다면 감사하게 여기고 언젠가 우리의 텅 빈 삶을 채울 하나님의 손길을 기다리며 추수 밭에서 열심히 이삭을 주워야 한다. 한편 우리가 밭을 소유하고 추수하는 보아스 같은 형편의 사람이라면, 룻과 같은 사람들에게 예수를 만나야 한다고만 하지 말고 자신이 "작은 예수"로 은혜를 베풀어야 한다. 룻이 보아스를 만난 것을 우리가 그리스도를 만나야 하는 것으로 바로 적용해서는 안 되는 이유가 여기에 있다.

필자가 보아스를 예수 그리스도의 모형으로 보고 모형론적으로나 구속사적으로 너무 빨리 해석하는 것에 반대하는 이유도 여기에 있다. 보아스를 그리스도의 모형으로 보면, 우리가 해야 할 일과 우리가 할 수 있는 일을 그리스도에게로 미루는 우를 범할 수 있기 때문이다. 오늘도 하나님께서는 우리를 통해 일하신다는 사실을 잊어서는 안 된다.

4. 죽음을 넘어서는 하나님의 인애

4.1 나오미의 질문 : 어디서 일하였느냐

한 "에바"나 되는 보리와 배불리 먹고 남은 음식을 보고 나오미는 어떤 반응을 보였을까? 내레이터는 나오미의 말을 인용하여 그의 반응을 드러낸다(19상반절).

"시어머니가 그에게 이르되
(וַתֹּאמֶר לָהּ חֲמוֹתָהּ ; 와토메르 라흐 하모타흐)
오늘 어디서 주웠느냐 어디서 일을 하였느냐
(אֵיפֹה לִקַּטְתְּ הַיּוֹם וְאָנָה עָשִׂית ; 에포 리카트트 하욤 웨아나 아시트)."

나오미는 누군가 은혜를 베풀지 않고는 이런 일이 일어날 수 없음을 직감하였다. 그래서 룻에게 물었다 : "오늘 어디서 주웠느냐 어디서 일을 하였느냐"(אֵיפֹה לִקַּטְתְּ

אֵיפֹה ; הַיּוֹם וְאָנָה עָשִׂית ; 에포 리카트트 하욤 웨아나 아시트). "어디서"를 의미하는 단어 두 개(אֵיפֹה 에포 & אָנָה 아나)를 반복하면서 어디에서 일했는지를 물은 후에 나오미는 은혜를 베푼 자에게 축복을 빈다.

"너를 돌아본 자에게 복이 있기를 원하노라 하니
(בָּרוּךְ מַכִּירֵךְ יְהִי ; 예히 마키레크 바루크)."

나오미의 축복은 일반적인 축복의 양식과 약간의 차이가 난다. 축복을 비는 일반적 형식은 "축복하다"는 동사의 수동 분사(בָּרוּךְ ; 바루크)가 나오고, 사람 이름(A)이 나온 다음에, 여호와에 의해(לַיהוָה ; 라도나이)라는 전치사구가 이어진다. 예를 들어, "A가 여호와께 복받기를 원하노라"라고 하려면 "바루크 A 라도나이"라고 말한다.

בָּרוּךְ (바루크)   A   לַיהוָה (라도나이)
(히브리어 문장은 오른쪽에서 왼쪽으로 읽는다)

이런 축복 형식은 룻기에서도 2:20과 3:10에 나온다.

"그(보아스)가 여호와로부터 복받기를 원하노라(나오미의 말)
(בָּרוּךְ הוּא לַיהוָה ; 바루크 후 라도나이; 룻 2:20)."

"내 딸아 여호와께서 네게 복주시기를 원하노라(보아스의 말)
(בְּרוּכָה אַתְּ לַיהוָה ; 베루카 아트 라도나이; 룻 3:10)."

위의 두 기원문과는 달리 2:19에서는 "너를 돌아본 자"(מַכִּירֵךְ ; 마키레크)가 "복받을지라"(בָּרוּךְ ; 바루크) 앞에 놓여 강조된데다가 "여호와에 의해"(לַיהוָה)가 빠져 있다. 그 이유가 무엇일까?
수동 분사 "바루크"(בָּרוּךְ)보다 "너를 돌아본 자"(מַכִּירֵךְ ; 마키레크)를 맨 앞에 강조된 위치에 놓음으로 나오미는 "룻을 돌아본 자"를 부각시키려 했기 때문이라고 학자들은 해석한다. 나오미는 많은 양의 이삭을 주워온데다가, 볶은 곡식까지 가져온 룻을 보면서, 누군가가 룻을 돌아보지 않았다면 이런 일이 일어날 수 없다고 본 것이다. 따라서 "룻을 돌아 본 사람"을 강조하고 싶었던 것이다. 이에 "너를 돌아본" 그 사람(מַכִּירֵךְ ; 마키레크)을 수동 분사 "바루크"(בָּרוּךְ)보다 앞에 놓아 강조한 것이다.

우리는 여기서 "돌아보다"는 동사(נכר 나카르의 히필형)가 다시 핵심 단어로 등장하고 있음을 주목해야 한다. 이미 룻은 보아스의 환대를 받고 "나는 이방 여인이거늘(נָכְרִיָּה ; 노크리야) 당신이 어찌하여 나를 돌아보시나이까(הַכִּירֵנִי ; 하키레니)"라고 고마워한 적이 있었다(룻 2:10). 보아스야말로 "룻을 돌아본" 사람이었다. 그런데 나오미가 또다시 보아스를 "너를 돌아본 자"(מַכִּירֵךְ ; 마키레크)라고 강조하고 있는 것이다. 이렇게 내레이터는 "돌아보다"는 동사(נכר 나카르의 히필형)를 반복 사용함으로써, 누군가의 돌아봄이 없이는 생명을 유지할 수 없는 두 여인의 모습을 현실감있게 묘사하고 있다.

4.2 룻의 대답 : "오늘 일하게 한 사람의 이름은…"

나오미의 질문에 드디어 룻이 대답한다(19중반절).

"룻이 누구에게서 일했는지를 시어머니에게 알게 하여 이르되
(וַתַּגֵּד לַחֲמוֹתָהּ אֵת אֲשֶׁר־עָשְׂתָה עִמּוֹ ; 와타게드 라하모타흐 에트 아셰르-아시타 임모)."

내레이터는 룻이 "누구에게서 일했는지를" 시어머니에게 알리고 싶었다고 묘사한다. 내레이터의 이런 묘사는 조금은 불필요한 것처럼 보인다. 그냥 보아스의 밭에서 일했다고 하면 되는데 왜 굳이 이렇게 사족 같은 이야기를 덧붙일까? 이를 알기 위해서 우리는 나오미가 던진 질문과 비교해 보아야 한다. 시어머니는 "어디서" 일을 하였느냐(וְאָנָה עָשִׂית ; 웨아나 아시트)고 질문했는데, 룻은 "누구와" 일했는지를(אֵת אֲשֶׁר־עָשְׂתָה עִמּוֹ ; 에트 아셰르-아시타 임모) 언급하고 있다. 룻은 어디서 일을 했는지보다는 자신이 같이 일한 사람이 누구인지를 강조하고 싶어 했음을 내레이터가 드러낸 것으로 학자들은 해석한다. 성경 해석자는 이렇게 작은 단어의 차이를

읽어낼 줄 알아야 한다. 그래야 성경 본문이 그리려는 세상으로 들어갈 수 있게 된다.

룻기 기자는 어디서 일했느냐보다 누구와 일했느냐가 더 중요함을 강조하려고 한다. 나오미의 질문과 룻의 대답의 차이 속에서 이 점을 강조하려고 하는데 성경 해석자가 이런 차이를 읽어내지 못하면 성경 기자가 이야기하려는 메시지를 찾아 낼 수 없다.

어디서 일했느냐보다 누구와 일했느냐가 더 중요하다는 사실은 조금만 인간의 삶을 들여다봐도 금방 알 수 있다. 아무리 좋은 직장이라도 함께 일하는 사람이 마음에 들지 않으면 결코 행복할 수 없다. 무엇을 먹느냐보다 누구와 먹느냐가 더 중요한 경우가 많다. 아무리 맛있는 음식이라도 같이 있으면 불편한 사람과 식사를 하면 그 맛을 제대로 느낄 수 없다. 어디를 여행가느냐보다 누구와 여행가느냐가 더 중요한 것이 사실이다. 아무리 멋진 경치를 보더라도 싫은 사람과 함께 있으면 좋은 경치가 눈에 들어오지 않는 법이다.

따라서 룻은 누구에게서 일했는지를 밝히려고 했다는 것이다. 그렇다면 룻은 도대체 누구와 함께 일을 하였는가? 드디어 룻은 그 사람의 이름을 밝힌다(19하반절).

"오늘 일하게 한 사람의 이름은 보아스니이다

(וַתֹּאמֶר שֵׁם הָאִישׁ אֲשֶׁר עָשִׂיתִי עִמּוֹ הַיּוֹם בֹּעַז ; 와토메르 셈 하이쉬 아세르 아시티 임모 하욤 보아즈)."

그런데 흥미로운 것은 룻의 대답을 들어보면 이미 여러 학자들이 지적한 대로 같이 일한 사람의 이름이 문장 끝에 나와 있다. 이 문장을 순서대로 나열하면 "이름(שֵׁם ; 셈), 그 사람(הָאִישׁ ; 하이쉬), 내가 일한(אֲשֶׁר עָשִׂיתִי ; 아세르 아시티), 그와 함께(עִמּוֹ ; 임모), 오늘(הַיּוֹם ; 하욤), 보아스(בֹּעַז)"이다.

학자들은 이 문장이 불필요하게 군더더기가 많아 보인다고 생각한다. 게다가 불필요하게 "오늘"(הַיּוֹם ; 하욤)이란 말까지 첨가되어 그런 느낌을 가중시키고 있다고 본다. 그러나 룻의 말은 불필요하게 반복된 문장이 아니다. 많은 학자들은 룻이 누가 자신에게 은혜를 베풀었는지를 밝히면서 극도로 긴장감을 높이기 위해 당사자인 보아스의 이름을 가장 마지막에 언급하고 있다고 본다. 결정적인 이름 "보아스"를 될 수 있는 한 나중에 드러내려고 했다는 것이다. 독자들은 알고 있지만 나오미만 모르는 비밀이 드러나는 순간을 독자들이 느긋하게 즐길 수 있도록 했다는 것이다. 룻도 한 자 한 자 천천히 강조했을 것이고 마지막 순간에 숨을 멈추고 나서 뜸을 들인 다음에 "보아스"라고 말했을지 모른다고 본다.[73]

그렇다! 중요한 것은 보아스라는 이름이다. 룻은 보아스와 일을 같이 한 것이다. "어디서" 일했느냐도 중요하지만, "누구와" 일했느냐가 더 중요하다. 룻의 우연한 발길이 보아스에게 속한 "밭"에 이른 것도 중요하다. 그러나 "보아스"를 만났다는 것이 더 중요한 것이다. 룻이 보아스에게 속한 "밭에서" 일했다는 것도 중요하다. 그러나 "보아스와 함께" 일했다는 것이 더 중요한 것이다. 이에 룻이 자기와 함께 일한 사람이 보아스라고 밝힌 것이다. 그것도 맨 마지막에. 긴장감을 끝까지 유지하면서.

성경 본문을 내용 파악 중심으로 읽지 않고, 이렇게 한 자 한 자 빠뜨리지 않고 그 문예적 기능과 신학적 메시지를 염두에 두고 상세히 읽으면 본문을 생동감 있게 해석할 수 있다. 이런 해석법을 문예적 해석법이라고 부른다. 이렇게 본문을 문예적으로 해석하면 마치 성경 속의 인물들이 눈 앞에 살아 있는 것처럼 말하고 행동하는 모습을 그려볼 수 있다. 따라서 단순히 내용 파악 중심의 독서는 흑백 TV를 보는 것이라면 문예적 해석은 칼라 TV를 보는 것이라고 비유적으로 설명하는 사람들도 있다. 문예적으로 성경을 읽으면 성경 본문은 탁월한 문예 작품이요, 성령께서 감동하여 주신 하나님의 계시임을 확인할 수 있게 되면서 실제로 우리의 삶을 조명하며 우리의 충성과 복종을 요구하며 다가오는 엄위로운 하나님의 말씀을 들을 수 있게 된다.

---

73 Hubbard, *The Book of Ruth*, 185.

5. 나오미의 찬양

5.1 산 자와 죽은 자에게 인애를 베푸시는 여호와

우리는 여기서 보아스라는 이름이 얼마나 중요한지 드러내려는 내레이터의 손길을 느끼게 된다. 보아스라는 이름 한마디가 좌절과 절망 가운데 빠져 있던 나오미에게 희망의 여명이 되기 때문이다. 이 같은 사실은 나오미의 입에서 터져 나오는 찬양으로 확인이 된다(20상반절).

"나오미가 자기 며느리에게 이르되
(וַתֹּאמֶר נָעֳמִי לְכַלָּתָהּ ; 와토메르 노오미 르칼라타흐)
그가 여호와로부터 복받기를 원하노라
(בָּרוּךְ הוּא לַיהוָה ; 바루크 후 라도나이)."

나오미가 룻의 말을 듣고 보인 첫 반응은 "그가 여호와로부터 복받기를 원하노라"(בָּרוּךְ הוּא לַיהוָה ; 바루크 후 라도나이)이었다. 앞서 살핀 대로 이 축복문은 가장 표준적인 형식이다. 여기서 "그"(הוּא ; 후)란 인칭대명사는 보아스를 가리킨다.

이렇게 축복을 빈 후에 나오미는 찬양을 한다(20하반절).

"그가 살아 있는 자와 죽은 자에게 인애 베풀기를 버리지 아니하도다
(אֲשֶׁר לֹא־עָזַב חַסְדּוֹ אֶת־הַחַיִּים וְאֶת־הַמֵּתִים ; 아셰르 로-아자브 하스도 에트-하하임 웨에트-하메팀)."

나오미는 살아 있는 자는 물론 죽은 자에게 인애를 베푸는 "그"를 경험하였다고 노래하고 있다. 그렇다면 여기서 "그"는 누구일까? 이 문장에서 "그"란 주어는 동사(עָזַב, 아자브의 3인칭 남성단수) 안에 숨겨져 있고 앞의 문장과 관계대명사(אֲשֶׁר ; 아셰르)로 연결되어 있다. 따라서 "그"가 누구인지는 관계대명사(אֲשֶׁר ; 아셰르)의 선행사가 누구냐를 확인해야 한다. 그렇다면 관계대명사의 선행사가 누구인가? 여호와인가,

보아스인가? 이것이 관건이다.

 그동안 학자들은 선행사를 누구로 볼 것인지를 놓고 치열한 공방을 벌였다. 상당수의 학자들은 이런 저런 이유로 선행사는 보아스라고 본다.[74] 만일 보아스(בֹּעַז ; 보아즈)로 본다면 그가 "인애 베풀기를 버리지(עָזַב ; 아자브) 아니하도다"라고 했을 때 "버리다"는 동사 아자브(עָזַב)와 자음이 동일하고 순서만 달라 일종의 워드플레이(wordplay)를 하고 있는 느낌을 지울 수 없다.[75] 게다가 실제로 룻에게 인애를 베푼 것은 보아스인 것이 사실이기 때문이다. 따라서 선행사를 보아스로 보는 견해가 학자들 사이에서 상당히 득세하고 있는 것도 사실이다.

 한편 다수의 다른 학자들은 선행사는 여호와라고 생각한다. 왜냐하면 문법적으로 관계대명사의 선행사는 관계대명사가 이끄는 절 안에서 주어가 따로 명시되지 않는 한 보통 관계대명사에서 가장 가까운 명사이고, 관계대명사(אֲשֶׁר ; 아셰르) 바로 앞의 명사는 여호와(יְהוָה) 이기 때문이다.[76]

בָּרוּךְ הוּא לַיהוָה אֲשֶׁר לֹא־עָזַב חַסְדּוֹ אֶת־הַחַיִּים וְאֶת־הַמֵּתִים

(바루크 후 라도나이 아셰르 로-아자브 하스도 에트-하하임 웨에트-하메팀)

 게다가 신학적으로 본다면 생존한 자와 사망한 자에게 인애를 버리지 아니하시는 분은 여호와뿐이시기 때문이다. 이렇게 본다면 룻기 안에서 갈등과 위기가 해소되는 해결을 향한 전환점이 바로 여기서 시작되는 것으로 볼 수 있다. 여호와께서 생존한 자와 사망한 자에게 인애를 버리지 아니하신다는 사실을 나오미가 인식하면서 비로소 나오미는 절망의 긴 터널에서 벗어날 수 있게 되기 때문이다.

 한편 일부 해석자는 내레이터가 선행사가 누구인지 모호하게 함으로써 양자의 가능성 모두를 열어두고 독자들로 하여금 이런 이중적 가능성을 스스로 탐험해 보고 발견해 보도록 만드는 문예적 장치라고 본다. 사켄펠드(Sakenfeld)의 말을 들어보자.

---

74 N. Glueck, *Hesed in the Bible* (Hebrew Union College, 1967), 41-42; B. Rebera, "Yahweh or Boaz? Ruth 2:20 Reconsidered," *BT* 36 (1985), 317-27; Bush, *Ruth*, 135-36; Hubbard, *The Book of Ruth*, 186.

75 Sasson, *Ruth*, 60; Hubbard, *The Book of Ruth*, 186.

76 Holmstedt, *Ruth : A Handbook on the Hebrew Text*, 141-142.

영어 성경에서처럼 관계대명사의 자연스런 지시 대상은 가장 가까운 명사로 여호와이시다. 그러나 히브리 구문은 모호해서 대명사 "그"를, 다시 말해 보아스를 가리킬 수도 있다. 이렇게 정교하게 구성된 내러티브에서 모호함은 의도적인 것일 수 있다. 다시 말해 스토리텔러가 우리로 하여금 양자의 가능성을 탐험해 보고 상상해 보도록 초청하는 것일 수 있다.[77]

필자는 선행사를 여호와로 보는 것을 선호하지만,[78] 선행사를 여호와로 보는 것과 보아스를 선행사로 보는 것은 실제로는 큰 차이가 나는 것은 아니라고 본다는 점에서 사켄펠드의 해석에 동의한다. 어차피 여호와께서도 룻이나 보아스 같은 인간 대행자를 통해 인애를 베푸신 것이기 때문이다. 나오미 역시 룻이 보아스를 만난 결과를 보고 여호와의 인애를 느끼기 시작한 것이기 때문이다.

지금까지 누가 "살아 있는 자와 죽은 자에게 인애(חֶסֶד; 헤세드)를 버리지 아니하는" 자인지를 살펴보았는데, 이제는 "인애"라는 단어의 의미가 무엇인지 잠깐 살펴보자. 한글개역개정에는 필자가 인애라고 번역한 단어를 "은혜"로 번역한다. 그러나 필자는 "은혜"보다는 헤세드(חֶסֶד)를 인애로 번역하는 것이 더 좋다는 점을 앞서 언급하였다.

헤세드(חֶסֶד)의 용법을 연구한 현대 학자들은 "약한 자가 곤궁에 처해 있을 때 강한 자가 그럴 의무가 없음에도 불구하고 자발적으로 보이는 충성"을 가장 핵심적인 의미라고 본다는 점도 살펴보았다. 상위자가 하위자에 보이는 자발적인 사랑과 헌신, 이것이 성경이 말하는 충성의 개념이요, 히브리어의 헤세드의 개념인데, 필자는 이런 의미의 개념을 "인애"라는 역어로 번역하기로 했음을 독자들은 기억할 것이다.

그렇다면 어떤 면에서 여호와는 보아스를 통해 산 자와 죽은 자에게 인애를 저버리지 않으셨는가? 우리가 지금까지 살펴본 대로 베들레헴에 도착한 후에 하나님께서는 섭리 가운데 인애를 베푸셨다. 나오미는 남편과 두 아들을 잃고 빈털털이로

---

77 Sakenfeld, Ruth, 47.
78 필자의 생각으로는 "보아스(בֹּעַז)는 산 자와 죽은 자에게 인애 베풀기를 버리지(עָזַב) 아니하시는 여호와에 의해 축복을 받을 것이다"라고 보아도 워드플레이는 얼마든지 살릴 수 있다.

고향으로 돌아오면서 하나님의 탓이라고 불평하였다. 그때는 상황이 참혹하였으니, 이런 생각이 드는 것도 당연했다. 그러나 나오미는 하나님께 불평을 하면서도 여호와께 돌아왔다. 고향 베들레헴에 풍년이 들었다는 소식을 전해 들은 나오미는 "여호와께서 자기 백성을 돌보시사 그들에게 양식을 주셨다"는 점을 깨달은 것이다. 비록 불평하였지만 그래도 여호와께로 돌아온 여인의 삶을 채우시는 하나님의 손길을 경험하게 된 것이다. 룻의 우연한 발길이 기업 무를 자인 보아스의 밭에 이르게 하시고, 보아스로 하여금 나그네를 돌보게 하신 것을 본 나오미는 자신의 삶을 채우시는 여호와의 인애의 손길을 느끼게 된 것이다.

나오미에게 더욱 놀라운 것은 죽은 자들에게까지 여호와께서 인애를 베푸신다는 사실을 느끼게 된 것이다. 비록 나오미가 명시적으로 언급하지 않지만 룻을 돌본 자가 그의 친족이요 기업 무를 자 중 하나인 보아스라는 사실을 알게 되면서, 나오미는 보아스를 통해 죽은 남편 엘리멜렉의 기업을 무르게 될 가능성과, 룻과의 결혼을 통해 죽은 아들 말론의 기업을 그의 이름으로 세울 수 있는 가능성을 보게 된 것 같다. 기업 무름과 계대결혼이라는 율법을 주시고, 땅을 영원히 가족에게 기업으로 주셨을 뿐 아니라 첫 날 룻의 우연한 발길을 친족이자 기업 무를 자인 보아스의 밭에 이르게 하신 분이 누구이신가? 여호와 아니신가? 그렇다면 여호와의 인애는 죽음 앞에서 멈추는 것이 아니라 죽음을 넘어서까지 지속되는 것이 아닌가!

우리는 나오미가 죽은 자처럼 절망하였으나 이제 새로 살아나는 모습을 본다. 그 이유가 무엇인가? 비록 아직은 희미하지만 그의 백성에 대한 여호와의 인애는 삶과 죽음을 초월한다는 사실을 깨닫게 되었기 때문이다. 룻기에서는 여기서 처음으로 나오미가 불평 대신 찬송하는 모습을 본다. 1장 끝에서는 "나를 나오미라 부르지 말고 마라라 부르라 이는 전능자가 나를 심히 괴롭게 하셨음이니라"고 했던 나오미가 처음으로 "그(여호와)가 생존한 자와 사망한 자에게 인애 베풀기를 그치지 아니하도다"라고 찬송하고 있기 때문이다. 비록 첫 날에 룻이 곡식을 풍성하게 주워온 것에 지나지 않지만, 풍부한 곡식과 음식을 대하고 난 후에, 특히 룻을 돌본 자가 그의 친족이요 기업 무를 자 중 하나인 보아스라는 사실을 알게 되면서, 나오미는 이제 텅 빔에서 채움으로 나아가고 있음을 희미하게나마 느끼고 있었다. 우리는 여기서 나오미가 "깊은 절망에서 탈출하여 새로운 용기를 가지는 모습"을 볼 수 있다. 라우

버(Rauber)의 말대로 "죽은 자 가운데 있었던 나오미가 이제 다시 살아나고 있는 것이다."[79]

나오미는 희미하게나마, 자기 백성에 대한 여호와의 인애는 죽음으로 끝나는 것이 아님을 깨달은 것이다. 자기 백성에 대한 여호와의 사랑과 헌신은 삶과 죽음의 경계를 넘어 영원히 지속된다는 사실을 느끼기 시작한 것이다. 이에 놀라운 고백을 토해낼 수 있었던 것이다 : "그(여호와)가 생존한 자와 사망한 자에게 인애(חֶסֶד ; 헤세드) 베풀기를 그치지 아니하도다"(2:20).

5.2 보아스는 근족이요 기업 무를 자

나오미는 죽은 자와 산 자에게 인애를 베푸시는 여호와를 찬송한 후에 보아스가 누구인지 룻에게 알려준다(20하반절).

"나오미가 또 그에게 이르되 그 사람은 우리와 가까우니
(וַתֹּאמֶר לָהּ נָעֳמִי קָרוֹב לָנוּ ; 와토메르 라흐 노오미 카로브 라누)
우리 기업을 무를 자 중의 하나이니라 하니라
(הָאִישׁ מִגֹּאֲלֵנוּ הוּא ; 하이쉬 미고알레누 후)."

나오미는 보아스를 두 가지 관점에서 소개한다. 우선, 보아스는 나오미와 룻과 "가까운 친족"(קָרוֹב לָנוּ ; 카로브 라누)이라는 것이다. 그렇다면 얼마나 가까운 친족인가? "우리와 가까우니"(קָרוֹב לָנוּ ; 카로브 라누)란 매우 일반적인 표현이기 때문에 얼마나 가까운 친족인지는 알 수 없다.

둘째, 나오미는 보아스가 단지 "근족"일 뿐 아니라 "우리 기업을 무를 자 중 하나"라고 말한다. 여기서 "기업을 무를 자"로 번역된 히브리어 "고엘"(גֹּאֵל)은 여러 다른 상황에서 다양한 의미로 쓰이는데다가, 동서양을 막론하고 현대에는 이런 제도가 없기에 적절한 현대어로 번역하기가 쉽지 않다. 따라서 고엘의 사전적 의미를 통해

---

[79] D. Rauber, "Literary Values in the Bible : The Book of Ruth," *JBL* 89 (1970), 32.

기본적 의미를 알아보고, 용례를 통해 적절한 번역어가 무엇이 좋을지 살펴보아야 한다.

5.3 "고엘"의 기본적 의미 : 모든 악에서의 구원

"고엘"의 기본적인 의미를 살피려면 어근인 동사 "가알"(גָּאַל)의 사전적 의미를 먼저 알아보아야 한다.[80] 히브리어(BDB) 사전은 두 가지 의미를 제시한다.

(1) act as kinsman, do the part of next of kin(기업 무를 자로 행동하다. 친족의 역할을 감당하다)
(2) redeem, by payment of value assessed, of consecrated things, by the original owner(가치 있거나, 거룩한 물건을 원 소유자가 값을 치르고 무르다)

결국 "가알"(גָּאַל)의 어근의 사전적 의미는 "기업 무를 자로 행동하다", "기업 무르다", "구속하다"란 뜻으로 볼 수 있다. 우선 "가알" 어근은 명사형 "고엘"(גֹּאֵל)로서 야곱이 요셉을 축복하는 대목인 창세기 48:16에 처음 사용되었다.

"나를 모든 환난에서 건지신 여호와의 사자(הַמַּלְאָךְ הַגֹּאֵל אֹתִי מִכָּל־רָע ; 함말르아크 학고엘 오티 미콜-라)께서 이 아이들에게 복을 주시오며 이들로 내 이름과 내 조상 아브라함과 이삭의 이름으로 칭하게 하시오며 이들이 세상에서 번식되게 하시기를 원하나이다(창 48:16)."

위 본문의 첫 어구를 직역하면 "사자, 나를 모든 환난에서 건져낸 분"이라고 할 수 있다. 여기서 "건져낸 분"이 바로 "가알"(גָּאַל) 동사의 분사형 명사인 "고엘"(גֹּאֵל)이다. 그렇다면 "가알" 어근은 "한 사람을 모든 환난에서 건져내는 것"을 의미함을

---

80 룻기가 속해 있는 역사서 안에서 가알(גָּאַל) 동사의 칼 능동분사 남성 단수 형태인 기업 무를 자인 "고엘"은 명사로 15번 사용되었다(수 20:3, 5, 9; 룻 2:20, 3:9, 12[2x], 4:1, 3, 4, 6, 8, 14; 삼하 14:11; 왕상 16:11). "구속하다", "무르다"는 의미의 동사 가알(룻 3:13[4], 4:4[5], 6[2])로는 11번 사용되었고, "무를 것"이란 의미의 명사 게울라(גְּאֻלָּה)는 두 번 사용되었다(룻 4:6, 7).

알 수 있다.

여기서 한 가지 더 주목할 것은 "모든 환난"으로 번역된 단어는 문자적으로 번역하면 "모든 악"(רע ; 라)이라는 점이다. "가알" 어근은 "인간을 모든 악으로부터 건져내는 일"과 연관되어 있다는 결론을 내릴 수 있다. 그렇다면 "고엘"이란 "인간을 악으로부터 건져내는 자"라고 할 수 있다. 물론 구약 성경에서는 "고엘"이 여호와의 사자와 연관되어 처음 사용됨으로 "모든 악으로부터의 구원"의 궁극적 근원은 여호와이심을 암시한다.

이것은 "가알"(גאל)의 구약 성경 내의 두 번째 용례인 출애굽기 6:6을 보면 더 분명해진다. 왜냐하면 구약의 구원의 원형적 사건인 출애굽 사건에서도 구원은 "인간을 모든 형태의 악으로부터 건져내는 것"임을 잘 보여주기 때문이다.

"그러므로 이스라엘 자손에게 말하기를 나는 여호와라 내가 애굽 사람의 무거운 짐 밑에서 너희를 빼내며 그들의 노역에서 너희를 건지며 편 팔과 여러 큰 심판들로써 너희를 속량하여(גאל ; 가알; 한글개역은 구속하여) 너희를 내 백성으로 삼고 나는 너희의 하나님이 되리니 나는 애굽 사람의 무거운 짐 밑에서 너희를 빼낸 너희의 하나님 여호와인 줄 너희가 알지라 내가 아브라함과 이삭과 야곱에게 주기로 맹세한 땅으로 너희를 인도하고 그 땅을 너희에게 주어 기업을 삼게 하리라 나는 여호와라 하셨다 하라(출 6:6-8)."

여기서 "너희를 속량하여" 안에 "가알"(גאל) 동사가 사용되고 있다. 그런데 흥미로운 것은 "가알"(속량 혹 구속)은 하나님께서 이스라엘 백성을 애굽에서 건져내신 일련의 구원 사건의 절정으로 묘사되고 있다는 점이다.

결국 속량(구속 ; 가알)의 내용은 애굽의 무거운 짐과 노역에서 이스라엘을 빼내며 건져내는 것이다. 결국 가알(גאל)은 애굽의 종노릇하던 이스라엘 백성을 그 모든 무거운 짐과 노역으로부터 여호와께서 건져내신 일을 묘사하는 동사이다. 여기서 우리는 구약의 구원의 가장 원초적 사건인 출애굽 사건의 핵심 의미는 바로 사회 경제적-정치적-물리적인 억압과 박해로부터 이스라엘을 건져낸 것임을 알 수 있다.

그렇다면 구약의 원초적 구원의 사건의 의미는 이것이 전부인가? 아니다. 물론 구약의 구원은 단순히 경제적-정치적-사회적-물리적 속박으로부터의 해방이 전부가 아니다.

"너희를 내 백성으로 삼고(לָקַחְתִּי ; 라카흐티) 나는 너희의 하나님이 되리니(7상반절)."

7상반절이 분명히 보여주듯이 "너희를 내 백성으로 삼고 나는 너희 하나님이 되리니"가 구원의 궁극적 목표이다. 출애굽 구원의 궁극적 목적은 이스라엘이 애굽의 종 되었던 곳에서 해방되어 하나님의 백성이 되고, 여호와께서 이스라엘의 하나님이 되는 것이다. 따라서 이스라엘 백성은 이제는 그 누구의 종이 되어서도 아니되며, 오직 여호와께만 종이 되어야 하는 것이다. 이 점을 레위기 25장은 분명히 밝힌다.

"너와 함께 있는 네 형제가 가난하게 되어 네게 몸이 팔리거든 너는 그를 종(עֶבֶד ; 에베드)으로 부리지 말고 품꾼(שָׂכִיר ; 사키르)이나 동거인(תּוֹשָׁב ; 토샤브)과 같이 함께 있게 하여 희년까지 너를 섬기게 하라 그때에는 그와 그의 자녀가 함께 네게서 떠나 그의 가족과 그의 조상의 기업으로 돌아가게 하라 그들은 내가 애굽 땅에서 인도하여 낸 내 종들(עֶבֶד ; 에베드)이니 종(עֶבֶד ; 에베드)으로 팔지 말 것이라(레 25:39-42)."

어떤 상황에서도 하나님의 백성은 다시는 어떤 종류의 경제적-정치적-사회적-물리적 속박을 받는 종의 상태가 되어서는 안 된다. 따라서 어떤 경우에도 종으로 부려서도 안 되고 종으로 남에게 팔아서도 안 되는 것이다. 품꾼이나 동거인처럼 여기며 희년까지 데리고 있다가, 희년이 되면 그들의 기업으로 돌아가도록 해야 한다는 것이다.

그렇다면 이렇게 경제적-정치적-사회적-물리적 속박으로부터의 구원이 구약이 말하는 구원의 전부인가? 아니다. 아무리 경제적-정치적-사회적-물리적 속박의 땅 애굽에서 해방되었다 해도, 기업으로서의 땅이 없으면 그 자유를 누리거나 유지할 수 없다. 따라서 여호와께서는 이스라엘의 조상에게 주기로 맹세한 땅으로 이스라엘을 인도하시고, 그 땅을 그들에게 기업으로 주신 것이다. 이런 하나님의 구원의 사역이 출애굽기 6:6-8에 두 개의 동사로 묘사되어 있다.

"내가 아브라함과 이삭과 야곱에게 주기로 맹세한 땅으로 너희를 인도하고(הֵבֵאתִי ; 헤베티; 8상반절) 그 땅을 너희에게 주어(נָתַתִּי ; 나타티) 기업을 삼게 하리라(8하반절)."

우리는 여기서 출애굽의 구원은 이스라엘을 약속의 땅으로 인도하여 그 땅을 기업으로 주어, 그 안에서 하나님을 섬기는 것이 궁극적 목표임을 한눈에 알 수 있다. 따라서 여호와께서는 출애굽기 6장에서 출애굽의 구원을 언급하시면서 가나안 땅으로 인도하고 그 땅을 기업으로 주시겠다고 선언하고 계신 것이다.

여호와께서는 이스라엘을 죽음으로부터 건져내어 새로운 생명을 주셨고, 애굽의 종살이로부터 건져내어 자유인이 되게 하셨으며, 몸의 자유를 가지고 하나님이 주신 생명을 누리기 위해서는 땅이 있어야 하기에 가나안 땅을 기업으로 하사하신 것이다. 따라서 생명이나 몸의 자유나, 땅의 기업이 손실될 때에는 하나님이 이스라엘을 택하고 속량한(גָאַל ; 가알) 목적이 상실되는 것이었다. 따라서 하나님께서는 이스라엘 백성에게 선물로 주어진 생명이나 자유나 땅이 상실되지 않도록 하기 위해 고엘 제도를 주신 것이다.

5.4 "고엘"의 세 가지 의무

동사 "가알"(גָאַל)은 기업 무름(땅 무름)과 연관해서 룻기에 11번 사용되고 있다(룻 3:13[4x], 4:4[5x], 4:6[2x]). 그리고 이와 연관된 명사 "게울라"(גְאֻלָּה)는 "무를 것"이란 의미로 룻기에 2번 사용되고 있다(4:6, 7).

성경의 관련된 부분들을 살펴보면 "고엘"(גֹאֵל)은 크게 세 가지 의무가 있다.

(1) 피 무르기 책임(민 35; 신 19:1-3; 수 20:1-9) : 무고히 살해된 친척의 피를 복수하는 책임이 고엘에게 있다.

(2) 몸 무르기 책임(레 25:47-55) : 가난으로 인해 부요한 이방인에게 종으로 팔리게 되는 경우에는 몸을 자유롭게 하는 책임을 고엘이 지게 된다. 우선 형제,

삼촌, 사촌, 근족의 순으로 고엘의 책임을 져야 한다. 이스라엘인들은 애굽 땅 종되었던 곳에서 속량되어 여호와의 품꾼이 되었기에 그 누구도 영원히 다른 사람의 노예가 되어서는 안 된다.

(3) 땅 무르기 책임(레 25:23-28) : 가난으로 인해 땅이 친족 외의 사람에게 팔렸을 경우에 이를 되사와야 하는 책임을 고엘이 진다. 땅은 여호와의 소유이며, 이 땅은 각 친족에게 여호와께서 선물로 준 것이기에 다른 친족이 소유할 수 없는 것이다. 몸이 여호와의 것이기 때문에 몸을 물려야 하는 것처럼 이스라엘인의 땅 역시 여호와의 소유이기에 고엘이 땅을 무를 책임이 있는 것이다.

룻기에서는 고엘(נאל)의 세 번째 책임인 땅 무르기와 연관해서 기업 무를 자의 개념이 나타난다. 룻기 4장에서는 땅의 무름 개념이 법적 가능성으로 등장한다. 그러나 2장에서 나오미는 고엘을 법적인 개념으로 언급하고 있는 것은 아니다.

5.5 룻기 2장에서는 "고엘"이 일반적 의미로 쓰임

나오미는 여기서 고엘(נאל)을 좀 더 일반적인 의미로 사용하고 있는 것 같다. 그렇다면 일반적 의미에서 "고엘"은 무슨 의미를 지니는가? 일반적 용법으로서 가알(נאל)은 "친족 멤버를 어떤 종류든간에 악으로부터 구해내다"는 의미를 지닌다. 비록 나오미의 말은 아니지만 3:9에서 룻이 보아스에게 기업 무를 자라고 지적한 것과 연관해서 한 베티(Beattie)의 말을 들어보자.

> 룻은 고엘이란 단어를 보아스가 이미 룻기 안에서 보인 역할의 의미에서 보아스를 묘사하는 데 사용하고 있다. 룻을 자기 밭에서 일하도록 환영하고, 식사시에 음식을 제공하고, 두 과부가 먹기에 충분한 곡식을 주울 수 있도록 허락한 것은 보아스가 이미 룻과 나오미를 빈핍함에서 구해낸 것으로 볼 수 있다.[81]

---

81 D. Beattie, "Ruth III," *JSOT* (1978), 44.

룻기 2장에서 나오미가 보아스를 고엘(גאל)이라고 했을 때에는 이런 일반적 의미에서 고엘로 언급한 것처럼 보인다. 나오미가 보아스를 기업 무를 자로 언급함으로써 스토리 안에 스토리의 방향을 바꿀 수도 있는 새로운 동기가 도입되었다.

보아스가 단지 부유하고 선량한 이스라엘인 정도가 아니라, 불행한 여인들의 삶을 피폐함으로부터 구출해 낼 수 있는 기업 무를 자라는 점이 내러티브의 새로운 가능성을 열고 있다. 만일 보아스가 율법의 사람이라면 얼마든지 기업 무름의 의무를 감당할 것이기 때문이다. 그러나 앞서 언급한 대로 고엘이란 용어를 매우 간략하고 모호하게 언급하고 있기 때문에 구체적으로 기업 무를 자의 어떤 의무를 나오미가 염두에 두고 있는 것인지는 확실하지 않다. 특히 기업 무름은 결혼과 직접 연관된 것도 아니다. 룻기 4장에서는 기업 무름과 계대결혼이 연결되어 나타나지만 고엘은 결혼의 의무는 없기 때문이다. 그렇다면 보아스는 과연 기업 무를 자의 의무를 져줄까? 고엘과 계대결혼이 명시적으로 연결되어 있지 않다면 룻의 결혼의 가능성은 없는 것인가? 나오미가 속으로 무슨 기대를 했는지 모르지만, 과연 그의 기대대로 이야기가 전개될지 같이 기다려보자.

6. 보아스와 나오미의 충고

6.1 아직도 모압 여인인 룻

내레이터는 21절에서 룻이 시어머니인 나오미에게 한 마지막 말을 보고한다.

"모압 여인 룻이 이르되
(וַתֹּאמֶר רוּת הַמּוֹאֲבִיָּה ; 와토메르 루트 함모아비야)."

우리는 여기서 내레이터가 또다시 룻을 "모압 여인"(רוּת הַמּוֹאֲבִיָּה ; 루트 함모아비야)이라고 칭하는 것을 주목해야 한다. 이미 룻이 모압 여인이라는 사실을 독자들이 알고 있고 게다가 본문에 두 번이나 이미 명시하였음에도(룻 1:22, 2:2) 다시 모압 여인이라고 강조하는 이유는 무엇일까? 겉으로 보기에는 불필요한 반복으로 보인다. 이에 칠십인경(구약을 헬라어로 번역한 성경)과 고대 라틴역(Old Latnin)은 "모압 여인"이라는 어구를 빼고 대신에 "그 시어머니에게"를 첨가하였다. 우리는 "모압 여인"이란 어구를 자신이 보기에 불필요한 반복이라고 함부로 원문에서 제거해서는 안 된다. 가능한 한 성경 본문의 최종 형태를 그대로 놔두고 해석해 낼 줄 알아야 한다.

부쉬(Bush)는 "모압 여인 룻"은 룻이 이스라엘 안에 들어와 사는 이방인 우거자이기에 룻을 가리킬 때에는 이렇게 축약되지 않은 온전한 명칭(her full name)을 사용한 것이라고 본다. 이것은 사무엘하 11장에서 "헷사람 우리야"라고 한 명칭과 같다고 본다. 따라서 내레이터가 내러티브의 전략상 필요하다고 느낄 때 긴 명칭을 쓴 것뿐이라고 본다.[82]

한편 캠벨과 허바드는 보아스가 베푼 환대가 배경에 깔린 상황에서 모압 여인이라는 것을 다시 한 번 반복함으로써 보아스가 이방 모압 여인에게 이런 배려를 하였다는 점은 매우 이례적임을 다시 한 번 강조하는 데 그 목적이 있다고 본다.[83] 양자의 견해는 상충적인 것이 아니며 상호 보충이 된다고 볼 수 있다. 어찌되었든 해석자는 성경 본문의 작은 디테일도 놓쳐서는 안 된다는 점을 우리에게 잘 보여준다.

6.2 "내 소년들에게 붙어 있으라" 하더이다

내레이터는 "룻"을 "모압 여인"으로 칭한 후에 룻의 말을 직접 인용한다(21절).

"그가 내게 또 이르기를 너는 내 소년들에게 붙어 있으라

(תִּדְבָּקִין אֲשֶׁר־לִי הַנְּעָרִים עִם אֵלַי כִּי־אָמַר גַּם)[84]; 감 키-아마르 엘라이 임-한네아림 아셰르-리

---

[82] Bush, *Ruth/Esther*, 138.

[83] Campbell, *Ruth*, 107; Hubbard, *The Book of Ruth*, 190.

[84] 맛소라 사본을 보면 כִּי | גַּם로 되어 있다. 감(גַּם)과 키(כִּי) 사이에 작은 막대기 표시(|)가 있는데 이를 파세크(paseq)라고 부른다. 이에 대한 홀름스테드(Holmstedt)의 주장은 아래와 같다. 이 파세크는 두 단어를 연결시켜 읽지 말라는 맛소라 학자들의 표시이다. גַּם כִּי가 연거푸 나오는 나머지 7번의 경우에 파세크가 쓰인 곳은 한 곳도 없다. 파세크 없는 경우에는 "더욱이 … 할 때"(moreover, when …; 수 22:7; 잠 22:6)이거나 "비록 …에도 불구하고"(even though; 사 1:15; 호 8:10, 9:16; 시 23:4; 애 3:8)이다. 따라서 룻기에서는 파세크로 나누어져 있으므로 "역시 …라고"(also [it is] that)로 번역하는 것이 좋다고 홀름스테드는 주장한다. Holmstedt, *Ruth : A Handbook on the Hebrew Text*,

티드바킨)

내 추수를 다 마치기까지 하더이다

(עַד אִם־כִּלּוּ אֵת כָּל־הַקָּצִיר אֲשֶׁר־לִי ; 아드 임-킬루 에트 콜-하카치르 아셰르-리)."

룻이 전한 위의 보아스 말은 이전 단락, 즉 보아스와 룻 사이의 대화 장면에는 나오지 않는다. 그렇다면 실제로 보아스가 하지 않은 말을 룻이 지어낸 것일까? 본문이 묘사하는 보아스의 자애로운 성품이나 룻의 성품을 볼 때 그럴 리는 전혀 없다.

따라서 우리는 내레이터가 모든 장면을 완벽히 재현하지 않고 선택적으로 장면과 사건을 제시하면서 플롯을 끌고나간다는 사실을 유념해야 한다. 플롯이란 모든 사건과 장면과 대화를 나열하는 것이 아니라 "필연적 자료의 필연적 결합"이기 때문이다. 이에 대해서는 벌린의 말을 들어보자.

> 이것은 내러티브는 선택적 재현의 산물(a product of selective representation)임을 또다시 보여준다. 모든 장면과 사건을 완벽히 재현할 필요는 없다. 일부는 요약되기도 하고, 일부는 완전 생략되기도 한다. 만일 룻기에 암시된 모든 대화가 원래의 문맥 가운데 제시된다면, 더 많은 장면이 필요할 테고, 모두 동일하게 중요한 장면으로 취급될 것이다. 그러나 현재의 내러티브는 선택을 통해 다른 부차적인 것들로부터 방해를 받지 않고 플롯에 중요한 장면들만 부각시키는 효과를 보인다.[85]

우리는 실제로 보아스가 룻에게 "내 추수를 다 마치기까지 너는 내 소년들에게 붙어 있으라"고 했을 것임을 의심하지 않고 받아들일 수 있다. 그렇다면 내레이터가 룻의 보아스 말 인용을 통해 전달하려는 의도가 무엇인가? 보아스가 단지 그날 하루만이 아니라 자신의 추수 끝날 때까지 소년들과 붙어 있으며 이삭을 주울 것을 허락한 인물임을 부각시키려는 것이다. 그것도 룻의 입을 통해 나오미에게 전달함으로써 룻과 나오미가 안도의 한숨을 쉴 수 있었음도 드러내려고 한 것이다.

특히 우리는 룻의 보아스 말 인용 가운데 "너는 내 소년들에게 붙어 있으라"고 한

143.

85 Berlin, *Poetics and Interpretation of Biblical Narrative*, 97.

것을 주목해야 한다. "붙어 있으라"고 번역된 히브리어 "다바크"(דבק)는 오르바는 시어머니에게 입맞추되, 룻은 시어머니를 붙좇았다(דבק ; 다바크)고 했을 때(룻 1:14) 사용된 단어와 동일하기 때문이다. 내레이터는 한번은 룻의 행동을 묘사할 때, 한번은 룻의 입을 통해 직접 이 동사를 사용하게 함으로 시어머니를 붙좇은 행동을 하나님께서 보아스를 통해 보상하고 있음을 드러내고 있다. 아무 것도 없는 시어머니임에도 시어머니를 붙좇은(דבק ; 다바크) 룻에게 보아스의 소년들을 붙좇게(דבק ; 다바크) 함으로 추수 기간 내내 이삭을 주워 텅 빈 시어머니를 채울 수 있게 되었기 때문이다. 룻은 시어머니와 함께 한 결과 베들레헴의 보아스의 소년들과 함께 할 수 있었다. 룻이 시어머니의 가정의 일원에서 이제 베들레헴 공동체의 일원이 될 가능성이 커진 것이다. 전에는 외인이었으나 하나님의 가족이 될 수 있게 된 것이다. 이것이 바로 룻기가 보여주는 복음이 아닐까?

이렇게 본다면 구약의 복음과 신약의 복음은 본질이 하나이다. 신약의 바울 사도는 구약에 정통한 랍비로서 이 점을 분명하게 보여준다.

> 그때에 너희는 그리스도 밖에 있었고 이스라엘 나라 밖의 사람이라 약속의 언약들에 대하여 외인이요 세상에서 소망이 없고 하나님도 없는 자이더니 … 그러므로 이제부터 너희는 외인도 아니요 나그네도 아니요 오직 성도들과 동일한 시민이요 하나님의 권속이라(엡 2:12, 19)."

6.3 나오미의 충고 : "그의 소녀들과 함께 나가라"

내레이터는 이렇게 핵심 단어를 반복함으로 주제를 드러내고 플롯을 이어가는 전략을 사용한다. 따라서 핵심 단어의 반복을 통해 룻기 전체의 플롯을 살피면서 본문을 상세히 읽어내지 않으면 본문의 파편화가 일어나게 되고, 결국은 본문이 말하려는 의도를 놓치게 된다. 이렇게 핵심 단어의 반복을 통해 전달하려는 메시지를 구체화하는 것은 22절의 나오미의 지혜로운 충고에서도 확인할 수 있다.

"나오미가 며느리 룻에게 이르되

(וַתֹּאמֶר נָעֳמִי אֶל-רוּת כַּלָּתָהּ ; 와토메르 노오미 엘-루트 칼라타호)
내 딸아 너는 그의 소녀들과 함께 나가고
(טוֹב בִּתִּי כִּי תֵצְאִי עִם-נַעֲרוֹתָיו ; 토브 비티 키 테츠이 임-나아로타우)
그러면 누구도 다른 밭에서 너를 해치지 않을 것이니라
(וְלֹא יִפְגְּעוּ-בָךְ בְּשָׂדֶה אַחֵר ; 웨로 이프게우-바크 베사데 아헤르)."

   룻은 보아스가 "내 추수를 다 마치기까지는 너는 내 소년들(נְעָרִים ; 네아림)에게 붙어 있으라"고 했다고 하자, 나오미는 이를 듣고 "내 딸아 너는 그 소녀들(נַעֲרוֹת ; 나아로트)과 함께 나가는 것"이 좋다고 충고하였다. 우리는 여기서 나오미가 "소년들" 대신 "소녀들"로 슬그머니 바꾼 것을 주목해야 한다.

   히브리어에서는 남자 여자가 모두 섞인 전체를 가리킬 때는 남성 복수를 사용하기에 여기서 "소년들"은 단지 남성들만을 가리키는 것은 아니며 추수하는 일꾼 모두를 가리킬 수도 있다.

   그러나 나오미는 "소녀들"(נַעֲרוֹת ; 나아로트)이라고 굳이 못박고 있다. 나오미가 굳이 이렇게 하는 이유는 무엇일까? "다른 밭에서 사람을 만나지 아니하는 것이 좋으니라"고 한 것을 보면 룻의 안부와 안전을 염두에 둔 때문일까? 물론 룻의 안전을 걱정해서 그랬을 가능성이 크다. 그러나 이것이 전부일까? 나오미가 자부 룻과 보아스가 결혼할 수도 있다는 생각을 했을 가능성은 충분히 있다. 분명한 근거는 없지만 나오미는 벌써 대담한 중매 계획을 세우고 있었는지 모른다. 어찌되었든 나오미는 하나님의 숨겨진 손길을 믿으면서도 슬기롭게 자부에게 충고하는 지혜로운 여인이었다.

   여기서 나오미가 한 말을 개역개정은 "다른 밭에서 사람을 만나지 아니하는 것이 좋으니라"고 번역하고 있지만 문자적으로 번역하면 "그러면 누구도 다른 밭에서 너를 해치지 않을 것이니라"이다. 한글개역개정에서 "만나다"라고 번역된 동사(פָּגַע ; 파가)는 적의적인 의도에서는 "공격하다"이다. 그러나 넓은 추수 밭에서 살해를 당하거나 강간을 당할 가능성은 적기에 여기서는 "해하다" 정도로 번역하는 것이 좋을 것이다. 나오미는 룻의 안전을 고려하여 "내 딸아 너는 그의 소녀들과 함께 나가라. 그리하면 누구도 다른 밭에서 너를 해치지 않을 것이니라"고 한 것이다. 다른 밭에 갔다가 추수꾼들에게 욕을 당하거나, 이삭 줍는 다른 가난한 이들에게 주운 이삭을 빼앗길 수도 있기 때문이다. 이런 점에서 "다른 밭에서 사람을 만나지 아니하는 것이 좋으니라"는 한글개역개정 번역은 원문에서 너무 멀리 번역된 느낌이다.

7. 시어머니와 함께 한 룻

7.1 보아스의 소녀들에게 붙어 있는 룻

추수 밭에서 룻과 보아스의 운명적 만남이 이루어지고, 룻이 이 사실을 나오미에게 알리면서 일시적인 생계 문제는 해결의 실마리를 얻게 되었다. 추수 기간 동안 룻이 이삭을 주우면서 얼마든지 나오미를 봉양할 수 있게 된 때문이다. 룻기의 2막 3장은 추수 기간 동안 무슨 일이 있었는지에 대한 내레이터의 보고로 끝이 난다(2:23).

"이에 룻이 보아스의 소녀들에게 가까이 있어서
(וַתִּדְבַּק בְּנַעֲרוֹת בֹּעַז ; 와티드바크 베나아로트 보아즈)
보리 추수와 밀 추수를 마치기까지 이삭을 주우며
(לְלַקֵּט עַד־כְּלוֹת קְצִיר־הַשְּׂעֹרִים וּקְצִיר הַחִטִּים ; 르라케트 아드-켈로트 케치르-하세오림 우케치르 하히팀)
그의 시어머니와 함께 거주하니라
(וַתֵּשֶׁב אֶת־חֲמוֹתָהּ ; 와테셰브 에트-함모타흐)."

내레이터는 추수 기간 동안 룻이 보아스의 소녀들에게 "붙어 있었다"(דָּבַק ; 다바크)고 보고한다. 룻이 보아스의 소녀들에게 붙어 있었다는 내레이터의 보고는 눈물나게 감동적이다. 왜냐하면 오르바가 입맞추고 시어머니를 떠난 반면에 룻이 시어머니를 붙좇을 때만 하더라도 미래의 전망이 불투명할 뿐 아니라 희망이라고는 찾아보기 어려웠기 때문이다. 이방 여인이 남편과 아들도 없이 늙은 시어머니를 붙좇는 모습에서 미래의 전망과 희망을 볼 수 있다는 것은 거의 망상에 가까운 일이었다.

그런데 정말 놀라운 일이 일어난 것이다. 이삭 주우러 나간 첫 날에 보아스를 만나서 "이삭을 주우러 다른 밭으로 가지 말며 여기서 떠나지 말고 나의 소녀들과 붙어 있으라(דָּבַק ; 다바크; 2:8)", "내 추수를 다 마치기까지 너는 내 소년들에게 붙어 있으라(דָּבַק ; 다바크; 2:21)"는 초청을 받게 된 것이다. 룻은 "부모를 떠나(עָזַב ; 아자브) 전에 알지 못하던 백성에게로 온" 여인으로 본 보아스가 자신의 소년들과 소녀들과 붙어 있게(דָּבַק ; 다바크) 한 것이다. 그리고 추수 기간 내내 룻이 보아스의 소녀들에게 붙어 있게 되었으니 룻은 모압에서 돌아온 여인일 뿐 아니라 이제 보아스의 소녀들 중에 하나가 된 것이다.

이방 여인 룻이 베들레헴 공동체 안으로 들어오는 모습을 내레이터는 작은 단어 하나를 통해 우리에게 생동감 있게 보여주고 있다. 베들레헴으로 들어왔으나 실제 베들레헴 공동체 안으로 과연 들어갈 수 있을까 반신반의하였으나 룻은 보아스의 초청으로 식사할 때에 베는 자들의 곁에 앉게 되었다. 이제는 보아스의 소녀들에게 붙어 있게 되었으니 한 걸음 더 베들레헴 공동체 안으로 들어오게 된 것이다. 이런 점에서 룻기는 오늘날 아시아권의 여성들이 결혼을 통해 한국 사회에 유입되는 과정에서 이 다문화권 여성들을 어떻게 교회 안으로 들어오게 할 수 있는지를 보여주는 좋은 모델이 될 수 있다.

7.2 추수를 다 마칠 때까지

한편 룻은 보아스의 소녀들과 얼마나 오래 붙어 있었는가? 내레이터는 그 기간을 "보리 추수와 밀 추수를 마치기까지"(עַד־כְּלוֹת קְצִיר־הַשְּׂעֹרִים וּקְצִיר הַחִטִּים ; 아드-켈로트 케치르-하세오림 우케치르 하히팀)라고 한다. 신명기 16:9-12을 보면 보리 추수 시작부터 밀 추수 끝까지는 보통 7주 정도 걸린 것으로 보인다.

"일곱 주를 셀지니 곡식에 낫을 대는 첫 날부터 일곱 주를 세어 네 하나님 여호와 앞에 칠칠절을 지키되 네 하나님 여호와께서 네게 복을 주신 대로 네 힘을 헤아려 자원하는 예물을 드리고 너와 네 자녀와 노비와 네 성중에 있는 레위인과 및 너희 중에 있는 객과 고아와 과부가 함께 네 하나님 여호와께서 자기의 이름을 두시려고 택하신 곳에서 네 하나님 여호와 앞에서 즐거워할지니라 너는 애굽에서 종 되었던 것을 기억하고 이 규례를 지켜 행할지니라(신 16:9-12)."

이 일곱 주는 일상 캘린더로 보면 4월 말부터 6월 초까지라고 볼 수 있다. 주전 925년경의 것으로 보이는 게젤 캘린더(the Gezer Calendar)-학교 학생의 글씨 쓰기 연습 본문인 것으로 추정-에 보면 네 번째 줄에 "그의 달은 보리의 추수"라고 쓰여 있으며, 다섯 번째 줄에는 "그의 달은 추수와 축제"라고 적혀 있는데, 학자들은 현대의 달력에 따르면 4-5월과 5-6월에 해당한다고 본다. 결국 룻이 보리 추수와 밀 추수를 마치기까지 시어머니와 함께 거했다는 것은 7주 동안 이삭을 주우며 시어머니를 봉양했음을 알 수 있다.

7.3 시어머니와 함께 거하는 룻

한편 룻이 "그의 시어머니와 함께 거하니라"(וַתֵּשֶׁב אֶת־חֲמוֹתָהּ ; 와테셰브 에트-함모타흐)는 문장은 두 가지로 해석이 가능하다.

(1) (이삭을 줍는 동안) 시어머니와 함께 거하니라.
(2) 그러고 나서(즉 이삭을 줍고 나서) 시어머니와 함께 (집에) 거하니라.

사쏜(Sasson)은 "룻이 나오미와 더 이상 같이 살지 않을 만큼 보아스의 가족의 일원으로 완전히 들어간 것은 아님을 강조하면서" 첫 번째 해석을 취한다.[86] 이런 번역은 룻이 보아스의 식구가 되려고 온갖 방법을 동원하고 있다는 사쏜의 독특한 해석에 근거한 것이다. 그러나 룻은 수단 방법을 가리지 않고 보아스의 식구가 되려고 애를 쓴 것이 아니다. 단지 보아스가 룻이 누구인지 아는 순간부터 룻이 나오미에게 보인 헌신 때문에 식구의 일원처럼 대한 것이다.

---

86 Sasson, *Ruth*, 62.

그렇다면 "거하다"는 히브리 동사의 와우 계속법 형태(וַתֵּשֶׁב ; 와테셰브)가 쓰였기에, 와우 계속법의 원래 의미대로 시간적(혹은 논리적) 연속으로 이해하면 된다. 즉 "그 후에 그녀는 시어머니와 함께 거하니라"고 번역할 수 있다. 그렇다면 이런 번역의 의미는 무엇인가? 보아스의 두 과부에 대한 인자함과 룻에 대한 특별한 배려는 이 두 미망인의 문제를 해결하는 데 모종의 역할을 할 것임이 기대가 되었지만, 이런 기대는 현실로 드러나지 않았다는 점을 드러내고 있는 것이다. 룻과 나오미는 2장 초두에서처럼 동일하게 외로운 과부들로 함께 살고 있음을 강조하는 것으로 해석할 수 있다.

사실상 추수와 이삭 줍기의 기간은 끝이 났다. 추수와 이삭 줍기가 끝났는데, 아무런 신분의 변화가 없다는 것은 두 과부가 베들레헴에 도착했을 때의 원상태인 기근과 공허함으로 돌아간 것을 의미한다. 이제 두 여인은 어떻게 기근과 공허함을 해결할 수 있을까? 1장 끝에서 나오미가 절망으로 고통스러워한 데 반해(1:20-21), 내레이터는 희망적 논평으로 끝을 맺었었다.

"나오미가 모압 지방에서 그의 며느리 모압 여인 룻과 함께 돌아왔는데 그들이 보리 추수 시작할 때에 베들레헴에 이르렀더라(1:22)."

그러나 2장 끝에서는 상황이 정반대이다. 나오미가 죽은 자와 산 자에게 인애를 베풀기를 그치지 아니하시는 여호와를 경험하고 다소 살아난 반면에(2:20), 내레이터는 룻이 이삭 주우러 나가기 이전의 원래 불안한 상태로 우리를 끌고가고 있다.

"이에 룻이 … 보리 추수와 밀 추수를 마치기까지 이삭을 주웠다. 그 후에 그는 시어머니와 함께 (집에) 거하였다(2:23)."

이제 추수 밭에서 룻과 보아스가 만날 기회는 사라지고, 두 과부는 기근과 공허함을 다시 부여 안고 집에 갇혀 있는 신세가 된 것이다. 비록 룻이 보아스의 환대를 받았지만 그렇다고 해결된 것은 아무 것도 없다. 룻이 결혼을 한 것도 아니며, 나오미가 후사를 얻은 것도 아니다. 룻은 아직도 모압 여인으로 불리고 있다. 과연 룻은 언제 어떻게 "남편의 집에서 평안"을 얻을 수 있을 것인가?(1:22).

이렇게 암울한 분위기 가운데서 내레이터는 스토리가 어디로 나갈지에 대해 전혀 암시를 주지 않는다. 2장 초두에서는 룻이 문제를 풀어가는 원동력이었다. 그렇다면 룻이 또다시 문제를 풀어갈 것인가? 2장 중반에서는 보아스가 룻에게 큰 호의를 베풀었다. 게다가 그는 기업 무를 자요 친족이었다. 따라서 독자들은 보아스에게 기대를 걸지 않을 수 없다. 그러나 7주 동안의 추수 기간 동안 아무런 일도 일어나지 않았다. 그렇다면 과연 보아스가 어떤 일을 벌일 것인가? 2장 후반에서는 좌절과 절망 가운데 빠져 있던 나오미가 살아나는 모습을 보았다. 그렇다면 나오미가 주도적으로 새로운 원동력을 제공할 것인가? 우리의 호기심은 커져만 간다.

8. 신학적 메시지

8.1 이름의 중요성[87]

룻이 이삭을 주우러 나간 첫 날 그의 우연한 발길이 그가 들어보지도 못한 보아스란 사람의 밭에 이르게 하신 분은 여호와이셨다. 그리고 룻은 거기서 보아스를 직접 만났고 기대할 수도 상상할 수도 없는 극진한 대접과 은혜를 경험하였다. 그리고 마침내 그의 이름이 보아스라는 사실을 알게 되었다. 그리고 룻은 이 이름을 나오미에게 알려주고 싶어 했다. 따라서 나오미가 "어디서 이삭을 주었느냐?, 어디서 일했느냐?"고 물었지만 룻은 "내가 오늘 함께 일한 사람의 이름은 보아스입니다"라고 대답한 것이다.

이것은 오늘날 우리도 경험하는 것이 아닌가? 무슨 일을 하느냐도 중요하지만 누구와 일을 하느냐가 더욱 중요하다. 어디서 일을 하느냐도 중요하지만 누구와 그곳에 있느냐가 더 중요하다. 무엇을 먹느냐도 중요하지만 누구와 먹느냐가 더 중요하다. 어디를 여행하느냐도 중요하지만 누구와 여행하느냐가 더 중요하다. 사랑과 자

---

[87] 아래의 논의는 대부분 김지찬, 『데칼로그 : 십계명 어떻게 이해할 것인가?』(생명의말씀사, 2016), 199-207에서 가져 온 것이다. 일일이 출처나 인용부호를 붙이지 아니함을 양해하기 바란다.

녀 생산을 위해 동침하는 것도 중요하지만 누구와 동침하느냐는 것이 더 중요하다. 룻은 보아스와 함께 일을 했다는 데 감격하였다.

나오미는 비로소 룻의 입을 통해 "보아스"라는 이름을 들음으로 절망에서 희망으로 옮겨가게 되었다. 그러나 나오미는 단지 보아스라는 이름에서 희망을 얻은 것이 아니다. 나오미가 희망을 갖게 된 이름은 룻이 만난 보아스라는 이름보다 더 좋은 이름, 보아스보다 뛰어난 이름이다. 그는 바로 죽은 자와 산 자에게 인애 베풀기를 그치지 아니하시는 여호와의 이름이다. 이에 나오미는 "그가 여호와(יהוה ; 아도나이)로부터 복받기를 원하노라 여호와께서 살아 있는 자와 죽은 자에게 은혜 베풀기를 그치지 아니하도다"라고 찬양한 것이다.

여호와의 이름이 왜 그리 대단한가? 여호와의 이름 안에 구약의 하나님의 백성의 모든 것이 담겨 있기 때문이다. 여호와란 이름 안에 하나님과 그의 백성의 모든 과거의 역사가 담겨 있고, 여호와란 이름 안에 여호와의 백성으로서의 정체성이 들어 있고, 여호와란 이름 안에 이스라엘의 미래의 전망이 담겨 있기 때문이다.

이스라엘은 여호와의 이름을 알기에 여호와의 이름으로 일컫는 백성이 된 것이다(신 28:10). 여호와의 이름을 아는 자들은 여호와의 이름으로 "우리의 영혼을 건져 달라"고 기도할 수 있다(시 116:4). 인간의 도움은 천지를 지으신 여호와의 이름에 있기에 여호와의 이름을 아는 자들은 그 이름으로 도움을 얻을 수 있다(시 124:8). 여호와의 이름은 견고한 망대이기에 그를 믿는 자는 그 안에 달려가서 안전함을 얻을 수 있다(잠 18:10). 여호와의 이름을 아는 자들은 범죄한 후에도 용서를 받을 수 있다(출 34:5-6).

여호와는 자비롭고 은혜롭고 노하기를 더디하고 인자와 진실이 많은 하나님이라는 사실을 알려주시고, 언제든지 이 이름을 통해 하나님의 자비와 은혜와 인자와 진실을 요구할 수 있게 허락하셨기 때문이다. 이스라엘이 하나님을 만나고 용서를 받고, 힘을 얻고 은총을 받는 곳인 성전이야말로, 여호와께서 그 이름을 두시려고 선택한 곳이었다. 그러기에 성전에서 여호와의 이름을 부르면, 우리는 진정한 구속을 경험할 수 있다. 어디 그뿐인가? 요엘 기자가 2:32에서 "누구든지 여호와의 이름을 부르는 자는 구원을 얻으리니"라고 했으니, 여호와의 이름은 누구든지 그 이름을 부르는 자에게 구원을 베푸는 능력이 된다.

이름이 없으며 또 있을 수도 없는 하나님이 인간을 위해 계시하신 여호와란 이름 안에 우리의 모든 것이 들어 있다. 우리의 정체성도, 우리의 과거의 역사도, 우리의 현재의 축복도, 우리의 미래의 전망도 여호와란 이름 안에 들어 있다. 여호와란 이름은 그저 특정한 이름이 아니라 "모든 이름을 뛰어넘는 이름이기 때문에, 부를 수 있는 모든 것 위에 있기 때문에, 모든 명칭 위에 머물러 있기 때문에, 그것은 더 없이 존귀한" 이름이다. 여호와의 이름 안에 우리의 자유도, 우리의 소망도, 우리의 자랑도 들어 있다. 이 아름다운 여호와의 이름을 영원히 찬양하며 여호와의 백성이란 이름에 걸맞는 거룩한 백성이 되는 것이 우리의 사명이다.

그런데 놀랍게도 여호와께서 자기 아들 예수 그리스도를 우리를 위해 내어주셨다. 그 이름은 임마누엘이니 "하나님이 우리와 함께" 계신다는 사실을 보여주는 가장 중요한 증거이다(마 1:23). "예수 그리스도의 이름으로" 두세 사람이 모인 곳에는 "나도 그들 중에 있느니라"라고 약속하셨다(마 18:20). 우리는 예수 그리스도의 이름으로 세례를 주고 이방인들을 제자로 삼을 수 있다(마 28:19). 예수의 이름은 귀신들도 항복시키는 이름이다(막 16:17; 눅 10:17). 예수의 이름을 믿으면 하나님의 자녀가 되는 권세를 얻는다(요 1:12). 우리가 예수의 이름으로 구하면 무엇이든지 들어주시겠다고 약속하셨다(요 15:16). 누구든지 그리스도의 이름을 부르면 구원을 얻을 수 있다(행 2:21). 베드로는 그리스도의 이름으로 신체 장애인을 걷게 하였다(행 3:6).

예수의 이름은 병을 낫게 하고 표적과 기사가 이루어지게 하는 능력이다(행 4:30). 한마디로 말해 예수의 이름은 "모든 통치와 권세와 능력과 주권과 이 세상뿐 아니라 오는 세상에 일컫는 모든 이름 위에 뛰어나신" 이름이다(엡 1:21). "이러므로 하나님이 그를 지극히 높여 모든 이름 위에 뛰어난 이름을 주사 하늘에 있는 자들과 땅에 있는 자들과 땅 아래 있는 자들로 모든 무릎을 예수의 이름에 꿇게"(빌 2:9-10) 하셨다. 신약의 신자들은 그야말로 모든 이름 위에 뛰어난 이름인 예수를 마음에 모시게 된 복된 자들이 아닐 수 없다.

8.2 고엘의 중요성

룻기 2장에서 가장 중요한 핵심 주제는 고엘(גאל), 즉 기업 무름이다. 보아스와 함께 일했다는 이야기를 룻에게 들으면서 나오미는 자신과 룻의 삶의 가장 중요한 갈등과 위기가 해소될지도 모른다는 기대가 생겼다. 도대체 고엘과 기업 무름이 어떤 제도이기에 이런 기대를 나오미가 갖게 되었는지를 살펴볼 필요가 있다. 내레이터 역시 보아스를 기업 무를 자로 나오미가 소개하는 순간 룻기 전체의 갈등이 해소될지도 모른다는 기대감을 독자들에게 제시하고 있기 때문이다.

그렇다면 고엘 제도가 어떻게 텅 빈 나오미의 삶을 채울 수 있는지 상세히 살펴보도록 하자. "기업 무를 자"(kinsman redeemer)라고 번역되는 "고엘"(גֹּאֵל)은 "가알"(גָּאַל) 동사의 분사형 명사로 성경의 용례에 근거하여 정의해 보면 "친족 중 어려움에 처한 사람을 모든 형태의 악과 환난에서 건져내는 자"라고 정의할 수 있다. 출애굽 구원의 궁극적 목적은 이스라엘이 애굽의 종되었던 곳에서 속량(해방; גָּאַל ; 가알)되어 하나님의 백성이 되고, 여호와께서 이스라엘의 하나님이 되는 것이다. 따라서 구약에서 속량은 사회 경제적–정치적–물리적 억압과 박해로부터 건짐을 받아 여호와만 섬겨야 하는 것이다. 따라서 이스라엘 백성은 이제는 그 누구의 종이 되어서도 안 되며, 오직 여호와께만 종이 되어야 하는 것이다(레 25:39-42).

그렇다면 이렇게 경제적–정치적–사회적–물리적 속박으로부터의 구원이 구약이 말하는 구원의 전부인가? 아니다. 아무리 경제적–정치적–사회적–물리적 속박의 땅 애굽에서 해방되었다고 하더라도, 기업으로서의 땅이 없으면 그 자유를 누리거나 유지할 수 없다. 따라서 여호와께서는 이스라엘의 조상에게 주기로 맹세한 땅으로 이스라엘을 인도하시고, 그 땅을 그들에게 기업으로 주신 것이다. 따라서 생명이나 몸의 자유나, 땅의 기업이 손실될 때에는 하나님이 이스라엘을 택하고 속량한(גָּאַל ; 가알) 목적이 상실되는 것이었다.

따라서 하나님께서 이스라엘 백성에게 선물로 주신 생명이나 자유나 땅이 상실될 경우에 친족 가운데 가까운 사람들이 무고히 흘린 피를 갚아주거나 자유나 땅을 원주인에게 되찾아 주어야 할 의무가 있었다. 이 의무를 지닌 자를 고엘이라 부르고, 한글 성경에서는 기업 무를 자로 번역했다. 결국 고엘(기업 무를 자)은 세 가지 의무를 진 친족 구성원을 가리킨다.

8.3 고엘의 "피" 무르기

우선 고엘은 무고한 사람의 생명을 빼앗은 고의적 살인자를 찾아내어 살해당한 사람의 피를 보수하는 역할을 감당하는 자였다.

"만일 철 연장으로 사람을 쳐죽이면 그는 살인자니 그 살인자를 반드시 죽일 것이요 만일 사람을 죽일 만한 돌을 손에 들고 사람을 쳐죽이면 이는 살인한 자니 그 살인자는 반드시 죽일 것이요 만일 사람을 죽일 만한 나무 연장을 손에 들고 사람을 쳐죽이면 그는 살인한 자니 그 살인자는 반드시 죽일 것이니라 피를 보복하는 자(גֹּאֵל הַדָּם; 고엘 핫담)는 그 살인한 자를 자신이 죽일 것이니 그를 만나면 죽일 것이요 만일 미워하는 까닭에 밀쳐 죽이거나 기회를 엿보아 무엇을 던져 죽이거나 악의를 가지고 손으로 쳐죽이면 그 친 자는 반드시 죽일 것이니 이는 살인하였음이라 피를 보복하는 자는 살인자를 만나면 죽일 것이니라(민 35:16-21)."

"피를 보복하는 자"는 히브리어로 보면, "고엘 핫담"(גֹּאֵל הַדָּם)이다. "고엘"(גֹּאֵל)이라는 단어는 "보복하는 자"보다는 "구속자"라는 의미가 더 적합하기에, 고엘 핫담은 "피의 보수자"(the avenger of blood)라기보다는 "피의 구속자"(the blood-redeemer)로 번역되는 것이 더 좋다.[88] 여기서 "피의 구속자"는 살해된 자의 가까운 친족이었을 가능성이 크나, 그의 임무는 살해한 자를 찾아서 사적으로 죽이는 데 있다기보다는 살해 혐의자를 찾아서 고향의 법정 앞에 세우고 정당한 절차를 밟아 재판을 받도록 하는 데 있었던 것으로 보인다.[89]

그렇다면 도대체 "피의 구속자"의 개념은 어디에서 나오는 것인가? 성경은 무고한 자가 흘린 피는 땅과 그가 살고 있는 사회를 오염시킨다고 본다.

"너희는 너희가 거주하는 땅을 더럽히지 말라 피는 땅을 더럽히나니 피 흘림을 받은 땅은 그 피를 흘리게 한 자의 피가 아니면 속함을 받을 수 없느니라(민 35:33)."

---

88 Boling and Wright, *Joshua*, 473.
89 P. Craigie, *The Book of Deuteronomy*, NICOT (Eerdmans, 1976), 266.

성경은 피흘림을 받는 땅과 공동체의 오염은 오직 피를 흘리게 한 자의 죽음을 통해서만이 정결케 될 수 있다고 보았다. 하나님의 형상으로 창조된 인간을 살해함으로 생긴 죄책은 동물 제사로 결코 정결케 할 수 없을 뿐(창 9:6) 아니라, 고의적 살인죄로 유죄 판결을 받은 살인자는 속전도 낼 수 없도록 되어 있었다(민 35:31-32).

8.4 고엘의 "땅" 무르기

고엘은 피를 무를 뿐 아니라 땅을 무르는 역할을 하도록 되어 있다. 가나안 땅에 들어간 후에 하나님의 백성 중 하나가 기업으로 얻은 땅을 상실하게 되어 종의 상태로 전락하게 되면 주변의 인근 친척들 중 하나가 고엘(גֹּאֵל ; 기업 무를 자)이 되어 이를 대신 변제해주고 땅을 되사서 원래 주인에게 돌려주도록 율법에 규정되어 있다.

"토지를 영구히 팔지 말 것은 토지는 다 내 것임이니라 너희는 거류민이요 동거하는 자로서 나와 함께 있느니라 너희 기업의 온 땅에서 그 토지 무르기를 허락할지니 만일 네 형제가 가난하여 그의 기업 중에서 얼마를 팔았으면 그에게 가까운 기업 무를 자(גֹּאֵל ; 고알로; his nearest redeemer)가 와서 그의 형제가 판 것을 무를(גָּאַל ; 가알; redeem) 것이요 만일 그것을 무를 사람이 없고 자기가 부유하게 되어 무를 힘이 있으면 그 판 해를 계수하여 그 남은 값을 산 자에게 주고 자기의 소유지로 돌릴 것이니라 그러나 자기가 무를 힘이 없으면 그 판 것이 희년에 이르기까지 산 자의 손에 있다가 희년에 이르러 돌아올지니 그것이 곧 그의 기업으로 돌아갈 것이니라(레 25:23-28)."

토지를 상실했을 경우 친족(고엘)이 무르고는 원 주인에게 돌려주는 것이 가장 빠른 방법이다. 그렇지 않은 경우에는(재정적 능력이 있는 고엘이 없는 경우) 본인이 나중에 돈을 모아 다시 살 수 있고, 또 그렇지 못할 경우에는 희년에 되돌려 받게 되어 있었다. 왜냐하면 땅은 인간의 소유가 아니라 하나님의 소유이기 때문이다. 따라서 누구든지 자기의 소유라고 주장할 수 없다. 하나님과 언약을 맺고 땅을 하사받은 것이기 때문에 남의 하사품을 자기 것으로 영원히 소유할 수는 없는 것이다. 이 같은 땅 무름이라는 고엘 제도가 이스라엘을 평등한 하나님의 나라로 만든 것이다.

8.5 고엘의 "몸" 무르기

고엘은 피를 무르고 땅을 무를 뿐 아니라 몸을 무르는 역할을 하도록 되어 있었다. 고대 근동 아시아나 이스라엘에서는 종의 제도가 널리 퍼져 있었다. 물론 전쟁에서 포로가 되어 노예가 된 경우도 있었으나, 부모가 팔거나, 자발적으로 자기 몸을 팔거나,[90] 빚을 못갚아 강제로 노예가 되는 경우도 있었다. 그런데 고대 근동 아시아에서 노예가 되는 가장 중요한 이유는 빚을 갚지 못한 데서 기인했다. 기근, 전쟁이 원인이기도 하나, 고금리가 가장 중요한 이유였다.[91] 어찌되었든 가난으로 인해 부요한 이방인에게 이스라엘인이 팔리게 되는 경우에는 고엘이 몸을 속량해야 했다.

"만일 너와 함께 있는 거류민이나 동거인은 부유하게 되고 그와 함께 있는 네 형제는 가난하게 되므로 그가 너와 함께 있는 거류민이나 동거인 또는 거류민의 가족의 후손에게 팔리면 그가 팔린 후에 그에게는 속량받을 권리가 있나니 그의 형제 중 하나가 그를 속량하거나(גָּאַל) 또는 그의 삼촌이나 그의 삼촌의 아들이 그를 속량하거나(גָּאַל) 그의 가족 중 그의 살붙이 중에서 그를 속량할 것이요 그가 부유하게 되면 스스로 속량하되(גָּאַל) ⋯ 그가 이같이 속량되지(גָּאַל) 못하면 희년에 이르러는 그와 그의 자녀가 자유하리니 이스라엘 자손은 나의 종들이 됨이라 그들은 내가 애굽 땅에서 인도하여 낸 내 종이요 나는 너희의 하나님 여호와이니라(레 25:47-55)."

빚 때문에 노예가 되었을 경우 우선 형제, 삼촌, 사촌, 근족의 순으로 빚을 면제하고 종으로 팔린 이스라엘인을 속량하는 책임을 져야 한다. 이 속량의 역할을 하

---

[90] 자발적으로 자기 몸을 파는 경우는 (1) 출애굽기 21:2-6, 신명기 16:16-17 (2) 레위기 25:39 이하에 나온다. 바벨론과 누지에서도 자기 몸을 스스로 파는 경우가 나온다. 바벨론에서는 몸값을 받고 파나, 누지에서는 그저 의식주를 해결하는 대가로 몸을 판다.

[91] 학자들에 의하면 고대 바벨론에서는 은은 20-25%, 곡식은 33%의 이자를 내야 했다고 한다. 앗수르는 어떤 확정된 이자는 없고 채주가 결정하였다. 후기 앗수르에서는 20에서 80% 까지의 이자를 요구하기도 하였다고 한다. 동료 히브리인들에게서 이자를 받지 말라고 명령한 것을 보면 팔레스타인에서도 마찬가지로 고이자가 횡행한 것처럼 보인다. 우리는 이 같은 모습을 이사야 52:3의 말씀에서도 살펴볼 수 있다 : "너희가 값 없이 팔렸으니 돈 없이 속량되리라." 아모스 2:6도 마찬가지이다 : "이는 그들이 은을 받고 의인을 팔며 신 한 켤레를 받고 가난한 자를 팔며."

는 자를 고엘이라고 부르는 것이다. 땅이 여호와의 것이기 때문에 땅을 물려야 하는 것처럼 이스라엘인의 몸을 물려야 하는 이유도 그 몸이 여호와의 소유이기 때문이다. 이스라엘인들은 그 누구도 영원히 노예로 있어서는 안 된다. 그는 애굽 땅 종 되었던 곳에서 속량되어 여호와께 속한 여호와의 노예이기 때문이다. 결국 몸과 땅 사이에는 근본적인 연결이 있다. 고엘의 책임은 몸뿐 아니라 땅에까지도 확장되는 것이다.

이렇게 구약의 고엘이 담당해야 하는 역할은 매우 총제적이다. 한마디로 고엘은 친족 중의 한 사람이 당하는 모든 악에서 구해내는 자이다. 구약에서 구원은 단순히 애굽 땅 종되었던 곳에서 구원해내는 것만이 전부가 아니다. 구약은 하나님께서 편 팔과 큰 재앙으로 이스라엘을 애굽에서 구속해낸 사회-경제-정치-물리적인 해방을 원형적 사건으로 제시하면서, 진정한 구원자는 애굽 땅 종되었던 곳에서 이스라엘을 구원해낸 여호와 하나님임을 잊지 말고, 약속의 땅에서 다시는 그 누구에게도 종이 되지 않고 자유를 누리며 하나님만 섬기는 것임을 분명히 보여준다. 이런 구약의 구원 사역을 감당해야 하는 역할을 고엘이 맡은 것이다.

이렇게 본다면 나오미가 남편과 두 아들을 잃고 텅 비어 돌아왔지만, 진정한 고엘이신 여호와께서 산 자와 죽은 자에게 인애 베풀기를 그치지 아니하시고, 고엘 제도가 베들레헴 공동체 안에 율법으로 살아 있고, 보아스가 가까운 근족이요 고엘이라면 나오미에게는 희망이 있는 것이다. 결국 여호와, 율법, 하나님의 백성, 이 세 요소가 공동체 안에 있다면 이스라엘은 거룩한 백성이 될 수 있는 것이다. 이스라엘이 여호와만을 섬기고 율법을 지키며 연약한 자들을 배려하는 사랑을 잃지 않는다면, 하나님이 주신 약속의 땅인 가나안은 사람이 살 만한 공간, 거룩한 땅이 될 수 있는 것이다.

8.6 서로 돌아보는 사회

보아스의 밭에서 일어난 일들은 인간은 서로를 돌아볼 때에 비로소 하나님께서 인간을 창조하신 목적을 달성할 수 있음을 보여준다. 룻기 2장에 보면 등장 인물들이 여호와의 이름으로 축복을 베푼다. 보아스가 베는 자들에게 "여호와께서 너희와 함께 하시기를 원하노라"고 축복하자, 베는 자들이 "여호와께서 당신에게 복주시기를 원하나이다"라고 화답한다. 사회와 공동체와 가정 안의 샬롬과 복지의 궁극적 원천은 여호와임을 인정한 것이다. 혹자는 실제 그렇게 인정하고 하는 말이 아니라, 그저 인사치레에 불과한 풍습일 수 있다고 보기도 한다.

그러나 룻기 2장의 보아스의 추수 밭에서 일어난 일들을 보면 단지 입술로만 그렇게 인정하고 마는 것이 아니라, 실제 행위에서 여호와로부터 샬롬과 복지가 임할 수 있도록 행동하는 모습을 볼 수 있다. 보아스는 이방 여인인 룻을 진정으로 돌아본 탁월한 인품의 소유자였다. 룻은 보아스의 환대를 받고 "나는 이방 여인이거늘 당신이 어찌하여 내게 은혜를 베푸시며 나를 돌보시나이까"라고 하며 놀라워했다. 룻이 추수 밭에서 받은 은혜를 보고 나오미는 보아스를 가리켜 단정적으로 룻을 "돌아본 자"(מַכִּיר ; 마키르)라고 칭찬하면서 복을 빈다. 사회의 약자들을 돌보는 인애의 삶을 통해 룻과 나오미의 가정에 진정한 샬롬과 복지의 가능성이 열린 것이다. 이 얼마나 아름다운 모습인가!

그렇다면 보아스가 이런 모습을 보인 이유는 무엇인가? 여호와가 베푸신 인애에 대한 응답으로 룻에게 응답을 보인 것이라고 캠벨은 해석한다.

> 이제는 유명해진 구약의 언약 공식에 따르면, 하나님은 먼저 자신의 주도권을 가지고 그의 백성을 불러내시며, 그 후에 백성들이 하나님의 백성으로서 그 위치에 맞게 살 것을 요구한다. 그리고 그들이 순종하는지 불순종하는지의 여부에 따라 복과 저주로 응답하신다. 인간의 의로운 행동들은 결코 하나님의 호의를 끌어내지 못한다. 단지 하나님이 먼저 보이신 호의가 무엇인지를 드러내는 것뿐이다. 하나님의 백성은 하나님의 은혜를 받기에 합당한 자가 되기 위해 인애의 행동을 하는 것이 아니다. 하나님의 은혜에 반응하기 위해 인애의 행동을 하는 것이다. 그러기에 하나님의 축복은 그 반응에 대한 반응이다. 따라서 하나님의 백성들은 이런 축복의 반응을 기대하고 확신할 수는 있지만 기계적으로 보장할 수는 없다.[92]

---

92 Campbell, *Ruth*, 113.

인간 무대에서 헤세드는 하나님의 헤세드의 증거, 하나님의 크신 자비의 증거이다. 인간의 헤세드와 하나님의 헤세드의 상응성은 룻기 저자가 지닌 신학의 독특성이다. … 보아스는 룻에게 하나님의 복을 빌었지만, 룻기 3장에서 보게 되겠지만 룻에게 빈 복이 성취되는 도구 역할을 하게 된다. 룻이 여호와의 날개 아래에 피하러 들어왔기에 여호와께서 상을 베푸실 것이라고 보아스가 복을 비는데, 3:9에 가면 보아스의 날개가 룻이 받을 상급이 되어야 했다. 나오미는 보아스의 행동을 보고 여호와께서 아직도 인애를 보이신다고 하나님을 찬양한다. 그러나 실제로 나오미를 채우는 것은 보아스와 룻의 인애이다. 우리는 룻기 안에서 인간들이 하나님처럼 행동한다고 말할 수 있다. 이 점을 염두에 두고 보면, 룻이 보아스 앞에서 얼굴을 땅에 대고 절을 하며, 여호와의 이름으로 축복하는 보아스를 "나의 주"라고 부르는 것은 너무나도 놀라운 것이다.[93]

우리는 룻기 2장에서 보아스의 모습을 통해 하나님의 인애에 대한 반응으로 서로를 돌보는 사회는 한 여인의 삶을 절망에서 희망으로 이끌어가는 원동력임을 볼 수 있다.

8.7 경건한 척 기도만 하지 말고 실제 행동해야

우리는 룻기 2장을 읽으면서 우리가 어떤 자세로 살아야 하는지를 배울 수 있다. 만일 우리가 남의 밭에서 이삭 줍는 룻과 같은 느낌이 든다면, 추수 밭에서 우연히 보아스 같은 사람을 만나길 기대해야 한다. 쓰라린 마음 보듬으며 하나님께서 우연한 우리의 발길을 보아스에게 속한 밭에 이르게 하실 것을 믿고 추수 밭에서 열심히 이삭을 주워야 한다.

한편 우리가 밭을 소유하고 추수하는 보아스 같은 넉넉한 형편의 사람이라면, 룻과 같은 사람들에게 예수를 만나야 한다고만 하지 말고 자신이 "작은 예수"로서 은혜를 베풀어야 한다. 룻이 보아스를 만난 것을 우리가 그리스도를 만나야 하는 것으로 바로 모형론적으로 적용해서는 안 되는 이유가 여기에 있다. 필자가 보아스를

---

[93] Campbell, *Ruth*, 113.

예수 그리스도의 모형으로 보고 모형론적으로나 구속사적으로 너무 빨리 해석하는 것에 반대하는 이유도 여기에 있다. 보아스를 그리스도의 모형으로 보면, 우리가 해야 할 일과 우리가 할 수 있는 일을 그리스도께 미루는 우를 범할 수 있기 때문이다. 오늘도 하나님께서는 우리를 통해 일하시기 때문이다.

니콜라스 월터스토프(Nicholas Wolterstorff)는 그의 명저 『정의와 평화가 입맞출 때까지』(*Until Justice and Peace Embrace*)에서 이렇게 지적하고 있다.

> 내가 개혁주의 전통에서 성장할 때에는 애초에 그 전통이 뚜렷하게 갖고 있던 세계-형성적 특성을 거의 알지 못했다. 나에게는 특정한 신학과 특정한 경건의 모습만 눈에 들어왔다. 그 경건의 모습이 가장 잘 드러난 것은 기도였다. 내가 기억하기로 그 기도의 기본적인 구조는 "주님, 우리에게 많은 복을 주셔서 감사합니다. 또한 우리보다 불행한 이들을 기억해 주옵소서"라는 것이었다. 거기에는 이 세상의 억눌린 자와 불행한 자를 돌보는 일은 하나님의 몫이라는 태도가 내포되어 있었다. 우리 몫은 하나님이 그 일을 소홀히 하지 않도록 기도하는 것뿐이었다.[94]

그러고 나서 월터스토프는 이렇게 절규한다.

> 이후에야 나는 내가 몸담고 있던 그 전통이 본래 급진적 성격을 가지고 있었다는 것을 배웠다. 그런 뿌리를 알게 되면서 나 자신의 정체성에 대해 더욱 감사하는 마음이 생겼다. 동시에 그 전통이 급진성을 상실한 데 대해 심히 불만스런 마음도 들었다. 어떻게 해서 이토록 보수적으로 변했을까? 정말 어떤 때는 숨이 막힐 정도로 보수적이다.[95]

이것은 오늘 보수적 한국 교회에도 그대로 들어맞는 것 같다. 특히 개혁주의를 표방하는 교단은 더욱 그렇다. 말로는 개혁주의라고 하지만, 우리가 살고 있는 현 체제와 상황은 바꾸어야 마땅하며, 자기가 새로운 질서를 세우도록, 다시 말해 이 세상 속에 하나님의 나라를 끊임없이 세워가는 일로 부름을 받았다는 사실을 인

---

94 니콜라스 월터스토프, 『정의와 평화가 입맞출 때까지』, 홍병룡 역 (IVP, 2007), 15.
95 월터스토프, 『정의와 평화가 입맞출 때까지』, 15.

식하지 못하고 있다. 그저 우리가 처해 있는 구조와 현실을 최종 질서로 생각하고 개혁하기보다는 이를 보수하는 일에 너무 많은 에너지를 소비하고 있다.

이것은 성경 해석 과정에서도 나타난다. 개혁주의자들뿐 아니라 복음주의자들 역시 보아스를 예수 그리스도의 모형으로 보고 룻이 보아스를 만난 것은 우리가 그리스도를 만난 것이라고 해석한다. 그러고는 아직 그리스도를 만나지 못한 사람들은 그리스도를 만나야 한다고 해석한다. 이런 점에서 개혁주의와 복음주의를 신봉하는 사람들은 현재 우리가 살고 있는 체제는 인간의 불의로 만든 불완전한 세상이기 때문에 하나님의 말씀을 따라 개혁하는 일에 최선을 다해야 한다. 따라서 우리는 가난한 자들과 사회적 약자들에게 예수 그리스도를 만나라고만 할 것이 아니라, 작은 예수로서 그들에게 필요한 것을 공급하는 자들이 되어야 한다.

8.8 죽음을 넘어서는 하나님의 인애

한편 룻기 2장은 여호와의 인애가 어떤지를 잘 보여준다. 나오미는 룻기 2장에서 여호와의 인애를 찬양하는데, 놀랍게도 여호와의 인애는 산 자와 심지어 죽은 자에게도 미친다는 것이다. 그렇다! 여호와는 산 자에게 인애를 베푸는 분이시다. 심지어 라틴계 철학자인 키케로는 "내가 숨쉬는 한 희망은 있다"(dum spiro, spero)라고 하지 않았는가! 세속 철학자도 이렇게 말하는데 하물며 살아 계신 하나님을 믿는 우리는 더 말해 무엇하랴! 우리의 호흡이 있는 한 희망은 있다. 왜냐하면 우리의 하나님은 산 자에게 인애를 베푸시는 은혜의 하나님이시기 때문이다. 우리가 잘못을 했든 안 했든간에 우리의 곤궁한 처지를 보고 자발적으로 우리를 도우러 오시는 인애의 하나님이시다.

그러나 호흡이 끊어진다 하더라도 문제가 되지 않는다. 왜냐하면 우리의 하나님은 죽은 자에게도 인애를 베푸는 분이시기 때문이다. 이것이 복음이다. 죽은 후에도 우리를 향한 하나님의 인애가 그치지 않는다면, 우리는 죽음을 두려워할 필요가 없는 것이다. 이 같은 사실을 나오미는 희미하게나마 깨닫고 여호와는 산 자와 죽은 자에게 인애 베풀기를 그치지 아니하신다고 노래한 것이다.

나오미가 희미하게 기대하고 바라본 것을 우리는 눈으로 목격하였다. 예수 그리스도는 무덤 한복판에도 희망이 있음을 보여주기 위해, 죽음 이후에 부활이 있음을 보여주기 위해 자신의 생명을 십자가 위에서 우리를 위해 내어주셨다. 주님은 죽음에 이르는 충성으로 자기 백성을 사랑하신 인애의 하나님임을 보여주시고, 무덤 가운데서 사흘 만에 살아나심으로 주님의 인애는 죽음 너머까지 지속된다는 사실을 실증해 보이셨다.

부활하신 주님은 지금도 곤궁에 처한 그의 백성을 돕기 원하시며, 그의 백성에게 부활의 능력을 주기 원하시는 인애의 하나님이시다. 누구든지 그분을 의지하고 신뢰하기만 하면 부활의 능력을 힘입을 수 있다.

스스로 아골 골짜기의 뼈처럼 아무 소망이 없다고 생각하는 분이 있는가? 내 힘으로는 옴짝달싹도 못할 궁지에 처했다고 생각되어 절망하는 분이 있는가? 설령 현실은 그렇더라도 소망을 포기해서는 안 된다. 인애하신 구세주가 우리의 주님이기 때문이다. 때론 우리를 텅 비게 하신 것처럼 보이지만 그럼에도 우리는 실망하지 말고 그분께 나아가야 한다. 우리 하나님은 산 자는 물론 죽은 자에게 인애 베푸시기를 그치지 않으시는 부활의 주님이시기 때문이다. 주님의 인애는 나의 죽음 너머까지 지속될 것이기에 우리는 시편 기자처럼 노래할 수 있는 것이다.

"주의 인자하심(חסד : 헤세드)이 생명보다 나으므로 내 입술이 주를 찬양할 것이라(시 63:3)."

Chapter 8

제3막 :
보아스의 타작마당에
눕는 룻

룻 3:1–18

3막 1장
어두운 밤길 지나 타작마당으로(룻 3:1-5)

1. 서론적 이야기

1.1 룻기 3장의 대략적 구조

룻기 3장은 타작마당에서 룻과 보아스 사이에 일어나는 사건을 중심으로 이루어져 있다. 3장은 전체 룻기 스토리에서 절정에 해당된다. 2장에서 룻이 곡식과 먹을 음식을 얻는 이야기는 두 과부의 기아 문제를 해결하였다. 그러나 아직 룻은 결혼하지 못한 채 안식할 곳이 필요하였다. 그런데 3장에서 이 문제와 연관하여 룻의 미래를 결정지을 사건이 발생하게 된다. 룻이 목욕하고 기름 바르고 의복을 입고 한밤중에 타작마당의 보아스에게 나아가 그 발치에 눕는 대담한 중매 계획을 나오미가 세우고 이에 룻이 순종하게 된다. 그리고 보아스와 룻이 한밤중에 타작마당에서 만나게 된다. 과연 나오미가 의도한 대로 일이 이루어질까 독자는 긴장을 하지 않을 수 없다. 플롯으로 볼 때 극적 긴장과 갈등과 서스펜스가 가장 고조된 곳이기 때문에 룻기에서는 절정에 해당된다. 타작마당에서 보아스와 룻 사이의 조우가 제대로 이루어진다면 독자들은 일이 잘 풀릴 것을 직감적으로 알 것이다. 물론 기업 무를 자의 존재로 인해 한번 더 긴장을 경험하게 되지만, 보아스가 책임을 진다면 문제가 해소될 것임을 알기 때문이다.

플롯의 구조상 3장은 보아스와 룻이 타작마당에서의 조우하는 만남을 중심으로 이루어져 있다.

이 부분이 룻기의 절정에 해당되기에 상세히 다루려고 네 부분으로 나누었다.

A. 3막 1장(3:1-5) : 룻을 위한 나오미의 중매 계획
B. 3막 2장(3:6-9) : 타작마당에서 행한 룻의 요청
C. 3막 3장(3:10-13) : 룻의 요구에 대한 보아스의 응답
D. 3막 4장(3:14-18) : 보아스의 상징적 행동과 시어머니에게 행한 룻의 보고

이번에는 주로 3장 1-5절을 중심으로 하나님의 말씀을 주해해 보도록 하자. 1-5절은 나오미가 룻을 위해 대담한 중매 계획을 세운 후에 이를 룻에게 지시하는 장면이다. 따라서 나오미의 말이 대부분을 차지한다.

1.2 성경 본문

이제 3막 1장에 해당하는 본문을 읽어보자.

"룻의 시어머니 나오미가 그에게 이르되 내 딸아 내가 너를 위하여 안식할 곳을 구하여 너를 복되게 하여야 하지 않겠느냐 네가 함께 하던 하녀들을 둔 보아스는 우리의 친족이 아니냐 보라 그가 오늘 밤에 타작마당에서 보리를 까불리라 그런즉 너는 목욕하고 기름을 바르고 의복을 입고 타작마당에 내려가서 그 사람이 먹고 마시기를 다 하기까지는 그에게 보이지 말고 그가 누울 때에 너는 그가 눕는 곳을 알았다가 들어가서 그의 발치 이불을 들고 거기 누우라 그가 네 할 일을 네게 알게 하리라 하니 룻이 시어머니에게

이르되 어머니의 말씀대로 내가 다 행하리이다 하니라(룻 3:1-5)."

1.3 그동안의 대중적 해석사와 문제 제기

지금까지 살펴본 대로 대중적인 해석자들은 룻과 보아스의 이야기를 그리스도인들과 그리스도와의 이야기로 해석해 왔다. 위어스비는 룻이 보아스를 만날 준비를 하는 단계를 주님과 깊은 관계를 맺기 원하는 그리스도인들이 밟아야 할 단계로 해석한다.

룻기는 소외된 한 이방 여인이 존경받는 유대인 남자에게 시집갔다는 내용 이상을 담고 있다는 사실을 명심하라. 룻기의 이야기는 또한 그리스도를 믿고 그분에게 속한 자들에 대한 그리스도와의 관계를 그려주고 있다. 본 장에서는 룻이 그 다음에 밟은 단계들이 나오는데 이것은 바로 주님과 더 깊은 관계를 맺기 원하는 하나님의 백성들이 밟아야 할 단계이기도 하다. … 룻은 보아스에게 자신을 보이기 전에 다섯 가지 면에서 자신을 준비했다.

첫째, 그녀는 목욕을 했다. … 실제로 나오미는 룻에게 결혼을 준비하는 신부처럼 행동하라고 말하고 있었던 것이다(겔 16:9-12). … 만약 우리가 우리 주님과 더 깊은 단계에 들어가기 원한다면 우리는 "하나님을 두려워하는 가운데서 거룩함을 온전히 이루어 육과 영의 온갖 더러운 것에서 자신을 깨끗하게"(고후 7:1) 하여야만 한다.

룻이 다음으로 준비한 것은 기름을 바르는 것(3절)이었다. … 여기서 기름을 바른다는 것은 우리 삶 속에 거하시며 역사하시는 성령을 가리킨다. 모든 신자들은 성령의 기름 부음을 받았다. 우리가 인품이나 행실에 있어서 예수 그리스도를 더 닮아가도록 하자.

룻이 세 번째로 준비한 것은 의복을 갈아입는 것이었다(3절). 그녀는 슬픈 과부의 옷을 벗고 신부복을 입어야 했다. … 성경에서 옷은 영적인 의미를 수반한다. … 그런가 하면 성경에서는 구원이 의복을 갈아입는 것으로 묘사되고 있으며(눅 15:22; 사 61:10), 그리스도인의 삶은 옛 생명이라는 베옷을 벗고, 새 생명이라는 "은혜의 옷"을 입는 것을 의미한다(골 3:1-17; 참조 요 11:44).

룻은 보아스에게 자신을 어떻게 보여야 할지 연구함으로써 자신을 준비했다(3-4절). … 타작마당으로 가는 길에서 만약 룻이 다른 방법을 취했다면 어떻게 되었을까 한번 상상해 보라. … 이보다 더 나은 방법도 있었을 것이다. 그러나 만약 그녀가 다른 접근법을 시도했다면 보아스가 혼란을 일으켰을 것이고 전체 계획이 수포로 돌아갔을 것이다. 우리가 개인적으로 주님을 만나든 아니면 공중 예배를 통해 주님을 만나든 우리에게는 하나님께서 지정해 주신 접근법의 원리를 변경할 권리가 없다. …

마지막으로 룻은 순종할 것을 약속했다. … 하나님은 하나님이 우리를 위해 계획하신 모든 계획을 우리가 다 받아들이고 완전히 순종할 것을 기대하신다.[1]

룻기 본문은 분명히 인간(룻)과 인간(보아스)의 만남의 이야기인데, 위어스비는 인간(하나님의 백성)과 하나님(그리스도)과의 만남의 스토리로 바로 바꾸어 놓고 있다. 만일 성경 기자가 "속뜻을 감추고 다른 사물을 내세워 그것으로 하여금 감추어진 속뜻을 말하게 하려는 의도"로 룻기를 썼다면 이렇게 해석해도 무방하다고 할 수 있다.

다시 말해 겉으로는 룻과 보아스의 이야기지만 실제로는 하나님의 백성과 그리스도와의 이야기를 하려고 한 것이라면, 다시 말해 알레고리로 만든 이야기라면 얼마든지 위어스비처럼 해석해도 된다. 아니 그렇게 해석해야 한다. 왜냐하면 "속뜻을 감추고 다른 사물을 내세워 그것으로 하여금 감추어진 속뜻을 말하게 하려는 의도"로 쓴 이야기가 알레고리이기 때문이다.

그러나 어떻게 보아도 룻이 타작마당에서 보아스를 만나려고 준비하는 모습은 하나님의 백성이 그리스도를 만나기 위해 준비할 것이 무엇인지를 이야기하려고 만든 알레고리가 아니다. 만일 룻기가 알레고리라고 한다면 마땅히 숨은 의미를 찾

---

[1] 위어스비, 『헌신하여라』, 53-58.

아내야 올바른 해석을 했다고 할 수 있다.

그러나 룻기가 알레고리가 아님에도 불구하고 숨은 의미를 찾아내어 해석한다면 이것은 알레고리제이션이다. 알레고리제이션(allegorisation; 알레고리화)은 원래 저자가 의도하지도 생각하지도 않은 숨은 의미를 억지로 이야기 위에 부가하는 것을 말한다. 결국 여기서도 "모든 의미의 문제"에서와 마찬가지로 "저자의 의도"가 "해결의 열쇠"이다.

필자가 보기에는 룻기 본문을 문자적으로 읽으면 저자가 "속뜻을 감추고 다른 사물을 내세워 그것으로 하여금 감추어진 속뜻을 말하게 하려는 의도"로, 다시 말해 알레고리로 룻기 스토리를 썼다는 점을 조금도 찾아볼 수 없다. "요담의 우화"라든지 "나단의 우화" 같은 것은 알레고리이다. 따라서 요담의 우화는 겉으로는 나무 이야기이지만 실제로는 나무 이야기가 아니라 아비멜렉과 세겜인들의 이야기이다. 나단의 우화 역시 겉으로는 한 성에 사는 부자와 가난한 자의 이야기이지만 실제로는 다윗과 우리야와 밧세바의 이야기이다. 독자들은 요담과 나단이 "속뜻을 감추고 다른 사물을 내세워 그것으로 하여금 감추어진 속뜻을 말하게 하려는 의도"로 이야기하고 있음을 금방 알아차릴 수 있다. 알레고리는 알레고리로 해석해야 하지만, 룻기는 어떻게 보아도 알레고리가 아니다. 따라서 우리는 룻기를 알레고리컬하게 해석해서는 안 된다.

겉으로 보면 영적인 해석 같아 은혜도 되고 구속사적인 해석 같아 멋있어 보이기도 하지만 이런 식으로 해석하면 룻기 이야기는 가현설적 스토리(docetic story)로 전락한다. 다시 말해 룻기에 등장하는 룻과 보아스는 우리와 같은 시공간을 살아낸 실제적인 역사적 인물이 아니라, 어떤 교훈을 전달하기 위한 가공의 인물로 전락하게 된다.

물론 위어스비 같은 분이 이런 식으로 해석하는 데에는 이유가 있다. 그리스도인들에게 무엇인가 교훈을 주어야 한다는 열정 때문으로도 볼 수 있다. 그러나 우리가 적용 중심의 해석을 할 때에는 그 의도가 아무리 선하다 하더라도 정말 조심해야 한다. 저자의 의도가 무엇인지 파악하고 그러고 나서 우리에게 적용하지 않으면 저자의 의도를 곡해하게 되고 마침내는 하나님의 계시의 말씀을 훼손하거나 왜곡하게 될 수 있다.

2. 구조적 데이터

2.1 구조 분석

룻기 3:1-5은 나오미의 제안(1-4절)과 룻의 순종의 약속(5절)으로 이루어져 있다. 5절 가운데 무려 4절이 나오미의 제안으로 이루어져 있는데 이것은 나오미의 제안이 이 단락의 핵심 주제를 드러내며 이어지는 스토리의 플롯을 전개하는 시발점임을 보여준다. 따라서 나오미의 제안을 구조 분석할 필요가 있는데, 이번에는 "같거나 유사한 단어의 반복"이 아니라 "문장의 형식"으로 구조를 분석하는 것이 좋아 보인다. 왜냐하면 아래의 분석에서 보듯이 나오미의 말은 같은 단어가 반복되기보다는 2개의 질문과 1개의 긍정문과 2개의 명령문으로 구성되어 있기 때문이다.

  A (질문) 내가 너를 위하여 안식할 곳을 구하여 너를 복되게 하여야 하지 않겠느냐
    B (질문) 네가 함께 하던 하녀들을 둔 보아스는 우리의 친족이 아니냐
      X (긍정문) 보라 그가 오늘 밤에 보리 타작마당을 까불리라
    B' (명령문) 너는 목욕하고 기름을 바르고 의복을 입고 타작마당에 내려가라
  A' (명령문) 들어가서 발치 이불을 들고 거기 누우라

이렇게 구조 분석이란 본문의 상세한 언어적 데이터를 근거로 본문의 현상을 설명하는 것이지, 특정한 틀들을 가지고 강제로 끼워 맞추는 작업이 아니다. 이제 이 구조 분석에서 나온 데이터를 가지고 본문의 흐름을 이해해 보도록 하자.

2.2 구조 설명

나오미가 생각하고 있는 계획은 A와 B, 2개의 질문 가운데 함축되어 있다.

  A (질문) 내가 너를 위하여 안식할 곳을 구하여 너를 복되게 하여야 하지 않겠느냐
  B (질문) 네가 함께 하던 하녀들을 둔 보아스는 우리의 친족이 아니냐

이 두 개의 질문은 몰라서 묻는 질문이 아니다. 둘 다 부정을 사용해서 강한 긍정의 의미를 드러내는 소위 "수사학적 질문"이다. 첫 번째 질문은 룻을 위하여 안식할 곳을 구해야겠다는 나오미의 강한 결심을 드러낸다(A). 여기서 안식할 곳이란 결혼을 의미한다. 룻기 1:9에 보면 "여호와께서 너희로 각각 남편의 집에서 평안함을 얻게 하시기를 원하노라"고 되어 있는데, 여기서 평안함이란 결혼을 의미하기 때문이다. 나오미가 룻을 위해 혼처를 구하려는 결심을 드러내고 있다.

그런데 룻의 혼처를 구해주려는 나오미의 계획의 성공 가능성은 기업 무를 자가 될 수 있는 친족이 있어야 한다. 그런데 룻이 함께 추수 밭에서 일한 적이 있었던 소녀들을 고용한 보아스가 친족이라는 점을 나오미는 확인시키려 한다. 이것이 둘째 질문의 목적이다(B).

그런데 바로 그 보아스가 "오늘 밤"에 타작마당에서 보리를 까부르게 될 것이라는 정보를 나오미가 입수하게 되었다. 룻과 보아스의 중매를 주선하려는 나오미는 어떻게 해야 이 일을 성사시킬 수 있는지를 잘 알고 있는 지혜로운 여인이었다. 추수를 끝내고 타작마당에서 먹고 마시고 즐거운 분위기에 빠졌을 때 룻이 접근한다면 중매 성사의 가능성은 그만큼 높아지기 때문이다. 따라서 보아스가 타작마당에서 보리를 까부를 것이라는 정보가 나오미의 전체 제안의 중심에 위치해 있다(X).

그러나 무작정 룻이 보아스에게 접근해서는 안 되는 것이다. 목욕을 하고 기름을 바르고 의복을 입음으로써 이제 애도의 기간을 끝내고 결혼할 마음의 준비가 되었음을 드러낼 필요가 있었다(B'). 그러나 이런 일들은 다른 사람들이 보지 못하도록 은밀하게 다루어야 할 필요가 있었다. 따라서 보아스가 누울 때에 어디 눕는가를 보아 두었다가 가서 그 발을 들고 누우라고 나오미가 지시한 것이다(A').

이렇게 나오미의 말을 분석해 보면 강한 결심(수사학적 질문)에서 시작해서 핵심 정보(긍정문)를 제시하고 룻에게 지시(명령문)를 내리는 나오미의 모습이 잘 묘사되어 있다. 룻과 보아스의 결혼을 성사시키려는 이런 중매 계획이 나오미의 뜻대로 이루어질지는 두고 보아야 한다. 그러나 우선 룻기 3장에서 이니셔티브를 잡은 인물은 룻이 아니라 나오미라는 점을 내레이터는 분명히 보여준다.

이렇게 룻기 3장에서 나오미가 주도권을 잡고 룻에게 제안하는 모습은 2장 초두에서의 낙심된 모습과 비교해 보면 놀라지 않을 수 없다. 2장 첫 부분을 보면 나오미는 삶의 공허와 좌절 가운데 빠져서, 보리 추수 시작 때에 베들레헴으로 귀향하였음에도 불구하고 전혀 어떤 능동적인 행동이나 조치도 취하지 못했다. 먼저 밭에 가서 이삭을 줍게 해달라는 룻의 요청에 대해 그저 "내 딸아 갈지어다"라는 말만 할 뿐 어떤 움직임도 없었다. 그저 이삭 줍는 첫 날 집에서 룻에게 무슨 일이 일어나는지 궁금해 하며 기다린 것이 전부였다. 그러나 3장에 들어서면서 주도권을 잡고 적극적으로 나선 것은 룻이 아니라 나오미였다. 낙망 가운데 빠져 있던 나오미가 새로운 활력과 구체적인 계획으로 움직이기 시작한 것이다.

그 이유가 무엇인가? 단순히 룻의 봉양으로 이삭 줍는 7주 동안 생계를 유지할 수 있었기 때문인가? 아니다. 나오미는 룻이 이삭 줍던 첫 날 보아스를 만났을 때 일어난 일을 통해 "산 자와 죽은 자에게 인애 베풀기를 그치지 아니하시는"(룻 2:20) 여호와의 손길을 경험했기 때문이다. 이에 영적으로 회복되며 살아나기 시작한 나오미가 3장에서는 먼저 주도권을 잡고 룻을 끌고나가고 있는 것이다.

3. 룻의 안식과 복을 구하는 나오미

3.1 "시어머니"라는 명칭(naming)의 중요성

나오미는 2장에서는 매우 수동적인 모습을 보였다. 이방 여인 룻이 이삭을 주우러 나가겠다고 먼저 나설 때 그저 "그렇게 하라"고 허락하는 것이 전부였다. 그러나 보리 추수와 밀 추수를 하는 7주 동안 룻이 시어머니를 공경하는 모습을 보이자, 드디어 나오미는 룻을 위한 담대한 계획을 세웠다(1절).

"룻의 시어머니 나오미가 그에게 이르되
(וַתֹּאמֶר לָהּ נָעֳמִי חֲמוֹתָהּ ; 와토메르 라흐 노오미 하모타흐)
내 딸아 내가 너를 위하여 안식할 곳을 구하여
(בִּתִּי הֲלֹא אֲבַקֶּשׁ־לָךְ מָנוֹחַ ; 비티 하로 아바케쉬-라크 마노아흐)
너를 복되게 하여야 하지 않겠느냐

(אֲשֶׁר יֵשֶׁב-לָךְ ; 아셰르 이타브-라크)."

내레이터는 나오미가 룻에게 중매 계획을 이야기하는 대목에서는 단순히 나오미라고 하지 않고 "그녀의 시어머니(חֲמוֹתָהּ ; 하모타흐) 나오미"라며 "그녀의 시어머니"라는 명칭(naming)을 덧붙여 사용한다. 경제성을 생각하면 이미 독자들이 다 알고 있는 내용인데, 내레이터는 왜 이런 명칭을 고집하는 것일까?

우선 시어머니(חָמוֹת ; 하모트)라는 단어는 구약에 모두 11번 사용되었는데 룻기에서만 10번 사용되고 있다는 점을 주목해야 한다. 그만큼 룻기에서는 고부 관계가 중요한 핵심 단어요 핵심 가치인 것이다. 그러나 이런 설명만으로는 룻기의 내러티브의 고유한 특징을 다 설명해주지 못한다.

내러티브는 "작은 호칭" 하나로도 주제를 표출하고 등장 인물의 관점을 드러내는 역할을 하기 때문이다. 따라서 내러티브를 해석할 때에는 이런 작은 단서 하나라도 놓쳐서는 안 되는데 1970년 후에 성경학계에 새로운 모습으로 등장한 문예적 해석(literary interpretation)이 좋은 주석의 도구가 된다. 이미 교회사 안의 탁월한 성경 해석자들과 신학자들은 성경 본문의 문자적 의미와 문예적 의미를 찾아낼 줄 알았다. 그러나 이런 문예적 해석을 하나의 통일된 시스템을 가진 해석학적 도구로 이론화시킨 것은 성경 해석사의 입장에서는 비교적 최근의 일이다.

이런 점을 염두에 두고 룻기를 상세히 살펴보면 나오미란 고유명사가 내레이터와 등장 인물들에 의해 자주 사용되고 있지만, 오르바나 룻과의 관계에서 나오미가 언급될 때에는 내레이터이든 등장 인물이든간에 상관없이 항상 나오미를 "시어머니"로 언급한다. 그 이유가 무엇일까? 우리가 앞서 살핀대로 나오미는 남편과 아들을 잃고 이제 유일하게 남은 관계는 "시어머니"뿐이다. 이제 나오미가 룻에게 하는 말은 시어머니로서 룻에게 하는 제안이라는 뜻이라고 볼 수 있다. 따라서 내레이터는 나오미에게 유일하게 남은 사회적 신분인 시어머니의 역할에 근거하여 룻에게 제안을 하고 있다는 점을 강조하기 위해 "시어머니"라는 명칭을 사용하고 있는 것이다.

이렇게 설명하고 나면 일부 신학생들이나 일반 독자들은 다 아는 내용 아니냐고 할지 모른다. 들으면 다 아는 내용이지만, 실제 독서를 할 때나 성경 본문을 주해할 때나 성경공부나 설교할 때 이를 콕 집어 설명해내면서 의미를 부여하는 것은 또 다른 문제다. 따라서 성경을 주해하려는 이들은 본문의 작은 디테일들을 유의미한 단서로 포착하여 주제를 파악해내는 일에 훈련을 받을 필요가 있다.

나오미는 "내 딸아"(בִּתִּי ; 빗티)라고 다시 부른다. "내 딸"은 룻기에만 8번 등장하는데, 나오미가 5번(2:2, 22, 3:1, 16, 18) 그리고 보아스(2:8, 3:10, 11)가 3번 룻을 부르는 데 사용된다. "시어머니"가 7주간 추수 밭에서 이삭을 주워 봉양한 모압 며느리를 "내 딸"이라고 부르는 모습을 상상해 보라. "내 딸"이라는 호칭은 결코 빈말이거나 입에 발린 말이 아니었을 것이다. 실제로 이어지는 나오미의 말은 룻에 대한 사랑과 배려로 가득 차 있다.

3.2 안식할 곳을 구해야 하지 않겠느냐

나오미는 룻에게 "내 딸아"라고 부른 후에 "내가 너를 위하여 안식할 곳(מָנוֹחַ ; 마노아흐)을 구하여 너를 복되게 하여야(אֲשֶׁר יִיטַב־לָךְ ; 아셰르 이타브-라크) 하지 않겠느냐"라고 제안하였다. 나오미가 원한 것이 정확히 무엇인지 알기 위해서는 "안식할 곳"과 "복되게 하다"라는 핵심 단어를 연구해야 한다.

우선 "안식할 곳"이라고 번역된 히브리어(מָנוֹחַ ; 마노아흐)는 구약에서 5번 사용되었는데 주로 "쉴 곳"을 가리킨다. 노아의 방주에서 나간 비둘기가 발바닥을 디딜 (מָנוֹחַ ; 마노아흐) 공간을 찾지 못해 돌아오는 장면에서 이 단어가 쓰였다.

> "온 지면에 물이 있으므로 비둘기가 발(원문은 발바닥; כַּף־רֶגֶל ; 카프 레겔) 붙일 곳(מָנוֹחַ ; 마노아흐)을 찾지 못하고 방주로 돌아와 그에게로 오는지라 그가 손을 내밀어 방주 안 자기에게로 받아들이고(창 8:9)."

또한 이 단어는 불순종하는 이스라엘에 대한 저주를 언급하는 대목에서도 쉴 곳으로 사용되었다.

> "그 여러 민족 중에서 네가 평안함을 얻지 못하며 네 발바닥(כַּף־רֶגֶל ; 카프 레겔)이 쉴 곳

(מָנוֹחַ ; 마노아흐)도 얻지 못하고 여호와께서 거기에서 네 마음을 떨게 하고 눈을 쇠하게 하고 정신을 산란하게 하시리니(신 28:65)."

위의 두 본문은 모두 "발바닥(כַּף־רֶגֶל ; 카프 레겔)이 쉴 공간"을 가리키는 의미로 "마노아흐"(מָנוֹחַ)를 사용하였다.

이렇게 본다면 룻 역시 베들레헴 공동체에 들어와서 발바닥을 편히 하고 쉴 만한 공간이 이제 필요할 때가 되었다고 볼 수 있다. 그렇다면 구체적으로 나오미가 생각한 룻이 발바닥을 펴고 쉴 공간은 무엇인가? 1:9에서 "여호와께서 너희로 각각 남편의 집에서 평안함(מְנוּחָה ; 메누하)을 얻게 하시기를 원하노라"고 했을 때 평안함(מְנוּחָה ; 메누하)은 쉴 곳(מָנוֹחַ ; 마노아흐)과 같은 어근의 단어가 쓰였다는 점을 염두에 둔다면 "결혼으로 여인들에게 주어지는 안전과 안식"의 상황을 가리킨다고 볼 수 있다. 내가 너를 위하여 "남편과 가정"을 꾸려주어 발바닥을 펴고 쉴 공간을 마련해주어야 하지 않겠느냐고 나오미가 말한 것으로 보면 된다.

나오미의 이런 의도는 "너로 복되게 하여야 하지 않겠느냐"(אֲשֶׁר יִיטַב־לָךְ ; 아셰르 이타브-라크)라는 어구를 살펴보아도 잘 나타난다. 이 어구는 관계대명사 절인데 형용사적 용법으로 해석하여 "네게 좋은 쉴 곳"으로 번역할 수도 있지만, 부사절로 보아 결과를 나타내는 의미로 해석할 수도 있다. 필자는 후자를 택하는 것이 좋다고 본다. 다시 말해 "내가 너를 위하여 남편과 가정을 꾸려주어 결과적으로 네게 복되게 해야 하지 않을까"로 번역하는 것이 더 적절해 보인다.

그렇다면 구체적으로 복되게 하다는 의미는 무엇일까? "복되게 하다"(יִיטַב ; 이타브)로 번역된 히브리어는 구약 안의 용례를 살펴보면 "생명의 보존과 안전"(창 12:13), "감옥으로부터의 구원"(창 40:14), "장수"(신 4:40, 5:16), "다산과 번영"(신 6:3), "적을 이기고 땅에서 복을 누림"(신 6:18), "후손의 영광"(왕상 1:47) 등으로 인한 행복을 가리킨다. 결국 나오미는 단순히 룻이 베들레헴에 안전하게 정착하는 정도가 아니라, 룻이 결혼하여 장수하고 다산을 누리며 후손이 영광을 누리는 등의 축복을 받기를 원한 것이다.

어떻게 결혼이 안식과 축복이 되는가? 히브리 여인들은 결혼해서 남편의 사랑을 받고 자녀를 낳는 것을 여성의 행복과 안식으로 이해했다. 특히 결혼을 통해 낳은 자식은 미래를 보장하기에 따라서 성경은 자식이 없음을 미래가 없음과 동일시 여기고 있다. 결국 나오미의 일차적 목적은 룻에게 가정과 남편을 구해주어 행복과 미래를 보장해주는 것이었다.

물론 나오미가 계대결혼과 기업 무름에 대해 전혀 관심이 없었던 것은 아닌 것이 분명하다. 보아스가 룻과 결혼할 가능성이 있는 기업 무를 자라는 사실은 룻기 2장에서 이미 나오미가 밝힌 적이 있다. 그리고 4장에서 실제로 보아스가 룻과 결혼하여 오벳을 낳자, 베들레헴 여인들이 "찬송할지로다 여호와께서 오늘 네게 기업 무를 자가 없게 하지 아니하셨도다"(룻 4:14)라고 찬양하고 있다. 또한 룻이 보아스의 발치로 들어가 누우면 "보아스가 네 할 일을 네게 알게 하리라"라는 나오미의 말이 이런 방향으로 많은 여운을 남기고 있는 것이 사실이다.

그러나 이것을 너무 많이 강조하게 되면 나오미는 자신의 이익을 위해 며느리를 이용하려고 하는 음흉한 늙은 노인네라는 느낌이 든다. 우리는 나오미의 말을 있는 그대로 받아들여야 한다 : "내 딸아 내가 너를 위하여 안식할 곳을 구하여 너를 복되게 하여야 하지 않겠느냐." 나오미는 진정으로 룻의 안식할 곳과 룻의 복에 관심을 보이고 있는 것이다. 자신을 따라 모압 민족과 모압의 신들을 버리기까지 한 여인인 며느리에게 진심으로 복을 바랐을 것임은 개연성이 크다.

물론 이렇게 시어머니를 사랑한 룻과 그리고 진정한 이스라엘인으로서의 신앙과 덕을 보인 보아스가 기업 무름 쪽으로 일을 해결할 것이라는 기대도 있었을 것이다. 그러나 이것은 미래의 일로 돌려지고 나오미는 일차적으로 룻의 결혼에 가장 큰 관심을 보이고 있다고 보아야 한다. 이것은 바로 뒤에 나오미가 보아스를 "기업 무를 자"가 아니라 "우리의 친족이 아니냐"라고 한 점에서도 잘 알 수 있다. 자신의 기업 무를 자의 가능성보다는 룻의 혼처를 먼저 생각하는 것이 분명하다. 이런 점이 나오미의 멋진 모습이라고 할 수 있다.

3.3 소녀들을 둔 보아스

나오미는 룻에게 가정과 남편을 구해 주어야겠다고 선언한 후에, 보아스가 "친족"이므로 그가 유력한 남편 후보임을 지적한다.

"그런데 말야. 네가 함께 하던 소녀들(한글개역개정은 "하녀들")을 둔 보아스는 우리의 친족이 아니냐

(וְעַתָּה הֲלֹא בֹעַז מֹדַעְתָּנוּ אֲשֶׁר הָיִית אֶת־נַעֲרוֹתָיו ; 웨아타 하로 보아즈 모다타누 아셰르 하이티 에트-나아로타우)."

한글개역개정은 히브리어 원문의 첫 단어를 번역하지 않았다. 첫 단어는 "아타"(עַתָּה)인데 흔히 영어로는 now, now here, so then 등으로 번역된다. 이 용어는 앞에 언급한 것을 근거로 결론을 내릴 때, 그 결론을 이끄는 일종의 머리말 같은 것이다. 그렇다면 "그런데 말야"로 번역하면 좋을 것 같다. 나오미는 앞서 "내가 너의 남편과 가정을 찾아주어 복되게 해야 하지 않겠니?"라고 하였다. 이를 근거로 "그런데 말야 바로 보아스가 우리 친족이 아니냐?"라고 강조해서 이야기하고 있는 것이다. 이렇게 분위기를 살리려면 작은 단어처럼 보이는 것도 잘 살려서 번역하고 해석해야 한다. 우리 속담에 "아 다르고 어 다르다"고 하지 않던가!

그 다음으로 우리가 주목해야 할 것은 한글개역개정이 "하녀들"이라고 번역한 단어이다. 이 단어는 "하녀들"이라기보다는 "소녀들"(נַעֲרוֹת ; 나아로트)이라고 번역하는 것이 좋다. 룻이 자신을 이미 하녀(שִׁפְחָה ; 쉬프하; 2:13)라고 칭한 바 있고, 또 앞으로 보아스의 발치 아래서 "나는 당신의 시녀/여종(אָמָה ; 아마; 3:9)"라고 칭할 것인데, 이 단어들과 다르기 때문에 차별성을 위해 "소녀들"이라고 하는 것이 좋다. 게다가 2장에서 이 단어를 소녀들이라고 번역했기에(2:5, 6, 8, 22, 23) 일관성을 위해서 여기서도 소녀들이라고 해야 한다.

3.4 친족인 보아스

나오미는 룻에게 추수 밭에서 함께 일하던 소녀들을 고용한 보아스가 자신들의 "친족"임을 상기시킨다(3:2).

"보아스는 우리의 친족이 아니냐

(וְעַתָּה הֲלֹא בֹעַז מֹדַעְתָּנוּ ; 웨아타 하로 보아즈 모다타누)."

여기에서는 "친족"이라고 번역된 히브리어 "모다아트"(מֹדַעַת)를 어떻게 해석하느냐는 것이 관건이다. "모다아트"(מֹדַעַת)는 룻기 2:1에서 "나오미의 남편 엘리멜렉의 친족(מוֹדַע ; 모다)으로 유력한 자가 있으니 그의 이름은 보아스더라"에서 "친족"이라고 번역된 단어 "모다"(מוֹדַע 혹 מֹדָע)의 여성형이다.

우리가 앞서 살핀 대로 "모다"(מוֹדַע 혹 מֹדָע)는 잠언 7:4과 룻기 2:1(케레[Qere]; 중세 맛소라 학자들이 제시한 모음 전승)에만 나타나는데 잠언 본문을 보면 "누이"와 평행어로 쓰이고 있기에 "혈연 친척"을 나타내는 것처럼 보인다 : "지혜에게 너는 내 누이라 하며 명철에게 너는 내 친족이라 하라"(잠 7:4).

그렇다면 "모다"(מוֹדַע 혹 מֹדָע)의 여성형 모다아트(מֹדַעַת)는 어떻게 번역해야 할까? 한 학자는 여성형은 강조적 의미를 지니고 있기에 친족을 강조하는 의미에서 "가까운 친족"(close relative)으로 해석해야 한다고 본다. 한편 다른 학자는 여성형은 집합명사를 가리키므로 좀 더 넓은 친척을 의미하기에 "언약 형제"(one of covenant circle)로 번역하는 것을 선호한다.[2] 우리는 이런 가능성들을 염두에 두고 2:1에서 "모다"(מוֹדַע 혹 מֹדָע)를 "친척, 친족"으로 번역하였기에 여기서도 "친척, 친족"으로 해석하는 것이 좋을 것 같다.

그렇다면 보아스가 친족(מֹדַעַת ; 모다아트)이라는 것은 무슨 의미를 지닐까? 보아스가 친족이라면, 기업 무를 자와 계대결혼의 가능성이 있는 인물이 되기 때문이다. 내레이터가 보아스는 "나오미의 남편 엘리멜렉의 친족으로 유력한 자"로 소개하였고(룻 2:1) 나오미 역시 보아스를 "우리와 가까우니 우리 기업을 무를 자 중의 하나"라고 룻에게 알려준 적이 있었다. 그렇다면 나오미는 보아스를 기업 무름과 계대결혼의 의무가 있는 친족으로 본 것이 분명하다.

이것은 나중에 룻이 보아스에게 "나는 당신의 여종 룻이오니 당신의 옷자락을 펴 당신의 여종을 덮으소서 이는 당신이 기업을 무를 자가 됨이니이다"(3:9)라고 한 것을 보면 더 확실하게 알 수 있다. 룻의 요청 속에는 기업 무름과 계대결혼의 요소가 결합되어 있음이 분명하다. 앞으로 해당 문장을 다룰 때 살펴보겠지만 "옷자락을 펴 당신의 여종을 덮으소서"는 분명 결혼 요청이다. 그런데 룻이 결혼 요청의 근거

---

2 이런 논의들에 대해서는 Hubbard, *The Book of Ruth*, 199를 참조하라.

로 "이는 당신이 기업을 무를 자가 됨이니라"라고 말한 것은 계대결혼과 기업 무름의 두 제도가 결합되어 나타나고 있는 것으로 보아야 한다.

물론 보아스가 나오미에게 가장 가까운 친족은 아니었다. 후에 보면 알지만 보아스보다 나오미에게 더 가까운 친족이 있었다. 그런데 현재까지의 플롯의 전개를 보면 보아스가 보인 은혜와 행동을 볼 때 기업 무름의 가능성이 큰 인물인 것만은 분명하다.

어찌되었든 이런 점을 염두에 두고 나오미가 룻에게 "네가 함께 하던 하녀들을 둔 보아스는 우리의 친족이 아니냐"고 한 것이다.

우리는 여기서 성경 본문을 해석할 때, 내레이터가 등장 인물을 어떤 명칭으로 소개하느냐와 같은 작은 단서에도 유의해야 한다는 점을 잊어서는 안 된다.³ 예를 들어, 나오미가 보아스를 "우리의 친족"이라고 소개한 것을 살펴보자. 이미 보아스는 2:1에서 내레이터에 의해 "친족"(מוֹדַע ; 모다)으로, "유력자"로, 그리고 "이름"으로 소개된 적이 있었다 : "나오미의 남편 엘리멜렉의 친족(מוֹדַע ; 모다)으로 유력한 자가 있으니 그의 이름은 보아스더라."

한편 추수 밭에서 하루 일을 끝내고 돌아온 후 "오늘 일하게 한 사람의 이름은 보아스니이다"라고 룻이 말하자, 나오미는 "그 사람은 우리의 근족(קָרוֹב ; 카로브)이니 우리 기업을 무를 자 중 하나이니라(גֹּאֵל ; 고엘)"고 하면서 기업 무를 자라는 사실을 강조한다.

그런데 우리는 여기서 나오미가 룻에게 타작마당으로 가라고 했을 때, "보아스는 우리의 기업을 무를 자가 아니냐"라고 하지 않고 "보아스는 우리의 친족(מוֹדַעַת ; 모다아트: 내레이터가 사용한 מוֹדַע ; 모다의 여성형 명사)이 아니냐"(3:2)고 한 것을 주목할 필요가 있다.

나오미는 보아스가 기업을 무를 자의 역할을 해주길 기대한 것이 분명함에도 불구하고 보아스를 기업 무를 자의 한 사람으로 언급하였을 뿐 특별히 "유일하거나" 혹은 "가장 중요한" 기업 무를 자라고 특정하게 지적한 적은 없다. 아마도 더 가까운 다른 기업 무를 자가 있음을 나오미는 알고 있었을 것이다. 그러나 나오미가 룻

---

3 아래 명칭에 관한 논의는 Berlin, *Poetics and Interpretation of Biblical Narrative*, 89–90의 통찰력에 빚진 것이다.

을 다른 기업 무를 자보다 보아스에게 보낸 것은 보아스와의 결혼이 성사되길 바랐기 때문일 것이다. 따라서 보아스에게 룻을 보내면서 일부러 기업 무를 자라는 사실을 언급하지 않고 단지 "보아스는 우리의 친족이 아니냐"고만 한 것이다. 나오미는 그만큼 영민한 여인이었다.

그런데 후에 결정적인 순간에 룻은 보아스에게 "당신은 우리의 친족(מוֹדַעַת : 모다아트)이니이다"라고 하지 않고, "당신은 우리의 기업을 무를 자(גֹּאֵל : 고엘)가 됨이니이다"라고 돌직구를 날렸다. 왜 그랬을까? 룻은 또 다른 기업 무를 자의 존재를 몰랐기 때문일까? 아니면 나오미의 말을 오해했기 때문일까?

벌린은 룻과 나오미가 쓴 용어가 서로 차이가 나는 것을 근거로 룻이 나오미의 의도를 오해했다고 생각하는 사쏜의 견해를 받아들인다.[4] 그러고는 이렇게 말한다.

> 나오미는 로맨틱한 사명을 주었으나, 룻은 기업 무를 자가 되어 달라는 요청으로 바꾼다. (만일 나오미가 보아스에게 기업 무를 자가 되어달라고 요청할 의향이었다면, 밤중에 놀래키며 그런 요청을 했을 리 만무이다). 보아스는 룻의 실수를 이해하고, 자신의 남편을 찾는 것보다 나오미의 기업 무름을 더 중시한 것을 칭찬한다. 보아스는 룻의 실수를 이해하고, 자신의 남편을 찾으려는 관심보다 나오미의 기업 무를 자를 찾으려는 관심을 더 중시한 것을 칭찬하며 남자답게 응수한다.[5]

아델 벌린의 해석은 흥미롭기 그지 없다. 그러나 현재 최종 본문으로는 이를 확증할 어떤 근거도 없다. 따라서 필자는 벌린의 이런 해석을 무조건 받아들이라는 것이 아니다. 단지 이와는 다르게 해석한다 하더라도 성경 해석자는 최소한 본문의 작은 단서와 차이를 유의미하게 해석해낼 줄 아는 안목과 기술을 터득해야 한다는 것이다. 보아스를 가리키기 위해 나오미가 사용한 "친족"의 명칭과 룻이 사용한 "기업 무를 자"의 명칭 사이에 차이가 있는 것은 사실이 아닌가?

물론 보아스가 "친족"이자 동시에 "기업 무를 자"인 것은 사실이다. 따라서 어떤 것을 사용하든 다 마찬가지라고 얼버무리며 해석할 수 있다. 그러나 이런 식으

---

[4] Sasson, *Ruth*, 82-83.
[5] Berlin, *Poetics and Interpretation of Biblical Narrative*, 90.

로 성경 본문의 언어적 차이를 해석해내지 않고 뭉뚱그려 해석하려면 성경의 축자적 영감(언사적 영감)을 주장하는 것이 무슨 의미가 있을까? 어차피 축자적으로 해석해 낼 능력이 없으면서 축자적 영감을 이야기하는 것은 그저 해석자로서의 권위를 높이기 위한 일종의 프로파간다에 지나지 않을 위험성이 너무 크다. 따라서 성경의 축자적 영감을 믿는 해석자들은 실제 주해 단계에서 성경의 자구 하나하나가 왜 유의미한지 밝히려는 노력을 멈추어서는 안 된다.

4. 오늘이 바로 보리 타작하는 밤

4.1 힌네!(보라)

나오미는 보아스가 친족인 것을 상기시킨 후에 중요한 정보를 전달한다(2하반절).

"보라! 그가 오늘 밤에 타작마당에서 보리를 까불리라 (הִנֵּה־הוּא זֹרֶה אֶת־גֹּרֶן הַשְּׂעֹרִים הַלָּיְלָה ; 힌네-후 조레 에트-고렌 하세오림 할라엘라)."

우선 나오미는 룻의 주의를 환기시키려고 "보라"(הִנֵּה ; 힌네)라고 말한다. 여기서 "보라"라고 번역된 힌네(הִנֵּה)의 기본 기능은 "주의 환기"(attention-getter)라고 학자들은 본다. 예를 들어, 아델 벌린의 말을 들어보자.

직접 화법에서 쓰이면 특정한 사건이나 인물에 초점을 맞추려는 목적으로 쓴다. 따라서 "Look"(보라)으로 번역된다. 룻기에서는 이런 용도로 두 번 사용되었다. 나오미는 룻을 설득하려고 하면서, "보라, 네 동서는 그의 백성과 그의 신들에게로 돌아가나니"(1:15)라고 말했다. 오르바의 행동에 초점을 맞춤으로써 룻도 마찬가지로 행동하길 바란 것이다. 나오미는 후에 룻과의 대화에서 또다시 이런 용도로 힌네를 사용한다. "보아스는 우리의 친족이 아니냐 보라, 그가 오늘 밤에 타작마당에서 보리를 까불리라"(3:2). 나오미는 룻에게 보아스에 대해 환기시킨 다음 그날 밤 보아스의 일정에 대해 주의를

기울이게 한다.[6]

힌네(הִנֵּה)를 "주의 환기"(attention-getter)의 용도로 보는 이런 식의 접근은 내러티브 안에서 등장 인물과 내레이터의 초점이 어떻게 작동하는지를 잘 보여준다. 과거에 성경 해석은 내러티브 안의 "초점" 같은 것이 있는지조차 인식하지 못하였다. 그러나 이제 내러티브 안에서 초점이 어떻게 의미를 창출해내는지를 알게 되면서 우리는 성경 내러티브를 더 잘 이해할 수 있게 되었다. 다시 말해 이전에는 힌네(הִנֵּה)를 문자 그대로 "보라"(look or see here)라는 의미로 해석하였다. 물론 지금도 더 나은 번역어가 없어서 "보라"로 번역하기도 하지만, 이것이 실제로 "보라"는 명령이 아님을 주목해야 한다. 힌네는 특정한 사건이나 인물에 초점을 맞추라는 주의 환기용이라는 사실을 잊어서는 안 된다. 이런 힌네(הִנֵּה)의 용법이 룻기 3:2에 나오는 것이다. 나오미가 룻의 주의를 환기시키려는 내용이 무엇인지를 강조하는 것이다. 보아스가 "오늘 밤에 타작마당에서 보리를 까불리라"는 일정에 주목해야 한다고 룻에게 요구하고 있는 것이다.

4.2 타작마당의 환유, 그리고 환유의 중요성

보아스가 "오늘 밤에 타작마당에서 보리를 까불리라"라는 나오미의 말을 문자적으로 번역하면 "그가 보리 타작마당(גֹּרֶן הַשְּׂעֹרִים ; 고렌 하세오림)을 까불리라"이다. 그런데 보리를 타작하여 까불리는 것이지, 타작마당을 까불릴 수는 없다고 일부 학자들은 생각한다. 따라서 이들은 "타작마당을"(אֶת־גֹּרֶן ; 에트 고렌) 전치사구로 이해하고 "보리"를 목적격으로 이해하여 "타작마당에서 보리를 까불리라"로 번역하는데[7], 한글개역개정도 이런 식으로 번역한다. 물론 대중용 성경에서는 의미 전달이 중요하

---

6 Berlin, *Poetics and Interpretation of Biblical Narrative*, 91.
7 일부 해석자들은 보리 타작마당만 언급하고 밀 타작마당이 언급되지 않는다는 이유로 여러 해석을 한다. 타작마당이 보리와 밀로 나누어져 있는 것으로 보기도 하지만, 보리를 먼저 추수하고 그 다음에 밀을 추수하기 때문에 타작도 보리를 먼저 하고 밀 타작은 나중에 하는 것으로 볼 수도 있다고 학자들은 말한다. 그런데 룻기에서는 보리란 명사가 모두 6번 나오는데 (룻 1:22; 2:17, 23; 3:2, 15, 17) 반해, 밀은 1번 밖에 나오지 않는다(룻 2:23). 어쩌면 룻기에서는 "보리"란 명사가 밀까지도 포함하는 포괄적 용어로 사용되고 있는지도 모른다고 보는 학자들도 있다.

기에 이렇게 번역해도 무방하다고 할 수 있다.

그러나 타작마당을 "환유"로 보면 "타작마당을 까불린다"는 것이 더 시적(poetic)이고 함축적이다. "환유"란 사물의 속성과 밀접한 관계가 있는 이름으로 어떤 사물을 대신 표현하는(대치하는) 기법이다. 예를 들어, 군대에서 "별이 떴다"고 하면 장성이 온다는 뜻이다.

결국 "타작마당을 까불리다"에서 "타작마당"은 "타작마당의 산물", 즉 타작된 곡식들(줄기와 겨와 곡식알들이 섞여있는)이 널려 있는 것을 가리키는 환유(metonymy)이다. 칠십인경도 "그가 보리 타작마당을 까불리라"로 번역한다. 그렇다면 이렇게 환유를 사용한 이유가 무엇일까?

환유는 한 부분으로 나머지 전체를 대신하는 것인데, 전체를 대신할 수 있는 부분이 많기에, 어떤 특정한 부분을 선택했는지를 알면 어디에 초점을 맞추고 있는지를 알 수 있다. 사무실에서 말단 직원들이 일은 안 하고 잡담하다가 누가 "야, 비행접시 나타났다"고 외치면 사무실이 순식간에 일하는 분위기로 바뀐다. 자기 결재판이 비행접시처럼 날아가는 꼴을 당하지 않기 위해서는 이럴 수밖에 없다. 비행접시로 불리는 사람의 특징이 여러 개가 있을 터인데, 굳이 비행접시라는 부분을 선택한 이유는 무엇인가? 결재판을 비행접시처럼 내던지기 잘하는 것에 초점을 맞추어 불 같은 성격을 강조하기 위해서가 아닌가! "비행접시"라는 단어 한마디가 금방 결재판이 비행접시처럼 날아가는 상황을 그려주게 만든다. 이렇게 환유는 우리에게 지시되고 있는 것의 어떤 특정한 측면에 좀 더 구체적으로 초점을 맞추게 해주면서 우리로 상상력을 발휘하도록 도와준다.[8]

이것은 "타작마당을 까불리라"에서 "타작마당"이라는 환유를 사용한 것도 마찬가지이다. "타작마당에서 보리를 까불리라"는 표현보다는 "보리 타작마당을 까불리다"는 비유법은 단지 "보리"만을 타작하는 데 초점을 맞추지 않고 "타작마당" 전체의 그림에 초점을 맞추도록 하면서 룻의 상상력을 발휘하게 한다.

팔레스타인과 같은 고대 농경 사회에서는 타작과 곡식 까불기는 일 년 농사 가운데 가장 즐겁고 흥겨운 축제라고 할 수 있다. 밭에서 추수가 끝나면 이삭들을 단으

---

8 김지찬, 『언어의 직공이 되라』, 174–175.

로 묶어서 타작마당으로 옮긴다. 타작은 보통 커다란 바위나 단단한 지면으로 이루어진 넓은 공간에서 이루어진다. 이삭들을 누여놓고 타작을 하는데 이때 사용되는 도구는 금속 조각이 붙어 있는 막대기일 수도 있고, 동물들의 발굽이나 수레바퀴일 수도 있다.

> "곡식은 부수는가, 아니라 늘 떨기만 하지 아니하고 그것에 수레바퀴를 굴리고 그것을 말굽으로 밟게 할지라도 부수지는 아니하나니(사 28:28)."

이렇게 타작을 끝내고 나면 까불기를 해야 한다. 줄기와 겨와 알곡이 뒤섞인 무더기들을 큰 갈고리로 바람에 날리면 겨는 가장 멀리 날아가고, 줄기는 중간쯤 떨어지고, 알곡은 타작마당에 떨어지게 된다. 이렇게 해서 알곡과 겨를 구분한 다음, 알곡은 타작마당 한 켠에 모아 두었던 것 같다. 이렇게 타작을 하고 나면 이미 밤이 깊었기에 집에 들어가지 않고 타작마당에서 잠을 잔 것 같다.

물론 타작을 마쳤기에 흥겹게 술을 나누면서 잔치 분위기였을 것이 분명하다. 한 해의 수확을 다 거두고 타작까지 마쳤다면 밭 주인은 그야말로 기분이 최고조로 좋았을 것이다. 베는 자 소년들과 묶는 소녀들이 함께 모여 식사를 나누고 술을 마시며 흥쾌한 분위기였을 것은 보나마나 뻔한 이야기이다. 만일 이런 상황이라면 타작마당의 밭주인은 웬만한 요청은 들어주지 않을까?

어디 그뿐인가? 결혼과 기업 무름과 후손을 이야기하는 장소로는 타작한 보리와 밀의 알곡들이 쌓여 있는 타작마당만한 데가 있을까? 또한 타작마당이란 단어는 성적인 함축을 담고 있는 단어이다. "이스라엘아 너는 이방 사람처럼 기뻐 뛰놀지 말라 네가 음행하여 네 하나님을 떠나고 각 타작마당에서 음행의 값을 좋아하였느니라"(호 9:1). 이런 점을 염두에 둔다면 "타작마당"이란 단어 한마디는 이런 모든 그림을 그리도록 돕는 강력한 메타포가 아닐까? 결국 "그가 오늘 밤에 보리 타작마당을 까불리라"는 비유법은 독자로 하여금 타작마당의 이런 모든 암시와 상상을 한 방에 그리게 만들어주는 환유의 풍선이었을 것이다.

나오미는 그저 "타작마당을 까불리라"는 환유의 풍선을 띄운 것에 지나지 않았다. 룻과 독자들이 환유의 나머지 부분을 어떻게 채워내느냐 하는 것은 룻과 독자들의 몫이었다. 나오미가 띄운 환유의 풍선을 보고 룻이 어떻게 환유의 나머지 부분을 채워 넣는지 살펴보자. 그리고 독자 역시 나오미가 띄운 환유의 풍선을 보고 각자 스스로 환유의 나머지 부분을 채워 넣으며 독서한다는 점을 주목한다면 흥미진진해진다.

4.3 목욕하고 기름을 바르고 의복을 입으라

나오미는 이렇게 환유의 풍선을 띄운 후에 룻에게 명시적으로 지시한다(3상반절).

"그런즉 너는 씻고(목욕하고) 기름을 바르고 의복을 입고
(וְרָחַצְתְּ וָסַכְתְּ וְשַׂמְתְּ שִׂמְלֹתַיִךְ עָלַיִךְ ; 웨라하츠트 와사크트 웨삼트 심로타이크 알라이크)
타작마당에 내려가라
(וְיָרַדְתִּי הַגֹּרֶן ; 웨야라드트 학고렌)."

나오미가 룻에게 "목욕하고 기름을 바르고 의복을 입고 타작마당으로 내려가라"고 하였다. 여기서 특별히 나오미가 지시한 내용, 즉 "목욕하고 기름을 바르고 의복을 입으라"는 명령이 정확히 무엇을 의미하는지에 대해서는 의견이 분분하다. 한밤중에 과부인 룻에게 "목욕하고 기름을 바르고 의복을 입고" 타작마당으로 내려가라는 것이 무슨 의미인지 명확하지 않기 때문이다. 따라서 그동안 학자들은 유사한 행동들이 나오는 성경 본문을 근거로 여러 제안을 하였다.

일부 학자들은 여호와와 예루살렘의 관계를 신랑과 신부로 묘사하고 있는 에스겔 16:9-10에 목욕, 기름 바름, 의복 입음이 나오는 것을 근거로, 나오미의 지시는 "결혼 예식을 위한 신부의 단장"으로 해석하였다.[9]

"내가 물로 네 피를 씻어 없애고 네게 기름을 바르고 수 놓은 옷을 입히고 물돼지 가죽신을 신기고 가는 베로 두르고 모시로 덧입히고(겔 16:9-10)."

---

9 예를 들어, Sasson, *Ruth*, 66-68

그러나 에스겔 16장과 룻기 3장의 상세한 부분은 서로 많이 다르다. 에스겔서에 나오는 신부의 단장은 많은 보석들과 화려한 의복들로 이루어진다.

"패물을 채우고 팔고리를 손목에 끼우고 목걸이를 목에 걸고 코고리를 코에 달고 귀고리를 귀에 달고 화려한 왕관을 머리에 씌웠나니 이와 같이 네가 금, 은으로 장식하고 가는 베와 모시와 수 놓은 것을 입으며 또 고운 밀가루와 꿀과 기름을 먹음으로 극히 곱고 형통하여 왕후의 지위에 올랐느니라(겔 16:11-13)."

반면에 룻에 대한 지시는 간단하기 그지 없다.

"목욕하고(רָחַץ ; 라하츠) 기름을 바르고(סוּךְ ; 수크) 의복(שִׂמְלָה ; 심라)을 입으라."[10]

여기서 "목욕하다"(רָחַץ ; 라하츠)는 동사의 용례를 살펴보면 손이나 발이나 얼굴이나 몸을 씻는 것을 가리킨다. 학자들은 당시의 가옥 구조를 보면 대부분 샘이나 우물을 가진 집도 거의 없고, 집 안에 목욕 시설이 없기 때문에 항아리에 물을 길어다가 손발과 얼굴을 씻는 것이 대부분이었다고 본다. 따라서 "라하츠"(רָחַץ)라는 동사를 "목욕을 하고라고 단정적으로 번역하지 말고 목욕하는 것과 손과 발과 얼굴 등을 씻는 것을 다 암시할 수" 있도록 씻고로 번역하는 것이 좋다고 본다.[11] 그러나 필자는 여기서 굳이 목욕을 하지 않았을 것이라고 단정하는 것은 아니다.

한편 "기름을 바르다"(סוּךְ ; 수크)는 동사는 용례를 살펴보면 감람유 같은 기름(참조 겔 16:9)을 향수처럼 뿌리거나 바르는 것을 의미한다. 결국 씻고 기름을 바르는 행동을 가지고 특별히 신부 화장을 한 것으로 해석해서는 안 된다.

---

10 히브리어 원문(וְרָחַצְתְּ וָסַכְתְּ וְשַׂמְתְּ שִׂמְלֹתַיִךְ עָלַיִךְ ; 웨라하츠트 와사크트 웨삼트 심로타이크 알라이크)을 보면 "너의 의복을 빨고 기름 바르고 입어라"라고도 번역할 수 있다. 다시 말해 "너의 의복"을 "빨다"(씻다), "바르다", "입다" 세 동사의 목적어로 보는 것이다. 그러나 "빨다"(רָחַץ ; 라하츠) 동사의 목적어로 손, 발, 몸 외에는 성경에서 쓰인 적이 없기 때문에 의복을 씻으라고 할 수 없다. 옷을 빨다는 "카바스"(כָּבַס ; 카바스) 동사를 사용하기에 이렇게 번역하는 것은 옳지 않다. 이런 논의는 Holmstedt, *Ruth : A Handbook on the Hebrew Text*, 151을 보라.

11 고세진, 『룻의 누명을 벗기다』, 17. 고세진은 왕정 이후에는 고관이나 왕족의 집안에는 목욕시설이 있었을 것으로 본다. 다윗 왕이 왕궁 지붕을 거닐 때 밧세바가 "씻고"(רָחַץ ; 라하츠) 있었다고 동일한 동사를 사용하는데, 여기서는 목욕으로 받아들여도 무방하다고 고세진은 본다. 위와 같은 17쪽 각주 9번을 참조하라.

일부 학자들은 의복(הָלְמִשׂ ; 심라)을 입으라는 것을 신부 복장을 한 것이라고 해석한다. 그러나 "의복"으로 번역된 "심라"(הָלְמִשׂ)는 신부 드레스를 가리키기는커녕 "남자용이나 여자용 상관없이 바깥에 두르는 통상적 겉옷"을 가리킨다. 때론 이 단어는 "그릇을 담아 메는 옷"(출 12:34), 밤에 이불처럼 덮고 자는 겉옷(출 22:26), 일상적 복장(신 22:5)을 가리키는 단어이다. "심라"(הָלְמִשׂ)는 성경 어디에서도 비싼 옷이나 고급 옷을 가리킨 적이 없다. 따라서 우리는 이 단어가 신부의 복장을 가리키는 것으로 보기 어렵다. 게다가 만일 룻이 밤중에 신부의 드레스를 입고 보아스를 찾아갔다면 너무 의도적이고 눈에 튀지 않았을까? 어쩌면 나오미의 의도와는 정반대의 결과를 빚지도 모르는 일이었을 것이다.

한편 다른 학자들은 룻이 보아스를 유혹하기 위해 "성장"(盛裝)을 한 것으로 본다.¹² 그 근거로 나오미가 "의복을 입으라"고 했을 때 의복은 "최고의 옷"이라는 것이다. 그러나 우리가 앞서 살핀 대로 "의복"이라고 번역된 단어는 최고의 옷으로 쓰인 적이 없다.

그렇다면 우리는 "의복"을 겉옷이라고 번역하는 것이 최선으로 보인다. 그러나 여기서 한 가지 더 주목할 것은 "의복"이 단수(הָלְמִשׂ ; 심라)가 아니라 복수(תֹלָמְשׂ ; 세마로트)로 쓰였다는 것이다. 다시 말해 "너의 의복들"을 입으라고 한 것이다. 학자들은 복수인 경우에는 "겉옷을 여러 개 입는다는 뜻이 아니라 겉옷과 거기에 부속하는 일습 (一襲)을 갖추어 입어야 하기 때문에 복수로 쓴 것이라고 이해"할 수 있다고 본다.¹³ 이런 추론이 맞다면 겉옷을 포함해서 속옷까지 옷 전체를 가리키는 용도로 "의복"이라고 번역하는 것이 더 좋아 보인다.

게다가 지금까지의 플롯 전개나 나오미의 성격 묘사를 보았을 때 보아스를 유혹하라고 했을 가능성은 희박하고, 또한 한밤중에 신랑을 위해 단장한 신부처럼 나오미가 룻에게 목욕을 하고, 기름을 바르고, 의복을 입으라고 했을 가능성도 거의 없다.

---

12 예를 들어, Hubbard, *The Book of Ruth*, 201.
13 고세진, 『룻의 누명을 벗기다』 18, 각주 12.

4.4 애도의 기간을 끝냈음을 드러내는 표시

여기서 우리는 대략적으로 추론을 할 것이 아니라 일부 학자들의 주장처럼 룻기 본문과 정확히 상응하는 구절을 찾아야 한다. 그런데 흥미롭게도 룻기의 본문과 상응하는 구절이 있으니, 그 본문은 사무엘하 12:20이다.

"다윗이 땅에서 일어나 몸을 씻고(רחץ ; 라하츠) 기름을 바르고(סוך ; 수크) 의복(שׂמלה ; 심라)을 갈아입고 여호와의 전에 들어가서 경배하고 왕궁으로 돌아와 명령하여 음식을 그 앞에 차리게 하고 먹은지라(삼하 12:20)."

다윗은 밧세바와의 사이에서 낳은 아들이 죽자 "몸을 씻고 기름을 바르고 의복을 갈아입고" 여호와의 전에 들어가서 경배하였다. 여기서 "씻다"(רחץ ; 라하츠), "기름 바르다"(סוך ; 수크), "의복"(שׂמלה ; 심라)이라는 단어가 룻기 3:3과 동일하다. 그렇다면 다윗이 병든 아이를 위해 애도하다가 아이가 죽자 애도의 기간을 끝냈다는 의미로 볼 수 있다.

물론 애도의 기간은 아이가 죽은 후에 시작하는 것이 아니냐는 의문을 던질 수도 있다. 그렇다! 오늘이나 고대 근동이나 세속적인 사고에서는 얼마든지 그렇게 생각할 수 있다. 다윗의 신하들도 그렇게 생각하였다 : "그의 신하들이 그에게 이르되 아이가 살았을 때에는 그를 위하여 금식하고 우시더니 죽은 후에는 일어나서 잡수시니 이 일이 어찌 됨이니이까"(삼하 12:21). 그러나 다윗은 달랐다.

"이르되 아이가 살았을 때에 내가 금식하고 운 것은 혹시 여호와께서 나를 불쌍히 여기사 아이를 살려 주실는지 누가 알까 생각함이거니와 지금은 죽었으니 내가 어찌 금식하랴 내가 다시 돌아오게 할 수 있느냐 나는 그에게로 가려니와 그는 내게로 돌아오지 아니하리라 하니라(삼하 12:22-23)."

결국 다윗은 아이가 살기 전에는 하나님의 긍휼하심을 의지하고 애도하였지만, 아이가 죽은 것은 하나님의 뜻임을 받아들이고 고대 근동이나 오늘 현대의 세속적인 "죽음의 문화"의 풍습과는 달리 즉시 애도를 멈추고 "일어나 몸을 씻고(רָחַץ ; 라하츠) 기름을 바르고(סוּךְ ; 수크) 의복(שִׂמְלָה ; 심라)을 갈아입고 여호와의 전에 들어가서 경배하고 왕궁으로 돌아와 명령하여 음식을 그 앞에 차리게 하고 먹은 것이다."

이렇게 본다면 얼마든지 룻이 애도의 기간을 끝냈음을 알리기 위해 몸을 씻고 기름 바르고 의복을 갈아입은 것으로 볼 수 있다. 성경의 다른 본문을 보면 애도 기간에는 기름을 바르지 않으며(삼하 14:2), "상복(בִּגְדֵי־אֵבֶל ; 비그데-에벨)이나 "과부의 옷(בִּגְדֵי־אַלְמְנוּת ; 비그데-알메누트)을 입기" 때문이다(창 38:14, 19).

"드고아에 사람을 보내 거기서 지혜로운 여인 하나를 데려다가 그에게 이르되 청하건대 너는 상주가 된 것처럼 상복(בִּגְדֵי־אֵבֶל ; 비그데-에벨)을 입고 기름을 바르지(סוּךְ ; 수크) 말고 죽은 사람을 위하여 오래 슬퍼하는 여인같이 하고(삼하 14:2)."

"그가 그 과부의 의복(בִּגְדֵי־אַלְמְנוּת ; 비그데-알메누트)을 벗고 너울로 얼굴을 가리고 몸을 휩싸고 딤나 길 곁 에나임 문에 앉으니 이는 셀라가 장성함을 보았어도 자기를 그의 아내로 주지 않음으로 말미암음이라(창 38:14)."

그렇다면 나오미가 몸을 씻고 기름을 바르고 의복을 갈아입으라고 한 것은 "애도의 기간"을 끝내고 일상의 기간으로 복귀하라는 지시로 볼 수 있다.[14] "의복을 입으라"는 것은 과부의 복장을 벗고 평상복으로 갈아입으라는 것으로 해석할 수도 있지 않을까? 만일 이런 추론이 맞는다면, 일부 학자들의 주장대로 애도 기간을 끝내고 룻이 평상적인 삶의 방식과 삶의 욕구로 돌아왔음을 확인할 수 있었을 것이다. 이런 외모와 의복의 변화는 누가 보더라도 룻이 이제는 과부로서 살 마음이 없으며 결혼할 생각을 가지고 있음을 전달하는 데 충분하였을 것이라는 학자들의 견해에 귀를 기울여야 한다.

그렇다고 해서 고세진처럼 일상적인 하루 일과가 끝난 후에 하던 것처럼 하고 타작마당으로 간 것으로 해석해서는 안 된다.

---

14 B. Green, "The Plot of the Biblical Story of Ruth," *JSOT* 23 (1982), 61; Bush, *Ruth/Esther*, 152.

나오미는 룻에게 최고의 단장을 하라고 한 것이 아니라 하루 일을 마치고 늘 하던 대로 씻고 나서 겉옷을 입고 나가라고 말하는 것이다. 시어머니는 왜 그런 당연한 말을 하였는가? 밤기운이 아녀자의 몸에 해로울까봐 챙겨주고 있는 것이다. 즉 보아스가 자는 동안에 룻도 그 근처에서 자야 하는데, 당시에는 겉옷이 이불이나 담요 역할을 하였기 때문에, 룻이 그날 같은 날에 마음이 당황하여 그냥 가면 안 된다는 생각에서 시어머니가 챙긴 것이다.[15]

밤에 보아스를 만나러 가는데 일상복을 입었을 것이라고 보기는 어렵다. 씻고, 기름을 바르고, 과부의 복장을 벗고 일상복을 입었다고 한다면 평상시의 룻의 모습과는 상당히 달랐을 것이고, 마음만은 마치 신랑을 위해 준비하는 신부의 자세가 아니었을까?[16] 물론 그렇다고 앞서 언급한 대로 실제 신부 복장을 했다거나, 비싼 옷으로 화려하게 몸단장을 했을 것이라는 이야기는 아니다.

4.5 보이지 말라

나오미는 이렇게 룻의 외모와 의복의 변화를 통해 결혼할 의사가 있음을 드러내면서 타작마당으로 내려가라고 지시한 것이다. 게다가 나오미는 외모와 의복과 마음가짐만 바꾸라고 한 것이 아니라 타작마당으로 내려가서 어떻게 해야 하는지를 구체적이고 분명하게 지시했다.

"그에게 보이지 말라
(אַל־תִּוָּדְעִי לָאִישׁ ; 알-티와드이 라이쉬)
그 사람이 먹고 마시기를 다 하기까지는
(עַד כַּלֹּתוֹ לֶאֱכֹל וְלִשְׁתּוֹת ; 아드 칼로토 레에콜 웨리쉬토트)."

나오미는 룻에게 타작마당에 도착하자마자 보아스에게 다가가서는 안 된다고 주

---

15 고세진, 『룻의 누명을 벗기다』, 19.
16 김지찬, "어두운 밤길 지나 타작마당으로", 『그 말씀』(1997년 2월호), 196.

의를 주었다. 보아스가 먹고 마시기를 마칠 때까지는 절대 보여서는 안 된다는 것이었다 : "그에게 보이지 말라"(אַל־תִּוָּדְעִי לָאִישׁ ; 알-티와드이 라이쉬). 한글개역개정은 "보이지 말고"라고 되어 있어서 시각적으로 노출하지 말라는 것으로 되어 있지만, 원문은 "안다"(יָדַע ; 야다)는 동사의 수동형을 사용하여 "그에게 알려지지 않게 하라"(do not make yourself known)고 되어 있다. 다시 말해 먹고 마시기를 다할 때까지는 직접적으로든 간접적으로든, 시각적으로든 청각적으로든, 어떤 형태로든 보아스에게 룻이 온 것이 드러나거나 알려져서는 안 된다는 점이 강조되고 있다.

그렇다면 왜 보아스가 먹고 마시기를 다할 때까지는 알려지지 않게 하라고 한 것인가? 어떤 학자들은 먹고 마시기 전에 접근하는 것은 예의에 어긋나기 때문이라고 본다. 그러나 이런 해석보다는 먹고 마신 후에 접근해야 요청을 수락할 가능성이 크기 때문이라고 보는 학자들이 다수이다.[17] 7절에 내레이터가 "보아스가 먹고 마시고 마음이 즐거워 가서 곡식 단 더미의 끝에 눕는지라"고 한 것을 보면 보아스가 음식을 충분히 먹은 후에 마음이 흡족한 상태까지 기다리라고 한 것으로도 볼 수 있다.

4.6 앎과 무지의 모티브

물론 이런 다수의 해석에도 일리가 있는 것은 사실이다. 분명히 "마음이 즐거워진" 상태를 내레이터도 분명하게 명시하고 있다. 그러나 이것이 룻이 "알려져서는" (יָדַע ; 야다) 안 되는 이유의 가장 중요한 부분을 차지하는 것은 아니다. 룻에게 가정과 남편을 얻어주려는 나오미의 계획은 사실상 그 다음 단계가 핵심이기 때문이다. 다시 말해 보아스가 먹고 마신 후에 "누우면" "그가 눕는 것을 '알았다가'(יָדַע ; 야다) 들어가서 그의 발을 들고 그 곳에 눕는" 것이 나오미의 계획의 결정적인 순간이었다.

이렇게 보아스의 발을 들고 눕기만 하면 보아스가 룻이 할 일을 알려줄 것이라는 것이 나오미의 계산이었다. 나오미는 보아스에 대한 신뢰가 있었기에 이렇게 하면

---

17 Bush, *Ruth/Esther*, 152; Campbell, *Ruth*, 122.

보아스가 할 일을 룻에게 알려줄 것이라는 믿음이 있었다. 보아스가 "유력한 자"라는 내레이터의 언급, 2장의 보아스의 말과 행동을 통해 보여진 보아스의 성품은 관대하고 자비롭기에 자기 책임을 다하리라는 것을 독자들은 믿을 수 있다. 아마 나오미도 같은 생각을 한 것 같다.

내레이터는 "안다"는 동사의 반복을 통해 나오미의 생각에 무엇은 알리지 않고 무엇은 알아내야 하는지를 분명히 보여준다. 룻이 타작마당에 들어온 것을 누구에게도 알려서는(יָדַע ; 야다) 안 된 반면에, 보아스가 어디에 눕는지는 반드시 알아야(יָדַע ; 야다) 했다. 이것이 나오미의 계획의 핵심이었다. 이것은 단지 나오미의 계획에서만 중요한 것이 아니었다. 보아스에게도 룻이 타작마당에 들어온 것은 다른 사람들에게 알려져서는 안 되는 일이었다.

"룻이 새벽까지 그의 발치에 누웠다가 사람이 서로 알아보기 어려울 때에 일어났으니 보아스가 말하기를 여인이 타작마당에 들어온 것을 사람이 알지 못하여야(אַל־יִוָּדַע ; 알-이와다) 할 것이라 하였음이라 (룻 3:14)."

이에 룻은 보아스의 권고대로 사람을 알아보기 어려운 새벽에 일어나 시어머니의 집으로 돌아갔다. 타작마당에서 일어난 일을 들은 나오미는 보아스가 어떻게 하는지 알(יָדַע ; 야다) 때까지는 룻이 가만히 있어야 한다고 충고했다.

"이에 시어머니가 이르되 내 딸아 이 사건이 어떻게 될지 알기까지(עַד אֲשֶׁר תֵּדְעִין ; 아드 아셰르 테드인) 앉아 있으라 그 사람이 오늘 이 일을 성취하기 전에는 쉬지 아니하리라 하니라 (룻 3:18)."

이렇게 룻기 3장에는 "앎"과 "알려지지 않음"의 모티브가 반복해서 등장하면서 플롯을 끌고나가고 있다. 사실상 인생의 모든 문제가 그렇듯이 때에 따라 알릴 필요도 있고 상황에 따라 알리지 않을 필요도 있는 것이다. 어떤 때는 상황을 파악할 때까지 알릴 필요없이 기다려야 하는 순간도 있는 것이다.

나오미가 룻에게 보아스가 먹고 마실 때까지는 그에게 보이지 말라고 한 것은 단순히 마음이 흡족하여 어떤 요청이라도 들어줄 수 있는 상태가 될 때까지 단지 기다리라고 한 것이 아니다. 엄밀하게 보자면 룻이 타작마당에 들어온 것은 알려져서는 안 되는 일이라는 것이 플롯의 전개에 가장 중요한 핵심이었기 때문이다. 스토리가 전개되면서 드러나지만, 이것은 나오미나 룻의 입장에서뿐 아니라 보아스의 입장에서도 마찬가지였다. 타작마당에 여자가 들어오는 일이 알려져서는 안 되는 이유가 정확히 무엇인지는 알 수 없다. 타작마당에 여자가 들어오는 일이 문화적으로나 풍습적으로 용인되기 어려웠을 수도 있고, 기업 무름과 계대결혼의 문제는 사적으로 만나 해결할 수 있는 성격의 일이 아닐 수도 있고, 이런 문제로 미리 몰래 만난 것이 알려지면 일을 그르치기 때문일 수도 있었을 것이다.

5. 발치를 드러내라

5.1 발치 이불이 아니라 발치

어찌되었든 나오미의 지시의 핵심은 자신의 존재를 눈치채지 못하게 하고 보아스가 누울 때에 어디 눕는가를 알아두라는 것이었다(4절).

"그가 누울 때에
(וִיהִי בְשָׁכְבוֹ ; 위히 베샤크보)
너는 그가 눕는 곳을 알았다가
(וְיָדַעַתְּ אֶת־הַמָּקוֹם אֲשֶׁר יִשְׁכַּב־שָׁם ; 웨야다트 에트-함마콤 아셰르 이쉬카브-샴)
들어가서 그의 발치 이불을 들고 거기 누우라
(וּבָאת וְגִלִּית מַרְגְּלֹתָיו וְשָׁכָבְתִּי ; 우바트 웨길리트 마르겔로타우 와샤카브트)."

나오미는 룻에게 보아스의 눕는 곳을 알아두었다가 들어가서 보아스의 발 부분을 들고 거기 누우라고 하였다. 한글개역개정은 "발치 이불을 들고" 거기 누우라고 번역하였다. 그런데 흥미로운 것은 "발"은 큰 글씨로 "치 이불"은 작은 글씨로 표시하였다. 그것은 한글 성경 번역자들이 원문을 직역하면 "발"이지만 발을 든다는 것이 의미가 잘 통하지 않으므로, 의미가 잘 통하게 "발치 이불"이라고 하고는 "치 이불"이라고 작은 글씨로 써서 히브리 원문에는 없음을 나름대로 표시한 것이다.

그러나 발치 이불이라고 하면 타작마당에서 일어난 일을 이해할 수 없다. 첫째, 고대 이스라엘에서는 덮고 자는 이불이 따로 있었던 것이 아니기에 오해를 부를 수 있는 번역어이다. 둘째, 발치 이불로 번역된 히브리어는 매우 함축적인 용어이기 때문에, 그저 덮고 자던 이불 속으로 들어갔다로 해석될 수 있는 위험성이 있다.

우선 "발치 이불"이라고 개역개정에서 번역된 히브리어 "마르겔로트"(מַרְגְּלוֹת)가 무슨 의미인지 살펴보자. 이 단어는 구약에 총 6번 쓰였는데 룻기 3장에서만 5번(3:4, 7, 8, 14[2번]) 쓰였고, 룻기 밖에서는 다니엘서에서 오직 한 번 쓰였다(단 10:6). 따라서 이 단어의 뜻을 알려면 룻기 밖의 유일한 용례인 다니엘서를 먼저 살펴보아야 한다. 다니엘 10:6은 다니엘이 본 "인자 같은 이"의 몸을 묘사하고 있다.

"또 그의 몸은 황옥 같고 그의 얼굴은 번갯빛 같고 그의 눈은 횃불 같고 그의 팔(זְרֹעַ ; 제로오트)과 발(מַרְגְּלוֹת ; 마르겔로트)은 빛난 놋과 같고 그의 말소리는 무리의 소리와 같더라(단 10:6)."

일부 학자들이 이미 지적한 것처럼 흥미로운 것은 다니엘 10:6에서 "마르겔로트"(발)가 "제로오트"(팔)와 병치되어 사용되고 있다는 점이다. "마르겔로트"(מַרְגְּלוֹת)는 "레겔"(רֶגֶל ; 발)에서 파생한 여성복수형태의 명사이며, "제로오트"(זְרֹעַ)는 "팔"을 가리키는 "제로아"(זְרוֹעַ)의 복수여성형이다. 이렇게 두 단어가 형태만 유사한 것이 아니다. 이 본문은 다니엘이 본 "인자 같은 이"의 몸을 묘사하고 있는데 몸은 황옥 같다고 하면서 몸의 모든 부분을 상세히 묘사하지 않고 그저 얼굴, 눈, 팔, 발만을 언급한다는 점을 학자들은 주목한다.

그렇다면 다니엘서 기자는 얼굴과 눈으로 얼굴 부위를, 팔(זְרֹעַ ; 제로오트)이란 단어로 몸의 상체(上體)를, 그리고 발(מַרְגְּלוֹת ; 마르겔로트)이란 단어로 몸의 하체(下體)를 가리키는 것으로 보아야 할 것 같다. 이렇게 본다면 마르겔로트(מַרְגְּלוֹת)는 "레겔"(רֶגֶל)처럼 단지 발(foot)만 가리키는 것이 아니라, "몸의 하체 부분", 즉 "다리, 혹은 다리 부분"(legs or the region of the legs)을 가리키는 포괄적인 용어처럼 보인다.

고세진이 지적한 대로 정확히 마르겔로트(מַרְגְּלוֹת)가 무엇을 의미하는지 알려면 유사한 형태의 단어인 "메라아쇼트"(מְרַאֲשׁוֹת)를 살펴볼 필요가 있다. "마르겔로트"(מַרְגְּלוֹת)가 "레겔"(רֶגֶל; 발)이란 명사 앞에 멤(מ)이란 접두사가 붙고 여성 복수형 명사 접미 "오트"(ות)가 합성되어 만들어진 단어라면 "메라아쇼트" 역시 "로쉬"(ראשׁ; 머리)란 명사 앞에 멤(מ)이란 접두사가 붙고 여성 복수형 명사 접미 "오트"(ות)가 합성되어 만들어진 단어이다. "메라아쇼트"란 단어는 구약에서 10절에 총 13번 등장하는데, 이 단어의 용례들을 살펴보면 무엇이 머리 자체에 닿아 있거나 아니면 머리맡/머리곁에 있는 상황, 둘 중의 하나를 의미한다고 고세진은 지적한다.[18] 일례로 사무엘상 19:13을 살펴보자.

"미갈이 우상을 가져다가 침상에 누이고 염소 털로 엮은 것을 그 머리(מְרַאֲשׁוֹת; 메라아쇼트)에 씌우고 의복으로 그것을 덮었더니(삼상 19:13)."

고세진의 말대로 만일 메라아쇼트(מְרַאֲשׁוֹת)가 머리맡/머리곁을 가리킨다고 하면, 유사한 형태의 단어인 마르겔로트(מַרְגְּלוֹת) 역시 발 부분/발치를 가리킨다고 볼 수 있다.[19]

그렇다면 나오미는 룻에게 보아스의 다리 부분 혹은 발치 부분을 "벗기고" 거기에 누우라고 한 것이라고 할 수 있다. 한글개역개정은 "들다"는 단어로 번역하였는데 그것은 목적어를 "발치 이불"로 번역하였기에 어쩔 수 없이 "들다"는 동사로 번역을 한 것이다. 따라서 한글개역개정처럼 "발치 이불"을 들고 누우라고 번역한 것은 원문에서 너무 멀리 나간 번역이라고 볼 수밖에 없다.[20] 원문대로 "발치 부분을 벗기고 거기 누우라"고 직역하는 것이 본문을 이해하는 데 최선이라고 할 수 있다.

---

18 고세진, 『룻의 누명을 벗기다』, 25.
19 그런데 고세진은 이런 주장을 하면서도 마르겔로트(מַרְגְּלוֹת)를 룻기에서 두 번은 발로, 세 번은 발치로 번역한다. 뒤에 보아스의 발치를 벗기는 룻의 행동을 기업 무를 자로서의 역할을 하라고 보아스의 신발을 벗기는 것으로 이해하고, 그러려면 발을 벗긴다고 해야 신발을 벗긴다는 것이 되므로 굳이 두 번은 발로 번역해야 한다고 주장하는 것이다. 참조, 고세진, 『룻의 누명을 벗기다』, 26, 44, 45.
20 참조, 고세진, 『룻의 누명을 벗기다』, 23-24.

5.2 발치(다리 부분)의 의미

그렇다면 "다리 부분을 벗기고 누우라"는 의미는 무엇일까? 일부 학자들은 "마르겔로트"에서 파생된 동족어인 "레겔"(רֶגֶל ; 발)이 성기(남성 혹은 여성)를 가리키는 완곡어법으로 쓰이기 때문에, "마르겔로트"(מַרְגְּלֹת)도 성적으로 은밀한 부분을 가리키는 완곡어법으로 쓰인 것이 아닌가 생각한다. 그러나 룻기 기자가 "레겔"(רֶגֶל ; 발)을 쓰지 않고 "마르겔로트"(מַרְגְּלֹת)를 사용한 것을 우리는 주목해야 한다.

만일 레겔(רֶגֶל ; 발)을 사용하였다면 성적인 함축을 의도했을 것 같다. 왜냐하면 히브리어 "레겔"(רֶגֶל ; 발)은 구약에서는 성기를 가리키는 완곡어법으로 쓰인 것이 거의 분명하다. 성행위나 배설행위가 성기를 통해 이루어지는데 "레겔"(רֶגֶל ; 발)이란 단어를 통해 성행위나 배설행위를 표현하고 있기 때문이다. 학자들은 "레겔"(רֶגֶל ; 발)이 남성 성기를 가리키는 완곡어법으로 사용된 예를 출애굽기 4:25(아들의 양피를 모세의 발 앞에 던짐), 사사기 3:24(에글론이 다락방에서 발을 가림-배설현상), 사무엘상 24:3(사울이 발을 가리러 굴로 들어감)을 지목하고 있다.

한편, "레겔"(רֶגֶל ; 발)이 여성 성기를 가리키는 완곡어법의 용도로 쓰인 예로는 학자들이 신명기 28:57(발들 사이에서 낳은 아들), 에스겔 16:25(이스라엘이 모든 지나가는 자에게 발을 벌려 행음)을 언급한다. 그 밖에도 소변을 "발들 사이의 물"로 표현하는 열왕기하 18:27(=사 36:12)과 성기의 음모를 "발털"로 묘사하는 이사야 7:20을 보면 레겔(רֶגֶל ; 발)은 구약에서 성기를 가리키는 완곡어법으로 쓰인 것이 거의 명백하다.

따라서 만일 룻기 본문에서 "레겔"(רֶגֶל)이 쓰였다고 한다면 성적인 함축이 아주 강하게 드러났을 것이다. 밤중에 여인이 레겔(성기)을 벗기고 거기에 누웠다고 한다면, 직접적인 성적 접촉을 의미하는 것으로 해석될 수 있었을 것이다. 그러나 여기서는 "레겔"이라는 성적 함축이 강한 단어보다는 바로 앞에서 살핀 대로 "다리, 혹은 다리 부분" 혹은 "하체"라고 번역될 수 있는 "마르겔로트"(מַרְגְּלֹת)를 사용함으로써 내레이터는 직접적인 성적 함축을 배제하고 있다. 다시 말해 여기서 마르겔로트(מַרְגְּלֹת)가 직접적으로 성기를 가리키는 완곡어법으로 쓰였다고 볼 수는 없다. 내레이터는 단지 애매함을 통해서 그런 가능성을 암시하려고 한 것뿐이다.

어떤 학자들은 단순히 발치에 누우라는 것이 아니라, 마치 남편과 아내처럼 나란히 누우라는 것으로 볼 수도 있다고 본다. 어떤 학자들은 발치에 누우라는 것은 보호를 요청하는 겸손한 청원자의 자세를 보이는 것이라고 해석한다. 뒤에 결혼을 요청하는 것을 보면 이런 해석도 가능한 것으로 보인다.

5.3 모호한 성적 암시의 이유

물론 밤중에 여인이 남자의 다리(혹은 다리 부분)를 벗기는 행동에는 성적인 애매함이 들어 있는 것은 부인할 수 없다. 얼마만큼 하체를 벗겼는지도 분명하지 않다. 그러나 분명한 성적 접촉을 암시하고 있는 것은 아니다.

한밤중이라는 은밀한 분위기와 다리 부분을 드러내고 거기에 눕는 행위에 담긴 모호함은 단지 독자들의 상상력을 자극하고 흥미를 유발하려는 의도로 내레이터가 묘사한 것이 아니다. 성경 기자는 이렇게 모호한 요소들이 있는 모습으로 시작하였다가 후에 룻과 보아스가 율법의 기본 원칙과 헤세드의 정신으로 일처리를 하는 모습을 묘사함으로써 그들이 얼마나 의롭고 건강한 하나님의 백성이었는가를 칭찬하기 위해 일부러 모호함이라는 문예적 장치를 사용하고 있는 것이다.

5.4 "신발"을 벗긴 것이라는 해석

한편 고세진은 마르글로트(מרגלות)는 "발이나 발치"를 가리킨다고 주장하면서 룻기에서 두 번은 발(룻 3:4, 7)로, 두 번은 발치(룻 3:8, 14)로 번역한다.[21] 따라서 나오미가 룻에게 보아스의 발을 벗기라고 한 것은 "신발을 벗긴 것"이라고 본다. 신발을 벗는 것은 "자기의 권리를 포기하는 것"이고 신발을 벗기는 것은 "남의 권리 포기를 확인"하는 "성서시대의 관습"(신 25:9-10)이라고 주장하면서 룻기 4장을 근거로 든 다음 이렇게 주장한다.

---

21 이것은 뒤에 보아스의 발치를 벗기는 룻의 행동을 기업 무를 자로서의 역할을 하라고 보아스의 신발을 벗기는 것으로 이해하고, 그러려면 발을 벗긴다고 해야 신발을 벗긴다는 것이 되므로 굳이 두 번은 발로 번역해야 한다고 주장하는 것이다. 참조, 고세진, 『룻의 누명을 벗기다』 26, 44, 45.

룻은 보아즈의 신발(샌들)을 벗겨 놓음으로써 보아즈의 권리와 의무에 대한 확실한 발언을 한 것이다. … 그것은 성적인 유혹이 아니라 신발이라는 매개체를 통하여 의사소통될 수 있는 것이었다. 그래서 룻은 그의 신발을 벗긴 것이었다. 즉 벗어 준 신발을 받은 사람이 권리도 함께 소유하게 되는 것이 당시의 법이었기에, 이미 벗겨진 신발을 앞에 놓고 "옷자락으로 덮어달라"(결혼하여 달라)고 하는 룻의 요청을 거절할 수 없는 상황에 있음을 느낀 보아즈가 "너의 요청을 다 들어주겠다"고 한 것이다.[22]

고세진은 룻이 보아스의 신발을 벗기고 청혼을 하고 있다고 본다.

그러나 고세진의 해석은 흥미롭기는 하나 언어적으로나 내용적으로나 설득력이 약하다. 우선 언어적으로 룻기의 "발치를 드러내다"(גָּלָה מַרְגְּלוֹת; 갈라 마르겔로트)는 표현과 계대결혼을 포기하는 경우에 "신발을 벗기다"(חָלַץ נַעַל; 할라츠 나알)는 신명기 25:9-10의 표현은 서로 너무 다르다. 신명기의 "신발을 벗기다"에서 동사는 할라츠(חָלַץ)고 신발은 나알(נַעַל)인데 반해, 룻기의 "발치를 드러내다"에서 동사는 갈라(גָּלָה)이고 발치는 마르겔로트(מַרְגְּלוֹת)이다. "발치를 드러내다"는 표현과 "신발을 벗기다"는 표현은 언어적으로 너무 달라서 같은 의미를 지닌 동일한 행동으로 볼 수 없다.

게다가 내용적으로 보아도 룻이 보아스의 발치를 든 것은 계대결혼을 거부할 때 여자가 거부한 남자의 신발을 벗기는 것과는 연결시키기 어려운 전혀 다른 행동이다. 여인이 다른 남자의 신발을 벗기는 경우는 그 남자가 형제의 집 세우기를 거절할 때, 다시 말해 계대결혼을 거부할 때 여자가 벗기는 것이다.

"그의 형제의 아내가 장로들 앞에서 그에게 나아가서 그의 발에서 신을 벗기고(חָלַץ נַעַל; 할라츠 나알) 그의 얼굴에 침을 뱉으며 이르기를 그의 형제의 집을 세우기를 즐겨 아니하는 자에게는 이같이 할 것이라 하고 이스라엘 중에서 그의 이름을 신 벗김 받은 자(חֲלוּץ הַנָּעַל; 할루츠 핫나알)의 집이라 부를 것이니라(신 25:9-10)."

---

22 고세진, 『룻의 누명을 벗기다』, 44-45.

그러나 룻기에서는 보아스가 계대결혼의 의무를 거절한 적이 없다. 오히려 4장에서 보아스가 계대결혼의 의무를 받아들이는 모습이 나온다. 아직 보아스가 어떤 행동을 보일지 알려지지 않은 상황에서 룻이 보아스의 신발을 벗겼다고 해석하는 것은 지나친 해석이라 아니할 수 없다. 룻기 4장에서는 계대결혼의 의무를 거절한 기업 무를 자와 신발의 모티브가 나오는데 흥미롭게도 기업 무를 자가 스스로 신발을 벗는다.

"그 기업 무를 자가 이르되 나는 내 기업에 손해가 있을까 하여 나를 위하여 무르지 못하노니 내가 무를 것을 네가 무르라 나는 무르지 못하겠노라 하는지라 옛적 이스라엘 중에는 모든 것을 무르거나 교환하는 일을 확정하기 위하여 사람이 그의 신을 벗어 그의 이웃에게 주더니 (שָׁלַף נַעַל ; 샬라프 나알) 이것이 이스라엘 중에 증명하는 전례가 된지라 이에 그 기업 무를 자가 보아스에게 이르되 네가 너를 위하여 사라 하고 그의 신을 벗는지라(שָׁלַף נַעַל ; 샬라프 나알; 룻 4:6-8)."

고세진이 룻이 보아스의 "발치를 드러내는 행동"을 보아스의 "신을 벗긴" 것으로 확대 해석한 다음에 계대결혼과 연관시킨 것은 언어상으로나 내용상으로 근거가 없는 해석이라 할 수 있다.

5.5 그가 너의 할 일을 네게 고하리라

나오미는 룻이 자기가 시키는 대로 보아스의 발치에 누우면 된다고 하였다. 그 후에 어떤 말과 행동을 해야 하는지에 대해서는 언급하지 않고 다만 이렇게 말하였다(4하반절).

"그가 네 할 일을 네게 알게 하리라 하니
(וְהוּא יַגִּיד לָךְ אֵת אֲשֶׁר תַּעֲשִׂין ; 웨후 야기드 라크 에트 아셰르 타아신)."

룻이 보아스의 다리 부분을 벗기고 거기 누우면 "보아스가 할 일을 고할 것"이라는 것이 나오미의 논리였다. 즉 룻의 행동을 보고 보아스가 분명 반응을 보일 것이라는 것이었다. 나오미는 룻과 보아스가 만나는 장소와 시간, 즉 한밤중의 타작마당의 로맨틱한 분위기, 그가 그동안 보여준 성품에 근거하여 보아스가 분명히 반응을 보일 것이라는 논리였다.

도대체 나오미는 보아스의 무엇을 믿고 이런 제안을 한 것일까? 나오미에게는 보아스에 대한 신뢰가 있었기에 이렇게 하면 보아스가 할 일을 룻에게 알려줄 것이라 믿었다. 보아스가 "유력한 자"라는 내레이터의 언급, 2장의 보아스의 말과 행동을 통해 보여진 보아스의 성품은 관대하고 자비롭기에 자기 책임을 다 하리라는 것을 독자들은 믿을 수 있다. 아마 나오미도 같은 생각을 한 것 같다. 그러나 나중에 스토리를 읽어가다 보면 보아스가 룻에게 할 일을 고하는 것이 아니라 룻이 보아스에게 할 일을 고하는 모습을 본다 : "나는 당신의 여종 룻이오니 당신의 옷자락을 펴 당신의 여종을 덮으소서 이는 당신이 기업을 무를 자가 됨이니이다."

6. 나오미의 계획은 무엇인가?

6.1 상세한 계획은 알 길이 없음

나오미는 룻이 자신에게 보인 헌신에 대한 대가로 이제 결혼처를 주선하길 원한 것은 분명하다. 부모를 떠나 전에 알지 못한 나라로 와서 자신을 7주 동안 공양하는 룻을 보면서 나오미는 가정과 남편을 구해주어야 할 책임을 느낀 것이다. 나오미의 일차적 목적은 룻에게 가정과 남편을 구해주어 "너로 복되게 하는" 것이었다. 룻을 복되게 하는 것이 가장 중요한 관심사였다. 물론 나오미가 계대결혼과 기업 무름에 대해 전혀 관심이 없었던 것은 아닌 것이 분명하다. 나오미의 말 가운데는 계대결혼, 기업 무름 같은 용어나 개념은 나오지 않고, 보아스가 그저 친족이라는 점을 확인시키면서 룻이 보아스의 발치로 들어가 누우면 "보아스가 네 할 일을 알게 할 것"이라는 것이 전부이다. 이런 나오미의 말은 많은 여운을 남기고 있는 것이 사실이다.

우리는 여기서 질문이 꼬리를 무는 것을 어쩔 수 없다. 나오미는 무엇 때문에 이렇게 비밀스런 작업을 지시하고 있는가? 룻의 결혼 문제와 연관해서 대낮에 보아스나 마을 장로들에게 직접 찾아가 이야기하면 안 되는가? 그것도 타작마당에 아무도 모르게 보아스의 발치를 들치고 거기 눕는 것이 최선인가? 만일 이런 사실이 알려지면 무슨 일이 일어나기에 비밀스럽게 일을 처리하려고 하는가? 불행하게도 우리는 이런 질문에 대하여 분명한 답을 줄 수 없다. 부모들이 자녀들의 결혼을 주선하기도 했던 것 같지만(창 24, 34, 38장), 정확히 어떤 식으로 하였는지, 시어머니가 중매를 서는 경우도 있었는지에 대해서는 성경 어디에서도 단서를 찾을 수 없다.

6.2 개연성 있는 나오미의 중매 계획

그러나 룻기 내러티브의 의미 창출 메카니즘인 분위기와 플롯과 성격 묘사와 어조 같은 요소들에 주의하여 보면 나오미의 계획은 아래와 같았을 것으로 보인다.

룻기 1:9에 보면 "여호와께서 너희로 각각 남편의 집에서 평안함을 얻게 하시기를 바라노라"고 기도한 적이 있었다. 여기서 남편의 집에서 평안함이란 결혼을 의미한다. 나오미는 그저 하나님께 기도하고 잊어버리는 그런 인물이 아니었다. 부모와 고국을 떠나 자기와 함께 전에 알지 못했던 백성에게 와서 7주간 자신을 봉양한 룻을 위해 결혼을 주선함으로써 전에 드렸던 기도에 책임을 지기로 결심하였다.

왜냐하면 룻이 결혼을 하여 자녀를 낳지 않는 이상 이 두 과부 여인에게는 미래가 없었다. 얼마동안 먹을 곡식 씨앗은 있었으나, 미래를 보장할 육신의 씨앗인 자녀는 없었다. 더욱이 여기서 룻의 결혼은 단지 나오미와 룻에게만 개인적 유익이 되는 것이 아니었다. 나오미의 엘리멜렉의 후손은 메시아의 날까지 마땅히 지속되어야 했고, 엘리멜렉의 이름이 끊어지지 않도록 해야 했다.

결국 나오미는 이 모든 문제를 해결하기 위해서는 룻을 결혼시키는 것이 최선의 방책임을 알고 있었다. 나오미가 2장 끝에서 보아스를 가리켜 "그 사람은 우리의 근족이니 우리 기업을 무를 자 중 하나이니라"라고 했을 때 이미 마음 한 구석에 보아스와 룻의 중매 계획을 세운 것 같다.

왜냐하면 나오미는 기업 무름이라는 율법을 주신 하나님 안에서 암울한 현실을 넘어 미래로 나아가는 길을 보게 된 것이다. 사실상 약속의 땅에 들어 왔다 하더라도 구체적으로 땅과 후손 없이는 제대로 살아갈 수 없는 것이다. 땅이 없이는 생계를 유지할 수 없으며, 자식이 없이는 미래가 보장되지 않기 때문이다. 그러나 기업무를 자인 보아스가 룻과 결혼만 한다면 땅과 미래의 문제를 동시에 해결할 수 있었다. 이런 점에서 기업 무름이란 율법을 하사하신 하나님이야말로 진정한 의미의 고엘(기업 무를 자)이신 것이다.

나오미는 보아스가 친족이라는 사실 가운데에서 보아스를 통한 구원의 가능성을 보게 된 것이다. 친족이란 계대결혼의 책임이 있는 친척, 기업 무를 자 중 한 사람이란 뜻이기에, 친족이라는 개념 안에 계대결혼과 기업 무름이 들어 있는 것은 부인할 수 없다. 나오미는 그의 백성에게 인애 베풀기를 그치지 아니하시는 하나님과 그의 율법 가운데서 새로운 용기와 힘을 얻고 낙망과 좌절의 담을 넘으려고 시도하고 있음을 본다.

그런데 계대결혼과 기업 무름은 법률적으로 강제적인 것이 아니었으며, 단지 신앙 양심에 호소하는 권면 사항이었던 것으로 보인다. 신 벗김을 당하고 침 뱉음을 당한 후에 "신 벗김 받은 자의 집"이라는 말만 들을 용기가 있으면 얼마든지 계대결혼의 의무를 지지 않을 수 있었기 때문이었다(신 25:9-10). 실제로 룻기 4장에 보면 기업 무를 자가 "나는 내 기업에 손해가 있을까 하여 나를 위하여 무르지 못하노니 내가 무를 것을 네가 무르라 나는 무르지 못하겠노라"고 하면서 "네가 너를 위하여 사라 하고 그의 신을 벗는" 모습을 볼 수 있다.

보아스가 친족이라면 룻과 계대결혼을 해서 나오미의 기업을 무를 수 있는 후보 중에 하나였다. 그렇다면 보아스가 이 의무를 받아들일 것인지의 여부가 관건이었다. 우선 보아스는 룻기 2:1에 따르면 유력한 남자였다. 보아스는 마음만 먹으면 나오미와 룻을 위해 땅과 자손을 동시에 공급해 줄 수 있는 능력을 소유한 남자였다. 더욱이 룻에게 자비를 베풀고 관심을 보인 적이 있었다. 그러나 문제는 보아스에게 기업 무를 것을 강요할 수 없다는 데 있었다. 따라서 나오미는 나이든 여인답게 대담한 중매 계획을 세운 것이다.

나오미는 타작하는 날, 은밀한 타작마당의 분위기, 술과 음식을 먹은 후의 포만감, 보아스의 자비로운 성품 등을 이용하여 자신의 의도를 성사시키려고 한 것으로 보인다. 그렇다면 나오미의 계획은 특이하지만 얼마든지 용납할 수 있는 것이었을 것이다.

그렇다면 결혼 중매 계획을 실행하는 시기로 타작할 때를 잡은 이유는 무엇인가? 곡식 추수를 마치고 타작을 할 때면 하나님께 대한 감사의 마음이 가장 커져서 남에게 관대할 수 있는 최고의 시기였기 때문일 것이다. 신명기 15:14을 보자.

"네 양 무리 중에서와 타작마당에서와 포도주 틀에서 그에게 후히 줄지니 곧 네 하나님 여호와께서 네게 복을 주신 대로 그에게 줄지니라."

더욱이 타작마당에는 갓 타작한 보리와 밀 곡식들이 쌓여 있을 것이다. 곡식 씨앗은 후손의 씨앗을 암시하는 역할도 할 것이다. 곡식 씨앗들로 가득 찬 타작마당에서 결혼과 후손을 이야기하는 것은 분위기상으로도 최적이지 않았을까?

6.3 보아스는 당시 싱글이었는가?

타작마당 에피소드를 읽다 보면 궁금증이 생긴다. 보아스가 룻을 "내 딸아"라고 부른다면(3:10, 11) 나이가 지긋하게 먹었을 터인데 과연 아직 독신이었을까? 독신이 아니라면 룻이 결혼을 요청하는 것은 적절하지 않은 것 아닌가?

그러나 성경 본문에는 보아스가 당시 독신이었는지, 이미 결혼한 사람이었는지, 아니면 상처한 홀아비인지는 알 길이 없다. 우선 보아스가 독신이었을 가능성은 제로이다. 보아스처럼 재산도 있고 사회적인 평판도 좋고 나이 든 사람을 베들레헴 처녀들이 그냥 내버려 두었을 리 없고, 보아스 역시 결혼하지 않을 어떤 이유도 없었을 것이다.

그렇다면 아내를 잃은 홀아비였을까? 한 유대 전승(Ruth Rabbah III:6)은 나오미와 룻이 베들레헴에 도착하는 날 보아스의 아내가 죽었다고 본다. 이렇게 만듦으로써 보아스와 룻의 결혼 문제를 해결하려고 한다. 그러나 성경을 보면 이 시대에는 일부 다처제가 흔하였으며, 보아스가 다른 아내를 취한다고 해서 도덕적 문제가 될 것은 없었다(참조 삿 8:30, 10:3, 12:9, 14; 삼상 1:1; 삼하 5:13). 따라서 보아스가 이미 결혼한 상태라 하더라도 룻과 결혼하는 것은 전혀 문제가 되지 않는다. 흥미롭게도 룻기는 보아스의 결혼 상태에 대해 아무런 언급도 하지 않기에, 유대 전승처럼 보아스의 아내가 죽었을 것이라는 쓸데없는 상상은 하지 않는 것이 좋다.

7. 룻의 순종

나오미의 제안이 끝나자 룻이 대답한다(5절).

"룻이 시어머니에게 이르되
(וַתֹּאמֶר אֵלֶיהָ ; 와토메르 엘레하)
어머니의 말씀대로 내가 다 행하리이다
(כֹּל אֲשֶׁר־תֹּאמְרִי אֶעֱשֶׂה ; 콜 아셰르-토므리 에에세)."

한글개역개정은 "그녀에게"라고 된 것을 "시어머니에게", 그리고 "당신이 말씀하신 모든 것을"이라고 된 것을 "어머니의 말씀대로"라고 명시하고 있다. 물론 내용상 차이가 나는 것은 아니며 대중용 성경이 의미전달을 더 명확하게 하려고 대명사를 명사로 치환하여 번역한 것이라는 점에서 흠을 잡을 수는 없다. 단지 문자에 매여 성경을 해석하는 자들이 되려면 작은 부분도 놓쳐서는 안 된다는 점을 강조하기 위해서 언급한 것뿐이다.

우리는 여기서 룻의 감정과 느낌이 전혀 소개되지 않고 있음을 주목해야 한다. "당신의 모든 말씀을 내가 다 행하리이다"(כֹּל אֲשֶׁר־תֹּאמְרִי אֶעֱשֶׂה ; 콜 아셰르-토므리 에에세)라는 네 단어(히브리어 원문으로)가 전부이다. 그렇다면 그 이유가 무엇일까? 이렇게 성경 기자는 룻의 감정과 느낌을 감춤으로써 룻의 충성이 얼마나 순수하고 절대적인가를 잘 보여준다.

왜냐하면 나오미가 내린 지시는 룻에게 위험천만할 수도 있기 때문이다. 밤중에 남자들만의 세계인 타작마당에 가서 남자의 다리를 벗기고 거기에 누우라는 지시는 룻의 명예 훼손뿐 아니라 자칫하면 목숨까지 위태로울 수 있었다. 학자들에 의

하면 최소한 아래와 같은 상황이 발생할 수도 있었다.

(1) 우선 한밤중에 돌아다니는 것은 위험할 수 있었다. 아가서에 보면 술람미 여인이 성안을 순찰하는 자들에게 폭행을 당하는 모습이 나오기 때문이다 : "성안을 순찰하는 자들이 나를 만나매 나를 쳐서 상하게 하였고 성벽을 파수하는 자들이 나의 겉옷을 벗겨 가졌도다"(아 5:7).
(2) 게다가 타작마당은 남자들의 세계인데다가 당시 타작마당에서 음행을 즐기는 것이 종교적 풍습이었기에 룻이 타작마당으로 내려가는 것은 위험한 일이었다 : "이스라엘아 너는 이방 사람처럼 기뻐 뛰놀지 말라 네가 음행하여 네 하나님을 떠나고 각 타작마당에서 음행의 값을 좋아하였느니라"(호 9:1). 보아스는 밤에 성적인 쾌락을 즐긴 후에, 사람들에게 룻이 창기 노릇을 했다고 소문을 낼 수도 있었기 때문이었다.
(3) 구약에서 음행한 여인은 화형을 시키거나 돌로 쳐죽였다 : "석 달쯤 후에 어떤 사람이 유다에게 일러 말하되 네 며느리 다말이 행음하였고 그 행음함으로 말미암아 임신하였느니라 유다가 이르되 그를 끌어내어 불사르라"(창 38:24).

이같이 나오미의 지시대로 했다가는 남편과 가정을 얻기는커녕 신변과 목숨에 위협을 충분히 당할 수 있었다. 그러나 룻은 질문을 하거나 이의 제기를 하지 않고 "어머니의 말씀대로 내가 다 행하리이다"라고 하였다. 여기서 룻은 나오미에 대한 절대적 신뢰와 순종의 모습을 보인다. 따라서 보아스가 타자마당의 대화에서 "네가 베푼 인애가 처음보다 나중이 더하도다"(룻 3:10)라고 칭찬한 것이다.

성경 기자는 룻이 말 그대로 시어머니의 명대로 다하였음을 밝힌다. 6절 : "그가 타작마당으로 내려가서 시어머니의 명령대로 다 하니라." 그러나 룻은 한 가지 점에서 나오미의 말을 오해했는지도 모른다. 성경 기자는 "그가 타작마당으로 내려가서 시어머니의 명대로 다 하니라"고 언급한 후에 룻이 가만히 가서 발치 이불을 들고 누웠다고 적고 있다. 룻은 너무나 조심스러웠고 조용히 움직였기에 보아스는 룻의 존재를 느끼지 못했다. 밤중에서야 놀라서 여인이 발치에 누운 것을 발견할 때까지 말이다. 이것이 나오미가 의도한 바는 아니었을 것이다.

나오미는 룻이 보아스가 먹고 마시고, 마음이 즐거울 때, 룻을 받아들이기 쉬울 때, 즉 잠이 들기 전에 보아스에게 나아갈 것을 원했다. 그러나 룻은 너무 오래 기다린 것 같다. 나오미는 로맨틱한 사명을 주었으나, 룻은 기업 무를 자가 되게 해달라는 요청으로 바꾼다. 만일 나오미가 보아스에게 기업 무를 자가 되어달라고 요청할 의향이었다면, 밤중에 놀래켜 가며 그런 요청을 했을 리 만무하다.

어쨌든 룻은 자신의 임무가 비밀스런 법적 문제인지 알았지, 로맨틱한 것이지는 몰랐던 것 같다. 룻이 이방 여인이기에 기업 무르는 일이 어떻게 진행되었는지 몰랐을 가능성이 있다. 그렇다면 룻은 나오미의 지시대로 한 것처럼 알았으나, 실제로는 그렇지 않았음을 알 수 있다. 그러나 하나님은 이런 일들 뒤에서 자신의 목적을 성취하고 계신다. 결국 보아스와 룻은 타협하기 쉬운 상황, 위험한 상황 안으로 빠져 들어가고 있다. 과연 이 둘은 어떻게 일을 처리할 것인가? 우리의 호기심은 커진다. 이에 대해서는 다음 장에서 상세히 살펴보게 될 것이다.

8. 신학적 메시지

8.1 기도하고 일하라(Ora et Labora)

겉으로 보면 룻기에서 3장은 신학적인 요소가 가장 적은 부분처럼 보인다. 왜냐하면 여호와의 이름이 언급되지 않으며 오직 인간 등장 인물들이 열심히 움직이기 때문이다. 그러나 상세히 살펴보면 여기에서도 신학적인 면을 얼마든지 찾을 수 있다. 나오미가 "내가 너를 위하여 안식할 곳을 구하여 너를 복되게 하여야 하지 않겠느냐"(1절)라고 제안한 것은 이전에 1:9에서 나오미가 기도한 내용과 유사하다.

나오미는 이전에 자부들을 떠나보내면서 "너희가 죽은 자들과 나를 선대한 것같이 여호와께서 너희를 선대하시기를 원하며 여호와께서 너희로 각각 남편의 집에서 평안함을 얻게 하시기를 원하노라"(1:8-9)라고 기원한 적이 있었다. 그때에는 그저 자부들을 며느리의 의무에서 해방시키면서 덕담 같은 기원을 한 것이라 한다면, 룻기 3장에서 나오미의 계획은 나오미의 이런 이전 기원을 실행에 옮기는 셈이 된다.

많은 사람들이 기도를 자신이 해야 할 일을 하나님께 떠넘기는 방식으로 이용한다. 나오미도 룻기 1장에서는 남편의 집에서 평안함을 얻는 것이 하나님의 책임으로 간주하고 기원했을 것이다. 그러나 이제 룻이 나오미를 따라 나선 이상 여호와의 하실 일로 떠넘겼던 것 중에 자신이 할 수 있는 일은 스스로 하겠다고 나선 것이다.

나오미는 여호와께서 섭리로 준비해 주신 기회를 놓치지 않고 과감하게 어두운 밤길 지나 타작마당으로 룻을 내려보낼 준비를 하고 있다. 룻의 우연한 발길을 보아스의 밭에 이르게 하시고, 보아스의 마음을 열어 룻에게 호의를 베푼 것을 여호와의 섭리로 본 것이 분명하다. 이런 점에서 기도는 단지 여호와의 직접 간섭으로만 성취되는 것이 아니다. 기도는 여호와의 충실한 종들인 믿음의 공동체의 멤버들에 의해 성취되기도 하는 것이다.

8.2 낙망과 좌절의 담을 넘어서

결론적으로 우리는 그의 백성에게 인애 베풀기를 그치지 아니하시는 하나님과 그의 율법 가운데서 새로운 용기와 힘을 얻고 낙망과 좌절의 담을 넘는 나오미와 룻의 모습에서 도전을 받아야 한다. 현실이 아무리 암울하게 느껴지더라도 이 절망과 좌절의 벽을 넘을 길은 항상 남아 있다. 어차피 우리 모두는 발을 땅에 디디고 살 수밖에 없는 유한한 존재이기에 고난을 당할 때가 많다. 때로는 나오미처럼 하나님이 주신 땅을 잃기도 하고, 룻처럼 남편과 후손도 없어 미래가 전혀 보이지 않는 캄캄한 절망 가운데 들어갈 때도 있을 것이다.

그러나 그 가운데에서도 우리는 하나님의 약속을 믿고, 하나님이 주신 율법과 하나님을 섬기는 공동체를 신뢰하며 낙망과 좌절의 담을 넘어서야 할 필요가 있다. 비록 내 땅이 없다 하더라도 문제가 되지 않는다. 우리의 하나님은 원래의 땅 소유주에게 기업을 무르시는 진정한 고엘이기 때문이다. 그러나 아무리 하나님이 고엘이라고 하더라도, 암흑 같은 현실을 체념하고 주저앉아 있기만 한다면 미래는 결코 열리지 않는다. 물론 미래를 여시는 분은 고엘 하나님이시지만, 가만히 앉아 있는 자에게 하나님은 미래를 열어 보이지 않으신다.

따라서 우리는 절망과 좌절의 담 앞에 섰을 때 이를 뛰어넘는 용기를 보여야 한다. 그러나 우리는 때로 자기 힘으로 어찌할 수 없는 낙망과 좌절의 벽 앞에서 어떻게 문제를 풀어나가야 할지 알지 못하고 헤맬 때가 많다. 그러나 그럴 때마다 우리는 성경에 기록된 과거의 하나님의 백성들의 용기있는 모습과 이런 하나님의 백성들에게 보이신 하나님의 위대한 구원의 행동에 대한 이야기를 들어야 한다.

이런 이야기를 들으면 죽음의 길을 벗어나서 하나님의 위대한 구원을 경험하는 미래로 나아가는 발걸음의 시작은 하나님과 그분이 주신 율법, 그분을 섬기는 공동체를 받아들이는 것임을 알게 된다. 우리는 먼저 좌절과 절망을 딛고 일어서서 미래로 가는 길에 우리에게 먹을 것과 마실 것을 공급하실 하나님을 의지해야 한다. 물론 하나님께서는 당장 필요한 모든 것을 넘치도록 풍성하게 하시지는 않을 것이다. 현대인은 즉각적인 성취를 늘 바라지만, 하나님은 즉각적인 성취가 아니라 낙망과 좌절의 벽을 넘는 데 필요한 최소한의 것을 공급해 주시며 우리를 미래로 끌고 나가신다. 7주 동안의 이삭 줍기로 생계를 연명한 나오미와 룻은 이삭 줍기에 관한 율법을 실행해 옮긴 보아스 같은 믿음의 사람들을 통해, 세상에 대해 용기를 가질 수 있게 되었다. 비록 아직은 작은 성취이지만 이를 통해 나오미는 세상을 살아갈 믿음을 가지게 된 것이다.

이렇게 하나님의 약속을 믿고, 그 약속 위에서 새로운 삶을 창조하기 위해 애쓰는 이에게 미래는 열리는 것이다. 천국은 침노하는 자의 것이라고 주님도 말씀하셨다. 보아스를 만나기 위해서는 때로 어두운 밤길을 지나 타작마당으로 내려가는 용기도 내야 할지 모른다. 새로운 미래를 창출하기 위해서는 위험한 세계인 타작마당으로 내려서는 모험도 감수해야 한다. 어쩌면 목욕하고 기름을 바르고 의복을 입는 노력도 필요할 것이다. 그러나 이런 모든 노력은 단지 요행을 바라고 하는 행동이어서는 안 될 것이다. 하나님의 약속을 믿고 인간 편에서 최대한 노력을 기울이는 창조의 행동이어야 한다. 그때 하나님께서는 우리를 위해 땅과 후손을 되돌려 주실 것이다.

8.3 율법을 완성시키는 사랑의 이야기

타작마당 에피소드를 이해하려면 계대결혼이나 기업 무름의 제도가 어떻게 기능하는지를 살펴야 한다. 우선 계대결혼과 기업 무름은 하나님의 뜻이 담긴 율법의 제도이다. 계대결혼이란 후사 없이 죽은 형의 아내를 위해 시동생이나 가까운 친족이 결혼하여 아이를 낳아줌으로 죽은 남자의 이름이 사라지지 않게 할 뿐 아니라 혼자 남은 과부의 생계를 책임지게 하려는 하나님의 사랑과 배려에서 나온 율법이다. 기업 무름 역시 마찬가지이다. 빚 노예가 되거나 땅을 상실할 경우에 가까운 친척이 빚을 변제하고 종으로부터 구원함을 받게 해주고 땅을 원래 주인에게로 돌아가게 함으로 자유를 얻게 하려는 하나님의 뜻을 실현시키는 율법이다. 따라서 하나님의 백성들은 누구나 이 율법을 지키고 순종해야 한다.

그러나 계대결혼과 기업 무름은 단지 율법적 요소로만 기능할 수 없다는 점도 우리는 이해해야 한다. 우선 계대결혼이란 아무리 율법의 의무로 주어진 것이라 하더라도 남녀 간의 결합이요 결혼인데 어떻게 법률적 강행만으로 그 목적을 달성할 수 있겠는가? 어차피 결혼이란 남녀 간의 문제이기에 낭만적 요소가 개입하기 마련이고 결국은 에로틱으로 결론나기 때문이다.

기업 무름의 제도 역시 마찬가지가 아닌가? 자기의 재산상의 손실이 있음에도 불구하고 다른 사람의 빚을 면제하고 그에게 자유를 제공하는 것은 사랑이 없이는 불가능하다. 율법을 완성시키는 것은 사랑이기 때문이다. 따라서 타작마당 에피소드는 율법을 완성시키는 사랑의 이야기이다. 이런 사실은 보아스와 룻이 타작마당에서 대화를 나누는 다음 단락을 보면 금방 드러난다.

결국 타작마당 에피소드는 어떻게 율법적(Legal) 요소, 낭만적(Romantic) 요소, 에로틱(Erotic) 요소가 결합되어 가장 이상적인 모습으로 에로틱에 매몰되지 않고 율법을 완성시키는 사랑의 이야기로 승화시켰는지를 보여주는 스토리이다.

8.4 율법적 해석과 에로틱 해석의 양 극단을 피해야

이런 사실을 이해하지 못한 해석자들은 지나치게 율법적 해석이나 에로틱 해석을 따른다. 적지 않은 사람들이 룻을 늙은 부자를 타작마당에서 성적으로 유혹한 여인으로 이해한다.

이미 17세기에 퓨리턴 설교자인 버나드(Richard Bernard)는 룻기를 로맨스로 보고 여성들에게 도덕적으로 타락한 루스를 모방하도록 가르치는 것은 "창부" 역할을 하게 가르치는 것이나 마찬가지라고 비판했다(Fisher-Yinon 691 재인용). 루스가 기독교의 근간을 이룬 중요한 존재임에도 불구하고 17세기에도 행실에 문제가 있는 여인으로 간주된 것을 보면, 환상과 로맨스에 빠져 비참한 말로를 맞는 워즈워스의 루스의 비극적 운명은 특별히 그가 새롭게 재구성한 것이라기보다는 당시 영국에서 공유되던 루스의 이미지 중 하나를 그대로 수용한 것이라 하겠다.[23]

이와 반대로 일부 학자들은 극단적으로 율법적 해석(legal interpretation)을 고집한다. 예를 들어, 고세진은 나오미를 "철저한 계획자"로, 룻을 "성실한 외교관"으로 해석한다.

지금까지 룻에 대한 평가는 보아즈라는 남성에게 밤중에 다가간 여성으로 대비되는 것이 보통이었다. 그래서 룻을 곱게 차리고 미래의 남편을 유혹하는 여자 또는 신부로 묘사하는 주석가들이 많은데, Luther와 Davis도 "It is a reasonably likely that Ruth was presenting herself to Boaz as a bride-in-waiting"이라고 하여 과부인 룻의 여성적 유혹을 상상하여 초점을 맞추고 있다.

이러한 주석들은 룻이 보아즈에게 성적인 의도를 품고 접근한 것으로 해석하기 십상이며, 룻에 대해서 그렇게까지 평가하지 않는다고 할 경우에도 한밤중에 젊은 여인을 순결하게 대한(37) 남자라고, 보아즈에게 모든 칭찬을 돌리고 마는 실수를 저지른다. 예를 들면 Morgan은 "On the whole the story of her venture is rather to the credit of Boaz than to that of Naomi and Ruth"라고 하여 보아즈의 신실함이나 인간 됨이 좋아서 그 날밤에 아슬아슬한 분위기가 아름답게 해피 엔딩으로 끝난 것으로 본다. 이런 해석들은 룻의 역할에 대한 오해 때문에 생긴 것이다.

---

23 신경원, "워즈워스와 키츠의 루스 : 성경의 루스 번역과 재구성", 「비교문학」제52집 (2010. 10), 339.

룻은 나오미가 보낸, 말하자면 "외교관"이었다. 룻은 그 "직무"를 성실히 또 성공적으로 수행하였다. 첫째, 룻은 보낸 사람이 지시한 순서대로 실천하였다. 둘째, 룻은 자기가 해야 할 일이 무엇인지를 정확히 알고 있었다. 셋째 룻은 보아즈에게 어떤 과잉 행동도 하지 않았다. 그녀는 자기가 맡은 일에 충실하였고 그 일은 성적 유혹을 포함하지 않는 일이었다.

그럼 룻은 왜 밤에 보아즈에게 갔는가? 그것은 여러 사람의 이목을 피하려는 의도 때문이었다. 나오미에게는 보아즈보다 더 가까운 남자 친척이 있었다. 그러나 나오미는 보아즈와 룻이 맺어짐으로써 자기 가정이 재건되기를 바랐다. 그러므로 이러한 협상을 할 절호의 찬스가 그 밤이라고 생각하였다.

사실 룻이 밤에 갔고, 보아즈가 자기 전에, 즉 그곳에 같이 있는 가솔들[24]이 자기 전에는 행동을 개시하지 않았고 또 룻이 새벽에 일찍 집으로 돌아온, 이 모든 일은 일반적 이목을 피한 것이었는데 그 이유는 바로 그 가장 가까운 남자 친척의 이목을 피하려면 어쩔 수 없는 수순이기 때문이었다. 왜냐하면 나오미의 입장에서는 보아즈가 나오미의 가정을 "구원"하겠다고 수락할지 확신할 수 없었고 보아즈는 그 더 가까운 남자 친척이 스스로 "권리"를 포기할는지 알 수 없었다. 나오미 가정과 보아즈가 어떤 합의("한다" 또는 "안 한다")에 도달하기 전의 "협상 과정"을 그 더 가까운 남자 친척이 알게 되고 끼어들게 되면 수치스럽기도 하고 또 일이 어긋나게 된다. 그래서 이 모든 것이 밤에 또 남이 모르게 진행된 것이었다. 결코 밤중에 성(性)으로 보아즈를 결박하여 소기의 목적을 달성하려는 것이 아니었다.[25]

고세진의 해석은 지나치게 율법적 요소만 강조하고 있다. 필자나 다수의 학자들은 타작마당 에피소드 안에 낭만적 요소와 에로틱 요소가 애매모호하게 암시되어

---

24 식솔들이 주변에서 자고 있다면 밤에 룻을 타작마당에 머무르게 한 것이 들통날 가능성이 있는 것 아닌가? 또한 주변에 식솔들이 있는데 대화를 나누기가 쉬었을까? 물론 낟알들이 쌓인 곳의 끝에 보아스가 누웠기에 가능했을 가능성이 전혀 없는 것은 아니다.

25 고세진, 『룻의 누명을 벗기다』 37-39.

있다고 인정한다고 해서 룻이 밤에 보아스를 유혹하기 위해 성적으로 접근하고 있다고 절대 보지 않는다. 그럼에도 불구하고 고세진은 낭만적 요소와 에로틱 요소를 인정하면, 룻이 미인계를 쓴 것으로 오해할 수 있다고 우려한다. 율법적 요소만 지나치게 강조하면, 룻기를 오해할 수 있다. 왜냐하면 룻기는 율법을 완성시키는 것은 사랑임을 보여주기 때문이다. 그리고 사랑 안에는 낭만적 요소와 에로틱한 요소도 포함되어 있기 때문이다.

　율법을 완성시키는 것은 사랑이다! 물론 룻기 3장에서는 아직 이 점이 분명히 드러나지 않는다. 룻기 4장에 가면 기업 무를 자 1순위였던 자는 자기 기업에 손해가 있을까 하여 무르지 못하겠다고 뒤로 물러난다(룻 4:6). 그러나 보아스는 자기 기업에 손해가 있을 것을 알면서도 말론의 아내 룻에게서 땅을 기업 무르고 룻과 계대결혼을 하는 모습을 본다. 기업 무름과 계대결혼이라는 율법은 보아스의 사랑이 없었다면 성취되지 않았을 것이다.

　그뿐 아니라 베들레헴 여인들은 보아스와 룻 사이에서 낳은 아들 오벳을 두고 "이는 네 생명의 회복자이며 네 노년의 봉양자라 곧 너를 사랑하며 일곱 아들보다 귀한 네 며느리가 낳은 자로다"라고 노래한다(룻 4:15). 나오미의 텅 빈 삶을 채운 것은 율법을 완성시키는 룻의 사랑이 있었기에 가능했다. 따라서 사랑을 뺀 채 율법적 요소를 강조하게 되면 성경의 언약적 종교의 특성을 이해하지 못하게 된다. 언약의 본질은 종주이신 하나님이 베푸신 사랑의 은혜에 봉신인 하나님의 백성들이 언약의 규정을 사랑으로 지키는 데 있기 때문이다. 사랑이 빠진 율법만의 종교는 성경의 종교가 아니다.

9. 부록 : 맛소라 주

룻기 3:5에서 룻이 한 말을 히브리어 맛소라 본문으로 보면 자음 본문에는 없는데, 모음이 붙어 있는 희한한 모습을 볼 수 있다.

"당신께서 내게 말씀하신 모든 대로 내가 행하리이다."

(כֹּל אֲשֶׁר-תֹּאמְרִי אֶעֱשֶׂה ; 콜 아셰르-토므리 에에세)."

위의 맛소라 본문을 보면 세 번째 단어 뒤에 자음은 보이지 않고 모음(..)만 기록되어 있다. 이같이 전승되는 일부 본문에 필사자들이 실수로 일부 단어나 구를 생략한 경우에, 맛소라 학자들은 본문에 빠졌을 것으로 추측되는 단어를 자음 본문 가운데 감히 삽입시키지는 못하고 모음만 삽입하였다. 그러고는 여백에 생략된 것으로 추정되는 단어를 언급하고 "비록 쓰여지지는 않았으나 읽어야 함"(קרי ולא כתיב ; 케레 웨로 케디브)이라는 지시 사항을 달았다. 이를 전문 용어로 필사자의 생략이라고 부른다. 우리 본문을 인쇄된 히브리 성경 BHS(Biblia Hebraica Stuttgartensia)의 레이아웃대로 살펴보면 아래와 같다.

여백	본문	BHS의 비평주
אלי חד מן 5' קר ולא כת	כֹּל אֲשֶׁר-תֹּאמְרִי אֶעֱשֶׂה	5Mm 2745

여백의 주는 흔히 소맛소라(Masora Parva)라고 부르는 것으로서 본문을 읽고 쓰는 일에 있어서 주의해야 할 점을 적어둔 것이다. 이 주에 따르면 이 경우에 אלי란 단어를 본문에 제시한 모음(.체레와 .파타흐)을 붙여 읽어야 하며, 이것은 "쓰여지지는 않았으나 읽어야 하는"(קרי ולא כתיב ; 케레 웨로 케디브) 구약 총 10군데 가운데 하나(חד מן 5')이다. [한편 대맛소라에는 이 10군데가 열거되어 있다. BHS를 보면 소맛소라(여백을 보라)에 5라는 주 번호가 붙어 있는데 이것은 본문 하단에서 이에 해당하는 대맛소라(Masora Magna)를 보라는 지시 사항이다. BHS는 대맛소라를 따로 출판하기로 하였기 때문에 단지 번호만을 명기하고 그 내용은 G. E. Weil, Massorah Gedolah, I, (Rome, 1971)에 번호대로 실었다. 따라서 BHS 하단의 5번을 보면 Mm(Massora Magna) 2745라고 되어 있다. 이에 Weil의 책의 2745를 찾아보면 קרי ולא כתיב라는 부제하에 사사기 20:13; 사무엘하 8:3, 16:23, 18:20; 열왕기하 19:31, 37; 예레미야 31:38, 50:29; 룻기 3:5, 17이 열거되어 있다.]

맛소라 학자는 여기서 "나에게"(אֵלַי ; 엘라이)를 넣어서 읽을 것을 요구하고 있다.

그러나 학자들은 케팁을 선호하여 "나에게"를 빼고 있는 경향이 있다. 그러나 넣어 읽든, 빼고 읽든 이 문제는 본문을 해석하는 데 크게 영향을 주는 것은 아니다. 필자가 여기서 굳이 이 점을 언급하는 것은 우리가 맛소라 학자들을 통해서 구약 성경 히브리어 본문을 전해 받았기 때문에, 맛소라 본문의 성격을 이해할 필요가 있기 때문이다. 구약 성경의 원문을 재구성하는 데 있어서 가장 중요한 본문 증거는 맛소라 본문이라는 점을 잊어서는 안 된다.

3막 2장
나는 룻, 당신의 시녀입니다(룻 3:6-9)

1. 서론적 이야기

1.1 성경 본문

룻기 3:6-13은 타작마당에서 룻과 보아스 사이에 일어난 사건과 이것을 룻이 나오미에게 보고하는 내용으로 이루어져 있다. 타작마당에서 룻과 보아스 사이에 일어났던 일을 다루는 3:6-13은 학자들 사이에 가장 논란이 많았던 본문이다. 따라서 다룰 내용이 많기에 3:6-9을 3막 2장으로 먼저 다루고, 10-13절은 3막 3장으로 하여 후에 다루도록 할 것이다. 우선 성경 말씀을 읽어 보자.

"그가 타작마당으로 내려가서 시어머니의 명령대로 다 하니라 보아스가 먹고 마시고 마음이 즐거워 가서 곡식 단 더미의 끝에 눕는지라 룻이 가만히 가서 그의 발치 이불을 들고 거기 누웠더라 밤중에 그가 놀라 몸을 돌이켜 본즉 한 여인이 자기 발치에 누워 있는지라 이르되 네가 누구냐 하니 대답하되 나는 당신의 여종 룻이오니 당신의 옷자락을 펴 당신의 여종을 덮으소서 이는 당신이 기업을 무를 자가 됨이니이다 하니(룻 3:6-9)."

1.2 그동안의 대중적 해석사와 문제 제기

우리가 앞에서 여러 번 보았듯이 과거의 이스라엘 역사 가운데서 일어났던 사건들의 역사적 배경을 고려하며 문자적-문예적으로 분석하고, 이를 정경의 큰 틀 안에서 바라보며 신학적으로 최종 해석하는 것은 쉬운 일이 아니다. 그러다 보니 모형론적으로 해석하는 것이 가장 쉽고 매력적일 수밖에 없었다. 룻과 보아스의 관계를 교회와 그리스도의 관계를 보여주는 모형으로 보면 쉽게 우리의 삶에 적용할 수 있어 보인다. 사무엘 리도우트(Samuel Ridout)의 룻기 3장 해석을 보면 이런 접근을 볼 수 있다.

> 이제 룻은 그녀의 과부의 의복들을 벗어 버리고 목욕하며 기름 발랐습니다(6절). 그리고 그녀 자신을 마치 신부처럼 보아스에게 나타냈습니다. 이와 마찬가지로 남은 자들도 그들의 절망을 벗어버리고 성령과 말씀으로 거룩하게 씻음받고, 그들 자신의 것이 아니지만 아름답게 단장하여 믿음으로 주님께 그 자비를 간구하게 될 것입니다. …
>
> 나오미의 지시를 따라 그녀는 한밤중 가장 캄캄한 시간에 보아스에게 자신을 알리고 담대한 요청을 했습니다(7-9절). 그녀는 내어 쫓기는 대신에 보아스의 은총을 입게 되었습니다. … 이처럼 만왕의 왕 되신 주님도 가장 한밤중인 시험과 핍박받는 때에 두려워 떠는 남은 자들을 자기에게로 가까이 이끄실 것을 재확신시켜 주실 것입니다. …
>
> 이 이야기의 모든 부분들은 전형적으로 이스라엘과 우리 주님과의 관계를 나타내 줍니다. 그래서 오늘날의 시대에 있는 우리는 개인적으로 그 이야기를 단지 간접적으로만 적용할 수 있습니다. 하지만 이제까지 우리가 보아온 것처럼 하나님의 사랑은 모든 세대에 걸쳐 마찬가지입니다. 하나님은 우리의 생각하는 것이나 구하는 것에 더욱 넘치도

록 공급해 주신다(엡 3:20)는 것을 아는 것은 아주 축복된 일입니다.[26]

타작마당에 내려가서 보아스의 발치에 누워 결혼해달라고 요청하는 장면을 우리 남은 자 역시 한밤중에 시험당하고 핍박받을 때 그리스도께 나아가면 우리를 구원해주실 것이라는 확신을 심어주려는 의도로 주어진 본문이라고 보는 것이다.

우리가 앞에서 거듭해서 살펴보았듯이 이렇게 모형론적으로 해석하면 눈에 띄는 몇몇 부분은 설명이 될지 모르지만 대부분의 본문의 언어적 데이터는 설명이 안 되고 지나치게 된다. 이렇게 되면 구약의 본문은 역사적 실재를 잃어버리게 되고, 단지 신약의 역사적 실재를 가리키는 그림자로 전락하게 된다. 따라서 의도하지 않았다 하더라도 구약을 무시하는 경향을 빚게 된다.

따라서 종교개혁자들은 중세의 지나친 모형론적인 신학적 해석을 경계하고 문자적 해석을 강조한 것이다. 루터는 문자적 의미만이 적법한 의미라고 강조하였다. 이에 종교개혁자의 후예인 우리는 본문의 상세한 데이터에 주목하면서 문법적-문예적 해석을 먼저 해야 한다. 그리고 나서 문자적 해석 위에 모형론적 해석이든, 구속사적 해석이든, 신학적 해석이든 해야 하는 것이다.

2. 룻의 실행

2.1 충성스런 며느리

룻기 3:5에서 룻은 시어머니가 시키는 대로 하겠다고 약속하였다. 과연 룻은 위험하기 짝이 없는 시어머니의 지시대로 행동에 옮길까? 한밤중에 남자들의 세계인 타작마당에 여인이 들어가는 것이 얼마나 큰 위험인지 다 알고 있었기에 이스라엘 독자들의 궁금증은 클 수밖에 없었을 것이다. 그런데 내레이터는 룻이 시어머니의 지시대로 타작마당으로 내려갔다고 보고한다(6절).

---

26 리도우트, 『사사기 룻기 강해』, 388-389.

"그가 타작마당으로 내려가서

(וַתֵּרֶד הַגֹּרֶן ; 와테레드 학고렌)

시어머니의 명령대로 다 하니라

(וַתַּעַשׂ כְּכֹל אֲשֶׁר־צִוַּתָּה חֲמוֹתָהּ ; 와타아스 케콜 아셰르-치우타 하모타흐)."

밤중에 여인이 타작마당으로 들어가는 것이 위험한 일이었지만 룻은 어두운 밤길을 지나 타작마당으로 내려서길 주저하지 않았다. 그뿐 아니라 룻은 타작마당으로 내려가서 "시어머니의 명령대로 다(כֹּל ; 콜) 하니라"고 내레이터는 밝히고 있다. 앞서 룻은 "어머니의 말씀대로 내가 다(כֹּל ; 콜) 행하리이다"라고 하였다. 결국 내레이터는 "모든"(כֹּל ; 콜)이란 단어를 반복하여 사용함으로써 룻이 하나도 빠뜨리지 않고 시어머니가 명한 대로 실행에 옮겼음을 강조한다. 내레이터는 룻을 위험을 무릅쓰고 타작마당으로 내려가서 시어머니의 명대로 다 행한 충성스런 며느리로 묘사하고 있는 것이다.

2.2 마음이 즐거운 보아스

그렇다면 도대체 룻은 어떻게 시어머니의 명을 다 실행에 옮겼는가? 내레이터는 이어지는 장면에서 룻의 행동을 간접적으로 묘사하면서 룻이 어떻게 시어머니의 명을 실행에 옮겼는지를 그린다. 우선 시어머니가 "그 사람이 먹고 마시기를 다 하기까지는 그에게 보이지 말고"라고 하였음을 주목해야 한다. 그렇다면 도대체 나오미가 먹고 마시기를 마치기까지 기다리라고 명령한 이유가 무엇일까?

그 까닭은 이어지는 내레이터의 논평에서 단서를 찾을 수 있다(7상반절).

"보아스가 먹고 마시고 마음이 즐거워

(וַיֹּאכַל בֹּעַז וַיֵּשְׁתְּ וַיִּיטַב לִבּוֹ ; 와요칼 보아즈 와예쉬트 와이타브 립보)."

"그의 마음이 즐거워서"(יִיטַב לִבּוֹ ; 이타브 립보)가 힌트이다. 이 어구는 "마음"이란 명사 "레브"(לֵב)에 "좋다"는 동사 "야타브"(יָטַב)가 합쳐진 일종의 관용구이다.

"마음이 좋다"(יָשַׁב לֵב ; 야타브 레브)는 이 관용구는 보통은 특히 음식을 섭취함으로 생기는 즐거움을 가리킨다는 것이 학계의 중론이다(삿 19:6, 9, 22). 물론 술과 연관한 행복감일 경우에는, 만취해서 어리석은 결정을 내릴 때에도 이 관용구가 사용된 것이 사실이다. 나발의 경우는 술에 취해서 은혜도 모르고 다윗을 죽이려는 바보스런 결정을 하였다(삼상 25:36). 암논의 경우는 술에 취해서 압살롬의 암살을 피하지 못했다(삼하 13:28). 아하수에로의 경우에는 만취해서 왕후 와스디를 나오라고 했으나 와스디가 불복종함으로 망신당하는 어리석음을 보였다(에 1:10). 따라서 먹고 마시고 마음이 즐거웠다는 것이 위험한 것인지 아닌지는 그때마다 상황에 따라 달라진다고 학자들은 해석한다.

나오미가 3:3에서 "먹고 마실 때까지 기다리라"고 한 것을 보면 긍정적 의미에서의 즐거운 마음의 상태를 기대하고 그렇게 지시한 것으로 보인다. 그러나 보아스가 나발이나 암논이나 아하수에로처럼 만취해서 바보 같은 행동을 할 수 있는 가능성도 있었다. 그렇지만 보아스가 그동안 보인 인품과 행동으로 보아 그런 짓을 할 것이라고 보기에는 어려웠을 것이라는 것이 학자들의 해석이다.

드디어 보아스가 먹고 마신 후에 마음이 행복해진 상태에서 드디어 누울 때가 되었다. 내레이터는 보아스가 어디에 누웠는지를 보여준다(7중반절).

"가서 곡식 단 더미의 끝에 눕는지라

(וַיָּבֹא לִשְׁכַּב בִּקְצֵה הָעֲרֵמָה ; 와야보 리쉬카브 비크체 하아레마)."

보아스가 "곡식 단 더미"(עֲרֵמָה ; 아레마) 끝에 누웠다고 하였다. 여기서 "곡식 단 더미"란 타작을 끝낸 후 쌓아 놓은 알곡 더미를 가리킨다. 타작마당이란 공공의 소유였기에 베들레헴 사람들이 공동으로 사용하였을 것이며, 아마도 가운데에서 타작을 한 다음에는 타작마당의 바깥쪽이나 바로 옆의 공터 같은 곳에 알곡을 쌓아놓았을 가능성이 크다고 학자들은 해석한다.

그렇다면 곡식 단 더미의 끝에 보아스가 누운 것은 우연인가? 우연도 하나님이 사용하시는 섭리의 도구이기에 우리는 보아스가 곡식 단 더미의 끝에 누운 것이 우연이든 아니든간에 하나님의 미묘한 손길을 느끼지 않을 수 없다.

그렇다면 타작을 마치고 집에 돌아가지 않고 이렇게 알곡 더미 끝에서 잔 이유가 무엇일까? 학자들은 들에 쌓아놓은 알곡을 지키기 위해 아마도 타작마당에서 잠을 잔 것으로 본다. 실제로 지중해에서 불어오는 저녁 바람에 맞추어 타작마당에서 타작을 마치면 밤이 되기 때문에 알곡을 다른 곳으로 실어 나를 만한 시간이 되지 않았을 것이다. 어쩌면 타작마당에 알곡을 쌓아놓고 거기서 팔거나 물물교환을 했을 수도 있다.

유대 전승(Ruth Rabbah)에 의하면 보아스가 자신의 타작마당이 음행의 장소가 되지 않도록 하기 위해서라고 주장한다. "각 타작마당에서 음행의 값을 좋아하였느니라"(호 9:1)고 한 호세아 선지자의 글을 볼 때 고대 이스라엘에서는 풍요신 숭배의 전통으로 타작마당에서 음행을 저질렀을 가능성이 있는데 이를 막기 위해서 보아스가 타작마당에서 잠을 잤다는 것이다.[27]

2.3 가만히 간 룻

보아스가 타작을 한 후에 타작마당에서 잔 것은 이유야 어찌되었든 모든 베들레헴 사람들이 충분히 짐작할 수 있는 스케줄이었던 것 같다. 룻은 타작마당에서 알곡 더미 끝에 보아스가 눕는 결정적인 순간까지 자신을 알리지 않았다. 그러고는 드디어 행동을 개시하기 시작하였다.

"룻이 가만히 가서

(וַתָּבֹא בַלָּט : 와타보 발라트)."

룻기를 읽는 대부분의 독자들은 "가만히"(בַלָּט ; 발라트)라는 부사어구에 별로 신경을 쓰지 않는다. 너무나 작은 단어인데다가, 이 단어의 문자적 의미나 기능을 몰라도 전체 내용 파악에 어려움이 없다고 보기 때문이다. 그러나 이런 작은 단어 하나가 전체 의미를 드러내는 가장 중요한 단서일 수도 있다. 따라서 디테일을 놓치지

---

27 LaCocque, *Ruth*, 94.

않고 해석하는 일에 신경을 써야 한다.

우선 "가만히"라고 번역된 히브리어 "발라트"(בלט)는 "라트"(לט)에 정관사 "하"(ה)가 붙고 여기에 전치사 "베"(ב)가 더해진 전치사구로 부사적 용법으로 사용된 것이다. "라트"(לט)의 룻기 용례와 가장 근접한 예는 사사기 4:21(야엘이 잠자는 시스라에게 "가만히" 가서 관자놀이에 말뚝을 박은 경우)과 사무엘상 18:22(왕이 다윗을 사윗감으로 삼을 것을 비밀리 제안함)과 사무엘상 24:4(다윗이 동굴에 들어온 사울의 옷자락을 "가만히" 벤 경우)이다. 이런 용례를 보면 "눈치채지 못하게", "조용히", "비밀리"에란 의미를 지닌다. 결국 룻은 "눈치채지 못하게", "조용히", "비밀리" 보아스가 인지하지 못하게 접근하려고 했던 것 같다.

그런데 일부 학자들은 이렇게 조용히 혹은 비밀리에 눈치채지 못하게 룻이 보아스에게 접근한 것은 나오미의 지시를 오해한 것으로 본다. 나오미는 룻이 보아스가 먹고 마시고, 마음이 즐거워 룻을 받아들이기 쉬울 때, 즉 잠이 들기 전에 보아스에게 나아갈 것을 원했다는 것이다. 그런데 룻이 너무 오래 기다렸고 너무 비밀리에 조용히 움직인 것이 문제라는 것이다. 밤중에서야 놀라며 여인이 발치에 누운 것을 보아스가 발견하리라고는 나오미가 예상하지 않았다는 것이다.

예를 들어, 아델 벌린은 룻이 나오미의 의도를 오해했다는 사실을 내레이터가 지적하기 위해 나오미의 지시에는 없는 "가만히"란 용어를 사용한 것이라고 본다.

룻이 나오미의 지시를 오해한 것을 보여주는 또 다른 암시는 지시와 실행 사이의 작은 차이에 있다. … 나오미는 "너는 목욕하고 기름을 바르고 의복을 입고 타작마당에 내려가서 그 사람이 먹고 마시기를 다 하기까지는 그에게 보이지 말고 그가 누울 때에 너는 그가 눕는 곳을 알았다가 들어가서 그 발을 드러내고 거기 누우라"고 지시한다. 그러자 룻이 "어머니의 말씀대로 내가 다 행하리이다"라고 약속한 것(3:5)과 내레이터가 "그가 타작마당으로 내려가서 시어머니의 명령대로 다 하니라"(3:6; 내레이터는 여기서 룻의 관점을 차용하고 있는데, 룻은 자신은 시어머니의 명대로 하고 있다고 생각했을 것임)고 언급한 후에 룻이 가만히 가서 발을 드러내고 누웠다고 논평한 것은 아이러니적 요소가 있다.

그러나 바로 이 순간 불협화음적인 단어(בלט : 발라트)가 등장한다 : 룻이 조용히/비밀리에 보아스의 발을 드러내고 거기 누웠다. 룻은 너무나 조심스러웠고 조용히 움직였기에 보아스는 룻의 존재를 느끼지 못했다. 밤중에서야 놀라며 여인이 발치에 누운 것을 발견할 때까지 말이다. 이것이 나오미가 의도한 바는 아니었다. 나오미는 룻이 보아스가 먹고 마시고, 마음이 즐거울 때, 룻을 받아들이기 쉬울 때, 즉 잠이 들기 전에 보아스에게 나아갈 것을 원했다. 그러나 룻은 너무 오래 기다렸다. 룻은 자신의 임무를 비밀스런 법적 문제로 알았지, 로맨틱한 것인지는 몰랐다. (룻이 이방 여인이라는 점이 기업 무르는 일이 어떻게 진행되었는지 몰랐을 가능성을 크게 한다.) 룻은 나오미의 지시대로 한 것처럼 알았으나, 실제로는 그렇지 않았다. 이런 식으로 읽으면 타작마당의 장면은 코믹하면서도 감동적이다.[28]

물론 우리는 벌린의 주장을 다 받아들여야 한다는 것은 아니다. 단지 작은 단어 하나라도 주목하여 볼 때에 다양한 해석이 가능하다는 점을 주목하자는 것이다.
홀름스테드(Holmstedt) 같은 학자 역시 룻이 나오미가 시키는 대로 보아스에게 접근했지만 잠들도록 내버려둔 것은 나오미의 원래 의도는 아닌 것 같다고 본다.

결국 이로 인해 상황이 매우 급박하면서도 유머스럽게 되었다. 독자들은 과연 보아스가 무엇을 할 것인가, 그리고 룻은 어떻게 이런 수치스런 상황으로 들어가게 되었을까라는 의문을 갖게 된다. 내레이터는 극적인 효과를 위해 룻의 이방성을 이용하고 있을 가능성이 있다. 룻은 나오미를 전혀 이해하지 못했거나, 아니면 이들이 모압에서의 한밤중의 수치스런 일을 경멸하지 않았을지 모른다(아마도 바알 브올 사건, 즉 모압 여인들과 이스라엘 남자들 사이의 음행을 가리키는 것 같음-필자 주). 그런데 보아스는 자신에게 주어진 요구들을 멋지게 명예롭게 해결하는 모습을 보인다.[29]

한편 허바드나 부쉬 같은 일부 학자들은 벌린의 해석을 받아들이지 않으며, 본문은 룻이 나오미의 의도와는 다르게 자신의 목적과 과제를 이해했다는 어떤 암시도

---

28 Berlin, *Poetics and Interpretation of Biblical Narrative*, 90-91.
29 Holmstedt, *Ruth : A Handbook on the Hebrew Text*, 158.

없다고 본다.30 나오미가 "그가 누울 때에 너는 그 눕는 곳을 알았다가"라고 지시한 것은 "그 사람이 잠이 들기까지 기다렸다가, 다가가서, 발을 벗기고, 그곳에 누으라"고 한 것임을 보여준다고 주장한다.31

한편 라코크(LaCocque) 같은 학자는 "조용히/비밀리에"로 번역된 단어 "라트"(לט)는 창세기 19장의 롯(לוט ; 로트)이란 이름과 자음이 같다는 점에 주목한다.32 게다가 타작마당 에피소드에 쓰인 "밤"(לילה ; 라엘라), "눕다"(שכב ; 샤카브), "알다"(ידע ; 야다), "들어가다"(בוא ; 보)는 동사들이 창세기 19장의 롯의 두 딸 에피소드를 상기시킨다는 것이다. 창세기 19장에 보면 롯의 두 딸이 밤(לילה ; 라엘라)에 아버지에게 술을 먹이고 들어가(בוא ; 보) 동침하여(שכב ; 샤카브) 후손을 낳았는데, 아버지는 이를 알지(ידע ; 야다) 못하였다.

"우리가 우리 아버지에게 술을 마시게 하고 동침하여(שכב ; 샤카브) 우리 아버지로 말미암아 후손을 이어가자 하고 그 밤(לילה ; 라엘라)에 그들이 아버지에게 술을 마시게 하고 큰 딸이 들어가서 그 아버지와 동침하니라(שכב ; 샤카브) 그러나 그 아버지는 그 딸이 눕고(שכב ; 샤카브) 일어나는 것을 깨닫지 못하였더라(לא ידע ; 로 야다) 이튿날 큰 딸이 작은 딸에게 이르되 어제 밤에는 내가 우리 아버지와 동침하였으니 오늘 밤에도 우리가 아버지에게 술을 마시게 하고 네가 들어가(בוא ; 보) 동침하고(שכב ; 샤카브) 우리가 아버지로 말미암아 후손을 이어가자 하고 그 밤에도 그들이 아버지에게 술을 마시게 하고 작은 딸이 일어나 아버지와 동침하니라(שכב ; 샤카브) 그러나 아버지는 그 딸이 눕고(שכב ; 샤카브) 일어나는 것을 깨닫지 못하였더라(לא ידע ; 로 야다) 롯의 두 딸이 아버지로 말미암아 임신하고 큰 딸은 아들을 낳아 이름을 모압이라 하였으니 오늘날 모압의 조상이요 작은 딸도 아들을 낳아 이름을 벤암미라 하였으니 오늘날 암몬 자손의 조상이었더라(창 19:32-38)."

실제로 우리는 룻이 롯의 두 딸이 낳은 모압 민족의 후손임을 주목해야 한다. 과

---

30 Hubbard, *The Book of Ruth*, 209, fn. 23. 허바드는 "가만히"란 단어는 극적 효과를 위해 사용한 것으로 본다.
31 Bush, *Ruth/Esther*, 162.
32 LaCocque, *Ruth*, 95.

연 룻은 모압 여인으로서 한밤중에 보아스와의 만남에서 어떤 행동을 할 것인가? 보아스는 룻의 비밀스러우면서도 과감한 행동에 어떤 반응을 보일 것인가? 타작마당에서 술을 먹고 누운 보아스가 발치 아래 비밀리에 들어온 룻을 어떻게 대할 것인가? 옛날 롯과 롯의 두 딸처럼 술을 먹고 동침할 것인가?

만일 라코크의 주장이 옳다면 창세기 19장의 사건을 알고 있는 이스라엘 독자들은 긴장과 스릴을 느끼며 이 장면을 읽었을 것이 분명하다. 특히 모압 여인의 이야기이기에 옛날 족장 스토리가 재현되는 것이 아닌가라는 궁금증을 가지고 대했을 것이다.

2.4 보아스의 발치에 누운 룻

드디어 룻은 나오미가 명한 대로 실행에 옮겼다(7하반절).

"그의 발치를 드러내고[33](거기; 원문에는 없음) 누웠더라
(וַתְּגַל מַרְגְּלֹתָיו וַתִּשְׁכָּב ; 와테갈 마르겔로타우 와티쉬카브)."

룻은 보아스의 발 부분(מַרְגְּלֹתָיו ; 마르겔로타우)을 드러내고 거기에 누웠다. 내레이터가 매우 간략하게 룻의 행동을 묘사하고 있기에 룻이 정확히 어떻게 누웠는지 알 수 없다. 그러다 보니 오히려 애매모호함이 커진 것이 사실이다.

따라서 일부 그리스도인들이 보아스와 룻이 성적 접촉을 한 것으로 오해하게 되었다. 실제로 영국에서는 17세기에 룻을 행실에 문제가 있는 여인으로 간주했다고 한다. 신경원의 말을 들어보자.

> 이미 17세기에 퓨리턴 설교자인 버나드(Richard Bernard)는 룻기를 로맨스로 보고 여성들에게 도덕적으로 타락한 루스를 모방하도록 가르치는 것은 "창부"(harlots) 역할을 하게 가르치는 것이나 마찬가지라고 비판했다. 루스가 기독교의 근간을 이룬 중요한 존재

---

[33] "그의 발치 이불을 들고"는 "그의 발치를 드러내고"라고 번역하는 것이 더 정확하다.

임에도 불구하고 17세기에도 행실에 문제가 있는 여인으로 간주된 것을 보면, 환상과 로맨스에 빠져 비참한 말로를 맞는 워즈워스의 룻의 비극적 운명은 특별히 그가 새롭게 재구성한 것이라기보다는 당시 영국에서 공유되던 루스의 이미지 중 하나를 그대로 수용한 것이라 하겠다.[34]

룻기 3장을 읽으며 룻이 보아스의 발치를 들고 그 아래 누웠다는 언급을 보고 이런 식으로 오해할 가능성이 없는 것은 아니다. 그러다 보니 신학적 편견이나 소설가적 상상력으로 룻을 타락한 여인으로 이해한 것이다.

이에 일부 학자들은 이런 오해를 방지하기 위하여 룻이 보아스 옆에 누운 것은 사실이지만 90도 각도로 누웠기에 성적 결합이 없었다고 주장한다. 월터 카이저(Walter Kaiser) 등의 학자들의 말을 들어보자.

일부 주석가들은 이 본문에 대해, 그 날 밤 타작마당에서의 룻의 대담한 행동은 일반 예법의 경계를 벗어났고, 보아스와의 성관계가 내포되었다고 주장했다. 그들의 논지에 의하면, 세계 어디서나 수확기는 풍요 제의를 경축하는 때다. 이때 고대인들은 평상시보다 더 많이 허용적이었다. 그래서 추수를 축하하는 이 보아스가 포도주를 과음하여 취한 뒤에 룻은 그를 결혼으로 몰아가기 위해 보아스에게 접근했다는 것이다. … 하지만 이런 제안들은 불필요하다. 저자는 어떠한 암시도 피하기 위해 신중하게 단어들을 선택한 것 같다. 우선 보아스가 음식을 충분히 먹은 뒤 취했을 가능성은 거의 없다. 본문은 단순히 그의 "마음이 즐거웠다"고만 말한다. … 나중에 보아스가 잠든 뒤, 룻이 와서 조심스럽게 그의 발치의 이불을 들추고 그 아래로 들어가 그의 발과 수직으로 누웠던 것 같다. 그의 발에 대한 언급에 성적 함의는 전혀 없다. 그래서 보아스는 한밤중에 난데없이 여자의 몸이 자기 발에 닿자 깜짝 놀랐다.[35]

허바드가 지적한 대로 룻이 보아스가 누운 방향과 직각으로 누웠는지, 아니면 나

---

34 신경원, "워즈워스와 키츠의 루스 : 성경의 루스 번역과 재구성", 338–339.
35 월터 카이저 외 3인, 『IVP 성경난제주석』 (IVP, 1996), 199.

란히 평행으로 누웠는지 명확하지 않다.³⁶ 그러나 보아스와 룻이 성적 접촉을 하지 않았다는 것을 강조하기 위해서 굳이 직각으로 누웠다고 할 필요는 없어 보인다. 왜냐하면 내레이터의 목적은 성적 접촉의 가능성이 충분히 예상될 수도 있는 은밀한 분위기이지만, 룻과 보아스가 이런 유혹을 이겨내고 신실하게 일을 처리하는지를 보여주려는 것이다. 만일 이것이 내레이터의 목적이라면 성적 함축을 배제하기 위해 룻이 보아스의 발 아래에서 굳이 직각으로 누웠다고 주장할 필요는 없다.

3. 보아스의 질문 : "너는 누구냐"

3.1 밤중에 놀란 "그 남자"

룻은 시어머니의 명령대로 다 행하였다. 독자들은 이제 무슨 일이 일어나는지 지켜보면 될 일이었다. 드디어 "밤중"(בַּחֲצִי הַלַּיְלָה ; 바하치 할라옐라)이 되었다고 내레이터는 말한다. 이를 보면 한동안은 보아스가 인기척을 느끼지 못한 것 같다. "밤중(בַּחֲצִי הַלַּיְלָה ; 바하치 할라옐라)이 되었다"는 것은 시간이 한동안 흘렀음을 의미하기 때문이다. 그런데 보아스가 몸을 움직이다가 "놀라" 룻의 존재를 알게 되었다고 내레이터는 8절에서 적고 있다.

"그 남자가 놀라 몸을 돌이켜 본즉
(וַיֶּחֱרַד הָאִישׁ וַיִּלָּפֵת ; 와예헤라드 하이쉬 와일라페트)."

그런데 내레이터는 여기서 보아스라는 고유명사를 사용하지 않고 "그 남자"(הָאִישׁ ; 하이쉬)로 소개한다. 그 이유가 무엇일까?
그동안 해석자들은 이런 부분에 관심을 기울이지 않았다. 내용이 전달되면 어떤 언어적 형식이 사용되었는지는 관심을 갖지 않았다. 그러나 의미를 제대로 파악하

---

36 Hubbard, *The Book of Ruth*, 209.

려면 의미를 전달하는 유일한 방식인 언어적 형식에 주의해야 한다. 얼마든지 "보아스가 놀라 몸을 돌이켜 본즉" 아니면 "그가 놀라 몸을 돌이켜 본즉"이라고 할 수 있는데, 굳이 그 남자가(הָאִישׁ ; 하이쉬)라고 한 이유는 무엇일까? 이런 질문을 던지며 해석해야 한다.

이를 위해서는 보아스를 어떤 식으로 지칭했는지 살펴볼 필요가 있다. 2장에서는 나오미라는 이름이 6번, 룻이 4번, 보아스가 10번 등장한다. 그에 반해 3장에서는 나오미와 룻의 이름이 1번씩, 보아스가 2번밖에 쓰이지 않았다. 그 대신 "그 사람"(הָאִישׁ ; 하이쉬)이란 용어가 자주 등장한다. "그 사람"이란 단어가 룻기에 사용된 용례를 살펴보면 룻기 2장에서 룻이 같이 일한 사람이 누군이지 알릴 때(2:19), 그리고 나오미가 그가 바로 기업 무를 자 중 한 사람이라는 사실을 알릴 때(2:20)만 사용되었을 뿐이다. 그런데 3장에 들어와서 보아스란 인물이 누구인지 알려진 상황에서 굳이 "그"라는 대명사나 "보아스"라는 고유명사를 사용하지 않은 것은 분명한 이유가 있지 않을까?

이 점을 유념하면서 룻기 3장을 읽다 보면 "그 사람"(הָאִישׁ ; 하이쉬)이란 단어가 무려 4번이나 나온다는 점을 알 수 있다.

"그런즉 너는 목욕하고 기름을 바르고 의복을 입고 타작마당에 내려가서 그 사람(הָאִישׁ ; 하이쉬)이 먹고 마시기를 다 하기까지는 그에게 보이지 말고 … 밤중에 그 사람(הָאִישׁ ; 하이쉬)이 놀라 몸을 돌이켜 본즉 한 여인이 자기 발치에 누워 있는지라 … 룻이 시어머니에게 가니 그가 이르되 내 딸아 어떻게 되었느냐 하니 룻이 그 사람(הָאִישׁ ; 하이쉬)이 자기에게 행한 것을 다 알리고 … 이에 시어머니가 이르되 내 딸아 이 사건이 어떻게 될지 알기까지 앉아 있으라 그 사람(הָאִישׁ ; 하이쉬)이 오늘 이 일을 성취하기 전에는 쉬지 아니하리라 하니라 (룻 3:3, 8, 16, 18)."

일부 학자들은 타작마당의 비밀스런 느낌을 높이기 위해 성경 기자는 룻과 보아스라는 이름 대신 그 사람(הָאִישׁ ; 하이쉬), 그 여인(הָאִשָּׁה ; 하잇샤)이라는 용어를 쓴다고 본다. 물론 비밀스런 느낌을 전하기 위해서 남자, 여자라는 단어를 사용했을 가능성도 있다. 그러나 "여자"라는 단어가 3장에 쓰인 용례를 보면 타작마당에서는 한 남자와 한 여자가 만나 기업 무름과 후손과 미래를 놓고 나누고 있기에 남자와 여자라는 단어를 많이 사용했을 가능성이 더 큰 것으로 학자들은 본다.

> "밤중에 그가 놀라 몸을 돌이켜 본즉 한 여인(אִשָּׁה ; 잇샤)이 자기 발치에 누워 있는지라 … 그리고 이제 내 딸아 두려워하지 말라 내가 네 말대로 네게 다 행하리라 네가 현숙한 여자(אֵשֶׁת חַיִל ; 에셰트 하일)인 줄을 나의 성읍 백성이 다 아느니라 … 룻이 새벽까지 그의 발치에 누웠다가 사람이 서로 알아보기 어려울 때에 일어났으니 보아스가 말하기를 여인(הָאִשָּׁה ; 하잇샤)이 타작마당에 들어온 것을 사람이 알지 못하여야 할 것이라 하였음이라 (룻 3:8, 11, 14)."

한밤중에 알곡 더미 끝의 타작마당에서 기업 무름과 후손과 결혼과 미래를 이야기하는 한 남자(אִישׁ ; 이쉬)와 한 여자(אִשָּׁה ; 잇샤)를 상상해 보라. 위험을 무릅쓰고 밤에 타작마당으로 내려가 기업 무를 자의 발치에 누운 가련한 한 여인과 추수와 타작을 마치고 마음이 흡족한 채 알곡 더미 끝에 누운 한 유력한 남자가 만나고 있다. 과연 이 유력한 남자는 자기 발치에 누워있는 여인을 어떻게 할 것인가? 성적으로 이용할 것인가? 아니면 율법의 요구를 받아들여 사랑으로 율법을 완성시킬 것인가?

우리는 이런 질문을 던지며 본문을 해석해야 한다. 남편과 자녀 없이 시어머니를 따라 나선 가련한 한 여인과 이를 채울 수 있는 능력을 가진 유력한 남자가 만났을 때 무슨 일이 벌어질 수 있고, 마땅히 무슨 일이 벌어져야 하는지를 다루고 있기 때문이다.

3.2 놀란 이유

내레이터는 한밤중에서야 보아스가 룻의 존재를 알아차리게 되었다고 묘사한다 (8절).

"그 남자가 놀라 몸을 돌이켜 본즉

(וַיֶּחֱרַד הָאִישׁ וַיִּלָּפֵת ; 와예헤라드 하이쉬 와일라페트)."

성경 기자는 보아스가 "놀라서"(חרד ; 하라드) "몸을 돌이키다가"(לפת ; 라파트) 룻을 알아보게 되었다고 묘사한다. 두 동사 모두 의미가 불명확한 점이 많아 학자들의 견해가 분분하다.

우선 보아스는 무엇 때문에 놀란 것인지부터 살펴보자. 여기서 "놀라다"라고 번역한 히브리어 "하라드"(חרד)에는 여러 가지 이유로 "떨다"(tremble)는 기본 의미가 포함되어 있다. 우선 두려움 때문에 떨다는 의미로 쓰인다. 예를 들어, 도둑 누명을 쓰고 두려울 때(창 42:28), 하나님을 만나려고 하니 두려워서(출 19:16), 전쟁을 앞두고 두려움을 느낄 때(삿 7:3) 이 단어가 사용되었다.

그렇다면 타작마당에서 보아스가 두려움으로 떨 이유가 무엇이 있을까? 어떤 학자들은 보아스가 떤 것은 한밤중(חֲצִי הַלַּיְלָה ; 하치 할라옐라)이라, 무엇인지 모르지만 두려움과 공포를 느낀 것으로 본다.37 왜냐하면 구약에서 밤중(חֲצִי הַלַּיְלָה ; 하치 할라옐라)은 치명적인 위험의 시간으로 보기 때문이다. 예를 들어, 애굽의 장자들을 치기 위하여 여호와께서 애굽으로 들어가신 시간도 한밤중(חֲצֹת הַלַּיְלָה ; 하초트 할라옐라)이었고(출 11:4-5; 12:12), 야곱이 얍복강에서 사투를 벌인 것도 한밤중(הַלַּיְלָה ; 할라옐라)이었기 때문이다(창 32:22).

특별히 욥은 밤을 한탄한다. 도적은 한밤중(בַּלַּיְלָה ; 발라옐라)에 침입하고(욥 24:14) 폭풍이 한밤에 부자라도 날아가게 하며(욥 27:20), 인간은 "밤중(חֲצֹת הַלַּיְלָה ; 하초트 할라옐라) 순식간에 죽을" 수 있는 존재라는 것이다(욥 34:20). 시편 기자 역시 인생의 예기치 못함 가운데 하나가 "밤에 놀람"(פַּחַד לַיְלָה ; 파하드 라옐라)이라고 노래한다(시 91:4-5). 결국 이런 배경들을 염두에 두면 한밤중에 놀라서 깨는 일을 두려운 일로 보았던 것 같고, 정확히 무엇인지 모르지만 한밤중에 보아스가 공포와 두려움을 느끼고 떨었던 것이라고 학자들은 본다.

일례로 사쏜(Sasson)은 보아스가 두려워한 것은 자기 옆에 누워있는 여인의 형태를 보고 여자 귀신 릴릿(Lilith)이라고 생각했기 때문이라고 구체적으로 밝힌다.

---

37 Bush, *Ruth/Esther*, 162–163.

잠에서 깨어난 후에 보아스는 여인의 형태를 보았다. 릴릿(Lilith)이 아닌가라는 생각에 두려움에 떨었다. 배우자로 받아들이라는 룻의 요구가 그만큼 공격적이었다는 것이 스토리텔러의 조크이다. 그러나 어찌되었든 모든 일들이 당사자 모두에게 행복하게 끝날 것임을 독자들은 곧 알게 된다.[38]

여기서 릴릿(Lilith)이란 고대 근동 아시아에서 발견되는 귀신, 특히 잠자는 자들을 공격하는(때로 성적으로) 여자 밤 귀신(릴루, 혹은 릴릿이라고 부름, 사 34:14)[39]을 가리킨다. 한국 독자들에게는 이런 해석이 매우 황당할지 모르지만, 사쏜은 룻기를 이런 식의 민담적 해석(folklorist interpretation)을 통해 주석을 한 인물이라는 점을 이해하면 된다.

이런 민담식 해석을 받아들이는 학자들은 거의 없지만 한밤중에 여인이 자신의 옆 누워있는 모습이 두려운 경험이었을 것이라는 점에는 여러 학자들이 동의한다. 예를 들어, 부쉬는 이렇게 해석한다.

> 두려워서 몸을 뒤척이다가 보니, 한 여인이 누워 있는 것을 알게 된 것이다. 두려워한 이유가 무엇이든지간에, 보아스가 매우 무섭고 두려운 경험을 한 것으로 고대 이스라엘인들은 해석했을 것이다.[40]

한편 또 다른 학자들은 상황의 당혹스러움으로 인해 떨었다고 본다. 왜냐하면 "떨었다"는 동사 "하라드"(חָרַד)가 상황의 당혹스러움으로 인한 두려움의 경우에도 사용되고 있기 때문이다.[41] 야곱이 에서의 흉내를 내고 축복권을 빼앗아 간 후에 비로소 나타난 에서를 보고 이삭은 "심히 크게 떨었다"(חָרַד ; 하라드)고 되어 있다.

---

38 Sasson, *Ruth*, 78.
39 "들짐승이 이리와 만나며 숫염소가 그 동류를 부르며 올빼미(לִילִית ; 릴리트; 영역 NASB sms night mosnter로 번역하기도 함)가 거기에 살면서 쉬는 처소로 삼으며"(사 34:14). 참조 『IVP 성경배경 주석』(IVP, 2010), 902 : "어떤 주석가들은 이 악몽 같은 세상에 거하는 피조물 중에 메소포타미아의 마녀 릴리트가 있다고 해석하기도 한다."
40 Bush, *Ruth/Esther*, 163.
41 Jeremy Schipper, *Ruth* (Yale Univ. Press, 2016), 148.

"그의 아버지 이삭이 그에게 이르되 너는 누구냐(מִי־אָתָּה; 미-아타) 그가 대답하되 나는 아버지의 아들 곧 아버지의 맏아들 에서로소이다 이삭이 심히 크게 떨며 이르되 그러면 사냥한 고기를 내게 가져온 자가 누구냐 네가 오기 전에 내가 다 먹고 그를 위하여 축복하였은즉 그가 반드시 복을 받을 것이니라(창 27:32-33)."

그런데 보아스의 경우도 놀라 잠에서 깬 후에 여인이 발치에 누운 것을 보고 "네가 누구냐"(מִי־אָתָּה; 미-아타)고 묻는다. 이삭의 경우와 보아스의 경우 상황이 너무나 당혹스러워 네가 누구냐고 묻는 모습이 유사하다는 것이다. "한 여인이 자기 발치에 누워 있는지라"가 보아스가 놀란 이유를 설명해주는 역할을 한다고 볼 수 있기 때문이다.[42] 만일 이것이 사실이라면 보아스의 상황이 얼마나 당혹스러웠을지는 얼마든지 미루어 짐작할 수 있다. 한밤중에 발치에 한 여인이 누워있다고 생각해보라.

마지막으로 상당수의 학자들은 문맥에서 두려운 상황에 대한 어떤 암시도 찾아볼 수 없기에 "추위로 인해 떨었을 것"이라고 본다.[43] 룻이 발치를 드러내고 거기에 누웠다고 한다면 혹시 이불처럼 덮고 자던 겉옷이 몸에서 떨어져 나가 추위를 느끼지 않았을까?

필자는 이 세 가지 가능성 모두 열어놓고 해석하는 것이 좋으리라고 본다. 알려지지 않은 어떤 이유로 공포를 느꼈든, 추위 때문에 몸을 뒤척이다가 알아차렸든, 아니면 여인이 발치에 누운 것을 어렴풋이 느끼고 당황해서였든간에 보아스가 떨게 되었을 개연성과 가능성을 다 인정하는 것이 현명할 것이다. 어찌되었든 핵심은 보아스가 "한밤중에" 깨어 룻의 존재를 알아차리게 되었다는 것이기 때문이다.

보아스와 룻의 한밤중의 만남은 룻기 전체의 플롯에 있어서도 절정에 해당한다. 룻과 나오미의 운명이 이 한밤중의 만남으로 결정되기 때문이다. 인생에서 한밤중은 "과거와 현재가 만나며 좋은 일이든 나쁜 일이든간에 무슨 일이든 일어날 수 있는 결정적 순간"이라는 사실을 우리는 주목해야 한다.[44] 독자들은 한밤중에 타작마

---

[42] 그러나 일부 학자들은 "ו + הִנֵּה + 분사"는 거의 대부분 앞선 절에 이어지는 행동(시간적으로나 논리적으로)을 가리키는 용법으로 쓰인다면서 놀란 이유를 설명하는 구문으로 해석하는 것을 반대한다.

[43] Hubbard, The Book of Ruth, 210; Block, Ruth, 690.

[44] LaCocque, Ruth, 95.

당에 누운 한 남자와 그 발치 곁의 한 여자의 만남이 어떤 결과를 빚을지 걱정 반 기대 반의 심정을 느낀다.

3.3 몸을 돌이키다가

내레이터는 보아스가 떨면서 몸을 돌이키다가 룻의 존재를 알게 되었다고 묘사한다.

"그 남자가 놀라 몸을 돌이켜 본즉
(וַיִּלָּפֵת ; 와일라페트)."

여기서 "돌이키다"로 번역된 히브리어 "라파트"(לפת)는 구약에 단지 세 번만 나온다(삿 16:29; 욥 6:18; 룻 3:8). 따라서 일부 학자들은 동일한 어근 계열의 아랍어 라파타(lafata)가 "머리를 돌리다, 옆을 보다"란 근거 위에서 이 히브리어를 "돌아눕다"로 해석한다. 그러다 보니 대부분의 현대 영역본들은 "돌아눕다, 돌이키다"(turn over)의 의미로 번역한다(RSV, NAB, NEB, NIV). 이런 해석이 옳다면 보아스가 놀라서 돌아눕다 여인이 옆에 누운 것을 발견한 것이 된다.

그러나 최근의 해석자들은 "더듬다"(grope)로 해석한다. 근거는 아카디아어에서 라파투(lapatu)가 "만지다, 건드리다"의 의미를 지니는데다가 성경에서 "라파트"(לפת)의 문자적 용례로 쓰인 유일한 다른 경우인 사사기 16:29을 보면 삼손이 두 기둥을 의지하기 전의 행동을 묘사할 때 손으로 건드리거나 만지거나 하는 행동을 하는 것을 가리키기 때문이다 : "삼손이 집을 버틴 두 기둥 가운데 하나는 왼손으로 하나는 오른손으로 껴(לפת ; 라파트) 의지하고"(삿 16:29). 이런 해석이 옳다면 보아스는 밤중에 떨리는 경험을 하고는 놀라서 주변을 더듬다가 한 여인이 옆에 누운 것을 발견한 것으로 볼 수 있다.

본문이 명확히 언급하지 않고 우리의 지식의 한계상 돌아눕다 그런 것인지 더듬다가 그런 것인지는 정확히 알 수 없다. 어찌되었든 보아스는 한밤중에서야 갑자기 옆에 누군가가 누워 있는 것을 발견하게 된 것이다.

3.4 한 여인이 자기 발치에 누워 있는지라

보아스가 한밤중에 사람의 존재를 알아차린 모습을 내레이터는 보아스의 관점에서 처리하고 있다(8하반절).

"한 여인이 자기 발치에 누워 있는지라

(וְהִנֵּה אִשָּׁה שֹׁכֶבֶת מַרְגְּלֹתָיו ; 웨힌네 잇샤 쇼케베트 마르겔로타우)."

첫 단어인 "힌네"(הִנֵּה)는 앞서 우리가 힌네(הִנֵּה)의 용도에 대해서 살펴보았듯이 종종 관점의 변화를 지시하는 기능을 감당한다. 여기서는 보아스의 관점에서 본 상황 인식을 가리킨다. 보아스가 놀라서 돌아눕다가(혹은 더듬다가) 무엇인가 있는 것을 느낀 것이다. 보아스의 눈에 들어온 장면이 무엇인가? "한 여인이 자기 발치에 누워 있는지라."

아델 벌린은 아직 그 존재가 남자인지 여자인지 보아스가 알 수 없는 상태에서 "한 여인"이라고 하기보다는 "누군가가 자기 발치에 누워 있는지라"라고 내레이터가 썼어야 하지 않을까라는 질문에 대해 이렇게 주장한다.

> 여기서 문자적으로는 "여인"이라고 되어 있다. 그러나 이것은 히브리 문법상 어쩔 수 없는 것이다. 히브리어 문법으로는 누군가를 말하기 위해서는 "잇쉬"(אִישׁ ; 한 남자)와 "잇샤"(אִשָּׁה ; 한 여자) 사이에서 선택해야 한다. 여기서 성경 기자는 "힌네(보라), 누군가 그의 발치에 누워 있었다"라는 의미로 말한 것이 분명하다. 그러나 독자들은 그 사람이 룻이라는 것을 알고 있기에, 비인칭을 가리키면서 남성을 사용하는 것은 이상했을 것이고, 따라서 여성을 사용할 수밖에 없었을 것이다.[45]

어찌되었든 보아스는 자기 발치에 누운 자가 누구인지, 심지어는 남자인지 여자인지 몰랐을 가능성이 크다. 그렇다면 문자적으로는 "한 여인이 자기 발치에 누워

---

[45] Berlin, *Poetics and Interpretation of Biblical Narrative*, 152, fn. 6.

있는지라"고 되어 있지만 번역할 때에는 "누군가가 자기 발치에 누워 있는지라"로 번역하는 것이 옳다고 아델 벌린은 주장한다. 물론 충분히 그럴 만한 근거와 논리가 있는 것은 사실이다.

그러나 필자는 굳이 그렇게 할 필요가 없다고 본다. 이렇게 번역하면 "남자"와 "여자" 사이의 평행과 대조가 사라지기 때문이다. 먹고 마시고 잠이 든 남자의 발치에 한 여인이 누워 있는 모습을 강조하려는 내레이터의 의도가 사라질 위험이 있다. 남자와 여자 사이에 문법적 선택을 해야 하기에 어쩔 수 없이 룻이 여자라 여자란 용어를 썼을 수도 있으나, 남자와 여자를 대조하기 위해서 여자란 단어를 사용했을 가능성도 마찬가지로 크다. 따라서 문자적으로 "한 여인이 자기 발치에 누워 있는지라"라고 번역하는 것이 더 좋다고 본다.

3.5 보아스의 질문 : "네가 누구냐"

보아스는 한밤중에 자기 발치에 누운 존재를 알아차리고 질문한다(3:9상반절).

"네가 누구냐
(מִי־אָתְּ ; 미-아트)."

당시 상황에서 발치에 누운 자의 정체성을 묻는 것은 너무나 당연한 것이라고 생각할 수도 있지만 그렇지 않을 수도 있다. 만일 보아스가 성적인 쾌락을 원하였다면 얼마든지 정체를 묻지 않고 일을 벌일 수도 있었다. 실제로 여인이 스스로 보아스의 발치로 들어온 것이 아닌가? 그렇다면 얼마든지 자신을 성적으로 내어주려고 한 의도로 해석할 수 있지 않을까?

그러나 보아스는 누군지 물어보지 않고 상황을 이용하여 자신의 욕망을 채우려고 하지 않았다. 보아스는 대신 질문을 던졌다 : "네가 누구냐"(מִי־אָתְּ ; 미-아트). 이 질문은 우리에게 많은 생각을 하게 만드는 질문이다. 과연 룻은 어떤 정체성으로 보아스의 발치에 누워 있는 것인가?

4. 룻의 대답 : "나는 룻, 당신의 시녀입니다"

4.1 나는 룻입니다

보아스의 "너는 누구냐"란 질문에 과연 룻은 어떤 대답을 할까? "나는 모압 여인입니다"라고 할까, 아니면 "나는 과부입니다"라고 할까? 아니면 "나는 나오미의 며느리입니다"라고 할까, 아니면 "나는 당신의 여자입니다"라고 할까? 아니면 보아스가 "내 딸아"라고 했으니 "당신의 딸입니다"라고 할까? 그런데 룻의 입에서 나온 대답은 이 중 어떤 것도 아니었다. 룻의 답은 세 개의 단어로 이루어져 있다(9중반절)

"나는 룻, 당신의 시녀입니다
(אָנֹכִי רוּת אֲמָתֶךָ ; 아노키 루트 아마테카)."

우선 룻은 자신을 고유명사로 소개한다. "나는 룻(רוּת)입니다." 룻이 자신을 소개하면서 고유명사를 사용한 것은 처음이다. 물론 룻은 모압 여인이고, 나오미의 며느리이며, 아직 말론의 아내이다(4장에 가면 말론의 아내로 소개된다). 이런 정체성은 변한 것이 없지만, 타작마당에서 보아스의 발치 아래 누운 것은 더 이상 모압 여인으로서도, 나오미의 며느리로서도, 말론의 아내로서도 아니다. 그저 자신의 고유한 가치와 존엄성을 지닌 인간(여인) 룻일 뿐이다. 이에 당당하게 룻은 밝힌다 : "나는 룻입니다."

4.2 당신의 시녀입니다

그렇다면 룻은 나오미와 어떤 관계에서 보아스의 발치 아래 누운 것인가? 그 다음 말이 이를 잘 드러낸다.

"당신의 시녀(אֲמָתֶךָ ; 아마테카)입니다."

"룻"이란 고유명사가 자기 신분을 확인하는 자기-정의(self-definition)라고 한다면, "당신의 시녀"라는 말은 보아스와 자신의 관계가 무엇인지 보여주는 용어이다. 다시 말해 룻은 보아스 앞에서는 시녀로 인식하고 있다는 것을 드러내 보여준다.

우리는 여기서 룻이 보아스 앞에서 자신을 조금은 친숙하게 "당신의 시녀입니다"라고 말한 것을 주목해야 한다. 룻은 보아스 앞에서 자신을 언급할 때 지금까지 세 개의 다른 용어를 사용하였다 : 이방 여인(נָכְרִיָּה ; 노크리야; 2:10); 하녀(שִׁפְחָה ; 쉬프하; maidservant; 2:13), 시녀(אָמָה ; 아마; handmaid; 3:9). 그런데 일부 학자들은 이 세 개의 단어가 보아스 앞에서 룻의 자기 인식이 상승되고 있음을 보여주는 증거라고 말한다.

"룻이 엎드려 얼굴을 땅에 대고 절하며 … 나는 이방 여인(נָכְרִיָּה ; 노크리야)이거늘 당신이 어찌하여 내게 은혜를 베푸시며 나를 돌보시나이까(룻 2:10)."

"내 주여 내가 당신께 은혜 입기를 원하나이다 나는 당신의 하녀(שִׁפְחָה ; 쉬프하) 중의 하나와도 같지 못하오나 당신이 이 하녀(שִׁפְחָה ; 쉬프하)를 위로하시고 마음을 기쁘게 하는 말씀을 하셨나이다(룻 2:13)."

"나는 당신의 시녀(אָמָה ; 아마) 룻이오니 당신의 옷자락을 펴 당신의 시녀(אָמָה ; 아마)를 덮으소서 이는 당신이 기업을 무를 자가 됨이니이다(룻 3:9)."

위의 본문들을 상세히 살펴보면 이방 여인(נָכְרִיָּה ; 노크리야)과 하녀(שִׁפְחָה ; 쉬프하), 이방 여인과 시녀(אָמָה ; 아마) 사이에는 신분의 차이가 있는 것 같다. 그런데 학자들은 과연 "하녀(שִׁפְחָה ; 쉬프하)와 시녀(אָמָה ; 아마) 사이에 신분상의 차이가 있는가에 관해 논란을 벌이고 있다.

예를 들어, 아델 벌린은 다른 학자들(Sasson 등의) 견해를 따라 쉬프하(שִׁפְחָה)와 아마(אָמָה) 사이의 차이를 강조하면서 아마(אָמָה)가 쉬프하(שִׁפְחָה)보다 신분이 위라고 본다. 아마(אָמָה ; 시녀)란 단어는 윗사람에게 공손함을 표시하는 용어로서, 상류 부인도 이 명칭을 사용한다고 보면서 아비가일이 다윗에게 "당신의 시녀(אָמָה ; 아마)는 내 주의 종들의 발을 씻기는 하녀(שִׁפְחָה ; 쉬프하)에 불과하나이다"라고 말한 것을 예로 든다(삼상 25:41). 벌린은 "아비가일은 아마(אָמָה ; 시녀)이지만 다윗과의 관계에서는 얼마든지 하녀(שִׁפְחָה ; 쉬프하)의 위치로까지 내려갈 수 있다"는 자세를 이런 식으로 표현했다고 본다.[46]

필자 역시 이런 차이를 인정하는 것이 적절하다고 본다.[47] 따라서 다소 임의적으로 보일 수 있지만 하녀는 허드렛일을 하는 낮은 계급의 여종으로 보고 시녀는 옆에서 항상 시중드는 높은 계급의 여인으로 구분하여 "쉬프하"(שִׁפְחָה)는 하녀로, "아마"(אָמָה)는 시녀로 구분하여 통일성있게 번역하는 것이 좋을 것 같다.

이렇게 본다면 이 세 개의 명칭들은 전혀 아무런 관계가 없는 인물인 이방 여인에서 점차 하녀를 거쳐 시녀로 올라가는 룻의 인식의 변화를 보이고 있다고 학자들은 해석한다. 처음에 보아스에게 은혜를 입은 다음에는 "나는 이방 여인(נָכְרִיָּה ; 노크리야)이거늘 당신이 어찌하여 내게 은혜를 베푸시며 나를 돌보시나이까"라고 고마워하더니 룻을 직접 칭찬하자 룻은 받을 자격이 없음에도 자신을 하녀(שִׁפְחָה ; 쉬프하)의 하나로 취급해 준 것에 대해 감사를 표시한다. 그러더니 이제 타작마당에서는 "나는 룻이에요. 당신의 시녀(אָמָה ; 아마)입니다"라고 하고는 "당신의 옷자락으로 시녀(אָמָה ; 아마)를 덮으소서"라고 명령한다.

그뿐만이 아니다. 흥미롭게도 룻의 말은 놀라움이 담긴 질문에서 평서문을 거쳐 명령으로 바뀌고 있다. 은혜를 받고 놀라움을 질문으로 드러낸 룻은 그 다음에는 계속 은혜를 베푼 것에 대해 평서문으로 감사를 표한다. 그러더니 이제는 타작마당에서 요청조의 명령을 한다. 보아스 앞에서의 친숙함이 용어뿐 아니라 문장의 형태까지 바뀌게 한 것으로 학자들은 본다.

어찌되었든 이제 룻은 과감하게 "나는 당신의 시녀(אָמָה ; 아마)입니다"라고 말한다. 이제 룻은 나오미의 며느리로서의 관계 못지 않게 아니 미래를 보면 보아스의 시녀로서의 관계가 더 중요한 것이 되었다. 아직 법적으로는 말론의 아내(4:10)로 불리지만 말론이 죽었기에 얼마든지 룻은 보아스의 시녀라고 스스로를 불러도 무방한 것이다.

---

46 Berlin, *Poetics and Interpretation of Biblical Narrative*, 88-89.
47 Hubbard, *The Book of Ruth*, 211도 아마(אָמָה)와 쉬프하(שִׁפְחָה)의 차이를 인정하면서 아마(אָמָה)는 일이나 비즈니스 관계가 아니라 가족 관계에서 더 많이 사용된다는 점을 지적한다.

왜 보아스의 발치에 누웠을까? 옆이 아니고? 아내처럼 옆에 누운 것이 아니라 시녀처럼 누운 것이라고 한다면 발치에 누운 것이 더 적절해 보인다. 보아스의 발치에 누워 있는 룻의 모습을 그려 보라! 한 남자의 발치에 누워 있다면 시녀라고 해야 하지 않을까? 아니 시녀이기에 발치에 누울 생각을 한 것은 아닐까? 보아스의 발치에 누워 조금이라도 온기를 느껴보려고 한 룻의 모습을 그려보라.

4.3 당신의 날개로 덮어 주세요

룻은 보아스의 "너는 누구냐"란 질문에 "나는 룻, 당신의 시녀입니다"라고만 하지 않았다. 보아스는 그저 정체만 물었을 뿐인데 룻은 자신의 이름을 대는 것을 넘어서 대담하게 요청까지 한다(9중반절).

> "당신의 날개를 펴 당신의 시녀를 덮으소서
> (וּפָרַשְׂתָּ כְנָפֶךָ עַל־אֲמָתְךָ ; 우파라스타 케나페카 알-아마테카)."

한글개역개정은 "당신의 옷자락"이라고 되어 있지만 직역하면 "당신의 날개"(כָּנָף ; 케나페카)이다. 그렇다면 "날개로 덮어달라"는 요청은 무슨 의미인가? 우선 날개라고 번역된 히브리어 카나프(כָּנָף)는 새나 곤충의 날개를 가리키며, 비유적으로 옷이나 땅의 끄트머리나 말단을 가리킨다. 따라서 룻의 요청도 "당신의 옷으로 당신의 시녀를 덮으소서"라고 흔히 번역하는 것이다.

그렇다면 날개(옷)로 덮어달라는 의미는 무엇인가? 이를 알기 위해서 룻의 요청에 쓰인 "날개로 …위에 덮다"(פָּרַשׂ כָּנָף עַל ; 파라쉬 카나프 알)는 관용구가 정확하게 사용된 에스겔 16:8을 살펴보아야 한다.

> "내가 네 곁으로 지나며 보니 네 때가 사랑스러운 때라 내 옷(כָּנָף ; 케나피; 단수)으로 너를 덮어(אֶפְרֹשׂ כְּנָפִי עָלַיִךְ ; 애프로쉬 케나피 알라이크) 벌거 벗은 것을 가리고 네게 맹세하고 언약하여 너를 내게 속하게 하였느니라 … 왕후의 지위에 올랐느니라(겔 16:8, 13)."

여기서 "옷"이라고 번역된 단어도 직역하면 "날개"(כָּנָף ; 카나프)이다. 여호와께서 이스라엘을 선택하여 결혼한 것을 "날개"(옷)의 메타포로 묘사하고 있다. 에스겔 본문에 근거해 볼 때 "날개/옷으로 덮으소서"는 결혼해달라는 청혼 요구라고 볼 수 있다는 것이 학자들의 중론이다.[48]

우리는 이미 룻이 자신을 시녀(אָמָה ; 아마)로 부른 것이 아비가일이 자신을 시녀(אָמָה ; 아마)로 칭하는 것과 유사함을 살펴보았다.

"다윗의 전령들이 갈멜에 가서 아비가일에게 이르러 그에게 말하여 이르되 다윗이 당신을 아내로 삼고자 하여 우리를 당신께 보내더이다 하니 아비가일이 일어나 몸을 굽혀 얼굴을 땅에 대고 이르되 내 주의 여종(אָמָה ; 아마)은 내 주의 전령들의 발 씻길 종이니이다 하고 아비가일이 급히 일어나서 나귀를 타고 그를 뒤따르는 처녀 다섯과 함께 다윗의 전령들을 따라가서 다윗의 아내가 되니라(삼상 25:40-42)."

그런데 흥미롭게도 둘 다 결혼의 문맥에서 시녀(אָמָה ; 아마)란 단어가 사용되고 있다. 그렇다면 룻이 자신을 시녀(אָמָה ; 아마)라 부른 것은 결혼을 염두에 두고 쓴 용어임이 확실하다. 그리고 "당신의 날개로 당신의 시녀(אָמָה ; 아마)를 덮으소서"라고 한 것 역시 결혼 요청이라고 볼 수 있다.

그럼에도 불구하고 베아티(Beattie) 같은 일부 학자들은 룻의 요청을 동침의 유혹이라고 본다.[49] 그러나 이는 방금 살핀 언어적 근거를 무시하는 것일 뿐 아니라 룻기의 플롯이나 문맥을 오해한 것이다. 앞으로 보겠지만 보아스는 룻의 요청을 듣고 동침 요청으로 받아들이지 않았다. 동침하자는 유혹에 대해 설마 "내 딸아 여호와께서 네게 복주시기를 원하노라"(룻 3:10)고 대꾸할 수 있었을까? 더욱이 보아스는 룻의 인애를 칭찬하고 있을 뿐 아니라 현숙한 여인으로 인정하고 있다 : "네가 현숙

---

48 Hubbard, *The Book of Ruth*, 212. Campbell 같은 주석자는 "고대와 현대의 아랍 전승"을 방증으로 들면서 "옷을 여자에게 올려 놓는 것은 결혼 요구의 상징"이라고 주장한다(Campbell, *Ruth*, 123). 고대 근동의 법률을 보면 옷을 찢는 것은 이혼의 선언이라는 근거에서 옷을 덮는 것은 결혼 요청이라고 보는 학자도 있다. 참조, Paul A. Kruger, "The Hem of the Garment in Marriage : The Meaning of the Symbolic Gesture in Ruth 3:8 and Ezek. 16:8," *JNSL* 12 (1984), 79-80.

49 D. Beattie, "Ruth III," *JSOT* 5 (1978), 39-48, esp. 43.

한 여자인 줄을 나의 성읍 백성이 다 아느니라"(룻 3:11). 그린(Green)은 "나머지 스토리에 근거해 볼 때 등장 인물의 행동은 율법에 반하지 않을 뿐 아니라, 이들의 행동은 율법의 요구를 넘어서 미덕에 가깝다"라고 주장한다.[50] 따라서 룻의 요청은 동침의 유혹이 아니라 결혼 요청으로 보아야 한다.

한편 우리는 이 시점에서 룻이 타작마당에서 보인 행동은 롯의 두 딸의 행동과 대조된다(창 19:30-33)는 점을 주목해야 한다. 특히 룻이 롯의 큰 딸이 낳아 생긴 모압 자손의 후손이기에 대조성이 훨씬 배가된다. 롯의 딸들은 아버지를 술취하게 하고 유혹하여 임신을 하는 일에 있어서 하등의 양심의 가책도 느끼지 않았다. 이런 계획을 세웠던 큰 딸이 모압인들의 선조가 된 것이다. 그런데 나오미의 계획은 자칫 룻을 이와 유사한 상황으로 빠뜨릴 위험이 있었다. 그러나 룻은 술취한 보아스를 이용하여 동침하기보다는 보아스가 깨어난 후에 계대결혼을 요구하였다. 룻은 조상인 롯의 딸과 전적으로 다른 모습을 보이고 있다. 마찬가지로 술취하였지만 일을 제대로 처리한 보아스는 술취해서 무슨 일이 일어났는지도 모르는 롯과 대조된다. 결국 룻의 이야기는 모압인들을 구원하는 구속사인 것이다.

4.4 당신은 고엘입니다

룻은 결혼을 요청한 후에 요청의 근거가 무엇인지를 밝힌다(9하반절).

"이는 당신이 기업을 무를 자가 됨이니이다
(כִּי גֹאֵל אָתָּה ; 키 고엘 아타)."

이 문장의 첫 단어인 접속사 "키"(כִּי)의 가장 자연스런 번역은 "이유와 원인"의 의미로 해석하는 것이다. 따라서 거의 모든 주석자들과 번역본들은 "왜냐하면"의 의미로 번역한다. 룻이 보아스에게 날개를 펴서 자신을 덮어달라고 요청한 것은 보아스가 기업 무를 자이기 때문이라고 해석하는 것이다.

---

50 B. Green, A Study of Field and Seed Symbolism in the Biblical Story of Ruth," (Diss., Graduate Theological Union, Berkely, 1980), 84, fn. 4

결국 룻이 결혼을 요청하면서 보아스가 고엘(גאל)이라는 것을 명시적으로 언급한 것은 계대결혼(繼代 結婚 ; levirate marriage; 형이 후사 없이 죽으면 시동생과 결혼하여 형의 이름으로 후사를 낳아주는)과 기업 무름이 어떤 식으로든 연관되어 있음을 우리에게 분명히 보여준다. 그렇다면 기업 무름와 계대결혼이 무슨 관계이기에 룻이 보아스에게 결혼을 요청하면서 기업 무를 자(גאל ; 고엘)임을 상기시키는 것인가?

물론 이 두 제도를 명시적으로 연결하는 율법이 구약 안에 없는 것은 사실이다. 그럼에도 불구하고 룻기에서는 이 두 제도를 연결시킨다. 나오미가 "그가 여호와로부터 복받기를 원하노라 … 그 사람은 우리와 가까우니 우리 기업을 무를 자(גאל ; 고엘) 중의 하나이니라"(룻 2:20)고 할 때는 엘리멜렉의 땅을 무를 고엘의 역할을 보아스가 할 수 있을 것이라는 점만 기대되고 있다.

그러나 후반부로 가면서 고엘의 역할이 계대결혼과 연결되고 있다. 타작마당에서 룻이 보아스에게 "기업을 무를 자"라는 이유로 결혼을 요청한다. 그뿐 아니라 4장에 가면 보아스가 기업 무를 1순위자에게 엘리멜렉의 땅을 무르려면 룻과 결혼해야 한다(룻 4:5)고 지적한다. 그런데도 이를 기업 무를 1순위자는 물론 증인인 베들레헴 장로들도 아무런 반대 없이 받아들이고 있다.

엘리멜렉의 땅을 무를 때에 룻과 계대결혼을 했어야 하는 이유가 무엇인지는 구약 성경 어디에도 명시적으로 나타나지 않고 룻기에서도 명시적인 이유를 언급하지 않는다. 그동안 여러 학자들이 이 문제로 여러 해결 방안을 제시하였지만 아직 완전히 만족할 만한 해석을 제시하지는 못하고 있다. 그러나 단지 고엘 제도나 계대결혼 제도 모두 곤경에 빠진 사람을 그의 친족이 구원하는 사회보장 제도라는 공통점을 갖고 있기 때문에, 룻기의 등장 인물들이 아주 자연스럽게 두 제도를 연결시키고 있고, 룻기 저자 역시 아무런 설명 없이 이들의 대화와 행동을 묘사하고 있는 것으로 보인다. 이에 대해서는 후에 더 상세히 다루도록 할 것이다.

5. 신학적 메시지

5.1 여호와의 날개와 보아스의 날개

룻이 보아스에게 "당신의 날개로 당신의 시녀를 덮어주세요. 당신은 고엘입니다"라고 한 말은 대담하기 그지 없는 요청이었다. 보아스는 추수 밭에서 룻을 만난 적이 있었다. 보아스가 룻에게 호의를 베풀자 룻이 엎드려 절하며 보아스에게 이렇게 말했다 : "나는 이방 여인이거늘 당신이 어찌하여 내게 은혜를 베푸시며 나를 돌보시나이까." 그러자 보아스는 그 이유를 분명하게 언급하였다.

"네 남편이 죽은 후로 네가 시어머니에게 행한 모든 것과 네 부모와 고국을 떠나 전에 알지 못하던 백성에게로 온 일이 내게 분명히 알려졌느니라 여호와께서 네가 행한 일에 보답하시기를 원하며 이스라엘의 하나님 여호와께서 그의 날개(כָּנָף ; 카나프) 아래에 보호를 받으러 온 네게 온전한 상 주시기를 원하노라(룻 2:11-12)."

룻이 시어머니에게 보인 행동과 부모와 고국을 떠나 전에 알지 못하던 백성에게로 온 일을 보아스가 듣고 인간적 차원에서 관심을 가진 것뿐이라고 답한 것이다. 그러고는 궁극적 보상은 여호와께 그 책임을 돌렸다. "여호와의 날개(כָּנָף ; 카나프) 아래에 보호를 받으러 온" 룻에게 온전한 상을 주는 일은 여호와께서 하실 일이라고 한 것이다.

이렇게 말한 후에 7주가 흘렀다. 보리 추수와 밀 추수가 다 끝났고 타작하는 일만 남았는데 보아스는 룻에게 어떤 조치도 취하지 않았다. 그저 추수하는 동안 자신의 밭에서 이삭을 줍는 것을 허락한 것이 전부였다. 보아스 쪽에서 어떤 행동을 보일 기미는 보이지 않았다.

그렇다면 이제 나오미와 룻이 행동을 개시할 때가 된 것이었다. 이에 나오미가 룻에게 목욕하고 기름을 바르고 의복을 입고 타작마당에 내려가라고 한 것이다. 먹고 마시기를 다 하기까지 존재를 드러내지 말고 누운 곳을 알아두었다가 그의 발치를 들고 누우면 보아스가 룻이 할 일을 알려줄 것이라고 지시하였다.

그러나 룻이 어떻게 나오미의 말을 이해했든간에 나오미의 예상대로 일이 굴러가지 않았다. 보아스가 누운 곳을 알아두었다가 발치 이불을 들고 거기 누웠지만 보아스가 룻에게 할 일을 알려주지 않았다. 룻에게 지시를 하기는커녕 룻의 존재조차 느끼지 못하였다. 그러다가 한밤중에 가서야 보아스가 놀라 인기척을 느끼고 룻에게 "너는 누구냐"라고 질문한 것이다. 그러자 룻은 "나는 룻이에요. 당신의 시녀입니다"라고 담대하게 선언하였다. 그러고는 "당신의 날개로 당신의 시녀를 덮어주세요. 당신은 기업 무를 자입니다"라고 요구한 것이다.

룻은 보아스가 여호와의 날개 아래에 보호함을 받으러 온 네게 여호와께서 복주시기를 바라노라고 소원을 빈 것을 근거로, 당신의 날개로 자신을 덮음으로써 직접 그 소원을 성취하라고 요청하고 있는 것이다. 이 얼마나 놀라운 전개요 예상하지 못한 반전인가? 모압 여인 룻이 이스라엘 남자인 보아스에게 기업 무름의 율법을 언급하는 모습을 상상해 보라! 기업 무름의 의무를 지고 있는 보아스가 먼저 룻의 필요를 채울 생각을 하지 않고 있을 때, 룻이 발치 아래 누워 있다가 보아스에게 직접 요구하는 장면은 어떻게 보아도 충격적이며 감동적이다.

그렇다! 우리는 단지 여호와의 날개 아래에 보호를 받으러 온 궁핍하고 가난한 사회적 약자들에게 여호와께서 복주실 것만을 기도하는 데 머물지 말고 우리가 여호와의 날개를 대신하여 우리의 날개로 그들을 덮어야 하는 것이다. 왜냐하면 우리는 여호와를 이 땅에서 대리하는 하나님의 형상이기 때문이다. 또한 하나님이 고엘 제도를 주신 이유는 우리가 "여호와의 날개" 역할을 대신하게 하기 위해서인 것이다.

5.2 고엘 제도를 주신 하나님의 의도

우리가 앞서 살펴본 대로 흥미롭게도 역사서에 고엘이 집단적으로 등장하는 곳은 룻기이다. 룻기 안에는 고엘이란 명사가 10번(룻 2:20, 3:9, 12[2x], 4:1, 3, 4, 6, 8, 10), 동사 "가알"(גָּאַל)이 11번(룻 3:13[4x], 4:4[5x], 4:6[2x]), 무를 권리란 의미의 "게울라"(גְּאֻלָּה)가 2번 사용되고 있다(4:6, 7). 게다가 원래 고엘은 "피 무르기" 다음으로 "땅 무르기"의 의무를 지닌 친족인데, 룻기에서는 고엘이 단순히 땅의 기업 무름뿐 아니라 계대결혼 제도와 연관되어 나타난다.

이렇게 룻기에서 고엘은 땅 무르기뿐 아니라 계대결혼의 의무를 지닌 자로 등장하는데 그 이유는 무엇일까? 룻기를 비롯해서 계대결혼과 기업 무름을 다루고 있는 본문들을 살펴보면 계대결혼의 기본 원리와 기업 무름의 기본 원리는 동일하다고 볼 수 있다. 계대결혼을 다루는 본문들은 창세기 38장, 룻기, 신명기 25장이 있는데 기본 원리가 잘 드러난 본문은 신명기 25:5-6이다.

"형제들이 함께 사는데 그 중 하나가 죽고 아들이 없거든 그 죽은 자의 아내는 나가서 타인에게 시집 가지 말 것이요 그의 남편의 형제가 그에게로 들어가서 그를 맞이하여 아내로 삼아 그의 남편의 형제 된 의무를 그에게 다 행할 것이요 그 여인이 낳은 첫 아들이 그 죽은 형제의 이름을 잇게 하여 그 이름이 이스라엘 중에서 끊어지지 않게 할 것이니라(신 25:5-6)."

위의 본문을 보면 계대결혼의 원리와 목적이 무엇인지 알 수 있다. 언뜻 보면 계대결혼은 단지 죽은 남편의 재산을 이을 남자 후손을 얻으려고 시동생과 형수가 결혼하는 것처럼 보인다. 그러나 이것이 최종 목적은 아니다.

첫째 목적은 후사 없이 죽은 자의 아내를 보호하고 부양하는 것이다. 다시 말해 살아있는 과부의 삶을 돌보는 것이 최종 목적이다.[51]

둘째 목적은 하나님이 기업으로 주신 한 친족의 땅(재산)이 그 친족 안에 계속 남아 있기 위해서는 죽은 형제의 기업을 이을 남자 후손이 있어야 한다는 것이다. 그렇지 않으면 자칫 땅이 친족 밖의 사람에게 넘어가 하나님이 주신 기업을 상실할 수 있기 때문이다. 따라서 계대결혼의 두 번째 목적은 친족 안에서 하나님이 주신 기업인 땅을 보호하는 데 목적이 있는 것이다. 그렇다면 계대결혼이란 친족 안에서 한 사람과 그의 땅(재산)을 보호하는 것이라고 정의할 수 있다.

---

51 앗수르에도 계대결혼 제도가 있는 것으로 보인다. 그러나 이스라엘의 계대결혼 제도와 차이가 난다. 이스라엘에서는 아이가 없는 과부에 대한 배려가 강한 반면에, 앗수르에서는 결혼 약정에서 며느리에 대한 소유권이 강조되어 있다. 고대 근동 아시아에서는 계대결혼 제도는 재산상의 권리를 보호하는 데 목적이 있다. 돈을 주고 산 신부를 계속 재산상의 가치로 보전하려는 데 그 목적이 있다. 즉 살아 있는 사람의 권리를 보장하는 데 목적이 있다. 반면에 이스라엘에서는 약한 자에 대한 배려가 강하게 나타난다. 이런 식으로 거룩한 공동체임을 드러내야 한다.

이것은 기업 무름 제도의 목적과 마찬가지가 아닌가? 기업 무름이란 한 사람이 무고하게 살해를 당하거나, 땅을 상실하거나 빚 노예가 되었을 때 친족의 한 사람이 피를 무르거나 땅을 무르거나 몸을 무름으로써 생명과 재산과 자유를 확보하도록 하는 제도가 아닌가? 그렇다면 기업 무름 역시 친족 안에서 한 사람의 생명과 그의 땅(재산)과 그의 자유를 보호하는 것이다.

그렇다면 계대결혼 제도 저변에 깔린 기본 원리들은 기업 무름의 저변에 깔린 기본 원리들과 마찬가지로 친족 안에서 한 사람과 그의 땅(재산)을 보호하는 것으로 동일하다고 할 수 있다. 결국 룻기에서 계대결혼 제도와 기업 무름의 제도가 연결되고 있는 것은 자연스러우며 원리상에서의 결합인 것이다. 이 둘을 연결하는 율법이 없다는 이유만으로 이 두 제도를 연결시킬 수 없다고 주장해서는 안 될 것이다. 이 두 제도의 연결은 베들레헴인들에게는, 아마 유다 지파인들에게는 너무나 당연한 것이었을지 모른다. 왜냐하면 이런 풍습들이 실행되던 사사 시대의 이스라엘의 사회 구조는 혈연 사회만이 아니라 언약 사회였기 때문에 이런 제도를 자연스럽게 연결시켰을 것이다. 언약 사회인 경우에는 고엘의 의무는 소가족의 이익을 넘어서서 친족까지 확대되기 때문이다.

여기서 우리는 앙드레 라코크의 말을 주목할 필요가 있다.

룻기는 계대결혼의 율법과 기업 무름의 율법을 연결시킨 유일한 본문이다. 엄격히 말하자면 이 둘은 서로 다른 율법이며 서로 내적 연결 고리가 없다. 이 둘의 의미론적 범위가 결과적으로 만나고 섞이는 것은 두 율법을 해석학적으로 확장해야 가능한 것이다. 계대결혼의 임무는 단지 함께 사는 형제들(신 25:5; 다시 말해 부모의 유산을 나누지 않는 동거 형제들)에게만 부과되지 않는다. 왜냐하면 율법의 정신은 문자와는 반대로 무한하기 때문이다. 마찬가지로 엘리멜렉의 밭을 무르는 것은 단지 가까운 친족에게만 해당하는 의무가 아니다. 또한 기업 무름은 단지 비인격적인 상업적 거래에만 해당되는 것이 아니다. 죽은 사람의 자녀가 언젠가 가족의 유산을 온전히 소유하도록 해줄 수 있는 모든 수단을 동원하는 것을 의미한다. 룻기와 신명기의 차이점을 단순히 룻기가 신명기보다 역사적으로 이전에 생긴 본문이라는 식으로 설명해서는 안 된다. 오히려 전혀 반대로 율법의 본문을 룻기가 거의 "복음적" 해석이라고 부를 만큼 멋지게 해석한 것으로

보아야 한다.[52]

결국 룻은 보아스에게 이스라엘의 율법이 그녀를 위해 해줄 수 있는 은혜, 즉 기업 무를 자로서 계대결혼을 해달라고 요청한 것이라고 볼 수 있다.

이런 기업 무름의 정신은 이스라엘의 하나님이 바로 구속주라는 개념에서 나온 것이다. 이스라엘은 하나님을 특히 노예 상태에 빠진 그의 백성을 구원하시는 분으로 그린다. 이스라엘 초기 역사부터 하나님은 그의 백성들을 가족으로 생각하고 관심을 보이시며, 사람과 재산을 보호하기를 원하는 분이시기 때문이다. 기업 무를 자란 친족 안에서 한 사람과 그의 재산을 보호하는 기능을 감당하는 자이다. 다시 말해 불행을 당한 이들을 돌보고, 이들의 재산과 자유를 지켜주는 역할을 감당하는 자이다.

5.3 여호와가 고엘

역사서 안에는 여호와를 고엘(גֹּאֵל)이라고 명시적으로 부른 적은 없지만, 시편과 선지서에서는 여호와를 고엘로 부른다. 특히 이사야 49:7은 하나님을 특별히 노예 상태에 빠진 그의 백성을 구원하시는 "고엘"로 그린다.

"이스라엘의 구속자(גֹּאֵל יִשְׂרָאֵל ; 고엘 이스라엘) 이스라엘의 거룩한 자이신 여호와께서 사람에게 멸시를 당하는 자, 백성에게 미움을 받는 자, 관원들에게 종이 된 자에게 이같이 이르시되 왕들이 보고 일어서며 고관들이 경배하리니 이는 이스라엘의 거룩하신 이 신실하신 여호와 그가 너를 택하였음이니라(사 49:7)."

이렇게 성경은 하나님을 그의 백성들을 친족으로 생각하시고, 이들이 몸의 자유와 재산(땅)과 생명을 잃을 위기를 만나면 이들을 구원하시는 고엘(친족 구속자)의 역할을 친히 감당하는 분으로 묘사한다.[53] 그러기에 우리는 텅 비었을 때, 몸의 자유

---

52 LaCocque, *Ruth*, 100–101.
53 따라서 구약학자들은 여호와를 "구원해내는 친족"(a rescuing kinsman)으로 묘사한다. 참조 John I. Durham,

를 상실했을 때, 기업으로 주신 땅을 잃었을 때 고엘이신 여호와께 나아가 그 발 아래 누울 수 있는 것이다.

5.4 라이너 마리아 릴케의 노래

따라서 장미 꽃에 찔려 죽은 시인 라이너 마리아 릴케(Rainer Maria Rilke; 1875-1926)는 "내 영혼은 당신 앞에서 한 여인"(『검은 고양이』, 민음사)이라는 시에서 룻에 대해 이렇게 노래한다.

> 내 영혼은 당신 앞에서 한 여인입니다.
> 나오미와도 같고, 룻과도 같습니다.
> 그녀는 심부름 잘하는 처녀처럼
> 낮이면 당신의 볏단더미 둘레에 갑니다.
> 그러나 저녁이면 그녀는 만조에 올라
> 목욕을 하고 성장을 하지요.
> 모든 것이 당신을 싸고 돌 때 그녀는 당신에게 가고
> 가서 당신의 발을 벗겨 버립니다.
>
> 한밤중이면 당신에게 그녀가 질문을 던집니다.
> 아주 천진난만하게 나는 룻예요, 하녀(시녀)죠라고 말합니다.
> 당신의 처녀 위에 그대 날개를 펴주십시오.
> 당신은 후계자(기업 무를 자)입니다. …
> 그리고 내 영혼은 날이 밝을 때까지
> 당신의 발치에서 따뜻한 당신 피를 느끼며 잠을 잡니다.
> 당신 앞에서 한 여인이지요. 룻과 같군요.

Exodus, WBC (Word, 1987), 78.

이 얼마나 따뜻한 시인가! 룻기가 많은 시인들에게는 영감의 원천인 반면에 성경 해석자들에게는 가정의 달에 효를 강조하는 설교 본문으로밖에 대우를 받지 못하는 현실이 너무 안타깝다.

5.5 신약의 그리스도와 코이노니아[54]

이스라엘은 생명과 자유와 땅을 잃는 위기를 경험하면 하나님께 나아가 하나님이 진정한 고엘이심을 경험하고, 그 후에 다른 이들이 같은 위기를 만났을 때 이들을 구원해내는 인간 고엘의 역할을 감당해야 했던 것이다. 따라서 여호와는 이스라엘의 고엘 제도를 주신 것이다.

그렇다면 신약의 입장에서는 이런 고엘의 역할을 누가 감당해야 하는가? 대답은 간단하다. 교회가 감당해야 한다. 크리스토퍼 라이트(Christopher J. H. Wright)는 이스라엘이 땅을 기업으로 받아 그 안에 거하며 안정된 지위를 누리면서도 동시에 나눔의 책임을 동시에 지녔던 것은, 신약에서 교회가 그리스도 안에 거하면서 누리는 안정된 지위와 나눔의 책임과 동일하기 때문이라고 말한다.

> 그 옛날의 토지-혈연이라는 자격 조건이 가지고 있던 의의와 기능을 이제 그리스도가 이어받고 있다. "그 땅 안에" 있는 것과 마찬가지로, "그리스도 안에" 있다는 것은 첫째로, 하나님이 제공하신 신분과 관계를 가리키며, 둘째로 하나님의 가족 안에 포함되고 그 안에서 누리는 안전한 지위를 가리키고, 셋째로 여러분과 동일한 관계를 나누고 있는 사람들을 향한 실천적 책임을 성취함으로써 값진 삶을 사는 데 헌신하는 일을 가리킨다. 이것이 바로 이스라엘 땅의 의의에 대한 예표론적 이해다.[55]

"이방인들이 복음으로 말미암아 그리스도 예수 안에서 이스라엘과 함께 상속자가 되고 이스라엘과 함께 지체가 되고 이스라엘과 함께 약속에 참여하는 자"(엡 3:6)

---

54 이 소제목 아래의 모든 논의는 김지찬, "사회 갈등 해소망과 사회 안전망으로서의 고엘, 도피성, 그리고 수혼제도", 김수정 외, 『고엘, 교회에 말걸다』 (홍성사, 2017), 130-131에서 그대로 가져온 것이다.
55 라이트, 『현대를 위한 구약 윤리』, 265.

가 되었다는 것이다. 따라서 크리스토퍼 라이트는 구약의 땅과 상응하는 개념은 신약에서는 교회의 코이노니아(koinonia)로 보아야 한다고 주장한다.[56] 신약에 나오는 코이노니아의 용례를 살펴보면 단순히 그저 "친교"가 아니라 "실질적이고 종종 대가를 치르는 나눔"이었다는 것이다.[57]

오순절 성령 강림으로 교인들은 "사도의 가르침을 받아 서로 교제"(κοινωνια ; 코이노니아)하였는데 그 결과는 "믿는 사람이 다 함께 있어 모든 물건을 서로 통용"하는 것이었다(행 2:42-44). 바울은 신자들에게 "성도들의 쓸 것을 공급하며(κοινωνουντες ; 코이노눈테스) 손 대접하기를 힘쓰라"(롬 12:13), 부자들에게 "아낌없이 구제하라"(κοινωνικους ; 코이노니쿠스)(딤전 6:18)고 권면하며, 유대 그리스도인들을 돕기 위한 헬라 교인들의 헌금을 코이노니아(κοινωνιαν τινα; 코이노니안 티나; some contribution; 롬 15:26)라고 불렀다.

결국 위의 용례를 살펴보면 "코이노니아"란 단순히 친교가 아니라 종종 희생을 동반한 실질적인 경제적 나눔을 가리킨다. 구약의 출애굽의 목적은 하나님의 풍요한 땅에서 그분이 주시는 풍요한 축복을 누리는 것이었는데, 신약의 "그리스도를 통한 구속의 목표" 역시 그리스도 안에서 "모든 실제적인 의미로 거짓 없이 형제를 사랑"(벧전 1:22)하는 것이었다고 크리스토퍼 라이트는 결론을 내린다.[58]

그렇다면 교회는 무엇을 해야 하는가? 현대 교인들이 궁핍함을 경험할 때에는 교회의 다른 멤버들이 궁핍한 멤버들을 돕는 고엘 역할을 감당해야 한다. 흔히 구속사적 설교를 하는 분들이나 심지어는 강해 설교를 하는 분들조차도 인간 고엘인 보아스의 헤세드를 강조하고 있는 룻기를 설교하면서 진정한 고엘은 예수님이시기에 예수님을 만나야 한다고 설교하는 모습을 볼 수 있다. 그러나 우리는 단순히 하나님이 참 고엘이시니 그분을 개인적으로 만나라고 설교만 해서는 안 된다. 물론 참 고엘은 여호와 한 분이시다. 그러나 이 세상에서 우리가 해야 하는 일은 사람들로 하여금 그분을 만나야 한다고 촉구만 하는 것이 아니다.

---

56 구약에서 "땅"이 어떻게 신약에서는 교회의 "코이노니아"가 되는지에 대해서는 라이트, 『현대를 위한 구약 윤리』, 268-270를 참조하라.
57 크리스토퍼 라이트, 『현대를 위한 구약 윤리』, 268.
58 라이트, 『현대를 위한 구약 윤리』, 269.

참 고엘이신 그분을 이미 먼저 만난 우리가 그분의 대리인으로 인간 고엘의 역할을 지금 여기서 감당해야 한다는 것이 룻기가 더 강조하는 핵심 메시지라고 할 수 있다. 따라서 참 고엘이신 여호와의 사역을 지상에서 대행하는 대리인 역할을 우리가 해야 한다는 점을 설교자들은 강조해야 한다. 이런 고엘 역할을 위해 하나님께서는 교회를 세상으로부터 불러내셔서 거룩하게 하시고, 다시 고엘의 기능을 잘 감당하도록 세상으로 보내시는 것이다.

왜냐하면 지금도 이방 여인 룻처럼 교회의 발을 벗기고 그 아래 누워 "당신의 날개로 당신의 시녀를 덮어주세요, 당신은 고엘입니다"라고 하는 사회적 약자들이 너무 많기 때문이다.

오늘날 이 세상은 기업 무를 자인 교회의 발을 벗기고 발치에 누워 우리에게 요구하고 있는지 모른다. "나는 이방 여인이에요. 당신의 시녀입니다. 당신의 날개로 당신의 시녀를 덮어주세요. 당신은 기업 무를 자가 됩니다." 오늘 한국 교회는 이렇게 발치를 들고 누워있는 사회적 약자들의 요구에 어떤 반응을 보이고 있는가? 우리 교회는 과연 어떤 반응을 보여야 할 것인가? 이어지는 보아스의 반응을 통해 교회가 보여야할 모습이 무엇인지 살펴보도록 하자.

6. 부록 : 날개인가, 날개들인가?

룻이 보아스에게 행한 결정적인 요청 안에 들어 있는 단어 하나를 단수로 보느냐 복수로 보느냐에 따라 미묘한 차이가 있다. 룻은 보아스의 발치에 누웠다가 보아스가 누구냐고 묻자 당신의 시녀 룻입니다라고 한 후에 이렇게 요청하였다.

"당신의 옷자락을 펴 당신의 시녀(여종)를 덮으소서
(וּפָרַשְׂתָּ כְנָפֶךָ עַל־אֲמָתְךָ : 우파라스타 케나페카 알-아마테카)."

"당신의 날개로 나를 덮으소서"란 요청에서 "당신의 날개"라고 단수로 번역할 것이냐 아니면 "당신의 날개들"로 복수로 번역할 것이냐가 문제이다. 왜냐하면 단수로 번역하면 성적 함축이 매우 커지는 반면에, 복수로 하면 성적 함축이 줄어들기 때문이다. 그런데 히브리 원문을 보면 두 가지 가능성이 모두 내포되어 있다.

현재 우리가 가지고 있는 히브리어 본문을 맛소라 본문(Massoretic Text)이라고 하는데 그 안에는 자음 전승과 모음 전승이 있다. 중세에 성경 본문을 전수받아 의미를 분명히 하기 위해 구전으로 물려받은 모음 전승을 기호화하여 모음부호와 액센트와 주석 등을 단 학자들을 맛소라 학자들이라고 부른 데서 맛소라 본문이라는 용어가 나온 것이다. 어찌되었든 맛소라 학자들은 자음 본문을 선조들에게서 물려받았는데, 여러 이유로 자음 본문에 수정을 가하고 싶을 때에는 자음 본문에 맞는 모음 대신 자신들이 선호하는 자음에 맞는 대로 모음을 첨가하였다. 문자로 물려받은 자음 본문(Ketib ; 케팁이라고 부름)을 거룩하게 생각하여 함부로 손을 대지 않고 자신들의 견해는 주로 모음(Qere ; 케레라고 부름)으로 표기한 것이다.

그런데 룻의 요청을 보면 맛소라 자음 본문(칠십인경, 수리아역)은 단수 형태인 "케나프카"(כְּנָפֶךָ ; 당신의 날개)를 지지하나, 맛소라 모음 전승은 쌍수 혹은 복수 형태인 "케나페카"(כְּנָפֶיךָ ; 당신의 날개들)로 읽을 것을 지시하여 כְּנָפֶךָ(당신의 날개들; the defectively written dual/plural)로 모음을 붙이고 있다. 자세히 보면 자음은 단수 형태 그대로 놔두고 단수에 붙는 모음( )이 아니라 복수에 붙는 모음( )을 붙인 것을 알 수 있다.

여기서 "날개"란 명사 카나프(כָּנָף)를 단수로 읽을 것이냐 복수로 읽을 것이냐는 문제는 맛소라 학자들에게 작은 문제가 아니었다. 왜냐하면 성관계에 대한 우회적 표현을 드러낼 때에는 날개란 명사 "카나프"(כָּנָף)의 단수를 사용하기 때문이다. 예를 들어, 신명기 22:30(히 23:1), 27:20은 성관계를 묘사하는데 이때 "카나프"(כָּנָף)의 단수가 쓰였다.

"사람이 그의 아버지의 아내를 취하여 그의 아버지의 날개(כְּנַף אָבִיו ; 한글개역개정은 아버지의 하체)를 드러내지 말지니라(신 22:30)."

"그의 아버지의 아내와 동침하는 자는 그의 아버지의 날개(כְּנַף אָבִיו ; 한글개역개정은 아버지의 하체)를 드러냈으니 저주를 받을 것이라 할 것이요 모든 백성은 아멘 할지니라

(신 27:20)."

롯의 요청을 담은 히브리어 자음 본문인 "당신의 날개로 당신의 시녀를 덮으소서"(וּפָרַשְׂתָּ כְנָפֶךָ עַל אֲמָתֶךָ)를 보면 "카나프"의 자음이 복수(כנפיך)가 아니고 단수(כנפך)로 되어 있다(단수에는 세 번째 자음과 네 번째 자음 사이에 י[요드, yod]가 없음을 주목하라). 단수로 쓰이면 하체가 되니까, 자칫 룻이 "당신의 하체로 당신의 시녀를 덮으소서"라고 요청한 것으로 오해될 수 있다고 본 것 같다. 단수로 되어 있으면 성관계를 가리킬 수 있는 소지가 있어 보이자, 맛소라 학자들은 오해할 수 있는 소지를 확실하게 피하기 위해서 의도적으로 복수로 읽도록 단수에 붙는 모음(ֶ)이 아니라 복수에 붙는 모음(ֶ)을 붙인 것으로 보인다.

이렇게 되면 맛소라 자음 본문은 "당신의 날개로 시녀를 덮으소서"인데, 맛소라 학자들이 "당신의 날개들로 시녀를 덮으소서"로 읽도록 모음을 첨가한 것이 된다. 아마도 맛소라 학자들은 성관계를 하자는 요청이 아니라 보호의 요청이 되도록 확실하게 못을 박기 원한 것 같다.

물론 이런 문맥과 상황에서 여자가 남자에게 보호를 요청한다는 것은 결혼 요청과 다를 바가 없는 것은 사실이다. 그러나 맛소라 학자들은 근본적으로는 동일한 의미를 유지하면서도 성적 함축이 지나치게 드러나는 것을 피하기 위해 복수 모음 부호를 붙인 것으로 볼 수 있다.[59] 우리 역시 이런 점을 염두에 둔다면 얼마든지 맛소라 자음 본문을 따라 "당신의 날개"라고 단수로 번역해도 좋다고 필자는 생각한다. 이렇게 히브리 원문에 맛소라 학자들이 전수받은 자음 본문과 그들의 해석이 붙어 있는 모음 전승이 결합되어 있기에 해석할 때에 주의를 기울여야 한다.

어떻게 보면 단수로 해석할 것이냐 복수로 해석할 것이냐의 문제는 큰 차이가 아니라고 볼 수도 있다. 그러나 하나님의 계시인 성경을 해석할 때에는 "천지가 없어지기 전에는 율법의 일점 일획도 결코 없어지지 아니한다"(마 5:18)는 정신으로 일점 일획의 차이도 유의미하게 해석할 줄 아는 실력을 키워야 한다.

---

59 참조 Bush, *Ruth/Esther*, 164-165; Campbell, *Ruth*, 123.

3막 3장
너는 현숙한 여자라(룻 3:10-13)

1. 서론적 이야기

1.1 성경 본문

룻기 3:10-13은 3막 3장으로 룻의 요청을 듣고 보아스가 한 말로 이루어져 있다. 타작마당에서 룻과 보아스 사이에 일어났던 일을 다루는 3장은 학자들 사이에서 가장 논란이 많았던 본문이다. 그러나 보아스의 말을 통해 그동안의 타작마당의 모호함이 많이 해소되는 것이 사실이다. 이 점을 염두에 두고 성경 본문을 읽어 보자.

"그가 이르되 내 딸아 여호와께서 네게 복주시기를 원하노라 네가 가난하건 부하건 젊은 자를 따르지 아니하였으니 네가 베푼 인애가 처음보다 나중이 더하도다 그리고 이제 내 딸아 두려워하지 말라 내가 네 말대로 네게 다 행하리라 네가 현숙한 여자인 줄을 나의 성읍 백성이 다 아느니라 참으로 나는 기업을 무를 자이나 기업 무를 자로서 나보다 더 가까운 사람이 있으니 이 밤에 여기서 머무르라 아침에 그가 기업 무를 자의 책임을 네게 이행하려 하면 좋으니 그가 그 기업 무를 자의 책임을 행할 것이니라 만일 그가 기업 무를 자의 책임을 네게 이행하기를 기뻐하지 아니하면 여호와께서 살아 계심을 두고 맹세하노니 내가 기업 무를 자의 책임을 네게 이행하리라 아침까지 누워 있을지니라 하는지라(3:10-13)."

1.2 그동안의 대중적 해석사와 문제 제기

앞서 룻기의 대중적 해석사를 살피면서 보아온 대로 여기서도 모형론적 해석이 주를 이룬다. 보아스가 룻에게 보인 반응과 말을 그리스도가 교회에게 보인 반응과 말로 일대일로 대응하여 해석하는 경향이 많이 있다. 위어스비가 대표적이다.

> 보아스가 룻에게 보인 반응 속에서 우리는 우리가 주님과 더 깊은 교제를 나누고자 할 때 주님께서 우리에게 반응하실 모습을 보게 된다. 보아스가 룻에게 말한 것처럼 하나님도 그의 말씀을 통해 우리에게 말씀하신다. …

> 그는 우리를 용납하신다(룻 3:8-10). 보아스는 룻의 청을 거절할 수도 있었다. 그러나 그녀에 대한 사랑 때문에 그는 룻의 청을 받아들인다. … 우리 하나님 아버지와 우리 주 예수 그리스도는 우리와 더 가까운 관계를 맺고자 하신다. 따라서 우리는 두려움 없이 그분들께 가까이 다가가 그분들과 사랑을 나누어야 할 것이다(요 14:21-24; 약 4:7-8). …

> 그는 우리에게 확신을 주신다(룻 3:11-13). 깜깜한 밤중이라 룻은 보아스의 얼굴을 볼 수 없었다. 그러나 그의 목소리는 들을 수 있었다. 그리고 그 목소리는 그녀에게 "두려워 말라"는 사랑의 확신을 주고 있었다. 우리의 확신은 우리의 감정이나 환경 속에 있지 않고 하나님의 말씀 안에 있다. … 두려워 말라는 말은 여호와께서 그의 종들에게 주신 확신의 말씀이다. …

보아스는 룻의 두려움을 진정시켜 주었을 뿐 아니라 다음과 같이 말함으로써 그녀가 염려하는 장래에 대해 약속까지 해주었다. "내가 네 말대로 네게 다 행하리라"(룻 3:11). 하나님은 일단 시작하신 일은 그것이 무슨 일이든간에 반드시 끝을 맺으신다. 그리고 하나님이 하시는 일은 틀림없다(빌 1:6; 막 7:37). 이제 룻은 보아스만이 할 수 있는 일을 자기 자신이 하려고 애쓸 필요가 없었다. … 물론 예수님 말고는 이 잃어버린 세상을 구원할 다른 "친족"이 없었다.[60]

보아스를 그리스도로, 룻을 교회로 일대일로 대응하여 해석하는 위어스비의 해석은 모형론적 해석의 지나친 모습으로 알레고리제이션(allegorization)에 해당하는 것으로 보인다. 그런데 놀랍게도 이런 류의 해석을 우리는 많은 해석자들에게서 볼 수 있다. 보아스와 룻의 대화는 처음부터 룻기 저자에 의해 그리스도와 교회와의 대화로 의도되었다고 한다면 이렇게 해석하는 것이 타당하다. 다시 말해 처음부터 기자가 알레고리로 룻기를 만들었다면 알레고리로 해석을 해야 마땅하다. 예를 들어, 다윗과 밧세바와의 스캔들을 비난하기 위해 만든 나단의 비유는 처음부터 다윗과 밧세바를 염두에 두고 만든 알레고리이다. 따라서 한 도시에 사는 부자가 가난한 자의 양을 빼앗았다는 표층적 스토리는 다윗이 밧세바를 빼앗았다는 심층적 의도를 숨기기 위해 만든 알레고리이다. 따라서 얼마든지 부자를 다윗으로, 가난한 자를 우리야로, 양을 밧세바로 일대일로 대응하여 해석할 수 있고, 아니 그렇게 해석해야 나단의 의도에 맞는다.

그러나 보아스와 룻의 타작마당에서의 대화는 속뜻을 숨기기 위해 만든 알레고리가 아니다. 따라서 보아스와 룻의 대화를 그리스도와 교회의 대화로 일대일 대응하여 해석하는 것은 알레고리제이션이다.

물론 우리는 본문을 문자적으로 1차적 해석을 한 다음에 얼마든지 구약과 신약과의 관계 안에서 구속사적인 해석이나 정경적 해석이나 신학적 해석을 통해 그리스도와 교회의 관계를 유추해 낼 수 있다. 그러나 문법적 문예적 해석을 통해 룻기 본문의 1차적인 문자적 의미를 드러내는 것이 해석자의 기본 의무이다.

---

60 위어스비, 『헌신하여라』, 62-64.

2. 보아스의 말의 구조

보아스의 대답은 주제의 발전으로 보면 크게 세 단락으로 나누어진다.

(1) 보아스의 룻을 향한 축복과 격려(3:10-11)
(2) 보아스의 상황 인식 : 나는 기업 무를 자나 나보다 가까운 자가 있다(3:12)
(3) 보아스의 결심 : 내가 기업 무를 자의 책임을 이행하리라(3:13)

그런데 첫 번째 단락인 3:10-11은 아래와 같은 구조로 이루어져 있다.

  A 그가 이르되 내 딸아 여호와께서 네게 복주시기를 원하노라(축복)
    B 네가 베푼 인애가 처음보다 나중이 더하도다(룻의 나중 인애)
      C 네가 가난하건 부하건 젊은 자를 따르지 아니하였으니(룻의 나중 인애의 내용)
  A' 그리고 이제 내 딸아 두려워하지 말라(격려)
    B' 내가 네 말대로 네게 다 행하리라(룻의 나중 인애에 대한 보아스의 보상)
      C' 네가 현숙한 여자인 줄을 나의 성읍 백성이 다 아느니라(룻에 대한 공동체의 인식)

보아스의 말의 상반부는 보아스가 룻에게 여호와의 복을 기원하면서 시작된다(A). 여호와의 축복을 보아스가 비는 이유는 룻이 베푼 인애가 처음보다 나중이 더 크기 때문이다(B). 그렇다면 처음 인애는 무엇이고 나중 인애는 무엇인가? 처음 인애는 추수 밭에서 이삭을 주워 시어머니를 공양한 것이 분명하다. 나중 인애의 내용은 무엇인가? "가난하건 부하건 젊은 자를 따르지"(C) 아니하고, 보아스에게 계대결혼을 요청한 것이다. 이런 이유에서 룻이 여호와의 복을 받을 만하다는 것이 상반부의 핵심 내용이다.

보아스의 말의 후반부는 보아스가 룻에게 두려워하지 말라고 격려하는 말로 시작한다(A'). 룻은 밤에 남자들의 세계인 타작마당에 들어왔다는 사실, 그리고 보아스의 발을 벗기고 거기에 누웠다는 사실로 인해서도 두려웠을 것이다. 아니 결혼 요청을 했는데 보아스가 거절할까 두려웠을 것이다. 이에 두려워하지 말라고 한 것이다. 우선 두려워하지 말아야 할 이유는 보아스가 "룻이 말한 대로 다 행할 것이기 때문"이었다(B'). 결혼 요청을 승낙하리라는 것이었다. 그러나 또 다른 두려움의 이유에 대해서도 두려워할 필요가 없다고 말한다 : "네가 현숙한 여자인 줄을 나의 백성이 다 아느니라"(C').

보아스는 이렇게 여호와의 축복을 빌고 두려워하지 말라고 격려하면서도 넘어야 할 장애물이 있음을 이야기한다 : "참으로 나는 기업을 무를 자이나 기업 무를 자로서 나보다 더 가까운 사람이 있으니"(룻 3:12). 지금까지 나타나지 않았던 새로운 갈등 요소가 등장한 것이다. 그렇다면 이 문제를 보아스는 어떻게 해결할 것인가?

이 부분을 다루는 3:13은 "동심 구조"(concentric structure)로 이루어져 있다.

  A 이 밤에 여기서 머무르라
    B 아침에 그가 기업 무를 자의 책임을 네게 이행하려 하면 좋으니
      C 그가 그 기업 무를 자의 책임을 행할 것이니라
      C' 만일 그가 기업 무를 자의 책임을 네게 이행하기를 기뻐하지 아니하면
    B' 여호와의 살아계심을 두고 맹세하노니 내가 기업 무를 자의 책임을 네게 이행하리라
  A' 아침까지 누워 있을지니라

보아스의 말의 후반부 "이 밤"에서 시작하여 "아침"으로 끝나면서 인클루지오를 형성하고 있다. 한밤중에 여인이 혼자 돌아다니는 것은 위험하기에 "이 밤에 여기서 머무르라"고 한 것이며, 아침이 되면 누가 알아볼 수 있기에 아침까지 누워 있으라고 한 것이다(A & A').

보아스가 룻의 결혼 요청을 받아들이는 데는 장애물이 있었다. 그것은 보아스보다 더 가까운 기업 무를 자의 존재였다. 따라서 그가 기업 무를 자의 책임을 이행하느냐, 아니냐가 관건이었다. 따라서 보아스는 먼저 그가 기업 무를 자의 책임을 이행하는 경우와 이행하지 않는 경우 둘로 나누어 말을 하고 있다. 우선 "아침에 그가 기업 무를 자의 책임을 네게 이행하려 한다면(B) 그가 그 기업 무를 자의 책임을 행하도록"(C) 하는 게 좋다고 하였다.

그러나 만일 그가 기업 무를 자의 책임을 네게 이행하고자 아니하면(C') "여호와

의 살아계심을 두고 맹세하노니 내가 기업 무를 자의 책임을 네게 이행하리라"(B')
고 하였다. 결국 누가 기업 무를지는 더 가까운 친족이 선택하는 대로 결정날 것이
었다. 이 부분이 전체 구조의 핵심(C & C')을 차지한다. 이렇게 구조 분석을 하게 되
면 내용상 초점이 어디에 놓여 있는지를 잘 알 수 있고 논리 전개가 어떻게 되는지
를 보여주어 본문의 상세한 부분을 전체에 비추어 해석하는 데 도움이 된다.

3. 룻을 칭찬하는 보아스

3.1 여호와의 축복을 비는 보아스

룻의 예상 밖의 한밤중의 방문과 도발적이고 대담한 결혼 요청에 대해 보아스가
어떤 반응을 보일까? 당황할까? 화를 낼까? 야단을 칠까? 소리를 지를까? 아니면
아무 말 없이 행동으로 성적인 접촉을 시도할까? 보아스는 어떤 행동도 하지 않고
말로 반응을 보였다. 과연 보아스의 입에서 나온 첫 번째 단어는 무엇일까? 독자들
은 궁금하지 않을 수 없다. 그런데 놀랍게도 보아스의 입에서 나온 첫 단어는 베루
카(בְּרוּכָה), 즉 "복받기 원하노라"(Be blessed)였다(10절).

"여호와께서 네게 복주시기를 원하노라 내 딸아
(בְּרוּכָה אַתְּ לַיהוָה בִּתִּי ; 베루카 아트 라도나이 빗티)."

보아스의 말을 순서대로 직역하면 "복을 받을지라(בְּרוּכָה ; 베루카), 너는(אַתְּ ; 아트),
여호와에 의해(לַיהוָה ; 라도나이), 내 딸아(בִּתִּי ; 빗티)"이기 때문이다.
보아스의 말은 여호와의 복을 비는 전형적인 관형구이다. 현대 독자들은 이런 축
복의 기원을 그저 의례적인 것으로 보고 별로 의미가 없는 형식적 기원으로 생각하
는 경향이 있다. 그러나 성경은 여호와의 축복 기원을 그런 식으로 생각하지 않는
다. 하나님께서 개입하셔서 복을 주실 것을 비는 강력한 기원으로, 말하는 사람의
인격과 가치관이 묻어 나오는 말로 간주한다. 그뿐 아니라 하나님께서 무대 뒷편에

서 강력하게 역사하고 계시다는 믿음을 드러내는 말로 본다.

어찌되었든 보아스의 축복의 말을 들으면서 우리는 충격을 받게 된다. 도대체 한밤중에 타작마당에 침입하여 비밀리에 자신의 발치 아래 누웠다가 자기와 결혼해 달라는 여인에게 여호와의 복을 빌다니 도대체 무슨 까닭인가? 젊은 룻의 여성적 매력을 흠모하다가 결혼해 달라고 하니 고마워서 한 말인가? 아니다. 보아스의 말은 늙은 부자가 젊은 여인의 유혹을 받고 행복해서 던진 덕담이 아니다. 보아스가 여호와의 복을 빈 데에는 신학적 이유가 있었다.

3.2 "내 딸아"

이를 살펴보기 전에 우리는 보아스가 룻에게 "내 딸아"라고 한 점을 잠시 들여다 보도록 하자. 보아스가 룻에게 "내 딸아"(2:8; 3:10, 11)라고 한 것과 자신과 "연소한 자"(젊은 자)를 비교한 것(3:10)을 보면 보아스는 룻과 나이 차이가 상당히 있는 것처럼 보인다. 나오미가 룻을 "내 딸"이라고 한 것을 보면 나오미와 동년배일 것으로 추정된다. 그러나 유대 전승처럼 보아스를 80세로 룻을 40세로 보는 것은 문제가 있다(Ruth Rabbah VI:2).

비교적 어린 나이(13-15세)에 결혼을 했던 고대 근동 아시아의 풍습을 염두에 두면 룻의 나이는 많아야 20대 중반이나 후반이고, 보아스는 한세대 위인 40-50대 중년의 나이가 아니었을까 추정된다. 그러나 여기서 중요한 것은 나이 차가 아니다. "내 딸"이란 단어가 지닌 정서적 온기와 따뜻함이다. 여호와의 축복을 빌면서 보아스가 룻을 "내 딸"이라고 부르는 장면을 생각해 보라.

밤에 밖의 타작마당의 한기를 피해 보아스의 발치에 누운 여인 룻은 삶의 한기로 그동안 고통을 당해왔다. 말론과 결혼하였으나 10년 간 아이를 갖지 못한 채 남편이 세상을 떠났다. 텅 빈 가슴을 안고 시어머니와 함께 유다 베들레헴으로 돌아온 룻을 과연 베들레헴 공동체가 따뜻하게 받아줄까? 첫 이삭 줍는 밭에서 보아스가 "내 딸아"라고 부르며 은혜를 베푼 덕에 7주간 목숨을 연명할 수 있었다.

그러나 추수기가 지나고 임시적인 방편이 아니라 영구적 안식을 누리기 위해서는 남편이 필요하였다. 따라서 룻은 보아스의 발치로 들어와 누웠으며 결혼해 달라고 담대히 요청한 것이었다. 그러고는 보아스의 입에서 나올 반응을 주목하고 있었는데, 그 입에서 나온 말은 2장에서 듣던 것처럼 "내 딸아"였다. 룻에게 "내 딸아"라는 단어가 얼마나 따뜻하게 들렸을까! 보아스의 따뜻한 발치 아래 누웠던 룻은 이제 가슴을 따뜻하게 하는 이 말 한마디에 온몸이 감전된 듯 전율하지 않았을까?

3.3 룻의 처음 인애와 나중 인애

그렇다면 보아스가 이렇게 "여호와의 복을 받을지라"고 축복하는 이유는 무엇인가? 이어지는 그의 말을 보면 신학적 이유가 있었음을 볼 수 있다.

"네가 베푼 인애가 처음보다 나중이 더하도다
(הֵיטַבְתְּ חַסְדֵּךְ הָאַחֲרוֹן מִן־הָרִאשׁוֹן ; 헤타브트 하스데크 하아하론 민-하리숀)."

룻의 처음 "인애"가 나중 "인애"보다 더 크다(더 좋다)는 것이다. 여기서 인애라고 번역된 히브리어 "헤세드"(חֶסֶד)는 "약한 자가 곤궁에 빠졌을 때 강한 자가 그럴 의무가 없음에도 불구하고 베푸는 충성과 사랑"이라고 이미 정의한 바 있다.

그렇다면 도대체 룻이 보인 첫 충성과 사랑은 무엇이고, 나중 충성과 사랑은 무엇인가? 학자들 간에는 약간의 견해 차이가 있다. 그러나 처음 인애는 룻이 부모와 고국을 떠나 알지 못하던 나라에 와서 나오미의 곁을 떠나지 않고 함께 산 것을 가리키는 반면에, 나중 인애는 젊은 이들과 결혼하기보다는 기업 무를 자인 보아스와 결혼하여 가족의 기업을 무르도록 하려고 타작마당의 위험을 무릅쓴 것을 가리킨다는 것이 다수의 학자들의 견해이다.[61]

그렇다면 어떻게 나중 인애가 처음 인애보다 크다는 것인가? 앞서 살핀 대로 룻이 밤중에 남자들만의 세계요 음행의 장소일 수 있는 타작마당에 들어가 보아스의 발치 아래 들어간 것은 매우 위험스런 행위였다. 만일 일이 잘못된다면 창기처럼 행동했다는 이유로 온갖 수모와 창피는 물론 목숨까지도 위태로울 수 있었다. 그럼

---

[61] Hubbard, *The Book of Ruth*, 214; 한편 Sasson은 시어머니의 문제를 해결할 구속주를 찾으려는 이타적 노력을 나중 인애로, 자신을 위해 남편을 구하는 덜 이타적 노력을 처음 인애로 본다(Sasson, *Ruth*, 84).

에도 불구하고 룻은 기업 무를 자인 보아스와 결혼하여 아이를 낳아 죽은 남편 말론의 이름이 사라지지 않도록 하기 위해 이런 위험을 감수한 것이다.

3.4 젊은이의 청혼을 받아들이지 아니한 룻

그렇다고 해서 룻이 결혼의 기회가 없었던 것은 아니었던 것 같다. 보아스는 이어서 말한다(10하반절).

"네가 가난하건 부하건 젊은 자를 따르지 아니하였으니
(לְבִלְתִּי־לֶכֶת אַחֲרֵי הַבַּחוּרִים אִם־דַּל וְאִם־עָשִׁיר ; 르빌티-레케트 아하레 하바후림 임-달 웨임-아시르)."

"네가 가난하건 부하건 젊은 자를 따르지 아니하였다"는 말의 의미는 무엇인가? 이 말의 의미를 이해하려면 "…를 따르다"(הָלַךְ אַחֲרֵי ; 할라크 아하레)는 어구의 의미를 파악해야 한다. 이 어구는 신-인간 관계에서 종교적 헌신을 표현하는 의미로도 쓰이지만 "남녀 관계"를 나타내는 일상적 표현으로 쓰이기도 한다.

그런데 남녀 관계를 의미할 때는 크게 두 가지 의미로 쓰인다는 것이 학자들의 정설이다.62 첫째, 음행이나 간음 같은 행위를 가리키는 의미로 쓰인다. 예를 들어, 잠언 7:22에서 "젊은이가 곧 그(음녀)를 따랐으니(הָלַךְ אַחֲרֵי ; 할라크 아하레) 소가 도수장으로 가는 것 같고 미련한 자가 벌을 받으려고 쇠사슬에 매이러 가는 것과 같도다"라고 하였을 때 사용되었다. 그러나 보아스가 룻이 젊은이들과 음행을 하지 않았다는 의미로 썼을 가능성은 없다.

둘째는 청혼을 받아들인다는 의미로 쓰인다. 왜냐하면 같은 표현이 신부인 리브가와 아비가일이 이삭과 다윗이 청혼하러 보낸 사자를 뒤따르는 장면에서 사용되고 있기 때문이다 : "아비가일이 급히 일어나서 나귀를 타고 그를 뒤따르는 처녀 다섯과 함께 다윗의 전령들을 따라가서(הָלַךְ אַחֲרֵי ; 할라크 아하레) 다윗의 아내가 되니

---

62 Hubbard, *The Book of Ruth*, 214; Block, *Judges, Ruth*, 693.

라"(삼상 25:42; 참조 창 24:5, 8, 39). 따라서 "따르다"는 말은 "청혼을 받아들이다"의 의미로 볼 수 있다. 보아스가 "네가 젊은 자를 따르지 아니하였다"는 것은 룻이 빈부를 물론하고 젊은이들의 청혼을 받아들이지 않았다는 의미로 해석하는 것이 학계의 중론이다.

그렇다면 젊은 자들이란 무슨 뜻인가? 젊은 자들(בַּחוּרִים ; 바후림)이란 단어는 "선택하다"는 동사(בָּחַר ; 바하르)의 수동분사이다. 따라서 "선택된 자들"(chosen ones) "최고의 젊은 사람들"(choice young men)이란 의미로서 결혼 적령기의 남자들을 가리키는 단어이다. 시편 148:12을 보면 처녀들과 상응하는 단어로서 노인과 아이들 사이에 끼여 있는 연령층을 가리킨다.

"총각(בַּחוּרִים ; 바후림)과 처녀(בְּתוּלוֹת ; 베툴로트)와 노인(זְקֵנִים ; 즈케님)과 아이들(נְעָרִים ; 네아림)아 여호와의 이름을 찬양할지어다(시 148:12-13)."

이렇게 본다면 얼마든지 룻은 젊은 총각들과 결혼할 수 있었다는 것이다. 보아스가 총각이란 단어를 굳이 선택한 것을 보면 자신의 나이를 염두에 둔 것 같다. 얼마든지 매력적인 젊은 남자들을 놔두고 자신을 선택한 것을 룻의 인애(חֶסֶד ; 헤세드)로 칭찬한다.

어쩌면 룻은 추수 밭에서 만났던 소년들과도 결혼할 수 있었는지 모른다. "부모와 고국을 떠나 이방 땅에서 시어머니를 충성스럽게 섬기는" 룻의 모습에 젊은이들이 끌렸을 가능성도 적지 않다. 룻이 현숙한 여인인 줄 온 성읍 백성이 안다고 보아스가 말한 것을 보면 현숙한 여인으로 알려졌을 가능성이 큼에도 불구하고 나오미는 젊은이들과의 결혼보다는 기업 무를 자인 보아스와의 결혼을 선택한 것이다.

보아스의 말을 들어보면 룻은 당연히 기업 무를 자와 결혼해야만 하는 것은 아니었던 것 같다. 룻은 빈부를 물론하고 젊은이와 결혼하지 않았다는 보아스의 말을 들어보면 얼마든지 젊은 남자들과 결혼할 수 있었다. 보아스의 말을 유추해 보면 룻은 젊은 사람들 중에서 부한 사람과도 할 수 있고 가난한 사람과도 할 수 있었다. 어차피 인생사를 보면 가난해도 얼마든지 사랑 때문에 결혼할 수 있는 것 아닌가! 물론 돈 때문에 결혼할 수도 있다. 젊음의 매력 때문에 젊은이와 결혼할 수도 있는 것 아닌가!

그러나 룻은 그렇게 하지 않았다는 것이 보아스의 핵심 논지가 아닌가! 기업 무를 자와 결혼하여 죽은 남편 말론의 이름으로 기업을 잇고, 시어머니 나오미에게 기업 무를 자를 제공하기 위해 룻은 늙은 보아스를 선택한 것이었다. 따라서 보아스는 이를 룻의 "인애"(חֶסֶד; 헤세드)로 간주하면서, 이전에 시어머니를 이삭을 주워 공양하던 인애(חֶסֶד; 헤세드)보다 보아스와의 결혼을 통해 기업 무를 자를 나오미에게 제공하려는 인애(חֶסֶד; 헤세드)가 더 크다고 칭찬하고 있는 것이다.

룻이 기업 무를 자인 보아스와 결혼하는 것이 "인애"라는 것은 대체 무슨 뜻인가? 이를 알기 위해서 "기업을 무르다"는 "가알"(גָּאַל) 동사와 "인애"라는 "헤세드"(חֶסֶד)가 동시에 사용된 본문을 살펴볼 필요가 있다고 학자들은 생각한다. 그 본문은 출애굽기 15:13이다.

> "주의 인자하심(חֶסֶד; 헤세드)으로 주께서 구속하신(גָּאַל; 가알) 백성을 인도하시되 주의 힘으로 그들을 주의 거룩한 처소에 들어가게 하시나이다."

여호와께서 백성을 구속하시는 힘은 인애(חֶסֶד; 헤세드)이다. 결국 텅 빈 나오미의 삶을 채우려면 기업 무를 자가 필요한데, 이를 위해서는 룻이 보아스와 결혼해야만 했다. 그런데 룻이 빈부를 물론하고 젊은 청년과 결혼하지 않고 기업 무를 자인 나이 든 보아스와 결혼하려면 시어머니에 대한 사랑과 충성이 요구되는 일이었다. 그런데 바로 이런 사랑과 충성이 헤세드(חֶסֶד)인 것이다. 그래서 보아스는 룻의 나중 인애가 처음 인애보다 더 크다고 칭찬한 것이다.

4. 위로하며 약속하는 보아스

4.1 따뜻한 위로: "두려워하지 말라"

보아스는 이어서 룻에게 말한다.

"내 딸아 두려워하지 말라

(וְעַתָּה בִּתִּי אַל־תִּירְאִי ; 웨아타 빗티 알-티르이)."

보아스는 다시 룻을 "내 딸"(בִּתִּי ; 빗티)이라고 부른다. 그리고는 "두려워하지 말라"고 다독인다. 도대체 룻이 두려워할 일이 무엇이 있었을까? 문맥과 이어지는 보아스의 말을 근거로 학자들은 두려움의 이유를 아래와 같이 추론한다.

우선 문맥을 보면, 앞서 말한 대로 타작마당에 밤에 들어와 남자의 발치에 누워 있다가 결혼을 요청했다는 사실이 알려지면 입게 될 수 있는 여러 일들이 두려웠을 것이다. 게다가 보아스가 요청을 수락하면서 네 말대로 다 행하겠다고 위로하는 것을 보면 보아스가 결혼 요청을 거절할까봐 염려했을 것이다. 또한 성읍 백성이 네가 현숙한 여자인 줄 다 안다고 한 것을 보면 앞으로 전개될 일들이 두려웠을 것이다. 허바드 같은 학자는 베들레헴 공동체가 모압 여인이라는 이유로 보아스와의 결혼을 반대할지 모른다는 두려움이 보아스의 결혼 요청 거부보다 더 컸을 것이라고 주장한다.[63]

보아스는 룻에게서 두려움을 제거하려고 애를 쓰고 있다. 어떻게 보면 인생의 가장 큰 장애는 두려움인지 모른다. 룻은 두려움을 이겨내고 타작마당으로 내려섰고, 보아스의 발치에 누웠고, 보아스가 깨자 대담하게 결혼 요청을 하였다. 그러나 방금 살핀 대로 아직도 두려움이 남아 있었을 것이다. 어찌 보면 보아스의 응답을 듣는 가장 결정적인 순간이기에 두려움이 가장 큰 시점이었을 것이다. 이를 눈치 챈 보아스는 "내 딸아 두려워하지 말라"고 위로한다.

10절에서 "여호와에 의해 복을 받기를 원하노라, 내 딸아"라며 여호와의 축복을 빌었던 보아스는 11절에서 "내 딸아 두려워하지 말라"며 격려를 한다. 10-11절을 연결시켜 보면 "내 딸아"(בִּתִּי ; 빗티)가 두 번 반복되며 축복과 인간적 격려가 전체를 감싸고 있다.

---

63 Hubbard, *The Book of Ruth*, 215.

A 여호와께서 네게 복주시기를 원하노라(בְּרוּכָה אַתְּ לַיהוָה ; 베루카 아트 라도나이)

　　　B 내 딸아(בִּתִּי ; 빗티)

　　　B' 이제, 내 딸아(וְעַתָּה בִּתִּי ; 웨아타 빗티)

　　A' 두려워하지 말라(אַל־תִּירְאִי ; 알-티르이)

보아스는 여호와의 축복을 비는 것으로 자신의 임무가 끝났다고 보지 않았다. "이제 내 딸아, 두려워하지 말라"고 인간적으로 격려하고 있다. 하나님의 축복과 인간적인 격려가 룻에게 필요함을 보아스는 잘 알고 있었던 것 같다. 두려워하는 룻의 모습을 안타까워하며 다독이는 다정한 보아스의 모습을 볼 수 있다.

4.2 보아스의 약속 : "네 말대로 다 하리라"

두려워하지 말라고 한 다음 보아스는 그 이유를 설명한다(11중반절).

"내가 네 말대로 네게 다 행하리라
(כֹּל אֲשֶׁר־תֹּאמְרִי אֶעֱשֶׂה־לָּךְ ; 콜 아쎄르-토므리 에에세-라크)."

보아스는 "룻이 말한 대로" 다 행하겠다고 응답하였다. 그렇다면 룻이 보아스에게 무엇이라고 말했는지 살펴보아야 한다. 룻은 "당신의 날개로 당신의 시녀를 덮으소서. 당신은 기업 무를 자이기 때문입니다"라고 하였다. 그렇다면 보아스가 얼마든지 "나는 기업 무를 자로서 내 날개로 너를 덮겠노라"라고 할 수 있었다. 그러나 보아스는 이렇게 콕 집어서 이야기하지 않고 "네가 한 모든 말을 내가 너를 위해 행하리라"(כֹּל אֲשֶׁר־תֹּאמְרִי אֶעֱשֶׂה־לָּךְ ; 콜 아쎄르-토므리 에에세-라크)고 하였다. 그 까닭은 무엇인가?

기업 무를 자로서 보아스가 룻과 결혼하는 일은 사적으로 둘이 합의하면 끝나는 문제가 아니었다. 기업 무름과 연관된 자들의 동의가 있어야 하고, 이를 공동체 앞에서 증인을 세우고 공적으로 처리해야 하는 사회적-언약적 합의 과정을 거쳐야 하기 때문이다. 따라서 이를 뭉뚱그려 보아스는 "네가 한 모든 말을 내가 너를 위해 행하리라"고 한 것으로 학자들은 해석한다.

4.3 내 백성의 "문"과 현숙한 여자의 관계

이제 보아스는 룻의 마지막 두려움을 해소하려고 애를 쓰고 있다(11하반절).

"나의 성읍 백성이 다 아느니라
(כִּי יוֹדֵעַ כָּל־שַׁעַר עַמִּי ; 키 요데아 콜-샤아르 암미)
네가 현숙한 여자인 줄을
(כִּי אֵשֶׁת חַיִל אָתְּ ; 키 에셰트 하일 아트)."

보아스는 "나의 백성의 모든 문"(כָּל־שַׁעַר עַמִּי ; 콜-샤아르 암미)이 룻이 현숙한 여자인 줄을 안다고 하였다. 이것이 어떻게 위로가 될 수 있을까? 우선 우리는 이 말을 문자적으로 이해하면 곤란하다. 어떻게 룻이 현숙한 여자인 줄 무생물인 "문"(שַׁעַר ; 샤아르) 이 알 수 있겠는가?

보아스의 말을 제대로 알기 위해서는 문(שַׁעַר ; 샤아르)이 한 도시나 마을을 대표하는 제유적 용법으로 사용되었다는 점을 주목해야 한다. 어떤 의미에서 제유적 용법인지 알려면 이스라엘의 삶 가운데 문(שַׁעַר ; 샤아르)이 차지하는 위치를 알아야 한다.[64]

우리가 다 알다시피 고대 이스라엘에서 성문은 일반 백성들의 삶의 중심이었다. 왜냐하면 종교적, 법적, 행정적, 사회적, 경제적 행위들이 주로 성문에서 이루어졌기 때문이다. 성문 앞의 넓은 타작마당은 백성들이 회집하기 좋은 장소를 제공했다. 선지자들이 이곳에서 백성들에게 하나님의 메시지를 전달했을 뿐 아니라(왕하 7:1; 렘 17:19-20, 36:10) 에스라가 율법을 읽고 백성들에게 설명한 장소도 바로 성문 앞에서였다(느 8:1, 3).

게다가 성문이 시장의 역할을 하였고(왕하 7:1), 왕과 신하들이 앉아서 재판을 베

---

[64] 아래의 논의는 김지찬, 『언어의 직공이 되라』 200-202에서 가져온 것이다.

풀기도 하였다 : "이스라엘의 왕과 유다의 왕 여호사밧 왕이 왕복을 입고 사마리아 성문 어귀 광장에서 각기 왕좌에 앉아 있고 모든 선지자가 그들의 앞에서 예언을 하고 있는데"(왕상 22:10). 룻기 4장에서는 보아스가 성문으로 올라가서 성문에 모인 백성들과 장로들 앞에서 기업 무를 자와 함께 누가 룻과 결혼하여 기업을 무를 것인지를 놓고 법적인 논의를 했다(룻 4:1, 11). 결국 여기서 성문이란 베들레헴 시의 사법적-행정적 대표단을 가리키는 용법으로 쓰이고 있다.

이것은 신명기에서 문(שַׁעַר ; 샤아르)이 한 도시나 마을을 다스리는 대표자 모임을 가리키고 있는 것과 마찬가지이다. 왜냐하면 대표자들이 "네 문 안에 있는" 객이나 "네 성문 안에 거하는 레위인"이나 "네 성문 안에 거하는 객과 및 고아와 과부들"을 돌보는 책임이 있는 존재로 묘사되고 있기 때문이다(신 5:14, 12:12, 14:21, 27-29 등; 한글개역개정은 "성중"이라고 의역하기도 함).

그렇다면 성문(שַׁעַר ; 샤아르)이란 한 도시나 마을을 대표하는 제유적 용법으로 자주 쓰이는 것이다. 따라서 한글개역개정이 "나의 백성의 모든 문"을 "나의 성읍 백성"으로 의역하여 번역한 것은 대중용 성경으로 나름 적절한 번역이라고 할 수 있다. 그러나 설교자는 성경 원문을 들여다보며 문자적으로 이해하는 것이 중요하다. 그렇다면 문자적 의미는 무엇인가? 성경 기자가 의도한 의미가 문자적 의미이다.

그렇다면 여기서 "성문"(שַׁעַר ; 샤아르)의 문자적 의미는 "제유법으로 쓰인 성문"이다. 성경 기자가 제유법으로 사용하였기 때문이다. 따라서 성문을 제유법으로 이해한 후에, 왜 제유법이 쓰였는지 살피고 나서 성문을 백성으로 해석하는 것과, 내용 파악을 우선으로 하여 그냥 성읍 백성이라고 해석하는 것은 천양지차이다.

자, 그렇다면 성문을 제유법으로 사용한 성경 기자의 의도는 무엇일까? 우선 보아스가 이제 처리하려는 일은 "성문"(שַׁעַר ; 샤아르)에서 이루어지는 일임을 주목해야 한다. 따라서 백성들의 문이 룻을 어떻게 아는지가 중요하다. 백성들의 문이 룻을 현숙한 여인으로 안다면 일이 순조롭게 진행되겠지만, 백성들의 문이 룻을 창기짓을 하려는 여인으로 안다면 일이 꼬일 것이 분명하기 때문이다.

게다가 기업 무르는 일은 "말론의 아내 모압 여인 룻을 사서 내 아내로 맞이하고 그 죽은 자의 기업을 그의 이름으로 세워 그의 이름이 그의 형제 중과 그 곳 성문(שַׁעַר ; 샤아르)에서 끊어지지 아니하게"(룻 4:10) 하는 일이었다. 이렇게 성문이란 단어는 단순히 법적 절차가 이루어지는 장소가 아니라 "기업 무름의 제도"가 담고 있는 핵심 가치가 응축되어 있는 일종의 암호, 코드인 것이다.

따라서 성읍 백성이라고 해도 될 것을 일부러 "나의 백성의 모든 문"이 룻이 현숙한 여인(אֵשֶׁת חַיִל ; 에세트 하일)인지를 다 안다고 한 것이다. 우리는 이제야 보아스의 말이 왜 룻에게 위로가 되는지를 이해할 수 있다. "나의 백성의 모든 문"(שַׁעַר ; 샤아르)이란 제유법이 기업 무름의 모든 가치와 진행 과정을 단번에 드러내는 암호이기 때문이다.

4.4 "문자적 의미"란 성경 기자가 의도한 의미

이렇게 성경 본문을 해석하는 1차적 원리는 "문자적 해석"(literal interpretation)이다. "문자적 해석"이란 성경 기자의 의도와 상관 없이 자구에 매인 "자구적 해석"(letterism)이 아니다. 성경 기자가 성문을 어떤 의도로 어떤 문예장치로 사용했는지를 묻지 않고 그냥 물리적인 성문으로 해석하는 것이 바로 자구적 해석이다.

문자적 해석이란 성경 기자의 의도대로 해석하는 것이다. 성경 기자가 성문을 제유적 용법으로 사용하였다면, 독자나 해석자가 성문을 제유적 용법으로 해석하는 것이 문자적 해석이다. 여기서 문은 제유법으로, 다시 말해 "비유적 의미"로 사용되었다. 따라서 문을 단순히 물리적 문으로 해석하는 것은 문자적 해석이 아니라 자구적 해석이다. 문을 제유법으로 이해하는 것이 문자적 해석이다. 다시 말해 저자가 비유적 의미로 사용했다면 비유적 의미로 해석하는 것이 바로 문자적 해석이라는 말이다.

앞서 살핀 대로 "문"을 사용하지 않고 그냥 백성이라고 풀어서 설명하면 기업 무름의 가치와 과정을 잘 드러낼 수 없다. 모든 절차가 성문에서 이루어질 뿐 아니라 죽은 자의 이름이 성문에서 끊어지지 않게 하기 위한 제도가 바로 기업 무름 제도라고 한다면 "문"(שַׁעַר ; 샤아르)이란 제유법이 아니고는 핵심적으로 기업 무름의 가치와 과정을 드러내기 어렵다. 따라서 성경 기자는 "문"이란 제유법을 사용한 것이다. 이 점을 성경을 읽는 독자나 성경을 해석하는 설교자가 유념해야 한다.

5. 유력한(현숙한) 여인이란?

5.1 유력한/현숙한 여인의 사전적 의미

보아스는 베들레헴 백성의 모든 문이 룻이 현숙한 여인인 줄 안다고 하였다. 그렇다면 도대체 "현숙한 여인"(אֵשֶׁת חַיִל ; 에셰트 하일)이란 무슨 의미인가?

우선 우리는 앞서 보아스를 성격 묘사하면서 "유력한 자"(אִישׁ גִּבּוֹר חַיִל ; 잇쉬 끼뽀르 하일)라고 하였음을 주목해야 한다. 왜냐하면 "유력한 자"(אִישׁ גִּבּוֹר חַיִל ; 잇쉬 끼뽀르 하일)와 "현숙한 여인"(אֵשֶׁת חַיִל ; 에셰트 하일)은 남자와 여자로 대조되면서도 "하일"(חַיִל)이란 요소가 공통으로 쓰이고 있기 때문이다. 이 두 단어가 서로 대조되고 평행하는 용어라면 보아스를 "유력한 남자"라고 했다면 룻도 "유력한 여자"라고 번역하는 것이 좋아 보인다. 그러나 유력한 여자라는 용어가 한글어법상 과연 에셰트 하일의 의미를 잘 드러낼지에 대해서는 의문이다. 그런데 한글개역개정은 남자는 유력한 자로 번역하고 여자는 현숙한 여인으로 번역하는 바람에 대조와 평행이 사라지고 말았다. 따라서 우리는 이 두 단어를 대조와 평행이 드러나도록 어떻게 번역하는 것이 좋을지 살펴보도록 하자.

우선 그러려면 "하일"(חַיִל)이란 단어의 의미부터 살펴보아야 한다. 이 단어의 사전적 의미는 힘(strength), 능력(ability), 가치(worthy), 부(wealth), 군대(army)임을 어떤 히브리어 사전(예를 들어, BDB; Gesenius)을 보아도 금방 알 수 있다. 학자들은 "하일"(חַיִל)의 원래 의미는 "군사적 힘"인데, 이런 의미가 확장되어 경제적 힘, 도덕적 힘, 가치적 힘을 가리키는 것으로 외연이 확장되었다고 본다. 따라서 "하일"(חַיִל)의 기본적 의미는 "힘"으로 보는 것이 학계의 중론이다.[65]

따라서 이 단어는 보통 남성 명사들, 즉 남자, 아들, 용사란 단어들과 연결되어 복합명사(히브리어 문법에서는 연계형 명사라고 한다)로 많이 사용된다. 예를 들어, 남자와 연결되면 "유능한 남자들"(אַנְשֵׁי חַיִל ; 안셰 하일), 아들과 연결되면 "용기있는 자들/아들들(בְּנֵי חַיִל ; 브네 하일)", 용사와 연결되면 보아스를 가리키는 표현이었던 "유력

---

[65] 김유기, "잠언 31장 10절 '에셰트 하일'의 의미," 『장신논단』 40 (2011), 123-126.

한 자"(אִישׁ גִּבּוֹר חַיִל ; 잇쉬 끼뽀르 하일)란 의미가 된다. 반면에 여성의 경우에는 "여자/아내"를 가리키는 명사와만 연결되어(אֵשֶׁת חַיִל ; 에셰트 하일) 사용되었는데 구약에서는 오직 3번만 사용되었다(룻 3:11; 잠 12:4, 31:10).[66]

우선 잠언 12:4은 "에셰트 하일"(אֵשֶׁת חַיִל)을 남편의 면류관으로 묘사하며 남편에게 "욕을 끼치는 여인"과 대조시킨다 : "어진 여인(חַיִל אֵשֶׁת ; 에셰트 하일)은 그 지아비의 면류관이나 욕을 끼치는 여인은 그 지아비의 뼈가 썩음 같게 하느니라." 여기서 김유기는 에셰트 하일은 단순히 "개인적 성품"이라기보다는 "여자의 행동이 남편에게 미치는 영향력"을 가리키는 용어이며, 그 영향력도 "아내가 남편의 생각이나 행동에 미치는 직접적인 영향력이 아니라 공동체 안에서 이 여자가 받는 칭찬이나 비난"으로서 남편에게 미치는 간접적인 영향력을 가리킨다고 보아야 한다고 지적한다.[67] 에셰트 하일은 개인적 품성이나 덕목보다는 공동체 안에서의 인정을 보여주는 용어임이 분명하다.

5.2 공동체의 인정이 중요

에셰트 하일(אֵשֶׁת חַיִל)이 공동체 안에서 인정을 받는 것과 연관되었다는 사실은 에셰트 하일과 성문이 동시에 언급되는 룻기 3:11과 잠언 31:23, 31에서도 확인된다.

"그리고 이제 내 딸아 두려워하지 말라 내가 네 말대로 네게 다 행하리라 네가 현숙한 여자인 줄을 나의 백성의 모든 문(שַׁעַר ; 샤아르)이 다 아느니라(룻 3:11)."

"그의 남편은 그 땅의 장로들과 함께 성문(שַׁעַר ; 샤아르)에 앉으며 사람들의 인정을 받으며(잠 31:23)."

"그 손의 열매가 그에게로 돌아갈 것이요 그 행한 일로 말미암아 성문(שַׁעַר ; 샤아르)에서 칭찬을 받으리라(잠 31:31)."

---

66 김유기, "잠언 31장 10절 '에셰트 하일'의 의미", 125–126.
67 김유기, "잠언 31장 10절 '에셰트 하일'의 의미", 128.

흥미롭게도 "에셰트 하일"(חַיִל אֵשֶׁת)이란 용어는 이렇게 "성문"(שַׁעַר ; 샤아르)이란 개념과 연결되어 있다. 에셰트 하일은 남편을 장로들과 함께 성문에 앉아 사람들의 인정을 받게 할 뿐 아니라 본인 스스로도 그 행한 일로 성문에서 칭찬을 받게 된다는 것이다. 이렇게 본다면 에셰트 하일은 "남편을 존귀케 하는 여인", "그가 하는 일로 말미암아 공적으로 인정된 여인"을 가리킨다.

5.3 성문과 현숙한 여인의 관계

앞서 "나의 백성의 모든 문(שַׁעַר ; 샤아르)"이란 제유법이 기업 무를의 모든 가치와 진행 과정을 단번에 드러내는 암호인 것을 살펴보았다. 그런데 성문(שַׁעַר ; 샤아르)이란 개념은 에셰트 하일(חַיִל אֵשֶׁת ; 현숙한 여인)의 핵심 개념이 무엇인지도 잘 보여준다. 김유기의 말을 들어보자.

> 성문이 성에 살고 있는 모든 백성을 가리키든 재판과 관련된 지도층 인사들만을 가리키든 "에셰트 하일"이란 표현이 공동체의 인정과 관련되는 것은 분명하다. 보아스는 지역 공동체가 룻을 "에셰트 하일"로 인정한다는 사실을 말하고 있으며 잠언 31장은 저자가 성문에 모인 사람들에게 여자의 행위를 칭송하라고 권고하면서 마무리된다. … 즉 보아스가 룻의 요청을 받아들이는 이유는 공동체 구성원이 다 알 듯이 룻이 "에셰트 하일"이기 때문이란 것이다. 룻이 "에셰트 하일"이기 때문에 보아스가 이방인 룻을 아내로 맞이하는 데에 아무런 문제가 없음을 시사하는 것이다.[68]

그렇다면 어떤 점에서 "에셰트 하일"(חַיִל אֵשֶׁת ; 현숙한 여인)은 공동체의 인정을 받는 여인인가? 학자들은 잠언 31:11-31이 그 단서를 제공한다고 본다. 김유기는 잠언 31장은 다양한 동사로 "에셰트 하일"을 묘사하면서 "가정과 공동체를 위해 분투하는" 여성을 그리고 있다고 본다.[69] 김유기는 여러 학자들의 논의를 근거로 잠언 31장의 "에셰트 하일"의 모습을 아래와 같이 요약한다.

---

68 김유기, "잠언 31장 10절 '에셰트 하일'의 의미", 128.
69 김유기, "잠언 31장 10절 '에셰트 하일'의 의미", 138.

(1) 산업이 핍절하지 아니함 : "삶이라는 전장에서 가족을 위해 싸워 이기고 탈취한 물건을 가지고 돌아오는 여성의 이미지"(31:11).
(2) 음식을 나누어 주며 일을 맡김 : "먹이를 사냥하여 새끼들에게 먹이는 암사자"의 이미지(31:15).
(3) 허리와 팔로 힘을 보여줌 : "스스로 모든 일을 지휘하는" 이미지(31:17).
(4) 미래를 준비하는 용기 : "미리 준비함으로 용기 있게 추위를 맞이하며" "적을 조롱하는 정복자"의 이미지(31:21, 25).[70]

이런 논의를 근거로 김유기는 "에셰트 하일"(אֵשֶׁת חַיִל)이란 "모종의 힘이나 능력을 갖고 있으면서" "공동체와 가정에 좋은 영향을 끼치며 인정받고" "적극적으로 가정과 공동체를 위해 분투하는 여자"로 본다. 그리고 한글 번역어로는 "훌륭한 아내", "어진 아내", "현숙한 여인"보다는 문자적이긴 하지만 "유능한 아내"로 번역하는 것이 좋다고 본다. 필자는 이에 동의하면서 한글개역개정이 룻기 2:1에서 보아스를 "유력한 자"로 번역하였기에 서로 대칭되도록 하기 위해 룻을 "유력한 여인"으로 번역하는 것이 더 적절하다고 본다. 보아스가 룻을 유력한 여자로 지칭한 것은 내레이터가 보아스를 유력자로 지칭한 것과 정확히 상응하기 때문이다.[71] 그러나 그동안의 전통을 감안하여 "현숙한"을 괄호 안에 넣어 "유력한(현숙한) 여인"으로 칭하려고 한다.

5.4 잠언 31장과 유력한(현숙한) 여인

그렇다면 도대체 룻이 잠언 31장이 언급하고 있는 유력한(현숙한) 여인인가? 룻은 앞서 살펴본 대로 보아스와 결혼하여 안정된 가정을 얻고 후손을 낳아 나오미의

---

70 김유기, "잠언 31장 10절 '에셰트 하일'의 의미", 131-134.
71 사쏜(Sasson)은 현숙한 여인은 룻의 사회적 위치를 가리키는 것으로 보면서, 저명한 인사 말론과 결혼하였기에 이런 지위를 얻은 것으로 본다. 그 근거로 잠언 31:10에 나오는 저명한 인사의 다재다능한 아내로서 "현숙한 여인"을 든다(Sasson, Ruth, 87-88). 어떤 이들은 룻이 원래 명문 가문 출신이었을 가능성을 상정한다. 물론 탈굼(1:4)처럼 모압 왕 에글론의 딸로 보는 것은 아니다. 그랬다면 성경이 이를 기록했을 것이다. 그러나 룻기의 인격적 특질을 강조하는 룻기 전체의 관심을 통해서 볼 때 이 어구는 룻의 인격적 자질을 강조하는 것이 분명하다(Campbell, 125; contra Sasson, 87-88).

기업 무를 자를 제공하려고 애쓴 점에서 "가정과 공동체를 위해 분투하는" 여인으로 잠언 31장의 유력한(현숙한) 여인의 모습을 보이고 있다. 그런데 놀랍게도 잠언 31장의 유력한(현숙한) 여인이 헤세드(חֶסֶד)를 드러낸 점에서도 룻을 얼마든지 "유력한(현숙한) 여인"으로 칭찬할 수 있다.

"그가 이르되 내 딸아 여호와께서 네게 복주시기를 원하노라 네가 가난하건 부하건 젊은 자를 따르지 아니하였으니 네가 베푼 인애(חֶסֶד ; 헤세드)가 처음보다 나중이 더하도다(룻 3:10)."

"입을 열어 지혜를 베풀며 그의 혀로 인애(חֶסֶד ; 헤세드)의 법을 말하며(잠 31:26)."

김유기의 말을 들어보자.

잠언 31장 26절에 나오는 "헤세드"는 여자의 활동을 직접적으로 묘사하지 않고 여자의 가르침과 관련된다. 그러나 룻의 활동과 마찬가지로 "에셰트 하일"의 활동 역시 남편, 자녀, 집안 사람 및 가난한 사람을 성실하게 섬긴다는 점에서 "헤세드"가 이런 여자의 삶의 모습을 간접적으로 가리킨다고 볼 수 있다.[72]

보아스가 룻의 결혼 요청을 받아들인 이유는 룻이 유력한(현숙한) 여인이기 때문이었다. 잠언 31:10은 유력한(현숙한) 여인을 진주보다 귀한 존재로 간주한다 : "누가 현숙한 여인(אֵשֶׁת חַיִל ; 에셰트 하일)을 찾아 얻겠느냐 그의 값은 진주보다 더하니라."

5.5 보아스가 룻을 부르는 호칭의 진전

우리는 여기서 보아스가 룻을 부르는 호칭에도 일종의 진전이 있음을 주목해야

---

[72] 김유기, "잠언 31장 10절 '에셰트 하일'의 의미", 129–130.

한다. 보아스가 룻을 처음 보았을 때는, "소녀"(נַעֲרָה ; 나아라; 2:5)라는 중립적 명칭을 사용하였다 : "이는 누구에게 속한 소녀인가?" 룻은 처음에는 다른 사람에게 속한 "소녀"에 불과하였다. 그러나 룻이 누구인지를 알고는 룻을 "내 딸"(בִּתִּי ; 빗티)이라고 부른다(2:8). "딸"(בַּת ; 바트)이란 자신이 상위자임을 드러내지만, 그래도 주종 관계가 아니라 가족 관계를 나타내는 용어이다. 이제 룻은 보아스의 가족(언약 가족, 영적 가족) 안에 들어오게 된 것이다. 따라서 추수 밭에서 가족에게 베푸는 은혜와 배려를 보아스가 룻에게 허락한 것이다.

마지막으로 타작마당에서는 룻을 유력한(현숙한) 여인(אֵשֶׁת חַיִל ; 에셰트 하일)이라고 부른다(3:11). "소녀"에서 "딸"로 그리고 "유력한(현숙한) 여인"으로 호칭이 바뀌면서 보아스가 룻을 바라보는 관점이 바뀌고 있음을 드러낸다. 특별히 유력한(현숙한) 여인(אֵשֶׁת חַיִל ; 에셰트 하일)이란 호칭을 우리는 주목해야 한다. 성경 기자가 2:1에서 보아스를 유력한 자(אִישׁ גִּבּוֹר חַיִל ; 잇쉬 끼뽀르 하일)라고 한 것을 염두에 두면, 보아스는 유력한(현숙한) 여인(אֵשֶׁת חַיִל ; 에셰트 하일)이란 표현을 통해서 룻을 자신과 같은 위치로 격상시키고 있는 것으로 볼 수 있다. 룻이 이방 여인이나 시녀와 같은 낮은 위치에서 유력한(현숙한) 여인으로서 유력한 남자인 보아스와 동등한 자격자로 간주되고 있는 것이다.

6. 참으로 나는 기업 무를 자라

6.1 기업 무를 자인 것은 사실

이제 보아스가 룻을 유력한(현숙한) 여인으로 인식하고 있기에, 룻과 보아스의 결혼의 가능성은 한층 더 높아졌다. 이에 독자들은 타작마당에서 높아진 긴장이 해소될 것 같은 느낌을 갖게 된다. 아마 룻도 마찬가지 느낌이었을 것이다. 그런데 이어지는 보아스의 말은 새로운 갈등 요소를 도입한다.

"참으로 나는 네 기업 무를 자나

(וְעַתָּה כִּי אָמְנָם כִּי אִם גֹאֵל אָנֹכִי ; 웨아타 키 오므남 키 [임] 고엘 아노키).”

보아스는 먼저 자신이 "기업 무를 자"(고엘)임을 분명히 밝힌다. 그런데 "참으로 나는 네 기업 무를 자나"(וְעַתָּה כִּי אָמְנָם כִּי אִם גֹאֵל אָנֹכִי ; 웨아타 키 오므남 키 [임] 고엘 아노키)라는 첫 문장이 반복적이고 군더더기가 많아 보인다. 상세히 들여다보면 "그리고 이제"(עַתָּה ; 아타)란 첫 단어와 "나는 고엘이다"(גֹאֵל אָנֹכִי ; 고엘 아노키)라는 마지막 두 단어를 제외하고 나머지 네 개의 단어(כִּי אָמְנָם כִּי אִם ; 키 오므남 키 [임])는 중복적으로 느껴진다는 것이 학자들의 중론이다. 그렇다면 이런 중복은 어디에서 기인한 것인가?

첫째, 중세의 맛소라 학자들은 본문이 중복 필사의 오류가 있다고 보고, "임"(אִם)을 제거한다. 둘째, 최근에 일부 학자들은 보아스가 당황해서 말을 더듬고 있는 것으로 해석하기도 한다. "그러니까 이제 정말로, 참으로, 응 그러니까 내가 기업 무를 자는 맞는데"라는 식으로 더듬고 있다는 것이다. 그러나 필자는 밤중에 찾아와 결혼 요청을 하는 자매에게 나보다 더 가까운 고엘이 있다는 이야기를 하는 것이 무안하여 더듬었을 것이라는 생각이 든다.

6.2 그러나 더 가까운 친족이 있으니

어찌되었든 자신이 기업 무를 자인 것은 분명하지만 문제가 있다고 말한다.

"기업 무를 자로서 나보다 더 가까운 사람이 있으니
(וְגַם יֵשׁ גֹאֵל קָרוֹב מִמֶּנִּי ; 웨감 에쉬 고엘 카로브 밈멘니)."

보아스의 말의 핵심은 자신이 분명히 기업 무를 자이지만 자신보다 더 가까운 친족이 있기에 그에게 기업 무를 권리와 기회를 주어야 한다는 것이다. 언뜻 보면 기업 무르는 일이 책임지는 일이기에 혹시 보아스가 책임을 떠넘기려고 하는 것이 아니냐고 오해할 수 있다. 그러나 하나님의 백성들은 "종 됨"이나 "재산 상실"이나 "땅의 소실" 같은 악 가운데서 형제를 건져내는 일을 권리이자 특혜로 여겨야 했다.

그렇게 본다면 기업 무름은 하나님의 백성답게 살 수 있는 권리요 기회인 것이다. 따라서 보아스는 자기보다 가까운 고엘에게 하나님의 백성답게 살 수 있는 특권인 기업 무를 기회를 주어야 한다는 것이다.

이런 점에서 보아스는 정말 유력자(אִישׁ גִּבּוֹר חַיִל; 잇쉬 끼뽀르 하일)였다. 그는 상황을 이용하여 자신의 이익과 특권만을 생각하지 않았다. 보아스는 자기보다 더 가까운 기업 무를 자가 있음을 알리고 그에게 우선권을 주어야 한다고 믿는 사람이었다. 이런 점에서 보아스는 모든 일을 책임 있게, 그리고 의롭게 처리하는 유력한 사람이었다.

6.3 기업 무름의 순서

그렇다면 고엘의 순서는 어떻게 되는가? 정확히 어떤 순서인지 룻기가 언급하지 않지만 종이 된 형제를 기업 무르는 순서가 담긴 레위기 25:48-49과 죽은 형제의 기업을 무르는 순서가 담긴 민수기 27:8-11을 보면 어느 정도 유추가 가능하다.

(1) 형제 중 하나 ⇒ 삼촌 ⇒ 삼촌의 아들 ⇒ 가족 중 살붙이 :
"그가 팔린 후에 그에게는 속량받을 권리가 있나니 그의 형제 중 하나가 그를 속량하거나 또는 그의 삼촌이나 그의 삼촌의 아들이 그를 속량하거나 그의 가족 중 그의 살붙이 중에서 그를 속량할 것이요 그가 부유하게 되면 스스로 속량하되(레 25:48-49)."

(2) 딸 ⇒ 형제 ⇒ 아버지의 형제 ⇒ 가장 가까운 친족
"너는 이스라엘 자손에게 말하여 이르기를 사람이 죽고 아들이 없으면 그의 기업을 그의 딸에게 돌릴 것이요 딸도 없으면 그의 기업을 그의 형제에게 줄 것이요 형제도 없으면 그의 기업을 그의 아버지의 형제에게 줄 것이요 그의 아버지의 형제도 없으면 그의 기업을 가장 가까운 친족에게 주어 받게 할지니라 하고 나 여호와가 너 모세에게 명령한 대로 이스라엘 자손에게 판결의 규례가 되게 할지니라(민 27:8-11)."

위의 본문을 보면 기업 무를 때에는 "딸 ⇒ 형제 ⇒ 아버지의 형제(삼촌) ⇒ 삼촌의 아들 ⇒ 가장 가까운 친족"의 순서였을 것으로 보인다.

룻기 4장을 보면 보아스가 실제로 기업 무르는 과정을 거치면서 고엘과 나눈 대화를 보면 "엘리멜렉의 소유지를 파는" 문제로 접근한다. 그런데 엘리멜렉의 아들 둘이 다 죽었고 딸도 없었기 때문에 아마도 순서는 "그의 아버지의 형제"(אֲחִי אָבִיו ; 아헤 아비우)가 먼저이고 그 다음이 "가장 가까운 친족"(שְׁאֵרוֹ הַקָּרֹב אֵלָיו ; 쉐에로 핫카롭 엘라우)의 순서였을 것이다. 그러다 보니 유대 전승은 보아스가 말한 더 가까운 고엘은 엘리멜렉의 형제였을 것이라고 본다.

그러나 성경 본문은 이에 대해 어떤 단서나 암시도 없다. 오히려 보아스가 나보다 더 "가까운" 사람이라고 했을 때 민수기 본문과 같은 단어인 "카로브"(קָרוֹב)란 단어를 사용하고 있기 때문에 고엘과 보아스는 "가장 가까운 친족"(שְׁאֵרוֹ הַקָּרֹב אֵלָיו ; 쉐에로 핫카로브 엘라우) 안에 속한 자들인 것 같다.

학자들은 나오미와 룻이 보아스보다 더 가까운 기업 무를 자가 존재하고 있음을 알았을까, 몰랐을까에 대해 논란을 벌이고 있다. 더 가까운 고엘이 있다는 것을 알았다면 왜 굳이 보아스에게 갔을까? 나오미는 정말 기업 무를 자가 누구인지, 순서가 어떻게 되는지 정말 몰랐을까?

이런 질문들에 대해 정확하게 근거를 가지고 답을 하기는 어렵다. 어찌되었든 독자들은 전혀 예상치 못했던 돌발 변수에 긴장감이 생기지 않을 수 없다. 보아스와 룻의 결혼을 방해하는 가장 큰 변수가 생겼기 때문이다. 이 변수는 보아스의 뜻도 아니고, 베들레헴 공동체의 반대도 아니었다. 그것은 다름 아닌 보아스보다 더 가까운 고엘의 존재였다. 따라서 내러티브 안에 새로운 긴장이 들어오게 되었다.

6.4 여기서 머무르라

혹시 보아스는 기업 무를 자에게 모든 책임을 떠넘기려고 하는 것은 아닐까? 기업 무를 자가 자기가 기업 무르겠다고 하면 어떻게 되는 것인가? 보아스와 룻의 결혼은 허사가 되는 것인가? 이런 질문을 룻도 가졌을 것이다. 이에 보아스는 단지 자기보다 가까운 기업 무를 자가 있다는 사실을 알리고 그에게 모든 것을 떠넘기려는 것이 목적이 아님을 밝히기 시작한다.

우선 보아스는 시급한 것부터 이야기한다.

"이 밤에 여기서 머무르라(לִינִי הַלַּיְלָה ; 리니 할라옐라)."

밤에 타작마당에 머물라고 한 이유는 무엇인가? 보아스는 그 이유를 바로 밝히지는 않는다. 그러나 후에 내레이터가 14절에서 "여인이 타작마당에 들어온 것을 사람이 알지 못하도록" 하라고 보아스가 말했다고 간접 인용한다.

따라서 학자들은 보아스가 "이 밤에 여기서 머무르라"고 한 이유를 다음과 같이 추론한다. 밤중에 타작마당 부근을 돌아다니다 사람들 눈에 띄면 의심을 살 수 있었을 것이다. 혹시라도 소문이 잘못 나면 룻이 창기 짓을 했다는 오명을 쓸 수 있었을 것이다. 또한 기업 무르는 일은 공적으로 성문에서 처리될 일이기 때문에 밤중에 사적으로 밀실 합의가 있었다고 하면 보아스가 룻을 기업 무르는 일이 무산될 가능성도 있었을 것이다. 조용히 타작마당에 머무르다가 "사람이 서로 알아보기 어려울 때에" 떠나는 것이 더 지혜롭기 때문에 보아스는 타작마당에 머무르라고 했을 것이다.

이런 이유 외에도 밤중에 돌아다니는 것은 여자에게는 위험한 일이었다. 아가서를 보면 술람미 여인이 밤중에 나갔다가 순찰하는 이들에게 폭행을 당한 일이 있었던 것을 보면 얼마든지 이를 추론할 수 있다.

"내가 내 사랑하는 자를 위하여 문을 열었으나 그는 벌써 물러갔네 그가 말할 때에 내 혼이 나갔구나 내가 그를 찾아도 못 만났고 불러도 응답이 없었노라 성 안을 순찰하는 자들이 나를 만나매 나를 쳐서 상하게 하였고 성벽을 파수하는 자들이 나의 겉옷을 벗겨 가졌도다(아 5:6-7)."

어쩌면 밤중에 당할 수 있는 낯선 이들의 물리적 위협으로부터 룻을 보호하려는 의도도 있었을 것이다. 따라서 타작마당에 남으라고 조언한 것이라고 학자들은 해석한다.

그러나 "밤에 타작마당에 남아 있으라"는 말이 불필요한 오해를 살 수 있기에 보아스는 "머무르다"는 동사 "룬"(לין)을 사용한다. "눕다"는 동사를 잘못 사용하면 성적인 함축이 드러날 수 있기에 그냥 "밤을 지내다"는 의미의 동사를 사용한 것이다. 흥미롭게도 이 동사는 룻이 나오미에게 맹세할 때 사용한 단어였다 : "어머니께서 가시는 곳에 나도 가고 어머니께서 머무시는(לין) 곳에서 나도 머물겠나이다(לין)"(룻 1:16). 어디에 머물든지 시어머니가 머무는 곳에 머물겠다던 룻은 이제 보아스로부터 "이 밤에 여기서 머무르라"는 초청을 받는다. 룻이 보아스의 타작마당에 머무르는 것은 어머니가 머무는 곳에 룻이 머물겠다고 한 룻의 약속이 마지막으로 성취되는 통로는 아닐까? 독자들은 동일 단어의 반복으로 그런 기대를 갖게 된다.

6.5 아침에 해야 할 일

한편 룻은 "밤"에 타작마당에 머무르고 나면 무슨 일이 일어날 것인지 궁금했을 것이다. 이에 보아스가 이어서 어떤 계획을 가지고 있는지 언급한다.

"아침에 그가 당신을 기업 무르겠다고 한다면
(וְהָיָה בַבֹּקֶר אִם־יִגְאָלֵךְ ; 웨하야 바보케르 임-이그알레크)
그가 기업 무르는 것이 좋고
(טוֹב יִגְאָל ; 토브 이그알)
만일 그가 당신을 기업 무르기를 기뻐하지 아니하면
(וְאִם־לֹא יַחְפֹּץ לְגָאֳלֵךְ ; 웨임-로 야흐포츠 르고알레크)
여호와께서 살아 계심을 두고 맹세하노니 내가 당신을 기업 무르리라
(וּגְאַלְתִּיךְ אָנֹכִי חַי־יְהוָה ; 우그알티크 아노키 하이-아도나이)."

"밤"에 타작마당에 머무르기만 하면, 누가 기업을 무를지는 "아침에" 결정나게 될 것이라는 것이다. 기업 무르는 문제는 "밤"에 해결하는 문제가 아니다. 기업 무르는 일은 "아침"에 해결하는 문제이다. 많은 사람들이 "아침"에 해야 할 일을 "밤"에 해결하려고 한다. 그러나 보아스는 밤에 해결해야 할 일과 아침에 해야 할 일을 구분

할 줄 아는 사람이었다.

그렇다면 아침에 무슨 일이 일어날 것인가? 보아스는 "아침에" 일어날 수 있는 예상 시나리오를 밝힌다. 만일 더 가까운 고엘이 기업을 무르겠다고 한다면, 그가 기업을 무르는 것이 좋다는 것이다. 그러나 만일 그가 기업 무르기를 기뻐하지 않으면 그때는 자신이 무르겠다고 선언한다. 그것도 여호와께서 살아 계심을 걸고 맹세하겠다는 것이다.

6.6 "룻을 기업 무른다"는 말의 의미

그런데 여기서 특이한 것은 "기업 무르다/구속하다"는 동사 가알(גאל)을 네 번 반복하는데 목적격이 "너를"이라는 점이다. 룻을 기업 무르는 것은 무엇을 의미하는가? 분명히 룻은 결혼 요청을 한 것인데, 왜 보아스는 "룻을 기업 무르겠다"고 하는 것일까?

학자들은 보아스의 말을 이해하는 데 어려움을 토로한다. 모세 율법에 의하면 기업 무르는 것은 몸이 팔렸거나, 땅이 다른 사람의 손에 넘어갔거나, 무고하게 피를 흘리고 죽었을 때에만 해당되는 것이다. 룻이 몸이 팔려 종이 된 것도 아니고 룻의 땅이 다른 사람의 손에 넘어간 것도 아니고 룻이 무고하게 죽임을 당한 것도 아닌데 왜 룻을 기업 무르겠다고 하는지 알 수 없다는 것이다. 룻기 4장에 보면 엘리멜렉의 땅을 기업 무르라고 보아스가 더 가까운 친척에게 제안한다.

"모압 지방에서 돌아온 나오미가 우리 형제 엘리멜렉의 소유지를 팔려 하므로 내가 여기 앉은 이들과 내 백성의 장로들 앞에서 그것을 사라고 네게 말하여 알게 하려 하였노라 만일 네가 무르려면 무르려니와 만일 네가 무르지 아니하려거든 내게 고하여 알게 하라 네 다음은 나요 그 외에는 무를 자가 없느니라(룻 4:3-4)."

엘리멜렉의 땅을 기업 무르는 것인데 무슨 법적 근거로 룻이 기업 무름의 직접적인 대상이 될 수 있느냐는 것이다. 따라서 일부 학자들은 무슨 법적 근거로 보아스나 더 가까운 친족이 "룻"을 기업 무를 수 있는지 이해할 수 없다고 말한다. 왜냐하면 룻은 보아스나 더 가까운 친족이 속해 있는 혈연 가족 안에 속해 있지 않기 때문이라는 것이다.

물론 룻기 4장에 보면 엘리멜렉의 아들과 결혼하였다는 근거로 기업 무름의 대상이 될 수 있는 것처럼 되어 있다. 보아스는 더 가까운 친척에게 나오미에게 밭을 살 때 룻을 사야 한다고 요구한다.

"보아스가 이르되 네가 나오미의 손에서 그 밭을 사는 날에 곧 죽은 자의 아내 모압 여인 룻을 사서 그 죽은 자의 기업을 그의 이름으로 세워야 할지니라 하니(룻 4:5)."

많은 학자들이 엘리멜렉의 땅을 기업 무르는데 왜 룻을 사서, 다시 말해 룻과 계대결혼해서 그 죽은 자(죽은 남편 말론)의 기업을 그의 이름으로 세워야 하는지 이해할 수 없다는 것이다. 어떤 학자들은 룻기의 원래 버전이 모세오경보다 이전에 유포되었기 때문이라고 본다.[73]

그러나 우리가 앞서 살핀 대로 기업 무름과 계대결혼은 모세 율법 안에서는 서로 다른 제도이지만, 그 기본 원리가 같기 때문에 얼마든지 연결시킬 수 있다고 여러 학자들이 말한다. 계대결혼 제도 저변에 깔린 기본 원리들은 기업 무름의 저변에 깔린 기본 원리들과 마찬가지로 친족 안에서 한 사람과 그의 재산을 보호하는 것과 동일한 것임을 살펴보았다. 기업 무름이란 한 사람이 무고하게 살해를 당하거나, 땅을 상실하거나, 빚 노예가 되었을 때 친족의 한 사람이 피를 무르거나 땅을 무르거나 몸을 무름으로써 생명과 재산과 자유를 확보하도록 하는 제도가 아닌가? 그렇다면 기업 무름 역시 친족 안에서 한 사람의 생명과 그의 재산과 그의 자유를 보호하는 것이다. 결국 룻기에서 계대결혼 제도와 기업 무름의 제도가 연결되고 있는 것은 자연스러우며 원리상에서의 결합이라고 결론을 내릴 수 있다.

---

73 Holmstedt, *Ruth : A Handbook on the Hebrew Text*, 169.

6.7 기업 무름과 계대결혼은 같은 원리 위에 있는 제도

이 같은 결합은 보아스의 말 가운데서도 그 단서를 살펴볼 수 있다. 보아스가 룻을 "기업 무르겠다"고 한 것이 계대결혼을 포함하고 있다는 사실은 "기뻐하다"(חָפֵץ ; 하파츠)는 동사가 계대결혼을 다루는 신명기 25장 본문에도 나온다는 점에서 확인할 수 있다고 학자들은 생각한다.

"만일 그가 당신을 기업 무르기를 즐겨하지/기뻐하지(חָפֵץ ; 하파츠) 아니하면 여호와께서 살아 계심을 두고 맹세하노니 내가 당신을 기업 무르리라(룻 3:13)."

"그러나 그 사람이 만일 그 형제의 아내 맞이하기를 즐겨하지(חָפֵץ ; 하파츠) 아니하면 … 그 성읍 장로들은 그를 불러다가 말할 것이며 그가 이미 정한 뜻대로 말하기를 내가 그 여자를 맞이하기를 즐겨하지(חָפֵץ ; 하파츠) 아니하노라 하면 그의 형제의 아내가 장로들 앞에서 그에게 나아가서 그의 발에서 신을 벗기고 그의 얼굴에 침을 뱉으며 이르기를 그의 형제의 집을 세우기를 즐겨 아니하는 자에게는 이같이 할 것이라 하고 이스라엘 중에서 그의 이름을 신 벗김 받은 자의 집이라 부를 것이니라(신 25:7-10)."

"기뻐하다"는 동사의 공통점 하나만으로 계대결혼 제도와 기업 무름의 제도가 동일한 원리 위에 세워졌다고 주장하기는 쉽지 않은 것이 사실이다. 그러나 이 두 제도를 연결시킬 수 있는 근거는 또 있다.

우리는 여기서 "가알"(גָּאַל) 동사는 "기업 무르다"는 뜻만 있는 것이 아니라 훨씬 포괄적인 의미를 가지고 있는 용어라는 사실을 주목해야 한다. 우선 "가알" 동사는 원래 "악에서 구원하다"는 의미를 가지고 있다. 이는 동사 "가알"의 구약 내 첫 번째 용례인 출애굽기 6:6-8을 보면 더 분명해진다.

"그러므로 이스라엘 자손에게 말하기를 나는 여호와라 내가 애굽 사람의 무거운 짐 밑에서 너희를 빼내며 그들의 노역에서 너희를 건지며 편 팔과 여러 큰 심판들로써 너희를 속량하여(גָּאַל ; 가알) 너희를 내 백성으로 삼고 나는 너희의 하나님이 되리니 나는 애굽 사람의 무거운 짐 밑에서 너희를 빼낸 너희의 하나님 여호와인 줄 너희가 알지라 내가 아브라함과 이삭과 야곱에게 주기로 맹세한 땅으로 너희를 인도하고 그 땅을 너희에게 주어 기업을 삼게 하리라 나는 여호와라 하셨다 하라."

여기서 "너희를 속량하여" 안에 "가알"(גָּאַל) 동사가 사용되고 있다. 그런데 흥미로운 것은 "가알"(속량 혹 구속)은 하나님께서 이스라엘 백성을 애굽에서 건져내신 일련의 구원 사건의 절정으로 묘사되고 있다.

(1) 내가 애굽 사람의 무거운 짐 밑에서 너희를 빼내며(הוֹצֵאתִי ; 호체티; 6상반절)
(2) 그들의 노역에서 너희를 건지며(הִצַּלְתִּי ; 히찰티; 6중반절)
(3) 편 팔과 여러 큰 심판들로써 너희를 속량(구속)하여(גָאַלְתִּי ; 가알티; 6하반절)

위에서 볼 수 있듯이 하나님께서는 애굽의 무거운 짐에서부터 이스라엘 백성들을 빼내고(הוֹצֵאתִי ; 야차[יָצָא] 동사), 그 고역에서 건져냄으로써(הִצַּלְתִּי ; 나찰[נָצַל] 동사) 이스라엘을 구속(속량)하였다(גָאַל ; 가알). 속량(구속; 가알)의 내용은 애굽의 무거운 짐과 노역에서 이스라엘을 빼내며 건져내는 것이다. 여기서 우리는 구약의 구원의 가장 원초적 사건인 출애굽 사건의 핵심 의미는 바로 사회 경제적-정치적-물리적인 억압과 박해로부터 이스라엘을 건져낸 것임을 알 수 있다.

그렇다면 구약의 원초적 구원의 사건의 의미는 이것이 전부인가? 아니다. 물론 구약의 구원은 단순히 경제적-정치적-사회적-물리적 속박으로부터의 해방이 전부가 아니다.

(4) 너희를 내 백성으로 삼고(לָקַחְתִּי ; 라카흐티) 나는 너희의 하나님이 되리니(7상반절)

7상반절이 분명히 보여주고 있듯이 "너희를 내 백성으로 삼고 나는 너희의 하나님이 되리니"가 구원의 궁극적 목적이다. 출애굽 구원의 궁극적 목적은 이스라엘이 애굽의 종되었던 곳에서 해방되어 하나님의 백성이 되고, 여호와께서 이스라엘의 하나님이 되는 것이다. 따라서 이스라엘 백성은 이제는 그 누구의 종이 되어서도 안 되며, 오직 여호와께만 종이 되어야 하는 것이다. 이 점을 레위기 25장은 분명히 밝힌다.

"너와 함께 있는 네 형제가 가난하게 되어 네게 몸이 팔리거든 너는 그를 종(עֶבֶד ; 에베드)으로 부리지 말고 품꾼(שָׂכִיר ; 사키르)이나 동거인(תּוֹשָׁב ; 토샤브)과 같이 함께 있게 하여 희년까지 너를 섬기게 하라 그때에는 그와 그의 자녀가 함께 네게서 떠나 그의 가족과 그의 조상의 기업으로 돌아가게 하라 그들은 내가 애굽 땅에서 인도하여 낸 내 종들(עֶבֶד ; 에베드)이니 종(עֶבֶד ; 에베드)으로 팔지 말 것이라(레 25:39-42)."

어떤 상황에서도 하나님의 백성은 다시는 어떤 종류의 경제적-정치적-사회적-물리적 속박을 받는 종의 상태가 되어서는 안 된다. 따라서 어떤 경우에도 종으로 부려서도 안 되고 종으로 남에게 팔아서도 안 되는 것이다. 품꾼이나 동거인처럼 여기며 희년까지 데리고 있다가, 희년이 되면 그들의 기업으로 돌아가도록 해야 한다는 것이다.

그렇다면 이렇게 경제적-정치적-사회적-물리적 속박으로부터의 구원이 구약이 말하는 구원의 전부인가? 아니다. 아무리 경제적-정치적-사회적-물리적 속박의 땅 애굽에서 해방되었다고 하더라도, 기업으로서의 땅이 없으면 그 자유를 누리거나 유지할 수 없다. 그래서 여호와께서는 이스라엘의 조상에게 주기로 맹세한 땅으로 이스라엘을 인도하시고, 그 땅을 그들에게 기업으로 주신 것이다. 이런 하나님의 구원의 사역이 출애굽기 6:6-8에 두 개의 동사로 묘사되어 있다.

(5) 내가 아브라함과 이삭과 야곱에게 주기로 맹세한 땅으로 너희를 인도하고
   (הֵבֵאתִי ; 헤베티; 8상반절)
(6) 그 땅을 너희에게 주어(נָתַתִּי ; 나타티) 기업을 삼게 하리라(8하반절).

우리는 여기서 출애굽의 구원은 이스라엘을 약속의 땅으로 인도하여 그 땅을 기업으로 주어, 그 안에서 하나님을 섬기게 하는 것이 궁극적 목적임을 한눈에 알 수 있다. 따라서 여호와께서는 출애굽기 6장에서 출애굽의 구원을 언급하시면서 가나

안 땅으로 인도하고 그 땅을 기업으로 주겠다고 선언하신다.

따라서 가나안 땅에 들어간 후에 하나님의 백성 중 하나가 기업으로 얻은 땅을 상실하게 되어 종의 상태로 전락하게 되면 주변의 인근 친척들 중 하나가 고엘(גֹּאֵל ; 기업 무를 자)이 되어 그를 종된 상태로부터 해방시킬 것을 명령하고 있다.

> "만일 네 형제가 가난하여 그의 기업 중에서 얼마를 팔았으면 그에게 가까운 기업 무를 자(גֹּאֵל ; 고알로; his nearest redeemer)가 와서 그의 형제가 판 것을 무를(גָּאַל ; 가알; redeem) 것이요(레 25:25)."

결국 구약에서 이야기하는 구원은 매우 총체적이다. 구약에서 구원은 단순히 애굽 땅 종되었던 곳에서 구원해내는 것만이 전부가 아니다. 구약은 하나님께서 편 팔과 큰 재앙으로 이스라엘을 애굽에서 구속해낸 사회-경제-정치-물리적인 해방을 원형적 사건으로 제시하면서, 진정한 구원은 이스라엘이 애굽 땅 종되었던 곳에서 구원해낸 여호와 하나님을 잊지 말고, 약속의 땅에서 다시는 그 누구에게도 종이 되지 않고 자유를 누리며 하나님만 섬기는 것임을 분명히 보여준다.

이렇게 하나님께서 이스라엘을 애굽에서 건져낸 궁극적 목적은 이스라엘이 하나님의 백성이 되고, 여호와께서 이스라엘의 하나님이 되는 것이다. 따라서 이스라엘은 어떤 종류의 경제적-정치적-사회적-물리적 속박을 받는 종의 상태가 되어서는 안 되며, 오직 여호와께만 종이 되어야 하는 것이다 : "그들은 내가 애굽 땅에서 인도하여 낸 내 종들(עֶבֶד ; 에베드)이니 종(עֶבֶד ; 에베드)으로 팔지 말 것이라(레 25:42)."

그렇다면 이렇게 경제적-정치적-사회적-물리적 속박으로부터의 구원이 구약이 말하는 구원의 전부인가? 아니다. 아무리 경제적-정치적-사회적-물리적 속박의 땅 애굽에서 해방되었다고 하더라도, 기업으로서의 땅이 없으면 그 자유를 누리거나 유지할 수 없다. 따라서 여호와께서는 이스라엘의 조상에게 주기로 맹세한 땅으로 이스라엘을 인도하시고, 그 땅을 그들에게 기업으로 주신 것이다.

여호와께서는 이스라엘을 죽음으로부터 건져내서 새로운 생명을 주시고, 애굽의 종살이로부터 건져내서 자유인이 되게 하셨고, 몸의 자유를 가지고 하나님이 주신 생명을 누리려면 땅이 있어야 하기에 가나안 땅을 기업으로 하사하신 것이다. 따라서 생명이나 몸의 자유나, 땅의 기업이 손실될 때에는 하나님이 이스라엘을 택하고 "속량한"(גָּאַל ; 가알) 목적이 상실되는 것이었다. 따라서 하나님께서는 이스라엘 백성에게 선물로 주어진 생명이나 몸의 자유나 땅이 상실되지 않도록 하기 위해 고엘 제도를 주신 것이다. 결국 "고엘"이란 애굽의 무거운 짐과 노역에서 이스라엘을 빼내며 건져내는 자인 것이다. 여기서 우리는 "고엘"이란 바로 "사회 경제적-정치적-물리적인 억압과 박해로부터 이스라엘을 건져내는 자"임을 알 수 있다.

이 동사의 분사형 명사인 고엘(גֹּאֵל) 역시 마찬가지로 "악에서 구원하는 자"란 의미를 지닌다. "고엘"(גֹּאֵל)이란 명사가 처음 성경에 사용된 용례는 야곱이 요셉을 축복하는 대목인 창세기 48:16이다.

"나를 모든 환난에서 건지신 여호와의 사자(הַמַּלְאָךְ הַגֹּאֵל אֹתִי מִכָּל־רָע ; 함말르아크 학고엘 오티 미콜-라)께서 이 아이들에게 복을 주시오며 이들로 내 이름과 내 조상 아브라함과 이삭의 이름으로 칭하게 하시오며 이들이 세상에서 번식되게 하시기를 원하나이다(창 48:16)."

위 본문의 첫 어구를 직역하면 "사자, 나를 모든 악(כָּל־רָע ; 콜-라)에서 건져낸 고엘 (גֹּאֵל)"이라고 할 수 있다. 고엘은 "한 사람을 모든 악(רָע ; 라)에서 건져내는 자"이다. 그렇다면 여기서 "악"은 무엇을 의미하는가? 이것은 야곱의 인생을 보면 알 수 있다. 야곱은 가족 안의 갈등, 아버지와 형의 분노, 이방 땅에서 20년 동안 외삼촌에게 종노릇한 귀양살이, 딸 디나의 성폭행과 이로 인한 자녀들의 보복, 요셉의 실종, 기근, 애굽으로의 이주 등 험한 인생을 살았다. 그렇다면 "악"이란 한 인간이 인생에서 경험할 수 있는 모든 사회-경제-정치적 고통을 가리킨다. 야곱은 이런 험악한 인생의 "악"에서 자신을 건져낸 "고엘"이 바로 여호와의 사자(הַמַּלְאָךְ)라고 밝히고 있고, 이를 통해 성경 기자는 진정한 고엘은 여호와이심을 고엘의 첫 용례부터 분명히 밝히고 있다.

따라서 보아스가 룻에게 "내가 당신을 기업 무르리라"(וּגְאַלְתִּיךְ אָנֹכִי ; 우그알티크 아노키)라고 한 것은 이렇게 룻이 처한 땅의 상실, 후손 없음, 남편을 잃음으로 생긴 공허함 같은 "악"으로부터 룻을 건져내겠다는 넓은 의미에서 "가알"(גָּאַל) 동사를 사용한 것이다. 그러나 대중용 성경에서는 가능한 한 의미를 좁혀서 번역해야 하기에 "내가 당신을 기업 무르리라"고 한 것이다. 실제로 가알(גָּאַל) 동사의 용례를 보면 직접 목적어로 사람을 언급하는 경우가 한두 번이 아니다(출 6:6; 시 77:16; 사 41:14, 43:1, 44:24 등).

따라서 기업 무름 제도와 계대결혼 제도를 명시적으로 연결하는 율법이 없다는 이유만으로 이 두 제도를 연결시킬 수 없다고 주장해서는 안 될 것이다. 이 두 제도의 연결은 베들레헴인들에게는, 아마 유다 지파인들에게는 너무나 당연한 것이었을지 모른다. 왜냐하면 이런 풍습들이 실행되던 사사 시대의 이스라엘의 사회 구조는 혈연 사회만이 아니라 언약 사회였기 때문에 이런 제도를 자연스럽게 연결시켰을 것이다. 언약 사회인 경우에는 소가족의 이익을 넘어서서 친족까지 고엘의 의무가 확대되기 때문이다.

6.8 여호와의 살아 계심으로 행한 보아스의 맹세

보아스보다 더 가까운 친척의 존재는 플롯 안에서 최고의 긴장과 갈등을 야기하는 변수가 되었다. 보아스는 룻을 기업 무르고 싶었으나, 밤중에 찾아와 청혼하는 상황을 이용하거나 율법을 벗어나 자기 원하는 대로 하려고 하지 않았다. "유력한 자" 답게 기업 무름에 관한 율법에 따라 일을 처리할 요량이었다. 이제 룻과 보아스의 결혼은 더 가까운 고엘이 어떻게 결정하느냐에 달려 있었다. 만일 그가 룻을 기업 무르겠다고 하면 어떻게 될 것인가?

"아침에 그가 당신을 기업 무르겠다고 한다면
  (וְהָיָה בַבֹּקֶר אִם־יִגְאָלֵךְ ; 웨하야 바보케르 임-이그알레크)
그가 기업 무르는 것이 좋고
  (טוֹב יִגְאָל ; 토브 이그알)."

보아스는 더 가까운 고엘이 룻을 기업 무르겠다고 하면 그것은 좋은(טוֹב ; 토브) 일

이라고 선언한다.[74]

그러나 그가 룻을 기업 무르는 것을 기뻐하지 않는다면 자신이 기업 무르겠다고 선언한다.

"만일 그가 당신을 기업 무르기를 기뻐하지 아니하면
(וְאִם־לֹא יַחְפֹּץ לְגָאֳלֵךְ ; 웨임-로 야흐포츠 르고알레크)
여호와께서 살아 계심을 두고 맹세하노니 내가 당신을 기업 무르리라
(וּגְאַלְתִּיךְ אָנֹכִי חַי־יְהוָה ; 우그알티크 아노키 하이-아도나이)."

보아스는 자신의 의사가 얼마나 분명한지를 보여주기 위해 두 가지 표현을 사용한다. 동사 안에 이미 1인칭 단수의 요소가 들어 있음에도 "나"라는 대명사(אָנֹכִי ; 아노키)를 사용한다. 이것은 "내가" 그렇게 할 것임을 강조하는 것이다. 그뿐 아니라 보아스는 여호와의 살아 계심을 걸고 맹세한다. "여호와께서 살아 계심"(חַי־יְהוָה ; 하이 아도나이)이란 표현은 구약 성경에서 하나님의 이름을 건 맹세 공식 중에서 가장 흔한 형태이다. 따라서 "맹세하다"는 동사가 없음에도 불구하고 한글개역개정은 "여호와께서 살아 계심을 두고 맹세하노니"라고 번역한 것이다.

"여호와께서 살아 계심을 두고"라는 표현은 구약에 총 43번 사용되었으며 보통 문장의 서두에 나오는데 반해 여기에서는 문장 끝에 나온다. 이것은 보아스가 "여호와께서 살아 계심"을 가리켜 맹세하는 것을 강조하기 위해서라고 학자들은 본다.

그렇다면 성경에서 이렇게 여호와의 이름을 거론하여 맹세하는 이유는 무엇일까? 모세 그린버그 같은 학자들은 두 가지 이유를 댄다. 첫째는 자신이 하는 말의 진정성과 진실됨을 강조하기 위해서이다. 그리고 둘째가 이보다 더 중요한데 자신이 맹세를 지키지 않으면 저주를 받을 것을 선언하는 것이다. 결국 자기 저주의 맹

---

[74] 베아티(D. R. G. Beattie)에 의하면 유대 전승은 우리가 "좋고"라고 번역한 토브(טוֹב)를 더 가까운 고엘의 이름이라고 본다 : "토브(טוֹב)가 기업 무를 것이며." 참조, D. R. G. Beattie, *Jewish Exegesis of the Book of Ruth*, JSOTS 2 (Sheffield, 1977), 142, 147.

세이다.[75]

이렇게 보면 룻기 3:10-13의 보아스의 말은 룻을 향한 축복에서 자기 저주의 맹세로 끝이 난다고 할 수 있다. 보아스의 말이 "너는 여호와께 복받을지라"(בְּרוּכָה אַתְּ לַיהוָה; 베루카 아트 라도나이)에서 시작하여 "여호와께서 살아 계심"(חַי־יְהוָה; 하이 아도나이)으로 끝이 나기 때문이다. 무대 뒤에서 모든 인간사를 감독하시며 우연마저도 장중에 넣고 섭리하시는 하나님께서 룻을 복받은 여인으로 만들어 주시기를 축복하면서 말을 시작한 보아스가 더 가까운 고엘이 기업을 무르지 않는다면 자신이 반드시 기업 무를 것이라는 점을 여호와께서 살아 계심을 걸고 맹세하면서 끝내고 있다는 점을 상상해 보라. 보아스는 여호와를 인간사의 축복과 저주를 주관하시는 하나님으로 선언하고 있는 것이다.

우리는 보아스의 말을 통해 애매함이 명료함으로 바뀌게 되는 것을 경험한다. 타작마당, 그리고 한밤중, 발치에 누운 여인, 결혼해달라는 요청 등이 지닌 성적 함축의 애매모호함이 보아스의 말로 명료해졌다. 보아스는 술을 먹고 누웠지만 창세기의 롯처럼 자기도 모른 채 딸들과 동침하는 일을 하지 않았다. 보아스는 여호와께서 살아 계심을 걸고 룻을 기업 무를 것이라고 선언함으로 곤궁에 빠진 인간에 대한 헌신을 분명하게 드러낸다. 그것도 하나님의 이름을 두 번이나 언급하면서 축복과 저주의 가능성 아래 룻과 자신을 위치시키고 있다.

이제 우리는 보아스와 룻이야말로 일을 올바른 방식으로 처리하는 유력한 자요 유력한(현숙한) 여인임을 알게 되었다. 타작마당에서는 어떠한 성적인 접촉도 일어나지 않았다. 한밤중에 타작마당에서 룻을 만난 보아스는 여호와의 축복을 빌 뿐 아니라 자신이 두 과부를 돌보겠다는 강한 결심으로 끝을 맺는다. 보아스는 정말 유력한 자요 율법의 사람이요 진정한 하나님의 백성이 아닌가!

그리고 나서 보아스는 마지막으로 룻에게 권면한다.

"아침까지 누워 있을지니라 하는지라

(שִׁכְבִי עַד־הַבֹּקֶר; 쉬크비 아드-핫보케르)."

---

75 참조, Moseh Greenberg, "The Hebrew Oath Particle Ḥay/He," *JBL* 76 (1957), 34.

이제 보아스의 말을 통해 애매함이 명료함으로 바뀌었기에 "눕다"는 동사를 사용해도 오해할 소지가 없기에 보아스는 "누우라"고 권면하는 것이다.

7. 신학적 메시지

7.1 타작마당의 위험은 세상의 위험의 상징

타작마당의 위험 요소들은 우리가 살아가는 세상이 얼마나 위험한지를 잘 보여준다. 이런 위험 속에서 어떻게 우리가 선택하며 살아가야 하는지를 알려준다. 타작마당의 성적인 위험은 단순히 성적 접촉의 위험성만을 가리키는 것이다. 성적인 위험은 삶에서 우리가 만날 수 있는 모든 위험을 가장 함축적으로 보여주는 상징이라 할 수 있다. 성적인 위험은 육감적이고 끈질기고 매혹적이며 거부하기 힘든 인간의 욕망을 표현하고 있기에 인간이 경험하는 가장 큰 위험이다.

한밤중에 타작마당의 끝 노적가리 옆에 술취해 누워 있는 보아스, 그리고 그의 발치에 누운 한 여인. 얼마든지 이런 상황에서 술 핑계로, 아니면 술 때문에 정신을 못차리고 해서는 안 될 일을 할 수도 있다. 나발처럼 술에 취해 다윗을 해하겠다고 덤빌 수 있다. 아하수에로 왕처럼 주흥이 올라 와스디 왕후를 나오라고 허세를 부릴 수도 있다. 그러다가 나발처럼 마음이 돌덩어리가 되어 죽을 수도 있고, 아하수에로처럼 왕비가 말을 듣지 않아 전국적으로 망신을 당할 수도 있다.

오늘 우리가 살아가고 있는 세상도 마찬가지 아닌가! 가난한 사람과 부유한 사람, 약한 자들과 강한 자, 사회의 약자들과 기득권층. 그리스도인들 역시 이런 세상 속에서 살아가고 있다. 룻기의 타작마당 에피소드는 이런 위험 가운데 우리가 어떻게 선택하고 행동해야 하는지를 너무나 잘 보여준다. 취했다고 무엇이나 할 수 있는 것은 아니다. 남을 술 취하게 만들어서 자신의 욕망을 채워서는 안 된다. 밤이라고, 남이 보지 않는다고 해서 마음대로 행동하면 안 된다. 보아스와 룻은 유력한 자와 유력한 여인의 만남답게 의롭게 그리고 지혜롭게 모든 일을 처리하였다. 그런 점에서 오늘날 그리스도인들 역시 밤이라고 해서 함부로 행동해서는 안 된다.

7.2 나는 기업 무를 자이다

오늘날 그리스도인들은 기업 무를 자라는 자기 정체성을 가지고 있어야 한다. 그리고 기업 무를 자들의 모임인 교회는 고엘의 역할을 잘 감당해야 한다.

인류 역사가 발전하고 경제 성장이 전반적으로 이루어지고 있음에도 불구하고 지구상에는 "총인구의 80%가 사회적으로 안전하지 못한 상태에 있으며, 삶의 주기에서 만날 수 있는 사회적 위험으로부터 충분히 보호를 받지 못하고 있다"고 한다. 세계 은행의 2011년 보고서에 의하면, "전 세계 약 14억 인구는 하루 1.25$ 이하로 생활하고 있으며, 이들 대부분은 여성과 아동, 비공식 부문에 종사하는 노동자, 이주 노동자, 장애인, 질병감염-보균자들"이라고 한다.[76]

예를 들어, 한국은 1997년 IMF 구제 금융 사태를 겪으면서 사회적 안전망 구축의 필요성을 주장하고 있는 지 20년이 지났음에도 불구하고 삶의 질은 크게 달라지지 않았다고 한다. 빈곤, 질병, 실업과 같은 사회적 위험을 대비하는 사회보장 제도가 구비되지 않은 한국의 경우, 저성장-고실업의 경제 상황을 맞이하면서 교회가 사회적 안전망의 역할을 해야 한다고 본다.[77]

인생을 살다 보면 다양한 사회 경제적 위험으로 인해 기본적인 생계조차도 어려울 때가 있기 때문이다. 자연재해나 질병이나 가족들의 돌연사나 사고나 전쟁으로 인해 빚을 지고 빚 노예가 되거나 땅을 상실하는 등으로 말미암아 고통을 당할 수 있기 때문이다. 따라서 현대 사회에서는 "사회 구성원들이 삶의 주기에서 경험하게 되는 다양한 사회적 위험들로부터 사회 구성원을 사회적으로 보호해주는, 즉 소득의 중단과 예외적 지출(exceptional expenditure)이 발생할 경우 이를 보전해 주어 기본적인 생계를 유지할 수 있게 해주는 각종 제도적 장치"[78]를 만들고 있는데, 이를 사회적 안전망(social saftey net)이라고 부른다.

사회적 안전망은 "모든 사회적 위험에 대한 '포괄성'(comprehensiveness), 해당되는

---

[76] 김성규, "사회적 기회 및 안전망 확대와 개발협력," 국제 개발 협력 2012, No. 2 (한국 구제 협력단, 2012), 76, 각주 1.

[77] 미국은 한국보다 훨씬 사회보장 제도가 잘 갖추어져 있지만, 그동안 고성장-저실업의 경제 구조하에서 만들어진 사회보장 제도만으로는 국민의 행복의 질을 높일 수 없기에 미국도 사회안전망 구축에 애를 쓰고 있다.

[78] 문진영, "실업 대책과 사회 보장 정책 방향," 『1998년도 한국사회보장학회 27회 학술발표회자료집』(1998), 13-14.

사회적 구성원에게 모두 적용되는 '보편성'(universalism), 최저한도의 생계를 유지할 수 있는 '국민기본선의 보장'(national minimum)을 핵심내용으로 한다."[79] 이렇게 국민 복지 기본선을 보장하는 사회적 안전망을 구축하게 되면 "어떠한 사회적 위험이 닥쳐도 최저한도의 삶을 국가로부터 보장받을 수 있다는 신념을 국민들에게 심어줌으로써 정부는 정치적 지지를 획득할 뿐만 아니라 전체 사회의 통합을 이루는 데 유리"하다.[80]

한국은 최근에 사회복지에 대한 관심이 높아지면서 정부가 사회보장 제도와 사회 안전망을 구축하는 데 온 힘을 기울이고 있다. 그러나 아무리 사회보장 제도가 잘 되어 있고 사회 안전망이 잘 깔려진다 하더라도 하나님으로부터 부여받은 천부적 권리인 생명과 자유와 기업(땅)을 상실할 위험이 아직도 사방에 도사리고 있는 것은 부인할 수 없는 사실이다. 부익부 빈익빈의 양극화 현상이 지속되면서 정부와 기업과 가족과 사회단체가 아무리 노력을 해도 사회보장 제도와 사회 안전망의 혜택을 받지 못하는 이들이 사방에 깔려 있다. 특히 금융자본주의와 신자본주의의 폐해로 사회의 갈등 요소는 증폭되고 있다. 이런 현상은 바람직하지도 않고 환영해서도 안 되지만, 교회로서는 어쩌면 좋은 기회일지도 모른다.

사회갈등 해소를 위한 정부도 없고 사회보장 제도와 사회 안전망이 거의 없던 시절에는 교회가 사회 갈등 해소뿐 아니라 사회 안전망 역할을 잘 감당하였다. 그러나 정부 주도의 사회복지 제도가 그 영역을 확대하면서 고엘로서의 교회의 역할이 많이 축소된 것이 사실이다. 그러나 포스트모던 사회로 들어서면서 사회적 갈등이 증폭되고 사회 안전망의 혜택을 받지 못하는 이들이 늘어가는 상황에서 교회는 고엘의 역할을 다시 감당할 수 있는 좋은 기회가 온 것이라고 볼 수 있다.

7.3 모압을 구원하는 구속사의 여울목

우리는 보아스와 룻의 타작마당 에피소드가 롯과 두 딸의 동굴 에피소드와 연결되어 있음을 느낄 수 있다. 롯의 두 딸은 "우리가 우리 아버지에게 술을 마시게 하

---

[79] 문진영, "사회적 안전망 구축방안", 『월간복지동향 창간준비 3호』 (1998.7), 15.
[80] 문진영, "사회적 안전망 구축방안", 16.

고 동침하여 우리 아버지로 말미암아 후손을 이어가자"(창 19:32)는 계획을 세우고 이를 실행에 옮겨 모압과 벤암미를 낳았는데, 이들이 모압 자손과 암몬 자손의 조상이 되었다. 롯은 술로 인해 딸과 동침한 것을 알지 못하였다.

그런데 룻기에서는 술에 취한 보아스의 발치 이불을 들고 룻이 거기에 누웠다. 한밤중에 타작마당에서 술취한 보아스와 룻의 만남이 어떤 결과를 빚을까 걱정이 된다. 그러나 놀랍게도 보아스는 롯처럼 행동하지 않았다. 타작마당에서는 성적인 접촉은 일어나지 않았다. 보아스는 밤이요 은밀한 곳이라는 상황을 이용하면서 술취함을 핑계로 사욕을 취하지 않았다. 보아스는 고엘답게 일을 올바른 방식으로 처리하였다.

룻 역시 술취한 보아스가 자신이 눕고 일어나는 것을 알지 못하도록 하면서 보아스와 동침하여 자녀를 낳으려고 하지 않았다. 룻은 그저 보아스가 인기척을 느끼고 깨었을 때 비로소 "당신의 옷자락으로 당신의 시녀를 덮으소서. 당신은 고엘입니다"라고 하였다. 보아스와 룻은 그야말로 유력한 남자와 유력한 여인이었다. 모압 여인 룻은 이렇게 위험한 상황에서 보아스의 신실한 행동으로 룻의 선조인 롯이 저지른 우를 범하지 않게 되었다. 오히려 보아스와의 결혼을 통해 오벳을 낳고 다윗의 조상이 됨으로 모압인들은 하나님의 위대한 구속사 안으로 들어오게 된 것이다.

이런 점에서 해롤드 피쉬(Harold Fisch)는[81] "룻기는 '모든 구속사의 본질'(the very essence of all Hielsgeschichte)을 축소판으로 보여준다"[82]면서 이렇게 말한다.

> 룻이 나오미에게 한 놀라운 맹세, 즉 "만일 내가 죽는 일 외에 어머니를 떠나면(פָּרַד ; 파라드) 여호와께서 내게 벌을 내리시고 더 내리시기를 원하나이다"(룻 1:17)를 보자. 이 맹세는 롯이 아브라함으로부터 떠난 것을 암시하는데, 룻이 떠나기를 거부하는 것은 롯의 이전 행동을 무효화하는 것이다. "네 앞에 온 땅이 있지 아니하냐 나를 떠나가라(פָּרַד ; 파라드) 네가 좌하면 나는 우하고 네가 우하면 나는 좌하리라 … 그러므로 롯이 요단 온 들을 택하고 동으로 옮기니 그들이 서로 떠난지라"(פָּרַד ; 파라드; 창 13:9, 11).

---

81 Harold Fisch, "Ruth and the Structure of Covenant History," VT 32 (1982), 425-437.
82 Fisch, "Ruth and the Structure of Covenant History," 433.

룻과 나오미가 재결합함으로써, 심지어는 죽음도 이들을 분리할 수 없을 정도로 강하게 결합함으로써 룻의 가족과 아브라함 가족 사이의 옛 분리가 다시 봉합되었으며, 족장적 연대가 다시 창출됨으로써 구원의 새로운 탄생이 가능하게 된 것이다. 우리가 룻기를 구속사의 축소판이라고 한 것은 이런 의미에서이다. 룻과 엘리멜렉의 스토리는 언뜻 보기에는 시시하고 그저 한 가정에 국한된 일로 보이지만, 사실상은 역사의 여울목에 위치해 있는 것이다.[83] …

그렇다면 룻은 누구의 구속자인가라고 질문할 수 있을 것이다. 창세기 19장에 아버지와 동침했던 무명의 선조를 구속한 것은 아닌가? 보아스가 길가의 창녀에게로 들어가 동침한 후, 인장과 끈과 지팡이를 보증으로 주었던 유다를 구속한 것처럼 말이다. 보아스는 이 인증을 구속한 것이다. … 룻–보아스 스토리는 창세기–룻기 전체를 "구속"하여 구속사의 패턴 안으로 들여 넣은 수단이다. 룻기는 이전 것을 이해하는 새로운 용어를 제시하기에, 룻과 유다의 스토리에 대한 전체 주해는 룻기에 대한 언급을 필요로 하며, 룻기는 이런 이전 패러다임을 뒤돌아보고, 다윗 왕의 이야기 가운데 드러날 것을 멀리 바라보게 한다.[84]

언뜻 보면 조금은 생소해 보이지만, 룻기는 이런 점에서 여호와께서 이스라엘을 통해 행하시는 거대한 구속의 대하 드라마에서 매우 중요한 전략적 위치에 놓여 있는 것이다. 따라서 룻기를 역사서 안의 "진주"라고 부르는 것이다. 해롤드 피쉬는 룻기를 족장 스토리와 비교하면서 룻과 보아스의 만남과 결합이 어떻게 구속사의 결정적 순간인지를 잘 보여준다.

룻기를 창세기의 평행 기사들, 룻과 아브라함과 룻의 두 딸 이야기(창 13, 19장)와 유다와 다말 이야기(창 38장)와 나란히 놓으면 거대한 균형이 눈에 들어온다. 이렇게 병치하여 살펴볼 수 있는 근거는 이 스토리들 사이에 눈에 띄는 평행이 있다는 점과, 모두가 한 가정의 역사 안에서 일어난 이야기라는 데 있다. 롯은 모압의 아버지로 룻의 조상이

---

83 Fisch, "Ruth and the Structure of Covenant History," 435.
84 Fisch, "Ruth and the Structure of Covenant History," 436.

며, 유다는 베레스의 아버지로서 보아스의 조상이다. 우리는 일찍이 분리되었다가(아브라함과 롯이 서로 헤어짐; 창 13:11) 룻과 보아스를 통해 재결합된 원래는 한 친족이었던 이들의 이야기를 보게 된다.[85]

보통은 예수님의 족보에 모압 여인 룻이 들어간 것을 보면서 모압 여인도 구원받을 수 있다는 것을 지적하는 것만으로 만족한다. 그리고는 그리스도 안에서 누구라도 구원받을 수 있다고만 선포한다. 그러다 보니 왜 아브라함과 롯이 헤어지게 되었고, 어떻게 롯의 후손과 아브라함의 후손이 하나되면서 구속사가 이루어지고 있는지에 대해서는 관심이 없다. 그러나 성경은 그저 그리스도 안에서는 누구라도 구원받을 수 있다는 단순한 소식만 선포하는 것이 아니다. 성경은 왜 그리고 어떻게 모압 여인이 구속사의 중요한 여인이 되었고 예수 그리스도의 족보에 들어오게 되었는지를 치밀한 구원의 논리와 깊은 신학적 서술의 논리로 선포한다. 해석자들과 설교자들은 이런 논리를 찾아내야 한다.

8. 부록 : 해석의 난제

8.1 문제 제기

룻기 3:12의 보아스의 말은 군더더기가 많은 문장으로 본문 비평상 오류가 들어간 것인지, 아니면 보아스가 말을 더듬고 있는 것인지에 대해 학자들의 견해가 다르다.

보아스의 말은 "참으로 나는 네 기업 무를 자냐"(וְעַתָּה כִּי אָמְנָם כִּי אִם גֹּאֵל אָנֹכִי ; 웨아타 키 오므남 키 임 고엘 아노키)인데 무엇인가 불필요한 반복이 많아 보인다. 직역하면 "그리고 이제(וְעַתָּה ; 웨아타) 참으로(כִּי אָמְנָם ; 키 오므남) 진실로(כִּי אִם ; 키 임) 나는 기업 무를 자냐"이다. 아니나 다를까 맛소라 학자들은 히브리어 원문에서 다섯 번째

---

[85] Fisch, "Ruth and the Structure of Covenant History," 427.

단어인 אִם(원래는 אִם[임])을 문제가 있는 것으로 보아 모음 부호를 붙이지 않았다.[86] אִם(임)이란 단어 아래 어떤 모음 부호도 없다는 것은 맛소라 학자들이 불필요하다고 보고 읽지 않고 건너뛰라는 의미에서 모음 부호를 붙이지 않은 것이다. 이전 필사자의 중복 필사(dittography)에서 나온 실수로 첨가한 것으로 본 것 같다. כִּי אָמְנָם (키 오므남)과 אִם כִּי (키 임)이 눈으로 보기에 비슷하니까 필사자가 실수해서 중복하여 적은 것이라 해석한 것이다.

이런 식으로 본문에 어떤 단어가 필사자의 실수로 첨가된 것처럼 보이면 맛소라 학자들은 그 부분을 지우거나 빼버리지 않고, 그대로 둔 채 단지 읽기만 하지 않았다. 따라서 여기서 אִם(임)도 반복의 실수로 보고 맛소라 학자들은 모음을 첨가하지 않았으며 대신 본문 옆의 여백에 아래와 같이 주를 달았다(BHS의 레이아웃을 아래 그대로 재현하였다).

여백	본문	BHS의 비평주
אם חד ח[13] כת ולא קר	וְעַתָּה כִּי אָמְנָם כִּי אִם גֹאֵל אָנֹכִי	[13]Mm 2752

위의 도표에서 왼쪽의 여백주의 내용을 순서대로 설명하면, אִם은 "쓰여졌으나 읽어서는 안 되는"(כת ולא קר) 구약 총 8군데(ח) 가운데(מן) 하나(חד)라는 것이다. 인쇄성경 BHS를 보면 여백주에 13이라는 주 번호([13]ח)가 붙어 있고, 본문 하단에 이에 해당하는 [13]Mm 2752라는 주가 붙어 있다. 원래 히브리어 사본은 여백주는 "소맛소라"라고 하고 난하주는 "대맛소라"라고 한다. 그러나 인쇄된 성경에 대맛소라까지 다 넣을 수 없기에 BHS는 대맛소라를 따로 출판하기로 하였다. 따라서 단지 번호만을 명기하고 그 내용은 G. E. Weil, *Massorah Gedolah*, I, (Rome, 1971)에 번

---

86 Gow, *Ruth*, 71 fn. 17. 한편 칠십인경은 마치 "그리고 이제"(וְעַתָּה ; 웨아타)가 본문에 없는 것처럼 번역하였다. 그러나 이것은 지나치게 반복적이라고 느껴서 그리한 것처럼 보인다. 캠벨은 저자가 보아스의 말의 반복적 스타일을 보여주기 위해 의도적으로 그리한 것으로 본다(Campbell, *Ruth*, 125). 한편 사쏜은 명령법이 뒤에 나오면 וְעַתָּה(웨아타)는 권면에 긴급성을 더해주는 기능을 갖는다고 본다(Sasson, *Ruth*, 88-89). 여기서 명령법은 13절에 "머물라"이다. 가우(Gow)는 וְעַתָּה(웨아타)를 룻의 이전 논증을 가리키는 것으로 본다. 따라서 보아스가 기업 무를 자이기에 룻과 결혼해야 한다는 룻의 말을 받아들이되 자기보다 더 가까운 친족이 있음을 지적하는 방식으로 이야기를 하기 위한 서두로 본다.

호대로 실었다. 위 Weil의 책에 Mm 2752 항목을 보면 קר ח כתיב ולא קרי(쓰여졌으나 읽어서는 안 되는 구약 총 8군데)라는 부제하에 총 8군데가 어디인지 밝혔다 : 사무엘하 13:33, 15:21; 열왕기하 5:18; 예레미야 38:16, 39:12, 51:3; 에스겔 48:16; 룻기 3:12. 중세의 맛소라 학자들이 성경의 작은 디테일에 얼마나 신경을 써가며 문자로 내려온 자음 본문과 구전으로 내려온 모음 전승을 보존하려고 애썼는지 알 수 있다.

8.2 중복 필사의 오류인가? 말을 더듬고 있는 것인가?

어찌되었든 우리는 "참으로 나는 네 기업 무를 자나"(וְעַתָּה כִּי אָמְנָם כִּי אִם גֹּאֵל אָנֹכִי ; 웨아타 키 오므남 키 임 고엘 아노키)라는 문장을 어떻게 해석해야 좋을까? 반복이 많아 보이는 보아스의 첫 번째 문장을 본문 비평에서 살펴보았듯이 중복 필사로 볼 것인가 아니면 최근 학자들의 제안대로 말을 더듬었기 때문으로 볼 것인가가 관건이다.

우선 이 문장이 왜 군더더기 많은 반복이라 보는지 그 이유를 살펴볼 필요가 있다. "그리고 이제"(עַתָּה ; 아타)란 첫 단어와 "나는 고엘이다"(גֹּאֵל אָנֹכִי ; 고엘 아노키)라는 마지막 두 단어를 제외하고 나머지 네 개의 단어(כִּי אָמְנָם כִּי אִם ; 키 오므남 키 [임])는 중복적으로 느껴진다는 것이 학자들의 중론이다. 아래 논의는 이런 학자들의 중론을 잘 보여주는 홀름스테드의 견해를 요약한 것이다.[87]

우선 보아스의 말에 두 번 등장하는 "키"(כִּי)는 정말 다양한 의미로 쓰이는 단어이다. 일반적으로 볼 때 키(כִּי)는 "진정으로, 참으로"란 의미의 강조 부사로 사용되기도 하고, 명사절을 이끄는 접속사로 쓰이기도 한다. 또한 "비록 …에도 불구하고"라는 양보절을 이끌기도 하고, 가끔 "임"(אִם)과 함께 어떤 때는 "임"(אִם) 없이 "…이 아니지만, 그러나"란 의미의 "반의적 내용"의 절을 도입하는 용도로 사용되기도 한다. 그 외에도 "조건, 시간, 이유, 보충"의 내용을 담은 절을 이끄는 접속사로 사용되기도 한다.

그런데 보아스의 말에 등장하는 첫 번째 "키"(כִּי)는 "만일 내가 고엘이라면"이라

---

87 Holmstedt, Ruth : A Handbook on the Hebrew Text, 165–166.

는 조건의 의미로 쓰인 것도 아니고, "자 이제 내가 고엘이 드러난 때이기에"라는 시간적 용법으로 사용된 것도 아니며, "자 내가 고엘이라는 것이 사실이기 때문에"라는 이유적 용법으로 쓰인 것도 아니며, "…이 아니지만, 그러나 내가 고엘이기에"라는 반의적 용법으로 사용된 것도 아니다. 그렇다면 첫 번째 키는 "양보적이거나 강조적 용법의 가능성만"이 남는데 이어지는 내용이나 두 번째 키를 염두에 두면 "강조적"으로 쓰였을 가능성이 크다.[88]

한편 두 번째 "키"(כִּי)는 "내가 기업 무를 자"라는 명사절을 이끄는 접속사의 용도로 쓰인 것이 거의 분명하다. 한편 "오므남"(אָמְנָם)은 뒤에 키가 오든 안 오든간에 상관없이 구약에 사용된 총 14번의 용례가 모두 "진정으로", "사실인데"란 의미로 사용되었다. 그렇다면 "오므남 키"(אָמְנָם כִּי)를 합치면 "내가 기업 무를 자라는 것이 사실이지만"이란 의미라고 할 수 있다.

그렇다면 이제 "임"(אִם)이란 단어만 남는다. 그런데 맛소라 본문을 보면 이 단어 밑에 어떤 모음 부호도 없다(אם). 이는 맛소라 학자들이 불필요한 단어로서 이전 필사자가 이중 필사를 한 것이라 보고 "쓰여져 있지만 읽어서는 안 되는"(כתיב ולא קרי ; 크니브 웨로 케레) 단어로 간주하여 읽지 말라고 아예 모음 부호를 붙이지 않은 것이다. 실제로 번역을 하려고 하면 군더더기 같은 느낌이 든다. 원래 앞에 있는 키와 합치면 "키 임"(כִּי אִם)이 되고, "그러나 …"란 매우 강한 반의적 의미를 지닌다. 그러나 보아스가 무엇인가에 반대하면서 "그러나 나는 기업 무를 자이다"라고 말하고 있지 않아 이런 의미는 아니다.

한편 "임"(אִם)은 홀로 쓰이면 조건의 의미로 쓰이거나, 맹세 뒤에 나오면 강조의 의미로 사용된다. 그러나 조건의 용법은 "내가 만일 기업 무를 자라면"이 되어 내용상 맞지 않는다. 그렇다고 맹세 뒤에 나오는 강조의 용법도 아니다. 설령 강조의 용법으로 "진정으로, 참으로"라고 번역하더라도 앞에서 보아스가 "진정으로"라는 의미로 오므남(אָמְנָם)을 사용하였기에 불필요하게 반복적인 것이 사실이다. 어찌되었든 보아스의 말은 군더더기가 많은 것이 사실이다. 이런 점을 어떻게 해결해야 할까?

---

88 Holmstedt, *Ruth : A Handbook on the Hebrew Text*, 165-166.

첫째, 중세의 맛소라 학자들처럼 본문이 중복 필사의 오류가 있다고 보고, "임"(אִם)을 제거하는 것이다. 맛소라 학자들은 자음 본문에서 이 단어를 아예 제거하면 되지만 그렇게 하지 않았다. 전해져 내려오는 자음 본문 전승을 귀하게 때론 성스럽게 여겼기에 그냥 놔둔 채 읽지 않고 건너뛸 것을 제안하면서 아예 모음부호를 붙이지 않았다. 물론 이랬을 가능성이 없는 것은 아니나, 본문에 손을 대는 외과수술적 해석은 다른 설명이 불가능할 때 최종적으로 취해야 하는 해석이 되어야 한다.

최근에 일부 학자들은 보아스가 당황해서 말을 더듬고 있는 것으로 해석하기도 한다. "그러니까 이제 정말로, 참으로, 응 그러니까 내가 기업 무를 자는 맞는데"라는 식으로 더듬고 있다는 것이다.[89] 한밤중에 자기 발치에 누운 여인을 보고 놀란 보아스가 뜬금없이 "당신은 고엘입니다. 저랑 결혼해주세요"라고 한 룻의 말에 보아스가 당황해서 말을 더듬었다는 것이다.

아델 벌린의 해석을 들어보자.

> 나오미는 로맨틱한 사명을 주었으나, 룻은 기업 무를 자가 되게 해달라는 요청으로 바꾼다. (만일 나오미가 보아스에게 기업 무를 자가 되어달라고 요청할 의향이었다면, 밤중에 놀라켜 가면서 그런 요청을 했을 리 만무이다). 보아스는 룻의 실수를 이해하고, 남자답게 응수한다. 룻이 남편감을 찾는 것보다 나오미의 기업 무름을 더 중시한 것을 칭찬한다. 달리 말하면 보아스의 대답은 당시 상황의 당황스러움을 제거하고 룻의 잘못을 덮어주기 위한 것으로 보인다. 룻은 나오미의 지시를 따른다고 생각하면서 순진하게 보아스에게 왔던 것이 전부이다. 그러나 보아스는 룻이 의도적으로 영웅적으로 나오미의 이익을 자신의 이익보다 더 중시한 것처럼 믿어준다. 보아스가 가알(גאל)이란 어근을 너무 많이 반복하며, 부사와 조사들을 너무 많이 사용한 것은 자신이 기업 무를 자란 점에 대해 당혹감을 금치 못했기 때문에 생긴 결과이다.[90]

이런 해석들은 나름대로 그럴 듯해 보인다. 그러나 우리가 앞서 살펴본 대로 보

---

89 LaCocque, *Ruth*, 91.
90 Berlin, *Poetics and Interpretation of Biblical Narrative*, 90.

아스가 놀라기는 했지만 룻이 요구한 대로 하겠다고 이미 밝혔고, 그 이유도 너무나 명백하게 언급하였다. 따라서 "당황해서" 말을 더듬었다고 보기에는 어렵다.

만일 부사와 조사를 너무 많이 사용한 것이 더듬은 까닭이라고 한다면, 당황하였다기보다는 자신보다 더 가까운 기업 무를 자가 있다는 사실을 말하는 것이 힘들어서가 아닐까? 밤중에 찾아와 결혼 요청을 하는 자매에게 나보다 더 가까운 고엘이 있다는 이야기를 하는 것이 무안하지 않았을까? 만일 보아스의 첫 번째 문장이 버벅거리는 모습을 보이고 있는 게 사실이라면 당황했을 가능성보다는 무안함 때문에 더듬었을 개연성이 더 있다고 필자는 본다.

이렇게 우리가 전해받은 히브리 원문은 여러 가지 해석의 가능성을 지닌 역사적 문헌이다. 역사를 거쳐 전수되는 과정에서 원문이 오류가 생겼을 가능성이 있다. 그러나 조금만 반복이 있으면 바로 전수 과정의 오류로 생각하고 바로 원문 비평적으로 접근하여 필사자의 오류로 보는 것은 문제가 있다. 원문 비평으로 해결해야 할 문제인지, 아니면 다른 해석의 가능성이 있는 것인지는 고민해 보아야 한다.

3막 4장
빈 손으로 가지 말라(룻 3:14-18)

1. 서론적 이야기

1.1 본문

룻기 3:14-18은 보아스와 룻의 타작마당에서의 대화가 끝난 후에 일어난 두 가지 일을 보고한다. 첫째, 보아스가 룻에게 보인 말과 행동과 둘째, 룻이 돌아와서 시어머니에게 행한 보고와 이에 대한 나오미의 권면으로 이루어져 있다.

"룻이 새벽까지 그의 발치에 누웠다가 사람이 서로 알아보기 어려울 때에 일어났으니 보아스가 말하기를 여인이 타작마당에 들어온 것을 사람이 알지 못하여야 할 것이라 하였음이라 보아스가 이르되 네 겉옷을 가져다가 그것을 펴서 잡으라 하매 그것을 펴서 잡으니 보리를 여섯 번 되어 룻에게 지워 주고 성읍으로 들어가니라 룻이 시어머니에게 가니 그가 이르되 내 딸아 어떻게 되었느냐 하니 룻이 그 사람이 자기에게 행한 것을 다 알리고 이르되 그가 내게 이 보리를 여섯 번 되어 주며 이르기를 빈 손으로 네 시어머니에게 가지 말라 하더이다 하니라 이에 시어머니가 이르되 내 딸아 이 사건이 어떻게 될지 알기까지 앉아 있으라 그 사람이 오늘 이 일을 성취하기 전에는 쉬지 아니하리라 하니라."

1.2 그동안의 대중적 해석사와 문제 제기

우리가 지금까지 살펴본 대로 룻기에 대한 대중적 해석은 보아스를 그리스도로, 그리고 룻이나 나오미를 교회로 대응하여 해석하는 것이었다. 그런 경향은 룻기 3:14-18의 해석에도 그대로 나타난다. 워렌 위어스비는 나오미가 룻에게 "가만히 앉아 있으라"고 요구한 것을 하나님이 하실 일을 기다리고 우리는 가만히 있어야 하는 것으로 해석한다.

> 룻이 만약 보아스를 따라다니며 그가 한 약속들을 지킬 수 있도록 도와주려고 애썼다면 그녀는 아무 것도 이루지 못했을 것이다. … 우리의 인간적 본성은 돌아다니며 하나님을 도와드리려고 애쓴다. 그러나 우리가 그렇게 해봤자 일만 더 어렵게 만들 뿐이다. … 가만히 서 있어야 할 때가 있고 앞으로 나아가야 할 때가 있다. …
>
> 보아스는 룻을 위해 바쁘게 일했다. 그리고 나오미는 그가 그 문제를 확정짓기 전까지는 쉬지 않을 것이라는 자신감을 가지고 있었다. "너희 안에서 착한 일을 시작하신 이가 그리스도 예수의 날까지 이루실 줄을 우리는 확신하노라"(빌 1:6). 예수님께서 하늘에서 중보기도하시며 그의 백성들을 위해 끊임없이 일하고 계시다는 사실(히 8장), 그리고 우리로 하여금 그의 온전하신 뜻을 깨닫게 하시려고 우리 안에서 일하고 계시다는 사실을 알 때 나는 힘을 얻는다.[91]

---

91 위어스비, 『헌신하여라』, 66-68.

앞에서 여러 번 지적했지만, 위어스비는 보아스와 룻/나오미 사이에 일어난 일, 다시 말해 인간 간의 수평적 차원의 일들을 우리와 그리스도 사이의 수직적 차원의 일로 치환해서 해석한다. 보아스가 나오미에게 보리를 여섯 번 되어 준 것은 일차적으로는 우리가 서로를 어떻게 도와야 할지를 보여주는 본문이다. 물론 2차적으로는 그리스도께서 우리를 어떻게 도우시는지를 보여주는 본문으로 해석할 가능성도 전혀 없는 것은 아니지만, 1차적 수준에서 인간 상호 간의 인애를 다루는 본문으로 먼저 해석해야 마땅하다. 이 점을 염두에 두면서 성경 본문을 문자적으로 해석해 보자.

2. 새벽에 일어난 룻

보아스는 룻에게 "아침까지 누워 있을지니라"고 권면하였다. 그런데 내레이터는 룻이 그 권면대로 행하였다고 보고한다(14절).

"룻이 새벽까지 그의 발치에 누웠다가

(וַתִּשְׁכַּב מַרְגְּלוֹתָו עַד־הַבֹּקֶר ; 와티쉬카브 마르겔로타우 아드-하보케르)."

내레이터의 보고를 보면 혹자가 의심하는 것처럼 보아스와 룻 사이에 성적 접촉이 있었던 것이 아님을 분명히 알 수 있다. 룻은 새벽까지 보아스의 "발치에"(מַרְגְּלוֹתָו; 마르겔로타우) 누워 있었다. "발치에"라는 말을 반복하여 내레이터가 적시하는 이유가 무엇일까? 보아스와 룻 사이에는 어떤 불미스런 성적 접촉이 없었다는 점을 강조하기 위해서이다. 다시 말해 보아스는 술취해 있었지만 룻의 조상인 롯처럼 어리석은 일을 하지 않았다. 롯은 딸들이 먹인 술에 만취하였기에 한밤중에 딸이 누웠다 일어나는 것을 몰랐다. 그래서 모압 족속이 생긴 것이다. 그러나 보아스는 술에 취해 있었지만 타작마당에 들어와 누운 여인을 탐하지 않았다. 하나님의 백성답게 의롭게 일처리를 하고 있다.

어찌되었든 새벽까지 보아스의 발치에 누운 모압 여인 룻의 모습을 상상해 보라!

그나마 보아스의 따뜻한 온기에 새벽까지 한기를 녹일 수 있었을 것이다. 어디 몸만 따뜻해졌을까? 룻의 마음도 따뜻해졌을 것이다.

새벽까지 발치에 누워 있던 룻은 새벽에 움직였다.

"사람이 서로 알아보기 어려울 때에 일어났으니

(וַתָּקָם בְּטֶרֶם יַכִּיר אִישׁ אֶת־רֵעֵהוּ ; 와타콤 비테렘 야키르 이쉬 에트-레에후)."

내레이터는 "사람이 서로 알아보기 어려울 때에" 룻이 일어났다고 논평한다. 그 이유는 보아스의 생각 때문이었다(14하반절).

"보아스가 말하기를 "이는 알려져서는 안 된다

(וַיֹּאמֶר אַל־יִוָּדַע ; 와요메르 엘-이와다)

여인이 타작마당에 들어온 것을

(כִּי־בָאָה הָאִשָּׁה הַגֹּרֶן ; 키-바아 하잇샤 학고렌)."

여인이 타작마당에 들어온 것이 알려져서는 안 되기 때문이라는 것이 보아스의 생각이었다. 내레이터는 이를 자신의 논평이 아니라 보아스의 말을 인용하는 방식으로 묘사한다. 그런데 한글개역개정의 "사람이 알지 못하여야 할 것이라"는 직역하면 "이는 알려져서는 안 된다"이다. "알려져서는 안 된다"는 동사가 2인칭 여성 단수가 아니라 3인칭 남성 단수 동사로 되어 있다. 그리고 "네가 타작마당에 들어온 것"이라고 2인칭 주어로 되어 있지 않고, "여인이 타작마당에 들어온 것"이라고 3인칭 주어로 되어 있다. 따라서 보아스가 룻에게 직접 한 말로 보기 어렵다. 따라서 학자들은 이 말을 보아스가 독백하듯이 한 말로 본다.[92] 보아스가 "말하기를"에서 "말하다"는 동사 "아마르"(אָמַר)는 "혼자 말을 하다"란 의미도 되기 때문이다. 그렇다면 보아스가 독백처럼 말한 것을 룻이 들은 것으로 얼마든지 해석할 수 있다.

---

92 Holmstedt, *Ruth : A Handbook on the Hebrew Text*, 171.

3. 보아스의 상징적 행동

3.1 보리를 되어 주는 보아스

그런데 바로 이 시점에서 보아스는 룻을 그냥 맨 손으로 돌려보내지 않았다. 보아스는 룻에게 명하였다(15절).

"보아스가 이르되 네 겉옷을 가져다가
(וַיֹּאמֶר הָבִי הַמִּטְפַּחַת אֲשֶׁר־עָלַיִךְ ; 와요메르 하비 함미트파하트 아셰르-알라이크)
그것을 펴서 잡으라 하매 그것을 펴서 잡으니
(וְאֶחֳזִי־בָהּ וַתֹּאחֶז בָּהּ ; 웨에호지-바흐 와토헤즈 바흐)
보리를 여섯 번 되어 룻에게 지워 주고 성읍으로 들어가니라
(וַיָּמָד שֵׁשׁ־שְׂעֹרִים וַיָּשֶׁת עָלֶיהָ וַיָּבֹא הָעִיר ; 와야모드 셰쉬-세오림 와야셰트 알레하 와야보 하이르)."

보아스는 룻이 입고 온 겉옷을 가져오라고 하였다. 그 이유는 보리를 담아 주기 위해서였다. 보아스는 타작마당에서 나온 곡식을 여섯 번 되어 룻에게 지워주고 집으로 보내고 있다.

이것이 얼마나 되는지는 학자들마다 의견이 분분하다. 왜냐하면 원문을 보면 "여섯 번"(שֵׁשׁ־שְׂעֹרִים ; 셰스-세오림)이라고만 되어 있을 뿐 계량 단위가 나와 있지 않기 때문이다. 후에 룻이 시어머니에게 보고할 때도 "이 보리 여섯 번"(שֵׁשׁ־הַשְּׂעֹרִים הָאֵלֶּה ; 셰스-하세오림 하엘레)이라고만 밝히고 있을 뿐 계량 단위가 전혀 언급되어 있지 않다.

이스라엘의 곡물 계량 단위는 호멜, 에바, 세아, 오멜이 있다. 한 학자에 의하면 당시 계량(중량) 단위를 현대식으로 환산하면 아래와 같다.[93]

---

93 Sasson이 New Biblic Dictionary, "Old Testament Measures with Modern Equivalence : B. Capacity", 1323을 근거로 그의 Ruth, 96의 도표에서 제안한 것이다.

	계량 단위	양(리터)	중량(킬로그램)	보아스의 선물
1	호멜(חֹמֶר)	22	132	79.2 킬로그램
2	에바(אֵיפָה)	2.2	13.2	79.2 킬로그램
3	세아(סְאָה)	7.3	4.38	26.3 킬로그램
4	오멜(עֹמֶר)	3.66	2.20	13.2 킬로그램

사쏜은 호멜(חֹמֶר)이나 에바(אֵיפָה)의 가능성은 낮다고 본다. 왜냐하면 792킬로그램이나 79.2킬로그램은 룻이 겉옷에 담아 가지고 갈 수 있는 양보다 훨씬 많은 양이기 때문이다. 사쏜은 세아(סְאָה)나 오멜(עֹמֶר)의 가능성이 있는데 세아일 가능성이 더 크다고 본다. 왜냐하면 오멜로 보면 6오멜은 룻이 하루에 이삭을 주워 얻은 양(한 에바; 룻 2:17)과 비슷하기 때문에 선물로 주었다고 보기에는 작은 것처럼 보이기 때문이다.[94] 세아일 가능성이 가장 높다는 사쏜의 이 같은 주장을 라코크 같은 최근의 학자들도 받아들이고 있다.[95] 만약 보아스가 보리를 6세아(סְאָה)를 되어 주었다면 약 26킬로그램의 보리를 선물로 준 것이 된다.

그러나 일부 학자들은 여인들이 걸치고 다니는 겉옷에 26킬로그램의 보리를 과연 담아가지고 갈 수 있느냐는 데 의문을 제기한다. 따라서 6세아를 주었다는 것도 어디까지나 추측에 불과하다는 점을 유념해야 한다.

3.2 왜 하필 여섯 번인가?

한편 고세진은 보리를 여섯 번 되어 준 것이 얼마나 많은 양이냐보다는 숫자 6에 관심을 갖는다. 숫자 6은 완전수에 미치지 못하는 숫자로서 "결심(룻의 요청을 받아들임)과 현실(다른 친족의 결정여부)의 경계에서 날이 밝기를 기다리는" 보아스의 초조한 마음을 보여주는 상징이라고 본다. 고세진의 주장을 들어보자.

룻기 3:15, 17에 나오는 숫자는 "여섯"이다. 구약 성경에서 숫자 "7"은 완성, 완전, 만

---

94 Sasson, *Ruth*, 97.
95 LaCocque, *Ruth*, 103-104.

족, 신적인 충만 같은 개념을 나타낸다. 반면에 숫자 "6"은 불완전, 미완성, 인간의 부족함 같은 개념을 나타내며, "완전"을 향하여 나아가는 숫자이다(예를 들면, 6일째까지 창조가 진행되고 다음 날인 7일째에 안식일이 되어서, 6일간의 창조가 완전하게 끝을 봄). … 보아즈의 의도는 룻을 통하여 나오미에게 "어느 정도의 실현성", 즉 "조건이 붙어 있는 불완전한 성공"을 룻이 이루었다는 메시지를 전하려는 의도에서 보리를 여섯 번 되어서 보냈다. …

그 여섯이라는 불완전의 숫자가, 결심(룻의 요청을 받아들임)과 현실(다른 친족의 결정여부)의 경계에서 날이 밝기를 기다리는 보아즈의 초조한 마음을 전달하고 있었기 때문에 나오미는 그렇게 예견할 수 있었다. 그러므로 이 구절들(15절과 17절)을 이해하는 열쇠는 "보리"라는 물질이나 "보리를 주었다"는 사실이나 "빈 손으로 가지 말라"가 의도하고 있음직한 "친절"이 아니라 "여섯"이라는 숫자에 있다. 보아즈는 자기의 마음을 전하기 위해서 만약에 보리가 아니라 다른 것을 주었더라도 "여섯" 번 되어 주었을 것이다.[96]

고세진의 주장은 나름대로 독창적인 해석이나, 본문의 문맥상 그저 흥미있는 추론에 불과한 것으로 보인다. 단지 숫자 6이 7에 미치지 못한다는 이유만으로 결심과 현실 사이의 경계선에서의 초조한 마음이라고 보는 것은 지나친 해석으로 보인다. 게다가 보리를 준 것보다 6이라는 숫자가 더 중요하다고 해석하는 것은 자신의 해석을 정당화하기 위해 과잉 해석을 한 것이라고 볼 수밖에 없다.

3.3 보리를 여섯 번 되어 준 이유

그렇다면 보아스가 룻에게 보리를 여섯 번 되어 준 이유는 무엇인가? 그동안 학자들은 보아스가 보리를 준 것을 여러 가지로 해석해 왔다.
어떤 학자는 성적 접촉에 대한 "화대"라고 본다. 이 해석은 받아들이기 어려울 뿐 아니라 설득력이 없다. 내레이터는 물론 성적인 접촉이 있을지도 모르는 분위기가

---

[96] 고세진, 『룻의 누명을 벗기다』, 51, 52, 53.

있음을 인정하고 있지만, 룻과 보아스가 이런 성적인 접촉의 위험과 유혹을 이겨내고 신실하게 일을 처리한 유력한 남자와 현숙한 여인으로 성격 묘사하고 있기에 화대라고 보는 것은 지나친 해석을 넘어 잘못된 해석이라고 보아야 한다.

한편 어떤 학자들은 밤에 타작마당을 방문한 것이 들통날 경우에 룻에게 보리 이삭을 주우러 왔다는 핑곗거리를 주기 위해서라고 본다. "보리를 잔뜩 가지고 가는 룻을 보면 굶주리지 않기 위해 밤새 이삭을 주워가지고 돌아가는 것"이라고 보았을 것이라는 논리이다.[97] 보리를 준 것이 이런 이유 때문이라고 보기는 어렵지만, 얼마든지 이런 용도로도 쓰일지 모른다는 계산을 보아스가 했을 수도 있다.

다른 학자들은, 특별히 유대 전승에 의하면 "보리 여섯"은 약혼에 필요한 최소한의 가치라고 본다. 최근의 학자들은 유대 전승에 속하지 않았음에도 일종의 신부값의 계약금(downpayment)으로 본다. 물론 정식 약혼식을 한 것은 아니지만, 더 가까운 친척이 기업을 무르지 않는다면 자신이 기업을 무를 것이라고 하나님의 살아계심을 두고 맹세까지 하였기에 일종의 "신부 값의 첫 불입금"으로 나오미에게 보리 여섯 되를 주었다는 것이다.

4. 빈 손으로 네 시어머니에게 가지 말라

4.1 너는 누구냐?

룻이 드디어 타작마당을 떠나 그녀의 시어머니에게로 돌아갔다(16절). 시어머니가 무엇이라고 말을 할까?

"룻이 시어머니에게 가니
(וַתָּבוֹא אֶל־הֲמוֹתָהּ ; 와타보 엘-하모타흐)
그가 이르되 내 딸아 어떻게 되었느냐 하니

---

[97] Hubbard, *The Book of Ruth*, 222를 보라.

(וַתֹּאמֶר מִי־אַתְּ בִּתִּי ; 와토메르 미-아트 빗티)."

한글개역개정에서는 나오미가 "어떻게 되었느냐"고 물은 것으로 되어 있다. 이 어구(מִי־אַתְּ ; 미-아트)를 직역하면 "너는 누구냐"이다. 그런데 이 질문은 상대방이 누구인지 몰랐을 때 묻는 질문으로 직역하면 앞뒤 문맥이 잘 맞지 않는다. 왜냐하면 바로 이어서 나오미가 "내 딸아"(בִּתִּי ; 비티)라고 부르고 있기 때문이다. 따라서 "내 딸아, 너는 누구냐?"라고 묻는 것은 앞뒤가 맞지 않는 것처럼 느껴진다.

따라서 학자들은 "너는 누구냐"라는 질문을 "신분확인용(identification) 질문"이 아니라 "분류용(classification) 질문"으로 본다. 다시 말해 놀라서 "너의 정체는 누구냐?"라고 신원을 확인한 질문이 아니라, "너는 내가 아는 룻이냐, 아니면 보아스와 정혼한 룻이냐?"란 의미의 질문이라는 것이다.[98] 따라서 대부분의 학자들과 영어 성경들은 "네게 일이 어떻게 되었느냐"(how did things go with you)로 읽는다. 즉 의문 대명사 "누구"(מִי ; 미)를 "조건의 대격"(accusative of condition)으로 해석하여 "너는 누구로서이냐"로 읽는 것이 학계의 중론인 셈이다.

그러나 사쏜 같은 학자는 "너는 누구냐?"로 얼마든지 읽을 수 있다고 본다. 타작마당에 룻을 보내 놓고 초조하게 기다린 나오미가 새벽에 돌아오는 룻을 보고 성공 여부를 확인하기 위해 "너는 누구냐?"(Who are you?)라고 얼마든지 물을 수 있다는 것이다.[99] 신분 확인용 질문이 아니고 룻의 성공을 묻는 질문임을 분명히 하기 위해 사쏜은 "이제(now) 너는 누구냐?"라고 "이제"를 첨가하여 번역한다. 아니면 인칭 대명사 "미"(מִי)를 소유격으로 해석하여 "너는 누구의(여자/아내)인가?"(Whose [wife/woman] are you)라고 물을 수 있다는 것이다.[100]

우리는 이런 여러 견해들이 모두 가능성이 있다고 볼 수 있다. 어떻게 해석하든

---

[98] Holmstedt, *Ruth : A Handbook on the Hebrew Text*, 173. 허바드(Hubbard)는 "너는 그의 아내냐 아니냐? 계획이 성공했냐?"란 의미의 질문으로 본다. 참조. Hubbard, *The Book of Ruth*, 224. 라코크(LaCocque)는 Salmon ben Yeroham이 "너는 다시 과부인가? 아니면 네가 원하는 것을 그가 해주었는가?"란 의미로 부연설명하였다고 알려준다. LaCocque, *Ruth*, 105.

[99] 그러나 허바드 같은 학자는 의문대명사를 문맥적으로(contextually) 이해하면서 문자적으로 번역하여 "너는 누구(신분이나 상황에 있어서)이냐?"(Who [in status, in situation] are you?)로 번역한다. Hubbard, *The Book of Ruth*, 224, fn. 5.

[100] Sasson, *Ruth*, 100-101.

의미 차이가 큰 것은 아니다. 따라서 이런 견해 중에 하나를 선택해도 큰 무리는 없을 것으로 보인다.

한편 흥미로운 것은 룻에게 던져진 질문, "너는 누구냐"와 비슷한 질문이 룻기에 세 번 등장한다는 점이다. 허바드는 이런 질문을 비교해 보면 룻이 어떻게 신분을 얻어가는지 그 과정을 알 수 있다고 본다.[101]

(1) 이방인(룻 2:6) : 보아스가 룻에 관해 던진 질문
"이는 누구에게 속한 소녀이냐"(לְמִי הַנַּעֲרָה הַזֹּאת ; 르미 한나아라 하조트)
⇒ "이는 모압 소녀이온데."
(2) 온전한 친척(룻 3:9) : 보아스가 룻에게 던진 질문
"너는 누구냐"(מִי־אָתְּ ; 미 아트) ⇒ "나는 당신의 시녀 룻입니다. 결혼해주세요."
(3) 이스라엘 남자와 결혼할 가능성(룻 3:16) : 나오미가 룻에게 던진 질문
"일이 네게 어떻게 되었느냐"(מִי־אַתְּ ; 미-아트) ⇒ 보아스의 말과 행동을 보고함.

이방인에서 온전한 친척으로, 그리고 이제는 이스라엘 남자와 결혼할 가능성이 있는 신분으로 룻이 전진하고 있다는 허바드의 통찰은 우리가 주목할 필요가 있다. 이방인이었던 룻이 이제는 보아스든 더 가까운 고엘이든간에 이스라엘 안으로 들어와 하나님의 백성이 될 수 있는 가능성이 커진 것이다. 신약의 용어를 사용하자면 룻은 "전에는 백성이 아니더니 이제는 하나님의 백성"이요 "전에는 긍휼을 얻지 못하였더니 이제는 긍휼을 얻은 자"(벧전 2:10)가 된 것이다.

우리는 여기서 이방 여인이 어떻게 하나님의 백성이 되어가는지를 보게 된다. 보아스가 베푼 긍휼이 아니었다면 모압 여인 룻은 하나님의 백성이 될 수 없었을 것이다. 여호와 하나님과 그분이 주신 율법(기업 무름과 계대결혼 제도 같은)과 하나님을 사랑하고 그의 율법을 지키려는 보아스 같은 신실한 하나님의 사람이 있다면 룻과 같은 이방인이 얼마든지 하나님의 백성이 될 수 있는 것이다.

---

101 Hubbard, *The Book of Ruth*, 224.

4.2 "그 사람" 보아스

룻은 "너는 누구로서냐?/너는 현재 신분이 누구이냐?"라는 나오미의 질문을 받았다. 그렇다면 룻은 무엇이라고 답을 할까? 16하반절을 보자.

"룻이 그 사람이 자기에게 행한 것을 다 알리고
(וַתַּגֶּד־לָהּ אֵת כָּל־אֲשֶׁר עָשָׂה־לָהּ הָאִישׁ ; 와타게드-라흐 에트 콜-아셰르 아사-라흐 하이쉬)."

내레이터는 룻의 대답을 직접 인용으로 제시하지 않았다. 룻의 대답을 "그 사람이 자기에게 행한 것을 모두 알렸다"라고 단지 요약으로 보여주었다.

여기서 내레이터는 보아스라는 고유명사 대신 "그 사람"(הָאִישׁ ; 하이쉬)이라는 일반명사를 사용하고 있다. 내레이터는 왜 보아스라는 이름 대신 "그 사람"이라고 부르고 있는 것일까? 우리는 이것이 그저 우연이라고 보아서는 안 된다. 한 등장 인물을 가리키는 호칭(naming)은 주제를 표출하거나 등장 인물의 관점을 보여주는 중요한 문예장치이다.

"그 사람"이란 단어가 어떤 용도로 사용된 것인지 알아보기 전에 "그 사람"이란 호칭이 의도적인 문예장치라는 사실을 먼저 살펴보자. 3장에서는 룻과 보아스라는 이름 대신 "그 사람", "그 여인"이라는 용어를 자주 의도적으로 사용하는 것을 볼 수 있다. 이것은 2장과 비교해 보면 금방 알 수 있다. 2장에서는 나오미라는 이름이 6번, 룻이 4번, 보아스가 10번 등장하는데 반해, 3장에는 나오미와 룻의 이름이 1번, 보아스가 2번밖에 쓰이지 않고 있다. 특별히 보아스를 가리키고 있음에도 불구하고 룻기 3장에서는 "(그) 사람"이란 단어를 무려 4번(3:3, 8, 16, 18), 그리고 룻을 가리키는 용도로 "(그) 여인"이란 단어가 무려 3번(3:8, 11, 14)이나 사용되고 있다.

"그런즉 너는 목욕하고 기름을 바르고 의복을 입고 타작마당에 내려가서 그 사람(הָאִישׁ ; 하이쉬)이 먹고 마시기를 다 하기까지는 그에게 보이지 말고 … 그 사람(הָאִישׁ ; 하이쉬)이 밤중에 놀라 몸을 돌이켜 본즉 한 여인(אִשָּׁה ; 잇샤)이 자기 발치에 누워 있는지라 … 그리고 이제 내 딸아 두려워하지 말라 내가 네 말대로 네게 다 행하리라 네가 현숙한 여자(אֵשֶׁת חַיִל; 에셰트 하일)인 줄을 나의 성읍 백성이 다 아느니라 … 룻이 새벽까지 그의 발치에 누웠다가 사람이 서로 알아보기 어려울 때에 일어났으니 보아스가 말하기를 여인(הָאִשָּׁה; 하잇샤)이 타작마당에 들어온 것을 사람이 알지 못하여야 할 것이라 하였음이라 … 룻이 시어머니에게 가니 그가 이르되 내 딸아 어떻게 되었느냐 하니 룻이 그 사람(הָאִישׁ; 하이쉬)이 자기에게 행한 것을 다 알리고 … 이에 시어머니가 이르되 내 딸아 이 사건이 어떻게 될지 알기까지 앉아 있으라 그 사람(הָאִישׁ; 하이쉬)이 오늘 이 일을 성취하기 전에는 쉬지 아니하리라 하니라(룻 3:3, 8, 11, 14, 16, 18)."

일부 학자들의 주장처럼 비밀스럽고 애매한 상황이었기에 성경 기자는 룻과 보아스라는 이름 대신 그 사람, 그 여인이라는 용어를 썼을 가능성도 있다. 특히 밤중에 보아스와 룻이 만나는 대목에서는 보아스가 놀라 몸을 돌이켜 본즉 룻이 자기 발치에 누워 있는지라라고 할 수 없었다. 그렇다면 "그 사람이 밤중에 놀라 몸을 돌이켜 본즉 한 여인이 자기 발치에 누워 있는지라"고 해야 적절한 것이다. 게다가 이제 타작마당의 만남과 그 후속 이야기는 한 "남자"와 한 "여자"의 결혼에 관한 이야기이다. 보아스라는 "남자"가 룻이라는 "여자"를 어떻게 할 것인가의 이슈를 다루고 있기 때문에 고유명사 대신 "그 사람"이란 일반명사를 사용하고 있는 것이다. 물론 "그 사람"이란 대화 현장에 없는 사람을 가리키는 용도로 사용할 수도 있다. 그러나 "그 사람"이란 단어를 반복적으로 사용하고 있는 것은 이제 관건은 "한 여자"와 "한 남자"의 문제라는 점을 분명하게 하기 위해서라고 학자들은 해석한다.

룻은 보아스가 자기에게 행한 것을 "그 사람"이 행한 것으로 보는 인식을 가졌음을 내레이터가 그 사람이란 단어를 사용해서 표현하고 있는 것이다. 타작마당에서 일어난 일은 한 남자와 한 여자가 결혼과 후손과 미래의 문제를 놓고 나눈 대화와 행동이기 때문이다. 따라서 나중에 시어머니도 보아스라는 고유명사를 사용하지 않고 "그 사람"(הָאִישׁ; 하이쉬)이라고 부른다 : "이에 시어머니가 이르되 내 딸아 이 사건이 어떻게 될지 알기까지 앉아 있으라 그 사람(הָאִישׁ; 하이쉬)이 오늘 이 일을 성취하기 전에는 쉬지 아니하리라 하니라"(3:18).

또한 우리는 "그 사람이 자기에게 행한 것을 다 알리고"(וַתַּגֶּד־לָהּ אֵת כָּל־אֲשֶׁר עָשָׂה־לָהּ הָאִישׁ; 와타겓-라흐 에트 콜-아셰르 아사-라흐 하이쉬)란 표현(3:16)이 나오미가 룻에게 보아스의 발치에 누우면 "그가 네 할 일을 네게 알게 하리라"(וְהוּא יַגִּיד לָךְ אֵת אֲשֶׁר תַּעֲשִׂין ; 웨후 야기드 라크 에트 아쎄르 타아신)고 한 표현(룻 3:4)과 유사하다는 점을 주목해야 한다. 이런 표현의 유사성은 이 두 문장을 비교할 것을 독자들에게 요구한다.

이 두 문장을 비교하면 어떤 그림이 그려지는가? 나오미는 룻이 타작마당으로 내려가 누우면 보아스가 룻이 행할 일을 알려줄 것이라고 기대하였다. 그런데 나오미의 기대와는 정반대로 오히려 룻이 보아스에게 행할 일을 알려주었고 또 실제로는 보아스가 룻을 위해 일을 행하였다. 이렇게 본다면 룻은 단순히 시어머니가 시키는 대로 의사만 전달하는 수동적인 존재가 아니라 자신이 이해한 대로 열정적으로 움직이는 능동적 인물이라고 볼 수 있다고 학자들은 해석한다. 결국 룻은 단순히 양쪽을 연결하는 "중개자"가 아니라, 이보다 훨씬 중요한 "연결 고리요 핵심 인물"인 셈이다.[102] 따라서 우리는 룻이 얼마나 능동적이고 열정적으로 자신의 미래를 열어가는 유력한 여인인지 알 수 있다.

4.3 빈 손으로 네 시어머니에게 가지 말라

룻은 보아스가 무엇을 행했는지 말을 한 후에 결정적인 증거를 제시하였다(17상반절).

"이르되 그가 내게 이 보리를 여섯 번 되어 주며
(וַתֹּאמֶר שֵׁשׁ־הַשְּׂעֹרִים הָאֵלֶּה נָתַן לִי ; 와토메르 셰스-하세오림 하엘레 나탄 리)."

룻은 "그가 내게 이 보리를 여섯 번 되어 주었다"고 밝힌다. 이 사실은 이미 우리가 알고 있는 사실이지만 여섯 번 되어 준 보리야말로 보아스가 행한 일의 핵심적 요체이기에 다시 언급하고 있는 것이다. 그리고 나서 룻은 보아스가 한 말을 전하였다.

---

102 Hubbard, *The Book of Ruth*, 225.

"그가 [내게] 이르기를 빈 손으로 네 시어머니에게 가지 말라 하더이다

(כִּי אָמַר אַל־תָּבוֹאִי רֵיקָם אֶל־חֲמוֹתֵךְ[103] ; 키 아마르 알-타보이 레캄 엘-하모테크)."

그런데 타작마당에서 있었던 보아스와 룻 사이의 대화 장면(룻 3:8-13)에서는 보아스의 이 말이 나오지 않는다. 그렇다면 보아스가 정말 이 말을 했을까? 학자들은 여러 가지 해석을 내놓는다.

사쏜 같은 학자는 보아스가 이 말을 하지 않았으며 단지 룻이 마음속에서 만들어낸 것이라고 본다. 혹시 며느리를 잃을 수도 있는 위험 속에 룻을 던져 넣고 초조하게 기다리고 있는 시어머니 나오미의 마음을 위로하기 위해 대담하게 보아스가 한 말처럼 룻이 꾸며서 전달했다는 것이다. 이렇게 보면 룻은 단지 사건의 흐름이 자신의 운명을 결정하도록 내버려두고 기다리는 수동적인 인물이 아니라 자신의 운명을 스스로 개척해나가는 능동적인 존재라는 것이다. 특히 "빈 손으로"라는 단어는 룻기 1장에서 나오미가 베들레헴에 도착했을 때 여인들에게 "내가 풍족하게 나갔더니 여호와께서 내게 비어 돌아오게 하셨느니라"고 했을 때 사용한 "비어"와 동일한 단어이다. 그렇다면 우연히 밭에 들린 부유한 보아스가 한 말로 묘사하지 않고 이런 애가를 직접 나오미에게서 들은 룻이 한 말로 묘사함으로써 내레이터는 훨씬 스토리를 정교하고 감동적으로 끌고가고 있다는 것이다.[104]

그러나 최근의 많은 학자들은 등장 인물이 한 말은 항상 그 대화 장면에서 모두 밝혀야 하는 것은 아니라고 본다. 플롯의 전개에 필요하거나 주제의 표출과 등장 인물의 성격 묘사에 기여할 수 있는 전략적 순간에, 즉 얼마든지 나중에 소개하거나 공개할 수 있다고 본다. 예를 들어, 캠벨은 "이렇게 해야 반복에서 벗어날 수 있고 매 장면마다 발전하는 플롯에 맞추어 극적인 효과를 드러낼 수 있다"고 본다.[105]

한편 아델 벌린은 이전에 말한 내용인데 그 당시에는 언급되지 않다가 뒤에 가서야 다른 사람에 의해 인용이 되는 이런 문예적 기법을 "시간 순서에 맞지 않은 정

---

103 자음은 안 보이고 모음만 보이는데, 이에 대해서는 부록에서 본문 비평 항목으로 다룰 것이다.
104 Sasson, *Ruth*, 101-102.
105 Campbell, *Ruth*, 129.

보"(dischronologized information)라고 부른다.106 내러티브에서는 일어난 사건의 순서에 따라 기술하고 묘사하는 것이 논리적이라고 할 수 있다. 그러나 내러티브는 단순히 사건의 연대기적 보고(chronological report)가 목적이 아니라 효과적으로 주제를 표출하고 메시지를 전달하는 것이 목적이기 때문에 필연적 자료를 골라 때로는 시간 순서와 달리 제시하기도 한다.

아델 벌린은 이런 식으로 앞에서 언급되지 않은 내용을 뒤에 가서 인용하는 문예 기법을 연구한 조지 사브란(George Savran)의 기존 연구107를 근거로 창세기에서 열왕기하까지의 인용문들을 살펴본 결과 "이전 장면에 원래 내용이 있어서 검증이 가능한 반면에 30%는 이전 장면에 원래 내용이 없어서 검증이 불가능하다"고 본다. "검증이 불가능한 경우에 플롯이나 성격 묘사와 일치하기 때문에 신뢰성이 있는 경우는 3분의 2이고, 신뢰할 수 없는 조작의 경우는 3분의 1이라"고 본다.108

룻이 인용한 보아스의 말은 검증이 불가능하지만 플롯이나 성격 묘사와 일치하기 때문에 신뢰성이 있는 경우에 해당한다고 본다. 룻이 보리를 여섯 번 되어 준 것을 설명하기 위해 거짓말을 꾸며 댈 어떤 이유도 없는데다가 현숙한 여인으로 성격 묘사를 한 것을 보면 신뢰성이 있다는 것이다. 아델 벌린의 말을 들어보자.

우리는 모든 직접 대화가 큰 소리로 말해진 말은 아니라는 점을 기억해야 본문을 더 잘 이해할 수 있다. 어떤 경우에는 생각이나 내적 독백을 가리키기도 하기 때문이다. 만일 우리가 직접 대화가 내용상 간접 대화와 동일하지만 문체상 선호될 수 있다는 사실을 염두에 두면 직접 대화를 간접 대화로 바꿀 수 있다. 그렇다면 룻이 한 말을 "그가 내게 보리 이삭을 여섯 번 되어 주었는데 그가 생각하기를 내가 내 시어머니에게 빈 손으로 가서는 안 된다고 보았기 때문입니다"라고 풀어낼 수 있다. 이것은 보아스의 행동에 대한 룻의 인식, 다시 말해 심리적이고 이념적인 룻의 인식을 보여주는 것이다. 그런데 나오미에게 전달할 때 직접 대화로 한 것은 좀 더 장면적(scenic)으로 만들기 위해서이

---

106 Berlin, *Poetics and Interpretation of Biblical Narrative*, 95-99.
107 G. Savran, *Stylistic Aspects and Literary Functions of Quoted Direct Speech in Biblical Narrative*, Ph. D. Dissertation (Brandeis University, 1982).
108 Berlin, *Poetics and Interpretation of Biblical Narrative*, 96.

다. 우리는 왜 보아스가 룻에게 보리를 주었는지 알지 못한다. 우리는 단지 룻이 보아스가 자신에게 왜 보리를 주었다고 생각하는지 그 이유를 룻의 시각으로만 알 뿐이다. 룻의 관점을 승인할 수도 있고 반박할 수도 있는 내레이터의 관점은 여기에 나오지 않는다. 그 이유는 내레이터가 룻기 안에서 가능한 자신의 관점을 제한하면서, 오히려 등장 인물들이 평가를 하도록 하려는 경향 때문이라고 볼 수 있다.[109]

필자는 벌린의 주장을 받아들이면서도 동시에 보아스가 룻에게 실제로 한 말이라고도 충분히 볼 수 있다고 생각한다. 다시 말해 내레이터는 단순히 룻의 시각만을 전달하려는 게 아니라 룻의 입을 통해 보아스가 보리를 준 이유를 보여주려는 이중 목적을 가지고 있기 때문이다. 보리를 준 이유를 룻의 시각을 통해 전달한다고 해서 보아스의 의도에 대한 룻의 인식만을 전달하려고 한 것이라고 볼 수만은 없다. 왜냐하면 벌린이 인정하듯이 내레이터가 모든 것을 평가하려고 하기보다는 한 등장 인물을 통해 다른 등장 인물을 성격 묘사하거나 평가하기 때문이다.

게다가 우리는 룻의 성격이나 플롯을 볼 때에 룻이 보아스가 하지도 않은 말을 했을 것이라고 보기 어렵다. 그런 점에서 얼마든지 보아스가 실제 한 말을 룻이 전달한 것으로 볼 수 있다.[110] 결국 여기서 내레이터는 룻의 입을 통해 보아스의 말을 전달하게 함으로써 보아스가 왜 보리를 주었는지 이유를 묘사하려고 했을 뿐 아니라 보아스의 말을 어떻게 룻이 이해하고 인식했는지도 전달하려고 했음도 알 수 있다.

4.4 보리를 준 이유

앞서 살핀 대로 보리를 준 이유에 대해서는 여러 가지 이론이 제기되었다. 어떤 학자는 성적 접촉에 대한 화대라고 본다. 한편 어떤 학자들은 밤에 타작마당을 방문한 것이 들통날 경우에 룻에게 보리 이삭을 주우러 왔다는 핑곗거리를 주기 위해서라고 본다. 다른 학자들은, 특히 유대 전승에 의하면 "보리 여섯"은 약혼에 필요

---

109 Berlin, *Poetics and Interpretation of Biblical Narrative*, 98.
110 Bush는 보아스가 실제 한 말로 간주한다. Bush, *Ruth/Esther*, 186.

한 최소한의 가치라고 본다. 최근의 학자들은 유대 전승에 속한 자들이 아님에도 불구하고 일종의 신부 값의 계약금(downpayment)으로 본다. 물론 정식 약혼식을 한 것은 아니지만, 더 가까운 친척이 기업을 무르지 않는다면 자신이 기업을 무를 것이라고 하나님께서 살아 계심을 두고 맹세까지 하였기에 일종의 "신부 값의 첫 불입금"으로 나오미에게 보리 여섯 되를 주었다는 것이다.

이런 여러 가능성들은 나름대로 다 이유가 있다고 볼 수 있다. 어찌되었든 우리는 이런 제안들을 본문의 디테일을 살피며 개연성이 있는지 살펴보아야 한다. 보아스가 보리를 여섯 번 되어 준 이유가 무엇이며, 이런 행동을 룻이 어떻게 받아들였는지에 대한 단서는 이어지는 룻의 말 가운데 암시되어 있다.

"그가 [내게] 이르기를 빈 손으로 네 시어머니에게 가지 말라 하더이다 (כִּי אָמַר אַל־תָּבוֹאִי רֵיקָם אֶל־חֲמוֹתֵךְ ; 키 아마르 알-타보이 레캄 엘-하모테크)."

우리는 룻이 전한 보아스의 말의 디테일에 신경을 써야 한다. 첫째, 보아스는 "너는 빈 손으로 가면 안 된다"라고 하지 않고 "너는 빈 손으로 시어머니에게 가지 말라"고 했다는 점이다. 결국 보리 여섯 되는 이미 여러 학자들이 지적한 대로 보아스가 "룻에게" 준 선물이 아니라, "시어머니에게" 보낸 선물인 것이다. 보아스가 나오미의 텅 빈 삶을 그대로 내버려 두지 않을 것임을 선언하는 상징적 선물로 보는 것이 최선으로 보인다.

이렇게 본다면 보리 여섯 되를 성적인 행위에 대한 화대로 보는 것은 지나치다. 게다가 룻이 사람들에 눈에 띄면 단순히 핑곗거리로 삼으려고 준 것이라고 보는 것은 보아스를 초라하게 만든다. 또한 약혼 선물이나 신부 값의 첫 불입금으로 보는 것은 보아스의 인애를 너무 작게 만든다.

어찌되었든 "그가 [내게] 이르기를 빈 손으로 네 시어머니에게 가지 말라 하더이다"란 말은 룻기에 나오는 룻의 마지막 말이다. 이 말을 끝으로 룻은 중앙 무대의 대화 장면에서 사라지게 된다. 시어머니의 삶을 풍요롭게 채울 것이라는 보아스의 말(혹 독백)을 전하고는 무대 뒤로 사라진다. 이것이 바로 룻의 인애이다.

이제 플롯의 수준에서 나오미의 텅 빈 삶이 채워지고 있는 것이다. 그렇다면 우리는 보아스로 인해 나오미가 더 이상 비지 않게 됨을 볼 수 있다. 이제 나오미의 텅 빈 날 들은 지나가고 있다. 지난 세월들의 아픔은 점차 치유되고 있다. 비록 상처는 남겠지만, 치유의 기쁨으로 지난 아픔들은 아련한 추억으로만 기억될 날이 다가오고 있다. 비록 하나님께 불평을 늘어 놓았지만 그래도 텅 빈 가슴을 안고 자신에게 돌아온 나오미를 하나님은 그냥 내버려 두시지 않은 것이다.

5. 나오미의 확신

5.1 앉아 있으라

나오미는 타작마당에서 일어난 일을 듣고 보아스가 준 보리 여섯 되를 본 후에 룻에게 이렇게 충고한다(18상반절).

"이에 시어머니가 이르되 내 딸아 앉아 있으라
(וַתֹּאמֶר שְׁבִי בִתִּי ; 와토메르 쉬비 빗티)."

나오미는 룻에게 "앉아 있으라"(שְׁבִי ; 쉬비)고 충고한다. 여기서 "앉아 있으라"로 번역된 동사는 야샤브(יָשַׁב)로서 "앉다(sit), 남다(remain), 머무르다(stay), 거주하다(dwell)"의 의미가 있다. 이렇게 여러 의미가 있기에 성경 번역자들은 매우 다양하게 번역한다. 여러 의미 가운데 문맥을 고려하면 "앉아 있으라", "가만히 있으라", "기다리라" 등의 의미로 번역할 수 있다. 따라서 영역 성경을 보면 wait(ESV; NIV; NASB), sit still(KJV; JPS), do nothing(NJB), stay here(TNK) 등으로 정말 다양하게 번역하였다. 이는 한글 성경도 마찬가지여서, "앉아 있으라"(개역개정), 가만히 앉아 있으라(개역), "가만히 기다리고 있거라"(새역), "지켜보라"(우리), "기다리라"(공동; 쉬운), "잠자코 있어라"(가톨릭)고 번역한다.

이런 다양한 번역들은 나름대로 문맥에 맞추어 번역을 시도한 것으로서 어떤 것을 택하든 큰 차이는 없다고 볼 수 있다. 어쩌면 이 모든 번역어들의 의미를 다 내포하고 있는지도 모른다. 보아스가 일을 해결하겠다고 한 이상 일이 어떻게 진행되는지 알기 전까지는 "가만히 앉아서", "기다리면서", "아무 것도 하지 말고", "지켜보는" 것이 지혜로운 일이라고 나오미가 충고한 것으로 볼 수 있다.

그런데 여기서는 어떤 번역어를 택하느냐보다 더 중요한 것이 있다. 그것은 룻기 2:23에서 같은 동사 "야샤브"(ישב)가 사용되고 있다는 점이다.

"이에 룻이 보아스의 소녀들에게 가까이 있어서 보리 추수와 밀 추수를 마치기까지 이삭을 주우며 그의 시어머니와 함께 거주하니라(ישב ; 야샤브)(룻 2:23)."

"내 딸아 앉아 있으라(ישב ; 야샤브) 이 사건이 어떻게 될지 알기까지(룻 3:18)."

학자들은 룻기 2장과 룻기 3장이 "함께 함"이란 같은 주제로 끝나고 있음을 주목해야 한다고 강조한다. 보리 추수와 밀 추수를 끝낼 때까지 시어머니와 함께 거주하는(ישב ; 야샤브) 룻의 모습은 기업 무름의 문제가 해결될 때까지 시어머니와 함께 하는(ישב ; 야샤브) 룻의 모습과 유사하면서도 차이가 있다는 것이다.

우선 굶주림을 해결하기 위해 추수 밭에서 이삭을 주우며 시어머니와 함께 거하는 룻의 모습은 이제 후손의 문제를 해결하기 위해 시어머니와 함께 거할/앉아 있을 것이라는 기대를 갖게 한다는 것이다. "소녀들과 함께 있으라"는 시어머니의 충고를 듣고 보리와 밀 추수를 마치기까지 시어머니와 거주하던 룻은 "사건이 어떻게 될지 알기까지 자신과 함께 가만히 있으라"는 시어머니의 충고를 들을 것이라고 얼마든지 추론할 수 있다.

그러나 룻기 2장의 결미와 룻기 3장의 결미 사이에는 차이가 있다고 학자들은 해석한다. 룻기 2장은 당면한 굶주림의 문제가 룻이 나오미와 함께 함으로 해소되었는데, 룻기 3장은 중요한 문제가 해결되지 않고 남아 있었다는 것이다. 왜냐하면 보아스와 더 가까운 친척 가운데 누가 기업을 무르게 될지 아직은 결정되지 않았기 때문이다. 보아스가 기업을 무르는 것과 더 가까운 친척이 기업을 무르는 것은 큰 차이가 날 것임이 분명하다. 아직 기업 무를 자가 누구인지 모르고 어떤 성품의 사람인지는 알지 못하지만, 보아스가 기업 무를 자로 최고의 선택임은 스토리가 전개되면서 거의 분명해졌다. 그러나 누가 기업을 무르게 될지는 아직 알 수 없는 상태이다.

5.2 하나님의 숨겨진 손길

이런 상태에서 나오미가 룻에게 가만히 앉아 있으라고 한 이유는 무엇인가? 18중반절을 보자.

"이 일(사건)이 어떻게 될지 알기까지
(עַד אֲשֶׁר תֵּדְעִין אֵיךְ יִפֹּל דָּבָר ; 아드 아셰르 테드온 에크 잇폴 다바르)."

나오미는 "이 사건이 어떻게 될지" 알기까지는 가만히 있어야 한다는 것이다. "이 사건이 어떻게 될지"라는 말을 그냥 한글로 읽으면 "일이 어떻게 되는지" 지켜보자 정도로 이해된다. 자칫하면 그저 운이나 우연에 맡기자는 식으로 곡해될 수 있는 대목이다. 그러나 원문의 의미는 이런 식으로 운이나 우연에 맡기고 일의 진행 상황을 바라보자는 의미는 아니다.

그렇다면 "이 사건이 어떻게 될지"(אֵיךְ יִפֹּל דָּבָר ; 에크 잇폴 다바르)의 의미는 무엇인지 원문으로 살펴보자. 여기서 핵심단어는 동사 잇폴(יִפֹּל)인데 "떨어지다"라는 동사 "나팔"(נָפַל)의 미완료형이다. 직역하면 "이 사건이 어떻게 될지"가 아니라 "이 일/사건이 어떻게 떨어질지"(how the matter falls)이다. 정확하게 이 어구는 구약 성경 어디에도 나타나지 않으며, 아람어 본문인 에스라 7:20에 유사한 표현이 한 번 쓰였을 뿐이다.

"그 외에도 네 하나님의 성전에 쓰일 것이 있어서 네가 드리고자 하거든(דִּי יִפֶּל־לָךְ ; 디이펠-라크) 무엇이든지 궁중창고에서 내다가 드릴지니라(스 7:20)."

"네가 … 하거든"을 직역하면 "네게 떨어지거든"(which it falls to you)이다. 뒤에 "주다"는 동사의 부정사가 따라오기에 "네게 드리는 것이 떨어지거든"(which it falls to you to provide)이라고 직역할 수 있다. 영어 성경에서는 "드릴 기회가 되면(you may have occasion to provide; NIV, NASB), 드려야 하는 책임감을 느끼면(you are responsible for providing NRSV)"으로 의역하였다.

히브리어 본문에서는 한 번밖에 쓰이지 않은 것이 사실이지만 "일이 어떻게 (위에서) 떨어질지 알게" 될 때까지 가만히 기다리라는 나오미의 말의 전체 문맥을 염두에 두면 모든 일을 관장하시는 하나님의 숨겨진 손길을 믿고 기다리자는 의미라고 라코크 같은 학자들은 본다. 인간이 할 수 있는 최선을 다한 후에 "신적 작정"이 어떻게 나타나는지를 두고 보자는 것이다. 더 상세한 것은 뒤의 신학적 메시지 6.3 "하나님의 섭리를 믿는 삶의 중요성"을 참조하라.

5.3 그 사람이 쉬지 아니하리라

나오미가 "이 일이 어떻게 떨어질지 알기까지" 가만히 있으라고 한 데는 단지 하나님의 신적 작정만을 의지한 것이 아니었다. 나오미가 가만히 있으라고 한 데는 이유가 있었다. 18하반절을 보자.

"그 사람이 쉬지 아니하리라
(כִּי לֹא יִשְׁקֹט הָאִישׁ ; 키 로 이쉬크토 하이쉬)
오늘날 이 일을 성취하기 전에는
(כִּי־אִם־כִּלָּה הַדָּבָר הַיּוֹם ; 키-임-킬라 핫다바르 하욤)."

나오미는 보아스가 쉬지 않을 것이라고 보았다. "쉬다"로 번역된 동사는 "샤카트"(שׁקט)로서 "가만히 있다, 쉬다, 움직이지 않다"(quiet, rest, inactive)의 의미를 지닌다. "보아스가 말만 하고 움직이지 않거나 가만히 있지 않을 것"이라고 번역할 수 있다.[111]

---

[111] 그러나 이 동사는 동시에 "전쟁 같은 악이 멈추고 평화(평안)를 누리다"란 의미로도 쓰인다. 따라서 종종 "신뢰"란 단어와 연결되어 사용된다. "주 여호와 이스라엘의 거룩하신 이가 이같이 말씀하시되 너희가 돌이켜 조용히 있어야 구원을 얻을 것이요 잠잠하고(שׁקט) 신뢰하여야(בְּ) 힘을 얻을 것이거늘 너희가 원하지 아니하고"(사 30:15). "공의의

"… 하기 전에는"이라고 번역된 어구 "키 임"(כִּי־אִם)은 보통은 앞의 문장을 제한하면서 "…하지 않는다면"이란 의미로 제외접속사(exceptive conjunction)로 쓰인다. 따라서 "그가 오늘 이 일을 끝내지 않는다면(except), 혹은 끝내기까지는(until) 쉬지 않을 것이다"로 번역할 수 있다(NASB, NIV).

그러나 "키 임"(כִּי־אִם)은 이전 문장과 이어지는 문장 사이를 대조하는 "반의접속사"(adversative conjunction)로 쓰일 수도 있다. 그렇다면 "그 사람이 쉬지 아니하리라. 그러나 오늘 이 일을 성취하리라"(For the man will not rest, but will settle the matter today)로 번역할 수 있다(NRSV).

어떻게 번역하든 의미는 거의 같다. 나오미는 그동안 보아스가 보인 성품과 행동을 통해 이 일을 오늘 끝낼 것이라고 믿고 있었다. 따라서 오늘 일을 끝내기까지는 쉬지 않을 것이라고 나오미는 확신하고 있는 것이다.

"이 일을 성취한다"는 것은 무슨 뜻일까? "성취하다"로 번역된 동사 "칼라"(כָּלָה)가 강조형(כִּלָּה ; 킬라; 히브리 문법에서는 피엘[Piel]형으로 부름)으로 사용되면 "마치다, 끝내다"(complete, finish, bring to an end)의 의미가 된다. 이 동사는 룻기 2:21, 23과 3:3에서도 사용된 적이 있었다. 그런데 킬라가 사용된 네 번의 용례를 살펴보면 흥미로운 관찰을 할 수 있다.

A 추수 마치기까지 소년들에게 가까이 있으라

모압 여인 룻이 이르되 그가 내게 또 이르기를 내 추수를 다 마치기까지(כִּלָּה ; 킬라) 너는 내 소년들에게 가까이 있으라 하더이다 하니(룻 2:21)

B 룻이 추수 마치기까지 시어머니와 함께 거주함

이에 룻이 보아스의 소녀들에게 가까이 있어서 보리 추수와 밀 추수를 마치기까지 (כִּלָּה ; 킬라) 이삭을 주우며 그의 시어머니와 함께 거주하니라(יָשַׁב ; 야샤브)(룻 2:23)

A' 먹고 마시길 다할 때까지 기다리다 발치에 누우라

그런즉 너는 목욕하고 기름을 바르고 의복을 입고 타작마당에 내려가서 그 사람이 먹고 마시기를 다 하기까지는(כַּלֹּתוֹ ; 킬라) 그에게 보이지 말고 그가 누울 때에 너는

열매는 화평이요 공의의 결과는 영원한 평안(שָׁלוֹם)과 안전(בֶּטַח)이라"(사 32:17).

그가 눕는 곳을 알았다가 들어가서 그의 발치 이불을 들고 거기 누우라 그가 네 할 일을 네게 알게 하리라 하니 (룻 3:3)

B' 보아스가 일을 끝내기까지 앉아 있으라

이에 시어머니가 이르되 내 딸아 이 사건이 어떻게 될지 알기까지 앉아 있으라(יֵשֵׁב ; 야샤브) 그 사람이 쉬지 아니하리라 오늘날 이 일을 성취하기(כִּלָּה ; 킬라) 전에는(룻 3:18)

룻기 2장에서 보아스는 룻에게 "내 추수를 다 마치기까지(כִּלָּה ; 킬라) 너는 내 소년들에게 가까이 있으라"고 하였는데 3장에서는 나오미가 룻에게 "보아스가 먹고 마시기를 마치기까지(כִּלָּה ; 킬라) 기다렸다가 보아스의 발치에 누우라"고 지시하였다. 룻은 2장에서는 보아스의 소년들/소녀들과 가까이 있어 이삭을 줍게 되었으나(A), 이제 3장에서는 보아스의 발치에 누워 결혼 요청을 하게 된 것이다(A').

또한 룻기 2장에서는 룻이 보리 추수와 밀 추수를 마치기까지(כִּלָּה ; 킬라) 이삭을 주우며 그의 시어머니와 함께 "거주"(יֵשֵׁב ; 야샤브)하는 모습을 보이는 것과 유사하게, 3장에서는 보아스가 기업 무름과 관련된 일을 끝낼 때까지 "가만히 앉아"(יֵשֵׁב ; 야샤브) 있는 모습을 보인다. 우리는 여기서 2장에서는 이삭을 주움으로 배고픔을 면하는 것이 목적이었다면 3장에서는 후손을 낳음으로 기업을 무르는 것이 목적임을 다시 한 번 볼 수 있다.

나오미는 보아스가 이 일을 끝내기까지 쉬지 않을 것이라고 하였다. 여기서 "이 일"이란 "그 일"("הַדָּבָר ; 핫다바르)로서 앞에서 "일/사건(דָּבָר)이 어떻게 될지 알기까지"에서 "일/사건"과 같은 단어인데 정관사가 붙어 있다. 왜 앞의 단어에는 정관사가 붙어 있지 않고, 뒤의 단어에는 정관사가 붙어 있을까?

학자들은 보통명사에 정관사가 붙는 것은 "확정적이고(definiteness) 확인가능하고(identifiability) 구체적인(specificity)" 경우에 붙는다고 본다.[112] 나오미가 "일이 어떻게 될지 알기까지 가만히 앉아 있으라"(עַד אֲשֶׁר תֵּדְעִין אֵיךְ יִפֹּל דָּבָר ; 아드 아셰르 테드인 에크 잇폴 다바르)고 했을 때 보아스가 룻의 기업 무름의 요청을 어떻게 다룰지를 가리키

---

112 Holmstedt, *Ruth : A Handbook on the Hebrew Text*, 177.

는 것이기에 "확인 가능하지만"(identifiable) 어떻게 과정이 전개될지는 나오미나 룻이 모르기에 "구체적이지 않아서"(non-specific) 정관사를 붙이지 않았다(דָּבָר ; 다바르)고 본다.

이에 반해 두 번째 "일"은 아직 보아스가 어떻게 일을 진행할지 정확히 알려지지 않았지만(non-specific), 첫 번째 언급으로 인해 무엇을 가리키는지를 확정할 수 있기에(definite) 정관사를 붙였다(הַדָּבָר ; 핫다바르)는 것이다 :[113] "오늘날 이 일을 성취하기 전에는"(כִּי־אִם־כִּלָּה הַדָּבָר הַיּוֹם ; 키-임-킬라 핫다바르 하욤).

이를 근거로 홀름스테드는 "같은 문장에 동일한 명사가 쓰이면서도 하나는 정관사가 붙어 있지 않고 다른 하나는 정관사가 붙은 모습으로 나타나는 것은 "확정성"은 단지 그 명사를 화자나 청자가 어떻게 의식하고 있는지를 보여주는 의미론적 요소에만 연결되어 있는 것이 아니라 전개되는 본문의 담화 세계에도 연결되어 있음을 보여준다"고 결론짓는다.[114] 이렇게 본문의 구체적인 문법적-문예적 디테일을 분석하지 않고는 본문의 문자적 의미를 알 수 없고, 문자적 의미가 확정되지 않으면 신학적 의미를 추출해 낼 수 없으며, 결국은 현대의 청중들에게 적용할 수 없다는 사실을 우리는 또 한 번 확인하게 된다.

6. 신학적 메시지

6.1 빈 손으로 돌려보내지 않는 인애

우리는 이 단락에서 보아스의 인애의 모습을 볼 수 있다. 보아스의 말에 나오는 핵심단어인 "빈 손으로"(רֵיקָם ; 레캄)라는 단어를 보면 보아스가 과부 나오미의 삶을 텅 비게 만들지 않은 인애의 사람임을 금방 알 수 있다. 이 단어는 나오미가 베들레헴으로 돌아왔을 때 여인들이 "이는 나오미가 아니냐"고 놀라워하자, "내가 풍족하게 나갔더니 여호와께서 내게 비어(רֵיקָם ; 레캄) 돌아오게 하셨느니라"라고 했을 때

---

[113] Holmstedt, *Ruth : A Handbook on the Hebrew Text*, 177-178.

[114] Holmstedt, *Ruth : A Handbook on the Hebrew Text*, 178.

"비어"와 같은 단어이기 때문이다. 따라서 보아스의 말은 나오미를 겨냥하고 있음을 알 수 있다. 다시 말해 보리 여섯 되는 보아스가 텅 빈 나오미의 삶을 채우는 데 필요한 선물로 나오미에게 준 선물인 것이다.

레캄(ריקם)은 "빈 손으로, 텅 빈 상태로"란 의미로 쓰이기도 하지만 동시에 "성취되지 않음, 성공하지 못함"의 의미로도 쓰인다(삼하 1:22; 사 55:11; 렘 14:3).

"죽은 자의 피에서, 용사의 기름에서 요나단의 활이 뒤로 물러가지 아니하였으며 사울의 칼이 헛되이(ריקם ; 레캄) 돌아오지 아니하였도다(삼하 1:22)."

"내 입에서 나가는 말도 이와 같이 헛되이(ריקם ; 레캄) 내게로 되돌아오지 아니하고 나의 기뻐하는 뜻을 이루며 내가 보낸 일에 형통함이니라(사 55:11)."

이렇게 본다면 룻에게 사명을 주어 타작마당으로 보냈는데, 아무 결과 없이 돌아간다면 결국 나오미의 계획이 성취하지 못한 셈이 된다. 결국 보리 여섯 되는 나오미의 계획이 나름대로 성공했음을 보여주는 징표로 학자들은 해석한다.

그렇다면 보아스는 왜 "나오미"에게 선물을 준 것일까? 룻기 1장에서 나오미가 이야기한 "텅 빔"의 내용은 무엇인가? 남편과 두 아들을 잃은 것, 즉 후사가 없음을 언급하는 것이다. 그렇다면 이제 보아스가 텅 비어 돌아가지 말라고 한 것은 나오미에게 후사의 가능성이 있음을 암시하는 것은 아닐까? 타작마당에서 결혼 요청을 하도록 룻을 내어보낸 나오미의 입장에서는 타작마당에서 돌아오는 룻이 무슨 결과를 가지고 올지 궁금했을 것이다. 그런데 아직 누가 기업을 무를지 확정되지 않은 상태에서 룻이 돌아가는 것은 아무래도 불안하고 초조한 일이 될 것임을 보아스는 눈치챈 것이다. 이에 보아스는 나오미에게 무엇인가 답을 주어야겠다고 생각한 것 같다. 그래서 보리를 여섯 번 되어 주며 "빈 손으로 네 시어머니에게 가지 말라"고 한 것이다.

룻기에서 보리 알곡은 단순히 배고픔을 채워주는 식량으로서뿐 아니라 후사를 상징하는 씨앗의 역할도 한다. 한 학자는 "위를 채우는 씨앗은 자궁을 채우는 씨앗의 약속"(The seed to fill the stomach was promise of the seed to fill the womb)이라고 멋지게 표현한다.[115] 보리 타작을 한 후에 보리 알곡이 잔뜩 쌓여 있는 타작마당에서 기업 무름과 계대결혼의 이야기를 마친 후에 보리 여섯 되를 선물로 받아 시어머니에게 돌아오는 룻을 상상해 보라. 특히 "빈 손으로 네 시어머니에게 가지 말라"는 의미로 준 보리를 한 아름 안고 돌아오는 룻의 모습은 단순히 굶주림을 면할 곡식만을 가져온 것이 아니다. 계대결혼과 기업 무를 후손에 대한 약속의 상징을 가져온 것이다.

6.2 과부를 돌보는 것이 경건

보아스가 보리를 여섯 번 되어주며 과부 룻에게 "빈 손으로(ריקם ; 레캄) 네 시어머니에게" 가지 말라고 한 것은 과부인 나오미에게 큰 위로가 되었을 것이다. 과부를 빈 손으로 돌려보내는 것은 이스라엘에서는 용납될 수 없는 일이었다. 이에 데만 사람 엘리바스는 욥에게 "네 악이 크지 아니하냐 네 죄악이 끝이 없느니라"(욥 22:5)고 공격하면서 구체적인 예로서 "과부를 빈 손으로(ריקם ; 레캄) 돌려보내며 고아의 팔을 꺾는구나"(욥 22:9)라고 공격한 적이 있었다.

"과부를 빈 손으로 돌려보내는 것"은 이스라엘에서는 큰 악이었다. 이에 욥은 세 번이나 자신이 과부를 돌보고 인도하며 위로했다고 강변한다.

> "망하게 된 자도 나를 위하여 복을 빌었으며 과부의 마음이 나로 말미암아 기뻐 노래하였느니라(욥 29:13)."

> "내가 언제 가난한 자의 소원을 막았거나 과부의 눈으로 하여금 실망하게 하였던가(욥 31:16)."

> "실상은 내가 젊었을 때부터 고아 기르기를 그의 아비처럼 하였으며 내가 어렸을 때부터 과부를 인도하였노라(욥 31:18)."

---

115 Porten, Bezalel. "The Scroll of Ruth : A Rhetorical Study." *Gratz College Annual of Jewish Studies*, Vol.7(1978), 40; Hubbard, *The Book of Ruth*, 226에서 재인용.

이렇게 본다면 과부를 빈 손을 돌려보내지 않은 보아스는 악한 사람이 아니요 경건하기 그지 없는 진정한 이스라엘인이요, 율법의 사람이었다.

신약 역시 진정한 경건은 고아와 과부를 돌보는 것이라고 정의한다.

"하나님 아버지 앞에서 정결하고 더러움이 없는 경건은 곧 고아와 과부를 그 환난중에 돌보고 또 자기를 지켜 세속에 물들지 아니하는 그것이니라(약 1:27)."

그렇다면 과부를 돌보는 것이 성경에서 그토록 중요한 이유는 무엇일까? 과부는 고아와 함께 사회의 가장 약한 존재들로서 하나님께서 특별히 돌보시고 보살피시는 자들이기 때문이다.

"고아와 과부를 위하여 정의를 행하시며 나그네를 사랑하여 그에게 떡과 옷을 주시나니(신 10:18)."

"너는 객이나 고아의 송사를 억울하게 하지 말며 과부의 옷을 전당 잡지 말라(신 24:17)."

"네가 네 포도원의 포도를 딴 후에 그 남은 것을 다시 따지 말고 객과 고아와 과부를 위하여 남겨두라(신 24:21)."

"셋째 해 곧 십일조를 드리는 해에 네 모든 소산의 십일조 내기를 마친 후에 그것을 레위인과 객과 고아와 과부에게 주어 네 성읍 안에서 먹고 배부르게 하라(신 26:12)."

"객이나 고아나 과부의 송사를 억울하게 하는 자는 저주를 받을 것이라 할 것이요 모든 백성은 아멘 할지니라(신 27:19)."

강한 자들과 약한 자들 사이에서 중립을 지키는 것은 강한 자의 편에 서는 것이다. 약한 자의 편에 지나치게 섰다고 느낄 때 비로소 중립을 지킬 수 있는 것이다. 이에 하나님께서는 과부와 고아의 편에 지나치게 섰다고 느낄 만큼 과부와 고아를 두둔하신다.

심지어 시편기자는 하나님을 과부의 재판장으로 정의한다.

"그의 거룩한 처소에 계신 하나님은 고아의 아버지시며 과부의 재판장이시라(시 68:5)."

고아원을 창설한 조지 뮐러가 고아의 아버지라고 불리게 된 결정적인 동기는 바로 시편 68:5의 말씀이었다고 알려져 있다. 만일 하나님이 고아의 아버지시라면 자신은 고아의 총무가 될 것이라고 고백하고 고아원을 세우게 되었다고 한다.

6.3 하나님의 섭리를 믿는 삶의 중요성

이 단락은 인간이 최선을 다한 후에는 하나님의 섭리를 믿고 기다려야 함을 보여준다. 나오미가 "이 일(사건)이 어떻게 될지 알기까지(עַד אֲשֶׁר תֵּדְעִין אֵיךְ יִפֹּל דָּבָר; 아드 아셰르 테드인 에크 잇폴 다바르) 가만히 있으라"고 룻에게 권고한 것은 하나님의 섭리를 믿는 모습이 무엇임을 잘 보여준다. 한 학자(Étan Levine)는 "떨어지다"는 동사에 근거하여 "룻의 미래의 삶을 결정짓는 신적 작정이 하늘에서부터 어떻게 떨어질지"라는 의미로 해석한다.[116] 라코크는 이를 재미있게 표현한다.

나오미는 하늘로 공을 쏘아 올렸다. 이제 우리는 어디에 그것이 떨어지는지 보아야 한다.[117]

결론적으로 "이 일이 어떻게 떨어질지"라는 표현의 뒤에는 하나님의 숨겨진 손길(하나님의 신적 작정)이 어떻게 드러나는지 보자는 의미이다. 그러기에 이제는 인간들이 주도적으로 움직일 필요가 없는 것이다. "가만히 앉아 있으라"는 말은 하나님이 하시는 일을 이제 두고 보며 기다리라는 뜻이다.

---

116 Étan Levine, *The Aramaic Version of Ruth*, Analecta Biblica 58 (Rome, 1973), 97–98; Sasson, *Ruth*, 102에서 재인용.
117 LaCocque, *Ruth*, 106.

언뜻 보면 타작마당에서는 하나님은 오간 데 없고 오직 인간들만이 움직이는 것처럼 보인다. 그러나 실제로는 이 모든 인간들의 생각과 계획과 행동의 뒤에는 하나님의 숨겨진 손길이 적극적으로 움직이고 있었다. 실제로 내레이터는 첫 추수 밭으로 나가는 룻의 발길을 우연히 보아스의 밭으로 인도하신 분은 바로 여호와시라고 적시하고 있다. 나오미 역시 2장에서 룻의 우연한 발길을 보아스의 밭으로 옮기셨던 하나님이 3장에서는 자신의 대담한 중매계획을 이용하실 것이라고 확신했다. 타작마당에서 보아스가 룻에게 "나중 인애가 처음 인애보다 크다면서" 보리 여섯 되를 선물로 나오미에게 보낸 것은 모두 그 뒤에 여호와의 섭리와 손길이 있다고 확신한 것이다. 이에 나오미는 "이 일/사건이 (위에서) 어떻게 떨어질지"(how the matter falls) 기다리자고 한 것이다.

어찌되었든 나오미는 하나님의 섭리와 인간의 행동 사이의 관계에 대해 건강하면서도 예민한 감각을 유지하고 있음을 보여준다. 나오미는 보아스가 일처리를 늦추지 않을 것임을 믿음과 동시에 이 모든 일들이 하나님의 주권적 섭리 가운데서 일어날 것이라고 확신하고 있음을 보여준다. 어떤 일이 일어나든지 하나님의 선하신 뜻의 결과로 받아들이고 수용하겠다는 태도를 보이고 있다. 그렇다! 우리는 행동해야 하지만, 행동하고 난 후에 조바심을 내지 말고 기다릴 줄 알아야 한다. 우리는 기도해야 한다. 그러나 기도했다면 두려워하지 말고 기다릴 줄 알아야 한다.

7. 부록 : 본문 비평

룻이 시어머니에게 보고하는 내용을 보면 마지막 문장에 특이한 모습이 나온다. 히브리어 본문을 보면 자음은 없는데 모음( )만 보이기 때문이다.

"그가 (내게) 이르기를 빈 손으로 네 시어머니에게 가지 말라 하더이다 하니라 (כִּי אָמַר ‎‎__ אַל־תָּבוֹאִי רֵיקָם אֶל־חֲמוֹתֵךְ)."

한글개역개정은 "이르기를"이라고 되어 있는데 맛소라 학자들은 "내게"라는 단어를 넣어서 "그가 내게 이르기를"이라고 읽도록 제안하고 있다. 맛소라 학자들은 전수받은 자음 본문에는 없는 단어가 사실상 필요하다고 보고 본문에는 모음만 표시하고, 여백에 같이 읽어야 할 자음(אלי)을 아래처럼 표시하였다.

אלי חד מן י קר ולא כת

여백주를 설명하면 다음과 같다. 자음 אלי는 읽어야 하나 쓰여지지 않은(קר ולא כת ; Qere but not Ketib; 케레 웨로 케티브) 예로서 총 10번(י) 가운데(מן) 하나(חד)라는 것이다.

맛소라 학자들은 자음 본문에는 없으나 "나에게"란 의미의 אלי(엘라이)가 있어야 한다고 보았다. 그러나 전수받은 자음 본문에는 없기에 자음은 적지 않고 공란으로 놔두고 모음(ִ)만 표기한 후에, 여백주에 자음(אלי)이 무엇인지를 표기한 것이다. 이런 경우를 "케레 웨로 케티브"(קר ולא כת ; Qere but not Ketib; 쓰여지지 않았으나 읽어야 함)라고 부른다. 맛소라 학자들이 이렇게 본 이유는 원래 אל אלי이었는데 이전 필사자가 두 단어가 거의 동일하여 시각적 오류를 일으켜 하나만 필사했을 가능성(haplography; 중자탈락이라고 부르는데 비슷한 단어가 반복되면 하나만 쓰는 오류)이 크다고 보기 때문이다.

어찌되었든 맛소라 학자들의 의견을 따르든, 그렇지 않든간에 의미상의 큰 차이는 없다. 그렇지만 히브리어 원문을 보존하고 전수한 맛소라 학자들이 본문을 어떤 식으로 다루었는지는 잘 알 수 있다. 자신들이 제안하고 싶은 내용이 있을 때에도 전수받은 자음 본문은 손대지 않았다는 것이다. 자음 본문 전승은 그대로 보여주면서 여백 주를 통해 자신들의 견해를 제시함으로써 하나님의 말씀을 소중하게 생각하여 함부로 손을 대지 않았음을 너무나 잘 보여준다.

Chapter 9

제4막 :
모압 여인 룻을
사는 보아스

룻 4:1-12

4막 1장
신을 벗고 아무개로 전락한 남자(룻 4:1-8)

1. 서론적 이야기

1.1 룻기 4장의 개요

룻기 3장은 몇 가지 문제를 해결하지 못한 채 숙제로 남겨두었다. 그런데 이 미해결 문제들이 4장에서는 모두 해결된다. 무엇보다도 룻의 결혼 문제가 가장 큰 해결 과제였다. 보아스가 기업을 무르겠다고 장담하였으나, 보아스보다 더 가까운 친족인 기업 무를 자가 있었기 때문이다. 이에 누가 룻과 결혼하게 될 것인가가 급히 해결되어야 할 문제였다. 기업 무를 자인가? 아니면 보아스인가? 또한 나오미에게도 기업 무를 자가 주어질 것인가? 나오미의 텅 빈 삶은 어떻게 채워질 것인가? 이런 문제들이 룻기 4장에서 하나씩 해결될 것이다. 룻기 4장은 주제의 발전상 크게 세 단락으로 나눌 수 있다.

A. 4막 1장(4:1-8) : 보아스와 기업 무를 자 사이의 협의
B. 4막 2장(4:9-12) : 보아스와 룻의 결혼
C. 대단원(4:13-22) : 채워진 나오미

세 단락을 하나씩 살펴볼 터인데, 우선 4:1-8을 살펴보자.

1.2 성경 본문

"보아스가 성문으로 올라가서 거기 앉아 있더니 마침 보아스가 말하던 기업 무를 자가 지나가는지라 보아스가 그에게 이르되 아무개여 이리로 와서 앉으라 하니 그가 와서 앉으매 보아스가 그 성읍 장로 열 명을 청하여 이르되 당신들은 여기 앉으라 하니 그들이 앉으매 보아스가 그 기업 무를 자에게 이르되 모압 지방에서 돌아온 나오미가 우리 형제 엘리멜렉의 소유지를 팔려 하므로 내가 여기 앉은 이들과 내 백성의 장로들 앞에서 그것을 사라고 네게 말하여 알게 하려 하였노라 만일 네가 무르려면 무르려니와 만일 네가 무르지 아니하려거든 내게 고하여 알게 하라 네 다음은 나요 그 외에는 무를 자가 없느니라 하니 그가 이르되 내가 무르리라 하는지라 보아스가 이르되 네가 나오미의 손에서 그 밭을 사는 날에 곧 죽은 자의 아내 모압 여인 룻에게서 사서 그 죽은 자의 기업을 그의 이름으로 세워야 할지니라 하니 그 기업 무를 자가 이르되 나는 내 기업에 손해가 있을까 하여 나를 위하여 무르지 못하노니 내가 무를 것을 네가 무르라 나는 무르지 못하겠노라 하는지라 옛적 이스라엘 중에는 모든 것을 무르거나 교환하는 일을 확정하기 위하여 사람이 그의 신을 벗어 그의 이웃에게 주더니 이것이 이스라엘 중에 증명하는 전례가 된지라 이에 그 기업 무를 자가 보아스에게 이르되 네가 너를 위하여 사라 하고 그의 신을 벗는지라(룻 4:1-8)."

1.3 그동안의 대중적 해석사와 문제 제기

룻기의 해석사를 살피면 보아스를 그리스도의 모형으로 보려는 경향이 많은 것을 볼 수 있다. 특별히 룻기 4장에서 보아스가 기업 무를 자와 협의하는 대목은 보

아스를 그리스도의 모형을 볼 수 있는 가능성이 많은 대목이다. 아니나 다를까 워렌 위어스비는 대놓고 보아스를 그리스도의 모형으로 해석한다.

> 여기서 보아스를 예수 그리스도의 모형으로 볼 경우 당신은 예수님께서 우리를 구속하실 수 있기 전에 먼저 우리와 친족 관계를 맺어야만 했다는 사실을 깨닫게 될 것이다. … 인간의 몸을 입고 이 땅에 태어나심으로써 그는 우리의 가까운 친족이 된 것이다. … 친족 구속자가 되려면 그 사람은 또 그 구속의 값을 지불할 능력이 있어야만 한다. … 우리는 그리스도의 피로 구원받았다. … 친족 구속자가 될 세 번째 자격은 그가 기꺼이 구속하려고 해야만 한다는 것이다.[1]

> 보아스처럼 예수님은 자신의 기업에 손해가 나는 것에 대해 관심이 없으시다. 대신 그는 우리를 그분 기업의 일부로 삼으셨다(엡 1:11, 18). 보아스와 마찬가지로 예수님도 그의 계획은 개인적으로 세우셨지만 그 값은 공개적으로 지불하셨다. 보아스처럼 예수님도 그의 신부를 향한 자신의 사랑 때문에 그 일을 행하셨다.[2]

> 룻기 4:1-2에 보면 사람들이 앉아 있는 것이 다섯 번 나온다. 예수 그리스도께서는 그의 신부를 사신 후, 거래가 다 끝났기 때문에 천국에 앉으셨다(히 1:3; 막 16:19). "다 이루었다."[3]

보아스를 그리스도의 모형으로 바로 대응시켜 해석하는 것은 무리가 많다. 만일 보아스가 그림자고 그리스도가 실체라면, 실체이신 그리스도에 대한 신약 성경이 있는데 굳이 그림자인 보아스의 이야기를 살펴볼 필요가 무엇이 있는가? 굳이 그림자와 실체의 틀로 구약과 신약을 바라보고 싶다면 오히려 기업 무름의 "제도"가 그리스도의 "대속"을 보여주는 모형으로 볼 수 있다. 진정한 고엘은 예수 그리스도이시기 때문이다.

---

1 위어스비, 『헌신하여라』, 71-72.
2 위어스비, 『헌신하여라』, 74.
3 위어스비, 『헌신하여라』, 75.

오히려 보아스는 서로에게 기업 물려야 할 의무를 지닌 신약 시대 그리스도인들의 모범으로 제시하는 것이 낫다. 룻기는 인간 수준에서 서로에게 어떤 의무를 지니고 있는지, 곤궁에 빠진 자를 어떻게 대해야 하는지를 다루는 성경이기 때문이다. 이런 사실은 본문을 문자적으로 주해하면 금방 드러나게 된다.

2. "아무개여"로 전락한 남자

2.1 성문에 올라간 보아스

나오미는 타작마당에서 돌아온 룻에게 일이 어떻게 귀착될지 알 때까지 가만히 있으라고 하면서 보아스가 "이 일을 성취하기 전에는 쉬지 아니하리라"고 예상하였다(3:18). 아니나 다를까 나오미가 예견한 대로 보아스는 쉬지 않았다. 4장 1절을 보자.

> "보아스가 성문으로 올라가서 거기 앉아 있더니
> (וּבֹעַז עָלָה הַשַּׁעַר וַיֵּשֶׁב שָׁם ; 우보아즈 알라 하샤아르 와예셰브 샴)."

"보아스가 성문으로 올라갔다"는 첫 문장을 히브리어로 보면 장면의 전환을 알리는 문예적 장치가 사용되었다. 무슨 이야기인지 이제부터 설명하려고 한다. 히브리 내러티브에서는 이어지는 연속적 행동을 묘사할 때에는 보통 "와우 연속법"을 쓰는 게 특징이다. 히브리어에서는 "그리고"란 의미의 접속사 와우(ו)를 많이 사용한다. 그런데 접속사 와우는 단순히 두 문장을 병치하는 데 사용할 때는 "단순 와우"(simple waw)라고 부르고, 이어지는 문장을 긴밀히 연결해서 연속적 동작을 나타내는 데 사용할 때는 "연속의 와우"(consecutive waw)라고 부른다. 연속의 와우를 사용할 때에는 앞 문장에서 동사의 완료형이 사용되었으면 연속의 와우(형태는 וַ·[와])를 사용하고 동사의 미완료형을 붙여서 이어지는 연속 동작을 표현한다. 룻기 3:18의 경우를 보면 연속의 와우(형태는 וַ[와])에 "말하다"는 동사 아마르(אָמַר)의 미완료형

(תֹּאמֶר ; 토메르)을 첨가하여 와토메르(וַתֹּאמֶר ; 와토메르)가 되고 "그리고 그녀가 말하였다"가 된다. 따라서 와우 연속법이란 앞의 동작에서 이어지는 연속 동작을 표현하는 독특한 히브리 내러티브 서술 방식이다.

그런데 룻기 4:1에서 "와우 연속법"을 사용하지 않고 있다. "연속의 와우" 대신 "단순 와우"(וְ)를 사용하였고 그 다음에 명사 주어가 나오고(בֹעַז ; 보아즈) 이어서 완료형 동사(עָלָה ; 알라)가 나오는 형태를 사용하였다.

"우보아즈 알라 하샤아르(וּבֹעַז עָלָה הַשַּׁעַר ; 그리고 보아즈가 성문으로 올라갔다)."

이렇게 와우 연속법으로 이어지던 내러티브 안에 갑자기 단순 와우(וְ)에 이어 주어 보아즈가 "올라가다"는 동사 앞에 놓이게 되면, 장면이 전환되었다는 확실한 표시가 된다.

다시 말해 추수 밭과 타작마당으로 이어지던 내러티브의 흐름(룻기 3장)이 단절되었으며, 이제는 성문 앞에서의 법적 절차를 밟는 새로운 장면이나 단락으로 스토리가 진입하고 있음을 분명하게 하기 위해 "와우 연속법"을 쓰지 않은 것이다. 대신 단순 와우 다음에 "보아즈"란 주어를 위치시킴으로 흐름을 단절시키고 새로운 장면으로 전환되었음을 드러내고 있는 것이다. 이렇게 장면이 바뀌면서 보아즈가 전면에 나서는 모습이 전개되기에 독자들은 보아즈가 무슨 일을 할 것인지에 대해 관심을 기울이지 않을 수 없게 된다.

우리가 앞으로 보게 되겠지만 지금까지 보아즈는 수동적으로 룻의 요청에 대응하는 모습을 보였지만, 이제 4장에 들어서면서 능동적인 행위자로 바뀐다. 비록 시간 언급은 나타나 있지 않지만, 보아즈가 약속을 지키기 위해 지체 없이 성문에 올라갔을 것이 분명하다.

"보아즈가 성문으로 올라가서
(וּבֹעַז עָלָה הַשַּׁעַר ; 우보아즈 알라 하샤아르)."

그렇다면 왜 성문으로 올라갔다고 했을까? 고대 근동과 이스라엘에서 보통 도시는 주변보다 높은 곳에 성벽을 쌓고 문과 빗장을 달고 망대를 세우는 식으로 건설하였다. 따라서 베들레헴 역시 높은 데 세워졌던 것이고, 성문으로 "올라가다"는 표현이 자연스러운 것이다.

학자들은 룻이 타작마당으로 "내려간 것"(3:3, 6)과 보아스가 성문으로 "올라간 것"(4:1) 사이에는 멋있는 균형이 나타난다고 지적한다. 룻은 나오미를 위해 계대결혼의 책임을 다하기 위해 타작마당으로 내려가고(ירד ; 야라드), 보아스는 룻을 위해 기업 무름의 의무를 행하기 위해 성문으로 올라간다(עלה ; 알라). 룻은 내려가고 보아스는 올라가지만 둘 다 자신의 유익보다는 남의 유익을 위해 움직인다. 이렇게 본다면 왜 보아스는 유력한 남자이고 룻은 현숙한 여인인지 알게 된다는 것이다.

그런데 왜 하필이면 보아스가 성문으로 올라갔는가? 고대 근동이나 이스라엘의 성은 성벽과 문과 빗장과 망대로 만들어져 있는데 특히 성문을 지키고 보호하기 위해 성문 바깥 부분에 망대를 세워서 외부 동향을 감시하게 하고, 내부에는 성문을 보호하는 군사들이 거할 수 있는 룸들이 양쪽에 늘어서 있는 구조로 되어 있었다. 다윗 시대에 베들레헴 성문 곁 우물물을 언급하는 것을 보면(삼하 23:14-16), 베들레헴이 성벽과 성문의 구조로 이루어진 성읍임을 알 수 있다.

이렇게 성문은 소통과 왕래의 중심이기에 넓은 광장이 그 앞에 있는 것이 대부분이었다. 따라서 성읍 사람들이 주로 회집하는 장소가 될 수밖에 없었다. 또한 경제적인 거래가 일어나는 시장이기도 하고, 의견을 나누는 장소이기도 하고, 법적 소송이 일어나는 재판정이기도 하였다. 보아스가 성문에 올라간 것은 기업 무름의 문제를 법적으로 처리하기 위한 조치를 공식적으로 진행하기 위해서임을 알 수 있다.

한편 보아스는 성문에 올라가기만 한 것이 아니라 성문에 앉았다.

"거기 앉아 있더니(וישב שם ; 와예셰브 샴)."

보아스가 성문에 앉은 이유는 무엇인가? 법적 절차를 밟기 위해서는 시간이 걸리기 때문만이 아니라, "앉다"(ישב ; 야샤브)는 동사는 재판이 시작되려면 당사자가 모두 앉아야 하기에 일종의 사법적 용어라고 볼 수 있다는 것이 최근 학자들의 중론이다. 현대에도 재판장이 들어와 앉으면 원고와 피고와 검사와 변호사, 증인들과 방청객이 착석하고 비로소 재판이 시작되는 것을 볼 수 있다. 따라서 앞으로 "앉다" (יָשַׁב; 야샤브)는 동사가 룻기 4장의 중요한 핵심 용어로 등장하게 된다.

2.2 기업 무를 자가 지나감

이어서 내레이터는 보아스가 성문에 앉은 후의 상황을 묘사한다(1중반절).

"마침 보아스가 말하던 기업 무를 자가 지나가는지라
(וְהִנֵּה הַגֹּאֵל עֹבֵר אֲשֶׁר דִּבֶּר־בֹּעַז; 웨힌네 학고엘 오베르 아셰르 디베르-보아즈)."

한글개역개정이 "마침"이라고 번역한 히브리어 원문은 "힌네(הִנֵּה) + 분사형" 구문의 첫 단어 "힌네"를 번역한 것이다. 우리는 이런 구문을 룻기 2:4에서도 볼 수 있었는데 이 단어를 어떻게 번역하는 것이 좋은지에 대해서는 학자들이 설왕설래하고 있음도 살펴보았다.

캠벨은 "갑작스러움"(suddenness)을 드러내는 의미로 쓰인 것으로 보는 한편, 사쏜은 "동시적 행동"(instantaneous)을 나타내는 시간 지시어로 본다. 보아스가 성문에 도착하여 앉자마자 놀랍게도 거의 동시에 기업 무를 자가 지나갔음을 가리키는 용어라는 것이다. 사쏜은 내레이터가 갈등이 해소되기를 기다리는 독자들을 위해 시간을 소모하고 싶지 않아 거의 동시적으로 보아스가 기업 무를 자를 만난 것으로 만들고 싶었다는 것이다.[4] 부쉬 역시 "바로 그때"("and just then")란 의미로 해석할 수 있다고 본다.[5] 한글개역개정도 "마침"이라고 번역함으로 같은 맥락을 보여주고 있다.

한편 아델 벌린은 "힌네"는 단지 보아스의 관점을 보여주는 용도라고 본다.

> 그러나 본문은 보아스가 앉자마자 바로 기업 무를 자가 나타났다는 것이 아니다. 단지 보아스의 관점을 보이는 데 지나지 않는 것이다. 성문에 앉은 보아스가 기업 무를 자가

---

4 Sasson, *Ruth*, 105.
5 Bush, *Ruth/Esther*, 196.

지나가는 것을 보고 불러서 법적 절차를 밟았다는 것이다.[6]

그러나 필자가 보기에는 내러티브의 흐름이나 스토리의 주제를 볼 때, 하나님의 보이지 않는 손길이 강하게 드러난다는 느낌을 지울 수 없다. 그런 점에서 본다면 "갑작스러움"이나 "동시적 행동"의 의미를 포함하면서도 동시에 보아스의 관점을 드러내는 것으로 볼 수는 없을까라는 생각이 들기도 한다.

물론 힌네를 단순히 보아스의 관점을 보이는 용도로 보든, 갑작스러움이나 동시적 행동의 용도로 보든 큰 차이가 나는 것은 아니다. 그러나 작은 단서 하나라도 놓치지 않고 해석하려고 애써야 우리는 본문의 의도를 더 잘 이해할 수 있다. 따라서 큰 차이가 나지 않는다는 생각에 본문의 디테일에 관심을 기울이지 않게 되면 나중에는 큰 것도 놓치게 된다.

한편 일부 해석자들은 성의 모든 남자들은 오전에 특정 시간대에 들로 일하러 가기 위해서는 성문 앞을 통과하기 마련이라고 주장한다. 그러나 이런 주장은 하나님이 무대 뒤에서 숨어 일하신다는 점을 강조하려는 본문의 의도를 살릴 수 없게 된다. 우리가 힌네의 용법을 살펴보면서 하나님의 숨겨진 손길을 강조하려는 저자의 의도를 확인했으므로 이런 주장을 분명하게 거부할 수 있는 것이다.

한편 우리는 내레이터가 "보아스가 말하던 기업 무를 자가 지나가는지라"(עָבַר)라고 하면서 "아바르"(עָבַר) 동사를 사용한다는 점을 주목해야 한다. 원래 이 동사는 "넘어가다, 건너가다"(pass over, cross over)의 기본 의미를 가지지만, 때로는 언약이나 (하나님의) 명령/율법이란 단어들을 목적어로 대동하게 되면 "범하다"(transgress)란 의미로 사용된다.

"모세가 이르되 너희가 어찌하여 이제 여호와의 명령을 범하느냐(עָבַר ; 아바르) 이 일이 형통하지 못하리라(민 14:41; 신 17:2 등)."

사쏜은 이를 근거로 고엘이 과부 룻에 대한 계대결혼과 기업 무름의 의무를 지

---

6 Berlin, *Poetics and Interpretation of Biblical Narrative*, 92.

키지 않을 것을 볼 때에 내레이터가 고엘의 움직임을 이 동사로 표현한 것은 우연이 아니라고 주장한다.[7] 보아스 앞을 마침 건너가던(עָבַר ; 아바르) 기업 무를 자는 끝내 기업 무름의 의무를 건너 뛰는(עָבַר ; 아바르) 모습을 보여주는 복선일 수 있다는 것이다.

2.3 보아스가 "아무개여"라고 부름

내레이터는 보아스가 기업 무를 자를 보고 말을 건넸다고 묘사한다(1하반절).

"보아스가 그에게 이르되 아무개여 이리로 와서 앉으라 하니
(וַיֹּאמֶר סוּרָה שְׁבָה־פֹּה פְּלֹנִי אַלְמֹנִי ; 와요메르 수라 셰바-포 펠로니 알모니)."

보아스는 기업 무를 자를 "아무개여"라고 불렀다고 한다. 국립국어원 표준국어대사전에 따르면 "아무개"는 "어떤 사람을 구체적인 이름 대신 이르는 인칭대명사"로 되어 있다. 보아스는 왜 기업 무를 자를 "아무개여"라고 불렀을까? 보아스가 이름을 몰랐을까? 보아스는 알았는데 내레이터가 몰랐을까? 이런 저런 질문이 생긴다. 그 이유를 알기 위해서는 원어를 살펴보아야 한다.

한글개역개정에서 "아무개여"라고 번역된 히브리어는 "펠로니 알모니"(פְּלֹנִי אַלְמֹנִי)이다. "펠로니 알모니"라고 읽어보면 알게 되지만 이 어구는 모음이 유사한 단어들을 반복한 일종의 워드플레이(wordplay)이다. 이 어구의 의미를 이해하려면 용례를 살펴야 하는데 우선 사무엘상 21:2(히브리어 원문은 3절), 열왕기하 6:8을 보면 불특정의 장소를 가리킨다.

"다윗이 제사장 아히멜렉에게 이르되 왕이 내게 일을 명령하고 이르시기를 내가 너를 보내는 것과 네게 명령한 일은 아무것도 사람에게 알리지 말라 하시기로 내가 나의 소년들을 이러이러한 곳(מְקוֹם פְּלֹנִי אַלְמֹנִי ; 메콤 펠로니 알모니)으로 오라고 말하였나이다

---

[7] Sasson, *Ruth*, 105.

(삼상 21:2)."

"그때에 아람 왕이 이스라엘과 더불어 싸우며 그 신복들과 의논하여 이르기를 우리가 아무데 아무데(מְקוֹם פְּלֹנִי אַלְמֹנִי ; 메콤 펠로니 알모니) 진을 치리라 하였더니(왕하 6:8)."

위의 두 본문을 보면 화자가 장소가 어딘지 정확히 대길 원하지 않을 때 쓰는 표현임이 분명하다. 그러다 보니 한글로 "이러이러한 곳"(such and such a place)이라고 번역한 것이다. 특별히 일부 칠십인경 사본들이 "호 데이나"(ὁ δεῖνα; ho deina; such a one)로 번역한 것이 이를 입증하는 증거가 된다.[8]

한편 "펠로니 알모니"(פְּלֹנִי אַלְמֹנִי)는 불특정의 "장소"뿐 아니라 불특정의 "사람"을 가리키는 용도로 한번 사용되었다.

"내가 들은즉 한 거룩한 이가 말하더니 다른 거룩한 이가 그 말하는 이(פַּלְמוֹנִי ; 팔모니)에게 묻되 환상에 나타난 바 매일 드리는 제사와 망하게 하는 죄악에 대한 일과 성소와 백성이 내준 바 되며 짓밟힐 일이 어느 때까지 이를꼬 하매(단 8:13)."

여기서도 정확히 이름을 말하기를 꺼려하여 "그 어떤 이"(the certain one)라고 말할 때 팔모니(פַּלְמוֹנִי)가 쓰인 것이다. 결국 "펠로니 알모니"(פְּלֹנִי אַלְמֹנִי)는 어떤 이유인지 간에 "이름을 대고 싶지 않은 장소/사람 혹은 이름을 댈 수 없는 장소/사람"을 가리키는 데 사용되는 용어라는 것이 학자들의 중론이다.

2.4 "아무개여"라고 부른 이유

그렇다면 내래이터가 기업 무를 자의 이름을 대고 싶지 않거나 이름을 댈 수 없었던 것 같다. 그렇다면 왜 이름을 대지 않고 "아무개여"라는 표현을 사용하였는

---

[8] 부쉬(Bush)는 마태복음 26:18 "이르시되 성안 아무에게 가서"를 참고로 제시하면서, פְּלֹנִי와 동족인 용어들은 유대 아람어, 시리아어, 아랍어 등에서 "어떤 사람"(someone, a certain one)의 의미로 쓰인다고 한다. Bush, *Ruth/Esther*, 196.

가? 이에 대해 그동안 다양한 견해가 제시되었는데, 캠벨은 여러 견해들의 장단점을 아래와 같이 잘 요약하였다.

첫째, 보아스가 이름을 몰랐기 때문이라는 주장이 있다. 그러나 베들레헴과 같은 작은 도시 내에서는, 보아스가 기업 무를 자의 이름을 모를 리 없다. 둘째, 보아스는 알았지만, 내레이터가 그 이름을 몰랐기 때문이라고 한다. 그러나 이것은 여러모로 설득력이 부족하다. 셋째, 어떤 이들은 기업 무를 자의 후손들의 명예를 손상시킬까봐 익명으로 남긴 것이라고 본다. 그러나 이것도 룻기 본문에는 기업 무를 자를 비난하지 않고 있어서 그렇게 볼 근거가 없다. 이런 해석은 현대적 관심으로 만들어낸 해답처럼 보인다. 넷째, 중요하지 않은 인물을 처리하는 방법으로 보는 자들이 있다. 그러나 기업 무를 자는 오르바와 같은 기능을 담당하고 있기에 중요하지 않은 인물이라고 보기에는 어렵다고 캠벨은 요약한다.[9]

그렇다면 이렇게 이름을 "아무개여"로 처리한 이유는 무엇인가? 최근의 다수 학자들은 내레이터가 기업 무를 자의 이름을 실제로 부르거나, 아니면 그냥 기업 무를 자를 "불렀다"고 동사로 막연하게 처리하지 않고, 굳이 "아무개여"라고 호칭한 것은 그를 부정적으로 묘사한 것으로 본다.[10] 다른 등장 인물의 이름은 세밀하게 기록하면서도 기업 무를 자의 이름을 알리지 않은 것은 기업 무를 자를 비우호적으로 보게 만든다는 것이다. 심지어 오르바와 룻과 결혼하고 십 년 만에 후사 없이 죽은 것 외에는 스토리 내에서 아무런 역할을 하지 않은 기룐과 말론 같은 이름도 기록한 반면에, 상당히 중요한 역할을 하는 기업 무를 자의 이름을 굳이 알리려고 하지 않은 것은 부정적으로 볼 수밖에 없다는 것이 학계의 중론이다.

그렇다면 내레이터는 기업 무를 자의 이름을 대고 싶지 않았던 이유가 있을 것이다. 그 까닭이 무엇일까? 이름과 관련된 어떤 단서가 있지 않을까? 이런 점을 염두에 두고 룻기 4장의 본문을 살펴보면 단서를 찾을 수 있다고 학자들은 해석한다. 우리가 앞으로 살펴보겠지만 기업 무를 자는 죽은 이의 "이름"이 끊어지지 않도록 하는 데 관심이 없었다. 보아스가 기업 무를 자와 장로들 앞에서 한 말을 보면 기업 무름과 계대결혼은 죽은 자의 이름을 끊어지지 않게 하는 것이 목적이었다.

---

9 Campbell, *Ruth*, 141-142.
10 Bush, *Ruth/Esther*, 197.

"네가 나오미의 손에서 그 밭을 사는 날에 곧 죽은 자의 아내 모압 여인 룻에게서 사서 그 죽은 자의 기업을 그의 이름으로 세워야 할지니라(룻 4:5)."

"말론의 아내 모압 여인 룻을 사서 나의 아내로 맞이하고 그 죽은 자의 기업을 그의 이름으로 세워 그의 이름이 그의 형제 중과 그 곳 성문에서 끊어지지 아니하게 함에 너희가 오늘 증인이 되었느니라(룻 4:10)."

보아스보다 더 가까운 기업 무를 자는 형제의 이름이 끊어지지 않도록 하는 일에 관심이 없는 자였다. 그렇다면 남의 이름이 끊어지지 않도록 하는 데 관심이 없는 자는 결국 자기 이름도 끊어지게 된다는 것이 룻기 기자의 핵심 메시지라고 학자들은 주장한다. 그렇다면 이 같은 점을 분명히 드러내기 위해 기업 무를 자의 이름이 있음에도 불구하고 이름을 밝히기를 꺼려하고 "아무개여"라고 했다는 것이 학자들의 중론이다.[11] 다시 말해 "펠로니 알모니"(פְּלֹנִי אַלְמֹנִי)는 내레이터가 이런 주제를 드러내기 위해서 만든 핵심적인 문예 장치인 셈이다.[12]

만일 이런 해석이 옳다면 우리는 이 표현을 "아무개여"(So and so; such a one)로 번역해야 한다(NJPS, KJV). 일부 번역 성경처럼 "친구여(friend) 혹 내 친구여(my friend)"(ESV, NASB, NIV, RSV)로 번역하거나, 아니면 "그의 이름을 불렀다"(NAB)로 풀어서 번역해서는 안 된다.[13] 이렇게 되면 "남의 이름이 끊어지지 않도록 하는 데 관심이 없는 자는 결국 자기 이름도 끊어지게 된다"는 주제를 드러내기가 어렵기 때문이다.

이것은 한글 성경들도 마찬가지이다. 한글개역과 개역개정은 "아무개여"라고 잘 번역한 반면에 최근의 번역본들(새번역성경, 바른성경, 공동번역개정, 쉬운성경, 가톨릭성경)은 "여보시오" 혹은 "여보게"라고 풀어서 번역하고 있는데 최근의 번역은 적절치 못하다고 보아야 한다. 왜냐하면 국립국어원 표준국어대사전에 따르면 "아무개"는 "어떤 사람을 구체적인 이름 대신 이르는 인칭대명사"[14]인데 반해, "여보게"는 "가

---

11 Hubbard, *Ruth*, 234-35.
12 Bush, *Ruth/Esther*, 244.
13 참조, Block, *Ruth*, 706.
14 국립국어원 표준국어대사전에 나온 "아무개"의 용례는 다음과 같다 : "마을에 들어온 그들은 아무개네 집이 어디냐고 떠들어 대면서 눈에 묻힌 골목 샅을 거드럭거리고 다녔다. 하근찬, 「나룻배 이야기」 / 그의 명성은 나날이 자자해서 인

까이 있는 사람을 부를 때 쓰는 말"이고 "여보세요"는 "여보게"의 조금 높임말이기 때문이다.

우리는 여기서 보아스가 실제로 기업 무를 자를 "아무개여"라고 불렀다고 보아서는 안 된다. 보아스가 현장에서는 기업 무를 자의 이름을 불렀거나, 아니면 "친구여 혹은 여보게"라고 불렀을 수도 있다. 중요한 것은 최종 기자가 기업 무를 자의 이름을 밝히기를 꺼려했다는 것이다. 그 이유는 성경 기자가 "남의 이름이 끊어지지 않도록 하는 데 관심이 없는 자는 결국 자기 이름도 끊어지게 된다"는 사실을 강조하기 위해 "아무개여"라는 의미에서 "펠로니 알모니"라는 단어를 사용했다는 것이다.[15]

이렇게 성경 해석자들은 본문의 작은 디테일을 놓쳐서는 안 된다. 이런 디테일이 모여서 본문을 형성하는 것이고, 디테일 하나를 놓치면 본문의 핵심 메시지를 놓칠 수 있다는 점을 명심해야 한다. 대강 내용을 파악한 뒤에 은혜스럽게 적용만 하면 된다는 식의 사고를 가져서는 안 된다.

2.5 이리로 와서 앉으라

보아스가 기업 무를 자를 "아무개여"라고 불러 세운 다음에는 두 개의 동사를 사용하여 권면하였다.

"이리로 와서 앉으라"
(סוּרָה שְׁבָה־פֹּה ; 수라 셰바-포)."

"돌이키다"(סוּר ; 수르)와 "앉다"(יָשַׁב ; 야샤브)라는 동사를 사용하여 "돌이켜서 여기에 앉으라"고 하였다. 이에 "그가 와서 앉았다"(וַיָּסַר וַיֵּשֶׁב ; 와야사르 와예셰브)고 내레이터는 적고 있다. 앞서 살핀 대로 사법 회의를 위해서는 당사자들이 앉는 것이 중요하다. 이에 보아스는 성문에 앉은 다음에 기업 무를 자를 불러 앉힌 것이다.

제는 아무개 하면 벌써 장안에서 모를 사람이 없을 만큼 큰 활량이 되었겠다. 이기영, 『봄』.
15 참조, Bush, *Ruth/Esther*, 197.

3. 장로들의 역할

3.1 보아스가 장로들을 청함

보아스가 앉았고, 기업 무를 자가 앉았다면 바로 협상에 들어가는 것인가? 현대의 관점에서 보면 땅을 사고 팔고 누구와 결혼하느냐의 문제는 당사자들끼리 논의하고 합의하면 끝나는 문제이다. 그러나 성경의 세계에서는 이런 일들은 결코 사적인 영역에 속하는 것이 아니었다는 것이 학계의 중론이다. 이런 사실은 보아스가 그 후에 취한 조치를 보면 금방 알 수 있다(2상반절).

"보아스가 그 성읍 장로 열 명을 청하여
(וַיִּקַּח עֲשָׂרָה אֲנָשִׁים מִזִּקְנֵי הָעִיר ; 와이카흐 아사라 아나쉼 미지크네 하이르)."

보아스가 장로 열 명을 청했다고 되어 있는데, 여기서 "청하다"로 번역된 동사는 "취하다"(לקח ; 라카흐)로서, 이와 유사한 문맥에서 "데려오다/불러오다"의 의미를 지닌다. 사울이 다윗에 대한 신하들의 말을 듣고 "그를 데려왔다"(לקח ; 라카흐; 삼상 17:31)고 했을 때 이 동사를 사용하였다. 어떤 학자들은 그 당시에 남자들이 성문을 통해 일터로 나가기 때문에 보아스가 성문에 앉아서 쉽게 성읍 장로들을 모을 수 있었을 것이라고 본다. 그러나 "취하다"(לקח ; 라카흐)는 동사를 사용한 것을 보면 보아스가 단순히 성문에 앉아서 성읍 장로들이 우연히 지나가면 불러서 앉힌 것이 아니라, 적극적으로 불러모았을 가능성이 더 커 보인다는 것이 다수의 견해이다.

3.2 장로들은 누구인가?

성읍 장로 열 명이 필요한 이유는 무엇인가? 우선 "성읍 장로들"(זִקְנֵי הָעִיר ; 지크네 하이르)은 그 성읍 공동체의 여러 문제들을 책임지는 지도층 인사들이라고 할 수 있다. 장로(זָקֵן ; 자켄)란 단어는 "나이가 든"(זָקֵן ; 자켄)이란 형용사를 명사로 사용한 데서 기인한 것이다. 그러나 구약에서 장로는 그저 나이가 든 그룹의 사람들을 가리키기보다는 특정한 관직을 맡은 자를 가리키는 것으로 보인다. "수령과 장로들"(신 5:23), "너희의 수령과 너희의 지파와 너희의 장로들과 너희의 지도자"(신 29:10), "장로와 귀족들"(왕상 21:8, 11), "그 왕궁을 책임지는 자와 그 성읍을 책임지는 자와 장로들과 왕자를 교육하는 자들"(왕하 10:5), "이스라엘 장로들과 천부장들"(대상 15:25), "그 장로들과 관리들과 재판장들"(수 8:33)이란 어구들을 보면 장로는 정치적, 행정적, 군사적, 법률적 직책을 맡은 관리일 가능성이 많다고 학자들은 본다.

구체적으로 장로들이 하는 일을 보면 매우 포괄적이다. 살인 사건이 일어나면 고의인지 고의가 아닌지를 판단하여 도피성에 그를 받아들일 것인지의 여부를 결정하는 일들을 장로들이 맡았다(신 19:12). 피살된 시체가 발견되면 이를 해결하는 일도 장로들이었다. 인근 성읍의 장로들이 나와서 시체가 발견된 장소와 각 성읍까지의 거리를 재어 가장 가까운 성읍의 장로들이 암송아지를 취해 제사를 드려 땅이 피로 오염되는 일이 없도록 하는 일도 장로들이 해야 했다(신 21:2-6). 부모에게 패역한 아들을 고소할 때도 성읍 장로들에게 하도록 되어 있고, 성읍의 모든 사람들이 그를 돌로 쳐죽이도록 되어 있었다(신 21:19-20). 여인이 결혼한 후에 처녀성 시비가 생겼을 때도 처녀의 아버지가 처녀성의 증거물을 가지고 찾아가 판결을 요청한 대상도 성읍의 장로들이었다(신 22:15-18).

우리가 이런 점들을 살피다 보면 현대적 관점에서 매우 사사롭고 사적인 일들처럼 보이는 것들도 공동체의 일로 다루고 있음을 본다. 이것은 계대결혼도 마찬가지이다. 계대결혼의 문제를 다룰 때에도 성읍의 장로들에게 나아가서 판결을 받도록 되어 있었다.

"그러나 그 사람이 만일 그 형제의 아내 맞이하기를 즐겨하지 아니하면 그 형제의 아내는 그 성문으로(הַשַּׁעְרָה ; 하샤으라) 장로들에게로(אֶל־הַזְּקֵנִים ; 엘-하즈케님) 나아가서 말하기를 내 남편의 형제가 그의 형제의 이름을 이스라엘 중에 잇기를 싫어하여 남편의 형제 된 의무를 내게 행하지 아니하나이다 할 것이요 그 성읍 장로들(וְזִקְנֵי־עִירוֹ ; 지크네-이로)은 그를 불러다가 말할 것이며 그가 이미 정한 뜻대로 말하기를 내가 그 여자를 맞이하기를 즐겨하지 아니하노라 하면 그의 형제의 아내가 장로들(הַזְּקֵנִים ; 하즈케님) 앞에서 그에게 나아가서 그의 발에서 신을 벗기고 그의 얼굴에 침을 뱉으며 이르기를 그의 형제의 집을 세우기를 즐겨 아니하는 자에게는 이같이 할 것이라 하고(신 25:7-9)."

보아스가 성문(שַׁעַר ; 샤아르)에서 성읍 장로들(זִקְנֵי הָעִיר ; 지크네 하이르)을 모은 것은 계대결혼과 기업 무름의 문제는 공적으로 처리해야 하기 때문이다.

3.3 왜 하필 열 명의 장로인가?

그렇다면 왜 열 명의 장로들을 보아스가 청했을까? 베들레헴의 장로들은 열 명이었는가? 룻기 본문은 이에 대해 명확하게 언급하지 않는다. 그러나 "그 성읍 장로 열 명"으로 번역된 원문이 "성읍 장로들 중 열 사람"(עֲשָׂרָה אֲנָשִׁים מִזִּקְנֵי הָעִיר ; 아사라 아나쉼 미즈케네이 하이르)이라고 한 것을 보면 열 명 이상의 장로가 있었을 것으로 보인다. 왜냐하면 "중"에 해당하는 전치사 "민"(מִן)은 "부분을 가리키는 전치사"(partitive preposition)이기 때문이다. 게다가 사사기 8:14에 보면 숙곳이란 성읍에 장로가 77명이나 있었던 것을 보면 베들레헴에도 열 명 이상의 장로들이 있었을 가능성이 크다고 학자들은 본다.

그렇다면 왜 하필 열 명의 장로를 불렀을까? 학자들은 "열"이란 숫자는 부분으로 전체를 가리키는 제유법의 최소 단위라고 본다. 구약에서 십계명은 단지 열 개의 계명만이 아니라 여호와의 뜻이 담긴 전체 율법을 가리키는 제유법으로 쓰였다는 점을 주목해야 한다. 애굽에 내린 열 개의 재앙 역시 단지 열 번의 재앙만이 아니라 여호와께서 애굽에 내린 모든 재앙을 가리킨다. 기드온이 바알 제단을 헐 때에도 종 열 명을 데리고 하였다(삿 6:27). 유대인들은 공적인 공중 예배를 위해서 최소한 열 명의 남자가 필요하다는 원리를 만들었는데 이런 이론적 근거에서 그렇게 한 것으로 보인다.

이렇게 본다면 보아스와 "아무개" 사이 중에 누가 룻을 기업 무를지를 결정하기 위해서는 최소한 열 명의 장로들이 있어야 했던 것으로 보인다. 이 열 명의 장로들이 베들레헴 공동체를 대표하는 최소한의 완전체였던 것 같다.[16]

---

16 Hubbard, *The Book of Ruth*, 236.

물론 장로들만 있다고 되는 것은 아니었다. 보아스가 후에 "여기 앉은 이들과 내 백성의 장로들", "장로들과 모든 백성"이라고 호칭하고 있고(룻 4:4, 9), "성문에 있는 모든 백성과 장로들", "우리가 증인이 되나니"(룻 4:11)라고 한 것을 보면 장로들 외에 성읍의 백성들이 성문에 앉아 있었던 것으로 보인다.

보아스는 법률적 판단과 결정을 내리는 최소한의 완전체로서 열 명의 장로들을 청해 "여기 앉으라"(שְׁבוּ־פֹה ; 셰부-포)고 한 것이다. 이에 장로들이 돌이켜 앉았다 (וַיָּסַר וַיֵּשֵׁבוּ ; 와야사르 와예셰부). 법적 판단을 위해서는 장로들이 앉아야 비로소 재판 절차가 시작되기 때문이다. 열 명의 장로들의 역할에 대해서는 논란이 있다. 어떤 학자들은 재판장의 역할을 하는 것으로 보는가 하면, 어떤 학자들은 증인의 역할을 하는 것으로 본다.[17]

물론 룻기 본문에서는 장로들이 어떤 역할을 했는지 명시되어 있지 않다. 최소한 장로들이 증인 역할을 한 것은 분명하다. 보아스가 "장로들과 모든 백성에게" "내가 엘리멜렉과 기룐과 말론에게 있던 모든 것을 나오미의 손에서 산 일에 너희가 오늘 증인이 되었고" "말론의 아내 모압 여인 룻을 사서 나의 아내로 맞이하고 그 죽은 자의 기업을 그의 이름으로 세워 그의 이름이 그의 형제 중과 그 곳 성문에서 끊어지지 아니하게 함에 너희가 오늘 증인이 되었느니라"(4:9-10)고 하자 "성문에 있는 모든 백성과 장로들이 이르되 우리가 증인이 되나니"(4:11)라고 했다고만 되어 있다.

그러나 여러 가지 요소들을 고려해 볼 때 열 명의 장로들은 재판장의 역할은 물론 증인의 역할과 집행관의 역할까지도 한 것으로 학자들은 해석한다. 단지 룻기 본문에서는 보아스가 모든 절차를 적법하게 공적으로 처리하기 위해서 애를 쓰는 과정을 중심으로 신학적 내레이션을 하고 있기에 법적 절차를 정확히 묘사하지 않아 재판장과 집행관의 역할이 드러나지 않은 것 같다. 계대결혼 문제를 다루는 신명기 25장을 보더라도 장로들이 계대결혼의 의무를 감당하지 않는 자로 고소된 형제를 데려다가 심문하는 모습을 보이고 있다. 그렇다면 보아스가 부른 열 명의 장로들 역시 재판장 역할을 했음이 분명하다.

---

17 Frank Crüsemann, *The Torah : Theology and Social History of Old Testament Law*, tr.by Allan Mahnke (Fortress Press, 1996), 73.; LaCocque, *Ruth*, 125에서 재인용.

3.4 착석한 장로들

보아스가 청한 열 명의 장로들이 오자 보아스가 요청하였다(2하반절).

"이르되 당신들은 여기 앉으라 하니
(וַיֹּאמֶר שְׁבוּ־פֹה ; 와요메르 셰부-포)
그들이 앉으매
(וַיֵּשֵׁבוּ ; 와예셰부)."

장로들이 보아스의 요청에 따라 성문에 앉게 된 것이다. 이제 장로들의 착석으로 공적으로 누가 룻을 기업 무를지를 결정하는 법적 절차의 모든 준비가 끝난 것이다.

현대의 재판에서도 "착석"을 해야 재판이 진행된다. 원고와 검사, 피고와 변호인은 미리 들어와 앉아 있다가 재판부가 들어오면 모두 기립한다. 재판관들이 앉으면 그때서야 모두 착석한다. 그리고 나서 원고와 피고를 확인하는 인정신문을 하고 재판이 시작된다. 재판 중에 방청객에서 일어나는 경우에는 "착석해 달라"고 재판부가 지시하는 경우도 있다. 이렇게 재판에서는 "앉는 것"이 중요하다.

따라서 룻기 4장에서만 "앉는다"(יָשַׁב ; 야샤브)는 단어가 모두 6번 등장한다. 우선 보아스가 성문에 올라가 앉았고(יָשַׁב ; 야샤브), 아무개가 지나가자 "이리로 와서 앉으라"(שְׁבָה־פֹּה ; 셰바-포)고 하니 아무개가 앉았다(יָשַׁב ; 야샤브)(4:1). 그 후에 보아스가 장로 열명을 청하여 "이리로 와서 앉으라"(שְׁבוּ־פֹה ; 셰부-포) 하니 장로들이 앉았다(יָשַׁב ; 야샤브)(4:2). 그리고 백성들이 방청객이자 동시에 증인으로 성문에 앉아 있었다(יָשַׁב ; 야샤브)(4:4). 이제 모든 관계자들이 앉았으니 법적 절차가 개시되는 일만이 남은 것이다.

4. 땅을 팔려는 나오미

4.1 우리 형제(אָחִינוּ) 엘리멜렉

모든 관련자들이 착석하자, 드디어 보아스가 기업 무를 자에게 제안하였다(3절).

"보아스가 그 기업 무를 자에게 이르되
(וַיֹּאמֶר לַגֹּאֵל ; 와요메르 락고엘)
우리 형제 엘리멜렉의 소유지를
(חֶלְקַת הַשָּׂדֶה אֲשֶׁר לְאָחִינוּ לֶאֱלִימֶלֶךְ ; 헬카트 하사데 아셰르 르아히누 레엘리멜레크)
모압 지방에서 돌아온 나오미가 팔려 하므로
(מָכְרָה נָעֳמִי הַשָּׁבָה מִשְּׂדֵה מוֹאָב ; 마크라 노오미 하샤바 미쉬데 모아브)."

보아스는 엘리멜렉의 소유지를 팔려고 한다는 사실을 기업 무를 자에게 고지한다. 그런데 보아스는 엘리멜렉을 "우리 형제"(אָחִינוּ ; 아히누)라고 밝힌다. 기업 무를 자에게 말하면서 엘리멜렉을 "우리 형제"라고 하니, 도대체 엘리멜렉과 기업 무를 자와 보아스, 세 사람은 어떤 관계인가?

우선 랍비 전승은 "우리 형제"(אָחִינוּ ; 아히누)라는 용어를 문자적으로 해석하여 보아스의 부친 살몬과 기업 무를 자인 아무개여의 부친과 엘리멜렉의 부친은 모두 친형제들로서 나손(Nahshon)의 아들들이라고 본다. 그러나 이런 주장은 본문상의 어떤 근거도 없다. 룻기에서는 나오미가 보아스를 가리켜 "우리의 근족"(קָרוֹב לָנוּ ; 카롭 라누; 2:20), 혹은 "친족"(מוֹדַע ; 모다; מוֹדַעַת ; 모다아트 ; 모다아; 2:1, 3:2)이라고 부르고 있는데 이 표현들은 매우 일반적인 용어로, 문자적인 "형제"보다는 비교적 먼 친척 관계를 가리킨다는 것이 학계의 중론이다.

여기서 우리는 "형제"(אָח ; 아흐)라는 명칭은 혈족 외의 사람에 대해서도 자주 사용된다는 점을 명심해야 한다. "형제"는 같은 지파에 속한 사람들, 즉 비교적 먼 친척 관계에도 사용된다. 예를 들어, 고라 자손이 모세와 아론에게 대항하자 "하나님이 너와 네 모든 형제(אָח ; 아흐) 레위 사람"을 하나님의 제사장으로 삼으셨는데 왜 불평하느냐(민 16:10)고 모세가 꾸짖는 장면이 나온다. 같은 레위 지파에 속한 사람들을 "네 형제"(אָח; 아흐)라고 부르고 있다. 그뿐만이 아니라 심지어는 친한 친구들, 특히 언약 관계를 맺은 친구에 대해서도 형제라고 부른다. 다윗이 요나단을 "내 형"(אָח; 아흐)이라(삼하 1:26) 부르는 점을 주목해야 한다.

따라서 룻기에서 보아스가 엘리멜렉을 우리 "형제"라고 부른 것은 문자적으로 해석해서는 안 된다. 사실상 중요한 것은 "혈족 관계"가 아니라 "언약 관계"인 것이다. 아모스 1:9에는 "형제의 계약"(בְּרִית אַחִים; 베리트 아힘; covenant of brothers)이라는 용어가 등장한다. 보아스가 엘리멜렉을 형제라고 부른 것은 혈통으로는 "근족"이라 엄밀하게는 형제가 아니지만 언약적으로는 한 하나님 아버지를 섬기기에 "형제"(אָח; 아흐)라고 부르는 것으로 학자들은 해석한다.

게다가 기업 무르기에 관한 율법을 담은 레위기 25:25을 보면 기업 무를 자와 땅을 판 자와의 관계를 "형제"라 묘사한다 : "만일 네 형제(אָח; 아흐)가 가난하여 그의 기업 중에서 얼마를 팔았으면 그에게 가까운 기업 무를 자가 와서 그의 형제(אָח; 아흐)가 판 것을 무를 것이요." 한 하나님을 믿고, 한 언약 안에 살며, 한 율법을 지키기로 한 자들은 서로 형제인 것이다.

이것은 현대도 마찬가지가 아닌가! 오늘날 우리도 교회 안에 있는 남성 교우들을 형제라고 부르지 않는가? 혈족으로는 형제가 아님에도 같은 하나님을 아버지로 모시고, 서로 사랑하라는 계명을 지키기로 언약을 맺었기에 언약의 형제들인 것이다. 이런 사실은 신약에서 확인할 수 있다.

"누구든지 하늘에 계신 내 아버지의 뜻대로 하는 자가 내 형제요 자매요 어머니이니라 하시더라(마 12:50)."

"나는 너희에게 이르노니 형제에게 노하는 자마다 심판을 받게 되고 형제를 대하여 라가라 하는 자는 공회에 잡혀가게 되고 미련한 놈이라 하는 자는 지옥 불에 들어가게 되리라(마 5:22)."

"우리가 이 계명을 주께 받았나니 하나님을 사랑하는 자는 또한 그 형제를 사랑할지니라(요일 4:21)."

교회는 인간 혈연에만 국한되어 살아가는 혈족 사회가 아니라 언약에 근거한 "언약 사회"요, "영적인 가족 사회"이다. 따라서 우리는 교회 안에 있는 모든 구성원들을 영적인 형제요 자매로, 영적인 부모와 자녀로 이해해야 한다.

4.2 "엘리멜렉의 토지"라니?

보아스는 고엘에게 "우리 형제 엘리멜렉의 소유지를" 나오미가 팔려고 한다고 알리고 있는데, 여기서 엘리멜렉의 "소유지"를 직역하면 "밭의 한 부분"(חֶלְקַת הַשָּׂדֶה ; 헬카트 핫사데)으로 "토지"라고 번역하면 좋을 것 같다. 그런데 흥미로운 것은 이 단어가 룻기 2:3에서도 사용되었다 : "룻이 가서 베는 자를 따라 밭에서 이삭을 줍는데 우연히 엘리멜렉의 친족 보아스에게 속한 밭(חֶלְקַת הַשָּׂדֶה לְבֹעַז ; 헬카트 핫사데 르보아즈)에 이르렀더라."

이제 보아스가 기업 무를 자와 협상하려는 대상은 엘리멜렉 소유의 "토지"이다. 엘리멜렉의 토지는 비록 엘리멜렉이 죽었어도 엘리멜렉의 소유로 언급되고 있다. 비록 남편이 죽었어도 이 토지가 엘리멜렉의 소유이기에 과부인 나오미에게는 중요한 생명줄이 아닐 수 없었다. 엘리멜렉의 토지(חֶלְקַת הַשָּׂדֶה ; 헬카트 핫사데)는 하나님께서 엘리멜렉과 그 가족에게 주신 영원한 기업이기 때문이었다.

> "이스라엘 자손이 애굽에서 가져 온 요셉의 뼈를 세겜에 장사하였으니 이곳은 야곱이 백 크시타를 주고 세겜의 아버지 하몰의 자손들에게서 산 밭(חֶלְקַת הַשָּׂדֶה ; 헬카트 핫사데)이라 그것이 요셉 자손의 기업이 되었더라(수 24:32)."

야곱이 가나안인에게서 산 밭(חֶלְקַת הַשָּׂדֶה ; 헬카트 핫사데)이 요셉 자손에게 주신 기업이 되었기에 요셉의 뼈를 이 밭에 묻었다는 것이다. 따라서 이 토지를 지키려고 하다가 나봇은 생명까지 잃었다. 그러나 놀랍게도 하나님께서 아합의 아들 요람의 시체를 나봇의 토지에 던지게 함으로써 하나님이 주신 기업을 빼앗은 악을 보응하셨다.

"여호와께서 말씀하시기를 내가 어제 나봇의 피와 그의 아들들의 피를 분명히 보았노라 여호와께서 또 말씀하시기를 이 토지(חֶלְקָה ; 헬카)에서 네게 갚으리라 하셨으니 그런즉 여호와의 말씀대로 그의 시체를 가져다가 이 밭(חֶלְקָה ; 헬카)에 던질지니라 하는지라(왕하 9:26)."

이렇게 여호와께서 영원한 기업으로 주신 토지는 목숨과도 바꿀 수 없는 귀한 것이다. 따라서 여호와께서는 이토록 귀중한 토지를 무를 수 있도록 허락하신 것이다.

4.3 "토지 무르기"의 율법

그렇다면 이토록 귀중한 토지의 소유와 토지 무르기는 어떻게 진행되는가? 이를 위해서 우리는 레위기 25:23-28을 살펴보아야 한다.

"토지를 영구히 팔지(מָכַר ; 마카르) 말 것은 토지는 다 내 것임이니라 너희는 거류민이요 동거하는 자로서 나와 함께 있느니라 너희 기업의 온 땅에서 그 토지 무르기를 허락할지니 만일 네 형제가 가난하여 그의 기업 중에서 얼마를 팔았으면 그에게 가까운 기업 무를 자가 와서 그의 형제가 판 것을 무를 것이요 만일 그것을 무를 사람이 없고 자기가 부유하게 되어 무를 힘이 있으면 그 판 해를 계수하여 그 남은 값을 산 자에게 주고 자기의 소유지로 돌릴 것이니라 그러나 자기가 무를 힘이 없으면 그 판 것이 희년에 이르기까지 산 자의 손에 있다가 희년에 이르러 돌아올지니 그것이 곧 그의 기업으로 돌아갈 것이니라(레 25:23-28)."

위의 본문을 보면 토지 소유와 기업 원리에 대해 몇 가지 원리를 찾아볼 수 있다고 학자들은 본다.

가장 중요한 첫째 원리는 토지는 여호와의 것이기에 절대로 타인에게 영원히 팔

수 없다는 점이다. 하나님의 백성은 단순히 거류민이요 동거하는 자로서 하나님과 함께 있기에 토지를 이용할 수 있는 것뿐이다. 따라서 하나님이 사용하라고 주신 토지를 팔 수는 없다. 다시 말해 이스라엘 백성들이 토지를 소유한 것은 토지 사용권을 소유한 것이라고 보아야 한다. 이것은 토지 소유에 대한 대원리라는 것이다.

그러나 이것은 대원칙일 뿐 역사 가운데서는 토지를 파는 일이 생길 수 있다. 인간의 상황이 녹록치 않아 가난하게 되어 기업으로 준 토지를 파는 일이 얼마든지 발생할 수 있다. 그럴 때에는 어떻게 해야 하는가? 하나님께서는 대원칙만을 천명할 뿐, 실제로 토지를 팔 수 있는 가능성에 대해서 아무런 대책도 세우지 않으신 분이 아니시다. 따라서 하나님께서는 기업 무름의 제도를 주신 것이다.

둘째 원리는 땅을 한 번 팔았다 하더라도 다시 무를 수 있다는 것이다. 이것은 현대 사회에서는 이해할 수 없다. 한 번 땅을 팔았으면 새 소유주가 땅을 다시 팔겠다고 하지 않는 한 다시 땅을 무를 수는 없다. 이럴 경우에도 땅 값을 더 쳐주겠다고 해야지, 그냥 땅을 물러달라고 할 수는 없다. 그러나 하나님께서는 "너희 기업의 온 땅에서 그 토지 무르기를 허락할지니"라고 정하셨다. 여기서 "토지 무르기"는 게울라(גְּאֻלָּה)이다. "게울라"는 구약에서 모두 14번 사용되었는데, 레위기 25장에 9번(25:24, 25, 29[2x], 31, 32, 48, 51, 52), 룻기 4장에 2번(4:6, 7), 예레미야서에 2번(32:7, 8), 에스겔서에 1번(11:15) 사용되었다.

그렇다면 어떻게 토지 무르기를 하는가? 가까운 기업 무를 자가 있으면 당연히 토지를 판 형제의 땅을 물러야 한다. 그러나 기업 무를 자가 없으면 원 토지 소유자가 돈을 모아 토지를 무를 수 있다. 이때는 희년까지 남은 햇수를 계산하여 많이 남아 있으면 충분히 값을 치러야 하고 많이 남아 있지 않으면 적게 값을 치르면 된다. 땅을 소유한다는 것은 그 땅에서 희년까지의 열매를 딸 수 있는 권한을 소유한 것을 의미한다.

셋째 원리는 기업 무를 자도 없고 원 소유주도 토지를 무를 능력이 없을 때에는 그 토지를 산 사람이 희년까지 그 땅을 소유할 수 있다. 그러나 희년이 되면 그 토지를 원 소유주에게 돌려주어야 한다.

룻기 4장을 해석할 때는 이 세 가지 원리를 유념해야 한다.

4.4 "엘리멜렉의 토지"에 무슨 일이 생겼을까?

그렇다면 엘리멜렉에게 준 땅은 도대체 무엇이 문제인가? 엘리멜렉이 기근으로 베들레헴을 떠났을 때에는 누가 그 땅을 소유하고 있는지 문제가 되지 않지만, 이제 엘리멜렉의 아내 나오미가 모압 지방에서 돌아왔고 토지를 물러줄 것을 요구하고 있으니 문제가 된 것이다. 성경 기자는 모압 "땅"(שָׂדֶה ; 사데)에서 돌아온 나오미가 엘리멜렉의 "땅"(שָׂדֶה ; 사데)을 다시 소유하기를 원하고 있음을 "땅"의 반복으로 더욱 강조하고 있다. 이방 모압 "땅"에서 돌아와도 하나님이 기업으로 주신 "땅"이 있으니 얼마나 감사한 일인가! 비록 다른 이의 손에 넘어갔어도 기업 무를 자의 도움을 통해 땅을 무를 수 있으니 이보다 감격스러운 일이 어디 있을까? 이스라엘에는 이토록 기업으로 주신 땅과 그 땅을 무를 수 있는 기업 무름의 율법이 있고, 땅과 율법을 친히 하사하신 하나님이 계시기에, 어떤 상황에서도 희망이 있는 것이다.

어찌되었든 이제 보아스가 하려고 하는 일은 두 번째 원리에 근거한 것이다. 엘리멜렉이 기근으로 베들레헴을 떠나면서 그의 땅을 다른 사람에게 넘겼거나, 아니면 주인이 없는 땅이기에 다른 이들이 그 땅을 경작했을 가능성도 있다. 후자의 경우라면 이미 10년이 지났기에 사실상 소유권이 넘어간 것으로도 볼 수 있을 것 같다. 정확히 어떤 상황인지는 본문이 명시하지 않고 있다. 따라서 우리도 본문이 명시적으로 언급하는 부분을 중심으로 해석해야 하며 함부로 행간을 읽거나 무리한 상상력을 발휘하지 않도록 조심해야 한다.

4.5 나오미가 토지를 판다는 것이 지닌 세 가지 문제점

보아스는 기업 무를 자인 아무개에게 나오미가 엘리멜렉의 토지를 처분하기로 했다고 고지하였다.

"모압 지방에서 돌아온 나오미가 팔려 하므로
(מָכְרָה נָעֳמִי הַשָּׁבָה מִשְּׂדֵה מוֹאָב ; 마크라 노오미 하사바 미쉬데 모아브)."

그런데 이 발언은 해석하기가 너무 어려워 학자들의 논란이 가장 큰 부분이다. 부쉬(Bush)는 문제의 성격과 학자들의 제안을 가장 잘 정리한 학자이기에 그가 정리한 내용을 중심으로 본문의 문제점을 살펴보도록 하자.[18] 우선 부쉬는 여기서 우리가 살펴보아야 할 문제가 세 가지라고 본다.

첫째는 사전적 문제로 "판다"(מָכַר ; 마카르)는 동사의 의미가 무엇인지를 살펴보아야 한다는 것이다. 둘째는 문법적인 문제로 "판다"는 동사가 기본(칼)형 완료 3인칭 여성단수(מָכְרָה ; 마크라)로 사용되었는데 통상적인 완료형의 용법으로 해석하여 과거의 시제로 번역하면 문맥에 맞지 않는다는 것이다. 셋째는 내용적인 문제로 만일 나오미가 엘리멜렉의 토지를 팔려고 한다면, 나오미가 이 토지를 팔 권리가 있어야 한다는 것이다. 그런데 나오미는 어디서 토지를 팔 권리를 얻었는가 하는 점이다. 율법에 의하면 과부는 죽은 남편에게서 토지를 상속받을 수 있는지를 살펴보아야 한다는 것이다.

이런 세 가지 문제를 살펴보아야 비로소 "이제 나오미가 우리 형제 엘리멜렉의 소유지를 팔기로 하였으므로"라는 보아스의 말을 이해할 수 있다는 것이 캠벨의 주장이다.[19]

4.6 "판다"는 동사의 의미

우선 "판다는 동사의 사전적 의미부터 살펴보자. "팔다"는 동사 "마카르"(מָכַר)는 서로 연관되면서도 다른 두 가지 의미를 가진다. 우선 "마카르"는 우리가 통상 물건이나 고기나 기름이나 옷 같은 것을 "팔다"는 의미로 사용된다(느 10:32; 신 14:21; 왕하 4:7 등). 이런 용례로 사용되면 "물품의 실제적 소유와 사용은 물론 물품의 무조건적 소유권과 처분권까지 넘기는" 의미에서 "완전히 팔아넘긴다"는 의미이다.[20]

그러나 동시에 "마카르"는 "토지의 사용권을 특정 기간 동안 특정 가격에 넘기는 거래"를 가리키는 의미로 쓰이기도 한다. 레위기 25:14-16을 보면 토지를 팔거나

---

18 Bush, *Ruth/Esther*, 200-215. 아래의 긴 논의는 주로 부쉬(Bush)의 견해를 따른 것임을 밝힌다.
19 Bush, *Ruth/Esther*, 200.
20 Bush, *Ruth/Esther*, 200.

살 때에는 토지를 완전히 팔아넘기는 것이 아니라 희년까지 남은 햇수를 따라서 토지 가격을 정하므로 토지의 사용권을 파는 셈이다.

"네 이웃에게 팔든지(מָכֹר ; 마카르) 네 이웃의 손에서 사거든 너희 각 사람은 그의 형제를 속이지 말라 그 희년 후의 연수를 따라서 너는 이웃에게서 살 것이요 그도 소출을 얻을 연수를 따라서 네게 팔 것인즉 연수가 많으면 너는 그것의 값을 많이 매기고 연수가 적으면 너는 그것의 값을 적게 매길지니 곧 그가 소출의 다소를 따라서 네게 팔 것이라(레 25:14-16)."

이 경우에 판다는 단어를 사용한 것을 보면, "판다"는 동사가 종종 토지를 완전히 "팔아넘긴다"는 의미보다는 "토지의 사용권을 특정 기간 동안 특정 가격에 넘기는 거래"를 가리키는 의미로 볼 수 있다. 따라서 부쉬는 룻기 4:3에 나오는 "마카르"(מָכַר)는 "전이하다, 권리를 양도하다"(to surrender the right to)의 의미로 보는 것이 좋다고 제안한다.[21] 따라서 일부 학자들은 "기업 무를 권리-의무를 넘기다"(to transfer the obligation-right of redemption)로 해석하는 것에 대해서도 귀를 기울일 필요가 있다고 본다.[22]

4.7 "판다"는 동사의 완료형 문제

"팔다"는 동사의 "사전적 의미"를 살펴보았으므로, 이제 두 번째 문제인 "팔다"는 동사의 "문법적 문제"를 살펴보아야 한다. 왜냐하면 나오미가 이제 토지를 팔려고 하기에, "팔다"는 동사가 미완료형으로 쓰여야 할 것 같은데, 실제 사용된 동사형(מָכְרָה ; 마크라)은 완료형이기 때문이다.

우선 완료형은 보통 과거를 가리키기에 "그녀가 팔았다"(she has sold)로 해석하는 것이 보통인데 현재 문맥에는 잘 맞지 않는 것으로 보인다. 따라서 이렇게 번역하는 번역본이나 학자들은 거의 없다. 한편 완료형은 선언이나 맹세의 동사

---

21 Bush, *Ruth/Esther*, 202.
22 Bush, *Ruth/Esther*, 202.

(verba dicendi)와 함께 쓰이면 행동 선언이나 집행과 동시에 일어나는 "즉각적 현재"(instantaneous present)를 가리킬 수도 있다. 부쉬는 완료형의 이런 용법을 "즉각적 완료"(instantaneous perfect)라고 부르는데, 여기서 이 용법이 쓰였다고 본다.[23] 이렇게 본다면 완료형을 "즉각적 현재"의 용법으로 해석하여 "그 여자가 팔려고 하니"(she is selling)로 마치 분사처럼 번역할 수 있다는 것이다.[24] 이렇게 법률적 문맥에서 완료형을 즉각적 현재로 쓰는 용례를 창세기 23:11에서도 볼 수 있다고 한다.

"내 주여 그리 마시고 내 말을 들으소서 내가 그 밭을 당신에게 드리고(נָתַתִּי, 나타티; "주다"는 나탄[נָתַן] 동사의 완료형) 그 속의 굴도 내가 당신에게 드리되(נְתַתִּיהָ, 나타티하; 완료형) 내가 내 동족 앞에서 당신에게 드리오니(נְתַתִּיהָ, 나타티하 ; 완료형) 당신의 죽은 자를 장사하소서(창 23:11)."

위 본문을 보면 아브라함과 헷 족속 사이에서 아직 협상 중인데 헷 족속이 "드리다"는 동사 완료형을 3번이나 사용하고 있는 것을 주목하라. 이렇게 완료형이 법적 문맥에서는 가까운 미래를 가리키는 용법으로 쓰이기에 보통 학자들이 분사처럼 번역한다. 룻기 4장에서 완료형을 즉각적 현재의 완료형으로 보는 것이 가장 좋기에 대부분의 학자들과 성경 번역들은 "그 여자가 팔려고 하니"로 번역하는 쪽을 택하고 있다.[25] 한편 일부 학자들은 맛소라 본문(מָכְרָה ; 마크라)의 모음만 바꾸어 아예 분사(מֹכְרָה ; 모크라)로 개정하려고 시도도 한다.[26]

4.8 나오미에게 토지를 팔 "권리"가 있는가?

지금까지 사전적 문제와 문법적 문제를 살펴보았는데, 이제는 "나오미가 땅을 팔려고 한다"는 보아스의 말이 지닌 내용적 문제를 알아보자. 나오미가 엘리멜렉의

---

[23] Bush, *Ruth/Esther*, 202.
[24] Bush, *Ruth/Esther*, 202, 215.
[25] LaCocque, *Ruth*, 128.
[26] 일부 학자들은 아예 맛소라 본문을 개정하여 완료형(מָכְרָה ; 마크라)이 아니라 분사(מֹכְרָה ; 모크라)로 보기까지 하지만 이렇게 본문을 개정하는 것은 적절하지 못하다.

토지를 팔려고 한다면 이 토지를 팔 권리가 있어야 하는데 나오미가 어떤 율법적 근거에서 토지를 팔 권리가 있는지가 분명하지 않다. 따라서 아래와 같은 질문이 나올 수밖에 없다.

10년이나 지난 후에 모압에서 돌아온 나오미가 과연 어떻게 토지 소유권을 주장할 수 있는가? 과부도 죽은 남편으로부터 토지 상속을 받을 수 있는가? 나오미에게 그런 토지가 있었다면 룻과 나오미가 남의 밭에서 이삭을 주울 필요가 없지 않았는가?

부쉬(Bush)는 구약에는 유산 상속 문제를 전체적으로 다루는 율법이 없다는 점을 지적한다. 오직 신명기 21:15-17과 민수기 27:1-11만이 상속 문제를 다루고 있지만 일반적 원리가 아니라 구체적인 케이스를 다룰 뿐이며, 내러티브에서 상속 문제를 다룬 본문 역시 간략하기 때문에 다양한 해석 가능성이 존재한다는 것이다. 이런 점에서 구약의 유산 상속에 대한 일반적인 규정을 추론하기가 쉽지 않지만 대략적 원리는 추론해 볼 수 있다고 본다.[27]

우선 신명기 21:15-17에 의하면 유산은 아들이 상속하는 것이 대원칙인 것 같다고 본다. 민수기 27:7-8에 따르면 아들이 없는 경우에는 딸들이 상속을 하지만, 종족 내의 남자와 결혼해야 한다는 조건에서만 딸들이 상속을 할 수 있다(민 36:6). 그래야 토지가 원래 하나님께서 주신 종족 안에 남을 수 있기 때문이다. 한편 남자가 후손 없이 죽으면 그의 토지는 어떻게 되는가? 그의 토지는 먼저 형제에게 넘어가고, 형제가 없으면 아버지의 형제에게 넘어가며, 아버지의 형제도 없으면 마지막으로는 가장 가까운 살붙이에게로 넘어간다(민 27:9-11).

위의 규정을 보면 구약 율법은 정상적으로 과부는 남편의 재산을 상속받지 못하는 것처럼 보인다. 그러나 부쉬는 "구약 율법은 모든 경우를 포괄하려는 율법 전서로 의도된 것도 아니고, 모든 시대에 모든 장소에 적용되도록 규정된 것도 아니다"[28]라고 본다. 구약의 유산 관련 율법의 관심은, 토지는 원래 하나님이 주신 종족의 범위를 넘어서면 안 된다는 데 놓여 있고 기업 무름의 율법 기저에 깔린 관심사도 동일하다는 것이다. 따라서 우리가 이런 성격의 율법을 근거로 과부는 어떤 경

---

27 아래 논의는 Bush, *Ruth/Esther*, 202-204에서 거의 그대로 가져온 것이다.
28 Bush, *Ruth/Esther*, 204.

우에도 남편의 재산에 대한 권리나 사용권을 갖지 못한다고 결론내리는 것은 온당치 않다고 부쉬는 말한다. 구약에서 토지의 소유권은 친족에게 있고, 개인은 단지 토지 이용 권한만을 가진 것을 보면, 과부는 남편의 토지 사용권만을 가진다고 결론을 내릴 수도 있다[29]고 본다.

그리고 "과부의 이런 토지 사용권은 그가 재혼을 하거나 죽을 때까지만 유효하며, 그 후에는 남편의 친족에게로 정해진 순서에 따라 넘어가게 되는 것으로 보아야 한다"는 것이다. 따라서 부쉬는 "룻기 저자는 아들이나 딸이 없는 과부가 남편의 재산을 상속하는 것을 독자들이 이상하게 여기지 않았을 것으로 전제하였다"는 느낌이 들며, "과부가 최소한 토지의 사용권과 그리고 같은 친척 안에서 그 사용권을 넘길 수 있다는 의미에서" 토지를 소유하였다고 볼 수 있다고 결론을 내린다.[30]

그렇다면 모압으로 가 있는 동안 엘리멜렉의 토지는 어떻게 되었을까? 많은 주석가들은 모든 경작 가능지는 경작되었을 것이므로 10년 이상 주인 없는 토지가 그대로 방치되었을 것이라고 보기는 어렵다고 본다. 따라서 엘리멜렉(나오미)의 토지는 누군가에 의해 경작되고 있었을 것이 분명하다는 것이다. 그럼에도 불구하고 나오미가 돌아와서 토지를 팔려고 한 것이 가능함을 잘 보여주는 예로 열왕기하 8:1-6을 학자들은 언급한다.

엘리사는 자신이 아들을 살린 바 있는 여인(왕하 4장)에게 7년 기근이 다가올 것을 알리면서 고향을 떠날 것을 요청한다. 여인이 블렛 땅에서 7년을 우거하다 기근 후에 돌아와서는 왕에게 가서 자기 집과 전토를 돌려받게 해달라고 요청한다(왕하 8:1-3). 그러자 왕이 자초지종을 듣고는 "이 여인에게 속한 모든 것과 이 땅에서 떠날 때부터 이제까지 그의 밭의 소출을 다 돌려 주라"고 신하에게 명령했다(왕하 8:6). 비록 짧은 이야기이지만 우리는 여인이 땅을 소유할 수 있다는 사실, 그리고 부재시에 남에 의해 점거되고 사용된 것이 분명한 토지를 찾을 수 있었다는 점을 확실히 알 수 있다. 물론 이 여인이 과부라는 명시적 언급은 없지만 심지어 왕에게 나아가 토지를 다시 찾게 해달라고 법적 요구를 할 수 있었던 것으로 보이기 때문이다.

물론 이런 논의만으로 나오미의 토지 소유 문제를 모두 설명할 수는 없다는 데

---

29 Bush, *Ruth/Esther*, 204.
30 Bush, *Ruth/Esther*, 204.

학자들은 견해를 같이한다. 그러나 위의 에피소드는 죽은 남편의 유산으로서 땅의 얼마를 나오미가 소유할 수 있었다는 점, 이를 얻게 해달라고 요청할 수 있었다는 점 등은 설명이 가능하다고 학자들은 본다. 열왕기하 8장의 예를 보면 나오미의 땅이 남의 소유가 되었지만 이를 기업 무를 자에게 팔려고 한 것이 역사상 실체가 없는 허구의 이야기가 아님은 분명하게 보여준다는 것이다.

우리가 앞서 살펴본 대로 나오미와 같은 과부가 어떻게 토지 소유권을 가지게 되었는지에 대해서는 상세하게 모두 알 길이 없다. 이에 대한 어떤 명문화된 율법이 성경에 나타나지 않기 때문이지만 많은 학자들이 주장한 대로 과부는 최소한 죽은 남편의 소유는 상속하지는 못해도 처분할 권리는 있는 것처럼 보인다. 실제로 우리가 룻기 4:3, 9을 읽어보면 엘리멜렉처럼 외국으로 떠난 사람도 돌아오면 원래 자신에게 주어진 토지를 되찾을 수 있다고 룻기의 등장 인물들이 본 것이 분명해 보인다. 보아스가 두 번이나 나오미가 토지를 팔려고 한다는 점을 강조하는 것을 보면 얼마든지 이렇게 추론해 볼 수 있다.

"보아스가 그 기업 무를 자에게 이르되 모압 지방에서 돌아온 나오미가 우리 형제 엘리멜렉의 소유지를 팔려 하므로 … 보아스가 장로들과 모든 백성에게 이르되 내가 엘리멜렉과 기룐과 말론에게 있던 모든 것을 나오미의 손에서 산 일에 너희가 오늘 증인이 되었고(룻 4:3-9).”

따라서 많은 학자들은 나오미가 엘리멜렉의 땅에 대한 권리를 상속했다고 본다.

4.9 자구적 해석(letterism)을 넘어서야

우리가 여기서 주목할 것은 구약의 성문 율법을 너무 자구적으로 집착해서는 안 된다는 점이다. 룻기의 복음 가운데 하나는 보아스가 율법의 자구적 요구를 넘어서 인애를 베풀고 있다는 점이다. 이삭을 주우러 나온 룻에게 이삭만 주우라고 허락한 것이 아니라 물과 음식을 제공하고, 심지어 베는 자들에게 일부러 단 묶음에서 이삭을 뽑아버려 룻으로 하여금 줍게 하라고 하였다. 한밤중에 찾아와 결혼을 요청하는 룻을 망신주거나 쫓아버리지 않고, 기업을 무르겠다고 허락한 것은 율법을 자구적으로만 해석하지 않았음을 보여주는 증거이다.

따라서 해석자들 역시 기업 무름과 계대결혼의 기본 정신이 "약한 자가 곤궁에 빠졌을 때 강한 자가 그럴 의무가 없음에도 불구하고 약자에게 보이는 충성과 사랑"이라는 사실을 망각하고, 너무 율법 자구에 매여 룻기 본문을 해석해서는 안 된다.

5. 기업 무를 기회

5.1 보아스의 생각

이제 보아스는 기업 무를 더 가까운 친척에게 자신이 불러 앉힌 이유를 드디어 말한다(4중반절).

"내가 네게 말하여 알게 하려 하였노라
(וַאֲנִי אָמַרְתִּי אֶגְלֶה אָזְנְךָ לֵאמֹר ; 와아니 아마르티 에글레 오즈네카 레모르)."

위 말을 직역하면 "그리고 내가(וַאֲנִי ; 와아니), 말하였다(אָמַרְתִּי ; 아마르티), 내가 네 귀를 열리라(אֶגְלֶה אָזְנְךָ ; 에글레 오즈네카)"이다. 이 문장은 단순해 보이지만 자세히 보면 두 가지 문제가 있다고 학자들은 지적한다.

우선 "내가 말하였다"(אָמַרְתִּי ; 아마르티)의 동사 형태가 "말하다"(אָמַר ; 아마르)의 완료형 1인칭 공성(남성여성)단수이다. 우선 "말하다"를 문자적으로, 완료형을 과거로 해석하여 "내가 약속하였다"고 문법적으로 얼마든지 번역할 수 있다. 그러나 문맥을 보면 보아스가 기업 무를 자에게 알릴 것이라고 누구에게 약속을 했는지 분명하지 않다는 것이다. 보아스와 나오미 혹은 룻 사이에 그런 약속을 했을 가능성을 전적으로 배제할 수는 없지만 개연성은 크지 않아 보인다는 것이 학자들의 지적이다. 따라서 어떤 성경 번역도 이런 식으로 번역하지 않는다.

그렇다면 어떻게 해석하는 것이 좋을까? 우선 허바드는 완료형을 과거로 해석하지 않고 "즉각적 현재"(instantaneous present)로 번역할 수 있다고 본다. 이미 앞에서 나오미가 땅을 "팔았다"(מָכְרָה ; 마크라)는 완료형을 즉각적 현재로 번역하여 "팔려고 하니"로 번역하는 것이 최선임을 살펴보았다. 그렇다면 "아마르티"(אָמַרְתִּי)도 완료형이지만, 얼마든지 "내가 지금 말하는데"(I hereby say)라고 즉각적 현재로 번역할 수 있다는 것이다.

특히 현대의 법률문서에서도 이런 표현(I hereby say)을 많이 쓰는데 지금 보아스와 기업 무를 자는 일종의 사법 절차를 밟고 있는 것이므로 허바드는 현재로 번역하는 것이 적절하다고 주장한다.[31] 이렇게 본다면 보아스의 의도는 기업 무를 자에게 나오미가 소유한 엘리멜렉의 토지를 사라고 알리려고 했다는 것이다.

이렇게 완료형을 현재적 시제로 번역할 수 있다면 "말하다"로 흔히 번역하는 "아마르"(אָמַר) 동사를 어떻게 번역하느냐가 관건이다. 그런데 다수의 학자들과 영역본은 "말하다"를 "생각하였다"(think)로 번역한다. 왜냐하면 "말하다"란 "아마르"(אָמַר) 동사의 용법 중에 "속으로 말하다, 독백하다, 생각하다"가 들어 있기 때문이다. 따라서 "내가 이제 생각하기를"이라고 번역할 수 있는 것이다.

5.2 "내가 네 귀를 열리라"

그렇다면 보아스는 곰곰이 무엇을 생각하였는가?

"네게 말하여 알게 하여야 하리라
(אֶגְלֶה אָזְנְךָ לֵאמֹר ; 에글레 오즈네카 레모르)."

기업 무를 자에게 나오미가 토지를 팔려 한다는 사실을 알려야겠다는 생각을 보아스가 했다는 것이다. 여기서 "내가 네게 알게 하려"로 번역한 어구는 "내가 네 귀를 열리라"(אֶגְלֶה אָזְנְךָ ; 에글레 오즈네카; let me uncover your ear)인데, "귀를 열다"(גָּלָה אֹזֶן ; 갈라 오젠)는 표현은 일종의 관용구(idiom)이다.

---

31 Hubbard, *The Book of Ruth*, 239.

그렇다면 "귀를 연다"(גָּלָה אֹזֶן ; 갈라 오젠)는 관용구의 의미는 무엇인가? 이를 알기 위해서 해석자들은 먼저 사전을 찾아야 한다. 예를 들어, 『게제니우스 히브리어-아람어 사전』을 보면 "누구의 귀를 드러내다는 알리다, 알게 하다"라 되어 있다.32 많은 해석자들은 이렇게 단어의 사전적 의미만을 알아낸 후에 "귀를 연다"(גָּלָה אֹזֶן ; 갈라 오젠)는 것은 "알게 하다"는 의미라고 생각하고는 이 정도면 충분히 본문을 이해했다고 생각하고 멈추는 경향이 있다.

그러나 본문을 제대로 이해하려면 사전적 의미에서 멈추어서는 안 된다. 왜냐하면 사전적 의미 못지 않게 중요한 것은 실제 문맥상의 용례이기 때문이다. 따라서 이 관용구가 실제로 구약 본문에서 어떤 의미로 쓰여졌는지 살펴야 한다.

실제 용례를 살펴보면 "열다"는 동사 "갈라"(גָּלָה)가 기본(칼)형으로 쓰인 용례 가운데 13번은 "귀를 열다"(גָּלָה אֹזֶן ; 갈라 오젠)는 관용구에 쓰였는데, 하나님을 주어로 6번(삼상 9:15; 삼하 7:27; 대상 17:25; 욥 33:16, 36:10, 36:15), 인간을 주어로 7번(삼상 20:2, 20:12, 20:13, 22:8[2x], 22:17; 룻 4:14) 사용되었음을 알 수 있다.

이렇게 용례를 살피다 보면 눈에 띄는 부분이 나타난다. 이 관용구가 하나님을 주어로 사용한 경우에는 "심각한 일을 알리는 데" 사용되고 있다는 점이다. 예를 들어, 왕을 세우는 비밀스런 일(삼상 9:15), 성전을 세우는 일(삼하 7:27; 대상 17:25), 경고하는 일(욥 33:16), 죄악에서 돌이키는 일(욥 36:10), 학대 가운데서 도우시는 일(욥 36:15)을 언급할 때 사용된다.33 따라서 "귀를 열다"(גָּלָה אֹזֶן ; 갈라 오젠)는 관용구는 사소한 일을 알리는 데 사용되기보다는 중대하고 긴급한 일을 알리는 데 사용되는 어구임을 알 수 있다.

한편 인간을 주어로 사용하는 경우에는 룻기 현재 본문에서 1번, 그리고 사울과 다윗의 내러티브(삼상 20-22)에서 6번 집중적으로 사용되었는데, 흥미롭게도 "비밀을 드러내는" 용도로 주로 사용되었다. 구체적으로 살펴보면 사울이 다윗을 죽이려

---

32 빌헬름 게제니우스, 『게제니우스 히브리어-아람어 사전』, 이정의 옮김 (생명의말씀사, 2007), 136.
33 "사울이 오기 전날에 여호와께서 사무엘에게 알게 하여(גָּלָה אֶת־אֹזֶן שְׁמוּאֵל ; 갈라 에트-오젠 셰무엘) 이르시되"(삼상 9:15); "그가 사람의 귀를 여시고(אָז יִגְלֶה אֹזֶן אֲנָשִׁים ; 오즈 이글레 오젠 아나쉼) 경고로써 두렵게 하시니"(욥 33:16); "그들의 귀를 열어 교훈을 듣게 하시며(וַיִּגֶל אָזְנָם לַמּוּסָר ; 와이겔 오즈남 라무사르) 명하여 죄악에서 돌이키게 하시나니 … 하나님은 곤고한 자를 그 곤고에서 구원하시며 학대당할 즈음에 그의 귀를 여시나니(וַיִּגֶל בַּלַּחַץ אָזְנָם ; 웨이겔 발라하츠 오즈남; 욥 36:10, 15)."

고 시도하자 요나단이 부친의 마음을 알아내어 다윗에게 알려주겠다고 할 때 사용되었고(삼상 20:2, 12, 13), 사울이 신하들이 다윗과 공모하여 자신에게 사실대로 알리지 않았다면서 신하들을 비난할 때 사용되었다(22:8[2x], 17). 이렇게 보면 다윗과 사울 내러티브에서 "귀를 열다"는 관용구의 용례는 "속임"과 "비밀"의 모티브와 연관되어 있는 것으로 보인다.[34]

흥미로운 것은 룻기에서는 "속임"의 모티브는 나타나지 않지만, "비밀"의 모티브는 나타난다. 룻이 타작마당에서 잠자는 보아스의 다리 부분을 열(벗길) 때 같은 동사 "갈라"(גָּלָה)가 사용되면서 "비밀스러움"의 분위기가 드러나기 때문이다. 룻은 보아스의 다리 부분을 열고(גָּלָה ; 갈라; 룻 3:4, 7) 누운 후에 결혼을 요청하고, 보아스는 기업 무를 자를 성문에 앉힌 채 그의 귀를 열려고(גָּלָה ; 갈라) 하고 있다(룻 4:4).[35] 양쪽 장면에 벗기다는 동사 "갈라"(גָּלָה)가 사용되고 있는 것을 근거로 일부 학자들은 보아스가 기업 무를 자에게 은밀한 말을 한 것이라고 주장하지만, 그렇게 볼 수는 없다. 왜냐하면 보아스가 장로 열 명을 청하였고, 앉아 있는 백성들 앞에서 공개적으로 기업 무름의 절차를 진행하고 있기 때문이다.[36] 어찌되었든 비밀스러움과 연관되어 있는 것은 사실이다.

위의 용례를 살펴볼 때 보아스가 기업 무를 자에게 중요한 일을 말하려고 한다는 점을 미리 밝히기 위해 "내가 네 귀를 열리라(גָּלָה ; 갈라)"는 관용구를 사용한 것으로 보인다. 어찌 보면 룻이 보아스에게 발치를 열고(גָּלָה ; 갈라) 누운 후에 결혼 요청을 하고, 보아스가 이를 받아들여 기업 무를 자의 귀를 열어(גָּלָה ; 갈라) 제안하고, 끝내는 기업 무를 자의 포기 끝에 보아스가 룻을 아내로 맞아들이는 이 이야기는 구약성경의 구속사의 큰 비밀 가운데 하나라고 할 수 있다. 보아스와 룻이 결혼하여 낳은 오벳이 이스라엘 구속사의 결정적인 인물인 다윗의 조상이 되기 때문이다.

다윗이 이스라엘의 왕으로 세워지게 된 것 역시 요나단이 다윗을 향한 사울의 마음의 비밀을 알아내어 다윗에게 전하는 바람에 목숨을 건지게 되었기 때문이다. 룻과 보아스, 요나단과 다윗이 만들어낸 사랑과 충성의 비밀스런 이야기야말로 구속

---

34 Campbell, *Ruth*, 144.
35 참조, Sasson, *Ruth*, 116.
36 Campbell, *Ruth*, 144.

사를 관통하는 대하 드라마이다. 아니 어쩌면 인간 역사에서도 그 유례를 찾기 힘든 찬연히 빛나는 보석 같은 휴먼 스토리가 아닌가!

한편 일부 학자들은 "귀를 연다"는 관용구는 실제 법정의 풍습에서 나온 어구로 본다. 고대 근동 아시아의 문서들을 보면 법정에서 소송을 할 때 원고나 피고 중 하나가 호소하거나 비난하거나 해명하거나 기소할 때에 상대방에게 다가가서 머리카락을 둘러 가르거나 귀 뒤로 넘겨 귀가 드러나도록 한 후에 자기 말을 하는 풍습이 있다는 것이다.[37] 자신이 하는 말을 똑똑히 듣고 이에 반응하라는 의미라는 것이다. 만일 "귀를 연다"는 관용구가 이런 풍습에서 나왔다면, 보아스가 사법적 절차와 규정을 따라 하나님과 증인들 앞에서 기업 무를 자가 분명히 듣고 결정을 해야 한다는 점을 강조하기 위해 이 흔치 않은 관용구를 쓴 것으로 보인다. 어찌되었든 보아스는 기업 무를 자에게 구속사의 중요한 역할을 할 수 있는 기회를 알려주며 양보한 것이다.

5.3 나오미에게서 밭을 사라!

그렇다면 보아스가 기업 무를 자의 귀를 열어 알리려는 중요한 내용이 무엇인가? 4상반절을 보자.

> "여기 앉은 이들과 내 백성의 장로들 앞에서 그것을 사라고
> (קְנֵה נֶגֶד הַיֹּשְׁבִים וְנֶגֶד זִקְנֵי עַמִּי ; 크네 네게드 하요쉬빔 웨네게드 지크네 암미)."

보아스는 나오미가 팔려고 하는 엘리멜렉의 토지를 기업 무를 자가 살 수 있는 기회가 있다는 것을 알리면서 그것을 "사라"(קְנֵה; 크네)고 제안한다. 일부 학자들은 나오미가 팔려고 하는 토지의 소유권을 전부 넘기는 것이 아니라, 토지 사용권을 넘기는 것이기에 "카나"(קָנָה) 동사는 "사다"(buy)라는 용어보다는 "획득하다"(acquire)는 용어가 더 적절한 번역어라고 본다.[38]

---

37 Sasson, *Ruth*, 116; Hubbard, *The Book of Ruth*, 240.
38 Bush, *Ruth/Esther*, 207.

그러나 여기서 "사다"는 동사 "카나"(קנה)는 상거래의 법적 행위를 가리키는 표현이다. 앞에서 나오미가 땅을 팔려고 한다고 했을 때 "판다"는 동사 "마카르"(מכר)도 역시 상행위를 가리키는 동사이다. 따라서 우리는 여기서 토지를 사고 파는 상거래의 법적 절차를 밟고 있는 것으로 보아야 한다.[39] 기업 무름은 땅을 상실한 원소유주의 토지를 가까운 친족이 땅값을 새로운 소유주에게 내어주고 회복하는 상거래를 포함하는 것이기 때문이다.

여기서 우리가 또 한 가지 주목할 것은 기업 무름의 절차로 "토지를 사는" 행위는 단순히 나오미와 기업 무를 자 사이에 은밀하게 할 수 있는 사적 거래가 아니라는 점이다. 보아스가 "여기 앉은 이들 앞에서와 내 백성의 장로들 앞에서"(נֶגֶד הַיֹּשְׁבִים וְנֶגֶד זִקְנֵי עַמִּי ; 네게드 하요쉬빔 웨네게드 지크네 암미) 사라고 한 것은 바로 이런 이유에서이다. 기업 무름이나 계대결혼의 절차는 모두 장로들과 백성들 앞에서 이루어지는 공적인 행위이다.

그런데 여기서 "내 백성의 장로들"은 보아스가 청한 열 명의 장로임을 알 수 있는데 "여기 앉은 이들"(הַיֹּשְׁבִים ; 하요쉬빔)은 과연 누구인가? 앉은 이들로 번역된 단어는 "앉다, 거주하다"는 동사 야샤브(יָשַׁב)의 분사(남성복수)이다. 일부 학자들은 "앉는 자"란 일정의 행정관을 가리키는 용어로 보면서 "장로들"과 동일한 그룹을 가리키는 것으로 본다. 왜냐하면 두 명사들 사이의 접속사(ו ; 웨)는 "설명 (epexegetical)의 접속사"로도 쓰이기 때문이다.[40] 이런 용도의 접속사라면 접속사 "웨"(ו)는 단순히 "구와 절의 경계선"을 나누는 용도로 쓰인 것이라고 보아야 한다. 이렇게 본다면 "여기 앉은 이들 앞에서, 그러니까(즉) 내 백성의 장로들 앞에서"라고 번역할 수도 있다.

그러나 다수의 학자들은 "여기 앉은 이들"을 9절과 11절에 나오는 "모든 백성"과 연결시켜야 한다고 본다. 그렇지 않으면 갑작스레 등장하는 9, 11절의 "모든 백성"을 설명하기가 어렵기 때문이다. "야샤브"(יָשַׁב)가 "앉다, 거주하다"의 의미를 가지기에 "성문에 앉은 일반 백성들" 아니면 "베들레헴 거주자들"로 번역하는 편이 더

---

39 Campbell, *Ruth*, 145; Hubbard, *The Book of Ruth*, 240; Sasson, *Ruth*, 116.
40 Holmstedt, *Ruth : A Handbook on the Hebrew Text*, 188.

좋아 보인다.[41]

5.4 기업 무름의 순서

보아스가 기업 무를 자에게 나오미가 팔려고 하는 엘리멜렉의 토지를 사라고 제안하는 이유는 무엇인가? 기업 무를 자가 자신보다 가까운 친족이기에 기업 무름의 권리가 자신보다 앞선다는 사실을 알리고 의사를 타진해야만 하기 때문이었다. 이에 보아스가 제안한다.

"만일 네가 무르려면 무르려니와
(אִם־תִּגְאַל גְּאָל ; 임-티그알 그알)."

여기에 "무르다"는 동사가 두 번이나 반복된다. 한 번은 조건절에서 미완료형(תִּגְאַל)으로, 한번은 명령형(גְּאָל ; 그알)으로 쓰였다. 미완료형은 "소원"을 드러내는 용도로 쓰이기에 "네가 무르려는 의사가 있으면"이라고 번역할 수 있다. 보아스는 기업 무를 자에게 무를 의사가 있다면 "무르라"(גְּאָל ; 그알)고 말한다.

그런데 여기서 중요한 것은 "네가 무르라"고 명령형을 사용하고 있다는 점이다. 3:13에서처럼 "네가 기업 무르는 것이 좋고"(טוֹב־תִּגְאַל ; 토브 티그알)라고 더 부드러운 방식으로 권고할 수 있음에도 "무르라"(גְּאָל ; 그알)고 2인칭 직접 명령형을 사용한 이유는 무엇인가? 보아스는 앞에서도 "사라"(קְנֵה ; 크네)라고 명령법을 사용하였다. 이렇게 직접 명령형을 2번이나 반복하고 있는 것을 보면, 보아스는 기업 무를 자를 강하게 밀어붙이려는 의도가 있었던 것으로 학자들은 해석한다.

한편 우리는 보아스가 기업 무를 자에게 한 말을 더 잘 이해하려면 보아스가 3:13에서 한 말을 주목해야 한다. 왜냐하면 보아스가 이 말을 여기서 실행에 옮기고 있기 때문이다. 그런데 룻기 3:13과 4:4을 비교해 보면 목적어가 차이가 난다. 우선 3:13을 보자.

---

41 Hubbard, *The Book of Ruth*, 240–241; Bush, *Ruth/Esther*, 207.

"그가 당신을 기업 무르겠다고 한다면(אִם־יִגְאָלֵךְ ; 임-이그알레크)
그가 기업 무르는 것이 좋고(טוֹב יִגְאָל ; 토브 이그알)."

3:13에서는 "기업 무르다"의 목적어가 "당신"(ךְ ; 에크)이라고 분명히 명시되어 있다. 그런데 4:4에서는 "기업 무르다"의 목적어가 명시되어 있지 않다.

"여기 앉은 이들과 내 백성의 장로들 앞에서 그것을 사라고
(קְנֵה נֶגֶד הַיֹּשְׁבִים וְנֶגֶד זִקְנֵי עַמִּי ; 크네 네게드 하요쉬빔 웨네게드 지크네 암미)(룻 4:4)."

물론 한글개역개정에서는 의미가 잘 통하도록 "그것을"이라는 목적어를 삽입하였지만, 원문에는 목적어가 없다. 물론 문맥으로는 "토지"인 것이 분명하다. 4:3에서 "우리 형제 엘리멜렉의 소유지를 모압 지방에서 돌아온 나오미가 팔려 하므로"라고 했기 때문이다.

그렇다면 4:4에서 "사라"고 하면서 목적어를 명시하지 않은 이유는 무엇일까? 보아스는 기업 무를 자에게 기업 무름의 대상이 룻임을 처음에는 밝히지 않으려 했던 것 같다. 목적어를 명시하지 않고, 문맥상 토지인 것처럼 모호하게 했다가 나중에 룻 역시 기업 무름의 대상임을 드러내려고 한 전략으로 보인다는 것이 최근 학자들의 중론이다.

어찌되었든 보아스는 기업 무를 자가 무르지 않을 경우에는 어떻게 할 것인지를 언급한다.

"만일 네가 (직역하면 그가) 무르지 아니하려거든 내게 고하여 알게 하라
(וְאִם־לֹא יִגְאַל הַגִּידָה לִּי וְאֵדְעָה ; 웨임-로 이그알 학기다 리 웨에드아)."

여기서도 "무르다"는 동사의 목적어는 두 번 다 명시되어 있지 않다. 이것은 앞의 3:13에서 "만일 그가 당신을 기업 무르기를 기뻐하지 아니하면 여호와의 살아 계심으로 맹세하노니 내가 당신을 기업 무르리라"고 목적어를 분명히 밝힌 것과는 차이가 난다. 3:13에서는 기업 무름의 목적어는 룻이었다. 그런데 여기서는 기업 무를

자에게 목적어를 명시하지 않고 있다. 그것은 기업 무름의 대상을 처음에는 모호하게 놔두는 것이 더 좋다고 보아스가 판단한 때문으로 학자들은 해석한다.

그런데 여기서 한 가지 주목할 것이 있다. 보아스는 말하는 중에 갑자기 2인칭에서 3인칭으로 주어를 바꾼다.

"만일 네가 무르려면(תִגְאַל ; 티그알; 2인칭) 무르려니와, 만일 그가 무르지(יִגְאַל ; 이그알; 3인칭) 아니한다면 너는 내게 고하여 알게 하라."

단순하게 읽어보면 보아스가 기업 무를 자와 대화하다가 갑자기 2인칭에서 3인칭으로 바뀐 것이 아무래도 어색하다. 따라서 일부 히브리 사본들과 대부분의 역본들은 2인칭으로 본문을 개정하고 "만일 네가 무르지 아니하려거든"이라고 번역하는데, 한글개역개정도 마찬가지이다.

그러나 사쏜 같은 학자는 원문을 개정할 필요가 없다고 본다. 보아스가 기업 무를 자를 바라보다가 회중을 향해 돌아보면서 "그가 무르지 아니한다면"(וְאִם־לֹא יִגְאַל ; 웨임-로 이그알)이라고 좀 더 드라마틱하게 말한 것으로 해석할 수 있다고 본다.[42] 라코크 역시 맛소라 본문을 그대로 유지한다면 장로들을 보면서 한 말로 볼 수 있다면서, 어쩌면 레위기 25:54을 그대로 인용한 것인지 모른다고 본다.

"그가 이같이 속량되지 못하면(וְאִם־לֹא יִגָּאֵל ; 웨임-로 이가엘) 희년에 이르러는 그와 그의 자녀가 자유하리니."[43]

그러나 다른 학자는 이런 식의 인칭 변화는 시각적 연출을 목적으로 하는 희극에서는 가능할지 모르지만 청각적인 내러티브에서는 개연성이 크지 않다고 본다.[44]

어떻게 보든 문맥으로 뜻이 충분히 통하기에 2인칭으로 보든 3인칭으로 보든 큰 문제는 되지 않는다. 대신 해석자들이 성경을 해석하려고 할 때에는 작은 디테일을

---

42 Sasson, *Ruth*, 118.
43 LaCocque, *Ruth*, 129.
44 Holmstedt, *Ruth : A Handbook on the Hebrew Text*, 189.

놓쳐서는 안 된다는 점을 언급하기 위해 여기서 다룬 것이다.

5.5 우리 둘 외에는 기업 무를 자가 없음

한편 보아스는 기업 무를 자가 기업 무를 의사가 없으면 자신에게 말하여 알게 하라고 권고한다(הַגִּידָה לִּי וְאֵדְעָ ; 학기다 리 웨에드아). 그리고 나서 그 이유를 밝힌다 (4하).

"당신 외에는 무를 자가 없느니라. 당신 다음은 나요 (כִּי אֵין זוּלָתְךָ לִגְאוֹל וְאָנֹכִי אַחֲרֶיךָ ; 키 에인 줄라트카 리그올 웨아노키 아하레카)."

"…외에는"이라고 번역된 "줄라"(זוּלָה)는 항상 인칭대명사 접미와 연결되어 사용되며 "유일한 예외"를 언급할 때 쓰는 표현이다. 여기서는 2인칭 남성대명사 단수 접미가 붙었기에 "너를 제외하고는" 기업 무를 사람이 아무도 없다는 뜻이다. 그리고 그 다음에 기업 무를 사람은 자기라는 사실을 밝힌다. 이렇게 본다면 기업 무를 자는 두 사람뿐인 것이다.

만일 두 사람이 기업을 무르지 않는다면 나오미가 팔려는 땅은 하나님이 그 땅을 주신 친족의 범위를 넘어서 다른 이의 손으로 넘어가게 된다. 이것은 하나님의 뜻에 반한 것이다. 왜냐하면 하나님은 각 친족에게 주신 땅이 원래의 친족 안에 지속적으로 머무르게 함으로써 모든 하나님의 백성들이 자유를 누리게 하려는 뜻을 가지고 계시기 때문이다. 따라서 친족 안에 가까운 친척이 기업 무를 자의 의무를 감당하여 토지를 무르도록 하신 것이다. 이에 보아스는 기업 무를 자에게 그가 기업 무름의 순서에서 1순위이고, 자신이 2순위임을 밝힌 것이다.

5.6 내가 무르리라

그러자 기업 무를 자가 대답한다. 과연 무엇이라고 답을 할까?

"내가 무르리라(וַיֹּאמֶר אָנֹכִי אֶגְאָל ; 와요메르 아노키 에그알)."

이 대답 안에도 동사의 목적어는 없다. 그냥 "내가 무르리라"가 전부이다. 그런데 이 대답이 스토리 전개에 새로운 긴장을 야기한다. 기업 무를 자가 기업을 무르겠다니 일이 어떻게 전개되는가? 보아스가 룻과 결혼하여 기업을 물려야 하는 것은 아닌가? 기업 무를 자가 룻과 결혼하게 되면 어찌되는가? 과연 보아스는 기업 무를 자의 이런 긍정적인 대답에 어떤 내적인 반응을 보였는가? 보아스는 속으로 좋아했을까? 이에 대해서는 본문이 조금도 언급하지 않는다.

6. 죽은 자의 아내 룻을 사라!

6.1 보아스의 역습 : "룻을 사라"

기업 무를 자가 기업을 무르겠다고 긍정적인 대답을 함으로써 스토리 안에 긴장감이 들어오게 되었다. 그렇다면 이제 보아스는 어떻게 할 것인가? 뒤로 물러서서 기업 무를 자가 룻을 기업 무르는 것을 보고만 있을 것인가? 그런데 바로 이 시점에서 보아스는 기업 무를 자에게 한 가지 조건을 분명히 밝힌다. 5절을 보자.

"보아스가 이르되

(וַיֹּאמֶר בֹּעַז ; 와요메르 보아즈)

네가 나오미의 손에서 그 밭을 사는 날에

(בְּיוֹם־קְנוֹתְךָ הַשָּׂדֶה מִיַּד נָעֳמִי ; 베욤-크노테카 하사데 미야드 노오미)

곧 죽은 자의 아내 모압 여인 룻에게서 네가 사서

(וּמֵאֵת רוּת הַמּוֹאֲבִיָּה אֵשֶׁת־הַמֵּת קָנִיתִי ; 우메에트 루트 함모아비야 에셰트-함메트 카니타)

그 죽은 자의 기업을 그의 이름으로 세워야 할지니라 하니

(לְהָקִים שֵׁם־הַמֵּת עַל־נַחֲלָתוֹ ; 르하킴 셈-함메트 알-나할라토)."

지금까지는 그저 나오미가 팔려고 하는 엘리멜렉의 소유 토지를 누가 살 것인가라는 문제만 제기되었다. 그런데 보아스는 나오미의 손에서 그 밭을 사는 날에는 죽은 자의 아내 모압 여인 룻을 사야 한다며 새로운 조건을 내세웠다.

보아스의 이런 새로운 조건을 해석하기 위해서는 우선 본문 번역상 넘어야 할 문제가 두 가지 있다고 학자들은 지적한다.

첫째, 보아스의 말 중에 두 번째로 사용된 "산다"는 동사의 목적어가 "밭"인지 "룻"인지 분명하지 않다.

"곧 죽은 자의 아내 모압 여인 룻에게서 네가 사서

(וּמֵאֵת רוּת הַמּוֹאֲבִיָּה אֵשֶׁת־הַמֵּת קָנִיתִי ; 우메에트 루트 함모아비야 에셰트-함메트 카니타)."

룻 앞에 놓인 "우메에트"(וּמֵאֵת)를 어떻게 해석하느냐가 관건이다. 이 어구를 어떻게 번역하는지가 "산다"는 동사의 목적어가 밭인지 아니면 룻인지가 드러나기 때문이다.

둘째, 목적어가 밭이든 룻이든 누가 "산다"는 동사의 주어인지가 모호하다. 현재 맛소라 본문은 קָנִיתִי로 되어 있는데 모음 전승을 따르면 "네가 사서"로 번역해야 하고, 자음 전승을 따르면 "내가 사서"로 번역해야 하는데, 결정하기가 모호하다.

6.2 사는 주체는 누구인가?

우선 "산다"는 동사의 주어가 누구인지부터 살펴보자. 현재 맛소라 본문은 קָנִיתִי로 되어 있는데 위에서 말한 대로 자음 본문과 모음 전승이 합쳐져 있다. 자음 본문(ketb ; 케팁)은 קָנִיתִי이기에 קָנִיתִי(카니티; 내가 사서)로 되어 있어 보아스가 주어로 되어 있다. 그러나 맛소라 학자들이 실제 본문을 읽을 때 권장한 읽기(Qere ; 케레)는 קָנִיתָה(카니타; 네가 사서)로 되어 있어 기업 무를 자가 주어로 되어 있다.

무슨 뜻인가? 맛소라 학자들이 전수 받은 자음 본문(케팁)은 보아스가 "내가 사겠다"는 의사를 표현한 것으로 되어 있다. 그런데 맛소라 학자들은 이런 의미로 해석하기보다는 보아스가 기업 무를 자에게 "네가 사야 한다"는 의미로 해석하는 것이 좋다고 보아 자음(קניתי)은 그대로 놔두고 자신들의 견해를 담은 모음(ָ)을 본문 안에 넣은(קָניתי) 후에 여백 주에 케레로 자음을 קניתה라고 제시한 것이다.

קניתה　(맛소라 학자들의 여백주)

ק　(Qere 표시)

따라서 현대 독자들은 자음 본문(케팁)으로 읽을지 아니면 모음 전승(케레)로 읽을지 선택을 해서 번역을 해야 한다.

일부 학자들은 자음 본문인 케팁(קניתי ; 카니티)을 선호하여 "네가 나오미의 손에서 그 밭을 사는 날에 내가 죽은 자의 아내 모압 여인 룻을 사리라"고 해석한다.[45] 그 이유가 무엇인가? 본문에 확실한 것 하나는 보아스가 룻과 결혼하겠다고 맹세하였고, 또 실제로 룻과 결혼할 마음을 굳게 가졌다는 것이다.[46] 이런 해석에 의하면 보아스가 룻과 결혼한다고 선언하면 기업 무를 자가 부담을 갖게 되었을 것이라고 본다. 보아스가 룻과 결혼해서 아들을 낳으면 말론의 상속자가 되어 기업 무를 자가 돈을 들여 산 토지에 대한 소유권을 주장하게 되고, 그렇게 되면 기업 무를 자는 제한된 기간 동안에만 토지를 소유하게 되어 손해가 날 수 있다는 것이다. 따라서 기업 무를 자가 자기 기업에 손해가 될까 하여 무르지 못하겠다고 최종 결정을 했다는 것이다.

그러나 얼 데이비스(Eryl W. Davies) 같은 이들은 이런 해석은 받아들이기 어렵다고 본다. 만일 룻과 결혼하지 않으면 부양할 가족이 줄어들어 보아스와 룻이 결혼해서 후사를 낳는다 하더라도 짧은 기간에 토지에서 더 많은 이익을 얻을 수 있기 때문에 기업 무를 자가 더 매력적으로 느꼈을 것이라는 것이다. 따라서 처음에 나오미로부터 토지를 사겠다고 한 사람이 이렇게 되면 더 좋은 조건인데 거부할 리가 없다는 것이다.[47]

45　D. R. G. Beattie, "Kethibh and Qere in Ruth vi 5," *VT* 21 (1971), 490-494; Sasson, *Ruth*, 102-135; LaCocque, *Ruth*, 129-130.
46　Sasson, *Ruth*, 102-135.
47　Eryl W. Davies, "Ruth IV 5 and the Duties of the Gō"ēl," *VT* 33 (1983), 232.

따라서 다수의 학자들은 히브리 원문을 필사하여 후대에 전수한 맛소라 학자들의 권면을 따라 케레(קָנִיתָה)를 선호하여 "네가 나오미의 손에서 그 밭을 사는 날에 네가 죽은 자의 아내 모압 여인 룻을 사야 할지니라"고 번역한다.[48] 실제로 칠십인경이나 수리아역 같은 고대 역본들은 이 번역을 지지한다. 여기서 얼 데이비스의 주장에 귀를 기울일 필요가 있다.

이스라엘에서 계대결혼은 시작부터 과부에게 아들을 낳아주는 일뿐 아니라 첫 아들을 낳으면 그로 하여금 죽은 형제의 토지를 상속받도록 함으로 토지가 친족 안에 머물도록 하는 일과도 연관되어 있었다. 내가 다른 곳에서 주장하였듯이 "첫 아들이 그 죽은 형제의 이름을 잇게 하여 그 이름이 이스라엘 중에서 끊어지지 않게 할 것이니라"(신 25:6)고 한 신명기 25:5-10의 계대결혼의 규정의 의미가 바로 이것이다. 죽은 자의 이름은 재산뿐만 아니라 아들 안에서 회복되어야 한다. 이것은 룻기 4장의 상황을 이해하는 데 가장 중요한 것이다. … 만일 계대결혼은 이루어졌는데 토지가 다른 데 팔리면, 죽은 형제의 이름은 회복될 수 없는 것이다. 계대결혼을 통해 태어난 아들이 얻게 될 땅이 없기 때문이다. 따라서 룻기 4장에서 기업 무를 자에게 죽은 형제의 토지를 무르고 동시에 과부와 결혼해야 하는 이중의 책임이 부과되는 것은 놀랄 바가 못된다. 한 의무는 다른 의무와 본질적으로 연결된 것이다. … 보아스가 기업 무를 자에게 과부와 결혼하고 땅을 무를 이중 의무를 요구한 것은 계대결혼의 의무 안에 항상 함축되어 있던 것을 명시적으로 단지 드러낸 것뿐이다.[49]

지금까지는 "산다"는 동사의 주어가 누구인지를 살펴보았다. 필자는 다수의 견해와 한글개역개정을 따라 주어를 기업 무를 자로 보아, 보아스가 "네가 사라"로 말한 것으로 번역하는 것이 더 적절하다고 본다.

---

48 Block, *Ruth*, 713; Bush, *Ruth/Esther*, 218-219.
49 Eryl W. Davies, "Ruth IV 5 and the Duties of the Gō"ēl," *VT* 33 (1983), 232.

6.3 무엇을 사는 것인가?

그렇다면 이제 "무엇을" 사라고 하는 것인지 목적어 문제를 살펴보자. 이 문제는 룻 앞에 놓인 "우메에트"(וּמֵאֵת)를 어떻게 번역해야 하는지와 연관되어 있다. 이 어구를 어떻게 번역하는지가 산다는 동사의 목적어가 밭인지 아니면 룻인지 드러나기 때문이다.

일부 학자들은 "우메에트"(וּמֵאֵת)를 "그리고"란 의미의 접속사 "웨"(ו)에 "…으로부터"란 의미의 전치사 "민"(מן)과 "…와 함께"란 "에트"(אֵת)와 연결된 것으로 해석한다. 이렇게 되면 "네가 나오미의 손에서 그 밭을 사는 날에, 그리고 죽은 자의 아내 모압 여인 룻에게서부터 네가 사서"라고 번역할 수 있는데, KJV와 NIV와 한글개역개정이 이런 식으로 번역한다. 이렇게 되면 산다는 동사의 목적어는 "밭"이 되는 셈이다. 만일 이것이 사실이라면 룻은 엘리멜렉의 토지의 소유권을 가지고 있는 것으로 보아야 한다. 그런데 어떻게 모압 여인 룻이 죽은 시아버지의 토지 소유권을 가질 수 있을까? 나오미와 룻이 엘리멜렉의 토지를 공동으로 소유하고 있는 것인가? 이런 의문들이 든다.

그러다 보니 최근의 학자들은 "우메에트"(וּמֵאֵת)를 접속사(ו)와 "…으로부터"란 전치사 민(מן)과 목적격을 보여주는 조사 에트(אֵת)가 연결된 것으로 본다.[50] 이렇게 되면 룻이 "산다"는 동사의 직접 목적어가 된다. "에트"는 목적격 조사로 더 많이 쓰이기 때문에 학자들은 "룻"을 목적어로 해석하려는 경향이 크다. 물론 여기서 문제는 접속사(ו)와 에트(אֵת) 사이의 멤(מ)이 모호한 것이 사실이다. 최근의 학자들은 여기서 멤을 엔클리틱(enclitic) 멤(מ)[51]으로 보는데 이렇게 되어도 룻이 산다는 동사의 목적어가 된다.[52]

어찌되었든 최근의 학자들은 "네가 나오미의 손에서 그 밭을 사는 날에 죽은 자의 아내 모압 여인 룻을 네가 사서 그 죽은 자의 기업을 그의 이름으로 세워야 할지

---

50 Holmstedt, *Ruth : A Handbook on the Hebrew Text*, 190.
51 엔클리틱(enclitic)이란 앞의 단어와 음성적으로나 표기적으로 연결되어 약간의 강조를 하는 음소를 의미한다. 자체에는 악센트가 없고 바로 앞의 일부처럼 발음되기에 접미사로 간주되기도 한다.
52 Holmstedt, *Ruth : A Handbook on the Hebrew Text*, 190.

니라"로 해석한다. 아니나 다를까 대부분의 영어번역본들이 "룻"을 직접 목적어로 번역하고 있다(ESV, NASB, NJB, NRS, RSV). 필자도 룻을 목적어로 보는 견해가 더 설득력 있다고 본다.

6.4 아내를 사고 팔 수 있는가?

그런데 여기서 한 가지 점을 놓쳐서는 안 된다. 원래 기업 무를 자는 친족 안의 형제가 땅을 다른 이에게 넘긴 경우에 땅값을 변제하고 원래 소유주인 형제에게 땅을 무르는 역할을 하는 존재였다. 그렇지만 보아스가 기업 무를 자가 엘리멜렉의 소유 토지를 무르려고 한다면, 룻을 "사서" "죽은 룻의 남편의 기업을 그의 이름으로 세워야" 한다고 굳이 요구한 까닭은 무엇인가?

여기서 우리는 먼저 "룻을 산다"는 익숙치 않은 표현의 의미가 무엇인지부터 살펴야 한다. 과연 고대 이스라엘에서는 아내가 재산의 일부로 간주되어 사고 팔 수 있는 대상인가? 일부 통속적 해석자들은 아내가 재산의 일부로 간주되었기에 사고 팔 수 있는 대상으로 본 것이라고 주장하지만, 이는 어떤 근거도 없는 주장에 불과하다.

여기서 "산다"는 말을 이해하려면 그 뒤에 나오는 표현과 연관시켜야 한다.

"곧 죽은 자의 아내 모압 여인 룻에게서 네가 사서(קָנָה ; 카나) 그 죽은 자의 기업을 그의 이름으로 세워야 할지니라 하니(לְהָקִים שֵׁם־הַמֵּת עַל־נַחֲלָתוֹ ; 르하킴 솀-함메트 알-나할라토)."

그렇다면 "죽은 자의 아내를 사서" "그 죽은 자의 기업을 그의 이름으로 세운다"는 것은 무슨 의미인가? 이 부분을 해결하지 못하면 "죽은 자의 아내를 산다"는 말을 이해할 수 없다. 이를 위해 이와 유사한 표현이 나오는 신명기 25:6을 살펴보아야 한다.

"형제들이 함께 사는데 그 중 하나가 죽고 아들이 없거든 그 죽은 자의 아내(אֵשֶׁת הַמֵּת ; 에셰트 함메트)는 나가서 타인에게 시집 가지 말 것이요 그의 남편의 형제가 그에게로 들어가서 그를 맞이하여 아내로 삼아 그의 남편의 형제 된 의무를 그에게 다 행할 것이요 그 여인이 낳은 첫 아들이 그 죽은 형제의 이름을 잇게 하여(יָקוּם עַל־שֵׁם אָחִיו הַמֵּת; 야쿰 알-셈 아히우 함메트) 그 이름이 이스라엘 중에서 끊어지지 않게 할 것이니라(신 25:5-6)."

위의 본문을 살펴보면 "룻을 산다"는 것은 결국 기업 무를 자가 룻과 결혼해야 한다는 즉, 후에 룻이 아들을 낳으면 첫 아들이 죽은 형제의 이름을 잇는 계대결혼을 해야 한다는 의미인 것으로 보인다. 따라서 룻을 "사라"는 것은 룻과 "결혼", 즉 "계대결혼"을 하라는 의미로 대부분의 학자들은 해석한다.

6.5 자구적 의미보다 율법의 정신

그런데 신명기 25장의 율법을 엄밀하게 해석하면 보아스나 기업 무를 자가 룻과 결혼해야 할 의무는 없는 것으로 보인다. 왜냐하면 신명기 25장에서는 계대결혼의 의무를 지니는 자는 죽은 자와 "함께 사는 형제 중 하나", 즉 "남편의 형제"로 명시되어 있기 때문이다. 반면에 기업 무를 자와 보아스는 남편의 형제가 아니라 기껏해야 근족에 불과하기 때문이다. 또한 계대결혼의 실제 모습이 묘사되어 있는 창세기 38장을 보면 유다의 장자 엘이 죽었을 때 아내인 다말과 계대결혼을 해야 하는 인물들은 엘의 동생인 오난과 셀라였다.

그렇다면 보아스가 기업 무를 자에게 룻과 계대결혼을 해야 한다고 촉구한 것은 어떻게 되는 것인가? 학자들은 보아스가 기업 무를 자에게 "나오미의 손에서 그 밭을 사는 날에 죽은 자의 아내 모압 여인 룻을 사서 그 죽은 자의 기업을 그의 이름으로 세워야 할지니라"고 한 것은 "율법의 문자"(the letter of the law)에 호소한 것이 아니라 "율법의 정신"(the spirit of the law)에 호소한 것이라고 본다.[53]

앞서 우리는 기업 무름과 계대결혼은 그 기저에 깔린 율법 정신이 같다는 점을 살펴보았다. 계대결혼 제도 저변에 깔린 기본 원리들은 기업 무름의 저변에 깔린

---

53 Block, *Judges, Ruth*, 715.

기본 원리들과 마찬가지로 친족 안에서 한 사람과 그의 재산을 보호하는 것임을 살펴보았다. 기업 무름이란 한 사람이 무고하게 살해를 당하거나, 땅을 상실하거나 빚 노예가 되거나 하였을 때 친족의 한 사람이 피를 무르거나 땅을 무르거나 몸을 무름으로써 생명과 재산과 자유를 확보하도록 하는 제도가 아닌가? 그렇다면 계대결혼 역시 친족 안에서 한 사람의 생명과 그의 재산과 그의 자유를 보호하는 것이다. 결국 룻기에서 계대결혼 제도와 기업 무름 제도가 연결되고 있는 것은 자연스러우며 원리의 결합이다. 그리고 이것이 바로 두 제도의 율법 정신이다. 보아스가 기업 무름과 계대결혼을 연계하여 기업 무를 자에게 요구한 것은 바로 이런 정신에서 나온 것이며 보아스는 얼마든지 그렇게 할 용의가 있었던 것 같다.

이에 보아스는 기업 무를 자에게 나오미의 밭을 사는 것만으로는 안 되며 룻을 "사서" 결혼하여 룻이 낳은 첫 아들로 죽은 남편의 이름을 잇게 할 용의가 있느냐고 물은 것이다. 학자들이 이미 밝혔지만 "사다"는 동사 역시 결혼과 연관된 전문 용어로서 "법적으로 유효한 거래의 일부로서 결혼하다"(to marry as part of a legally valid transaction)는 의미로 쓰였다고 볼 수 있다.[54]

6.6 왜 하필 "죽은 자의 아내"를 강조할까?

우리는 여기서 보아스가 기업 무를 자에게 "죽은 자의 아내 모압 여인 룻"(הָרוּת הַמּוֹאֲבִיָּה אֵשֶׁת־הַמֵּת ; 루트 함모아비야 에셰트-함메트)이라고 긴 호칭을 사용한 것을 주목할 필요가 있다. 이렇게 긴 호칭을 사용한 이유가 무엇일까?

유대 전승은 기업 무를 자가 자기 씨를 오염시킬지도 모른다는 두려움 때문에 포기하도록 만들기 위해 보아스가 의도적으로 "모압 여인"이라고 언급했을 가능성이 있다고 본다. 그러나 4:5에서만 룻을 모압 여인으로 언급하는 것이 아니라, 보아스가 룻과 결혼을 선언하는 장면인 4:10에서도 모압 여인이라고 밝히고 있기에 이런 해석은 설득력이 없다.

여기서 더 중요한 것은 "죽은 자의 아내"라는 점을 강조하고 있다는 것이다. 우

---

54 Hubbard, *The Book of Ruth*, 244.

리가 앞서 살펴본 대로 보아스가 기업 무를 자에게 룻을 사서 결혼해야 하는 까닭으로 제시한 이유에 "그 죽은 자의 기업을 그의 이름으로 세워야 할지니라"(לְהָקִים שֵׁם־הַמֵּת עַל־נַחֲלָתוֹ ; 르하큄 솀-함메트 알-나할라토)고 되어 있다. 언뜻 보면 "죽은 자의 이름"이 무엇이 그리 중요하기에 죽은 자의 아내와 결혼하여 자녀를 낳아 죽은 자의 이름을 이어가야 하는지 이해가 안 된다.

우리가 위의 보아스의 말을 이해하려면 고대 이스라엘 사회에서 "이름"이 무엇인지에 대해 알아야 한다. 허바드는 이 점에 대해 명쾌하게 해설하였다.

> 히브리 사상에서는 이름은 단지 한 사람이 지니는 신분 확인용 표지가 아니다. 이름은 다양한 뉘앙스를 지니고 있어서, 신체적(존재와 가족), 물질적(재산과 소유), 영적(명성, 명예, 기억)인 것을 총망라한다. 그러나 여기서 이름(솀)은 그의 종족들 사이에서 엘리멜렉의 인격적 존재와 기억을 가리키는 용도로 쓰였다. 엘리멜렉은 보아스가 말하는 죽은 자였다. 기업은 세대를 거쳐 조상으로부터 내려온 엘리멜렉의 토지를 가리킨다. 우리는 여기서 가족의 땅 위에 거주하는 상속자를 가지는 것이 얼마나 중요한지를 충분히 이해해야 한다. 땅과 상속자가 없다는 것은 개인적으로 멸절되는 것이며, 상상할 수도 없는 가장 큰 재앙이다. 이스라엘인의 사후 삶은 조상들의 땅 위에 살아가는 후손들을 갖느냐의 여부에 달려 있는 것이다. 후손이 없다는 것은 존재를 멈추는 것이었다. 따라서 죽은 자의 이름을 세운다는 것은 조상의 토지(그의 기업) 위에 죽은 자가 지속적으로 존재하도록 해주는 상속자를 제공한다는 뜻이다. 따라서 여기서 목적은 단순히 땅을 유지하거나 룻을 돌보는 것이 아니라 엘리멜렉의 가계가 살아남도록 확보하는 일이다.[55]

따라서 우리는 죽은 사람의 이름을 세운다는 것을 문자적으로 이해해서는 안 된다. 호랑이는 죽어서 가죽을 남기고 사람은 죽어서 이름을 남긴다는 식으로 이해해서는 절대 안 된다.

오히려 성경에서 죽은 사람의 이름을 세운다는 것은 죽은 사람을 위한 것이 아니라 사실은 살아 있는 사람을 위한 것이다. 자녀 없이 남편이 죽은 과부의 경우에는

---

55 Hubbard, *The Book of Ruth*, 244.

살 소망이 없게 된다. 이때 계대결혼을 통해 자녀를 낳으면 그 자녀가 죽은 자의 이름으로 조상의 땅을 이어받을 수 있는 것이다. 그리고 그 땅의 소출로 이 아이가 과부를 봉양할 수 있는 것이다. 따라서 기업 무름이나 계대결혼의 율법 정신은 실제로 죽은 자보다 산 사람에게 더 관심이 많다. 만일 기업 무를 자가 엘리멜렉의 땅을 무르고 또한 동시에 룻을 사서 계대결혼을 한다면, 그리고 룻이 낳은 첫 아들이 조상의 땅 위에서 죽은 자의 이름을 세운다면 나오미는 노년에 봉양을 받으며 삶을 유지할 수 있는 것이다. 결국 "죽은 자의 이름을 그의 기업 위에 세워야 할지니라"는 표현은 겉으로 드러난 문자적 의미와는 달리 실제로는 산 자에 대한 관심을 드러내는 일종의 암호인 셈이다.

7. 기업 무를 자의 변심

7.1 기업 무를 자의 대답

그렇다면 과연 기업 무를 자는 무엇이라고 답을 할까? 보아스는 물론 장로들과 그 자리에 함께 앉아 있던 백성들은 궁금했을 것이다. 드디어 기업 무를 자가 입을 열었다(6절).

"그 기업 무를 자가 이르되
(וַיֹּאמֶר הַגֹּאֵל ; 와요메르 학고엘)
나는 나를 위하여 무르지 못하노니
(לֹא אוּכַל לִגְאוֹל־לִי ; 로 우칼 리그알 리)."

기업 무를 자는 처음부터 무르지 않겠다고 자기 의사를 분명하게 밝힌다. 그런데 기업 무를 자의 말의 의미를 더 잘 이해하려면 본문을 상세히 살펴보아야 한다. 우선, 우리는 먼저 무르다(גאל ; 가알)는 동사의 목적어가 무엇인지 살펴야 한다. 그런데 목적어가 명시되어 있지 않다. 그러나 앞서 "사다"는 동사의 목적어로 밭과 룻이 동시에 나왔기 때문에 땅과 룻이 동시에 목적어로 함축되어 있는 것으로 볼 수 있다.

둘째, 기업 무를 자는 "나는 무르지 않겠노라"고 하지 않고 "나는 할 수 없다"(לֹא אוּכַל : 로-우칼)라고 말한다. 이것은 자신이 기업 무를 "의사"가 없는 것이 아니라 기업 무를 "능력"이 없다고 말하려 한 것으로 보인다.

그렇다면 기업 무를 자가 땅과 룻을 무를 수 있는 능력이 없다고 한 이유는 무엇인가?

"내 기업에 손해가 있을까 하여
(פֶּן־אַשְׁחִית אֶת־נַחֲלָתִי ; 펜-아쉬히트 에트-나할라티)."

기업 무를 자는 자신의 기업에 손해가 있을지 모르는 염려 때문이라고 밝힌다. 우리는 여기서 한 가지 주목할 것이 있다. 나오미가 팔려는 엘리멜렉의 토지를 무를 의사가 있느냐고 물었을 때에는 토지를 무르겠다던 사람이 룻을 사서 결혼해야 한다는 말에 "기업에 손해가 있을 것" 같다는 이유로 무를 수 없다고 하는 이유는 무엇일까?

"내 기업에 손해가 있을 것 같다"고 번역된 원문은 "내 기업을 망가뜨릴 것 같다"로 직역할 수 있다. 여기에 사용된 동사는 "샤하트"(שחת)인데 단순히 "손해를 끼치다" 정도가 아니라, "망하게 하다, 못쓰게 만들다, 파괴하다"의 강한 의미를 가진 단어이다.[56] 다시 말해 엘리멜렉의 토지를 사고 룻을 사서 계대결혼하는 일은 자칫하면 자신의 기업마저 "망하게" 만들 위험이 있다는 것이다. 도대체 어떤 가능성이 있기에 기업을 망하게 할 수도 있다는 것일까?

처음에 엘리멜렉의 토지를 무를 수 있는 1순위라는 말을 들었을 때 기업 무를 자는 머리 속에서 주판알을 굴렸을 것이다. 땅을 사는 데 돈이 든다 하더라도, 거기서 나오는 소산으로 땅값을 변제하고도 늙은 과부를 먹여 살리기에 충분할 것이므로 득이 있다고 생각한 것 같다. 나오미가 늙어 더 이상 아이를 낳지 못할 것이므로 땅은 영원히 자기 것이 될 것이라고 생각한 것이다. 따라서 자기가 밭을 무르겠다고

---

56 게제니우스, 『게제니우스 히브리어 아람어 사전』, 821.

나선 것으로 보인다.

그러나 나오미에게 땅을 사는 날, 죽은 자의 아내 젊은 과부 룻을 사서 결혼해야 한다는 말을 듣고는 기업 무를 자가 앞으로 어떤 일이 닥칠까를 생각했을 것이다. 우선 땅 값을 지불해야 하고, 두 여인을 먹여 살려야 하고, 룻이 아직 젊은 여인이기에 아이가 태어나면 그 아이가 클 때까지 양육해야 하고, 결국 그 땅은 죽은 엘리멜렉의 소유로 남아 있게 될 것이다. 이렇게 된다면 재산상의 손실이 클 수 있다. 땅의 소산이 이 모든 비용을 다 감당할 만큼 충분하지 않을 수도 있다고 생각한 것 같다. 자칫하면 자신의 기업을 말아먹을 수도 있다고 느꼈는지도 모른다. 따라서 "자신의 기업을 망가뜨릴 것 같아" 무를 능력이 없다고 한 것이다.

이렇게 기업 무를 능력이 없음을 언급한 기업 무를 자는 적극적으로 보아스에게 역제안을 한다(6하).

"내가 무를 것을 네가 무르라

(גְּאַל־לְךָ אַתָּה אֶת־גְּאֻלָּתִי ; 그알-르카 아타 에트-게울라티)."

"내가 무를 것"이라고 번역된 단어는 "게울라"(גְּאֻלָּה)인데, 구약에 총 14번 사용되었다. 게울라(גְּאֻלָּה)는 "기업 무르다"는 동사 "가알"(גָּאַל)에서 파생한 명사로서 "형제가 땅을 상실하였을 때 형제의 친족이 땅을 사서 원 소유주인 형제에게 돌려줌으로 온전한 삶을 유지할 수 있도록 돕는 일"을 가리키는 포괄적인 용어이다. 그러다 보니 게울라(גְּאֻלָּה)는 "무르기", "무를 권리/의무", "무르는 값", "친척, 친속"의 의미로 다양하게 쓰인다. 흥미로운 것은 레위기 25장을 보면 "친척"을 제외한 "게울라"(גְּאֻלָּה)의 거의 모든 용법이 다 나오는데, 25장을 읽으면서 게울라의 의미의 폭이 얼마나 넓은지 살펴보자.

"너희 기업의 온 땅에서 그 토지 무르기(גְּאֻלָּה ; 게울라)를 허락할지니(24) … 만일 그것을 무를 사람이 없고 자기가 부유하게 되어 무를(גְּאֻלָּה ; 게울라) 힘이 있으면(26) … 성벽 있는 성 내의 가옥을 팔았으면 판 지 만 일 년 안에는 무를(גְּאֻלָּה ; 게울라) 수 있나니 곧 그 기한 안에 무르려니와(גְּאֻלָּה ; 게울라)(29) … 그러나 성벽이 둘리지 아니한 촌락의 가옥은 나라의 전토와 같이 물러(גְאֻלָּה ; 게울라) 주기도 할 것이요 희년에 돌려보내기도 할 것이니라(31) 레위 족속의 성읍 곧 그들의 소유의 성읍의 가옥은 레위 사람이 언제든지 무를(גְאֻלָּה ; 게울라) 수 있으나(32) … 그가 팔린 후에 그에게는 속량받을 권리(גְאֻלָּה ; 게울라)가 있나니 그의 형제 중 하나가 그를 속량하거나(48) … 만일 남은 해가 많으면 그 연수대로 팔린 값에서 속량하는 값(גְאֻלָּה ; 게울라)을 그 사람에게 도로 주고(51) 만일 희년까지 남은 해가 적으면 그 사람과 계산하여 그 연수대로 속량하는 그 값(גְאֻלָּה ; 게울라)을 그에게 도로 줄지며(52)(레 25:24-52)."

이렇게 "게울라"는 다양한 의미로 쓰인다. 그런데 기업 무를 자는 "게울라"(גְאֻלָּה)를 "무를 권리/의무"로 사용할 뿐 아니라 죽은 이의 이름을 그의 기업 위에 세우는 일까지 포함하는 의미로 사용한다.

드디어 기업 무를 자는 자신의 "기업 무를 권리"에 대해 포괄적으로 포기 선언을 한다.

"나는 무르지 못하겠노라 하는지라
(כִּי לֹא־אוּכַל לִגְאָל ; 키 로-우칼 리그올)."

여기서도 "내가 무르지 않으리라"가 아니고 "내가 무를 수 없노라"라고 말한다. 기업 무를 자는 두 번이나 자신은 기업을 무를 능력이 없다는 점을 분명히 밝힌 것이다. 이로써 기업 무를 자가 야기한 갈등은 해소되었다.

8. 신발을 벗는 기업 무를 자

8.1 내레이터의 논평

그런데 내레이터는 7절에서 갑자기 대화 중에 "옛적 이스라엘 중에는"(וְזֹאת לְפָנִים בְּיִשְׂרָאֵל ; 웨조트 르파님 베이스라엘)으로 시작되는 논평을 시작한다.

우선 "옛적"에란 단어(לְפָנִים ; 르파님)는 한두 세대 지난 가까운 과거를 가리키기도 하고(삿 3:2), 아주 먼 과거를 가리키기도 하고(대상 9:20-21), 심지어 태초의 시간(시 102:26)을 가리키기도 한다고 학자들은 본다. 따라서 그저 "옛날에"란 의미로 다양하게 쓰이는 용어인데, 여기서는 그리 먼 과거나 태고적 시간을 가리키는 것이 아님은 분명하다. 룻기에 기록된 사건과 룻기를 기록한 시대가 그리 큰 차이가 나지 않기 때문이라는 이유에서이다.

내레이터는 독자들이 이해하기 힘든 과거의 풍습을 설명하기 위해서 플롯 안으로 끼어들면서 논평을 한다. 앞으로 기업 무를 자가 보일 상징적 행동을 이해시키기 위해 미리 논평하는 것이다.

8.2 신을 벗어 거래를 확정짓는 이전의 풍습

과거 이스라엘에는 거래를 하는 과정에서 마무리할 때 거래를 확정짓는 법적 절차가 있었다는 것이다(7절).

"모든 것을 무르거나 교환하는 일을 확정하기 위하여
(עַל־הַגְּאוּלָה וְעַל־הַתְּמוּרָה לְקַיֵּם כָּל־דָּבָר ; 알-학게울라 웨아드-하테무라 르카옘 콜-다바르)
사람이 그의 신을 벗어 그의 이웃에게 주더니
(שָׁלַף אִישׁ נַעֲלוֹ וְנָתַן לְרֵעֵהוּ ; 샬라프 이쉬 나알로 웨나탄 르레에후)."

특히 "무르는 일"(גְּאֻלָּה ; 게울라)과 "교환하는 일"(תְּמוּרָה ; 테무라)에 있어서 법적 확증을 해주는 관례가 있었다는 것이다. "게울라"는 "기업 무르는" 거래를 가리키는 포괄적 용어임은 이미 살펴본 바가 있다.

한편 "테무라"(תְּמוּרָה)는 구약에서 총 6번밖에 쓰이지 않아 정확한 의미를 찾기가 쉽지는 않다. 물론 "테무라"는 교환하다는 동사 "무르"(מוּר)에서 파생한 명사로서 상거래를 가리키는 것이 분명하다. 레위기 27장에서는 "짐승의 교환"에 관해 2번(레 27:10,33), 욥기에서는 "보상"(욥 15:31), "경제적 이득/재물"(욥 20:18), "교환 가치"(욥 28:17)를 가리키는 경제적 용어로 3번 사용되고 있다.

어떤 학자들은 무르는 일(גְּאֻלָּה; 게울라)과 교환하는 일(תְּמוּרָה; 테무라)이란 표현은 두 단어로 하나의 개념을 표현하는 중언법(hendiadys)으로 본다. 영어로 bread and butter는 빵과 버터가 아니라 "버터 바른 빵"이란 단일 개념인 것과 마찬가지이다. 중언법으로 본다면 무르는 일(גְּאֻלָּה; 게울라)과 교환하는 일(תְּמוּרָה; 테무라)이란 "무름의 권리를 교환하는 것"이란 하나의 개념이 된다.[57]

반면에 다른 학자들은 무르는 일(גְּאֻלָּה; 게울라)과 교환하는 일(תְּמוּרָה; 테무라)은 "두 부분을 언급함으로 전체를 가리키는 메리스무스"(merismus) 기법으로 본다. 이렇게 보면 "모든 형태의 거래"를 지칭한다.[58] 필자가 볼 때에는 "메리스무스"로 보는 것이 더 적절해 보인다.

고금을 막론하고 어떤 거래든지 거래를 하게 되면 구속력과 효력이 있게 만드는 절차가 있어야 하는 것이 통상이다. 그런데 옛적에 이스라엘에서는 특정한 상징적 행위를 통해 거래를 확정[59]하였다는 것이다.

"사람이 그의 신을 벗어 그의 이웃에게 주더니

(שָׁלַף אִישׁ נַעֲלוֹ וְנָתַן לְרֵעֵהוּ; 샬라프 이쉬 나알로 웨나탄 르레에후)."

"신을 벗어 그의 이웃에게 주는" 행위가 일종의 계약서 작성과 공증에 해당된다는 것이다. 내레이터는 신을 벗어 주는 상징적 행위는 단지 모든 것을 무르거나 교환하는 일을 "확정"할 뿐 아니라, 일종의 공증이라면서 이렇게 말한다.

"이것이 이스라엘 중에 증명하는 전례가 된지라

(וְזֹאת הַתְּעוּדָה בְּיִשְׂרָאֵל; 웨조트 하테우다 베이스라엘)."

---

57 Bush, *Ruth/Esther*, 234.
58 Sasson, *Ruth*, 142; Hubbard, *The Book of Ruth*, 249.
59 첫째 신을 벗어 주는 행위가 "무르거나 교환하는 일에 있어서 모든 것을 확정하는" 옛 풍습이라는 점에서 우리는 모든 것을 "확정하는"(לְקַיֵּם; 르카옘)이란 표현에 주목해야 한다. 이 표현은 "확정하다" 동사 "쿰"(קוּם)의 강조형(피엘형) 부정사 연계형(קַיֵּם; 카옘)에 전치사 "르"(לְ)가 붙은 형태로서, 의미를 알아내려면 우선 쿰 동사의 피엘형의 의미를 우선 찾아보아야 한다. "확증하다, 재가하다"(시 119:28).

"증명하는 전례"라고 번역된 단어는 "테우다"(תְּעוּדָה)인데 구약에서 모두 3번밖에 사용되지 않았다. 이사야 8:16, 20에서는 율법(토라)과 평행어로 사용되고 있는데, 한번은 "테우다-토라"의 순서로, 한번은 "토라-테우다"의 순서로 사용되고 있다.

"너는 증거의 말씀(תְּעוּדָה ; 테우다)을 싸매며 율법(תּוֹרָה ; 토라)을 내 제자들 가운데에서 봉함하라 … 마땅히 율법(תּוֹרָה ; 토라)과 증거의 말씀(תְּעוּדָה ; 테우다)을 따를지니 그들이 말하는 바가 이 말씀에 맞지 아니하면 그들이 정녕 아침 빛을 보지 못하고(사 8:16, 20)."

우리는 여기서 무엇을 알 수 있는가? "테우다"가 율법/토라와 평행어로 쓰이고 있다는 사실은 "신을 벗어 주는" 행위가 단순한 상징적 제스처가 아님을 보여준다. 거의 율법에 맞먹는 구속력을 가진 결정적 증거의 역할을 하고 있음을 보여준다는 것이 다수 학자들의 해석이다. 현대에서도 계약서를 쓰고 이를 공증하는 것이 바로 이런 이유에서이다.

8.3 신을 벗는 기업 무를 자

이렇게 내레이터는 논평을 마친 후에 바로 플롯으로 돌아간다(8절).

"이에 그 기업 무를 자가 보아스에게 이르되
(וַיֹּאמֶר הַגֹּאֵל לְבֹעַז ; 와요메르 학고엘 르보아즈)
네가 너를 위하여 사라 하고 그의 신을 벗는지라
(קְנֵה־לָךְ וַיִּשְׁלֹף נַעֲלוֹ ; 크나-라크 와이쉬롤프 나알로)."

기업 무를 자는 기업 무를 권리를 보아스에게 넘기기로 결심하였다. 이에 "네가 너를 위하여 사라"(קְנֵה־לָךְ ; 크나-라크)고 말한다. "사라"는 동사의 목적어가 명시되어 있지 않은 것은 사실이다. 그러나 앞의 문맥을 살펴보면 "사라"는 동사의 목적어로 땅도 나왔고, 룻도 나왔기 때문에 땅이나 룻이 목적어가 될 수 있다. 게다가 얼마든지 "기업 무를 권리"도 "사다"는 동사의 목적어가 될 수 있다. 바로 앞에서 "네가 너를 위해 기업 무르라. 나의 무를 권리를"(גְּאַל־לְךָ אַתָּה אֶת־גְּאֻלָּתִי ; 그알-르카 아타 에트-게울라티)이라고 되어 있기 때문이다.

기업 무를 권리인 "게울라"를 사고 판다는 것은 현대인들에게는 쉽게 이해가 가지 않지만 예레미야서 32장을 보면 기업 무를 권리도 사고 파는 대상임을 알 수 있다.

"보라 네 숙부 살룸의 아들 하나멜이 네게 와서 말하기를 너는 아나돗에 있는 내 밭을 사라 이 기업을 무를 권리(גְּאֻלָּה ; 게울라)가 네게 있느니라 하리라 하시더니 여호와의 말씀과 같이 나의 숙부의 아들 하나멜이 시위대 뜰 안 나에게 와서 이르되 청하노니 너는 베냐민 땅 아나돗에 있는 나의 밭을 사라(קְנֵה ; 크네) 기업의 상속권이 네게 있고 무를 권리(גְּאֻלָּה ; 게울라)가 네게 있으니 너를 위하여 사라(קְנֵה ; 크네) 하는지라 내가 이것이 여호와의 말씀인 줄 알았으므로(렘 32:7, 8)."

밭을 사는 것이든, 룻을 사는 것이든, 게울라(גְּאֻלָּה)를 사는 것이든 일종의 거래이기에 기업 무를 자는 드디어 자신의 거래 내용을 확정하고 또한 증거로 남겨야 했다. 따라서 "네가 너를 위하여 사라"고 한 후에 "그의 신을 벗은"(וַיִּשְׁלֹף נַעֲלוֹ ; 와이쉬롤프 나알로) 것이다.

8.4 "신발을 벗는 것"의 의미

기업 무를 자가 신발을 벗는 행위가 거래 내용을 최종 확정하는 증거로 사용된다면 왜 하필 신을 벗는 행위를 하는 것인가? 학자들은 신발 벗는 행위의 의미가 무엇인지에 대해 다양한 의견을 제시하였다. 특별히 기업 무를 자가 신발을 벗는 행위와 신명기 25장에서 계대결혼을 거부하는 시동생의 신발을 형수가 벗기는 행위 사이에 연관성이 있느냐의 여부에 대해서는 학자들 간에 견해차가 크다. 그러나 두 본문 사이의 연관성의 여부에 대한 의견 차이를 떠나서 최소한 이스라엘 안에서 신발이 갖는 중요성에 대해서는 대부분 의견의 일치를 보인다.

우선 "내가 모세에게 말한 바와 같이 너희 발바닥으로 밟는 곳은 모두 내가 너희에게 주었노니"(수 1:3)라고 한 것을 보면 구약에서 발과 신은 소유권과 연관되어 있음이 분명하다는 데 대해서는 학자들이 의견을 같이한다. 시편 60:8에 "에돔에는 내 신을 던지리라"는 말은 "소유로 취한다"는 의미이다. 또한 학자들은 고대 근동 아시아에서 발과 신이 소유권 이전을 가리키는 상징으로 쓰였다고 본다.

예를 들어, 누지(Nuzi) 서판을 보면 땅을 파는 사람이 자신이 팔고자 하는 땅에서 신을 벗어들고, 사고자 하는 사람의 신을 그 땅 위에 놓는 절차를 밟는 모습이 나온다고 한다. 성경에서도 이와 유사한 개념을 볼 수 있는데 아모스 2:6; 8:6에는 가난한 자가 신 한 켤레에 팔리는 모습이 묘사되어 있다. 따라서 대부분의 학자들은 룻기에서 기업 무를 자가 신발을 벗는 행동은 소유권 이전과 관련된 이런 고대의 풍습과 연관이 있는 것으로 해석한다.

필자는 신발이 소유권의 상징일 뿐 아니라 기업 무를 자가 신발을 벗은 행위와 신명기 25장에서 계대결혼을 거부하는 시동생의 신발을 형수가 벗기는 행위 사이에는 분명한 연결이 있다고 본다. 룻기와 신명기 25장에 사용된 용어들과 모티브가 연결된다는 증거가 한두 가지가 아니기 때문이다.

"형제들이 함께 사는데 그 중 하나가 죽고 아들이 없거든 그 죽은 자의 아내(אֵשֶׁת־הַמֵּת : 에셰트-함메트)는 나가서 타인에게 시집 가지 말 것이요 그의 남편의 형제가 그에게로 들어가서 그를 맞이하여 아내로 삼아 그의 남편의 형제 된 의무를 그에게 다 행할 것이요 그 여인이 낳은 첫 아들이 그 죽은 형제의 이름을 잇게 하여(יָקוּם עַל־שֵׁם אָחִיו הַמֵּת : 야쿰 알-셈 아히우 함메트) 그 이름이 이스라엘 중에서 끊어지지 않게 할 것이니라 그러나 그 사람이 만일 그 형제의 아내 맞이하기를 즐겨하지 아니하면 그 형제의 아내는 그 성문으로 장로들에게로 나아가서 말하기를 내 남편의 형제가 그의 형제의 이름을 이스라엘 중에 잇기를 싫어하여 남편의 형제 된 의무를 내게 행하지 아니하나이다 할 것이요 그 성읍 장로들은 그를 불러다가 말할 것이며 그가 이미 정한 뜻대로 말하기를 내가 그 여자를 맞이하기를 즐겨하지 아니하노라 하면 그의 형제의 아내가 장로들 앞에서 그에게 나아가서 그의 발에서 신을 벗기고(חָלְצָה נַעֲלוֹ מֵעַל רַגְלוֹ ; 할르차 나알로 메알 라글로) 그의 얼굴에 침을 뱉으며 이르기를 그의 형제의 집을 세우기를 즐겨 아니하는 자에게는 이같이 할 것이라 하고 이스라엘 중에서 그의 이름을 신 벗김 받은 자의 집(בֵּית חֲלוּץ הַנָּעַל ; 베트 하루츠 한나알)이라 부를 것이니라(신 25:5-10)."

기업 무를 자와 보아스 사이의 대화에서 가장 중요한 주제는 "죽은 자의 아내"인 룻을 사서 "죽은 자의 이름을 그의 기업 위에 세우는" 문제였다. 그런데 신명기 25:5-10의 주제가 바로 "죽은 자의 아내"와 형제가 결혼하여 형제의 이름을 잇게 하는 문제가 아닌가! 그렇다면 이 두 본문은 서로 긴밀하게 연관시켜 해석해야 하는 대상이다. 사용된 용어들이 다르다는 이유로 서로 연관시켜서는 안 된다고 보는 것은 적절치 못하다.[60]

물론 룻기 4장에서는 기업 무르는 자가 스스로 신발을 벗은 반면에 신명기 25장에서는 계대결혼을 거부한 자의 신발을 죽은 자의 아내가 벗기는 것이 사실이다. 그러나 이런 차이점이 바로 룻기 4장이 전달하려는 메시지의 핵심이다. 형제의 집 세우기를 즐겨 아니하는 자는 신발 벗김을 당하고 침 뱉음을 당한 후에 "신 벗김 받은 자의 집"(בֵּית חֲלוּץ הַנָּעַל ; 베트 할루츠 한나알)이라는 수치를 당해야 했다. 그런데 이제 룻기 4장의 기업 무를 자는 스스로 신발을 벗는 일에 아무런 부끄러움을 느끼지 않고 있다! 율법의 요구를 순종하기보다는, 기업에 손해가 있을까 하여 기업 무르기를 거부하는 일에 아무런 수치를 느끼지 않는 사람들이 늘어가고 있는 것을 보이려는 데 룻기 기자의 관심이 있는 것은 아닐까!

이런 점에서 기업 무를 자는 보아스를 부각시키는 "대조 인물"(foil)이라고 볼 수 있다. 기업 무를 자는 자신의 이름과 자신의 이익만을 생각할 뿐, 룻과 엘리멜렉 가문에 대해서는 관심이 전혀 없음을 드러낸다. 이에 말론의 땅을 무를 것을 포기하고, 보아스에게 넘겼다. 신발을 벗어 보아스에게 넘기는 행동을 마지막으로 기업 무를 자는 "스토리 속으로 사라진다. 보아스를 부각시키는 대조 인물로서의 역할을 끝낸 것이다. 그는 시작할 때처럼 이름없이 무대 뒤로 사라진다."[61] 여기서 아델 벌린의 이야기를 들어보자.

---

[60] Hubbard, *The Book of Ruth*, 250 : "물론 룻기 4장과 신명기 25장은 후사 없는 과부와 신발을 벗는 상징적 행동으로 인해 유사한 것이 사실이지만, 서로 다른 경우이기에 직접 연관되어 있지 않은 것이 사실이다."

[61] P. Trible, "A Human Comedy," in *God and the Rhetoric of Sexuality* (Philadelphia : Fortress, 1978), 190.

기업 무를 자는 오르바와 유사한 납작 인물이지만 약간 다르다. 한 가지 차이는 기업 무를 자는 이름이 없다. 따라서 오르바보다 성격 묘사가 덜 된 편이다. 또한 시작할 때부터 보아스와 동등한 위치에서 시작하지 않는다. 우리는 기업 무를 자를 만나기 전에 보아스가 기업 무를 열정이 있음을 안다. 따라서 기업 무를 자의 거절이 보아스의 행동을 영웅적으로 만들지는 않는다. 단지 기업 무를 자는 긴장을 불러일으키는 역할을 할 뿐이다. 우리는 기업 무를 자가 존재한다는 사실을 알 때(3:12)와, 그가 기업을 무르겠다고 할 때(4:4)에 긴장을 경험한다. 보아스가 기업 무를 자의 존재를 알리고, 그를 찾아서 상황을 설명함으로써 룻과 결혼할 수 있는 가능성을 빼앗길 위험을 감수한 것은 보아스가 얼마나 정직하고 올바른 사람인가를 잘 보여준다. 보아스가 나오미 가족의 이익에 충성한 것은 기업 무를 자로서의 의무를 감수한 데 있는 것이 아니다. 오히려 율법이나 풍습이 요구한다면 이런 특권을 포기할 의사를 보인 데 그의 충성심이 있는 것이다. 기업 무를 자가 율법의 의무보다는 다른 이유로 거절한 것은 보아스가 개인적인 욕구보다 율법의 요구를 앞세운 것을 분명히 드러나게 한다.[62]

이렇게 본다면 기업 무를 자와 오르바는 보아스와 룻을 돋보이게 만드는 "대조 인물"의 역할을 하고 있는 것이다.

9. 신학적 메시지

9.1 기업 무름의 정신

고대 이스라엘에서 기업 무름의 권리는 모든 땅은 여호와께 속한 것이기에 영원히 팔 수 없다는 신학적 원리에서 나온 것이다(레 25:23).

"토지를 영구히 팔지 말 것은 토지는 다 내 것임이니라 너희는 거류민이요 동거하는 자

---

62 Berlin, *Poetics and Interpretation of Biblical Narrative*, 85–86.

로서 나와 함께 있느니라."

또한 기업 무름의 권리는 가족 연대라는 고대 이스라엘의 개념에 뿌리를 둔 것이다. 땅은 궁극적으로 땅이 속하도록 되어 있는 가족에서 떼어낼 수 없다(참조, 왕상 21:3)는 것이 성경의 사상이다.

여기서 브리크토(Brichto)의 말을 들어보자.

> 수직적으로 땅은 과거나 미래에 있어서 가족의 소유이다. 땅은 죽은 선조들과 아직 태어나지 않은 후손들에게 속한다. … 수평적으로 땅은 살아 있는 세대로서 친족의 소유이다. 각 개인은 땅을 소유한다. 이때 가족 전체의 소유권이라는 전제 아래서 개인이 땅을 소유하는 것이다.[63]

레위기 25장의 율법은 팔린 땅이 다시 원 소유주—최소한 원 소유 가족—에게로 돌아오게 되는 세 가지 상황을 소개한다.

(1) 판 자의 "친족 구원자"(גֹאֲלוֹ הַקָּרֹב אֵלָיו ; 고알로 하카로브 엘라우)가 와서 "형제의 판 것"(מִמְכַּר אָחִיו ; 밈카르 아히우)을 무를 수 있다.
(2) 무를 사람이 없고, 자기가 다시 부요해지면, 남은 값을 산 자에게 주고 땅을 되찾을 수 있다.
(3) 이 둘 모두 불가능하면, 희년이 될 때에야 땅은 원래 소유주에게로 돌아간다.

몸이 팔린 경우에 팔린 사람을 속량해야 할 친족들의 우선 순위인, 형제(אָח ; 아흐), 삼촌(דֹּד ; 도드), 사촌(בֶן־דֹּד ; 벤-도드), 근족(שְׁאֵר־בְּשָׂרוֹ ; 셰아르-베사로; 그의 살의 남은 자)의 순서(레 25:48-49)는 땅이 팔린 경우에도 마찬가지일 것으로 학자들은 본다.

---

63 H. C. Brichto, "Kin, Cult, Land, and Afterlife—A Biblical Complex," *HUCA* 44 (1973), 9.

9.2 고엘 역할을 담당하려면 희생이 필요

기업 무를 자가 "자신의 기업이 망가질까봐 기업을 무르지 못하겠다"고 한 것은 고엘의 역할을 하기 위해서는 큰 희생을 치러야 함을 알 수 있다. 고엘의 역할에 대해서는 데이빗 앳킨슨이 잘 지적한다.

… 고엘의 역할을 감당한다는 것은 매우 값비싼 대가를 치러야 하는 일이다. 그 일을 하려면 개인의 희생이 있어야 한다. 고엘은 남의 일(엘리멜렉의 가족 이름과 그의 재산 상속)을 위해 자신의 기업의 일부(땅을 무르는 값)를 내주어야 할 것이다. 이것은 기업 무를 자의 입장에서는 제공할 처지가 못되었던 사랑과 희생을 요구하는 일이었을 것이다. …

이 의무들은 법적인 방법으로는 이해되지 않았다. 이 의무들은 모세 오경에 규정되어 있는 법적인 의무이지만, 룻기의 이야기는 율법의 문자를 초월하여 움직이는 헤세드의 이야기이다. 율법은 헤세드가 가정 내에 어떤 식으로 작용할 수 있는지를 구체적으로 보여주는 지침이요 길잡이들이었다. …

허브트가 피력하듯이, 율법이 이런 식으로 이행됨으로써 하나님의 백성의 종교가 율법주의화하는 것이 방지되었다. 룻에 대한 사랑 때문에, 그리고 엘리멜렉의 이름과 룻을 위해 자신의 돈을 내놓으려는 마음과 내놓을 수 있는 능력에 힘입어, 보아스는 솜씨있게 기업 무를 근족으로 하여금 무를 권리를 다음 차례인 자신에게 넘길 수밖에 없게 만든다(4:6). 여기에는 율법에 어긋나거나 비열한 술수가 전혀 없었다. … 고엘의 책임이란 자발적인 마음으로 맡아야 하는 것이며 또한 최고의 사랑과 개인적인 희생 및 실천을 필요로 하는 것이라는 점을 간단하면서도 명백하게 뒷받침하고 있다. … 또한 그(고엘)는 도움을 주기 위해서는 어떤 희생도 감수할 수 있어야 한다. 그는 반드시 그렇게 해야 할 의무는 없다. 그의 행동은 오로지 사랑에서 우러나오는 행동이었던 것이다.[64]

---

[64] 앳킨슨, 『룻기에 나타난 하나님의 섭리』, 193-194.

9.3 수치를 모르는 행동

형이 자식 없이 죽었음에도 불구하고 시동생이 형수와 결혼하는 것을 거부할 때에는 신을 벗기는 의식이 있었다. 비록 룻기 4장에서는 직접적으로 이것을 언급하고 있지는 않으나, 암암리에 이를 가리킨다. 어쨌든 신명기 25:5-10을 보면 형수와 결혼하는 것을 거부한 시동생은 형제의 집 세우기를 즐겨하지 않는다는 이유로 신발이 벗겨지고, "신발 벗기운 자의 집"이라는 수치스런 이름을 들어야 했다.

그런데 룻기의 기업 무를 자는 이를 전혀 수치로 생각하지 않는 모습을 볼 수 있다. 신명기에서는 신발이 강제로 벗겨지나, 기업 무를 자는 자발적으로 신발을 벗는다. 마치 아무런 부끄러움이나 수치심이 없는 것처럼 보인다. 너무나 당연하고 자연스러워 보인다. 룻기를 읽어보면 기업 무를 자가 신을 벗으며 어떤 수치심이나 부끄러움을 느꼈다는 어떤 암시도 볼 수 없다. 이것은 기업 무를 자가 이런 일을 해도 큰 잘못이 아니라고 생각했기 때문이라고 보인다. 이런 분위기를 드러내지 않음으로써 기업 무를 자가 부끄러운 일을 하고도 전혀 부끄러움을 느끼지 않음을 간접적으로 내레이터가 비판하고 있다고도 볼 수 있다.

문제는 기업 무를 자가 아니라, 우리이다. 과연 오늘 우리는 어떤가? 우리는 우리에게 주어진 모든 것을 동원하여 하나님의 영광을 위해 살아야 한다. 물론 현실 속에서 우리가 항상 이렇게 살 수는 없을지 모른다. 그러나 적어도 하나님의 영광을 위해 살지 못하는 것이 문제라는 점은 인식하고 있어야 한다. 하나님을 위해 살아야 하는 우리가 하나님의 말씀대로 살지 못하는 것이 얼마나 부끄러운 일인가는 깊히 느끼고 있어야 한다.

9.4 보아스의 자기 희생

그렇다면 우리는 어떤 삶의 모습을 보여야 하는가? 이것을 룻기 기자는 보아스를 통해 보여주고 있다. 앞서 살펴본 대로 기업 무를 자가 악한 행동을 한 것은 아니다. 나름대로 가정을 가진 성인으로서 정상인의 평범한 행동을 한 것이다. 그러나 문제는 "정상적인" 책임 의식으로는 충분하지 않다는 점이다. 정상인의 평범한 행위로는 믿음의 공동체를 거룩한 공동체로 만들 수 없다. 이 점에서도 이 기업 무를 자는 보아스의 충성심을 더 부각시켜 주는 강조의 역할을 한다. 보아스에게도 재산 손해의 위험이 따랐음을 강조하면서 보아스의 고귀한 행위를 돋보이게 한다.

보아스는 경제적 손실의 위험을 감수하면서까지 룻과 나오미를 돌볼 1차적 책임이 있는 것이 아니었다. 따라서 처음에는, 룻을 처음 만났을 때는 적극적으로 룻을 돕기보다는 "여호와께서 네가 행한 일에 보답하시기를 원하며 이스라엘의 하나님 여호와께서 그의 날개 아래에 보호를 받으러 온 네게 온전한 상 주시기를 원하노라"고 하며 축복만 빌었던 것이다. 그러나 후에 보아스는 하나님의 수준에서도 룻을 축복해야 하지만, 인간의 수준에서도 자기가 룻을 보호해야 할 책임이 있음을 깨달은 것이다. 늦게 깨닫기는 했지만 보아스는 정말 대단한 인물이었다. 그는 그럴 법적, 도덕적 이유가 있던 것이 아니었다. 그럼에도 불구하고 재산상의 불이익을 감수하고 룻과 결혼하기로 결정한 것이다.

여기에 보아스의 자기 희생의 사랑이 왜 가치 있는지가 나온다. 자기 희생이 없이는 그 어떤 하나님의 일도 하나님의 일로 만들 수 없다. 내가 아무리 멋있는 일을 했다 해도 자기 희생이 들어가지 않으면 진정으로 기독교적인 것이라 할 수 없다. 이 점을 룻기는 강력하게 우리에게 교훈하고 있는 것이다.

4막 2장
모압 여인 룻을 사는 보아스의 인애(룻 4:9-12)

1. 서론적 이야기

1.1 본문

우리가 앞서 보았듯이 룻기 4장은 주제의 발전상 크게 세 단락으로 나눌 수 있다.

A. 보아스와 기업 무를 자 사이의 협의(4:1-8)
B. 보아스와 룻의 결혼(4:9-12)
C. 채워진 나오미(4:13-22)

앞의 단락(4:1-8)에서는 보아스와 기업 무를 자가 협의하여, 기업 무를 자가 기업 무를 것을 포기하고 보아스에 기업 무름의 권리를 넘기는 것을 보았다. 이제 두 번째 단락인 4:9-12에서 보아스는 룻과 결혼하는 절차를 밟고, 베들레헴 공동체가 보아스와 룻에게 축복을 비는 모습이 나타난다. 이제 본문을 읽어보자.

"보아스가 장로들과 모든 백성에게 이르되 내가 엘리멜렉과 기룐과 말론에게 있던 모든 것을 나오미의 손에서 산 일에 너희가 오늘 증인이 되었고 또 말론의 아내 모압 여인 룻을 사서 나의 아내로 맞이하고 그 죽은 자의 기업을 그의 이름으로 세워 그의 이름이 그의 형제 중과 그 곳 성문에서 끊어지지 아니하게 함에 너희가 오늘 증인이 되었느니라 하니 성문에 있는 모든 백성과 장로들이 이르되 우리가 증인이 되나니 여호와께서 네 집에 들어가는 여인으로 이스라엘의 집을 세운 라헬과 레아 두 사람과 같게 하시고 네가 에브랏에서 유력하고 베들레헴에서 유명하게 하시기를 원하며 여호와께서 이 젊은 여자로 말미암아 네게 상속자를 주사 네 집이 다말이 유다에게 낳아준 베레스의 집과 같게 하시기를 원하노라 하니라."

1.2 그동안의 대중적 해석사와 문제 제기

모형론적으로나 구속사적으로 성경을 해석하려는 사람들은 단순히 보아스에게서만 그리스도의 모형을 보는 것이 아니다. 구약 본문의 거의 모든 데이터에서 그리스도나 신약의 모형을 발견한다. 사무엘 리도우트(Samuel Ridout)는 열 명의 장로를 율법의 대표로 보면서 율법의 실패는 그리스도의 오심을 갈망하게 한다고 해석한다.

기쁘게도 보아스의 선언에 대해 그 증인들이 응답했습니다. 그리고 모든 백성은 성문에 있었습니다. 그 열 사람은 율법을 대표합니다. 그리고 그 나머지 사람들은 다음과 같이 말했습니다. "우리가 증인이 되나니 여호와께서 네 집에 들어가는 여인으로 이스라엘의 집을 세운 라헬과 레아 두 사람과 같게 하시고"(11절). 위에 언급한 두 여인은 열두 지파의 어머니들로서 그 나라의 기초가 되었습니다. 명백히 모든 것이 실패하였을 때 전능하신 분이 오셔서 그 모든 것을 회복하셔서 그 나라를 처음의 위대함보다 훨씬 더 크게 하실 것입니다. …

그들은 또한 다말과 그녀의 자녀들을 언급했는데 그녀는 보아스가 속한 유다 지파를 세웠습니다. 그 역사를 되돌아보면 우리는 거기서 슬프게 점철된 기록을 발견하게 됩니다(창 38장). 그 기록은 죄로 가득한 듯 보이지만 그 속에는 축복을 얻기 위한 포기하지 않고 매달리는 다말의 믿음이 담겨 있습니다. 또한 이 일은 죄 많고 받을 가치가 없는 백성에게 베푸시는 하나님의 은혜를 상기시킵니다.

이처럼 위대하고 존중할 만한 율법은 그 모든 권리를 그리스도에게 넘길 뿐만 아니라 율법에 관한 한 열매맺지 못했던 그 백성을 위하여 이러한 새로운 관계를 통한 놀랄 만한 축복을 제시해 보였습니다. 모든 일이 성취되었고 보아스는 그의 신부를 자신에게로 취했습니다. 아! 곧 그 비참한 버림받은 나라가 하나님의 영원한 사랑의 손으로 모아질 것입니다. "신랑이 신부를 기뻐함같이 네 하나님이 너를 기뻐하시리라"(사 62:5).[65]

이렇게 구약의 거의 모든 요소에서 신약을 가리키는 모형을 발견하려는 노력은 그 의도가 선함에도 불구하고 구약의 메시지를 온전하게 이해하지 못하게 함으로써 신약으로 나아가는 구속사적-정경적 의미를 끝내는 발견하지 못하게 되는 우를 범하게 된다. 구약을 실패로 신약을 성공으로 보는 프레임, 구약은 율법이고 신약은 은혜로 보는 도식은 구약과 신약 안에 실패와 성공, 율법과 은혜가 동시에 존재한다는 사실을 보지 못하게 만든다.

특히 구약은 율법이고 신약은 은혜라는 도식은 구약이든 신약이든 하나님의 은혜가 먼저 나오고 이 은혜에 대한 보은의 법칙으로 율법과 새 계명을 주셨다는 성경의 가장 큰 근본적인 가르침을 오해한 데서 나온 것이다. 율법과 은혜라는 단어들의 순서부터 교정해야 한다. 우리는 성경의 가르침을 이야기할 때 항상 은혜와 율법이라고 해야 한다. 하나님은 우리에게 먼저 은혜를 베푸신 다음에 율법을 지킬 것을 요구하시기 때문이다. 애굽의 종되었던 집에서 구원하신 후에 십계명을 비롯한 율법을 주셨음을 기억해야 한다.

이것은 신약도 마찬가지이다. 주님께서 우리를 위해 십자가에서 죽으심으로 우

---

65 리도우트, 『사사기 룻기 강해』, 405-406.

리를 죄와 율법의 정죄로부터 구원하신 후에 새 계명을 주신 것이다. 단지 구약보다 신약의 은혜가 더 크기에 율법보다 주님이 주신 새 계명이 더 엄중한 것이다.

따라서 구약을 해석할 때에는 먼저 구약의 문자적-역사적 의미를 파악한 후에, 그 다음에 신약과 연결되는 정경적 의미를 알아내는 과정을 순차적으로 밟아야 한다. 그리고 구약 안에서 은혜의 메시지를 발견하려고 애를 써야 한다. 구약에서 율법을 발견하고 율법의 실패를 언급한 후에 신약에서 은혜를 발견하려는 식의 도식적 틀은 은혜도 놓치고 율법도 놓치는 이중적인 우를 범하게 된다. 이 점을 염두에 두고 룻기 4:9-12을 살펴보자.

1.3 구조적 데이터

룻기 4:9-12은 보아스가 장로들과 백성들에게 행한 스피치(9-10절)와 백성과 장로들이 보아스에게 행한 축복(11-12절)으로 이루어져 있다. 그런데 보아스가 장로들과 백성들에게 하는 말을 담고 있는 4:9-10은 반복되는 단어와 주제의 발전으로 볼 때 다음과 같은 키아스틱(교차대구) 구조를 이룬다.[66]

  A 너희가 오늘날 증인이 되었느니라(עֵדִים אַתֶּם הַיּוֹם ; 에딤 아템 하욤)

    B 내가 엘리멜렉에게 있던 모든 것과 기룐과 말론에게 있던 모든 것을

        나오미의 손에서 산(קָנָה ; 카나) 일에

    B' 룻을 사서(קָנָה ; 카나) 아내로 취하고 죽은 자의 기업을 그 이름으로

        잇게 하여 그 이름이 성문에서 끊어지지 않게 함에

  A' 너희가 오늘날 증인이 되었느니라(עֵדִים אַתֶּם הַיּוֹם ; 에딤 아템 하욤)

위 구조를 보면 알 수 있듯이 보아스의 말은 "너희가 오늘날 증인이 되었느니라"로 시작해서 "너희가 오늘날 증인이 되었느니라"로 끝이 난다(A & A'). 장로들과 백성들이 증인이 되어주는 것이 가장 중요함을 보여준다.

---

[66] 이와 유사한 구조 분석은 Bush, *Ruth/Esther*, 195에서도 볼 수 있다.

그렇다면 백성과 장로들은 어떤 일에 증인 역할을 하라는 것인가? 보아스가 하려고 하는 일에 증인이 되라는 것이다. 보아스가 하려는 일은 기업 무를 자로서의 의무를 지는 일인데 크게 두 가지라고 말한다. 첫째, 보아스는 엘리멜렉의 소유지, 즉 "엘리멜렉에게 있던 모든 것과 기룐과 말론에게 있던 모든 것"을 사서(קָנָה ; 카나) 무를 의무가 있었다(B). 둘째, 보아스는 말론의 아내 모압 여인 룻을 사서(קָנָה ; 카나) 아내로 맞이하여, 죽은 자인 말론을 위해 상속자를 낳아주고, 말론의 이름이 형제 중과 성문에서 끊어지지 않게 해야 하는 의무가 있었다(B'). 보아스는 이 두 가지 의무를 행하려고 하는데, 이 일에 백성들과 장로들이 증인이 되어달라고 요청한 것이다.

한편 백성과 장로들이 보아스를 축복하는 내용을 담은 단락(4:11-12)은 동심 구조로 이루어져 있다.[67]

   A 여호와께서 네 집에 들어가는 여인(הָאִשָּׁה ; 하잇샤)으로
     B 이스라엘 집(בַּיִת ; 베트)을 세운 라헬과 레아 두 사람과 같게 하시고
        X 네가 에브랏에서 유력하고 베들레헴에서 유명하게 하시기를 원하며
     B' 네 집(בַּיִת ; 베트)이 베레스의 집(בַּיִת ; 베트)과 같게 하시기를 원하노라
   A' 여호와께서 이 젊은 여자(הַנַּעֲרָה ; 한나아라)로 말미암아 네게 상속자를 주사

백성들과 장로들의 축복은 네 집에 들어가는 여인(הָאִשָּׁה ; 하잇샤)으로 시작해서 이 젊은 여자(הַנַּעֲרָה ; 한나아라)로 끝이 난다(A & A'). 즉 보아스의 집에 임할 축복은 이제 보아스의 집에 들어가는 룻으로 인해 얻게 될 것임을 강조한다.

장로들과 백성들은 보아스가 축복을 받으려면 룻이 라헬과 레아 같은 여인이 되는 게 좋겠다고 보았다. 왜냐하면 이스라엘의 역사에서 가장 풍성한 가족을 이룬 집은 바로 야곱의 집이다. 이에 룻이 보아스의 집에 들어가게 되면 라헬과 레아를 통해 야곱이 12아들을 낳고, 이들이 끝내 이스라엘 민족을 이룬 것처럼 보아스의 집이 번성하게 되게 해달라고 축복한다(B).

---

67 Bush, *Ruth/Esther*, 195에서도 전체적으로 볼 때 유사한 구조 분석을 볼 수 있다.

그런데 룻은 모압 여인으로 계대결혼을 통해 보아스의 집에 들어가게 되었다. 따라서 백성들과 장로들은 보아스의 집이 동일하게 계대결혼을 통해 다말이 유다에게 낳아 준 베레스의 집처럼 될 것을 축복한다(B'). 현대 독자들에게는 베레스의 집처럼 만들어 달라는 축복이 무슨 의미인지 잘 다가오지 않지만, 당시 이스라엘 백성들에게는 더할 나위 없는 축복의 선언으로 들렸을 것이다. 왜냐하면 유다 가문의 베레스 종족에서 이스라엘의 최고의 선왕인 다윗이 등장하였기 때문이다. 따라서 베레스의 집과 같이 해달라는 이런 축복이야말로 룻기의 독자들에게는 영광스럽기 그지 없는 축복의 선언으로 들렸을 것이다.

이 같은 다윗 왕으로 향하는 복선은 드디어 중앙 부분에서 그 모습을 분명히 드러낸다(X) :

"네가 에브랏에서 유력하고 베들레헴에서 유명하게 하시기를 원하며."

여기서 핵심 단어는 에브랏과 베들레헴이란 지명이다. 보아스가 에브랏에서 유력하고 베들레헴에서 유명하게 되는 것이 무엇을 의미하는가? 이는 다윗이 에브랏 사람이요 베들레헴 출신이라는 것을 알아야 풀리는 의문이다. 에브랏 사람 다윗, 베들레헴에서 태어난 다윗이야말로 하나님께서 이스라엘에 베푼 최고의 선물이 아닌가!

다윗으로 이어지는 거대한 구속사의 여울목에 보아스와 룻의 인애와 사랑이 있는 것이다. 따라서 룻기의 독자들은 백성들과 장로들의 축복을 듣는 순간 온 몸으로 전율을 느꼈을 것이 분명하다. 백성들과 장로들의 축복이 보아스에게 집중되는 것은 어찌 보면 지극히 당연하다. 보아스가 희생을 무릅쓰고 말론의 아내를 사서 아내로 삼고, 죽은 자의 기업을 그 이름으로 잇게 하는 본을 보이고 있기 때문이다. 장로들과 백성들은 이 점을 잘 알고 있기에 보아스에게 초점을 맞추어 복을 빌고 있는 것이다.

2. 보아스의 선언

2.1 너희가 오늘 증인이라

기업 무를 자가 무르지 않겠다고 했을 때 보아스는 어떤 반응을 보였을까? 보아스는 기업 무를 자를 비난하였을까? 보아스는 기업 무를 자에게는 한마디도 하지 않고, 앉아 있던 장로들과 백성들에게 9절에서 이렇게 요청한다.

"보아스가 장로들과 모든 백성에게 이르되
(וַיֹּאמֶר בֹּעַז לַזְּקֵנִים וְכָל־הָעָם ; 와요메르 보아즈 라즈케님 웨콜-하암)
너희가 오늘 증인이 되었고
(עֵדִים אַתֶּם הַיּוֹם ; 에딤 아템 하욤)."

보아스는 왜 장로들과 백성들에게 증인이 되어달라고 요청하는 것일까? 학자들이 이미 지적한 대로 보아스가 성문에 모은 백성들과 장로들의 회의는 단순히 사법적인 모임일 뿐 아니라 일종의 "공증 사무소"의 역할도 하기 때문이다. 물론 여기 성문에서 모인 사법 회의는 모든 절차를 문서로 작성하여 남겨놓지는 않았던 것으로 보인다. 고대 사회에서는 대부분의 중요한 일들을 구두로 행했기 때문이다. 고대 사회에서는 비록 문서화 작업은 하지 않는다 하더라도, 구두로 하는 일들도 문서로 한 것 이상의 효력이 발생했다는 점을 현대 독자들은 잊어서는 안 된다고 학자들은 지적한다. 구두로 행해지는 일이지만 "너희가 증인이라"(עֵדִים אַתֶּם ; 에딤 아템) 혹은 "우리가 증인이라"(עֵדִים ; 에딤)는 선언은 구두로 행해진 일들을 법적으로 승인해 줄 것을 요구하거나 실제로 승인할 때 사용하는 관용구임을 여호수아 24:22에서 살펴볼 수 있다.

"여호수아가 백성에게 이르되 너희가 여호와를 택하고 그를 섬기리라 하였으니 스스로 증인이 되었느니라(עֵדִים אַתֶּם ; 에딤 아템) 하니 그들이 이르되 우리가 증인이 되었나이다(עֵדִים ; 에딤) 하더라."

보아스의 스피치가 "너희가 오늘 증인이 되었고"(עֵדִים אַתֶּם הַיּוֹם ; 에딤 아템 하욤)로 시작해서 "너희가 오늘 증인이 되었느니라"(עֵדִים אַתֶּם הַיּוֹם ; 에딤 아템 하욤)로 끝이 나는 이유는 바로 이런 이유에서이다. 이 선언이 보아스의 말 전체를 감싸는 인클루지오(inclusio) 역할을 감당하면서 그의 말이 법정에서 행한 사법적 선언의 성격을 지니고 있다고 학자들은 해석한다.

앞으로 기업 무름과 연관해서 어떤 분쟁이나 갈등이 있을 때 성문에서 기업 무를 자와 보아스 사이에 어떤 일이 일어났었는지를 분명히 증언해 줄 것을 백성들과 장로들에게 요청하고 있다는 것이다. 10명의 장로들과 성문에 있는 백성들에게 복수의 증인 역할을 해달라고 한 것은 어떤 사람의 악이나 죄에 관해서는 한 사람의 증인으로 해서는 안 되며, 최소한 두세 사람의 증인이 있어야 하기 때문이다(신 19:15).

보아스의 말을 통해 우리는 하나님의 백성들은 이렇게 하나님 앞에서 인간들이 행한 일들의 증인들로 부름을 받았을 뿐 아니라 하나님께서 무슨 일을 행하셨는지를 증언하는 신실한 증인의 소명을 받았다는 사실을 다시 한 번 깨닫게 된다. 이사야 선지자는 43장과 44장에서 "너희는 나의 증인, 나의 종으로 택함을 입었나니 이는 너희가 나를 알고 믿으며 내가 그인 줄 깨닫게 하려 함이라"고 거듭 강조한다 (43:10, 참조 43:12, 44:8, 9).

오늘날 그리스도인들 역시 예수 그리스도는 유대인들이 못박아 죽였으나 하나님이 죽은 자 가운데서 살려내신 생명의 주이심을 증언하는 증인으로 부름을 받은 것이다(행 3:15; 참조 행 1:8, 10:39).

2.2 죽은 자들이 산 자들의 삶 속에 살도록

그렇다면 보아스는 장로들과 백성들에게 무엇에 대해 증인이 되어라고 요청하는 것인가? 보아스는 자신이 한 일이 무엇인지에 대해 증인이 되어달라고 요청하고 있는 것이다. 이를 위해 보아스는 자신이 기업 무를 자로서 무슨 일을 할 것인지 구체적으로 밝힌다.

"내가 엘리멜렉에게 있던 모든 것을 산 일과

(כִּי קָנִיתִי אֶת־כׇּל־אֲשֶׁר לֶאֱלִימֶלֶךְ ; 키 카니티 에트-콜-아셰르 레엘리멜렉)

기룐과 말론[68]에게 있던 모든 것을 나오미의 손에서(산 일에)

(וְאֵת כׇּל־אֲשֶׁר לְכִלְיוֹן וּמַחְלוֹן מִיַּד נָעֳמִי ; 웨에트 콜-아셰르 르킬르욘 우마흐론 미야드 노오미)."

보아스는 엘리멜렉과 기룐과 말론에게 속한 모든 것을 나오미의 손에서 산 일에 증인이 되어달라고 요청한다. 우리는 보아스의 말 속에서 보아스가 기업 무를 자와 얼마나 다른 인물인지 알 수 있다. 기업 무를 자는 "엘리멜렉의 소유지"(룻 4:3)를 "나오미의 손"(מִיַּד נָעֳמִי ; 미야드 노오미)에서 사면서 동시에 룻을 살 것을 조건으로 내걸자 끝내는 거부하였다. 이에 반해 보아스는 룻은 물론 "엘리멜렉에게 있던 모든 것"과 "기룐과 말론에게 있던 모든 것"을 나오미의 손(מִיַּד נָעֳמִי ; 미야드 노오미)에서 사겠다고 선언한다. 기업 무를 자는 엘리멜렉의 토지(שָׂדֶה ; 사데) 하나 무를 마음이 없는데 반해 보아스는 "엘리멜렉에게 있던 모든 것"(כׇּל־אֲשֶׁר לֶאֱלִימֶלֶךְ ; 콜-아셰르 레엘리멜렉)을 무르겠다고 선포한다.

어디 그뿐인가? 보아스는 "기룐과 말론에게 있던 모든 것"(כׇּל־אֲשֶׁר לְכִלְיוֹן וּמַחְלוֹן ; 콜-아셰르 르킬르욘 우마흐론)까지 다 사겠다고 선언한다. 여기서 우리는 이해할 수 없는 모습을 본다. 보아스가 기룐에게 있던 모든 것까지 사겠다고 하는 것이 이해가 안 된다. 우리는 룻이 말론의 아내이니까 말론에게 속한 것을 사는 것은 이해할 수 있다. 그러나 기룐의 아내는 오르바이고 오르바는 떠났는데, 굳이 기룐에게 있는 모든 것도 사겠다는 이유는 무엇일까?

학자들은 보아스의 말 속에서 룻기 1장에 등장하는 엘리멜렉의 가족의 모든 이름이 등장하는 것에 주목해야 한다고 한다 : "엘리멜렉과 나오미, 기룐과 말론." 이렇

---

[68] 한편 보아스의 말에서는 "기룐과 말론의 순서"로 나오는데, 이 순서는 룻기 1:2, 5의 "말론과 기룐"으로 나오는 순서와 다르다. 캠벨(Campbell)은 어떤 학자(Rudolph)가 4:9에서 기룐과 말론의 순서로 나온 것은 "법적인 목적을 위해 알파벳 순서로 기록한 것"이라고 주장한 것을 반박하면서 1:2, 5의 순서와 역전으로 나온 것은 키아스틱 구조를 염두에 둔 것이라고 주장한다(A 말론, B 기룐, B' 기룐, A' 말론). 참조, Campbell, *Ruth*, 151. 한편 사쏜(Sasson)은 "이어지는 스토리에서 중요한 인물이 두 번째로 언급되는" 것이라고 주장한다(참조 룻도 1:4, 14에서 두 번째로 언급됨). 보아스와 룻이 결혼하여 낳은 아들이 말론의 아들이면서 4장의 남은 단락에서 중요한 역할을 하기에 두 번째로 언급되는 것이라고 본다. 참조 Sasson, *Ruth*, 149-150.

게 엘리멜렉의 가족이 모두 등장하는 것은 무엇을 의미하는가? 허바드는 룻기 1:2 이후 엘리멜렉 가족의 이름이 처음 언급되고 있음을 지적하면서 "주제적으로는 이들의 비극적 스토리가 끝나가고 있음을 보여준다. 사실상 죽은 자들이 살아 있는 자들의 삶 속에 살아 있는 것인지 모른다"라고 탁월하게 해석해내고 있다.[69]

트라이블(Trible) 역시 룻기의 첫 단락에 나오는 모든 등장 인물 가운데서 사라진 인물은 오직 오르바뿐임을 언급하면서 이렇게 주해한다.

> 오르바는 이름도 있고, 스토리 중에 대화도 나온다(1:10). 오르바는 자기 백성에게로 돌아가기로 결정하면서 스토리에서는 죽게 된다. 오르바에 대한 평가는 우호적이다 (1:15). 반면에 이름 없는 기업 무를 자는 자기 기업으로 돌아가기로 결정하면서 스토리에서는 죽게 된다. 기업 무를 자에 대한 평가는 부정적이다. 왜냐하면 기업 무를 자는 이방 여인이 아니요, 가장 가까운 친족 남자이기 때문이다. 따라서 기업 무를 자는 무명의 치욕을 안고 사라지는 것이다.[70]

이런 학자들의 견해를 들어보면 보아스는 이렇게 엘리멜렉의 가족의 이름을 모두 언급함으로써 죽은 자들이 산 자들의 삶 가운데 살아 남을 수 있도록 인애를 베풀고 있음을 알 수 있다. 심지어는 오르바가 떠남으로 계대결혼을 통해 기룐의 이름을 이어갈 방법이 없음에도 불구하고 보아스는 "기룐에게 있는 모든 것"도 나오미의 손에서 사겠다고 선언한다. 보아스가 죽은 형제의 이름을 그의 기업 위에 세우는 일을 얼마나 중요하게 여기는지를 잘 보여준다. 보아스는 그야말로 인애의 사람, 진정한 이스라엘 남자인 것이다.

그러나 앞서 언급한 대로 단지 죽은 자들의 이름을 기억하는 것이 보아스가 행하는 일의 목적이 아니다. 보아스가 이미 죽은 자들인 엘리멜렉과 기룐과 말론에게 속한 모든 것을 사는 이유가 무엇인가? 살아 남은 과부 나오미의 텅 빈 삶을 채우기 위해서이다. 살아 있는 나오미를 위해 죽은 자들에게 속한 모든 것을 사는 것이다. 따라서 보아스는 엘리멜렉과 기룐과 말론에게 속한 모든 것을 "나오미의 손에

---

69 Hubbard, *The Book of Ruth*, 255.
70 P. Trible, "A Human Comedy," in *God and the Rhetoric of Sexuality* (Philadelphia : Fortress, 1978), 191.

서"(מִיַד נָעֳמִי ; 미야드 노오미) 사는 것이라고 학자들은 지적한다. 나오미의 손에서 산다는 것은 보아스가 행하는 일이 결국에는 살아 있는 사람 나오미에게 유익한 일이 될 것이기 때문이라는 것이다.

룻기 기자가 4장에서 "나오미의 손에서" 산다는 사실을 두 번(5절과 9절)이나 강조하는 것은 보아스가 나오미에게 베풀려고 하는 인애가 얼마나 큰지를 보여주려는 데 그 의도가 있다. 결국 보아스가 죽은 자에게 속한 모든 것을 나오미의 손에서 사는 것은 죽은 자들이 남긴 모든 것을 기업 무름을 통해 나오미에게 회복시켜 줌으로 살아남은 나오미의 삶을 채우기 위함이다. 다시 말해 기업 무름은 죽은 자를 위한 것이 아니라 산 자를 위한 것이다. 왜냐하면 우리 하나님 여호와는 죽은 자의 하나님이 아니라 산 자의 하나님이시기 때문이다 : "하나님은 죽은 자의 하나님이 아니요 산 자의 하나님이시라 너희가 크게 오해하였도다 하시니라"(막 12:27).

2.3 "죽은 자(말론)의 아내"라는 명칭의 중요성

이것은 이제 엘리멜렉의 가족 중 유일하게 남은 과부인 룻에 대해서도 마찬가지이다. 이제 자녀 없이 홀로 된 과부인 룻도 보아스가 기업 물러야 할 책임이 있었다. 이에 보아스는 10절에서 이렇게 선언한다.

"또 말론의 아내 모압 여인 룻을
(וְגַם אֶת־רוּת הַמֹּאֲבִיָּה אֵשֶׁת מַחְלוֹן ; 웨감 에트-루트 함모아비야 에셰트 마흘론)
사서 나의 아내로 맞이하고
(קָנִיתִי לִי לְאִשָּׁה ; 카니티 리 르잇샤)."

한글개역개정은 "말론의 아내 모압 여인 룻"이라고 되어 있지만, 원문으로 보면 "룻(רוּת ; 루트), 그 모압 여인(הַמֹּאֲבִיָּה ; 함모아비야), 말론의 아내(אֵשֶׁת מַחְלוֹן ; 에셰트 마흘론)"의 순서로 되어 있다. 룻이 누구인지 이미 성문에 앉은 장로들과 백성들은 물론 독자들이 다 알고 있음에도 불구하고 보아스가 길게 "룻, 그 모압 여인, 말론의 아내"라고 굳이 밝히는 이유는 무엇인가?

지금까지 전통적인 해석에서는 내용 파악을 주로 하는 "수동적 독서법"이었기에 "룻"을 가리킨다는 내용만 파악하면 더 이상 그 의미를 파헤치려 하지 않았다. 그러나 성경 기자나 등장 인물들은 한 사람을 가리키는 호칭(naming, epithet)을 사용할 때 특별한 의도를 가지고 유의미하게 사용하므로 그냥 지나쳐서는 안 된다. 따라서 우리는 룻기 전체에서 룻의 호칭에 어떤 발전이나 변화가 있었는지 주목할 필요가 있다. 이렇게 본문의 언어적 형식을 상세히 살피면서 읽는 독서법은 내용 파악만 하는 수동적 독서법과 대조적이기에 "능동적 독서법"이라고 부른다.

흥미롭게도 룻기 전체를 능동적 독서를 통해 상세히 살펴보면 룻의 호칭이 룻기 4:5, 10에서 놀랍게 변화하는 모습을 볼 수 있다. 처음으로 여기 두 곳에서 룻을 "죽은 자의 아내"(אֵשֶׁת הַמֵּת ; 에셰트 함메트)로 묘사하기 때문이다. 4:5에서는 "룻, 모압 여인, 죽은 자의 아내"로 묘사되더니, 4:10에서는 죽은 자 대신 말론을 넣어 "룻, 모압 여인, 말론의 아내"로 제시되고 있다. 이런 호칭의 변화는 무엇을 의미하는가? 이를 알기 위해서는 이전 내러티브에서 룻을 어떻게 불렀는지 살펴볼 필요가 있다.

이전 내러티브에서는 룻이 단지 "룻"(1:4, 14, 16)이라는 고유명사만으로, 혹은 "모압 여인 룻"(1:22; 2:2, 21), 혹은 "나오미와 함께 모압 지방에서 돌아온 모압 소녀"(2:6), 혹은 나오미와의 관계가 유일하게 남은 관계이므로 "(나오미의) 며느리"(1:22; 2:22)라고 불렸다. 한편 룻은 추수 밭에서 스스로를 "이방 여인"(2:10)이라고 불렀다. 그러나 추수 밭에서 보아스의 호의와 사랑을 경험한 후에는 타작마당에서 보아스의 발치에 누워서는 "당신의 시녀 룻"이라고 자신을 소개하였다(3:9). 즉 4장에 들어서기 전까지는 베들레헴 공동체 안에서 룻은 "죽은 자의 아내", 혹은 "말론의 아내"로 불려지지 않았고, 룻 스스로도 자신의 신분을 "죽은 자의 아내"나 "말론의 아내"로 제시하지 않았다.

그런데 이제 공적인 사법 회의에서 보아스는 룻의 정체와 지위를 "룻, 그 모압 여인, 죽은 자의 아내(אֵשֶׁת־הַמֵּת ; 에셰트 함메트)"(4:5, 10)로 밝히는 이유는 무엇일까? 바로 이어서 보아스가 말하지만, "죽은 자의 이름(שֵׁם הַמֵּת ; 셈 함메트)을 그의 기업 위에 세워야 할" 기업 무름의 책임이 자신과 룻에게 있기 때문이었다. 따라서 10절에서는 죽은 자(הַמֵּת ; 함메트)가 말론(מַחְלוֹן)임을 밝히고 룻을 "말론의 아내(אֵשֶׁת מַחְלוֹן ; 에셰트 마흘론) 모압 여인 룻"으로 호칭하면서 보아스는 바로 룻을 사서 자신의 아내로 삼을 것이라고 선포한다.

우리는 이런 보아스의 선언이 얼마나 대단한 사랑과 희생의 모습을 보이고 있는지를 놓쳐서는 안 된다. 룻은 보아스가 적시한 대로 "모압 여인"이요 "죽은 자의 아내"이었다. 우리는 여기서 룻이 놓인 이중의 고통을 눈여겨보아야 한다. 룻은 모압 여인이었기에 하나님의 성민에 속하지 못한 이방인이었고, 게다가 죽은 자의 아내로서 과부였다. 게다가 룻은 기업을 이어갈 상속자가 없었다. 따라서 룻은 그야말로 미래가 보이지 않는 여인이었다.

그런데 보아스가 이런 룻을 아내로 삼겠다고 선언한 것이다. 이제 룻이 보아스와 결혼하면 단지 보아스의 아내가 되는 것만이 아니었다. 룻이 보아스와 결혼하게 되면 모든 문제가 해결되는 것이었다. 룻은 베들레헴 공동체 안으로 들어올 수 있을 뿐 아니라, 과부 됨을 면하게 되고 상속자를 얻게 되면 노년의 궁핍과 텅 빔에서 벗어날 수 있었다. 이런 일을 하겠다니 보아스는 얼마나 큰 인애의 사람인가!

2.4 "죽은 자의 이름을 그의 기업 위에 세우는 것"의 의미

앞서 살핀 대로 보아스가 "모압 여인이요 죽은 자의 아내"인 룻을 사서 결혼하는 데에는 이유가 있었다. 그것은 개인적인 이익을 위한 것이 아니었다. 보아스는 그 이유를 10하반절에서 분명히 밝힌다.

> "그 죽은 자의 이름을 그의 기업 위에 세워
> (לְהָקִים שֵׁם-הַמֵּת עַל-נַחֲלָתוֹ ; 르하킴 솀-함메트 알-나할라토)
> 그의 이름이 그의 형제 중과 그 곳 성문에서 끊어지지 아니하게 함에
> (וְלֹא-יִכָּרֵת שֵׁם-הַמֵּת מֵעִם אֶחָיו וּמִשַּׁעַר מְקוֹמוֹ ; 웨로-이카레트 솀-함메트 메임 에하우 우미샤아르 메코모)."

보아스의 말을 정확히 이해하기 위해서는 우선 "그 죽은 자의 이름을 그의 기업 위에 세우기 위해"(לְהָקִים שֵׁם-הַמֵּת עַל-נַחֲלָתוֹ ; 르하킴 솀-함메트 알-나할라토)라는 어구의

의미가 무엇인지 알아야 할 필요가 있다.

이와 유사한 표현이 신명기 25장과 창세기 38장에 사용되기는 하지만 이 표현은 오직 룻기 4:5, 10에만 나타나기 때문에 정확히 그 의미를 포착하는 것은 쉬운 일이 아니다. 그러나 우리가 우선 신명기 25장과 창세기 38장에 사용된 이와 유사한 표현들을 먼저 살펴보고 나면 룻기 4장의 표현의 의미를 알아내는 데 도움이 될 것이다.

계대결혼 제도를 다루고 있는 신명기 25:5-10에는 형이 아들 없이 죽는 경우, 죽은 자의 형제가 죽은 자의 아내를 아내로 삼아야 한다고 되어 있는데 이렇게 해서 생기는 첫 아들이 무슨 역할을 하는지를 언급할 때 유사한 표현이 나온다.

"그 여인이 낳은 첫 아들이 그 죽은 형제의 이름 위에 서게 하여

(יָקוּם עַל־שֵׁם אָחִיו הַמֵּת ; 야쿰 알-셈 아히우 함메트)

그 이름이 이스라엘 중에서 끊어지지 않게 할 것이니라(신 25:5)."

"그 죽은 형제의 이름 위에 서게 하여"를 룻기 본문인 "그 죽은 자의 이름을 그의 기업 위에 세우기 위해"(לְהָקִים שֵׁם־הַמֵּת עַל־נַחֲלָתוֹ ; 르 하킴 셈-함메트 알-나할라토)와 비교해 보면 동일한 용어들이 사용되었음을 알 수 있다. 우선 "서다/세우다"는 동사 "쿰"(קוּם)과 "죽은 자의 이름"(שֵׁם־הַמֵּת ; 셈-함메트)이 동일하게 나타난다. 게다가 언어적 표현은 다르지만 "이름이 끊어지지 않게 한다"는 목적 역시 동일하다. 여기서 우리는 "죽은 자의 이름을 세운다"는 것은 계대결혼을 통해 자녀를 낳아, "첫 아들"로 죽은 형제의 아들 역할을 하게 하는 것을 가리킨다는 점은 확실하게 알 수 있다. 또한 이름이 후손과 동일시되고 있음을 추론할 수 있다.

이 점을 염두에 두면서 신명기 25장의 이야기로 다시 돌아가 보자. 만일 죽은 자의 형제가 계대결혼을 거절하면 죽은 자의 아내는 성문에 나아가서 장로들 앞에서 고발하게 되어 있었다.

"내 남편의 형제가 그의 형제의 이름을 이스라엘 중에 세우기를

(לְהָקִים לְאָחִיו שֵׁם בְּיִשְׂרָאֵל ; 르하킴 르아히우 셈 베이스라엘)

싫어하여 남편의 형제 된 의무를 내게 행하지 아니하나이다(신 25:7)."

신명기 25장은 죽은 남편의 형제가 죽은 자의 아내와 계대결혼을 하는 것을 "그의 형제(죽은 남편)의 이름을 세우는 일"이라고 표현하고 있다. 여기서도 룻기 본문과 마찬가지로 "세우다"는 동사 "쿰"(קוּם)과 "이름"(שֵׁם ; 셈)이란 단어가 동일하게 나타난다. 다시 말해 계대결혼은 "남편의 형제 된 의무를 행하는 것"으로 규정되고 있다. 죽은 남편의 형제가 죽은 자의 아내와 결혼하여 형제의 이름을 세우는 일이 중요한 이유는, 이를 통해서 비로소 죽은 자의 아내가 남편의 재산과 이름을 이어갈 수 있는 아들을 낳을 수 있기 때문이었다.

이때 장로들이 죽은 남편의 형제를 불러다 계대결혼할 것을 권면하였으나 끝내 그가 거부하면, 형제의 아내는 "장로들 앞에서 그에게 나아가서 그의 발에서 신을 벗기고 그의 얼굴에 침을 뱉으며" "그의 형제의 집을 세우기를 즐겨 아니하는 자(לֹא יִבְנֶה אֶת־בֵּית אָחִיו ; 로 이브네 에트-베트 아히우)에게는 이같이 할 것이라"(신 25:9)고 선언하도록 되어 있었다.

신명기 25장은 계대결혼을 통해 첫 아들을 낳아 형제의 이름을 세우는 일을 "그의 형제의 집을 세우는(בָּנָה ; 바나) 일"이라고 정의하고 있다. 물론 여기에서는 룻기에 나오는 "그의 기업"(נַחֲלָתוֹ ; 나할라토)이란 표현 대신에 "그의 형제의 집"(בֵּית אָחִיו ; 베트 아히우)이란 단어가 사용되고 있지만 "기업"과 "집"은 거의 같은 의미로 사용되는 유사어라는 점을 잊어서는 안 된다. 집을 세우려면 우선 자녀가 있어야 하고, 그리고 그 자녀들이 살아갈 터전인 토지가 있어야 한다. 결국 죽은 형제의 이름을 세운다는 것은 자녀를 낳아 죽은 형제의 자녀로서 죽은 형제의 토지를 얻고 집을 세워가는 것이라고 결론지을 수 있다.

이런 개념은 창세기 38장에서도 마찬가지이다. 유다의 장남인 엘이 죽자 유다는 둘째 아들인 오난에게 형수인 다말에게 들어가 죽은 자의 형제로서 계대결혼의 의무를 다하라고 지시한다.

"유다의 장자 엘이 여호와가 보시기에 악하므로 여호와께서 그를 죽이신지라 유다가 오난에게 이르되 네 형수에게로 들어가서 남편의 아우 된 본분을 행하여 네 형을 위하여 씨가 있게 하라(הָקֵם זֶרַע לְאָחִיךָ ; 하켐 제라 레아히카) 오난이 그 씨(זֶרַע, 제라)가 자기 것이 되지 않을 줄 알므로 형수에게 들어갔을 때에 그의 형에게 씨(זֶרַע, 제라)를 주지 아니하려고 땅에 설정하매 그 일이 여호와가 보시기에 악하므로 여호와께서 그도 죽이시니(창 38:7-10)."

계대결혼을 다루는 모든 본문에 나타나는 동사인 "세운다"는 단어(קוּם ; 쿰)가 여기서 사용된 것은 동일하나, 창세기 38장에서는 "이름" 대신 "씨"(זֶרַע ; 제라)라는 개념이 지배적으로 나타난다는 점이 매우 특이하다. 창세기 38장에서 계대결혼의 목적은 "이름"(שֵׁם ; 셈)을 세우는 것이 아니라 "씨"(זֶרַע ; 제라)를 세우는 것으로 되어 있다. "이름" 대신 "씨"가 모티브로 나오는데 그렇다면 "이름"은 "씨"와 동일시되고 있는 것이다. 이렇게 보면 죽은 자의 이름을 세운다는 것은 죽은 자를 위해 자손(씨)을 생산한다는 의미임이 확실하다.

흥미롭게도 이 "씨" 모티브는 후에 백성들과 장로들이 "이 젊은 여자로 말미암아 네게 여호와께서 네게 씨(זֶרַע, 제라; 상속자)를 주사 네 집이 다말이 유다에게 낳아준 베레스의 집과 같게 하시기를 원하노라"(룻 4:12)에 나타난다. 결국 룻기에서도 이름을 세우는 것은 씨를 생산하는 것과 같은 의미인 셈이다.

2.5 죽은 자의 이름이 끊어지지 않는 것의 의미

보아스는 오난이나 기업 무를 자 "아무개"와는 달리 죽은 자의 이름을 그의 기업 위에 세우는 일을 중하게 여겼다.

지금까지 우리는 죽은 자의 이름을 그의 기업 위에 세운다는 것은 죽은 자의 아내와 결혼하여 자녀를 낳아 죽은 형제의 자녀로써 죽은 형제의 토지를 얻고 집을 세워가는 것임을 살펴보았다. 이 같은 결론은 이어지는 보아스의 말에서 확인할 수 있다.

"죽은 자의 이름이 형제 중과 그 곳 성문에서 끊어지지 아니하는 것
(וְלֹא־יִכָּרֵת שֵׁם־הַמֵּת מֵעִם אֶחָיו וּמִשַּׁעַר מְקוֹמוֹ ; 베로-이카레트 셈-함메트 메임 에하우 우미샤아

르 메코모).")[71]

"죽은 자의 이름이 형제 중과 그의 곳의 성문에서 끊어지지 아니한다"는 말의 의미가 무엇일까? 보아스가 말론의 아내인 룻을 아내로 취하여 첫 아들을 낳으면, 그 아들이 말론의 아들로서 형제들 가운데서 말론의 이름을 이어가게 될 것이고, 그 후손들이 성문에서 모이는 사법 회의에 참여하게 되어 그 이름이 사라지지 않게 될 것이라는 의미이다.

보아스가 룻과 결혼하는 절차를 밟기 위해 성문에 베들레헴 사법 회의를 요청한 후에 보아스가 말론을 위해 성문에 나갈 후손을 낳게 해주겠다고 선언하며 증인이 되어달라고 요청하는 모습은 아름답기 그지없다. 이제 보아스의 기업 무름의 결과가 어떻게 역사 가운데 펼쳐졌는지는 이스라엘 역사가 증명하였고, 실제로 보아스의 말대로 성취되었음은 룻기가 기록될 때에는 이미 기정사실로 알려진 유명한 역사가 된 것이다.

2.6 "너희가 오늘 증인이 되라"

어찌되었든 보아스는 기업 무를 자로서 자신의 기업의 손해 보다는 죽은 형제 말론과 그의 이름을 소중히 여기는 모습을 보여준다. 보아스는 말을 마치면서 다시 한 번 10하반절에서 "너희가 오늘 증인이 되었느니라"(עֵדִים אַתֶּם הַיּוֹם ; 에딤 아템 하욤)고 못을 박는다. 이렇게 보아스가 두 번씩이나 백성들과 장로들에게 증인이 되어달라고 요구하는 이유는 무엇인가?

우리는 예레미야 32장에서 기업 무를 권리를 가지고 땅을 사는 데 증인을 세우는 모습을 볼 수 있다. 예레미야는 베냐민 땅 아나돗에 있는 하나멜의 땅을 사라는 하나님의 말씀을 받았다. 하나님의 말씀대로 하나멜이 와서 "너는 베냐민 땅 아나돗

---

71 계대결혼을 다루는 신명기 25:6을 보면 이와 유사한 표현이 나온다 : "그 이름이 이스라엘 중에서 끊어지지 않게 할 것이니라"(וְלֹא־יִמָּחֶה שְׁמוֹ מִיִּשְׂרָאֵל ; 웨로-임마헤 셰모 미이스라엘). 룻기 본문과 신명기 본문을 비교해 보면, 신명기 본문은 "이스라엘 중에서"(מִיִּשְׂרָאֵל ; 미이스라엘)라는 일반적인 용어를 사용한 반면에, 보아스의 말은 "형제(מֵעִם אֶחָיו ; 메임 에하우)와 그 곳 성문에서"(וּמִשַּׁעַר מְקוֹמוֹ ; 우미샤아르 메코모)라고 되어 있어 훨씬 구체적이며 생동감이 넘친다.

에 있는 나의 밭을 사라 기업의 상속권이 네게 있고 무를 권리(הַגְּאֻלָּה מִשְׁפַּט ; 미쉬파트 학게울라)가 네게 있으니 너를 위하여 사라"(렘 32:8)고 권고하였다. 이에 예레미야는 "은 십칠 세겔"에 밭을 사고 "증서를 써서 봉인하고 증인(עֵדִים ; 에딤)을 세우고 은을 저울에 달아 주고 법과 규례대로 봉인하고 봉인하지 아니한 매매 증서를" 바룩에게 부쳤다(렘 32:10-12).

그 이유가 무엇인가? 비록 갈대아인의 손에 이 땅들이 넘어가고 땅이 황폐케 된다 하더라도 언젠가는 하나님께서 포로 됨에서 회복시킬 때에 그 땅을 다시 얻게 될 날이 올 것이기 때문이었다. 그때를 위해서 "봉인하고 봉인하지 않은 매매 증서를 가지고 토기에 담아 오랫동안 보존하게"(렘 32:14) 하신 것이고, 그때를 위해서 "증인(עֵדִים ; 에딤)을 세우라"(렘 32:25)고 하신 것이다.

이와 마찬가지로 보아스 역시 지금 당장은 기업을 모두 망칠 수 있는 위험이 있음에도 불구하고 엘리멜렉과 말론과 기룐에 속한 모든 것을 나오미의 손에서 사고 룻을 사서 계대결혼을 하게 될 때 장차 하나님께서 어떤 일을 보아스를 위해 행하실지에 대해 증언할 증인(עֵדִים ; 에딤)이 필요하였다. 따라서 보아스가 장로들과 백성들에게 "너희가 오늘 증인이 되리라"고 요구한 것이다.

3. 백성과 장로들의 축복

3.1 "우리가 증인이 되리라"

보아스가 장로들과 백성들에게 자신이 기업 무름의 의무를 행하는 것을 본 증인이 되어달라고 하자 그들이 무엇이라고 하였을까? 11절을 보자.

"성문에 있는 모든 백성과 장로들이 이르되
(וַיֹּאמְרוּ כָּל־הָעָם אֲשֶׁר־בַּשַּׁעַר וְהַזְּקֵנִים ; 와요메르 콜-하암 아셰르 바샤아르 웨하즈케님)
우리가 증인이 되나니(עֵדִים ; 에딤)."

드디어 모든 백성과 장로들이 "우리가 증인이 되리라"(עֵדִים ; 에딤)고 화답하였다. "우리가 증인이 되리라"고 번역된 어구는 히브리 원문으로는 오직 한 단어, 즉 "증인들"(עֵדִים)이란 복수명사 하나가 전부이다. 언뜻 보면 한 단어만 사용한 것은 너무 간결하여 제대로 의사 전달이 안 되는 것은 아닌지 의문이 들 수도 있다. 그러나 "성경 히브리어에서는 질문과 답이 서로 반복되는 시스템인데다가, "예"라는 단어가 없기 때문에(현대 히브리어에서는 כֵּן[켄]이 이 역할을 하지만), 긍정적 대답에서는 한 단어의 응답만으로 최소한 의사 소통이 된다"고 학자들은 본다.[72]

실제로 여호수아 24:22을 보면 여호수아가 "너희가 여호와를 택하고 그를 섬기리라 하였으니 스스로 증인이 되었느니라"고 하자, 백성들이 여기서도 "증인들이다"(עֵדִים)란 단어 한마디가 전부이다. 따라서 "우리가 증인이 되리라"(עֵדִים ; 에딤)는 단어 한마디만으로도 증인 역할을 하리라는 백성과 장로들의 결심이 충분히 전달된 것으로 보아야 한다.

또한 우리는 내레이터가 단순히 "모든 백성과 장로들"이라고 하지 않고 "성문(שַׁעַר ; 샤아르)에 있는 모든 백성과 장로들"이라고 성문을 강조하고 있음을 주목해야 한다. 보아스가 죽은 자의 이름이 "성문"(שַׁעַר ; 샤아르)에서 끊어지지 않게 함에 증인이 되어달라고 하였기에, "성문"(שַׁעַר ; 샤아르)에 있는 모든 백성이 증인이 되어준다면 죽은 형제의 이름이 "성문"(שַׁעַר ; 샤아르)에서 끊어지는 일은 일어나지 않을 것이라는 사실을 전달하기 위해 다소 불필요한 반복처럼 보일지 모르지만 "성문(שַׁעַר ; 샤아르)에 있는 모든 백성과 장로들"이라고 내레이터가 명시한 것이다. 이렇게 성경 기자는 작은 언어적 단서 하나를 가지고도 의미를 창출하는 놀라운 솜씨를 드러내고 있다.

그런 점에서 성경 해석자는 "천지가 없어지기 전에는 율법의 일점 일획도 결코 없어지지 아니하고"(마 5:18)라는 주님의 말씀을 기억하고, 일점 일획도 놓치지 않고 유의미하게 해석하는 법을 배워야 한다.

---

[72] Holmstedt, *Ruth : A Handbook on the Hebrew Text*, 201.

3.2 백성들과 장로들의 축복의 구조

백성들과 장로들은 증인이 되겠다고 응답하는 것만으로 멈추지 않고 보아스를 축복하기 시작하였다. 백성들과 장로들이 할 수 있는 일은 증인이 되고 여호와의 이름으로 축복하는 것이다. 앞서 살핀 대로 백성들과 장로들의 축복(11-12절)을 전체적으로 보면 아래와 같은 동심구조로 이루어져 있다.[73]

  A 여호와께서(יִתֵּן יְהוָה) 네 집(בַּיִת)에 들어가는 여인으로
    B 이스라엘의 집(בֵּית)을 세운 라헬과 레아 두 사람과 같게 하시고
      X 네가 에브랏에서 유력하고 베들레헴에서 유명하게 하시기를 원하며
    B' 네 집(בֵּית)이 다말이 유다에게 낳아준 베레스의 집(בֵּית)과 같게 하시기를 원하노라
  A' 여호와께서(יִתֵּן יְהוָה) 이 젊은 여자로 말미암아 네게 상속자를 주사

특별히 이들의 축복은 "여호와께서 주시기를"(יִתֵּן יְהוָה; 잇텐 아도나이)이라는 어구로 시작해서 "여호와께서 주시기를"(יִתֵּן יְהוָה; 잇텐 아도나이)이라는 어구로 끝이 난다. 또한 백성들과 장로들의 축복은 "네 집에 들어가는 여인"으로 시작해서 "이 젊은 여자로 말미암아"로 끝이 나면서 그 중앙에 보아스에 대한 축복이 들어 있다.

보아스에게 축복을 비는 이유는 보아스가 룻과 결혼하여 "죽은 형제의 기업을 그 이름으로 잇게 하여 그 이름이 그 형제 중과 그 곳 성문에서 끊어지지 않게 하는 일"을 하기로 결정하였기 때문이다. 그렇다면 이 일이 성취되기 위해서는 보아스와 룻의 결혼으로 인해 아들을 낳아야 하고 이로 인해 보아스의 집이 번성해야 하는 것이다. 따라서 백성들과 장로들은 "보아스의 집에 들어가는 여인", "젊은 여자"로 인해 보아스의 집이 축복받기를 빌고 있는 것이다. 결국 룻은 기업에 손해를 끼치는 여인이 아니라, 보아스의 집을 복받게 하는 여인이 될 것을 축복하고 있는 것이다.

---

[73] 이와 유사한 구조 분석은 Bush, *Ruth*, 195에서 볼 수 있다.

3.3 룻은 라헬과 레아와 맞먹는 여인

백성들과 장로들은 우선 룻에게 복을 주실 것을 기원한다. 물론 이들의 축복은 궁극적으로 보아스를 향하고 있지만, 보아스와 룻의 결합을 축하하는 결혼 축복이기 때문에 신부에 대한 축복으로 시작하는 것은 적절하다. 리브가의 오라비가 이삭에게 시집가는 누이에게 "우리 누이여 너는 천만인의 어머니가 될지어다 네 씨로 그 원수의 성 문을 얻게 할지어다"(창 24:60)라고 축복하는 것을 보면 아직 결혼식 전이긴 하지만 신부가 될 룻을 먼저 축복하는 것은 어쩌면 너무나 당연한 것인지 모른다. 그렇다면 구체적으로 무엇이라고 축복하는지 11절을 상세히 살펴보자.

"여호와께서 네 집에 들어가는 여인으로

(יִתֵּן יְהוָה אֶת־הָאִשָּׁה הַבָּאָה אֶל־בֵּיתֶךָ ; 잇텐 아도나이 에트-하잇샤 하바아 엘-베테카)

이스라엘의 집을 세운 라헬과 레아 두 사람과 같게 하시고

(כְּרָחֵל וּכְלֵאָה אֲשֶׁר בָּנוּ שְׁתֵּיהֶם אֶת־בֵּית יִשְׂרָאֵל ; 케라헬 우케레아 아셰르 바누 쉬테헴 에트-베트 이스라엘)."

백성들과 장로들의 축복은 "여호와께서 주시기를"(יִתֵּן יְהוָה ; 잇텐 아도나이)이란 어구로 시작한다. 첫 단어인 "잇텐"(יִתֵּן)은 "주다"는 동사 "나탄"(נָתַן)의 3인칭 간접명령(jussive)으로 여호와가 주어이다. 그러나 여기서는 "주다"는 의미보다는 "만들다"의 의미가 더 적절해 보인다.[74] 따라서 "여호와께서 그 여인으로 라헬과 레아 같게 만들어주시길 바라며"(May the Lord make the woman like Rachel and Leah)로 번역할 수 있다.

우리가 "여인"으로 번역한 히브리어는 "잇샤"(אִשָּׁה)로서 여인(woman) 혹은 아내(wife)로 번역할 수 있다. 일부 학자들은 "아내"라고 번역하기도 하지만, 여기서는 아직 결혼식 전이므로 그냥 "여인"으로 번역하는 것이 더 좋아 보인다.

그런데 왜 백성들과 장로들은 룻이라고 하지 않고 "네 집(בַּיִת ; 베트)에 들어가는

---

74 Holmstedt, *Ruth : A Handbook on the Hebrew Text*, 202.

여인"이라고 하였을까? 바로 이어서 룻을 이스라엘의 집(בֵּית יִשְׂרָאֵל ; 베트 이스라엘)을 세운 라헬과 레아 두 사람과 같게 해달라고 축복할 것이기 때문이었다. 이제 보아스의 집에 들어가는 이 여인으로 인해 보아스의 집이 이스라엘 집같이 되기를 축복한 것이다. 보아스의 집이 이스라엘의 집처럼 될 것이라니 이보다 더 큰 축복이 있을 수 있을까?

보아스의 집이 이스라엘의 집처럼 되려면 룻을 라헬과 레아 두 사람과 같게 만들어주셔야 가능한 일이다. 그런데 장로들과 백성들은 레아가 라헬보다 나이 많은 언니이며 먼저 야곱과 결혼했기에 야곱의 첫 부인임에도 불구하고 레아를 라헬보다 먼저 언급하지 않는다.

그렇다면 라헬을 레아보다 먼저 언급하는 이유는 무엇일까? 사쏜(Sasson) 같은 학자는 히브리 내러티브 스타일에서는 마지막에 언급되는 사람이 더 중요한 인물이라고 주장한다. 레아는 유다의 어머니이고, 보아스나 다윗은 유다 지파이기에 레아를 더 중요한 인물로 간주하여 레아를 두 번째로 언급한 것이라고 본다.75 따라서 이어지는 축복은 라헬의 후손이 아니라 레아의 후손을 축복하는 것이라고 본다.76

그러나 다수의 학자들은 라헬을 더 중요하게 여긴 것으로 본다. 라헬은 야곱이 사랑한 아내였고, 라헬은 룻처럼 불임을 경험한 여인이기 때문이라는 것이다. 게다가 장로들과 백성들이 이어서 베들레헴과 에브랏을 언급하는 것을 보면 라헬을 레아보다 중요하게 여긴 것으로 본다.77 왜냐하면 베들레헴과 에브랏은 라헬이 죽어 묻힌 곳이기 때문이다.

"그들이 벧엘에서 길을 떠나 에브랏에 이르기까지 얼마간 거리를 둔 곳에서 라헬이 해산하게 되어 심히 고생하여 … 그가 죽게 되어 그의 혼이 떠나려 할 때에 아들의 이름을 베노니라 불렀으나 그의 아버지는 그를 베냐민이라 불렀더라 라헬이 죽으매 에브랏 곧 베들레헴 길에 장사되었고 야곱이 라헬의 묘에 비를 세웠더니 지금까지 라헬의 묘비라

---

75 실제로 레아는 르우벤, 시므온, 레위, 유다, 잇사갈, 스불론 여섯 아들을 낳은 반면에 라헬은 요셉과 베냐민 두 아들밖에 낳지 않았기에 야곱의 후손들은 과반수가 레아의 후손이라고 볼 수도 있다.
76 Sasson, *Ruth*, 154.
77 Alan T. Levenson, "The Mantle of the Matriarchs : Ruth 4:11-15," *JBQ* 38 (2010), 238.

일컫더라(창 35:16-20)."

보아스나 다윗이 레아가 낳은 유다 지파인 것은 사실이지만, 라헬을 먼저 언급한 것은 라헬을 레아와 맞먹는 여족장으로 세우기 위해서라는 것이다. "라헬을 포로됨과 구속의 상징으로 높인 예레미야처럼 룻기 기자도 라헬을 레아와 동등한 여족장으로 높이기" 위해 레아보다 앞서 언급했다고 본다.[78]

어찌되었든 백성들과 장로들의 축복대로 하나님께서는 보아스의 집(בַּיִת ; 베트)을 통해 이스라엘 최대의 왕인 다윗이 태어나게 하셨고, 하나님께서는 놀랍게도 다윗을 위해 집(בַּיִת ; 베트)을 지어 주시겠다고 약속하셨다.

"여호와가 또 네게 이르노니 여호와가 너를 위하여 집을 짓고 네 수한이 차서 네 조상들과 함께 누울 때에 내가 네 몸에서 날 네 씨를 네 뒤에 세워 그의 나라를 견고하게 하리라 그는 내 이름을 위하여 집(בַּיִת ; 바이트)을 건축할 것이요 나는 그의 나라 왕위를 영원히 견고하게 하리라 나는 그에게 아버지가 되고 그는 내게 아들이 되리니 그가 만일 죄를 범하면 내가 사람의 매와 인생의 채찍으로 징계하려니와 내가 네 앞에서 물러나게 한 사울에게서 내 은총을 빼앗은 것처럼 그에게서 빼앗지는 아니하리라 네 집과 네 나라가 내 앞에서 영원히 보전되고 네 왕위가 영원히 견고하리라 하셨다(삼하 7:11-16)."

이렇게 궁극적으로 집(בַּיִת ; 바이트)을 세우시는 분은 여호와이시다. 그러나 하나님은 혼자서 집을 짓는 분이 아니시다. 하나님은 인간 대행자를 도구로 사용하시면서 누구를 통해 "이스라엘 집"(בֵּית יִשְׂרָאֵל ; 베트 이스라엘)을 지으실지 결정하는 분이시다.

형제의 집 세우기를 싫어한 기업 무를 자 아무개와는 달리, 보아스는 형제의 이름을 그의 기업 위에 세움으로 형제의 집을 세우길 원하였기에 백성들과 장로들은 강력한 축복을 쏟아 붓고 있는 것이다. 룻을 열두 아들을 낳아 이스라엘의 집을 세운 라헬과 레아처럼 만들어 주셔서 보아스의 집(בַּיִת ; 베트)이 "이스라엘의 집"(בַּיִת

---

[78] Levenson, "The Mantle of the Matriarchs : Ruth 4:11-15," 238.

יִשְׂרָאֵל ; 베트 이스라엘)처럼 되게 해달라니 이보다 강력하고 풍성한 축복을 상상이나 할 수 있을까?

모압 여인이요 죽은 자의 아내인 룻을 라헬과 레아와 맞먹는 여인으로 세워주실 것을 축복하는 모습은 너무 지나친 것이 아닌가라는 느낌이 들지 모른다. 그러나 백성들과 장로들은 보아스와 룻이 보인 인애의 모습으로 인해 감동을 받아 이렇게 놀라운 수준의 축복을 빈 것이다. 하나님께서는 라헬과 레아를 통해 이스라엘의 집을 지으신 것처럼 이제 보아스의 집에 들어가는 여인으로 하여금 라헬과 레아 같게 하셔서 보아스의 집을 지어주실 것을 축복한 것이다. 이런 축복이 역사 안에서 실재가 되었음을 룻기의 독자들은 이미 아는 역사적 사실임을 기억해야 한다.

3.4 유력하고 유명한 인물이 되길

백성들과 장로들은 보아스의 집에 들어가는 룻을 축복하면서 간접적으로 축복하는 것을 멈추고 이제는 바로 보아스를 11하반절에서 직접적으로 축복하기 시작한다.

"네가 에브랏에서 유력하고
(וַעֲשֵׂה־חַיִל בְּאֶפְרָתָה ; 와아세-하일 베에프라타)
베들레헴에서 유명하게 하시기를 원하며
(וּקְרָא־שֵׁם בְּבֵית לָחֶם ; 우케라-솀 베베트 라헴)."

"네가 에브랏에서 유력하기를 원하며"에서 "유력하다"(עֲשֵׂה־חַיִל ; 아세-하일)는 "행하다"는 동사(עָשָׂה ; 아사)의 명령형에 "능력, 가치, 부" 등의 의미를 지닌 명사 "하일"(חַיִל)이 목적어로 첨가된 형태이다. 이 명령의 의미는 "하일"(חַיִל)을 어떻게 해석하느냐가 관건이다.

첫째, "하일"(חַיִל)은 "능력, 힘"을 의미하기에 "하일을 행하게 되길"은 "힘을 행사하다, 큰 일을 행하다"(grow mighty; NJB)(참조, 민 24:18; 삼상 14:48; 시 60:12)로 해석할 수 있다. 한 영역본은 하일을 "열매 맺는 능력"(욥 2:22)으로 해석할 수 있기 때문인지 모르지만, "다산하기를"(May you produce children; NRS)이라고 번역한다.

둘째, "하일"(חַיִל)은 "가치, 능력"을 의미하기에 "하일을 행하게 되길"은 "네가 덕을 행하길"(May you act worthily; KJV, ESV)로 해석할 수 있다.

셋째, "하일"(חַיִל)은 "부, 소유"를 의미하기에 "하일을 행하게 되길"은 "풍요/번성하게 되길(혹은 "부를 얻게 되길"[참조, 신 8:17, 18])로 해석할 수도 있다(NAS, NET, RSV, TNK).

이 중에 어떤 용례가 여기에 잘 맞는지는 고민할 필요가 없다. 어쩌면 이 모든 의미를 함축하는 용도로 사용되었는지 모른다. 앞서 하일(חַיִל)이란 단어는 보아스와 룻기를 가리키는 호칭의 한 부분으로 쓰이면서 이미 룻기 안에서 다중의 의미를 함축하고 있음을 살펴보았다. 보아스는 유력한 자(אִישׁ גִּבּוֹר חַיִל ; 이쉬 기쁘르 하일)로, 룻은 유력한(현숙한) 여인(אֵשֶׁת חַיִל ; 에셰트 하일)으로 묘사되고 있음을 주목해야 한다. 보아스가 유력한 자라는 의미는 "부하고 강한 남자, 권세 있고 강한 남자, 성품 좋고 강한 남자"의 다양한 의미를 모두 포괄하는 의미임을 살펴보았다. 이것은 룻을 "유력한/현숙한 여자"라고 할 때에도 "경제적 능력, 도덕적인 자질, 가치있는 인물"을 가리킨다는 점도 살펴보았다.

이 점을 염두에 두면 하일(חַיִל)의 모든 의미가 함축되어 "네가 에브랏에서 하일을 행하게 되길"이라고 축복을 빌었는지 모른다. 보아스가 에브랏에서 강하게 되고, 자녀를 낳게 되고, 덕을 행하게 되고, 번성하게 되고, 덕이 있는 인물이 되길 백성들과 장로들이 원한 것이라고 해석한다면 지나친 것일까? 한글개역개정이 "네가 에브랏에서 유력하길 원하며"라고 번역한 것은 포괄적 의미를 잘 드러내고 있는 것으로 보인다.

백성들과 장로들은 이어서 "네가 베들레헴에서 유명하게 하시기를 원하며"(קְרָא־שֵׁם בְּבֵית לֶחֶם ; 케라-셈 베베트 라헴)라고 축복한다. 위 문장의 첫 두 단어는 "부르다"는 동사 "카라"(קָרָא)의 명령형과 "셈"(שֵׁם ; "이름")이 합쳐진 형태이다. 원래 이름이 "카라"(קָרָא) 동사와 함께 쓰이면 "누구(무엇)의 이름을 …이라 부르다"의 의미로 사용될 뿐 아니라 항상 이름이 구체적으로 언급된다. 그런데 여기서는 이름이 구체적으로 언급되지 않고 있다. 따라서 여기서는 이런 의미로 사용되지 않은 것이 분명하다.

이런 이유에서 일부 학자들은 "너의 이름이 불려지기를"을 뜻하도록 맛소라 본문을 개정하여 "웨니크라 심카"(וְנִקְרָא שֵׁמָה ; 네 이름이 불려지기를)나 "웨이카레 심카"(וְיִקָּרֵא שֵׁמָה)로 바꾼다. 그러나 이런 독법을 지지하는 어떤 사본상 혹은 역본상의 증거도 없다. 따라서 우리는 현재 최종 본문을 그대로 따르는 것이 최선이라고 본다.

어찌되었든 다수의 학자들은 "카라 셈"(קְרָא שֵׁם)을 "아사 셈"(עֲשֵׂה שֵׁם)과 평행으로 보아 "이름을 얻다, 명성을 올리다"로 해석하기를 선호한다.[79] 이렇게 보면 한글개역개정처럼 "베들레헴에서 유명하게 하시기를"이라고 번역하는 것이 가장 적절하다고 볼 수 있다.

3.5 베레스의 집과 같게 되기를

백성들과 장로들은 12절에서 마지막으로 보아스를 축복한다.

"네 집이 베레스의 집과 같게 하시기를
(וִיהִי בֵיתְךָ כְּבֵית פֶּרֶץ ; 위히 베트카 케베트 페레츠)
다말이 유다에게 낳아준
(אֲשֶׁר־יָלְדָה תָמָר לִיהוּדָה ; 아셰르-얄르다 타마르 리후다)."

백성들과 장로들은 보아스의 집(בַּיִת ; 베트)을 베레스의 집(בֵּית פֶּרֶץ ; 베트 페레츠)과 같게 해달라고 축복한다. 그런데 왜 하필이면 베레스의 집일까?

우선 룻기가 기록되었을 때에는 다윗이 이 가문 출신이기에 베레스 가문이 유다 지파에서 가장 중요한 집안이었음이 분명하다. 실제로 창세기 38:27-30이나 오경에 나오는 베레스에 대한 언급(창 46:12; 민 26:20-21)을 보면 룻기 이전 시대에 이미 베레스 가문이 유다 지파에서 가장 중요한 가문이었던 것은 추론해 볼 수 있다.

"유다의 아들 곧 엘과 오난과 셀라와 베레스와 세라니 엘과 오난은 가나안 땅에서 죽었고 베레스의 아들은 헤스론과 하물이요(창 46:12)."

---

79 Bush, *Ruth/Esther*, 242-43; 참조 Sasson, *Ruth*, 156; Hubbard, *The Book of Ruth*, 260.

"유다 자손의 종족들은 이러하니 셀라에게서 난 셀라 종족과 베레스에게서 난 베레스 종족과 세라에게서 난 세라 종족이며 또 베레스 자손은 이러하니 헤스론에게서 난 헤스론 종족과 하물에게서 난 하물 종족이라(민 26:20-21)."

학자들은 룻기 4:18-22의 다윗의 족보가 유다가 아니라 베레스로부터 시작하는 것을 보면 룻기의 최종 형태에서는 베레스 가문이 아주 중요한 집안이었음이 확실하다고 본다.[80] 룻기가 최소한 다윗 이후에 최종 본문의 형태를 갖추었다고 본다면 이미 룻기 독자들이 백성들과 장로들의 축복이 성취되었음을 확실히 느꼈을 것이다. 게다가 흥미롭게도 보아스가 바로 이 베레스의 후손이었다.

그러나 백성들과 장로들이 베레스의 집을 특별히 언급한 더 중요한 이유는 따로 있었다고 학자들은 해석한다. 베레스는 다름 아닌 유다와 다말의 계대결혼으로 태어난 자손이기 때문이었다. 따라서 백성들과 장로들은 "다말이 유다에게 낳아준" (אֲשֶׁר־יָלְדָה תָמָר לִיהוּדָה ; 아셰르-얄르다 타마르 리후다)이라고 명시적으로 밝히고 있는 것이다. 이제 보아스가 자신의 기업에 손해가 있음에도 불구하고 룻과 결혼하여 죽은 형제 말론의 이름을 그의 기업 위에 세우고, 형제의 집을 세우는 일을 감당하고 있기에, 보아스의 집이 다말이 유다에게 낳아 준 베레스의 집과 같게 해달라고 복을 비는 것이다.

상세히 살펴보면 다말과 룻 사이에는 유사점이 많다고 학자들은 지적한다. 첫째로, 둘은 첫 결혼에서 아기를 낳지 못하였다. 다말은 유다의 장자 엘과 결혼하였으나 아기를 낳기 전에 남편이 하나님의 벌을 받아 죽임을 당하여 자식이 없는 과부였으며, 룻은 말론과 결혼하였으나 10년간 아기를 낳지 못하였고 말론 역시 죽어 자식이 없는 과부가 되었다.

둘째로, 둘은 계대결혼을 통해 아들을 낳는 일에 적극적인 태도를 가지고 있었다. 다말은 시아버지가 시동생 셀라가 장성하여도 계대결혼을 시켜주지 않자 창기로 변장하고 시아버지를 유혹하여 동침하고 베레스를 낳는 적극적인 행동을 취하였다. 이로 인해 다말이 쌍둥이를 낳았는데 그 중 하나가 베레스인 것이다. 마찬가

---

80 Bush, *Ruth/Esther*, 241.

지로 룻도 보아스의 발치를 들고 누운 후에 계대결혼을 해달라고 적극적으로 보아스에게 요청하였다.

셋째로, 다말은 유다가 아들 셀라를 주기 싫어하였고, 룻은 기업 무를 더 가까운 친척이 계대결혼하기를 싫어하였다. 이런 유사성으로 인해 백성들과 장로들은 "네 집이 다말이 유다에게 낳아준 베레스의 집과 같게 하시기를" 원하노라고 축복한 것이라고 학자들은 지적한다. 놀랍게도 후대의 일이지만 다말과 룻이 예수 그리스도의 족보에 들어간 것은 이를 통해 볼 때 결코 우연이 아니다.

"아브라함과 다윗의 자손 예수 그리스도의 계보라 아브라함이 이삭을 낳고 … 유다는 다말에게서 베레스와 세라를 낳고 베레스는 헤스론을 낳고 헤스론은 람을 낳고 … 살몬은 라합에게서 보아스를 낳고 보아스는 룻에게서 오벳을 낳고 오벳은 이새를 낳고 이새는 다윗 왕을 낳으니라(마 1:1-6)."

우리는 앞의 룻기 3장에서 다말에 대한 암시가 본문에 나왔음을 기억할 수 있다. 위험을 무릅쓰고 한밤중에 타작마당으로 내려가는 룻의 모습에서 화형당할 위험을 무릅쓰고 창기로 변장하여 시아버지 유다를 유혹하는 다말을 연상할 수 있기 때문이다.

"석 달쯤 후에 어떤 사람이 유다에게 일러 말하되 네 며느리 다말이 행음하였고 그 행음함으로 말미암아 임신하였느니라 유다가 이르되 그를 끌어내어 불사르라 여인이 끌려나갈 때에 사람을 보내어 시아버지에게 이르되 이 물건 임자로 말미암아 임신하였나이다 청하건대 보소서 이 도장과 그 끈과 지팡이가 누구의 것이니이까 한지라 유다가 그것들을 알아보고 이르되 그는 나보다 옳도다 내가 그를 내 아들 셀라에게 주지 아니하였음이로다 하고 다시는 그를 가까이하지 아니하였더라(창 38:24-26)."

백성들과 장로들이 다말이 유다에게 낳아준 베레스의 집과 같게 해달라고 축복할 때에는 독자들은 룻이 타작마당에 내려갈 때 어떤 위험을 무릅쓴 것인지를 아마도 눈치챘을 것이다.

3.6 이 젊은 여자에게 씨를 주시길

어찌되었든 보아스의 집이 다말이 유다에게 낳아준 베레스의 집과 같이 되려면 여호와께서 룻에게 자손을 주셔야 한다. 말론과의 결혼생활 10년 동안 불임이었던 룻에게 여호와께서 특별히 복을 주셔서 잉태를 해야 보아스의 집이 베레스의 집과 같이 될 수 있는 것이다. 이에 백성들과 장로들은 12하반절에서 후손에 관한 축복을 한다.

"여호와께서 네게 주신 씨를 통해
(מִן־הַזֶּרַע אֲשֶׁר יִתֵּן יְהוָה לְךָ ; 민-하제라 아셰르 잇텐 아도나이 르카)
이 젊은 여자로 말미암아
(מִן־הַנַּעֲרָה הַזֹּאת ; 민-한나아라 하조트)."

백성들과 장로들은 여호와께서 네게 "씨"(זֶרַע ; 제라)를 주시기를 바란다고 축복한다. 한글개역개정은 "네게 상속자를 주사"라고 번역하고 있지만 상속자로 번역한 히브리어는 "제라"(זֶרַע)로서 직역하면 "씨"이다. 이들이 "아들"이라고 하지 않고 굳이 "씨"라고 한 이유는 무엇일까? 다말의 스토리 가운데 "씨"가 핵심 모티브로 등장하기 때문이라고 학자들은 본다.

"유다가 오난에게 이르되 네 형수에게로 들어가서 남편의 아우 된 본분을 행하여 네 형을 위하여 씨(זֶרַע ; 제라)가 있게 하라 오난이 그 씨(זֶרַע ; 제라)가 자기 것이 되지 않을 줄 알므로 형수에게 들어갔을 때에 그의 형에게 씨(זֶרַע ; 제라)를 주지 아니하려고 땅에 설정하매(창 38:8-9)."

다말에게 "씨"(זֶרַע ; 제라)가 중요했던 것처럼, 보아스와 룻에게도 "씨"(זֶרַע ; 제라)가 중요하였다. "씨"가 없이는 다말이나 룻은 온전한 삶을 누릴 수 없으며, 보아스의 집이 베레스의 집과 같이 될 리가 없기 때문이다.

여기서 여호와가 누구인지 알 수 있다. 여호와는 "씨"를 주시는 분(יִתֵּן יְהוָה לְךָ ; 잇텐 아도나이 르카)이시다. 씨(זֶרַע ; 제라)가 무엇인가? 생명이 아닌가? 여호와는 생명을 하사하시는 분이시다. 이 점을 놓쳐서는 안 된다. 여호와가 씨를 주시지 않으면 누구도 씨를 얻을 수 없다. 그 어떤 인간적인 노력만으로는 결코 씨를 얻을 수 없다. 이에 룻기는 여호와를 씨(זֶרַע ; 제라)를 주시는 분으로 묘사한다.

그러나 여호와께서 씨를 주실 때에는 하나님 편의 기적적인 간섭만으로 가능한 것이 아니다. 인간적인 도구가 있어야 한다. 보아스의 집에 씨를 주시려면 보아스의 집에 들어가는 룻과 보아스와의 결합이 필요하다. 보아스가 씨가 제것이 되지 않을 것이라고 생각하고 기업 무름과 계대결혼의 의무를 감당하지 않았다면 룻과 나오미의 삶이 회복되지 못했을 것이다. 그런데 이제 보아스가 계대결혼과 기업 무름의 의무를 감당하기로 하였으니 이제 룻을 통해 보아스에게 씨(זֶרַע ; 제라)를 주시기만 한다면 보아스의 집이 베레스의 집처럼 될 수 있는 것이다.

3.7 "씨" 모티브의 중요성

더욱이 흥미롭게도 "씨"(זֶרַע ; 제라) 모티브는 룻기 스토리가 연결시키는 두 내러티브, 즉 족장 스토리와 다윗 스토리에 등장한다.

"여호와께서 아브람에게 나타나 이르시되 내가 이 땅을 네 자손(זֶרַע ; 제라)에게 주리라 하신지라 자기에게 나타나신 여호와께 그가 그 곳에서 제단을 쌓고(창 12:7; 참조 창 13:15-16, 15:3, 5, 13, 18 등)."

"네 수한이 차서 네 조상들과 함께 누울 때에 내가 네 몸에서 날 네 씨(זֶרַע ; 제라)를 네 뒤에 세워 그의 나라를 견고하게 하리라(삼하 7:12; 참조 삼하 22:51)."

룻기의 결미에 나오는 베레스의 족보를 보면 룻과 보아스의 스토리가 족장 스토리와 다윗 스토리를 연결하는 고리 역할을 한다는 사실을 부인할 수 없다. 이 점을 염두에 두면 룻기에 "씨"(זֶרַע ; 제라) 모티브가 등장하는 것은 놀랄 바가 못된다.

따라서 백성들과 장로들은 "이 소녀(נַעֲרָה ; 나아라)로 말미암아 여호와께서 네게 씨

(זֶרַע ; 제라)를 주시기를" 바라노라고 축복한 것이다. 한글개역개정은 "젊은 여자"라고 번역하지만, 백성들과 장로들은 룻을 가리켜 이 "소녀"(נַעֲרָה ; 나아라)라고 부른다. 라코크가 지적한 대로 히브리어에서 여자의 일생을 가리키는 용어들을 살펴보면, 어린 여자 아이는 "아기"(יַלְדָּה ; 얄르다; 창 34:4)로 불리다가, 10대가 되면 "소녀"(נַעֲרָה ; 나아라)로 불리고, 나이가 더 들면 "젊은 여자"(עַלְמָה ; 알마; 창 24:43)로 불리며, 마침내 결혼을 하게 되면 "아내"(אִשָּׁה ; 잇샤)로 불려진다.[81]

이런 용어상의 차이를 보면 룻을 젊은 여자를 가리키는 "알마"(עַלְמָה)로 칭하는 것이 좋을 터인데 왜 장로들은 이보다 어린 사람을 가리키는 용어인 "나아라"(נַעֲרָה)를 선택하였을까? 유대 전승에 의하면 당시 룻은 40세였지만, 외모는 14세의 나이로 보였다고 한다(Ruth Rabbah 4.4).[82] 물론 이런 유대주의의 전통적 해석을 다 받아들일 수는 없다. 그러나 룻기 2:5에서 보아스가 "이 소녀(נַעֲרָה ; 나아라)는 누구에게 속한 자인가?"라고 물었을 때 같은 단어인 나아라(נַעֲרָה)를 사용한 것을 보면 룻은 단지 어려 보이기만 한 것이 아니라 실제로 40세보다 훨씬 더 젊은 여인이었을 가능성이 크다.

룻이 당시의 풍습대로 15세 정도에 결혼했다면 말론과 10년 동안 결혼생활을 하였기에 25세 안팎의 소녀(נַעֲרָה ; 나아라)였을 가능성이 많다. 아직 한번도 임신과 출산을 경험하지 않았기에 소녀라고 해도 과언이 아니었을 것이다. 그렇다면 이 소녀를 통해 보아스에게 "씨"를 주실 것이라고 백성들과 장로들이 기대하며 축복하고 있는 것이다.

4. 신학적 메시지

4.1 증인 공동체

보아스와 장로들 간의 대화를 들어보면 하나님의 백성은 증인 공동체임을 보여

---

[81] 참조, LaCocque, *Ruth*, 140.
[82] 참조, LaCocque, *Ruth*, 140에서 재인용.

준다. 보아스는 백성들과 장로들에게 자신의 기업에 손해가 있을지도 모르지만 룻을 사서 계대결혼을 한 사실에 대해 증인 역할을 해달라고 요청하였다. 그러자 백성들과 장로들은 "우리가 오늘 증인이라"고 선언하였다.

보아스의 증인 요청과 장로들과 백성들의 증인 수락을 통해 우리는 하나님의 백성들은 이렇게 하나님 앞에서 인간들이 행한 일들의 증인들로 부름을 받았을 뿐 아니라, 하나님께서 무슨 일을 행하셨는지를 증언하는 신실한 증인으로서의 소명을 받았다는 사실을 다시 한 번 깨닫게 된다. 이렇게 신실한 하나님의 백성들이 하는 일과 여호와께서 자기 백성을 위해 행하신 일의 증인으로 우리를 부르신 것이다.

따라서 이사야 선지자는 43장과 44장에서 이스라엘 백성들에게 거듭 "너희는 나의 증인"으로 택함을 입었다고 선언한다.

"나 여호와가 말하노라 너희는 나의 증인, 나의 종으로 택함을 입었나니 이는 너희가 나를 알고 믿으며 내가 그인 줄 깨닫게 하려 함이라 나의 전에 지음을 받은 신이 없었느니라 나의 후에도 없으리라(43:10; 참조 43:12; 44:8, 9)."

이것은 신약 시대도 마찬가지이다. 오늘날 그리스도인들 역시 예수 그리스도는 유대인들이 못박아 죽였으나 하나님이 죽은 자 가운데서 살려내신 생명의 주이심을 증언하는 증인으로 부름을 받은 것이다.

"생명의 주를 죽였도다 그러나 하나님이 죽은 자 가운데서 그를 살리셨으니 우리가 이 일에 증인이라(행 3:15; 참조 행 1:8, 10:39)."

오늘 현대 교회는 증인 공동체로서의 역할에 소홀한 모습을 볼 수 있다. 신앙 공동체인 교회 안에서 우리는 기업 무르는 일들을 하고 교우들은 이를 증언하는 증인이 되는 일들이 과연 일어나고 있는가? 거의 모든 개인의 일들이 그저 사적인 영역으로 축소되고 있기 때문에 서로 무슨 일을 하고 있는지 알 수 없다. 하나님의 말씀을 듣고 순종하는 모습, 또 그렇게 순종할 때 어떤 일들이 일어나는지를 목도하고 서로 간증하고 증언하는 일들을 현대 교회에서는 보기 어렵다. 그러다 보니 오늘날 교회는 증인 공동체라는 정체성 의식을 상실하고 있다.

4.2 복의 신학

장로들과 백성들이 보아스에게 복을 비는 모습을 보면 룻기 4장에서 복의 신학이 강조되고 있음을 알 수 있다. 이들이 빈 복은 11절과 12절에 나타나는데 크게 세 가지 내용으로 되어 있다. 즉 룻에 대한 축복, 보아스에 대한 축복, 자손에 대한 축복으로 이루어져 있다.

우선 백성들과 장로들은 보아스가 아내로 취한 룻에 대해 복을 빌고 있다 : "여호와께서 네 집에 들어가는 여인으로 이스라엘의 집을 세운 라헬과 레아 두 사람과 같게 하시고." 라헬과 레아가 누구인가? 라헬과 레아는 야곱의 아내로서 12아들을 낳았고, 이 12아들이 이스라엘의 12지파의 시조가 되었다. 결국 라헬과 레아는 이스라엘의 국모에 해당되는 여인이다. 그렇다면 룻이 국모에 가까운 여인이 되게 해달라는 축복이다.

언뜻 보면 이 축복은 황당해 보인다. 10년 동안 아이를 낳지 못했던 불임의 여인인 룻이 어떻게 한 국가를 형성하게 될 국모가 될 수 있을까? 게다가 모압 여인 룻이 아닌가? 또한 보아스는 룻을 "내 딸아"라고 한 것을 보면 한 세대 정도 나이가 많은 인물로 보인다. 10년 동안 아이를 낳지 못한 여인과 나이 든 남자 사이에서 아이를 낳는다는 것은 쉬운 일이 아님을 알 수 있다. 그런데 룻으로 하여금 라헬과 레아 같게 해달라고 축복하는 것은 너무 과장된 말처럼 보일 수도 있다. 그러나 성경은 축복에 인색하지 않음을 주목해야 한다. 백성들과 장로들은 진정으로 룻이 라헬과 레아와 같은 여인이 되게 해달라고 축복을 한 것으로 보아야 한다.

베들레헴 장로들과 백성들은 룻에 대해 축복한 다음, 보아스를 축복하기 시작한다 : "너로 에브랏에서 유력하고(וַעֲשֵׂה־חַיִל ; 와으세-하일) 베들레헴에서 유명하게 하시기를 원하며." 여기서 "유력하다"는 표현은 부를 얻다는 의미로도 쓰인다(신 8:17-18). 장로들과 백성들은 보아스가 더 큰 부를 얻고 이름도 유명하게 되기를 빌고 있다. 이들은 보아스가 재산상의 손해를 감수하며 룻을 아내로 취하고 나오미의 기업을 무른 것을 잘 알고 있었다. 이런 재산상의 손해를 하나님께서 보전해 주실 뿐 아니라 넘치게 채워주시기를 축복하고 있다. 하나님의 율법을 준행하기 위해서는 재산상의 손실이 있을지 모른다. 그러나 하나님의 율법을 지키기 위해서 생긴 금전상의 손실은 하나님이 채우신다. 아니 채우시다 못해 더 넘치게 채우신다. 이것이 하나님 나라의 비밀이다.

장로들은 보아스의 이름이 유명해지길 축복하고 있다. 기업 무를 자는 친족인 엘리멜렉의 이름이 끊어지는 것에 대해 큰 관심을 쏟지 않았다. 재산상의 손실을 감수하면서까지 남의 이름이 끊쳐지지 않도록 해야 할 필요가 어디 있나 생각한 것이다. 기업 무를 자는 자신의 경제적인 이득이 남의 이름이 끊쳐지는 것보다 중요한 가치라고 여긴 것이다.

이런 모습은 오늘날 많은 그리스도인들의 모습과 다를 바가 없다. 적지 않은 그리스도인들이 경제적인 득실에 따라 움직인다. 거룩한 교회 안의 약한 지체에 대한 고려보다는 경제적인 이해 관계에 따라 행동한다. 이렇게 남의 이름에 관심이 없는 자는 자기 이름도 끊쳐지는 것이다. 이 기업 무를 자의 이름은 누구인지 알 길이 없고 그저 우리에게 "아무개"로만 알려지고 있다.

그러나 재산상의 손실을 보면서도 남의 이름에 관심을 쏟는 보아스의 이름은 베들레헴에서 유명하게 되었다. 당장은 손해 같아도, 멀리 바라보면 손해가 아니라 득이 된다. 보아스의 이름은 장로들의 축복대로 베들레헴에서 유명해진 정도로 끝난 것이 아니다. 장차 보아스의 가문이 다윗 왕가가 되는 것을 볼 때 이 축복이 실제로 실현되는 것을 볼 수 있다. 실제로 그의 이름은 다윗의 족보 가운데 당당하게 등장하여 오늘날까지 우리에게 전해지고 있다. 결국 룻은 기업에 손해를 끼치는 여인이 아니라, 보아스의 집을 복받게 하는 여인인 것이다. 이런 점에서 기업 무를 자는 스스로 복을 걷어 찬 어리석은 인간, 신발을 스스로 벗는 자의 집이 된 것이다.

4.3 보아스의 희생과 인애에 대한 보상

보아스가 이런 축복의 대상이 된 이유는 무엇인가? 보아스가 자신의 기업에 손해가 있을 것이 분명함에도 불구하고 고엘의 책임을 이행하여 룻과 결혼하는 희생을 보여주었기 때문이다. 이 대목에서 크리스토퍼 라이트(Christopher Wright)의 말을 들어보자.

따라서 이 이야기와 그 배후에 있는 관습이 보여주는 점은 구속받은 공동체의 경제 윤리는 단순히 나눔의 영역을 넘어 희생의 영역까지 가야 한다는 것이다. 이기심이 없는 완벽한 세상에서라면 하나님이 후히 주신 것들을 나누는 창조 원리를 시행하는 것이 비교적 간단한 일이었을 것이다. 하지만 인간의 탐욕과 불의와 무능력이 이미 부자와 가난한 자 간에 틈을 벌려 놓은 타락한 세상에서는 나눔이라는 창조 원리는 희생하고 많은 대가를 치르며 자신의 이익을 포기하는 구속 원리 없이는 접근할 수 없다. 물론 구속이 희생을 요구한다는 개념을 잘 알 수 있는 또 다른 영역이 있다. 곧 그것은 우리의 근족 구속자로서 우리를 위해 모든 사리(私利)를 버리신 하나님의 희생이다.[83]

고엘의 의무보다 재산상의 손실을 걱정하는 기업 무를 자의 모습은 이스라엘 역사 안에 깊이 뿌리박힌 죄성이 어떤 것인지를 잘 보여주는 반면에, 보아스는 하나님의 백성이 보여야 하는 인애의 삶은 희생이 따르는 삶임을 잘 드러내고 있다.

4.4 교회에 주어진 기업 무르기의 역할

보아스가 기업 무름의 역할을 하는 모습은 오늘 교회에 큰 자극과 동기부여가 된다. 보아스는 기업에 손해가 되는 위험이 있음에도 모압 여인이요 죽은 자의 아내인 룻을 아내로 취하였다. 그 이유는 "그 죽은 자의 기업을 그 이름으로 잇게 하여 그 이름이 그 형제 중과 그 곳 성문에서 끊어지지 않게 하기" 위해서였다. 보아스의 일은 첫째 죽은 자에게 후손을 낳아주고, 둘째 죽은 자의 기업을 그 가족에게서 사라지지 않게 하며, 셋째 과부의 안전과 생계를 유지하게 하는 것이었다. 이를 통해 하나님의 백성은 하나님이 주신 기업인 땅에서 후손들과 함께 진정한 자유를 누리며 살 수 있었다.

이런 기업 무름의 의무가 얼마나 중요한지는 창세기 38장에서 볼 수 있다. 오난

---

83 크리스토퍼 라이트, 『현대를 위한 구약 윤리』 (IVP, 1989), 105.

이 남편의 형제로서의 의무를 행하지 않고 다말과 동침할 때 밖에 설정하자 하나님께서 죽이셨다. 기업 무르기를 거부하는 것은, 즉 죽은 자의 이름을 세우지 아니하는 것은 여호와가 죽이실 만큼 악한 행위라는 사실이다. 겉으로 볼 때에는 오난을 죽이신 것은 너무 심한 처벌이 아닌가라는 느낌이 들지만, 기업 무름이 한 인간의 삶을 구원하는 가장 중요한 수단이라는 점에서 본다면 충분히 이해할 수 있는 일이다. 아니 어쩌면 우리의 감정과 머리로는 이해가 되지 않을지 모르지만 이것이 바로 하나님의 뜻이요 우리를 향한 계시라는 점을 간과해서는 안 된다. 따라서 오늘 현대 교회도 이런 점을 염두에 두고 기업 무름의 역할을 잘 감당해야 한다.

Chapter 10

대단원 : 아들을 주시는 여호와와 채워진 나오미

룻 4:13-22

1. 서론적 이야기

1.1 개요와 본문

드디어 우리는 룻기의 마지막 단락에 이르렀다. 룻기의 대단원인 룻기 4:13-22은 보아스와 룻이 결혼하여 아들을 낳음으로써 나오미의 텅 빈 삶이 채워지게 되는 단락으로 플롯으로 보면 룻기의 대단원인 셈이다. 대단원(denoument)은 보통 플롯의 급진적인 마지막 장면으로서 갈등이 해소되고 처음 상황이 역전되는 모습을 많이 띈다. 이것은 룻기도 마찬가지여서 보아스와 룻이 결혼하여 아이를 출생하는 장면과 이 아이의 출생을 축하하는 에피소드(4:13-17), 그리고 다윗에 이르는 베레스의 족보(4:18-22)로 이루어져 있다.

"이에 보아스가 룻을 맞이하여 아내로 삼고 그에게 들어갔더니 여호와께서 그에게 임신하게 하시므로 그가 아들을 낳은지라 여인들이 나오미에게 이르되 찬송할지로다 여호와께서 오늘 네게 기업 무를 자가 없게 하지 아니하셨도다 이 아이의 이름이 이스라엘 중에 유명하게 되기를 원하노라 이는 네 생명의 회복자이며 네 노년의 봉양자라 곧 너를 사랑하며 일곱 아들보다 귀한 네 며느리가 낳은 자로다 하니라 나오미가 아기를 받아 품에 품고 그의 양육자가 되니 그의 이웃 여인들이 그에게 이름을 지어 주되 나오미에게 아들이 태어났다 하여 그의 이름을 오벳이라 하였는데 그는 다윗의 아버지인 이새의 아버지였더라 베레스의 계보는 이러하니라 베레스는 헤스론을 낳고 헤스론은 람을 낳았고 람은 암미나답을 낳았고 암미나답은 나손을 낳았고 나손은 살몬을 낳았고 살몬은 보아스를 낳았고 보아스는 오벳을 낳았고 오벳은 이새를 낳고 이새는 다윗을 낳았더라(룻 4:13-22)."

1.2 대단원의 특징

룻기 4:13-17은 족보를 제외하면 사실상 룻기의 마지막 단락이다. 이 단락은 룻기 전체의 대단원으로서 보아스와 룻 사이에 낳은 아들의 출생을 축하하는 에피소드로 이루어져 있다. 1장에서 베들레헴 여인들이 나와 나오미의 귀향을 환영했듯이, 4장에서는 베들레헴 여인들이 룻이 보아스에게 낳아 준 아들의 출생을 신학적으로 해석한다.

그런데 여기서 흥미있는 것은 이 단락의 주인공이 독자들이 기대하는 대로 룻이나 보아스가 아니라는 점이다. 룻이나 보아스는 한마디도 하지 않는다. 베들레헴 여인들이 주로 말을 하고 나오미는 그저 듣고 행동할 뿐이다. 흥미롭게도 이 단락의 포커스는 나오미와 새로 태어난 아기에게 놓여 있다. 그 이유가 무엇일까?

앞서 우리가 살핀 대로 룻기는 전체적으로 나오미의 인식의 관점에서 스토리가 전개되고 있기 때문이다. 나오미가 텅 빈 상태로 돌아왔는데 그의 삶을 누가 채울 것인가의 관점에서 플롯이 전개되고 있기에 이런 식의 결말은 그리 놀라운 것은 아니다. 단지 독자들이 지레짐작으로 룻기를 주로 룻의 관점으로 보는 데 익숙하기에 이런 식의 대단원에 대해 의아해 하는 것뿐이다.

룻기의 시작이 나오미의 텅 빔으로 시작하고 있기에 결론부에서는 나오미의 채워짐으로 끝나는 것은 적절하다. 그런데 나오미의 채워짐은 룻이 낳은 아들로 가능해지기에 이 아들에게 초점이 맞추어지는 것 또한 너무나 당연하다. 한편 이 모든 일이 가능한 것은 무대 뒤에서 우연까지도 장중에 넣고 다스리시는 여호와가 계시기 때문이다. 따라서 여호와께 모든 영광과 찬송이 돌려지는 것이 마땅하다.

한편 룻기 4:13-17은 짧은 에피소드 안에 거의 모든 등장 인물들이 언급될 뿐 아니라, 룻기의 기본적인 주제와 동기, 즉 "사랑과 기업 무름", "며느리와 아들"이라는 주제가 압축적으로 잘 드러나 있기 때문에 우리가 세심하게 해석해내야 한다.

1.3 그동안의 대중적 해석과 문제 제기

앞의 단락에서 보았듯이 룻기에 대한 대중적 해석은 모형론적 접근이 가장 큰 특징이다. 구약의 인물이나 제도나 지명이나 관습은 항상 그림자로서 신약의 더 좋은 실체를 가리키는 모형으로 본다. 이런 모형론적 접근은 편한데다가 안전하게 느껴지기 때문에 대중들에게 매력적이었다. 따라서 적지 않은 해석자들과 설교자들이 모형론적 방법론을 선호하였던 것 같다.

이런 모형론적 해석(typological interpretation)은 룻기의 마지막 단락에서도 여실히 나타난다. 모형론적 해석을 선호하는 사무엘 리도우트가 보아스와 룻 사이에서 나은 오벳, 특히 "종"이란 의미를 가진 오벳에게서 그리스도의 모형을 발견한 것은 어쩌면 너무나 당연한지도 모른다. 그의 말을 들어보자.

> 이 아이는 그들이 나오미에게 말한 것처럼 "네 생명의 회복자며 네 노년의 봉양자"입니다. 그래서 오벳, 즉 종이라는 이름으로 불리웠습니다. 이 모든 일들의 영적인 의미를 살펴볼 때 우리는 이 아이를 그와 같은 계보에서 태어날 놀라운 아이와 연관시켜 생각할 수 있습니다. 그 아이는 부활하셔서 영광 가운데 계신 주님의 그림자입니다. … 그가 이 "종"이라는 이름을 가진 것 또한 아주 적절합니다. 이스라엘은 하나님의 종이었지만 얼마나 불성실했는지요! 그때 이 충성된 한 사람이 오는데 그는 실로 하나님의 종입니다.[1]

우리가 앞서 언급한 대로 룻기 4:13-17은 오벳이 나오미에게 어떤 의미가 있는

---

1 리도우트, 『사사기 룻기 강해』, 406.

아들인지에 대한 이야기인데, 리도우트는 이를 그리스도가 하나님의 종으로서 우리에게 어떤 의미가 있는지에 대한 이야기로 바꾸어 놓고 있다. 물론 우리가 앞으로 살펴보겠지만 룻기는 메시아적 역사로 볼 수 있기에 2차적으로는 오벳이 그리스도를 암시하는 영적 의미가 전혀 없다고는 말할 수 없을 것이다. 그러나 1차적으로는 오벳이 어떤 의미에서 텅 빈 나오미의 삶을 채우는 생명의 회복자요 노년의 봉양자인지를 파악하는 것이 해석자의 첫째 임무이다.

물론 문자적 의미만 중요한 것은 아니다. 영적 의미도 중요하다. 그러나 성경 해석사를 보면 문자적 의미를 소홀히 여기고 영적 의미를 중요하게 여길 때 성경의 객관적 의미가 사라지면서 큰 우를 범하게 됨을 알 수 있다.

1.4 문자적 의미의 토대가 없는 영적 의미는 위험

중세에는 소위 "4중 의미"가 중요한 성경 해석법이었다. 4중 의미란 성경 본문에는 4가지 의미가 있다는 것이다. 우선 중세 해석자들은 문자적 의미와 영적 의미로 크게 둘로 나눈 다음에 영적 의미를 세 가지로 구분하였다. 문자적 의미 뒤에 숨겨져 있는 도덕적 의미(tropological meaning), 신약과의 관계에서 나타나는 풍유적 의미(allegorical meaning), 문자 뒤에 있는 미래와 천상을 가리키는 천성적 의미(anagogical meaning)로 구분하였다. 16세기까지 유포되던 라틴어 시는 4중 의미를 잘 드러낸다.

> 문자는 하나님과 우리 조상들이 행한 일을 가르쳐주며
> 비유는 우리의 신앙이 어디에 숨어있는가를 가르쳐주며
> 도덕적 의미는 일상생활의 규율을 주며
> 신비적 해석은 우리의 고달픈 나그네 길이 어디에서 끝날 것을 일러준다.[2]

소위 4중 의미는 문자적 의미를 확실히 고정한 후에 자연스럽게 의미를 확장시켜

---

[2] "문자는 사건을 가르쳐주고(The letter teaches events), 비유는 사람이 무엇을 믿어야 하는가를(allegory teaches what you should believe), 성서의 도덕적 의미는 사람이 무엇을 해야 하는가를(morality teaches what you should do), 신비적 의미는 사람이 종말론적으로 무엇을 목표하는가를 가르쳐준다(anagogy teaches what mark you should be aiming for)"라고 4중 의미의 기능을 설명하는 학자들도 있다.

나간다면 큰 문제가 되는 것은 아니다. 문자적 의미를 확실하게 이해한 후에 자연스럽게 우리의 삶 가운데 적용되는 의미를 찾고, 신약과의 관계에서 정경적 의미를 발견하고, 끝내는 이것이 미래의 천상적 삶의 어떤 부분을 드러내는지를 보여줄 수 있다면 멋진 해석법이 될 수 있다. 매우 중요한 성경 해석법이 될 수 있다. 다시 말해 과거 본문의 문자적 의미로부터 시작해서 현재의 삶의 규범이 되는 도덕적 적용점을 찾아내고, 신약으로 나아가며 신약을 가리키는 정경적 의미를 파악하고 끝내 영원한 천상의 삶을 바라보게 한다면 이보다 더 좋은 해석법은 없다고 할 수 있다.

그러나 중세 가톨릭 해석자들은 문자적 의미를 확고하게 찾아내지 않은 채, 서로 단절된 상태로 4중 의미를 어떤 유기적 관계도 없이 각각 찾아내 가톨릭 교리를 입증하는 증거 본문으로 삼았다. 게다가 성경을 초대 교부들의 글과 함께 읽도록 권고함으로 끝내는 교부들의 교리에 따라서 성경을 해석하게 되었고, 끝내 성경을 교회의 교리의 시녀로 만들어 버렸다.

1.5 종교개혁자들의 공헌

이에 대해 종교개혁자들은 크게 반발하면서 오직 문자적 의미만이 성경의 참다운 의미요 적법한 의미(legitimate meaning)라고 보았다. 특히 성경은 오직 성경으로만 해석되어야지, 교부들이나 가톨릭 교리에 의해 해석되어서는 안 된다고 주장했다. 종교개혁자들은 성경의 최고 절대 권위를 성경 해석의 가장 중요한 원리로 삼았으며, 성령이 역사하는 장소는 바로 문자적 의미임을 강조하면서, 문자적 의미만이 적법한 의미라고 주장했다. 종교개혁의 후예인 우리는 이런 점에서 문자적 의미를 찾는 일에 최선의 노력을 기울여야 한다. 그리고 나서 그런 문자적 의미를 통해 우리가 어떻게 살아야 하는지 도덕적 의미를 파악하고, 신약과의 관계에서 어떤 가르침을 주는지 정경적 의미를 드러내며, 오늘 우리가 무엇을 고백하고 믿을 것인지 신학적 의미를 찾아내는 일에 심혈을 기울여야 한다.

이제 룻기의 마지막 대단원을 상세하게 살피면서 문자적 의미를 살펴보고 그 위에서 도덕적 의미, 정경적 의미, 신학적 의미를 발견해 보도록 하자.

2. 생명을 주시는 여호와

2.1 룻이 보아스의 아내가 됨

보아스와 룻을 향한 백성들과 장로들의 축복이 끝났으니, 이제 남은 것은 결혼을 하는 것뿐이었다. 내레이터는 보아스와 룻의 결혼을 13절에서 간략하게 보고한다.

"이에 보아스가 룻을 취하였고

(וַיִּקַּח בֹּעַז אֶת־רוּת ; 와이카흐 보아즈 에트-루트)

이에 그녀가 그에게 아내가 되었고

(וַתְּהִי־לוֹ לְאִשָּׁה ; 와테히-로 르잇샤)

그리고 그에게 들어갔다

(וַיָּבֹא אֵלֶיהָ ; 와야보 엘레하)."

한글개역은 "보아스가 룻을 맞이하여 아내로 삼고"라고 되어 있어서 보아스가 룻을 "맞이하고" "아내로 삼는" 두 가지 행동의 주체처럼 번역되어 있다. 그러나 원문은 앞의 동사는 보아스가 주어이고 뒤의 동사는 룻이 주어이다. 따라서 원문을 직역하면 "보아스가 룻을 취하였다(וַיִּקַּח בֹּעַז אֶת־רוּת ; 와이카흐 보아즈 에트-루트) 이에 그녀가 그에게 아내가 되었다(וַתְּהִי־לוֹ לְאִשָּׁה ; 와테히-로 르잇샤)"이다.

보통은 두 문장으로 표현하지 않고 "와테히-로"(וַתְּהִי־לוֹ)(그리고 그녀가 그에게 되었다)를 뺀 나머지 요소만으로, 즉 한 문장으로 표현된다. 예를 들어, "보아스가 룻을 아내로 취하였다"(וַיִּקַּח בֹּעַז אֶת־רוּת לְאִשָּׁה ; 와이카흐 보아즈 에트-루트 르잇샤)라는 식이다. 그런데 여기서는 "보아스가 룻을 취하였다(וַיִּקַּח בֹּעַז אֶת־רוּת). 이에 그녀가 그에게 아내가 되었다(וַתְּהִי־לוֹ לְאִשָּׁה)"로 두 문장으로 확장시키고 있다. 그 이유가 무엇인가? 물론 동사 안에 주어가 함축되어 있지만, 룻을 주어로 분명히 밝히면서 "그녀가 보아스에게 아내가 되었다"는 점을 강조하려고 한 것으로 학자들은 해석한다.

이런 의도를 제대로 이해하지 못한 일부 칠십인경 사본에서는 "그녀가 그에게 아내가 되었다"(וַתְּהִי־לוֹ לְאִשָּׁה)는 어구를 불필요한 반복이라고 생각하여 완전히 생략하였다. 그러나 이렇게 이 어구를 불필요한 것으로 보고 삭제해서는 안 된다. 첫째로 이와 거의 동일한 표현을 창세기 24:67에서도 살펴볼 수 있기 때문이다

"이삭이 리브가를 인도하여 그의 어머니 사라의 장막으로 들이고 그가 리브가를 취하니 그녀가 그의 아내가 되었고(וַיִּקַּח אֶת־רִבְקָה וַתְּהִי־לוֹ לְאִשָּׁה ; 와이카흐 에트-리브카 와테히-로 르잇샤)³ 사랑하였으니 이삭이 그의 어머니를 장례한 후에 위로를 얻었더라."

이렇게 두 문장으로 표현한 데에는 성경 기자의 의도가 있는 것으로 보고 설명을 해내야 하는 것이 해석자의 임무이다. 해석자들은 자기 생각에 불필요해 보인다는 이유만으로 함부로 외과적 수술을 가하면서 본문에 손을 대는 것은 조심해야 한다.

둘째로 보아스의 결혼 에피소드나 이삭의 결혼 스토리에서 굳이 한 문장으로 표현할 수 있는 것을 두 문장으로 확대하여 "그녀가 그에게 아내가 되었다(וַתְּהִי־לוֹ לְאִשָּׁה ; 와테히-로 르잇샤)"고 밝히고 있는 이유가 무엇일까? 리브가가 이삭의 아내가 되었음을, 그리고 룻이 보아스의 "아내"(אִשָּׁה ; 잇샤)가 되었다는 점을 강조하기 위해서가 아닐까? 그렇다면 "죽은 자의 아내"였던 룻이 이제 "산 자"인 보아스의 아내가 된 것이다. 이 얼마나 감동적인가! "죽은 자의 아내", 모압 여인 룻이 이제 "산 자"요 기업 무를 자인 보아스의 아내가 된 것이다!

이 시점에서 내레이터가 룻을 지칭한 호칭을 연속적으로 살펴보면 룻이 어떤 극적인 과정을 거쳐 보아스의 아내가 되었는지를 잘 알 수 있다. 룻이 스스로를 이방 여인(נָכְרִיָּה ; 노크리야; 2:10)으로 소개하였으나, 추수 밭에서는 보아스의 여종(שִׁפְחָה ; 쉬프하; 2:13)의 하나로 대우해준 것에 감사를 표하더니, 타작마당에서는 아예 대놓고 보아스의 시녀(אָמָה ; 아마; 3:9)로 자신을 소개하였다. 보아스가 룻을 끝내는 "현숙한 여인"(אֵשֶׁת חַיִל ; 에셰트 하일; 3:11)으로 부르며 결혼을 약속하더니, 이제 어엿한 "보아스의 아내"가 된 것이다.

따라서 "그녀가 그에게 아내가 되었다"(וַתְּהִי־לוֹ לְאִשָּׁה ; 와테히-로 르잇샤)는 세 단어 문장은 우리 독자들이 상상하는 것 이상으로 룻에게는 큰 의미였을 것이다. 해석자

---

3 한글개역개정은 "룻을 맞이하여 아내로 삼고"로 번역하였다.

들은 너무나 평범한 문장 "그녀가 그에게 아내가 되었다"(וַתְּהִי־לוֹ לְאִשָּׁה ; 와테히-로 르잇샤)는 문장을 아무런 감정이나 감격 없이 남의 이야기하듯 해석해서는 안 된다. 성경을 하나님의 계시로 읽으려는 해석자들(설교자들)은 세 단어로 이루어진 짧은 문장 안에서도 룻의 파란만장한 삶을 읽어내고 구속사의 감격을 추체험(追體驗)할 줄 아는 해석학적 상상력이 있어야 한다.

하나님의 백성이 아닌 다른 공동체에서 과연 "이방 여인"이요 "죽은 자의 아내"였던 룻이 보아스 같은 유력한 남자의 아내가 될 수 있었을까? 죽은 형제의 아내와 결혼하여 첫 아들을 낳아 형제의 이름을 그의 기업 위에 세우는 기업 무름과 계대결혼의 율법이 없었다면 어떻게 모압 여인 룻이 보아스의 아내가 될 수 있었겠는가? 이렇게 본다면 기업 무름과 계대결혼의 율법을 하사하신 여호와는 진정한 의미의 고엘이시다. 이스라엘을 애굽 땅 종되었던 곳에서 속량하시고, 땅을 친족들에게 제비 뽑아 분배하시며, 기업 무름이란 율법을 통해 하나님의 백성들에게 땅에서 지속적인 자유를 누리도록 허락하신 여호와가 아니시라면 룻은 이방 여인이요 과부로서의 고된 삶에서 결코 구원받지 못했을 것이다.

드디어 보아스가 룻과 결혼하여 룻이 아내가 되었다면 그 다음 수순은 무엇인가? 내레이터는 마치 객관적인 관찰자처럼 아무런 감정 개입 없이 두 단어로 "그가 그에게 들어갔더니"(וַיָּבֹא אֵלֶיהָ ; 와야보 엘레하)라고 묘사한다. "들어가다"(בּוֹא ; 보)는 동사를 성관계의 행위를 연상시키는 방식으로 이해하여 완곡어법으로 보는 통속적인 해석자들도 있으나, 이 동사는 신랑이 신부의 장막이나 방으로 들어가는 동작을 단순히 묘사하는 용어로 볼 수 있다는 것이 최근 학자들의 주장이다. 물론 후자의 경우에도 부부 관계가 함축되어 있음은 부인할 수 없는 사실이다. 이제 보아스가 합법적으로 아내인 룻의 장막에 들어갔다. 부부가 되었으니 이는 자연스러운 결과인 것이다.

2.2 잉태케 하고 아들을 주시는 여호와

이제 룻이 보아스의 아내가 되었으니 남은 것은 둘의 결합으로 상속자를 얻을 수 있느냐가 문제였다. 10년간 말론의 아내로 모압에 있을 때에 룻은 아이를 낳지 못하였다. 그렇다면 보아스와 결혼해서는 어떤 일이 일어날 것인가? 궁금하지 않을 수 없다. 13하반절을 보자.

"여호와께서 그에게 임신하게 하시므로
(וַיִּתֵּן יְהוָה לָהּ הֵרָיוֹן ; 와잇텐 아도나이 라흐 헤라욘)
그가 아들을 낳은지라
(וַתֵּלֶד בֵּן ; 와텔레드 벤)."

놀랍게도 10년 동안 불임인 룻이 보아스와의 동침을 통해 임신하게 되었다. 그런데 내레이터는 매우 특이한 표현으로 룻의 임신 사실을 보고한다. 원문을 직역하면 "여호와께서 그녀에게 임신을 주셨다"(וַיִּתֵּן יְהוָה לָהּ הֵרָיוֹן ; 와잇텐 아도나이 라흐 헤라욘)이다. 왜냐하면 "임신"이란 단어는 "헤라욘"(הֵרָיוֹן)인데 구약에서 3번밖에 사용되지 않은 희귀한 단어이기 때문이다(창 3:16; 호 9:1). 이렇게 특이한 표현을 사용한 것은 앞서 백성들과 장로들이 보아스와 룻을 축복할 때에 두 번이나 사용한 어구인 잇텐 아도나이(יִתֵּן יְהוָה)와 의도적으로 연결시키기 위한 것으로 학자들은 본다.

"여호와께서(יִתֵּן יְהוָה ; 잇텐 아도나이) 네 집에 들어가는 여인으로 이스라엘의 집을 세운 라헬과 레아 두 사람과 같게 하시고(4:11)."

"여호와께서(יִתֵּן יְהוָה ; 잇텐 아도나이) 이 젊은 여자로 말미암아 네게 상속자를 주사(4:12)."

백성들과 장로들이 룻을 라헬과 레아 같게 해주시고(יִתֵּן יְהוָה ; 잇텐 아도나이) 상속자를 주시라고(יִתֵּן יְהוָה ; 잇텐 아도나이) 축복한 대로 여호와께서 룻에게 임신을 주신(וַיִּתֵּן יְהוָה לָהּ הֵרָיוֹן ; 와잇텐 아도나이 라흐 헤라욘) 것임을 강조하기 위해서 같은 어구를 반복한 것이다. 처음에는 백성들과 장로들의 축복이 너무 과장된 것처럼 보였으나 이제 이 꿈 같은 축복이 여호와께서 10년 동안 불임이었던 룻을 임신케 하심으로 현실이 되는 모습을 본다. 불임케 하기도 하고 임신케 하기도 하는 분은 여호와이시다.

그렇다면 룻은 무엇을 낳았는가? 내레이터는 바로 이어서 "그가 아들을 낳은지라"(וַתֵּלֶד בֵּן; 와텔레드 벤)라고 보고한다. 결혼과 임신과 출산으로 이어지는 일 년 이상 걸린 과정이 불과 세 개의 짧은 문장으로 속도감 있게 묘사되고 있다. 우리는 여기서 "그녀가 아들을 낳았다"(וַתֵּלֶד בֵּן; 와텔레드 벤)라는 두 단어밖에 안 되는 짧은 문장이 거대한 구속사를 이끌어가는 가장 큰 원동력임을 주목해야 한다. 왜냐하면 이 어구(וַתֵּלֶד בֵּן; 와텔레드 벤)가 사용된 이전 용례를 보면 구속사의 탁월한 인물들의 출생이 이 어구로 묘사되어 있기 때문이다. 룻기 이전까지 창세기에서 출애굽기까지 이 어구가 사용된 것은 총 12번인데, 모두 구속사의 중요한 인물들이다.

(1) 아담이 아들 셋을 낳았을 때(창 4:25)
(2) 레아가 여섯 아들인 르우벤, 시므온, 레위, 유다, 잇사갈, 스불론(창 29:32, 33, 34, 35; 30:17, 19)를 낳았을 때
(3) 라헬이 요셉을 낳았을 때(창 30:23)
(4) 유다가 수아를 통해 엘, 오난, 셀라를 낳았을 때(창 38:3, 4, 5)
(5) 요게벳이 모세를 낳았을 때(출 2:2, 22)

"그녀가 아들을 낳았다"(וַתֵּלֶד בֵּן; 와텔레드 벤)라는 어구와 함께 이 땅에 태어난 인물들의 면면을 보라! 아벨 대신 낳은 셋, 레아가 낳은 아들들인 르우벤, 시므온, 레위, 유다, 잇사갈, 스불론, 라헬이 낳은 요셉, 유다의 아들들인 엘, 오난, 셀라, 그리고 출애굽의 영웅 모세가 아닌가? 이 이름들의 면면을 볼 때 무엇이 느껴지는가? 구속사의 거대한 흐름을 이끌어가는 인물들이 아닌가?

그뿐만이 아니다. 룻기 이후에는 한나가 사무엘을 낳았을 때(삼상 1:20), 밧세바가 솔로몬을 낳았을 때(삼하 12:24) "그녀가 아들을 낳았다"(וַתֵּלֶד בֵּן; 와텔레드 벤)란 표현이 사용되었다.

그렇다면 우리는 "그녀가 아들을 낳았다"(וַתֵּלֶד בֵּן; 와텔레드 벤)라는 단순한 어구 하나도 그냥 무심코 지나칠 수 없는 것이다. 장로들이 "여호와께서(יִתֵּן יְהוָה; 잇텐 아도나이) 네 집에 들어가는 여인으로 이스라엘의 집을 세운 라헬과 레아 두 사람과 같게 하시고"라고 축복했는데, 이 축복이 "여호와께서 임신을 허락하셨고"(יִתֵּן יְהוָה;

잇텐 아도나이) 마침내 "그녀가 아들을 낳았다"(בֵּן וַתֵּלֶד ; 와텔레드 벤)는 어구로 말미암아 성취 역사의 시동이 걸렸다는 느낌이 들지 않은가! 이제 룻이 아들을 낳았다면 구속사의 강물이 흐르고 난 후에는 룻으로 인해 라헬과 레아 두 사람이 지은 이스라엘 집과 같은 집이 지어지게 되지 않을까!

우리는 여기서 한 가지 더 주목할 것이 있다. "여호와께서 그로 잉태케 하시므로"라는 4:13의 언급은 룻기에서 가장 분명하고 직접적인 신학적 언급이다. 물론 "여호와께서 자기 백성을 돌보시사 그들에게 양식을 주셨다"(1:6)는 언급이 유사하기는 하지만, 나오미가 이를 소문으로 전해 들은 것으로 묘사하기에 간접적인 성격이 강하다. 그러나 여기서는 명백하고도 직접적인 신학적 논평을 통해 임신을 가능케 한 분은 바로 여호와이심을 강조하고 있다. 앞뒤의 문맥을 보면 보아스가 룻을 취하여 아내를 삼고 그와 동침하였고 룻이 아들을 낳았다고 되어 있어서 마치 자연스럽고 지극히 정상적인 수순인 것처럼 보인다. 그러나 내레이터는 룻을 잉태시킨 분은 여호와임을 명시하고 있다. 그 이유가 무엇일까? 프린스로(W.S. Prinsloo)의 이야기를 들어보자.

> 룻기는 인간의 주도권과 하나님의 축복의 협동을 강하게 주장한다. 인간의 행동은 때로 하나님의 행동을 대치하기도 한다. 그러나 "여호와께서 그로 잉태케 하셨다"는 언급은 인간의 주도권에는 한계가 있으며, 하나님의 축복이나 행동이 없이는 인간 주도권은 무효임을 잘 보여준다.[4]

그렇다! 말론과 결혼해서 10년 동안 모압에서 아기를 낳지 못한 룻이 보아스와 결혼하여 아이를 갖게 된 것은 하나님의 축복으로만 가능한 것이었음을 성경 기자가 강조하려는 것이다. 물론 고대 이스라엘에서 자녀는 항상 하나님의 선물로 간주된다(시 127:3; 욥 31:13-15). 그러나 내러티브 안에서 임신이 특별한 의미를 갖거나 주제 표출에 큰 도움이 안 되면 하나님께서 잉태케 하였다는 표현을 거의 사용하지 않는다는 점을 놓쳐서는 안 된다.

---

4 W. S. Prinsloo, "The Theology of the Book of Ruth," *VT* 30 (1980), 339.

하나님께서 잉태케 하셨다는 표현은 기도의 응답으로 아이가 태어났다는 점을 강조하기 위해서, 아니면 태어나는 아이가 특별한 구속사적 임무를 띨 때 사용된다는 점을 주목해야 한다. 따라서 이 구절은 하나님의 구체적인 개입의 역사를 가리키는 표현으로 보아야 한다. 특히 이 구절을 중요하게 여기는 이유는 룻기의 하나님은 사사기에서처럼 기적적으로 간섭하는 모습으로 나타나지 않기 때문이다. 겉으로 보면 룻기에서는 하나님이 기적적이고 직접적인 방식으로 인간 역사에 개입하지 않는 분으로 주로 묘사되고 있지만, 상세히 들여다보면 놀랍게도 기적적이고 직접적인 방식 이상으로 인간의 역사에 개입하시고 통제하시는 분임을 룻기는 우리에게 보여주고 있다.

우연한 룻의 발길을 보아스의 밭에 이르게 하심으로 우연도 하나님의 섭리의 일환으로 사용하시는 분임을 보여준다. 무엇보다도 룻기 저자는 하나님을 백성들의 기도와 찬양을 들으시고 응답하시는 분으로 묘사한다. 베들레헴 백성들과 장로들의 기도와 축복을 들으시고 보아스와 룻의 결합을 통해 첫 아들을 선물로 주신 분이 하나님이시다.

그렇다면 비어 돌아온 나오미에게 기업 무를 자인 아들이 주어졌으니, 이제 나오미는 채워진 것이 아닌가? 룻이 낳은 아기를 가슴에 안은 나오미는 이제 두 아기들을 잃고 뒤에 홀로 남은 여인이 아니다. 그렇다면 이 모든 일을 가능케 하신 분은 누구이신가? 이스라엘의 하나님 여호와이시다. 그러기에 룻기는 기적적이고 직접적인 방식으로 인간사에 개입하시는 모습을 보여주는 사사기 못지 않게 하나님이 역사의 주인이심을 보여준다.

3. 여호와를 찬양하는 베들레헴 여인들

3.1 여호와를 찬양하라!

이전 성문에서의 단락이 기업 무르는 절차를 밟는 사법 회의였기에 남성 위주의 분위기였던 반면에, 이 단락은 베들레헴 여성들이 무대 전체를 장악하고 있다. 베

베들레헴 여인들은 룻기 1장에서 "이는 나오미가 아니냐"(הֲזֹאת נָעֳמִי ; 하조트 노오미)라고 단 두 단어로 놀라움을 표시한 것이 전부였다. 이 말에 나오미가 길게 애가를 쏟아내자 한마디도 대꾸하지 못하는 데 반해, 룻기 4:14-15의 원문을 보면 무려 29단어로 나오미를 향해 찬양과 축복을 쏟아내고 있다.

그렇다면 베들레헴 여인들의 말이 룻기의 대단원을 이해하는 데 있어서 매우 중요하다고 볼 수 있다. 그런데 그 중에서 여인들의 첫 마디가 무엇인지를 우리는 주목해야 한다.

"여호와를 찬송하라

(בָּרוּךְ יְהוָה ; 바루크 아도나이; Blessed be the Lord)."

여인들의 첫 마디는 "여호와를 찬송하라"이다. "바루크 아도나이"는 "축복하다"는 동사의 기본(칼)형 수동 분사(בָּרוּךְ ; 바루크)와 주어인 여호와(יְהוָה)가 결합된 형태이다. 직역하면 "여호와께서는 찬송받을지로다"(בָּרוּךְ יְהוָה ; 바루크 아도나이)가 된다. 그러나 이 어구의 용례를 살펴보면, "하나님의 선하심과 그가 행하신 일들을 경험하고 외치는 찬양의 부르짖음"이다. 따라서 "여호와를 찬송하라"(praise the Lord)고 번역하는 것이 가장 좋다.

한편 이 어구의 용례를 살펴보면(창 24:27; 출 18:10; 삼상 25:32, 39; 삼하 18:28 등), "여호와를 찬송하라"고 선포한 후에, 찬송해야 하는 이유를 열거하는 것이 전형적인 특징임을 알 수 있다.

(1) 아브라함의 종 :
"나의 주인 아브라함의 하나님 여호와를 찬송하나이다(בָּרוּךְ יְהוָה ; 바루크 아도나이)."
찬송의 이유 1 : "나의 주인에게 주의 사랑과 성실을 그치지 아니하셨사오며"
찬송의 이유 2 : "여호와께서 길에서 나를 인도하사 내 주인의 동생 집에 이르게 하셨나이다"(창 24:27).

(2) 모세의 장인 이드로 :
"여호와를 찬송하리로다"(בָּרוּךְ יְהוָה ; 바루크 아도나이).

찬송의 이유 1 : "너희를 애굽 사람의 손에서와 바로의 손에서 건져내시고"
찬송의 이유 2 : "백성을 애굽 사람의 손 아래에서 건지셨도다"(출 18:10).

이것은 흥미롭게도 베들레헴 여인들의 찬송에도 동일하게 나타난다.

"여호와를 찬송하라"(בָּרוּךְ יְהוָה ; 바루크 아도나이).
찬송의 이유 : "오늘 네게 기업 무를 자가 없게 하지 아니하셨도다
(אֲשֶׁר לֹא הִשְׁבִּית לָךְ גֹּאֵל הַיּוֹם ; 아셰르 로 히쉬비트 라크 고엘 하욤)."

여인들이 여호와를 찬송해야 한다고 노래한 이유는 무엇인가? "여호와께서 나오미에게 기업 무를 자(גֹּאֵל ; 고엘)를 오늘 주셨기" 때문이라는 것이다.

3.2 오늘 기업 무를 자를 주셨다!

그렇다면 여인들이 말하는 기업 무를 자는 누구인가? 일부 학자들은 여인들이 말하는 고엘은 보아스라고 본다. 가장 큰 이유는 고엘을 매우 전문적인 의미로 보기 때문이다. 고엘은 "계대결혼을 통해 엘리멜렉의 가계가 끊어지지 않도록 하는 역할을 한 자"이기 때문이라는 것이다.[5]

따라서 보아스가 이 역할을 감당하여 오늘 첫 아들을 낳아 주었기 때문에 고엘은 보아스라는 것이다. 사쏜 같은 학자들은 "여호와께서 나오미에게 기업 무를 자(גֹּאֵל ; 고엘)를 오늘 주셨다"라고 하지 않고 "오늘 네게 기업 무를 자가 없게 하지 아니하셨도다"라고 부정적으로 표현한 것은, 엘리멜렉의 가계를 끊어지지 않게 한 보아스의 역할을 강조하기 위해서라고 본다.[6]

그러나 다수의 학자들은 여인들이 고엘로 부른 인물은 "새로 태어난 아기"라고 본다. 이는 고엘을 계대결혼을 통해 아기를 낳음으로 기업을 잇게 하는 전문적인

---

[5] Bush, *Ruth/Esther*, 254. 부쉬(Bush)는 고엘을 보아즈가 아닌 새로 태어난 아기로 보지만, 논의하는 과정에서 다른 학자들이 보아즈로 본 핵심 근거를 이렇게 제시하고 있는 것이다.

[6] Sasson, *Ruth*, 163-164.

의미로 보기보다는 이어지는 15절에서 여인들이 언급한 대로 "생명의 회복자이며 노년의 봉양자"라는 일반적인 의미로 보기 때문이다.[7] 여인들의 일차적 관심은 엘리멜렉의 가계를 잇는 것보다는 노년의 나오미의 삶에 있는 것이 분명하다. 이어지는 스토리를 보면 새로 태어난 아기가 관심의 초점이다. 이 아기가 나오미의 삶에 어떤 의미가 있는지를 놓고 여인들이 여호와를 찬양하고 있는 것이다.

그렇다! 여호와께서 노년의 나오미에게 기업 무를 자를 주셨다는 것이 여호와를 찬양해야 할 이유라는 것이다. 여호와께서는 텅 빈 한 여인의 삶에 고엘(גאל)을 주셨다! 아니 엄밀히 말하자면 여호와가 고엘(גאל)이신 것이다!

"이스라엘의 왕인 여호와, 이스라엘의 구원자(גאל)인 만군의 여호와가 이같이 말하노라 나는 처음이요 나는 마지막이라 나 외에 다른 신이 없느니라(사 44:6)."

"우리의 구원자(גאל)는 그의 이름이 만군의 여호와 이스라엘의 거룩한 이시니라(사 47:4)."

이스라엘의 구원자이신 여호와께서 나오미에게 기업 무를 자를 주셨으니 어찌 찬양을 하지 않을 수 있겠는가! 비록 룻기 1장에서 나오미가 "풍족하게 나갔지만 여호와께서 텅 비어 돌아오게 하셨다"고 애가를 부를 때에 침묵으로 바라만 보던 베들레헴 여인들이 나오미에게 고엘을 허락하신 여호와를 보고 "여호와를 찬송할지로다"라고 찬양하고 있는 것이다. 그러기에 룻기는 애가에서 찬양으로 나아가는 경이로운 역사 드라마이다.

3.3 아이의 이름이 유명해지길 바라노라

베들레헴 여인들은 보아스와 마찬가지로 이름에 관심을 보이고 있다(14하반절).

---

7 Bush, *Ruth/Esther*, 253.

"이 아이의 이름이 이스라엘 중에 유명하게 되기를 원하노라

(וַיִּקָּרֵא שְׁמוֹ בְּיִשְׂרָאֵל ; 와이카레 셰모 베이스라엘)."

위의 말을 직역하면 "그의 이름이 이스라엘 중에 불려지기를 원하노라"이다.

우선 우리는 "그의 이름"(שְׁמוֹ ; 셰모)이 누구의 이름을 가리키는지 알아보아야 한다. 한글개역개정에서는 "이 아이의 이름이 이스라엘 중에 유명하게 되기를"이라고 번역하고는 "아이의"를 다른 단어들보다는 작은 글씨체로 표시한다. 이것은 누구의 이름이 유명하게 되기를 원하는 것인지에 대해 원문에 명백한 언급이 없지만 한글번역자들은 "아이의 이름"이 기려진다고 보고 본문에 없다는 표시로 작은 글씨로 삽입한 것이다.

히브리어 원문에서는 "그의 이름"(שְׁמוֹ ; 셰모)이라고 3인칭 남성 대명사 접미(וֹ ; 오)로 표시되어 있다. 따라서 "그의"라는 인칭대명사 접미가 누구를 가리키느냐가 해석의 관건이다. 인칭대명사 접미는 앞에 나오는 명사를 가리키는데, 가장 가까운 명사인 기업 무를 자를 가리키든지 아니면 그 앞에 있는 여호와를 가리키든지 둘 중에 하나이다. 결국 여호와의 이름이 유명해지길 바란 것인지, 아니면 새로 태어나 고엘의 역할을 할 아기의 이름이 유명해지길 원하는 것인지 둘 중에 하나이다.

일부 학자들은 여기서 그는 여호와를 가리키고 "그의 이름"은 "여호와 이름"이라고 본다. 또한 "이름이 불려진다"(יִקָּרֵא שֵׁם ; 이카레 셈)는 것은 "이름을 찬양하는 것"으로 본다. 그렇다면 여호와께서 나오미에게 베푼 은혜를 기억하면서 여호와의 이름이 칭송되기를 여인들이 원하는 것으로 해석한다. 룻의 아기의 출생이 나오미에 대한 여호와의 인애와 사랑임을 드러내기 위해 여호와의 이름이 이스라엘 가운데서 칭송되기를 원하였다는 것이다.

한편 다수의 학자들은 "그의"라는 접미는 가장 가까운 이전 명사인 고엘(기업 무를 자)을 가리킨다고 본다 : "오늘 네게 기업 무를 자(גֹאֵל)가 없게 하지 아니하셨도다 그의 이름이 이스라엘 중에 불려지기를 원하노라." 왜냐하면 15절에서 새로 태어난 아기가 동사의 주어로 나타나면서 이어지는 16절도 마찬가지로 주어가 바뀌지 않는다. 따라서 다수의 학자들은 "아이의 이름"이 이스라엘 중에 기려지기를 원한 것

으로 보아야 한다8고 해석한다.

결국 우리는 여호와의 이름과 태어날 아이의 이름 중에서 선택할 수밖에 없다. 가능성은 반반이기에 우리가 원하는 것을 선택하고 일관성 있게 해석하면 된다. 필자는 아이의 이름으로 해석하는 것이 더 낫다고 생각한다.

백성들과 장로들은 보아스의 이름이 "베들레헴에서 유명하게 하시기를 원하며"(וּקְרָא־שֵׁם בְּבֵית לָחֶם ; 우크라-솀 베베트 라헴)라고 했는데, 여인들은 아이의 이름이 "이스라엘 중에 유명하게 되기를"(וְיִקָּרֵא שְׁמוֹ בְּיִשְׂרָאֵל ; 와이카레 셰모 베이스라엘) 원한다고 축복한다. 보아스의 이름과 아기의 이름은 베들레헴에서 이스라엘로 지경이 넓혀지며 유명해질 것임을 보여준다. 이 얼마나 큰 축복의 확대인가! 아니나 다를까 이들의 후손 다윗은 단지 베들레헴뿐 아니라 온 이스라엘에서 유명해질 이름이었다. 형제의 이름이 성문에서 끊어지지 않도록 인애를 베푸는 보아스와 그의 후손의 이름이 베들레헴을 넘어 이스라엘 중에 유명하게 되는 것은 어쩌면 너무 당연한 것 아닌가!

3.4 새로 태어난 아기는 나오미에게 어떤 의미인가?

베들레헴 여인들은 여호와를 찬양해야 하는 이유로 고엘을 주신 것을 언급한 후에 이어서 이 고엘이 나오미에게 무슨 의미가 있는지를 15절에서 찬양하기 시작한다.

"이는 네 생명의 회복자이며
(וְהָיָה לָךְ לְמֵשִׁיב נֶפֶשׁ ; 웨하야 라크 르메쉽 네페쉬)
네 노년의 봉양자라
(וּלְכַלְכֵּל אֶת־שֵׂיבָתֵךְ ; 울칼켈 에트-셰바테크)."

첫째로 이 아기는 "네 생명의 회복자"라는 것이다. 그런데 "네 생명의 회복자"(מֵשִׁיב נֶפֶשׁ ; 메쉬브 네페쉬; life-restorer)란 어구를 원문으로 보면 생명(life)에 "네"(your)라는

---
8 Hubbard, *Ruth*, 271; Bush, *Ruth/Esther*, 255–57.

2인칭 소유대명사 단수접미(ךָ ; 에크)가 붙어 있지 않다. 그런데 한글개역개정은 왜 "네" 생명의 회복자라고 번역하고 있는가? 그 이유는 다음 행의 병행 표현인 "네 노년의 봉양자"에 "네 노년"(שֵׂיבָתֵךְ ; 셰바테크; your old age)이라는 단어에 2인칭접미(ךְ ; 에크)가 붙어 있기 때문이라고 학자들은 본다. "네"라는 소유대명사 2인칭접미가 두 번째 행에 "네 노년의 봉양자"에만 한 번 쓰였지만, 실제로는 앞 행의 "생명의 회복자"에도 "네"라는 접미가 붙은 것으로 해석할 수 있다. 이렇게 한 번 쓰이지만 용도로는 두 번 사용된 것으로 보는 기법을 문예 용어로 "이중의미"(double duty)라고 부른다. 그렇다면 "네 노년"의 "네"는 이중의 임무를 담당하는 것으로 볼 수 있어서 "네 생명의 회복자"라고 번역할 수 있다. 따라서 한글개역개정이 "네"라는 소유대명사를 집어넣어 번역한 것이다.

그렇다면 "네 생명의 회복자"(מֵשִׁיב נֶפֶשׁ ; 메쉬브 네페쉬)란 무슨 의미인가? "돌아오다"는 동사 슈브(שׁוּב)의 사역형, 즉 "돌아오게 하다"에 "생명"(נֶפֶשׁ ; 네페쉬)이란 목적어가 붙은 것으로, 직역하면 "네 생명을 돌아오게 하는 자"(to restore to fullness of life)이다. "네페쉬"(נֶפֶשׁ)는 "사람을 살아있게 만드는 생명, 혼"을 가리킨다.[9] 또한 우리는 "생명의 회복자"란 표현에 룻기 1장의 핵심 단어인 "돌아오다"(שׁוּב ; 슈브)가 사용되고 있다는 점을 주목해야 한다. 1:21에서 나오미는 이렇게 애가를 불렀다.

"내가 풍족하게 나갔더니 여호와께서 내게 비어(רֵיקָם ; 레캄) 돌아오게(הֱשִׁיבַנִי ; 헤쉬바니; 슈브[שׁוּב] 동사의 사역형[히필형]) 하셨느니라 여호와께서 나를 징벌하셨고 전능자가 나를 괴롭게 하셨거늘 너희가 어찌 나를 나오미라 부르느냐 하니라."

결국 텅 비어 돌아온 나오미에게 "생명/혼이 돌아오게 하는"자란 의미는 "텅 빈 나오미의 삶을 온전하게 채우는 자"란 의미이다. 베들레헴 여인들의 말은 룻이 낳은 첫 아들은 텅 빈 나오미의 삶을 온전한 상태로 회복시키는 자라는 뜻이다.

"풍족하게 나간 나를 여호와께서 텅 비어(רֵיקָם ; 레캄) 돌아오게(שׁוּב ; 슈브) 하셨다"고 애가를 부르던 나오미에게 이제 베들레헴 여인들은 룻이 낳은 아들을 가리키면

---

9 게제니우스, 『게제니우스 히브리어 아람어 사전』, 517.

서 "네 생명(נֶפֶשׁ; 네페쉬)을 돌아오게 하는(שׁוּב; 슈브) 자"라고 부르고 있다. 1장 끝에서는 나오미가 텅 빈 상태로 돌아왔지만 이제 4장에서는 나오미의 생명을 돌아오게 할 자가 주어진 것이다.

그렇다! 여호와는 한 사람의 삶을 텅 비게만 만드는 분이 아니시다. 여호와는 우리의 생명을 회복시키는 분이시다. 나오미가 베들레헴 여인들의 말을 들으면서 얼마나 감격해 했을까! 마음이 아직 아프지만 자기 백성을 돌보시사 양식을 주시는 하나님을 바라보고 베들레헴으로 돌아온 자신에게 기업 무를 자를 주셔서 생명이 돌아오게 하셨으니 얼마나 기뻤을까 상상해 보라.

룻기 기자는 이렇게 베들레헴 여인들의 입을 통해 아직 마음이 쓰리고 아프더라도 여호와께 돌아와야 한다고 외치고 있는 것이다. 왜냐하면 여호와는 그의 백성의 생명을 돌아오게 만드시는 분이기 때문이다. 텅 빈 상태로 좌절하여 모압 지방에 눌러 앉아 있어서는 안 된다. 모압 지방에서 돌아와야 한다. 슬픈 마음이 있더라도, 하나님의 징계의 손길을 아직 느끼고 있더라도 끝내 여호와께로 돌아와야 한다. 여호와께서는 당신의 때에 당신의 방식으로 당신의 백성들의 삶을 채우시기 때문이다.

베들레헴 여인들은 한 걸음 더 나아가 룻이 낳은 아들을 "네 노년의 봉양자"(וּלְכַלְכֵּל אֶת־שֵׂיבָתֵךְ; 울칼켈 에트-세바테크)로 정의한다. 여기서 "봉양자"란 번역어는 "담다"는 쿨(כּוּל) 동사의 강조형(필펠형) 부정사를 의역한 것이다.[10] 이 "쿨"(כּוּל) 동사는 강조형으로 쓰이면 "물 혹은 음식 같은 것을 담게 하다"는 의미로 쓰이는데 여기서는 "음식을 제공하다"란 뜻으로 쓰인 것이 분명하다. 한편 "노년"(שֵׂיבָה; 세바)은 문자적으로 하면 "흰 머리"(grey hair)이기에, 직역하면 "흰 머리를 먹이다"이다. 결국 룻이 낳은 이 아이가 "네 흰 머리를 먹이는 자가 되리라"로 직역할 수 있다.

우리는 나오미가 전에 기근으로 인해 고통을 당한 것을 기억하고 있다. 기근으로 인해 떡의 집이란 베들레헴을 떠나 모압으로 우거하러 갔다가 그만 남편과 두 아들을 잃고 룻과 함께 모압 지방에서 돌아왔음을 보았다. 그리고 몇 달은 룻의 이삭줍기를 통해 연명할 수 있었다. 그러나 이런 식으로 남은 생을 유지할 수는 없었다.

---

10 동사 쿨(כּוּל)의 필펠형 부정사 연계형은 칼켈(לְכַלְכֵּל)인데 "부양하다, 유지하다"의 의미로 사용된다. 참조 창세기 45:11; 열왕기상 4:7.

그런데 룻이 보아스와 결혼하여 아들을 낳았으니, 이제 나오미는 이 아이로 인해 노년에 일용할 양식을 걱정하지 않게 된 것이다.

베들레헴 여인들에게 나오미의 기업 무를 자란 "텅 빈 나오미의 생명을 돌아오게 하는 자", "나오미의 노년의 봉양자"인 것이다. 우리는 기업 무른다는 것을 너무 거창하게 생각해서는 안 된다. 한 사람의 텅 빈 삶을 채우고, 생명을 상실한 자를 회복시키고, 노년을 봉양케 하는 일, 이것이 기업 무름의 정신이다.

오늘날 교회와 그리스도인들이 눈여겨 보아야 할 대목이다. 교회가 하는 일은 사회 구조를 바꾸고, 실정법을 정의롭게 입법하는 일을 돕고, 정부가 하는 일에 제동을 걸거나 돕는 일등을 통해서 하나님의 나라를 임하게 할 수도 있지만, 동시에 이렇게 인근 지역의 텅 빈 사람들의 삶을 채우고, 생명을 상실한 자들을 돌아보고, 나이 든 노인들을 봉양하는 일을 통해서도 얼마든지 하나님의 나라와 그의 의를 추구할 수 있는 것이다.

3.5 일곱 아들보다 나은 며느리 룻

그렇다면 베들레헴 여인들이 룻이 낳은 아들이 나오미의 생명의 회복자요 노년의 봉양자가 될 것을 어떻게 확신할 수 있었을까? 그저 소망 사항으로 말한 것인가? 이 아기가 나오미의 노년에 봉양을 할지 안 할지 어떻게 알 수 있을까? 이 아이가 그런 역할을 할 것이라는 무슨 보장이 있는가? 여인들이 가진 확신의 근거가 무엇인지는 15하반절에 이어지는 말을 들으면 알 수 있다.

"곧 너를 사랑하는 며느리가 낳은 자로다.
(כִּי כַלָּתֵךְ אֲשֶׁר־אֲהֵבַתֶךְ יְלָדַתּוּ ; 키 칼라테그 아셰르 아헤바테크 엘라다투)
그녀는 네게 일곱 아들보다 귀한 자로다 하니라
(אֲשֶׁר־הִיא טוֹבָה לָךְ מִשִּׁבְעָה בָּנִים ; 아셰르-히 토바 라크 미쉬브아 바님)."

위의 말을 보면 베들레헴 여인들은 확신의 근거를 룻에게서 발견하였음을 보게 된다. 룻은 나오미를 사랑한(אָהַב ; 아하브) 며느리였기 때문이라는 것이 학자들의 주장이다. 학자들은 사랑하다는 동사의 주어는 룻기에서는 룻이 유일하다는 점을 주목한다.[11] 만일 룻의 아들이 이런 어머니의 심성을 닮고 어머니의 삶에서 배운다면 나오미의 생명의 회복자가 되고 노년의 봉양자가 될 것은 너무나 명약관화한 일이라는 논리이다.

나오미에 대한 룻의 사랑은 룻이 말로나(1:16-17) 행동으로(2:11) 보여준 적이 있었다. 따라서 룻이 낳은 아이도 이러한 성격을 드러내고 기대에 부응할 것임을 확신할 수 있다는 것이다. 캠벨(Campbell)은 "나오미에 대한 룻의 사랑이 아이에게 유전되었을 것이다"라고 말한 루돌프의 주장은 지나친 것이 아니라고 말하면서 "일곱 아들보다 나은 자부"라는 성격 묘사는 "룻에 대한 스토리의 궁극적인 평가"(the story's ultimate evaluation of Ruth)라고 못을 박는다.[12]

여인들은 룻을 가리켜 "너를 사랑하는 네 며느리"(כַּלָּתֵךְ אֲשֶׁר־אֲהֵבַתֶךְ ; 칼라테크 아셰르 아헤바테크)라고 부른다. 우리는 우선 룻이 보아스와 결혼한 지 최소한 1년이 지났음에도 나오미의 "며느리"(כַּלָּה ; 칼라)라고 부른다는 점을 주목해야 한다. 룻과 나오미와의 관계에서 룻은 룻기 전체를 통틀어 1장에서부터 4장에 이르는 동안 내내 나오미의 며느리인 것이다. 심지어는 보아스와 결혼하였음에도 불구하고 룻은 나오미의 며느리로 남아 있는 것이다.

나오미의 며느리인 룻은 "나오미를 사랑한(אָהֵב ; 아하브)" 여인이었다. 우리가 룻기 전체를 읽어오면서 보았듯이 룻이 나오미에게 보인 충성과 헌신은 사랑에서 나오지 않았다면 불가능한 것이었다. 베들레헴 여인들이 볼 때에도 룻이 보인 인애는 사랑에서 나온 충성이었다. 자신을 낳아준 부모는 물론 민족적 정체성과 종교적 정체성마저 버리고 나오미를 붙좇은 룻의 인애의 행동은 "사랑"이 아니고는 설명할 수 없는 것이 아닌가! 사랑이 무엇인가? 아가서 기자는 노래한다.

"사랑은 죽음같이 강하고 질투는 스올같이 잔인하며 불길같이 일어나니 그 기세가 여호와의 불과 같으니라 많은 물도 이 사랑을 끄지 못하겠고 홍수라도 삼키지 못하나니 사람이 그의 온 가산을 다 주고 사랑과 바꾸려 할지라도 오히려 멸시를 받으리라(아 8:6-7)."

---

11 Campbell, *Ruth*, 168.
12 Campbell, *Ruth*, 168.

그렇다! 사랑의 힘이 아니고는 이방 여인인 룻이 "부모와 조국을 떠나 알지 못하던 백성"에게로 올 수 없다. 사랑 때문에 룻은 나오미에 대한 죽음에 이르는 충성도 가능했던 것이다.

"어머니께서 가시는 곳에 나도 가고 어머니께서 머무시는 곳에서 나도 머물겠나이다 어머니의 백성이 나의 백성이 되고 어머니의 하나님이 나의 하나님이 되시리니 어머니께서 죽으시는 곳에서 나도 죽어 거기 묻힐 것이라 만일 내가 죽는 일 외에 어머니를 떠나면 여호와께서 내게 벌을 내리시고 더 내리시기를 원하나이다 (룻 1:16-17)."

이것이 나오미를 향한 룻의 인애에 대한 베들레헴 여인들의 신학적 해석이었다. 따라서 베들레헴 여인들이 볼 때에 룻은 나오미에게 일곱 아들보다 나은 며느리이다. 그동안 룻과 나오미가 원했던 것은 아들이었다. 그런데 룻은 단지 아들보다 나은 며느리가 아니었다. 룻은 "일곱 아들보다 나은 며느리"인 것이다. 이보다 더 큰 칭찬이 있을 수 있을까? 며느리인 룻이 일곱 아들보다 더 나은 이유는 무엇인가? 그것은 바로 룻이 나오미를 사랑하였기 때문이라는 것이다. 결국 룻기 기자는 율법을 완성시키는 힘은 "사랑"임을 룻기 대단원에서 베들레헴 여인들의 입을 통해 강력하게 선언하고 있는 것이다.

4. 아기의 양육자가 된 나오미

4.1 아기들을 잃었던 나오미가 아기를 얻음

베들레헴 여인들의 찬양을 듣고 나오미가 어떤 반응을 보였을까?

"나오미가 아기를 받아 품에 품고
(וַתִּקַּח נָעֳמִי אֶת־הַיֶּלֶד וַתְּשִׁתֵהוּ בְחֵיקָהּ ; 와티카흐 노오미 에트-하옐레드 와테쉬테후 베헤카흐)."

내레이터는 "나오미가 아기를 받았다"(וַתִּקַּח נָעֳמִי אֶת־הַיֶּלֶד ; 와티카흐 노오미 에트-하옐레드)고 하였다. 이런 언급은 내용이 너무나 분명하기에 해석자들이 그냥 흘려보낼 위험이 크다. 그러나 본문의 작은 단서도 주제 표출에 중요하다는 점을 잊어서는 안 된다. 여기서 "아기"란 단어의 반복에 주의하면 이 간단한 언급이 룻기 전체의 주제를 드러내는 중요한 문예 장치임을 알 수 있다. 아기란 명사 "옐레드"(יֶלֶד)와 연관된 "낳다"는 동사인 "얄라드"(יָלַד)는 룻기에 16번 사용되었는데 1장에 두 번, 그리고 4장에 14번(족보에 9번) 사용되었다. 그런데 "아기"란 명사(יֶלֶד)는 룻기 1:5과 4:16에만 두 번 사용되었다.

"말론과 기룐 두 사람이 다 죽고 그 여인은 두 아기들(יֶלֶד ; 옐레드)과 남편의 뒤에 남았더라(룻 1:5)."

"나오미가 아기(יֶלֶד ; 옐레드)를 받아 품에 품고 그의 양육자가 되니(룻 4:16)."

한글개역개정 1:5에서는 "아들"로, 4:16에서는 "아기"로 번역되어 있으므로 연결이 느슨해 보이나, 히브리 성경에서는 둘 다 "아기"(יֶלֶד ; 옐레드)로 되어 있어 성경 기자가 둘을 강하게 연결시키려고 의도한 것이 분명하다. 왜냐하면 나이가 최소한 20대 중반이 넘은 성인인데 말론과 기룐의 죽음을 "아기들"의 죽음으로 본 것은 매우 특이하기 때문이다.

결국 룻기 1:5에서 "아기"(יֶלֶד ; 옐레드)란 용어를 사용한 것은 룻기 4:16에서 룻이 낳은 "아기"(יֶלֶד ; 옐레드)를 취하여 품에 안은 것과 연결시키기 위한 복선으로 룻기 기자가 의도적으로 사용한 문예 장치임이 분명하다고 최근의 학자들은 주장한다. 서막에서 나오미는 두 "아기들"을 잃었지만, 대단원에서는 "아기"를 취하여 품에 안고 있다. 이런 식으로 룻기 기자는 "아기"의 반복을 통해 여호와 하나님은 두 아기들을 잃고 텅 비어 돌아온 나오미를 새로 태어난 아기로 풍요하게 채우시는 분임을 드러내려고 한 것이라고 학자들은 해석한다.

따라서 캠벨은 1:5과 4:16의 "아기"로 연결되는 인클루지오를 "가장 통렬하고 사랑스런 인클루지오"(the most poignant and lovely inclusio)라고 본다. 아기 둘을 잃고 텅 비었던 나오미가 이제 아기를 안고 있다면 나오미의 텅 빈 삶이 채워진 것이 아닌가! 이렇게 성경의 하나님은 한 사람의 삶을 텅 비게만 만드시는 분이 아니시다. 우리 하나님은 우리의 삶을 채우시는 분이시기도 하다.

우리는 여기서 욥의 고백을 들을 필요가 있다.

"이르되 내가 모태에서 알몸으로 나왔사온즉 또한 알몸이 그리로 돌아가올지라 주신 이도 여호와시요 거두신 이도 여호와시오니 여호와의 이름이 찬송을 받으실지니이다(욥 1:21)."

욥은 나오미처럼 하루 아침에 일곱 아들과 세 딸을 잃었지만 하나님을 향하여 욕하거나 저주하지 않았다. 나중에는 온 몸에 피부병이 생겨 극심한 고통을 당하게 되었고 부인마저 "당신이 그래도 자기의 온전함을 굳게 지키느냐 하나님을 욕하고 죽으라"고 부추겼으나 욥은 "그대의 말이 한 어리석은 여자의 말 같도다 우리가 하나님께 복을 받았은즉 화도 받지 아니하겠느냐" 하며 입술로 범죄하지 않았다(욥 2:9-10). 비록 세 친구와의 3라운드 대화 중에는 거친 말도 종종 내뱉었으나, 욥은 그의 온전함을 굳게 지켰다. 그 결과 욥이 하나님께 대해 한 말이 옳았다는 인정을 받았을 뿐 아니라 하나님께서 욥을 원 상태보다 훨씬 크게 회복시키고 축복하셨다.

"여호와께서 욥의 말년에 욥에게 처음보다 더 복을 주시니 그가 양 만 사천과 낙타 육천과 소 천 겨리와 암나귀 천을 두었고 또 아들 일곱과 딸 셋을 두었으며 그가 첫째 딸은 여미마라 이름하였고 둘째 딸은 긋시아라 이름하였고 셋째 딸은 게렌합북이라 이름하였으니 모든 땅에서 욥의 딸들처럼 아리따운 여자가 없었더라 그들의 아버지가 그들에게 그들의 오라비들처럼 기업을 주었더라 그 후에 욥이 백사십 년을 살며 아들과 손자 사 대를 보았고 욥이 늙어 나이가 차서 죽었더라(욥 42:12-17)."

욥의 인내와 그로 인한 축복은 나오미의 삶을 이해하는 데도 중요한 개념적 틀이 될 수 있다. 나오미 역시 여호와가 자신을 치고 있다고 믿고 있음에도 모압 지방에 주저앉지 않았다. 나오미는 모압에서 일어나 자신을 치고 있는 여호와가 다스리시는 땅 베들레헴으로 돌아왔다. 베들레헴으로 돌아오며 여인들을 향해 "내가 풍족하게 나갔더니 여호와께서 내게 비어 돌아오게 하셨느니라"고 애가를 부르고 있지만, 놀랍게도 하나님은 모압에서 돌아온 나오미에게 아들을 선물로 주셨다. 나오미가 안은 아들을 보고 베들레헴 여인들이 여호와께 드리는 찬송은, 성경의 하나님은 궁극적으로는 그의 백성을 축복하시는 분임을 강력하게 선포한다.

4.2 나오미가 아기를 품에 품음

룻기 기자는 나오미가 아기를 취한 후에 "품에 품었다"(וַתְּשִׁתֵהוּ בְחֵיקָהּ ; 와테쉬테후 베헤카흐)고 묘사한다. 그렇다면 아기를 "품"(חֵיק ; 헤크)에 품는 것은 무엇을 의미하는가?

일부 학자들은 품에 품는 행동을 양자로 입양하는 공식 절차로 본다.[13] 그러나 꼭 그렇게 볼 필요가 있는 것은 아니다. 이미 율법적으로 죽은 말론의 이름을 잇는 첫 아들이기에, 나오미의 아들이라고 볼 수 있기 때문이다. 게다가 여인이 아들을 입양할 수 있었는지에 대한 명백한 증거가 성경에 없다. 따라서 법적 함축을 지닌 행동보다는 정서적이고 감정적인 제스처로 보는 것이 더 좋아 보인다는 것이 다수의 견해이다.

그렇다면 아기를 품에 품은 것은 무슨 의미일까? "품"(חֵיק ; 헤크)은 남녀를 가리지 않고 가슴을 가리킨다. 따라서 여성의 젖가슴을 꼭 가리키는 것은 아니다. 이 "품"(חֵיק ; 헤크)이란 단어는 아비가 아기를 가슴에 품고 양육하는 모습(민 11:12)을 묘사할 때나 나단의 비유에서 암양을 가난한 자가 가슴에 안고 있음을 가리킬 때(삼상 12:3), 남편이 아내를 가슴에 안을(신 13:7; 삼하 12:8) 때나 또한 하나님이 그의 양을 돌보는 부드러운 모습을 묘사할 때도 사용(사 40:11)되었다고 학자들은 지적한다.

결국 성경에서 품(חֵיק ; 헤크)은 따뜻하고 부드러운 신체의 일부인 가슴을 가리키는 용어로서 인간의 감정이 놓여 있는 장소를 가리키는 상징으로도 쓰인다고 학자들은 본다. 특히 여인의 품은 약하고 어린 자들을 사랑스런 마음으로 돌보고 양육

---

13 R. de Vaux, *Ancient Israel : Its Life and Institutions* (London, 1961), 42. 워렌 위어스비(W. Wiersbe)도 비공식적인 입양으로 본다. 위어스비, 『헌신하여라』, 79.

하고 위로하는 장소이다. 따라서 나오미가 아기를 품에 안은 것은 룻이 준 보배로운 선물을 온 마음으로 기쁘게 받아들이고, 돌보고 사랑하고 있음을 보여주는 강력한 제스처이다.

4.3 오벳의 양육자가 됨

내레이터는 룻이 아기를 품에 안은 것만이 아니라 그 이상의 역할을 했다고 묘사한다.

"그녀가 그를 위해 양육자가 되니(וַתְּהִי־לוֹ לְאֹמֶנֶת ; 와테히-로 르오메네트)."

여기서 "양육자"(אֹמֶנֶת ; 오메네트)란 "먹이다"(אמן)의 능동 분사 여성형 단수로서 양육모(foster-mother)를 가리킨다. 학자들은 여기서 꼭 젖을 먹이는 유모를 가리키는 것으로 볼 필요가 없다고 본다. 모르드개와 에스더의 관계(에 2:7), 아합의 아들과 이를 돌보는 자의 관계(왕하 10:1, 5)를 표현하는 데 남성형 분사(אֹמֵן ; 오므나)가 사용된 것을 보면, 여기서는 유모가 아니라 보호자를 가리키는 의미로 쓰인 것이 분명하다는 것이다.

"그의 삼촌의 딸 하닷사 곧 에스더는 부모가 없었으나 용모가 곱고 아리따운 처녀라 그의 부모가 죽은 후에 모르드개가 자기 딸같이 양육하더라 … 에스더는 모르드개가 명령한 대로 그 종족과 민족을 말하지 아니하니 그가 모르드개의 명령을 양육받을(אֹמֵן ; 오므나) 때와 같이 따름이더라(에 2:7, 20)."

"아합의 아들 칠십 명이 사마리아에 있는지라 예후가 편지들을 써서 사마리아에 보내서 이스르엘 귀족들 곧 장로들과 아합의 여러 아들을 교육하는 자들(הָאֹמְנִים ; 하오므님)에게 전하니 일렀으되(왕하 10:1)."

나오미는 룻의 아들을 양육하는 일을 맡은 것으로 보인다. 요새 말로 하면 "보호자" 역할이라고 할까? 아마도 룻의 아들에게 보아스의 기업 무름을 통해 죽은 말론의 아들로 태어난 것을 가르치며 양육하는 역할을 맡은 것으로 보인다.

4.4 재앙의 이유를 알려주는 대신 새로운 소명을 부여하심

우리는 여기서 나오미가 당한 재앙의 이유에 대해 어떤 언급도 없었음을 주목해야 한다. 베들레헴 여인들의 말 속에서도 어떤 단서도 찾을 수 없다. 베들레헴 여인들은 나오미에게 기업 무를 자, 생명의 회복자, 노년의 봉양자를 주신 여호와만을 찬양할 뿐이다. 이에 대해 나오미는 한마디도 하지 않는다. 왜 전에 내게 이런 재앙을 주었는지에 대한 질문이나 베들레헴 여인들의 말을 반박하지 않는다.

그 이유가 무엇일까? 재앙이나 환난을 당한 성경의 인물들을 연구해 보면 하나님이 왜 재난을 허락하셨는지에 대한 만족할 만한 대답이 주어지는 대신 새로운 소명을 주심으로 재난을 극복하도록 도우신다는 것이 학자들의 견해이다. 예를 들어, 캠벨의 말을 들어보자.

> 이 모든 일에 있어서 애가를 부르며 던진 질문에 대해서는 하나님이 왜 그렇게 하셨는지에 대한 만족할 만한 답이 주어지지 않았다. 오히려 문제 해결은 미래로 돌려지고, 당사자들에게는 새로운 소명(renewed vocation)의 관점에서 해답이 주어지고 있다는 점을 유의해야 한다. 여기서 주어지는 유일한 확신은 신실하신 하나님이 외견적 현상에도 불구하고 자신의 일을 하고 계시며, 그의 백성은 그저 자기 일에 충실해야 한다는 것뿐이다. 엘리야는 불평하였지만(왕상 19:1-14), 불평에 대한 설명 대신 새로운 사명을 부여받았다(19:15-18). 예레미야도 불평하였지만(렘 15:10-18), 만족할 만한 대답 대신 새롭게 부름을 받았다(15:19-21). 욥은 불평하며 여호와의 궁정의 닫힌 문을 두드렸으나, 만족할 만한 답을 얻지 못하였다. 단지 하나님께서 아직도 우주를 통제하고 다스린다는 사실만을 확신시켜 주셨고, 도움이 되지 못한 친구들을 위해 중보 기도하라는 기대하지 않은 소명을 주셨다(욥 42:8; 참조 42:10). 이것은 시편 22장의 말씀을 빌려 십자가에서 외치신 그리스도의 부르짖음에도 해당된다(마 27:45-54; 막 15:33-39; 눅 23:44-48). 특

별히 복음서 기자들은 예수의 죽음을 "소명"으로 간주하고 있음을 기억해야 한다.[14]

캠벨은 이렇게 성경의 다른 유사 인물들과 본문들을 살펴본 후에 나오미가 아기를 품에 안고 양육자가 된 것을 이렇게 해석한다.

> 장르의 관점(불평과 해소)에서나 신학적 의미의 관점에서 나오미의 불평과 아이를 가슴에 안은 행동은 지금까지 살펴본 성경 본문들과 서로 연결된다고 믿는다. 만일 이것이 사실이라면 16절은 입양의 상징이 아니라, 새로운 역할의 수용이라고 보는 것이 나을 것이다. 모압에서 당한 환난의 이유는 설명되지 않는다. 사실상 어떻게 보면 나오미의 불평은 정당화된 것이다. 나오미는 단지 새로운 소명으로, 즉 자신의 미래를 보장할 아이를 키우는 소명으로, 그리고 새로운 축복의 조건으로 대답을 받은 것뿐이다. 하나님께서 그의 백성의 필요를 보시고 채우시며 나오미를 고향으로 돌아오게 하신 이후에 베들레헴에서 일어난 모든 일에 하나님의 신실하심이 드러남을 다시 한 번 확인하고 이것들을 받아들이기로 한 것이다.[15]

우리는 캠벨의 통찰력 있는 해석에 귀를 기울여야 한다. 사실상 인간에게 닥치는 재앙의 원인은 대부분 알 수 없다. 따라서 성경을 해석하며 삶을 읽어내야 하는 설교자들과 교우들은 재앙으로 고통당하는 사람들을 대할 때 조심해야 한다. 재앙의 원인을 찾아내어 고통을 배가시키는 일을 해서는 안 된다.

니콜라스 월터스토프는 사랑하는 아들을 잃고 나서 이렇게 고백한다.

> "왜" 고통이 따르는지에 대한 명확한 답은 우리에게 주어지지 않는다. 물론 어떤 고통은 전쟁, 폭행, 풍요 속의 빈곤, 상처 입히는 말과 같은 우리가 지은 죄의 결과라는 것을 쉽게 알 수 있다. 또 어떤 고통은 징계일지도 모른다. 그러나 전부 그렇지는 않다. 나머지 고통의 의미에 대해서는 아무도 우리에게 말해주지 않는다. 우리가 이해할 수 있는 의

---

14 Campbell, *Ruth*, 168.
15 Campbell, *Ruth*, 168.

미의 폭은 아주 미비하다. 고통에는 우리의 죄보다 더 큰 무엇인가가 있다.[16]

룻기는 나오미가 당한 재앙 역시 그 원인이 무엇인지를 신비에 묻어 두고 있다. 재앙의 원인을 알려주는 속시원한 대답은 주어지지 않았고 대신 룻이 낳은 아들을 키우는 양육자의 소명을 받아들인 것이다. 나오미는 이 아기를 품에 품고 양육자가 되는 소명을 받아들이면서 슬픔과 고통이 가져다 주는 보배를 깨닫게 되었을 것이다. 월터스토프는 고난을 선택할 수 없지만 고난을 통해서 주어지는 보배를 소중하게 여길 줄 아는 삶의 신비에 대해 이렇게 말한다.

어떻게 해야 우리는 고통을 치워달라고 간구하면서도 고통이 가져다준 것들에 대해 감사할 수 있는가? 여전히 의문이 남긴 하지만 그러나 내가 깨달은 것은 고통이 고통당하는 자의 축복이 될 수도 있다는 것이다. 예전에 동료였던 한 친구는 심장마비에 걸려 죽을 뻔했던 경험을 어느 것과도 바꾸지 않겠노라고 말했다.

고통의 골짜기에서는 절망과 비통함이 생겨난다. 그러나 성품 또한 영글어간다. 고통의 골짜기는 인간을 다듬는 계곡인 것이다. 그러나 이제 모든 것들이 주위에서 미끄러지듯 사라진다. 내가 받은 축복을 어떻게 말할까? 나는 무엇으로 감사하며 무엇으로 애통해 하는가? … 어떻게 하면 내 아들의 때이른 죽음이 아니었다면 결코 이를 수 없는 경지를 맛보게 해주신 이 기회를 감사함으로 받아들이고 동시에 그 죽음에 대해서는 "안 돼"라고 계속해서 외칠 수 있을까?[17]

그렇다! 이것이 삶의 신비이며, 하나님의 섭리의 오묘함이다. 나오미가 경험한 고통이 없었다면 결코 룻과 보아스의 인애를 통해 기업 무를 자가 주어지는 축복을 맛볼 수 없었을 것이다.

---

16 월터스토프, 『나는 사랑하는 사람을 잃었습니다』, 127.
17 월터스토프, 『나는 사랑하는 사람을 잃었습니다』, 163-64.

5. 나오미에게 아들이 태어났다

5.1 아기의 이름을 짓는 베들레헴 이웃 여인들

나오미가 아기를 품에 품고 양육자가 되었다면 아기 이름도 나오미가 지어주었을 것이라고 추측할 수 있다. 그런데 흥미롭게도 룻이 낳고 나오미가 품에 안은 아기의 이름은 다른 사람들이 지어주었다(17절).

"그의 이웃 여인들이 그에게 이름을 지어 주되
(וַתִּקְרֶאנָה לוֹ הַשְּׁכֵנוֹת שֵׁם לֵאמֹר ; 와티크레나 로 하셰케노트 솀 레모르)."

이웃 여인들이 룻이 낳은 아들에게 이름을 지어주었다. 고대 이스라엘에서는 태어날 당시의 여러 개인적이고 실존적인 상황에 맞추어 부모가 이름을 짓는 것이 보통이었다.

"후에 나온 아우는 손으로 에서의 발꿈치(עָקֵב ; 아케브)를 잡았으므로 그 이름을 야곱(יַעֲקֹב ; 야아코브)이라 하였으며 리브가가 그들을 낳을 때에 이삭이 육십 세였더라(창 25:26)."

야곱이 형 에서의 발꿈치를 잡고 나오는 특이한 모습을 보고 이삭은 둘째 아들을 야곱이라 지은 것이다. 발꿈치(עָקֵב ; 아케브)란 단어와 야곱(יַעֲקֹב ; 야아코브)이란 이름은 소리가 유사하다. 이렇게 출산 당시의 특이한 상황에서 나온 이름이 야곱의 삶의 특징을 보여주는 일종의 복선으로서의 역할을 감당한다.

그런데 여기서는 부모가 아닌 이웃 여인들(שְׁכֵנוֹת ; 셰케노트)이 이름을 짓고 있다. 부모가 아닌 여인들이 이름을 지은 경우는 성경에서 이곳이 유일하다. 따라서 일부 학자들은 이런 일이 가능하리라고 보지 않는다. 이에 이들은 실제로는 부모가 이름을 지었는데, 성경 기자가 문예적인 기법을 살려서 이웃 여인들이 이 이름을 단지 선포하고 칭송하는 코러스를 하는 모습으로 장면을 묘사하고 있는 것뿐이라고 주

장한다.[18]

그러나 굳이 이런 식으로 상상하여 해석할 필요가 없다는 것이 다수의 견해이다. 성경 기자는 분명하게 이웃 여인들이 이름을 지어 주었다고 명시하고 있기 때문이다. 이것은 베들레헴 여인들이 룻기에서 감당하는 문예적 기능을 보면 충분히 여인들이 이름을 지어주었다고 해도 큰 문제가 되지 않는다. 베들레헴 여인들은 1장과 4장에서 대조적인 모습을 보이며 주제를 표출하고 플롯을 전개시키는 중요한 기능을 감당한다.

룻기 1장에서는 여인들이 나오미를 보고 "이는 나오미가 아니냐?"면서 반기는 모습으로만 묘사되어 있다. 나오미가 여인들의 환영과 놀라움의 질문에 애가를 부르며 자신은 풍족하게 나갔는데 여호와께서 텅 비어 돌아오게 하셨다고 아우성을 치는 모습에 여인들은 아무런 대꾸나 반응도 보이지 않았다. 여인들은 그저 가만히 듣고만 있었다. 룻기 1장에서는 나오미가 텅 비어 돌아온 모습을 부각시키는 일에 여인들이 그저 보조 역할을 하기 때문이었다.

그러나 룻기 4장에서는 여인들의 역할이 크게 부각된다. 나오미가 룻과 보아스의 결혼을 통해 기업 무를 자를 얻게 되는 모습을 본 여인들은 나오미의 텅 빈 삶을 채우시는 여호와께 찬송하지 않을 수 없었다. 이에 베들레헴 여인들은 룻기의 마지막 무대를 장식하는 주인공이다. 룻기 1장에서 나오미의 애가를 듣고 아무런 반응도 보이지 못하던 여인들이 이제는 여호와께 찬양을 드린다. "애가에서 찬양으로의" 룻기 전체의 흐름을 목도하고 있는 이들이 바로 베들레헴 여인들이다. 그렇다면 이런 놀라운 구속사를 바라본 여인들이 룻이 낳은 아들에게 이름을 붙여 주는 것이 그리 큰 문제가 될까!

베들레헴 여인들은 나오미가 품에 안고 있는 아기를 보고 감격하여 외쳤다.

"나오미에게 아들이 태어났다

(יֻלַּד־בֵּן לְנָעֳמִי ; 율라드-벤 르노오미)."

---

18 Block, *Judges, Ruth*, 731.

이전 한글개역은 "나오미가 아들을 낳았다"로 번역하여 자칫 나오미가 주어가 되어 아들을 낳은 것으로 오해할 수 있었다. 그러나 히브리 원문을 보면 주어는 "아들"이고 "낳다"는 동사(ילד ; 얄라드)의 수동형(ילֻד ; 율라드; 푸알[pual]형 혹은 호팔[hophal]형)이 쓰였고 "나오미"(נעמי)란 고유명사 앞에 "…에게"라는 전치사(ל ; 르)가 쓰인 형태이다. 따라서 직역하면 "아들이 나오미에게 태어났다"인데 한글개역개정은 "나오미에게 아들이 태어났다"라고 개정한 것이다. 효과(임팩트)의 측면에서 본다면 "나오미가 아들을 낳았다"가 더 강력한 의미를 전달하는 것도 사실이다. 그런 점에서 필자는 한글개역의 번역도 좋은 번역이라고 본다.

어찌되었든 학자들은 "아들이 …에게 태어났다"란 선언은 자녀의 출산을 기다리는 아버지에게 산파가 소식을 전하는 상황에서 나온 표현으로 본다. 따라서 출산 소식을 기다리는 부모에게 "아들이 …에게 태어났다"는 소식이 전달되는 과정을 베들레헴 여인들이 재현하고 있는 것을 볼 수 있다. "아들이 나오미에게 태어났다"라는 여인들의 합창은 나오미의 모든 과거의 아픔과 불행을 한 번에 날려버린 행복한 소식이었음을 보여준다.

고대 근동이나 고대 이스라엘에서 "아들이 태어났다"는 소식만큼 좋은 소식이 있었을까? 고대 사회가 아들의 출생을 딸의 출생보다 더 반긴 것은 부인할 수 없는 사실이다. 힘을 써야 하는 농업이나 목축업에 종사하는 가족에게는 아들이 딸보다 유용한 인적 자원이었기 때문이다. 나오미는 죽은 아들 말론의 뒤를 이어 기업 무를 아들이 필요하였다. 그런데 룻이 계대결혼을 통해 첫 아들을 낳은 것이었다. 이제 베들레헴 여인들은 마치 산파처럼 "아들이 나오미에게 태어났다"라고 외치고 있는 것이다.

룻이 나은 아들인 오벳은 어떤 의미에서는 나오미의 아들이었다. 이것은 유다의 며느리 다말이 유다를 통해 낳은 아들인 베레스와 세라가 유다의 손자가 아니라 유다의 아들들로 간주되는 것과 마찬가지이다(창 38:27-30, 46:12; 민 26:20; 대상 2:3-4; 4:1).

5.2 오벳, 다윗의 아버지인 이새의 아버지

그렇다면 이웃 여인들이 이름을 어떻게 지었는가? 내레이터의 말을 들어보자.

"그의 이름을 오벳이라 하였는데
(וַתִּקְרֶאנָה שְׁמוֹ עוֹבֵד ; 와티크레나 셰모 오베드)."

이웃 여인들은 나오미를 위해 태어난 아기의 이름을 "오벳"(עוֹבֵד ; 오베드)이라고 지었다. 오벳은 "섬기다, 일하다"는 동사 "아바드"(עָבַד)의 능동분사 남성단수형이다. 이 단어는 "땅을 경작하는 자"로 7번, "징용 일꾼"으로 6번 사용되었다. 한편 "경배하는 자"란 의미로 13번 사용되었는데, 여호와 경배자로 4번, 바알 등 우상 경배자로 9번 구약에서 사용되었다. 따라서 오벳이란 이름은 "종"(노동자) 혹은 "경배자"란 뜻을 지닌다고 결론내릴 수 있다.

현대 해석자들은 "오베드"를 여호와의 종이란 의미의 "오바댜"(עֹבַדְיָהוּ ; 오바드야후)의 단축형이나(참조 왕상 18:3-7; 대상 27:19; 대하 34:12), 하나님의 종이란 의미의 "압디엘"(עַבְדִּיאֵל ; 아브디엘)의 단축형일 수도 있다(대상 5:15)고 본다. 이렇게 신의 이름이 들어간 이름들이 고대 근동이나 이스라엘에서 많이 발견되기 때문에 이런 추론은 상당한 근거가 있는 것이 사실이다.

그런데 여기서는 그냥 오베드라고 하였기에 누구의 종인지가 불분명한 것이 사실이다. 어쩌면 나오미의 종이란 의미일 수도 있고 여호와의 종이란 의미일 수도 있다고 학자들은 본다. 만일 나오미의 종이라고 했다면, 나오미의 기업을 무르고, 나오미의 노년을 봉양하고 나오미의 삶을 회복시키는 아이라는 의미로 여인들이 이름을 붙인 것으로 볼 수 있다. 반면에 여호와의 종이라고 해도 의미는 잘 통한다. 텅 비어 돌아온 나오미의 생명을 회복시키는 자인 아기를 선물로 주신 분은 여호와이시기에 이 아기는 여호와의 종으로 태어난 것이란 의미에서 오베드라고 했을 가능성도 있다는 것이다.

그러나 최근의 학자들은 굳이 이 두 가지 견해를 상충되는 것으로 볼 필요가 없다고 본다. 룻기 전체의 문맥이나, 사사기-룻기-사무엘서로 연결되는 정경적 문맥 안에서 얼마든지 오벳을 나오미의 종인 동시에 여호와의 종으로도 볼 수 있기 때문이라는 것이다.

우선 우리는 오벳을 얼마든지 나오미의 종으로 해석할 수 있다. 룻기 4:14-15을 보면 오벳은 나오미의 "기업 무를 자", 나오미의 "노년의 봉양자", 나오미의 "생명을 돌아오게 하는 자"로 묘사되어 있다. 그렇다면 오벳은 나오미의 "종"이란 의미로 얼마든지 해석할 수 있다. 실제로 오벳은 나오미의 고엘로서 죽은 엘리멜렉 가족의 이름을 이어가는 역할과, 나오미의 생계를 해결하는 존재로서 나오미를 섬긴 인물이라고 볼 수 있기 때문이다. 요세푸스도 "그는 나오미의 노년에 그를 섬기도록 양육되었다"고 밝힘으로써[19] 오벳을 나오미의 "종"(섬기는 자)으로 해석한다.

그러나 문맥을 보면 오벳은 그저 나오미의 종으로 끝난 것은 아니다. 바로 다음에서 살펴보겠지만 성경 기자는 "그는 다윗의 아버지인 이새의 아버지였다"라고 밝힘으로써, 오벳은 한 가정의 기업 무를 자로서가 아니라, 이스라엘의 국가적 역사 안의 중요한 연결 고리를 담당하는 인물로 나타난다. 오벳은 나오미의 기업 무를 자로서만이 아니라 다윗의 조부로서 끝내는 다윗 왕조와 이어지는 연결 고리 역할을 통해 여호와의 더 큰 구속사적 목적에 봉사한 것이다. 그렇다면 최근의 학자들의 주장대로 얼마든지 오벳은 "여호와의 종"으로서 역할을 하고 있다고도 볼 수 있다.

이제 여호와의 종으로서의 역할을 어떻게 감당했는지 룻기 기자의 스토리를 들어보도록 하자. 룻기 기자는 이웃 여인들이 아기의 이름을 오벳으로 지은 것을 묘사한 후에 오벳이 누구인지 소개한다.

"그는 다윗의 아버지인 이새의 아버지였더라

(הוּא אֲבִי־יִשַׁי אֲבִי דָוִד ; 후 아비-이사이 아비 다위드)."

내레이터는 오벳의 외모나 성품이나 경건함이나 그가 이룬 행적 같은 것으로 그

---

19 Josephus, *Antiquities* (유대 고대사), 5권 9장 4절, 김지찬 역 (생명의말씀사, 1987) : "나오미는 이 아이가 자기 노년에 자기 말을 잘 듣는 아이로 자라났으면 하는 바람을 가지고 이름을 오벳이라고 지었다. 오벳이란 히브리어로 종이란 의미이다."

를 소개하지 않는다. 성경 기자는 오벳이 누구인지를 소개하면서 그저 "다윗의 아버지인 이새의 아버지"였다고만 밝힌다. 오벳은 다름 아닌 이스라엘 최대의 선왕인 다윗의 조부였다는 점만을 부각시키고 있다. 그 이유가 무엇일까?

물론 오벳은 개인적인 수준에서는 나오미의 기업 무를 자란 점이 중요하다. 그러나 이스라엘 공동체의 관점에서 보면, 이스라엘의 천년 구원사에 있어서 다윗만큼 중요한 인물이 없는데, 오벳이 바로 다윗의 조부라는 사실보다 더 중요한 것이 있을까? 다윗의 등장으로 인해 사사 시대에 피폐해질 대로 피폐해진 이스라엘이 사무엘서에서 일약 고대 근동의 강자로 등장하게 되었기 때문이다. 따라서 다윗은 구약 역사에서는 하나님이 이스라엘에 하사한 최고의 선물이요, 이스라엘을 구원한 자요, 이스라엘의 챔피온이다. 따라서 룻기 기자는 오벳은 다윗의 조부라는 사실을 강조하고 있는 것이다.

이런 강조는 이미 룻기 서론에서부터 암시되고 있다. 내레이터는 룻기 1장에서 엘리멜렉의 가문과 다윗 가문과의 연결을 암시하기 위해 엘리멜렉의 식구들을 "유다 베들레헴 에브랏 사람들"이라고 굳이 소개한 것이다(1:2). 이런 언급은 사무엘상 17:12의 "다윗은 유다 베들레헴 에브랏 사람 이새라 하는 사람의 아들이었는데"와 연결되면서 사사기-룻기-사무엘서로 이어지는 정경적 내러티브의 수준에서 시사하는 바가 크다 하지 않을 수 없다.[20] 왜냐하면 베들레헴 백성들과 장로들이 축복한 대로 보아스의 후손으로 이스라엘에서 가장 탁월한 인물이며, 에브랏에서 유력하고 베들레헴에서 유명해진 존재가 바로 다윗이기 때문이다. 장로들이 보아스를 축복하면서 "라헬과 레아 같은 민족의 어머니를 언급한 것이나 이스라엘이나 베레스의 집을 세우는 것을 이야기한 것, 보아스가 에브랏에서 유력하고 베들레헴에서 유명해지기를 바란 것"은 다윗 왕에 의해서 성취되지 않았다면 무의미한 말의 성찬에 지나지 않았을 것이다.

이렇게 본다면 룻기는 사사 시대에 피폐해진 이스라엘의 공동체 삶이 어떻게 다윗 시대에 풍요롭게 되었는지를 보여주는 중요한 가교 역할을 한다고 볼 수 있다. 아니 더 정확히 이야기하면 룻기는 단지 사사기와 사무엘상하를 연결하는 가교가

---

20 Bush, *Ruth/Esther*, 265.

아니다. 룻기는 이스라엘의 삶을 텅 빔에서 채움으로 바뀌게 한 가장 결정적인 동인이 무엇인지를 드러내는 조개껍질 속의 진주라고 할 수 있다. 민족적 차원에서 텅 빈 이스라엘의 삶이 풍요롭게 채워지는 과정을 사사기와 사무엘상하가 보여주고 있다면 룻기는 이런 과정을 한 가정의 차원에서 축약판으로 보여주는 이야기라고 할 수 있다. 이런 점에서 룻기가 여호와께서 그의 백성을 다루시는 모습을 보여주는 소우주(microcosm)라면, 사사기와 사무엘상하는 대우주(macrocosm)라고 할 수 있다.

과부들의 필요를 보아스의 인애를 통해 채우시는 여호와의 섭리는 더 큰 추수의 첫 열매이다. 다시 말해 다윗 왕을 이스라엘에게 선물로 공급해 주실 더 큰 추수의 첫 열매이다. 그러나 더 나아가서는 전 인류를 위해 다윗의 자손 예수 그리스도를 이 땅에 보내셔서 그가 죽음에 이르는 충성으로 온 세상 죄를 사하시고 부활하심으로 부활의 첫 열매가 되실 것임을 보여주는 모형인 것이다. 그런데 이런 놀라운 일들을 성취하는 하나님의 도구는 보아스나 룻 같은 평범한 백성들의 인애이다. 신약 시대나 종말의 시대인 오늘도 마찬가지이다. 하나님께서는 당신의 위대한 구속사의 목적들을 성취하기 위해서 평범한 그리스도의 제자들의 사랑과 인애를 사용하시는 것을 볼 수 있다.

6. 다윗에 이르는 족보

6.1 "계보"의 신학적 의미 : 하나님의 축복을 받은 "씨"들

룻기의 마지막 부분에는 특이하게도 족보가 나온다. 그런데 이 족보의 의미를 이해하려면 족보의 타이틀에 주목해야 한다.

"베레스의 계보는 이러하니라
(וְאֵלֶּה תּוֹלְדוֹת פָּרֶץ ; 웨엘레 톨레돗 파레츠)."

우리가 이 족보의 의미를 이해하려면 이 족보의 타이틀에 나오는 "계보"라고 번역된 "톨레돗"(תּוֹלְדוֹת)이 구약 성경 전체에 골고루 나오는 용어가 아님을 주목해야 한다. 흥미롭게도 "톨레돗"은 모세 오경과 룻기와 역대기에만 나온다. 상세하게 보면 모세 오경에 29번(창세기 13번, 출애굽기 3번, 민수기 13번), 룻기에 1번, 역대기에 9번 나온다는 점을 주목해야 한다. 따라서 이 족보는 모세 오경과 역대기에만 등장하는 공식을 사용하고 있기에 나름 독특하다고 할 수 있다.

모세 오경과 역대기에만 등장하는 톨레돗(תּוֹלְדוֹת)은 간명하면서도 매우 효과적인 형태로 제시되는 역사라고 할 수 있다. 왜냐하면 톨레돗은 족보로서 이전의 역사를 요약하거나 앞으로 있을 역사를 미리 보여주는 기능을 감당하기 때문이다. 여기 룻기의 톨레돗은 족장 스토리에 나오는 베레스란 인물에서 시작해서 왕조를 세운 다윗에 이르는 10명의 인물을 담고 있는 직선적 족보이다.

최근의 학자들은 특히 족보 공식의 첫 단어(וְאֵלֶּה ; 웨엘레; 그리고 이것은)에 접속사 "웨"(ו ; 그리고)가 붙어 있음을 주목해야 한다고 본다. 이 접속사는 이 족보가 단독으로 떨어져 있는 별개의 족보가 아니라 모세 오경에 나오는 이전의 족보들에 이어진 연속선상의 족보임을 보여주기 때문이다. 모세 오경 안에 "이것이 계보니라"(אֵלֶּה תּוֹלְדוֹת)가 총 11번 사용되었는데 접속사 "웨"와 함께 쓰여진 경우는 총 7번이다(창 10:1, 11:27, 25:12, 25:19, 36:1, 36:9; 민 3:1).[21] 이렇게 "웨"와 함께 쓰여진 족보는 독립적인 것이 아니라 이전의 족보의 연장선상에 있는 것으로 이해해야 한다는 것이 최근 학계의 중론이다.

창세기 5장의 톨레돗은 아담부터 노아까지, 그리고 창세기 11장의 톨레돗은 노아의 아들 셈부터 아브라함까지를 다룬다. 즉 유다의 아들 베레스에서부터 다윗에 이르는 룻기의 족보는 창세기의 족장 스토리와 사무엘서의 다윗 왕조 스토리를 결합하는 연결 고리(linchpin)라는 학자들의 주장에 귀를 기울여야 한다.

룻기의 족보는 룻기에 기록된 사건과만 연관된 족보가 아니다. 룻기의 등장 인물보다 훨씬 이전의 인물인 베레스에서 시작하여 룻기 사건 훨씬 이후의 인물인 다윗

---

21 Jason S. Derouchie, "The Blessing-Commission, The Promised Offspring, and the Toledot Structure of Genesis," *JETS* 56 (2013), 230-233. 이 학자는 위 논문에서 접속사 웨(ו)가 없는 족보 공식은 새로운 단락과 새로운 스토리를 시작하지만, 접속사 웨(ו)가 있는 족보 공식은 이전 스토리와 연결되어 있음을 설득력 있게 제시하고 있다.

까지 포함하는 큰 족보이다. 베레스의 족보는 다른 족보들(창 5:3 - 32, 11:10 - 26)과 마찬가지로 10명의 인물이 나온다는 점을 주목해야 한다. 그렇다면 10명의 인물이 나오는 족보의 기능은 무엇인가?

우리가 다 알다시피 창세기 5장의 족보는 아담(창조 시대)에서 노아(홍수 시대)까지의 열 세대를 다루고 있으며, 창세기 11장은 셈(노아 시대)에서부터 아브라함(바벨탑 시대)에 이르기까지 열 세대를 다루고 있다. 쯔비 론(Zvi Ron)은 이 두 족보를 근거로 "열 세대를 다루고 있는 족보는 한 주요 시대에서 다른 주요 시대로의 전환점을 보여주는 기능을 하고 있다"고 주장한다.[22] 이 학자는 "아담에서부터 족보를 따져보면 노아는 열 번째 인물이고, 아브라함은 스무 번째 인물이며, 보아스는 서른 번째 인물"이라고 본다. 또한 룻기의 족보는 "이전의 열 세대 족보를 상기시키면서, 노아가 홍수 이후 시대를 열고, 아브라함이 이스라엘의 역사를 열고 있듯이, 이제 다윗 왕조의 시대가 시작되고 있고, 궁극적으로는 다윗의 후손 메시아의 시대로 이어지고" 있음을 보여주는 역할을 하고 있다는 것이다.[23]

더욱이 룻기의 족보를 보면 보아스는 일곱 번째에 나오고, 다윗은 열 번째에 나온다. 쯔비 론은 10명이 언급된 족보에서는 중요한 인물을 일곱 번째와 열 번째에 언급한다고 본다. 예를 들어, 창세기 5장의 아담의 족보에서는 일곱 번째 인물이 "하나님과 동행한" 에녹이라는 것이다. 아담부터 족보를 따져 내려오면 "에녹이 일곱 번째, 이스라엘의 조상인 에벨이 열네 번째, 이삭이 스물한 번째, 나손이 스물여덟 번째"라는 것이다.[24] 이렇게 본다면 일곱 번째에 나오는 보아스와 열 번째에 나오는 다윗이 족보에서 가장 중요한 인물이라고 볼 수 있다. 놀랍게도 이것은 구속사의 내용을 보아도 알 수 있다. 보아스의 인애를 통해 끝내 그의 후손 가운데 다윗이 나오고, 다윗을 통해 이스라엘이 약속의 땅에서 진정한 안식을 누린 것을 강조하기 위해서이다(왕상 5:4).

흔히 이 족보는 후대의 첨가로 간주되지만 현재 룻기 이야기에서 중요한 역할을

22　Zvi Ron, "The Genealogical List in the Book of Ruth : A Symbolic Approach," *JBQ* 38 (2010), 85.
23　Ron, "The Genealogical List in the Book of Ruth : A Symbolic Approach," 86.
24　Ron, "The Genealogical List in the Book of Ruth : A Symbolic Approach," 86 : 아브라함, 이삭, 야곱, 유다, 베레스, 헤스론, 람, 암미나답, 나손, 살몬, 보아스로 이어지기에 아브라함 이후 열 번째 인물이 보아스인 것은 사실이다.

감당한다.[25] 백성들과 장로들이 "이 소녀로 말미암아 네게 씨(זֶרַע; 제라)를 주시기를 원하노라"고 축복하였기에 이 씨가 어떻게 주어지고 역사 가운데 어떤 결과를 빚게 되는지를 보여주어야 룻기의 진정한 결말이 되기 때문이다. 족보야말로 여호와께서 보아스에게 룻을 통해 주신 씨가 어떤 결실을 맺는지를 보여주는 가장 강력하면서도 간략한 증거가 아닌가!

우리는 여기서 계보라고 번역된 톨레돗(תוֹלְדוֹת)이 토라에 29번(창세기 13번, 출애굽기 3번, 민수기 13번), 룻기에 1번, 역대기에 9번 나온다는 점을 또다시 주목해야 한다. 결국 룻기에 나오는 족보는 창조부터 이스라엘 출애굽의 역사를 거쳐 포로 후 공동체로 이어지는 거대한 구속사의 중요한 전환점을 보여주는 족보라는 사실을 잊어서는 안 된다.[26] 다시 말해 룻기에 나오는 족보는 다윗을 아담으로부터 시작되는 거대한 구속사의 정점으로 묘사한다. 족보에 등장하는 이름들은 하나님의 축복을 받은 "씨"들인 것이다.

6.2 계보에 등장하는 이름들

이제는 계보에 등장하는 이름들을 개략적으로 살펴보자. 지면 관계상 10명 모두 상세하게 살펴볼 필요는 없을 것 같다.

"베레스는 헤스론을 낳고
(פֶּרֶץ הוֹלִיד אֶת־חֶצְרוֹן ; 페레츠 홀리드 에트-헤츠론)."

---

25 Berlin, *Poetics and Interpretation of Biblical Narrative*, 110. 비평주의 학자들은 흔히 족보를 제사장 문서라고 보아 여기서도 제사장 기자의 편집의 산물이라고 본다. 일부 학자들은 족보를 원래 룻기의 일부로 보면서, 다윗 족보의 정당성을 드러내기 위한 의도적 목적이 들어 있다고 본다. 그러나 이런 해석은 룻기 족보의 시학적 기능, 다시 말해 현재 룻기 전체의 최종 본문 형태 가운데서 족보의 기능을 설명하지 못한다. 언뜻 보면 룻기의 사건들과 등장 인물들은 그 자체로는 창세기에서 에스더에 이르는 거대한 내러티브의 흐름과 동떨어져 독자적으로 존재한다고 볼 수 있다. 결국 룻기의 족보는 룻기의 사건들과 인물들을 이 거대한 주요 내러티브 전승과 연결시키는 역할을 하는 것이다. 그러기에 족보는 룻기의 사건들과 인물들을 역사화하는 것도 아니며, 다윗 왕조를 정당화하는 데 목적이 있는 것도 아니다. 다윗은 이미 알려진 인물이며, 사무엘상 16장과 그 외 본문에서 이미 합법화된 인물이기 때문이다. 그러나 보아스와 다른 인물들이 오히려 알려지지 않았다. 결국 이들이 어디에 속하는가를 보여주기 위해 족보가 언급되고 있는 것이다.

26 참조, Ron, "The Genealogical List in the Book of Ruth : A Symbolic Approach," 86.

베레스(פֶּרֶץ ; 페레츠)의 계보라는 타이틀이 붙었기에 베레스(פֶּרֶץ ; 페레츠)로부터 족보가 시작되는 것은 당연하다. 다윗은 유다 지파의 자손이기에 유다로부터 족보가 시작되는 것도 생각해 볼 수 있기는 하다. 그러나 10명의 인물이 등장하는 족보이기에 유다로부터 시작하면 열 대가 넘게 된다. 게다가 베레스는 다말이 시아버지 유다와 계대결혼으로 낳은 아들이기에, 룻이 보아스와 계대결혼하여 낳은 오벳과의 유사성으로 인해 베레스로부터 시작하는 것이 더 적절해 보인다.

베레스(פֶּרֶץ ; 페레츠)는 헤스론(חֶצְרוֹן ; 헤츠론)을 낳았다. 헤스론(חֶצְרוֹן)이란 히브리 단어는 "궁정, 뜰"이란 단어 하체르(חָצֵר)에서 파생한 것일 수도 있지만, 학자들은 어원을 찾기가 어렵다고 본다. 헤스론은 창세기 46:12에 베레스의 아들로 야곱과 함께 애굽으로 내려간 70명 중 하나로 언급되어 있고, 헤스론 자손에 대해서는 민수기 26:21에 언급되어 있다.

"헤스론은 람을 낳았고

(וְחֶצְרוֹן הוֹלִיד אֶת־רָם ; 웨헤츠론 홀리드 에트-람)."

헤스론은 람(רָם)을 낳았다. 람은 "높은"이란 "룸"(רוּם)에서 파생된 이름으로 보는 것이 학계의 정설이다. 역대상 2:9에 보면 람은 헤스론의 둘째 아들로 보인다. 람에 대해서는 성경에 다른 정보는 없다.

"람은 암미나답을 낳았고

(וְרָם הוֹלִיד אֶת־עַמִּינָדָב ; 웨람 홀리드 에트-암미나다브)."

람은 암미나답(עַמִּינָדָב)을 낳았다. 그런데 암미나답은 주로 아들 나손의 아버지로 언급된다(민 1:7, 2:3, 7:12, 17, 10:14).

"암미나답은 나손을 낳았고

(וְעַמִּינָדָב הוֹלִיד אֶת־נַחְשׁוֹן ; 웨암미나다브 홀리드 에트-나흐숀)."

민수기 2:3을 보면 광야에서 해돋는 편에 진을 쳐야 하는 지파는 유다 지파인데 지도자로서 나손이 언급되어 있다. 출애굽기 6:23에 따르면 암미나답의 딸은 아론의 아내 엘리세바이다. 그렇다면 암미나답의 아들 나손은 출애굽 세대인데 흥미롭게도 베레스 계보의 다섯 번째 인물로서 중간을 차지하고 있다.

"나손은 살몬을 낳았고

(וְנַחְשׁוֹן הוֹלִיד אֶת־שַׂלְמָה ; 웨나흐숀 홀리드 에트-살마)."

나손은 살몬을 낳았다. 한글개역개정은 살몬이라고 되어 있지만 히브리어 원문에는 여기서 살마(שַׂלְמָה)로 나오고 이어지는 문장에서는 살몬(שַׂלְמוֹן)으로 나온다. 역대기 2:11은 "나손은 살마를 낳고 살마는 보아스를 낳고"라고 되어 있어서 살마로 통일되어 있다. 살몬이든 살마이든 두 형태가 모두 동일 인물을 가리키는 이름으로 보는 것이 학자들의 다수 의견이다.

"살몬은 보아스를 낳았고

(וְשַׂלְמוֹן הוֹלִיד אֶת־בֹּעַז ; 웨살몬 홀리드 에트-보아즈)."

드디어 살몬이 우리의 주인공 보아스를 낳은 것을 언급한다. 보아스는 베레스의 계보에서 영광스러운 위치, 즉 일곱 번째 위치를 차지하고 있다. 죽은 형제의 이름을 형제 중에서와 그곳 성문에서 끊어지지 않도록 한 보아스의 이름이 영광스러운 위치를 차지하는 것은 너무나 당연하다.

"보아스는 오벳을 낳았고

(וּבֹעַז הוֹלִיד אֶת־עוֹבֵד ; 우보아즈 홀리드 에트-오베드)."

우리가 룻기 내러티브에서 본 대로 보아스는 오벳을 낳았다. 오벳은 룻기 스토리 안에서는 나오미의 노년의 봉양자요 나오미의 생명을 회복케 하는 자요, 나오미의 기업 무를 자였다. 그러나 룻기 밖에서 오벳은 역대기의 족보(대상 2:12)와 신약의 예수의 족보(마 1:5) 안에서만 단지 이름이 언급될 뿐이다. 아마도 오벳은 나오미의 아들로 나오미도 봉양하였을 뿐 아니라 보아스의 아들로도 역할을 했던 것 같다. 오벳이 누구와 결혼했는지는 언급되지 않는다. 그런데 오벳은 우리에게 익숙한 인물을 낳았다. 그가 누구인가?

"오벳은 이새를 낳고
(וְעֹבֵד הוֹלִיד אֶת-יִשָׁי ; 웨오베드 홀리드 에트-이샤이)."

그렇다. 오벳은 저 유명한 다윗의 아버지 이새를 낳았다. 우리는 이미 룻기 내러티브의 대단원에서 오벳이 이새의 아버지라는 것을 들었다. 그런데 족보에서 우리는 다시 오벳이 이새를 낳았다는 점을 확인하게 된다. 이새는 사무엘상 16장에서 사무엘이 사울의 뒤를 이을 왕을 기름붓기 위해 그의 집을 방문하는 장면에서 처음 살아 있는 인물로 등장한다. 이새의 일곱 아들이 지나가는 동안 하나님은 그들 중에 아무도 택하지 않으셨다(삼상 16:10). 이에 사무엘이 이새에게 "네 아들들이 다 여기 있느냐?"고 물었다. 이 질문에 대한 대답에 이스라엘 백성이 그토록 사모하던 이새의 아들이 처음 등장한다.

"아직 막내가 남았는데 그는 양을 지키나이다(삼상 16:11)."

사무엘이 이새에게 막내를 데려올 때까지는 식사하지 않겠다고 하였다. 드디어 이새가 막내를 데리고 왔다.

"이에 사람을 보내어 그를 데려오매 그의 빛이 붉고 눈이 빼어나고 얼굴이 아름답더라 여호와께서 이르시되 이가 그니 일어나 기름을 부으라 하시는지라 사무엘이 기름 뿔병을 가져다가 그의 형제 중에서 그에게 부었더니 이 날 이후로 다윗이 여호와의 영에게 크게 감동되니라(삼상 16:12-13)."

우리가 다 아는 대로 다윗은 이새의 여덟째 막내 아들이었다. 그런데 룻기 족보는 이새의 첫째 아들 엘리압으로 이어지지 않고 막내 다윗으로 이어지고 있다.

"이새는 다윗을 낳았더라
(וְיִשַׁי הוֹלִיד אֶת־דָּוִד; 웨이샤이 홀리드 에트-다위드)."

다윗은 하나님의 영에 감동된 자요, 이스라엘의 최고의 선왕이다. 베레스의 계보는 이렇게 다윗의 출생으로 끝을 맺고 있다. 룻기의 마지막 단어는 다윗인 것이다.

6.3 족보는 후대의 첨가가 아니다!

룻기의 끝에 나오는 족보를 그저 후대의 첨가라고 보는 비평주의자들의 견해를 내러티브의 시학적 관점에서 날카롭게 비판한 학자는 아델 벌린(Adele Berlin)이다. 벌린은 내러티브에는 플롯이 있는데, 플롯에 따라 한 내러티브가 하나 이상의 결론을 가질 수 있다고 본다.

코다(coda)는 내러티브가 끝남을 알린다. 스토리의 결말은 하나의 주요 목적을 가진다. 내러티브의 흐름을 차단하고 이야기가 끝났음을 독자에게 알리는 것이다. 이를 위해서 스토리의 결말은 플롯의 시간을 넘어서 미래로 넘어가거나, 독자의 시대나, 그 밖에 알고 있는 시기나, 그냥 그 이후로 넘어가기도 한다. 이런 식으로 스토리의 종말은 시작을 보완한다. 시작은 스토리의 시간 프레임 안으로 독자를 넣는 기능을 갖는다. 반면에 결론은 독자를 스토리의 시간 프레임 안에서 다시 현실 시간으로 끌어낸다. 이런 효과를 거두기 위해 하나 이상의 결론을 지니는 내러티브도 많다.[27]

이렇게 하나의 내러티브가 하나 이상의 결론을 가질 수 있다는 이론을 근거로 벌린은 룻기가 독특하게도 세 개의 결론을 가지고 있다고 본다.

---

27 Berlin, *Poetics and Interpretation of Biblical Narrative*, 107.

룻기로 돌아가 보면 세 개의 결론이 있다. 첫째는 실제적 대단원으로 아이의 출생을 다룬 부분이다(4:14-16). 출생은 이야기의 사건들을 마무리하면서 이야기의 시초에 생긴 부족을 채운다. 공주와 결혼하는 왕자의 이야기와 같다. 이것이 성경의 내러티브의 특징적인 결론 패턴 가운데 하나이다(창 38:27-30; 삼상 4:19-22; 삼하 12:24-25, 6:23). 특별히 이런 경우에 아이의 이름이 등장한다. 따라서 14절의 이 아이의 이름이 이스라엘 중에 유명하게 되기를 원하노라가 첫째 결론이다.

그러나 실제 고유명사는 17절의 두 번째 결론에서야 나온다 : "그 이름을 오벳이라 하였는데 그는 다윗의 아버지인 이새의 아버지였더라." 이 두 번째 결론의 진정성을 의심해서는 안 된다. 이는 코다로서 기능한다. 시간 프레임을 스토리의 시간에서 독자의 시간에로 전진시키는 것이다. 룻기가 다윗 시대나 직후에 쓰였다면, 원래 독자들 당시의 상황으로의 전진일 것이다. 비록 룻기가 더 후대에 쓰였다 하더라도, 독자들이 아는 현실 시간대로의 전이라고 볼 수 있다. …

시학적 관점에서 볼 때 내러티브는 여기서 얼마든지 끝날 수 있다. 그러나 "이것은 … 계보니라"라고 하면서 족보가 이어 나온다. 그것도 룻기 시작 이전 시간에서 시작해서 룻기 종결 이후로 연결되는 긴 족보이다. 성경에는 이런 형식이 있고 비평학자들은 P(제사장 문서-필자 주) 문서와 유사하기에 P 문서의 손길을 보려는 경향이 강하다. 이것은 족보가 후대의 첨가라는 결론을 내리게 한다. 그러나 족보를 원래의 스토리의 결론으로 보려는 견해가 더 타당해 보인다. 특히 룻기의 목적을 다윗 가문의 적법화로 본다면 더욱 그러하다.

사쏜(Sasson)을 제외하고는 누구도 족보의 시학적 기능을 설명하지 못하고 있다. 족보가 원래 이야기의 일부이든, 후대의 첨가이든간에 내 관심은 현재 본문에서 족보가 가지는 시학적 기능(poetic function)이다. 이 족보는 스토리의 마지막에 나타난다는 점에서 다른 족보와 다르다. 더욱이 룻기의 등장 인물들과 사건들은 창세기에서 열왕기로 이어지는 주요 내러티브 흐름에서 홀로 동떨어져 있다. 18-22절은 이 주요 내러티브에 룻을 연결한다.

이 족보의 기능은 독자들을 스토리 시간에서 현실 시간으로 나오도록 하는 데 있다기보다는 스토리의 등장 인물들을 거대한 히브리 전승에 이미 알려진 인물들 사이에 위치하도록 하는 데 있다. 이것은 스토리를 역사화한다는 말과 같은 것이 아니다. 더욱이 다윗의 적법성을 입증하려는 것과도 다른 것이다. 다윗은 이미 알려진 인물이며, 사무엘상 16장이나 그 밖의 성경에서 이미 적법성을 인정받은 인물이다. 그러나 보아스나 그 밖의 인물은 다른 곳에서 알려지지 않고 있다. 이들이 어디에 끼워지는가? 족보는 이 점을 강조한다. 특히 보아스를 족보 가운데 일곱 번째 인물로 등장시키는 데서 이를 잘 알 수 있다. 이 이야기가 다윗을 추켜올리듯이, 다윗도 이 이야기를 추켜 올리는 데 공헌한다. 족보는 이스라엘 내러티브 전승의 대변인으로서 내레이터가 룻기를 어떻게 보며 전체 내러티브 전승의 적합한 문맥에 어떻게 집어넣는지를 잘 보여준다. 일종의 에필로그라 할 수 있다. 이것은 후대의 첨가란 의미가 아니다. 오히려 서언이나 에필로그나 코다는 모두 원래의 본문의 일부이며 결미의 시적 기능을 감당한다.[28]

벌린은 룻기의 대단원에 나오는 세 개의 결론들을 나름대로 설명해내고 있다. 특별히 비평주의자들이 룻기의 족보를 후대의 첨가라고 너무 쉽게 결론내리는 것이 얼마나 최종 본문 형태를 이해하지 못하고 있는지를 잘 보여준다는 점에서 주목해야 한다. 우리는 벌린의 주장대로 시학적 관점에서 볼 때 족보를 원래 룻기 스토리로 얼마든지 볼 수 있다는 점을 확신할 수 있다. 따라서 후대의 첨가라고 너무 쉽게 간주하는 우를 범해서는 안 된다. 베레스에서 보아스를 거쳐 다윗으로 이어지는 족보는 룻기 전체의 신학적 메시지를 한 눈에 보여주는 청사진이라고 할 수 있기 때문이다.

---

28 Berlin, *Poetics and Interpretation of Biblical Narrative*, 109–110.

7. 신학적 메시지

7.1 오벳은 보아스의 아들

많은 독자들이 베레스의 계보를 읽으면서 의문을 가진다. 룻이 보아스에게 낳은 아들인 오벳이 왜 말론의 아들이 아니라 보아스의 아들로 계보에 언급되고 있느냐는 것이다. 분명히 보아스가 룻을 아내로 삼으면 첫 아들을 죽은 형제 말론의 이름을 잇는 자로 세우겠다고 했기 때문이다.

> "또 말론의 아내 모압 여인 룻을 사서 나의 아내로 맞이하고 그 죽은 자의 기업을 그의 이름으로 세워 그의 이름이 그의 형제 중과 그 곳 성문에서 끊어지지 아니하게 함에 너희가 오늘 증인이 되었느니라 하니(룻 4:10)."

그러면 엘리멜렉 계열이 언급되면서 오벳이 말론의 아들로 나오는 족보가 나와야 하지 않겠느냐는 것이다. 그런데 족보에는 엘리멜렉은커녕 말론의 이름도 나오지 않는다. 그러기에 룻기의 결미에 나오는 족보는 엄밀하게 말하자면 엘리멜렉과 말론의 족보라기보다는 보아스의 족보인 것이다. 그렇다면 말론의 이름이 그의 형제 중과 그곳 성문에서 끊어지지 않게 할 것이라는 보아스의 말은 무슨 뜻인가?

이스라엘의 구속사는 혈통 순수주의에 세워진 역사가 아니다. 보아스와 룻 사이에 낳은 아들 오벳이 말론의 이름이 형제 중과 성문에서 끊어지지 않게 하는 일과 노년의 나오미를 봉양하는 역할을 맡은 것은 사실이다. 그런 점에서 오벳은 말론의 아들인 것이다. 그러나 성경의 관심은 이런 식으로 오벳이 말론의 아들이 되었다는 데 있지 않다.

누가 죽은 형제의 이름을 그의 형제 중과 그곳 성문에서 끊어지지 않게 하는 기업 무를 자의 역할을 하였느냐에 관심이 있는 것이다. 기업에 손해가 있음에도 불구하고 기업 무름의 역할을 감당한 보아스가 중요한 인물이 아닌가? 고통당한 자를 구원해내는 고엘의 역할을 한 보아스가 성경의 관심의 대상인 것은 너무나 당연하다. 따라서 궁극적으로 이스라엘의 구속사는 보아스와 오벳으로 이어지는 것이지,

말론과 오벳으로 이어지는 것이 아니다. 성경의 하나님은 죽은 자의 하나님이 아니라 산 자의 하나님이시다(막 12:27). 심지어는 모압 여인까지 포함하여 산 자들이 살아 있는 동안 서로를 향한 사랑과 충성의 관계 위에 세워진 언약의 역사, 헤세드의 역사이다.

7.2 다윗, 룻기의 마지막 단어이자 희망

특별히 우리는 룻기의 족보의 마지막 단어요 룻기의 마지막 단어는 다윗이라는 점을 잊어서는 안 된다. 다윗은 이스라엘을 고대 근동에서 강자로 등장시킨 이스라엘 역사상 최고의 왕이다. 따라서 다윗의 후손에서 메시아를 기다릴 만큼 다윗은 이스라엘 구속사의 챔피온이다. 그런데 흥미롭게도 룻기는 엘리멜렉으로 시작하여 다윗으로 끝이 난다. 엘리멜렉은 "나의 하나님은 왕이시다"라는 뜻이다. 그렇다면 룻기는 왕이신 "나의 하나님"이 끝내는 피폐해질 대로 피폐해진 사사 시대의 텅 빈 이스라엘을 긍휼히 여기시고 다윗 왕을 선물로 주심으로 풍요롭게 채우시는 해피 엔딩의 구속사인 것이다. 이렇게 본다면 이스라엘의 진정한 왕은 한 분이신 여호와이시다.

신약 시대의 그리스도인들에게도 마찬가지가 아닐까? 기근과 불임으로 텅 빈 우리의 삶을 채우시는 분은 부요하지만 우리를 위해 스스로 가난하게 되셔서 십자가에서 우리를 위해 자신의 피를 쏟으신 다윗의 자손인 예수님 한 분뿐이시다. 그렇다면 우리는 모두 "나의 왕"은 오직 한 분, 다윗의 자손 예수님이심을 찬양하며 고백해야 하지 않을까!

7.3 족보의 신학적 기능

이런 점에서 다윗으로 끝나는 베레스의 족보는 중요한 신학적 기능을 한다. 필자의 박사 학위 지도교수인 요하네스 드모어(J. C. de Moor)는 족보의 신학적 기능에 대해 이같이 이야기한다.

조상들에 대한 언급으로 가득 찬 룻기 4장이 족보로 끝이 나는 것이 어색한가? 장로들, 친족 구속자, 나오미, 엘리멜렉, 말론, 기룐, 라헬, 레아, 이스라엘, 베레스, 다말, 유다 등의 이름이 등장하였다. 더욱이 해석자들은 이런 모든 이름들이 의미를 가지고 있음을 간과하고 있다. 물론, 기룐, 유다의 이름은 단지 1장과 4장에만 나타난다. 아들들은 1장과 4장에만 언급된다. 이것이 함축하는 사상은 분명하다. 어떤 불행이 닥쳐도 여호와께서는 세세 무궁토록 세대에서 세대로 이어지며 신실하다는 점을 강조한다. … 이것은 인간 노력의 결과인가? 룻기의 저자는 이에 대해 아마 "그렇다"고 긍정적으로 답할 것이다. 룻기 기자는 나오미와 보아스와 룻의 행동을 자주 칭찬한다. 보아스와 룻은 계속 여호와의 복을 받도록 기원되고 있다(2:4, 19 - 20, 3:10). 그러나 결국 찬송을 받는 분은 여호와이시다(4:14). 이 모든 것 뒤에 계신 분은 여호와이시다.[29]

이렇게 룻기는 다윗의 족보를 결미에 둠으로써 단순히 베들레헴이라는 마을의 한 가정에서 일어난 두 여성의 삶의 이야기가 아니라, 다윗 왕조로 이어지는 국가적 차원의 스토리, 아니 더 나아가 여호와의 세계사 차원의 대하 구속 드라마임을 알 수 있다.

7.4 율법을 완성시키는 사랑

그렇다면 이런 거대한 구속 드라마를 끌고가는 강력한 동력은 무엇인가? 룻기 기자는 율법을 완성시키는 사랑으로 보았다. 베들레헴 여인들은 룻이 낳은 아들이 나오미의 기업 무를 자로서 끝내 그녀의 생명의 회복자요 노년의 봉양자가 될 것이라고 보았다. 그 근거를 여인들은 룻의 성품과 인애에서 그 근거를 찾았다.

"너를 사랑하며(אֲהֵבַתֶךָ ; 아헤바테크) 일곱 아들보다 귀한 네 며느리가 낳은 아들."

이 아기가 나오미를 "사랑한" 룻이 낳은 아들이기 때문에 나오미의 생명의 회복

---

[29] J. C. De Moor, "The Poetry of the Book of Ruth," *Orientalia* 55 (1986), 43-44.

자요 노년의 봉양자가 될 것이라고 확신하고 있는 것이다. 이 아기가 후에 나오미의 노년의 봉양자가 될 것이라고 여인들이 확신한 것은 계대결혼과 기업 무름의 율법 때문이 아니다. 물론 이런 율법의 의무가 중요한 것은 사실이지만 가장 중요한 동인은 바로 룻의 시어머니를 향한 사랑 때문이다.

나오미를 사랑하는 룻이 낳은 아들이라면 이 아들이 어머니를 본받아 시어머니를 봉양할 것이라는 것이 베들레헴 여인들의 확신이었던 것 같다. 우리는 한 사람의 미래의 삶의 방향을 알려면 그의 과거의 삶의 스토리를 보면 된다. 나오미에 대한 룻의 사랑은 룻기 스토리 전체에 깔려 있다. 룻은 시어머니가 가는 곳에 자기도 가고 어머니가 죽는 곳에 자기도 거기 죽어 장사될 것이라고 죽음에 이르는 충성을 말로 보여주었다(1:16-17). 그뿐만이 아니라 베들레헴에 도착한 후에도 추수 밭에서 이삭을 줍는 행동으로, 위험을 무릅쓰고 타작마당에 내려가 보아스에게 계대결혼을 해줄 것을 요청하는 모습으로 시어머니에 대한 인애를 보여주었다.

따라서 베들레헴 여인들은 이런 룻이 낳은 아이라면 마찬가지의 성품을 보여줄 것이며 끝내 율법의 기대에 부응할 것임을 확신할 수 있었을 것이다. "나오미에 대한 룻의 사랑이 아이에게 유전되었을 것이다"라고 말한 루돌프의 주장은 지나친 것이 아니다(70). "일곱 아들보다 나은 며느리"라는 성격 묘사는 "룻에 대한 스토리의 궁극적인 평가"(Campbell, 168)이다.

여인들은 룻을 가리켜 시어머니를 "사랑한"(אָהֵב; 아헤브) 며느리로 부른다. 우리는 세계 문학 어디에서도 고부 관계에 관한 이런 감동적인 소개를 들어본 적이 별로 없다. 물론 한국 역사를 살펴보면 과거에 시어머니에게 효를 다한 며느리들이 있는 것은 사실이다. 그러나 현대 한국에서는 며느리가 시어머니를 사랑한다는 것은 거의 들어본 적이 없다.

오늘날 며느리들은 시댁을 "시(媤)월드"라고 부른다. "시(媤)월드"라고 하니 미국의 테마파크의 하나인 씨월드(SeaWorld)[30]처럼 들리지만 "시(媤)월드"란 말은, 결혼한 여성의 입장에서 과거에 시댁이라고 불렀던 곳이 시(媤)자를 돌림자로 쓰고 있는 다른 종족의 사람들이 사는 아예 전혀 다른 세계라는 것을 보여주는 신조어이다.

---

30 1964년 미국 샌디에고에 처음 개장한 후 올랜도 등에 등장한 아쿠아리움 테마 파크를 가리킨다.

이렇게 고부 간의 갈등을 당연히 여기는 세태에서 "시어머니를 사랑하는 며느리"는 가당치도 않은 것이다.

나오미는 이전에 베들레헴 여인들에게 "내가 풍족하게 나갔더니 여호와께서 내게 비어 돌아오게 하셨다"고 불평하면서 룻을 무시했던 적이 있었다. 그러나 베들레헴 여인들은 룻을 "일곱 아들보다 나은 며느리"로 규정하면서 나오미에게 있어서 룻의 정당한 위치를 확인시키고 있다.

룻기는 모든 인간 관계의 행복에 있어서 가장 중요한 요소는 사랑임을 우리에게 강력하게 보여준다. 어떤 인간 관계에서도 생명을 회복시키는 원동력은 "사랑"임을 보여주기 때문이다. 나오미의 생명을 회복케 만드는 근본 동력은 무엇인가? 드디어 노년에 기업 무를 아기가 태어났기 때문인가? 물론 법적으로는 그렇지만 이 모든 일을 가능케 한 것은 룻이 나오미를 사랑했기(אָהֵב ; 아헤브) 때문이 아닌가! 그렇다! 룻이 나오미를 사랑하지 않았다면 룻이 보아스와 결혼하여 첫 아들을 낳아 나오미의 기업 무를 자가 되게 했을 리 없다.

우리는 룻기를 읽어가면서 룻이 얼마나 나오미를 사랑했는지를 볼 수 있었다. 노년의 텅 빈 과부 나오미를 사랑하였기에 자신의 민족적 정체성과 종교적 정체성까지 버리고 시어머니를 붙좇은 것이다. 아무 것도 없는 시어머니를 따라 낯설고 물설은 타향에 와서 추수 밭에서 이삭을 주우며 시어머니를 봉양하는 모습은 사랑이 없이는 불가능한 일이었다. 빈부를 물론하고 젊은이들의 청혼을 마다하고 나오미의 기업 무를 자를 얻기 위해 한밤중에 위험하기 그지 없는 남자들의 세계인 타작마당으로 내려가 보아스의 발치에 누운 것은 죽음에 이르는 충성이 있었기에 가능한 것이었다.

이렇게 본다면 "그녀는 네게 일곱 아들보다 귀한 며느리니라"(הִיא טוֹבָה לָךְ מִשִּׁבְעָה בָּנִים ; 히 토바 라크 미쉬브아 바님)는 베들레헴 여인들의 칭찬은 근거 없는 것이 아님을 알 수 있다. 일곱 아들은 많은 자녀의 상징이다(삼상 2:5; 욥 1:2; 42:13; 행 19:14).

"풍족하던 자들은 양식을 위하여 품을 팔고 주리던 자들은 다시 주리지 아니하도다 전에 임신하지 못하던 자는 일곱을 낳았고 많은 자녀를 둔 자는 쇠약하도다(삼상 2:5)."

임신하지 못하던 룻이 보아스와 결혼하였고, 여호와께서 임신을 허락하심으로 첫 아들을 낳았다. 비록 아들 하나를 낳은 것뿐이지만 나오미에게 있어서 룻은 일곱 아들보다 나은 며느리이다. 나오미는 말론과 기룐 두 아들을 잃었지만, 룻을 통해 아들을 얻게 되었다. 나오미가 노년에 아들을 얻게 된 것은 룻 때문이었다. 따라서 룻은 일곱 아들보다 나은 여인인 셈이다.

이것은 다윗의 경우도 마찬가지이다. 어찌 보면 다윗 역시 일곱 아들보다 나은 아들이 아닌가! 이새는 아들 일곱을 지나가게 했으나 여호와께서는 이들을 택하지 않으시고, 여덟째인 막내 다윗을 택하셨다.

"이새가 그의 아들 일곱을 다 사무엘 앞으로 지나가게 하나 사무엘이 이새에게 이르되 여호와께서 이들을 택하지 아니하셨느니라 하고(삼상 16:10)."

"다윗은 유다 베들레헴 에브랏 사람 이새라 하는 사람의 아들이었는데 이새는 사울 당시 사람 중에 나이가 많아 늙은 사람으로서 여덟 아들이 있는 중(삼상 17:12)."

"일곱 아들보다 나은 며느리!" 며느리에 대한 칭찬 중 이보다 더 큰 칭찬이 있을 수 있을까? 아들 하나도 아니고 무려 일곱 아들보다 나은 며느리라니! 지나친 과장이라 할 수 있음에도 우리는 이 어구를 들을 때 이 말이 룻에게 적절하지 않다는 생각이 조금도 들지 않는다. 룻은 그만큼 귀한 존재이다. 따라서 일곱 아들보다 나은 며느리인 룻이 일곱 아들보다 나은 다윗의 증조모가 되는 것은 적절해 보인다.

7.5 룻기는 메시아적 역사

이어지는 다윗의 족보와 연결시켜 보면 룻기 스토리는 단순히 베들레헴이라는 마을의 한 가정에서 일어난 서정적인 이야기가 아니라, 다윗 왕조의 기원을 알리는 국가적 스토리임을 알 수 있다. 장로들이 보아스에게 한 모든 축복이 구약 안에서 성취되는 인물이 바로 다윗이다. 이렇게 국가적 차원으로 눈을 돌려보면 놀랍게도 이스라엘은 민족적 차원에서 보아스와 룻의 후손인 다윗의 인애를 통해 사사 시대의 피폐해진 삶에서 다윗 시대에 풍요와 안식의 삶으로 바뀌게 된다. 다윗 왕에 의해 이스라엘이 안식을 누리게 되는 것을 염두에 둔다면 룻기의 성격을 "메시아적 역사"(messianic history)로 규정한 가우(Gow)의 해석이 지나치지 않음을 알 수 있다.[31] 가우는 다윗 왕조를 창출한 사건들을 하나님께서 친히 통제하시고 인도해 가셨다는 점에서 룻기를 메시아적 역사로 규정하는 것이다.

민족적 차원에서 텅 빈 이스라엘의 삶이 풍요롭게 채워지는 과정을 사사기와 사무엘상하가 보여주고 있다면 룻기는 이런 과정을 한 가정의 차원에서 축약판으로 보여주는 이야기라고 할 수 있다. 이런 점에서 룻기가 여호와께서 그의 백성을 다루시는 모습을 보여주는 소우주(microcosm)라면, 사사기와 사무엘상하는 대우주(macrocosm)라 할 수 있다.

이렇게 본다면 룻기는 사사 시대에 피폐해진 이스라엘 공동체의 삶이 어떻게 다윗 시대에 풍요롭게 되었는지를 보여주는 중요한 가교 역할을 한다고 볼 수 있다. 아니 더 정확히 이야기하자면 룻기는 단지 사사기와 사무엘상하를 연결하는 가교가 아니다. 룻기는 이스라엘의 삶을 텅 빔에서 채움으로, 불안에서 안식으로 바뀌게 한 가장 결정적인 동인이 무엇인지를 드러내는 "조개껍질 속의 진주"라 할 수 있다.

룻기는 유대 전승에 의하면 칠칠절에 읽는 성경이다. 추수 밭에서 남자들이 베어 놓은 이삭들을 여인들이 가슴에 안아 묶는 모습을 상상해 보라! 추수 밭에서 이삭을 거두어들이는 모습은 여호와의 날개 아래에 보호를 받으러 온 모압 여인 룻을 여호와께서 거두어들이는 모습을 보여준다. 따라서 유대인들은 룻기를 추수를 기뻐하는 칠칠절에 읽는다.

베들레헴 공동체를 통해 나오미와 룻과 같은 과부들의 필요를 채우시는 여호와의 인애는 더 큰 추수가 있을 것임을 보여주는 첫 열매이다. 다시 말해 사사 시대에 피폐해질 대로 피폐해진 이스라엘을 위해 다윗 왕을 선물로 주실 것을 보여주는 더 큰 추수의 예조이다. 어디 그뿐인가? 결국은 다윗의 자손 예수 그리스도를 우리에게 선물로 주실 여호와의 헤세드가 무엇인지를 미리 보여주는 구속사의 찬란한 예

---

31 Gow, *Ruth*, 112.

조인 것이다.

그런데 여호와께서는 이런 구속사의 위대한 일들을 성취하기 위해 항상 왕들과 귀족들 같은 인물들만 사용하시는 것이 아니다. 여호와께서는 룻과 나오미 같은 과부나 보아스 같은 평범한 백성들의 헤세드를 통해 그의 위대한 구속사를 이루어가신다. 오늘도 마찬가지이다. 죽으시고 부활하셔서 하나님 오른편에 앉아 계시는 예수 그리스도께서는 여러분과 나와 같은 평범한 제자들을 통해 그의 구속사를 이루어가시는 것이다.

약하기 그지 없는 두 여인을 보호하시고 풍요롭게 하시는 하나님의 인애의 모습은 단지 두 여인에게만 해당되는 것이 아니라 그의 모든 백성을 보호하시고 풍요롭게 하시는 하나님의 인애를 보여주는 첫 열매인 것이다. 이것은 나오미와 룻을 통해 다윗 왕을 주신 것을 보면 금방 알 수 있다.

다윗 왕을 통해 이스라엘은 사사시대의 미약한 존재에서 일약 고대 근동의 강자로 떠올랐다. 그러나 다윗의 왕정과 통치는 그의 숙련된 정치나, 그의 탁월한 책략에서 나온 것이 아니다. 하나님께서 다윗을 이스라엘에게 선물로 주시고 다윗 가문을 보호하심으로써 주어진 것이다. 따라서 이스라엘은 다윗 왕정을 하나님의 섭리의 선물로 받아들일 수 있었다. 이 점은 사무엘상하에서 분명히 드러나게 된다.

결국 룻이 다윗 왕조를 세운 여인 가운데 하나로 인정받게 된 이유는 바로 여기에 있다. 하나님께서 모압 여인 룻을 통해 끝내 다윗 왕을 이스라엘에 선물로 주셨기 때문이다. 마태복음 기자는 다윗의 왕조의 계보를 기술하면서 다윗 왕조를 세우는 데 기여한 이방 여인 넷을 언급한다 : 다말, 라합, 룻, 우리야의 아내. 룻은 이스라엘인들처럼 행동하는 자들은 누구나 용납하신다는 사실을 보여주는 증인이다. 이런 점에서 룻기는 구속사의 가장 중요한 드라마 중 하나라고 할 수 있다.

나가는 글

1. "계시 의존 신앙(사색)"의 중요성

우리는 지금까지 룻기 4장 본문 전체를 문법적-문예적-역사적-정경적-신학적 방법을 사용하여 어떻게 주해하고 설교하는 것이 좋은지를 살펴보았다. 그 과정에서 명시적으로 한 번도 다루지는 않았지만, 주해에서 설교에 이르는 과정에서 놓쳐서는 안 되는 핵심 진리가 하나 있다. 그것은 성경을 통해 하나님의 말씀을 들으려면 우선 믿음과 경외의 태도를 가져야 한다는 사실이다.

성경을 다룰 때에는 다른 인간 문서를 다룰 때와는 다른 마음과 자세로 대해야 한다. 성경을 하나님이 주신 계시의 말씀이라고 생각한다면, 우리가 취해야 하는 태도는 "절대적 신앙의 수납"(implicit reception of faith)뿐이다. 성경을 하나님의 말씀으로 무조건 받아들이는 신앙의 태도가 있어야 한다는 말이다. 물론 계시에 대해 반응을 보일 때 연구하고 사고할 필요성이나 역할이 없다는 의미가 아니다. 그러나 우리의 계시에 대한 연구와 사고는 계시를 비판하는 것 위에서 행해져서는 안 되며, 계시를 믿음으로 하나님의 말씀으로 받아들이는 인식 위에서 행해져야 한다는 뜻이다.

계시에 대한 연구와 사고는 계시를 믿음으로 수납하는 신앙의 뒤를 따라가야 한다. "알기 위해 믿는다"는 어거스틴의 말이 모든 성경 주해와 설교 작성과 설교 전달 과정에서 핵심 원리가 되어야 한다. 우리의 신학과 성경 해석의 객관적 원리는 계시이며, 우리의 신학과 성경 해석의 주관적 원리는 믿음이다. 계시에 대한 우리의 모든 연구와 사고는 신앙으로 성경을 하나님의 말씀으로 수납한 후에, 우리의 중생된 이성을 가지고 성경을 더 잘 이해할 수 있도록 한다는 전제 하에서만 가능하다. 왜냐하면 성경은 고대 이스라엘의 종교적 체험을 담은 역사적 문서가 아니며, 지금도 하나님께서 성령을 통해 성경 말씀을 가지고 우리에게 말씀하시며 믿음과 복종을 요구하시는 계시의 말씀이기 때문이다. 한마디로 성경은 고고학적 문서이거나 종교적 체험을 담은 역사 문헌이 아니라, 오늘도 성령을 통해 성경 말씀을 가지고 우리를 구원하시는 하나님의 구속의 은혜의 수단이다.

2. "문자적 의미"의 중요성

그런데 성령이 역사하는 장소는 구속의 은혜의 수단인 성경의 "문자적 의미"(literal meaning)이다. 앞서 말한 대로 성경의 유일한 적법한 의미는 "문자적 의미"이기 때문이다. 따라서 우리는 성경의 문자적 의미를 드러내는 일이 주해에서 설교에 이르는 전체 과정에서 가장 중요한 일임을 늘 상기해야 한다.

우리가 지금까지 룻기 4장 본문 전체를 문법적-문예적-역사적-정경적-신학적 방법을 사용하여 어떻게 주해하고 설교하는 것이 좋은지 살펴본 이유는 바로 "문자적 의미"가 무엇인지 확정하기 위해서였다. 이 과정을 통해 본문의 "문자적" 의미는 성경 저자가 깔아놓은 언어적-문예적-역사적-정경적-신학적 데이터를 차근차근 읽어낼 때 자연스럽게 본문으로부터 드러나게 됨을 알 수 있었다.

이를 통해 우리는 성경 본문의 "문자적" 의미는 성경 저자의 "표현된 의도"(expressed intention)를 통해서만 알 수 있다는 결론을 내릴 수 있다. 우리는 성경 기자의 언어적 단서와 문예적 기법으로 표현된 의도인 문자적 의미를 떠나서는 성경 저자의 의도를 알 수 없다.

우리는 성경 저자의 이 표현된 의도를 본문의 "문자적 의미"라고 부른다. 다시 말해 저자는 자신의 의도를 문자적 의미를 통해 밝히고 있으므로 독자는 문자적 의미가 무엇인지를 읽어내는 노력을 해야 하지, 마음대로 소위 행간(行間)을 읽어서는(read between the lines) 안 된다. 물론 성경 저자가 중간에 채워야 할 공간을 남겨놓고 독자들로 그 공간을 메꾸도록(gap filling) 유도할 수 있다. 이런 경우에도 저자가 그 공간을 채울 수 있는 단서와 힌트를 본문 안에 깔아놓고 있다. 따라서 우리는 성경 저자가 깔아놓은 언어적 단서를 따라서 그 공간을 메꾸어야 하지, 마음대로 자신의 상상력을 동원하여 공간을 메꾸어서는 안 된다. 한마디로 성경 해석자는 성경 본문의 인도를 따라가며(take the lead of the TEXT) 해석해야 한다.

그렇다면 성경을 해석할 때 성경 본문의 인도를 따라야 하는 이유는 무엇인가? 성경 해석자의 임무는 겸손이기 때문이다. 성경 해석자는 성경을 소위 능동적으로 "해석"하는 것이 아니다. 성경 해석자는 광야에서 외치는 자의 소리처럼 "주의 길을 평탄하게" 하는 것이다. 다시 말해 하나님의 말씀이 원래 의도와 의미대로 전달되도록 돕는 역할만을 해야 한다. 고대 히브리인들에게 주었던 구약 성경 말씀이 시대와 문화의 간격을 넘어 현대 독자들이 이해할 수 있도록 돕는 역할을 하는 것이다. 즉 하나님의 말씀으로 하여금 하나님 말씀 되도록 돕는 일을 하는 자이다. 그렇다면 성경 해석자는 어줍잖게 성경을 해석하겠다고 덤비기보다는 하나님께서 성경을 통해 무슨 말씀을 하시는지 먼저 듣는 태도를 가져야 한다. 성경 말씀을 먼저 듣는다는 것은, 성경 저자의 표현된 의도인 문자적 의미가 무엇인지를 2천 년간 교회의 성경 해석사에서 입증된 적법한 성경 주해 방법론으로 알아내는 것이다. 만일 지금까지 룻기 본문을 주해하면서 이런 사실을 조금 더 이해할 수 있었고 이를 실행에 옮기리라는 확신이 들었다면 본서는 나름대로 그 목적을 달성한 것이다.

성경의 문자적 의미를 이해하기까지 우리는 최대한의 노력을 경주해야 한다. 우리가 룻기의 대중적 해석을 통해서 보았지만, 건전한 주해를 거치지 않은 성경 해석은 매우 주관적임을 볼 수 있다. 구속사적 해석이나 모형론적인 해석이라는 틀을 나름대로 사용하고 있지만, 이런 해석은 일종의 신학적 해석으로서 귀에 걸면 귀걸이 코에 걸면 코거리식의 해석이 나올 수밖에 없음을 보았다. 그 이유가 무엇일까? 성경 본문의 언어층이나 문예층에 대한 분석에 기초하지 않은 채 신학층에 대한 해석을 시도했기 때문이다.

한편 일부 설교자들은 본문에 대한 주해 없이 비교적 간편한 QT식 설교를 하는 모습을 본다. 설교 본문으로 택한 성경 본문을 읽고, 마치 QT를 하듯이 캐주얼하게 관찰, 묵상, 적용을 하면서 설교의 아이디어를 얻고, 여기에 예화를 첨가하고, 일상적 이야기를 첨가해서 설교를 만든다. 이렇게 설교를 작성하면 비교적 간편하게 설교 한 편을 만들 수 있다는 점에서 설교 제작비가 저렴하다고 할 수 있다. 그러나 이렇게 되면 회중은 성경 말씀의 선포가 아니라, 설교자 자신이 마음속에 품고 있는 사상을 듣게 될 가능성이 크다.

3. 정통 개신교의 주해 방법론

2천 년간의 교회의 성경 해석사를 보면 개신교 정통 교회들은 전통적으로 문법적–역사적–신학적 방법(grammatical-historical-theological method)으로 성경을 해석해 오면서 교회를 섬겨 온 것이 사실이다. 이런 전통적 주해 방법이 옳다는 것은 성경의 성격을 보면 금방 알 수 있다. 미국 칼빈 신학교 조직신학 교수인 클로스터 박사는 "성경은 하나님이 만드셨고, 인간이 기록하여, 언어적으로 조건지어지고 역사적으로 조건지어진(하나님과 인간의 역사적 행동에 의해) 책"(a God-produced, humanly written, linguistically qualified, historically conditioned book)[1] 이기에 문법적-역사적-신학적 주해 방법이 성경의 성격에 맞는 방법이라고 주장한다.

그렇다. 성경은 언어적으로 조건지어졌기 때문에 문법적 해석을 해야만 한다. 게다가 역사적으로 조건지어진 글이기에 역사적 배경을 염두에 두고 반드시 해석해야 한다. 무엇보다 성경은 하나님이 만드시고, 하나님과 인간의 역사적 행동에 대한 책이기 때문에 신학적 방법으로 해석되어야 한다. 성경의 성격 자체가 문법적-역사적-신학적 해석법을 요구하고 있기 때문에, 이 방법을 통하지 않고는 성경 자체의 원래의 의미를 알아낼 방법이 없다는 클로스터 교수의 말에 귀를 기울여야 한다. 중세의 성경 해석이 갖는 지나친 신앙적 해석을 극복하고 객관성을 확보하기 위해 루터와 칼빈이 얼마나 문법적-역사적-신학적 해석에 공을 들였는지를 안다면, 종교개혁의 후예들은 더더욱 문법적-역사적-신학적 해석에 신경을 써야 한다.

그런데 1750년부터 계몽주의의 영향 아래 소위 "역사 비평"(historical criticism)을 성경 해석의 유일한 방법론으로 강조하는 성경 비평학의 강력한 도전을 받았다. 성경 비평학은 "모든 인간이 만든 문서는 개연성이라는 기준에서 의심의 태도로 접근해야 한다"는 원리와 "현재 반복적으로 일상적으로 지속적으로 일어나는, 과거에도 역사적으로 실제 일어났을 개연성"이 크다는 원리와 "역사란 신의 간섭 없이 내재적 인과율의 폐연속체"로 설명이 가능하다는 원리를 가지고 성경을 해석해 왔다. 이런 성경의 성격에 맞지 않는 원리들로 인해 성경 비평학은 성경을 제대로 이해하지 못한 것이 사실이다.

그러는 가운데 1950년 이후 성경 비평학계 내부에 이런 방법론의 한계와 단점을 극복하기 위해 소위 "수사 비평"(혹은 "구조 분석")과 "정경 비평"이라는 이름의 "공시적 접근"(synchronic approaches)이 등장하게 되었다.

1950년 이후 개혁주의와 복음주의 학자들은 이런 새로운 공시적 접근의 장점을 비평적으로 수용하면서 "문예적 해석"(literary interpretation)과 정경적 접근(canonical approach)이란 이름으로 전통적인 주석 방법론인 문법적-역사적-신학적 방법을 보강하며 발전시켜 왔다. 따라서 개신교 정통교회의 성경 주해 방법론은 문법적-문

---

[1] F. H. Klooster, *Introduction to Systematic Theology*, Syllabus (Calvin Theological Seminary, 1987), 196-212.

예적–역사적–정경적–신학적 방법이다.

4. 문법적–문예적 해석의 중요성

우리는 룻기를 문법적–문예적 해석을 통해 주해해 오면서 문법적 문예적 해석법이야말로 성경을 풍요롭게 주해하고 설교할 수 있는 좋은 도구임을 볼 수 있었다. 특별히 문예적 해석은 성경이 하나님의 말씀임을 강조해 온 개혁교회와 복음주의 교회들이 성경을 풍성하게 주석해 낼 수 있는 좋은 주해 도구일 뿐만 아니라, 그동안 복음적인 보수 교회가 그토록 강조해 온 성경의 축자적 영감설을 강력하게 주장할 수 있는 도구임을 알 수 있었다. 문예적 해석법에 의하면 성경 본문 가운데 의미가 적거나 의미가 없는 "사소한 부분들은 없다"고 보기 때문이다.

전통적으로 해석자들은 "시"(poetry)란 수사적 기교가 많이 쓰인 본문이기에 모든 요소들이 중요하지만, 성경의 40%를 차지하는 산문 본문(narrative)은 내용 전달이 주된 목적이며 의미가 적은 요소들도 많이 있기에 "그저 산문이며, 단지 거기에 있는 것뿐"(well, just prose, and just there)이라는 견해를 가지고 있었다. 그러나 문예적 해석의 덕택으로 심지어 산문 본문도 그저 거기에 있는 것이 아니라(not simply there), 능동적으로 기여하고 있다(but actively there, doing something)는 사실이 극명하게 드러나게 되었다.[2]

이렇게 성경 본문은 겉으로 보기에 중요하지 않은 요소까지도 의미를 전달하는데 있어서 필수불가결한 요소로 이루어진 정교한 언어 구조물임을 해석자들은 인식해야 한다. 결국 성경 본문의 이런 문체적 요소를 해석하는 데 주안점을 두는 문예적 해석은, 성경의 축자 영감설을 단지 교리적인 선언으로서가 아니라 주석적 풍요성이라는 결과물을 가지고 입증할 수 있는 좋은 방법론이다. 문예적 해석이 무엇인지를 모르는 문외한들이 흔히 생각하는 것처럼 문예적 해석은 성경의 축자적 영감을 해치기는커녕, 오히려 성경의 축자적 영감을 입증하는 좋은 방법론이다. 왜냐

---

[2] S. Fish, *Is There a Text in This Class : The Authority of Interpretive Communities* (Cambridge, Mass. and London, 1980), 30.

하면 성경 기자가 받은 영감이 표현되기 위해서는 수단, 즉 문체(스타일), 언어적 형식이 필요하기 때문이다. "영감은 형식으로 외면화(externalized)되어야 한다."[3] 이런 점에서 로마 가톨릭의 탁월한 구약 학자인 알론소 쇠클(Louis Alonso-Schökel)은 "Stil ist Offenbarung"(문체는 계시)라고 선언하였다.[4] 그동안 형식적 요소로만 여겨져 온 "문체와 스타일" 역시 제대로 이해되면 "계시"인 것이다. 이런 점을 강조하는 해석 방법이 바로 문예적 해석이다.

성경은 무오한 하나님의 계시이며, 문자적으로 영감되었다는 점을 강조해 온 개혁주의 학자들과 복음주의 해석자들이 문예적 해석을 받아들이고 발전시키려고 한 이유가 바로 여기에 있는 것이다. 문예적 해석이야말로 축자 영감설을 드러내 보여 주는 탁월한 해석 방법이기 때문이다.

우리가 다 알다시피 성경 안에서 영감된 것은 가죽이나 종이나 잉크가 아니라 거룩한 본문의 메시지이다. 그리고 이 메시지는 다름 아닌 단어들을(words) 통해 전달된다. 성경이 "의미"에 있어서 영감된 것이지 "문장에 있어서" 영감된 것이 아니다 (the Scriptures are inspired in a 'sense,' but not in 'sentence')라고 말하는 것은 비논리적인 모순이다. 바울이 무엇이라고 하였는가?

> "모든 성경(γραφη)은 하나님의 감동으로 된 것으로 교훈과 책망과 바르게 함과 의로 교육하기에 유익하니 이는 하나님의 사람으로 온전케 하며 모든 선한 일을 행하기에 온전케 하려 함이니라(딤후 3:16-17)."

바울이 "하나님의 감동으로 된 것"(inspired of God)이라고 밝힌 대상이 무엇인가? 그라페(γραφή ; graphe)가 아닌가? 그라페는 "쓰다"라는 헬라어 동사 "그라포"(grapho)의 명사형이다. 그렇다면 하나님의 감동으로 된 것은 "모든 쓰여진 것"이며, 쓰여진 것은 다름 아닌 단어들이라고 볼 수밖에 없다. 결국 우리는 성경의 단어들

---

[3] J. P. Fokkelman, *Narrative Art in Genesis : Specimens of Stylistics and Structural Analysis* (Van Gorcum, 1975), 45.

[4] Alonso-Schökel, "Die stilistische Analyse bei den Propheten," *VTS* 7 (1959), 154-64, esp. 263 : "Stil ist Offenbarung, wenn wir ihn richtig verstehen." Fokkelman, Narrative Art in Genesis, 45에서 재인용.

이 영감받았다고 결론지을 수밖에 없다.

예수께서 하신 말씀도 이런 의미로 보여진다 : "진실로 너희에게 이르노니 천지가 없어지기 전에는 율법의 일점 일획이라도 반드시 없어지지 아니하고 다 이루리라"(마 5:18). 일점은 히브리 알파벳에서 가장 작은 글자를 가리키며, 일획은 특정 문자 위에 첨가되는 작은 획을 가리킨다. 주님이 하신 말씀은 성경의 모든 글자들이 영감받은 것이며, 따라서 권위가 있다는 것이다. 결국 문자 하나를 바꾸면 전체 단어가 바뀌고, 그 의미가 바뀐다는 점을 이야기하는 것이 아닌가!

일부 학자들은 성경이 "축자적 영감"으로 기록되었다는 것을 부정적 의미로 보지만, 특별히 성경과 같은 "종교의 경전", 아니 신의 계시를 대할 때에는 임의대로 대하기보다는 "축자적으로" 대하는 것이 옳다. 이런 점에서 설교자들이 성경의 말씀을 축자적으로 영감된 하나님의 계시로 받아, 문예적 해석 방법을 동원하여 멋지게 주석을 해내고 감동적인 설교를 통해 하나님의 백성들에게 하나님의 뜻을 제대로 밝히는 데 매진한다면 한국 교회 강단도 회복되고 부흥되지 않을까? 룻기를 주해하는 가운데 독자들이 성경이 축자적으로 영감된 글임을 실제로 느낄 수 있었을 것이라고 기대하는 것은 지나친 필자의 바람일까?

5. 역사적 해석의 중요성

룻기를 그동안 함께 주해하는 과정에서 우리는 역사적 해석의 중요성을 이해할 수 있었다. 룻기는 특정한 역사적 상황에서 생성된 말씀이기에 역사적 배경을 이해하지 못하면 그 의미를 알 수 없는 말씀임을 분명히 보았다. 그런데 개혁주의나 복음주의 설교자들 가운데 상당수가 룻기를 해석할 때에 역사적 해석을 하기보다는 모형론적 해석이나 구속사적 해석을 하는 경향이 많음을 살펴볼 수 있었다. 보수적인 성경 해석자들의 가장 큰 약점 중 하나는 역사적 해석을 잘 하지 않는다는 데 있다. 물론 이분들이 성경에 기록된 사건의 역사성을 옹호하는 고고학적 발굴 결과와 성경 본문 이해에 도움이 되는 풍습을 종종 인용하는 것도 사실이다. 그러나 본문을 형성하게 만든 고대 이스라엘의 역사적 배경에 대해서 심도 있는 연구를 하지 않고, 대부분은 이 정도에서 역사적 해석을 멈추는 것이 부인할 수 없는 사실이다.

그렇다면 심도 있는 역사적 해석을 하지 않는 이유는 간단하다. 오늘날 현실의 삶에 빨리 적용하는 것에 온 신경을 쓰다 보니 구약 성경 본문을 역사적으로 해석하는 일에 신경을 쓸 수 없기 때문이다. 그런데 흥미로운 것은 본문을 청중의 현실에 적용하는 일에 초점을 맞추면 적용을 더 잘 할 수 있을 것처럼 보이지만 오히려 결과는 그와는 정반대이다. 구체적인 역사 안에서 생성된 성경 본문을 역사적 배경 안에서 이해하지 않으면, 적용이 구체성과 현실성을 상실하게 되어 결국은 뜬구름 잡는 이야기가 될 가능성이 오히려 크게 된다. 따라서 성경 본문을 그 역사적 상황 가운데서 해석해내는 역사적 해석은 필수이다.

우리가 앞서 살핀 대로 보아스가 말한 "네가 현숙한 여인인 줄 온 성문이 다 아느니라"라는 말은 성문과 현숙한 여인과의 관계에 대한 역사적 배경을 모르면 이해할래야 이해할 수 없다. 물론 설교자가 탁월한 심리적 실존적 해석으로 교우들의 삶에 적용하여 교우들이 은혜를 받고 감동을 받았다 해도, 실제로는 성경의 진리와 상관없는 적용을 한 것이 될 수 있다. 성경 본문에 대한 역사적 해석이 약하다 보니, 한국 강해 설교자들의 설교는 상당히 '탈역사적'이거나 '몰역사적'인 경향을 보일 때가 적지 않다는 점을 우리는 유념해야 한다.

6. 정경적–신학적 해석의 중요성

우리는 룻기를 주해하는 가운데 정경적–신학적 해석이 얼마나 중요한지도 살펴보았다. 설교자가 설교 본문으로 택한 개별 성경 본문은 "부분적"(partial)이고 "상황적"(occasional)이기에 정경 전체의 문맥에서 그리고 신학적 진리의 전체 틀 안에서 성경의 개별 본문을 이해해야 한다는 점을 분명히 보았다. 개별 성경 본문은 특정한 역사적 상황에서 주어진 것이기에 모든 역사적 상황에 맞는 본문이 아니다. 그러기에 전체 정경에서 보면 개별 성경 본문은 부분적일 수밖에 없다. 따라서 설교자는 성경의 개별 본문을 해석할 때 구약과 신약으로 이루어진 정경 전체의 신학을 염두에 두고 해석해야 한다. 다시 말해 정경적 위치를 보고 정경적 메시지를 도출해내야 한다. 그뿐 아니라 그동안 교회가 성령의 조명으로 이룩해낸 성경 진리의 시스템인 조직신학의 틀 안에서 개별 성경 본문이 가진 신학적 메시지가 무엇인지를 찾아내야 한다. 이런 점에서 설교자는 정경적–신학적 방법으로 성경 본문을 해석해야 한다.

7. 설교 작성과 설교 전달

"주해에서 설교까지"란 제목은 실제로 주해에서부터 시작하여 설교문을 작성하는 과정 전체를 보여주겠다는 의도에서 붙인 것은 아니다. 왜냐하면 "주해에서 설교까지" 이르는 과정은 엄밀하게 말하면 주해(exposition), 설교 작성(sermon making), 설교 전달(sermon delivery)이라는 세 단계의 과정으로 이루어지기 때문이다. 본서는 주해에서 설교 작성 전까지에 이르는 주해 과정을 살펴본 것에 지나지 않는다.

성경 본문의 주해가 끝났다 해도 그것은 전체 3단계에서 겨우 1단계 과정이 끝난 것에 지나지 않는다. 그럼에도 "주해에서 설교까지"라고 한 것은 설교 작성과 설교 전달을 항상 염두에 두고 주해 과정을 밟아보자는 의도에서 그렇게 제목을 붙인 것이다. 어차피 성경 주해는 성경을 설교하기 위해서 하는 것이기 때문이다. 즉 "설교란 지향점을 지닌 주해 과정"을 보여주기 위해 "주해에서 설교까지"란 제목을 붙인 것이다.

어떻게 보면 설교의 종점에 도달하기 위해 주해의 과정이 가장 인내와 수고가 필요한 부분일 수 있다. 설교 작성과 설교 전달은 창작 과정에 가깝기에 글쓰기와 말하기에 탁월한 은사가 있는 사람들은 쉬울 수도 있다. 그러나 주해 과정은 토씨 하나하나, 단어 하나하나, 문장 하나하나를 꼼꼼하게 관찰하고, 분석하고, 종합하는 단계를 세심하게 밟아야 하기에 시간적으로나 심리적으로나 신체적으로나 인내와 수고를 요하는 과정이다.

그래서 주해는 머리로 하는 것도 아니고 가슴으로 하는 것도 아니며 "착한 엉덩이"로 하는 것이라고 할 수도 있다. 책상에 앉아서 히브리어 본문을 펴놓고 히브리어로 원문을 읽고, 단어를 사전에서 찾아 사전적 의미부터 밝혀야 한다. 그리고 의미를 더욱 확장하기 위해 용례를 확인해야 하고 필요하다면 그 단어의 신학적 의미를 확실히 해야 한다.

문법적으로 특이한 사항은 없는지, 달리 번역할 수 있는 가능성은 없는지, 상징이나 은유나 제유 같은 비유법으로 사용된 것은 아닌지 살펴야 한다. 같은 단어가 반복되면서 특별한 구조를 통해 의미를 드러내고 있지는 않은지 찾아보아야 한다. 등장 인물은 어떻게 묘사되고 있는지, 플롯은 어떻게 전개되는지 문예적 데이터도 분석해야 한다.

그리고 나서 본문이 형성된 역사적 상황이나, 본문이 그리고 있는 사건이나 인물의 역사적 배경은 무엇인지를 찾아야 한다. 그 후에 이 본문이 들어 있는 성경 책 안에서, 그리고 더 나아가 구약과 신약이라는 정경의 문맥 안에서 이 본문이 어떤 정경적 의미가 있는지 고민해 보아야 한다. 그리고 이 본문이 언급하는 진리가 신학적 진리 체계(조직신학) 안에서 어떻게 연관되어 있는지 찾아야 한다.

예를 들어, 룻기에 등장하는 "인애"의 본문을 주해한 다음에 지금까지의 신론이나 인간론이나 교회론과 어떤 연관성이 있는지 알아보고 혹시 지금까지의 조직신학의 설명에 보충되거나 기여할 수 있는 것은 무엇인지를 고민해 보아야 한다. 이런 고민이 있어야 성경을 주해하고 설교하는 과정에서 성경신학과 조직신학이 유기적으로 연결되면서 교우들이 설교를 들을 때 성경과 교리가 하나임을 깨달을 수 있다.

물론 이렇게 문법적–문예적–역사적–정경적–신학적 데이터를 모은다고 의미가 자연스럽게 나오는 것은 아니다. 이런 데이터를 모아 성경 기자가 무엇을 말하려고 하는지 알기 위해서는 데이터를 모아 종합할 줄 아는 능력이 있어야 한다. 구슬이 서말이라도 꿰어야 보배라고 하지 않았는가? 설교를 작성하려면 본문의 중심 아이디어를 찾아내어 설교의 중심 아이디어로 만드는 작업이 필요하다. 설교를 작성하려면 본문의 플롯이 어떤지 살피면서 설교의 개요를 본문의 플롯과 유사하게 할 수도 있다.

주해를 한 후에 설교를 작성하려면 어떤 순간에는 해석적 판단을 내리고 삶에 적용을 해야 한다. 이런 적용적 판단은 단순히 주해 데이터를 나열한다고 되는 것이 아니다. 신학적 상상력과 설교적 통찰, 심리적 분석과 실존적인 사색, 현실 분석과 철학적 조망, 그리고 끝내는 글로 이를 표현해내는 능력이 종합적으로 발휘되어야 설교 작성이 가능한 것이다.

8. 성령님의 도우심을 간구해야

본서를 마무리하면서 "주해에서 설교까지"와 연관해서 필자가 언급하지 않은 매우 중요한 요소가 하나 남아 있다. 그것은 주해에서 설교까지 이르는 과정에서 성령님의 역할이 무엇인가에 대한 논의를 전혀 하지 못한 것이다. 그렇다고 지금 여기서 성령의 역할에 대한 논의를 시작하려고 하는 것은 아니다.

단지 성경 시대에는 구약이나 신약을 막론하고 하나님의 말씀을 전하는 자들은 성령의 강림이라는 초자연적인 경험을 했다는 점만을 언급하려는 것뿐이다. 오늘날 한국 교회 강단의 회복을 위해서는 설교자들이 성령의 충만을 지속적으로 갈망해야 한다. 한국 교회 설교자들이 사도행전의 초대 교회 사도들처럼 성령의 충만으로 성령이 말하게 하심을 따라 말하게 된다면, 듣는 이들이 "하나님이 행하신 위대한 구원의 사역"을 듣고 회심할 수 있기 때문이다.

그렇다면 설교자들이 성령의 충만을 받을 수 있는 방법은 무엇일까? 성령은 말씀과 함께 역사하시기에 우리가 서재에서 성경말씀을 주해하는 과정에서부터 성령께서 우리의 마음에 역사하셔서 받아들이기 어려운 하나님의 말씀도 기쁨으로 받아들일 수 있도록 해달라고 뜨겁게 기도해야 한다. 그리고 설교를 작성하고 강단에 올라 설교를 전하는 내내 성령께서 교우들의 마음을 만지셔서 하나님의 말씀을 듣고 그 말씀에 순종할 수 있도록 해달라고 열정적으로 간구해야 한다.

설교자들이 성령님의 조명을 간구하면서 성경 본문의 의미를 알아내기 위해 건전한 주해 방법을 동원하여 말씀과 씨름할 때, 하나님의 말씀이 선포되는 강단마다 지금도 살아계셔서 우리의 충성과 복종을 요구하며 다가오시는 하나님의 음성이 들리게 될 것이라고 필자는 확신한다.

룻기를 문법적–문예적–역사적–정경적–신학적 방법을 사용하여 주해해오면서 독자들은 무엇을 느끼셨는가? 주해에서 설교에 이르는 긴 과정에 성령님의 조명과 도우심을 간구하며 건전한 주해 방법을 사용할 때에 "성경 말씀 자체"에 "좀 더 충실한" 설교, 그러기에 "좀 더 성경적인" 설교를 할 수 있게 될 것이라는 생각이 이전보다 더 확실해졌다면 본서의 의도는 나름대로 작은 결실을 거둔 것이다. 설교자들이 맡은 교회에서 성령님의 조명과 건전한 성경 주해 방법을 통해 설교의 사명을 잘 감당해낼 때, 하나님께서 삼십 배, 육십 배, 백 배의 결실을 맺게 하실 것이라고 확신하는 바이다.

사명선언문

너희가 흠이 없고 순전하여……세상에서 그들 가운데 빛들로
나타내며 생명의 말씀을 밝혀 _ 빌 2:15-16

1. 생명을 담겠습니다
만드는 책에 주님 주신 생명을 담겠습니다.
그 책으로 복음을 선포하겠습니다.

2. 말씀을 밝히겠습니다
생명의 근본은 말씀입니다.
말씀을 밝혀 성도와 교회의 성장을 돕겠습니다.

3. 빛이 되겠습니다
시대와 영혼의 어두움을 밝혀 주님 앞으로 이끄는
빛이 되는 책을 만들겠습니다.

4. 순전히 행하겠습니다
책을 만들고 전하는 일과 경영하는 일에 부끄러움이 없는
정직함으로 행하겠습니다.

5. 끝까지 전파하겠습니다
모든 사람에게, 땅 끝까지, 주님 오시는 그날까지
복음을 전하는 사명을 다하겠습니다.

서점 안내

광화문점 서울시 종로구 새문안로 69 구세군회관 1층
02)737-2288(T) 02)737-4623(F)

강남점 서울시 서초구 신반포로 177 반포쇼핑타운 3동 2층
02)595-1211(T) 02)595-3549(F)

구로점 서울시 구로구 시흥대로 577 3층
02)858-8744(T) 02)838-0653(F)

노원점 서울시 노원구 동일로 1366 삼봉빌딩 지하 1층
02)938-7979(T) 02)3391-6169(F)

분당점 경기도 성남시 분당구 황새울로 315 대현빌딩 3층
031)707-5566(T) 031)707-4999(F)

일산점 경기도 고양시 일산서구 중앙로 1391 레이크타운 지하 1층
031)916-8787(T) 031)916-8788(F)

의정부점 경기도 의정부시 청사로47번길 12 성산타워 3층
031)845-0600(T) 031) 852-6930(F)

인터넷서점 www.lifebook.co.kr